紫阳年鉴

汉江画廊 茶歌紫阳

2018

【总第六卷】

紫阳县档案史志局 编

方志出版社
Publishing House of Local Records

地理位置：紫阳县位于陕西省南部，汉江上游，大巴山北麓，因道教南派创始人张平叔（号紫阳）得名。北纬32°08′～32°49′，东经108°06′～108°43′。东为汉滨区、岚皋县，西为镇巴县，南为四川省城口、万源2县，北为汉阴县。境内南北长97.3千米，东西宽57.4千米，边界线长365千米，图形呈枫叶状。城关镇为县人民政府驻地，北距首都北京1200千米、距省会西安195千米，东距安康市委、市政府所在地安康50千米。

人　　口：2017年年底户籍人口总数336624人，人口密度为每平方千米153人，为陕西省内人口稠密县份之一，有“山大人不稀”之说。

面积区划：全县总面积2204平方千米，辖17镇、175村。

主要指标：2017年完成生产总值92.81亿元，增长11%。

全社会固定资产投资102.85亿元，增长21.3%。

财政总收入2.4亿元，地方一般预算收入1.20亿元。

社会消费品零售总额26亿元，增长15%。

城、乡居民收入达到27527元和9638元，分别增长8.1%和9.7%。

五个一工作法：一套广纳民意的问政办法　一套直面群众的联系方法　一套便捷高效的服务办法　一套持续帮扶的增收办法　一套民意导向的用人办法

紫阳精神：知难而上　苦拼实干　敢为人先　精诚团结

“十三五”发展战略：生态立县　产业强县　文旅兴县　创新活县　惠民安县

编辑说明

一、《紫阳年鉴》以马克思列宁主义、毛泽东思想、邓小平理论、“三个代表”重要思想、科学发展观、习近平新时代中国特色社会主义思想为指导，坚持辩证唯物主义和历史唯物主义的立场、观点和方法。全面、系统、真实地记载紫阳县上年度经济社会发展的基本情况。

二、《紫阳年鉴（2018）》文字部分采用分类编辑法，记述2017年全县经济社会文化发展主要情况。除特载、大事记、人物、附录外，主体内容均按类目、分目、条目分类编排。类目尽量按照事物的本质属性划分，同时兼顾行政管理归属关系，条目为记载资料的基本单位。

三、《紫阳年鉴（2018）》所用统计数据均以紫阳县统计局“统计公报”为准。统计资料未反映的，以主管单位数据为准。个别数据可能因统计时间、口径不同存差异，在使用时请注意出处。

四、《紫阳年鉴（2018）》所列紫阳县委、县政府各部门及各镇负责人以2017年12月底实际在职为准。

五、《紫阳年鉴（2018）》彩版时政图片，大部分由县政府网站提供，内容以2017年重大事件进行分类编排。所用文字稿件，均由县直各部门、各乡镇及行业提供，并经撰稿单位领导审定。

9月7日，九三学社中央副主席赖明（后数第二排左三）在紫阳县职教中心调研技能培训情况

9月10日，全国政协委员、中将、徐向前元帅之子徐小岩（前排左三）等13人一行在麻柳镇黄草梁调研革命遗址遗迹保护利用工作

4月1日，农业部农产品质量安全监督管理局局长广德福（前排左三）在和平茶厂调研

2月12日，副省长庄长兴（前左一）考察紫阳县红椿镇社区皮鞋厂

8月16日，省高级人民法院院长闫庆文（右一）在县法院调研

10月25日，市委书记郭青（前左一）检查紫阳迁移扶贫工作

12月19日，市人大常委会主任陈勇（前右二）在汉王镇调研541国道建设情况

12月12日，市委常委黄勇（中）在紫阳产业调研专业合作社

12月20日，市委常委、组织部长高晶华（左三）在县政务服务中心调研

8月3日，市委常委、市纪委书记田沐臣（右排右二）与紫阳县纪委班子座谈

12月28日，民盟陕西省委副主任车建营（前中）到紫阳县调研

12月28日，副市长何帮军（前左二）参观蒿坪镇双星社区毛绒玩具厂

7月10日，县委书记赵立根（左三）入户抽查精准扶贫识别工作

3月5日，县人大常委会主任张教志（左一）在瓦庙镇调研美丽乡村建设规划工作

6月11日，县长陈莲（前中）在高桥镇裴坝村调研美丽乡村建设

11月7日，县政协主席康树民（右一）深入农户地块检查果苗栽植

5月8日，县委副书记周继林（右一）在村民小组调查精准扶贫工作

3月15日，县委常委、常务副县长罗云忠（左四）到麻柳镇检查校建工作

4月20日，县委常委、副县长陈家斌（右）入户调查扶贫工作

4月15日，县委常委、县纪委书记周富林（左）入户调查脱贫工作

5月23日，县委常委、组织部部长王毅（前中）在城关镇青中村调研美丽乡村建设

3月22日，县委常委、宣传部部长周锦政（右二）深入学校调研教育均衡发展工作

8月27日，县委常委、统战部部长龚颖（左三）检查移民安置点建设

7月25日，县委常委、副县长殷贵军（中）在毛坝镇岔河村检查村级公路建设

7月22日，县委常委、副县长夏志文（右二）在毛坝镇温家坪村调研花椒种植产业

11月18日，县委常委、政法委书记周斌（后左一）在高桥镇深磨村检查扶贫工作

紫阳县工商联合会（总商会）第十次代表大会

全县茶产业创新转型升级发展推进大会

紫阳县“百企帮百村”社会扶贫工作动员会暨西安市紫阳商会2016年年会

9月26日，中国共产主义青年团紫阳县第十三次代表大会开幕

5月9日，全县重点项目工作推进会

1月20日，全省首场创新驱动县域经济发展科技需求对接会在紫阳召开

常州高新区（新北区）来紫阳召开对口扶贫协作交流座谈会

1月5日，紫阳县脱贫攻坚指挥部召开第一次会议

3月1日，县委书记赵立根（前左三）带队到武夷山香江茶业有限公司考察

“双十一”，县长陈莲（右三）走进央视二套直播间，现场推介紫阳富硒茶

7月27日，县委书记赵立根（前右一）带队到北京二商集团考察

7月10日，县长陈莲（左三）陪同国际茶叶专家在向阳茶山考察

3月2日，常务副县长罗云忠（后座右三）在福建省莆田市主持召开外出创业成功人士座谈会

9月27日，副县长夏志文（左）代表县政府与西安大唐制药集团举行绞股蓝系列产品签约仪式

10月25日，常务副县长罗云忠在山东新稀宝有限公司考察

10月14日，县长陈莲代表县政府与江苏源燊动漫产业有限公司签订毛绒玩具“社区工厂”投资协议

紫阳春茶业总经理江祖友（前右一）在银川与外商签约

成果·荣誉

12月29日，紫阳县汉王镇跨汉江大桥开工仪式

紫阳县重点项目集中开工仪式在蒿坪镇举行

紫阳县通过国家义务教育基本均衡县评估认定

获奖证书

HONNRARY CERTIFICATE

周锦政同志：

您采写的作品《为了一江清水送北京》荣获2016年度陕西日报传媒集团通讯类新闻奖一等奖。

特发此证

陕西日报传媒集团

二〇一七年六月

新闻报道

先进集体

陕西日报传媒集团

二〇一七年六月

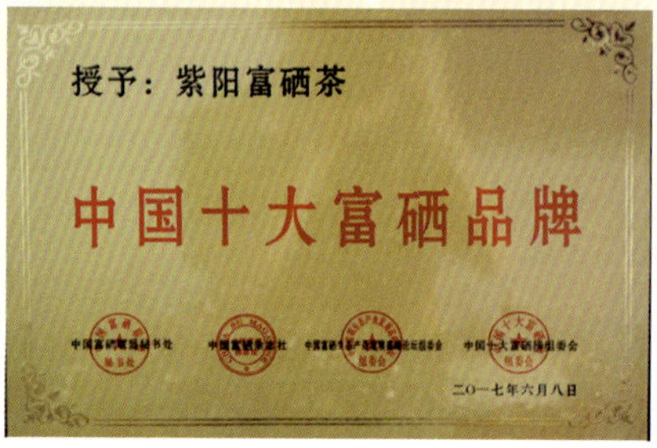

授予：紫阳富硒茶

中国十大富硒品牌

二〇一七年六月八日

县公安局获公安部铜奖

文笔山悟真观入口

文笔山紫阳阁后山门

界岭飞瀑

县城全景

米溪云海

紫阳阁

雾中悟真观

擂鼓台峰

寻梦紫阳

任河漂流

雪漫青中村

西坪村舍

武家院子

天茗茶园

悠闲荡舟

把责任扛在肩上 把担当装在心里

——紫阳县环境保护局工作掠影

局长 刘建骅

紫阳县环保局成立于2002年8月，环保队伍从成立之初6人发展到现有干部21人，内设行政股、环境管理股，下设副科级事业单位环境监察大队和环境监测站。近年来，紫阳县环保局始终牢记使命，以“咬定青山不放松”的韧劲，为守护绿水青山而不懈努力，美丽紫阳渐入佳境。2017年，紫阳县汉江出紫断面、任河入汉江断面水质全年保持在国家Ⅱ类标准；空气质量环境空气质量综合指数3.20，同比下降12.8%，优良天数达331天，同比增加25天，陕南地区排名第6、全市第3。

创建长效机制，形成环保新格局

领导班子

前排左起：陈小刚、刘建骅、李发勤

后排左起：陈启才、刘斌、刘青彪、邓亮、唐博、彭卫

积极发挥环保居中协调、参谋助手作用，先后代县委、县政府起草并出台紫阳县加强环境保护工作的决定、治污降霾保卫蓝天行动计划、水污染防治计划、土壤污染防治计划、汉江水质保护工作责任

追究办法、各镇党委政府及部门环境保护工作责任规定、环境保护“一票否决”制度等一系列规范性文件。积极探索建立了农村垃圾收集处理、汉江漂浮物打捞、水质监测、联合执法、案件移送、监督检查、责任追究等一系列长效机制。针对全县经济发展大局，对基础设施、民生工程、绿色循环产业等建设项目，提前介入，加快审批，促进了项目投产达效。通过一系列举措，紫阳县环保工作由“头痛医头”向“标本兼治”提升，加快形成了“党委政府领导、部门分工负责、环保部门统一监管、群众积极参与”的环保工作新格局。

2017 年 6 月 12 日，县委书记赵立根（中）在洞河镇视察环保工作

2017 年6月16日，县委书记抽查沿江镇环保工作

综合施策治污，描绘紫阳新画卷

紧盯大气、水、土壤三大重点，综合施策治污。一是克难攻坚，护一江碧水长流。紧盯垃圾、污水两大治理重点，不断加大治水力度。建成县城污水处理厂及配套管网、“五镇一区”污水处理工程，改厕1.7万口，全县73艘船舶安装了油污处理器，基本实现了沿江住户生活污水无直排；建成了县城垃圾填埋场、建筑垃圾填埋场，集镇垃圾堆放场实现全覆盖。实施了县城西门河、长滩沟、瓦房沟饮用水源地综合整治和8个集镇饮用水源地保护工程，保障了群众饮水安全。率先推行“河长”制，建成汉江水面视频监控系统，“网格化”和“视频化”监管，汉江漂浮物打捞实现常态化，确保了江清岸洁，连续三年汉江出紫断面水质保持在国家Ⅱ类标准。二是迎难而上，守天空澄澈明净。持续打好“减煤、控车、抑尘、

2017 年4月10日，县长陈莲深入沿江镇查找环保问题

2017 年4月11日，县长陈莲（中）抽查企业环保设施

治源、禁燃、增绿”组合拳。划定县城禁煤区、限煤区，扎实“气化工程”，发展居民用户3037户、商业用户60户，进入投产试运行阶段。全县累计拆除燃煤锅炉7台，关闭、停产砖厂6家，11家砖厂按照“四有一达标”要求，完成污染防治设施、在线监测和监控设施安装。实施清洁化生产改造2家。16家加油站完成油气回收改造。淘汰黄标车、老旧车754辆。31辆出租车完成天然气改装。县城建筑工地基本落实“洒水、覆盖、硬化、冲洗、绿化、围挡”六个100%要求，建成区五类绿地绿化覆盖总面积达401.26万平方米。三是主动出击，保土壤环境安全。出台紫阳县土壤污染防治方案》。完成8家企业和455个农用地详查点位核查。配合省环境监测站完成土壤环境监测点位采样工作。投资4300万元完成了小米溪沟及田家湾水污染防治项目和陈家沟土壤及重金属污染防治工程，生态环境持续改善。四是持续发力，防农村面源污染。划定执行了畜禽养殖禁养区和限养区，全县21个规模化养猪场和紫阳便民屠宰场均建成污水处理设施并正常运行。投资4820.05万元实施了14镇60个村农村环境综合整治，同时启动实施国开行60个建档立卡贫困村环境综合整治，农村面貌得到持续改善。

磨亮监管利剑，打造执法新高地

紧紧围绕环境质量这一核心，坚持问题导向，以强化环境保护执法效能为主线，严格执法监管，披荆斩棘打造执法新高地。一是严格规划管控。严格遵循主体功能区规划，科学划定汉江及主要支流沿线保护区、重要水源地禁建区和控制区范围。初步建立产业准入负面清单，重点项目环境影响评价和“三同时”制度执行率达到100%。二是严控工业污染。建立矿权延续县政府常务会议会审制度，严格环保前置审批，依法关闭各类矿山28个、关闭企业2家（浙陕水泥厂、红蝶化工厂），督促污水处理厂、湘贵锰业、康宏茧丝等重点企业建成污染防治设施、在线监测和监控设施，重点工业污染源废水、废气达标排放率100%。三是严惩环境违法犯罪。率先成立全省首个驻县环保局检察室,建立了环保与公检法等部门联合执法办案制度，2017年，先后查处涉嫌环境污染犯罪案件2件，立案处罚20起，查封扣押2起，停产整治2起，实施按日罚1起，行政拘留2人，有效打击了环境违法行为。

深抓宣传教育，引领绿色新风尚

为普及公众的环保知识，提高公众环保意识、节约意识、生态意识，采取政府引导、公众参与、媒体造势，以“3·15”消费者权益保障日、“6·5”世界环境日等活动为契机，积极开展环境文化“六进”活动，开展省级生态县创建活动，累计创建省级生态镇11个，省级生态村1个，市级生态镇21个，市级生态村38个。在县电视台开设《环保在行动》专栏，联合安银民俗文化传播公司开展“环保文艺下乡”系列演出活动，依托手机短信平台定期发送环保短信，收到了良好的宣传效果。2017年，累计在中省市媒体发布环境新闻稿件70余篇，信息宣传全市环保系统排名第一，群众环保意识进一步提高。

坚持从严治党，塑造行业新形象

牢固树立“抓好党建是最大政绩”理念，扎实推进“两学一做”学习教育常态化制度化，全力实施“基层党建六大提升行动”，深入开展抓意识、抓清单、抓检查、抓问责、比成效“四抓一比”活动，从严推进党建和党风廉政建设，形成了风清、气正、劲足、实干的良好氛围。近年来，紫阳县环保局以只争朝夕、持之以恒、敢于担当的精神，持续打好生态环保攻坚战，不断为建设优美的生态环境而努力着。他们迎难而上，坚持不懈，做生态文明建设的实践者和宣传者；他们执法如山，惩处破坏生态违法行为，做维护环境法律的执行者和捍卫者；他们把青春献给环保事业，用汗水谱写美丽画卷，用实际行动走在了生态文明建设的最前线。该局2014年、2016年荣获全县综合考核一等奖，连续三年荣获全市环保系统目标责任考核优秀等次，荣获全省环保系统精神文明建设先进单位、全市综合治安先进单位、全市应急工作先进单位。

太阳能微动力污水处理设施

县城生活垃圾填埋场

县城污水处理场

长风破浪会有时，直挂云帆济沧海。紫阳县环保局正以更加坚定的信念、昂扬的姿态迎接挑战，不忘初心，砥砺前行，为实现美丽紫阳而勇往直前。　　　（撰稿：唐　博）

铁肩担使命　护好幸福路

——紫阳县农村公路管理局工作纪事

紫阳县农村公路管理局原属紫阳县交通运输局下设的公路管理站，2008年机构改革单设紫阳县农村公路管理局，编制16人。内设行政综合办、项目管理办、财务办、路政执法大队、公路养护大队等机构，是在紫阳县地方公路建设蓬勃发展中诞生的正科级行政事业单位。其主要职能职责是：路政执法、监督管护、维修安保、升级改造、护工管理、村道设计、计划编制、技术指导。有技术员3人，工程师2人。现任局长徐兴万，副局长焦睿、陈国金。

至2010年，全县地方公路达到543条2325.7千米，加之此后的连年续建公路和自然灾害影响，以及各种建设项目实施中对公路的自然损坏等因素，摆在农村公路管理部门的压力非常大，工作任务异常艰巨。该局面对县、镇、村公路现状，始终坚持修好路与护好路同时并重，从统一机关干部思想认识入手，狠抓作风整顿；实行局领导成员分片负责制，层层夯实工作任务；向管理要质量要效益。以“公路管理永远在路上，我们的岗位也永远在路上”的工作态度，把管好人民幸福路视为神圣职责和护路人的价值追求。特别是2016年以来，紫阳县农村公路管理局积极争取和用足用好项目投入，发扬苦拼实干精神，在履行神圣的职能职责上揭开了新的一页，在决胜脱贫攻坚中发挥了交通扶贫的历史性作用——

公路养护质效持续提升。一是修订完善《紫阳县农村公路养护管理办法》，明确县、镇、村和交通主管部门的职责分工；将农村公路养护管理资金纳入县财政预算；把农村公路养护管理工作纳入全县目标责任考核，夯实了管护基础。二是严把质量关，加强日常养护，推行“干线化”养护，对11个镇25条农村公路路面病害进行了修复，并加宽路面，增设错车道和安全防护栏；共聘请402名农民工担任通村公路养护员，全部纳入公益性岗位享受补贴，形成了通村公路县考核、镇管理、村实施，群众季节性集中养护和养护员日常合同管养相结合的养护管理机制。提升了养护质量，确保了安全畅通。三是通过开展农村公路示范路创建活动，实施硬化路肩水沟、增设错车道、栽设警示标志、安装波形护栏；建立危桥险路档案，挂牌公示养护责任，提高了路况服务水平。

路政管理取得新成效。一是持续开展公路路域环境综合整治活动，严厉打击和遏制侵占路产、路权等违法违规行为。每年开展上路执法督查不少于25次，查处违法案件查处率达100%，结案率95%。二是贯彻落实《超限运输车辆行驶公路管理规定》，加强路警联合执法，集中对行驶农村公路货运车辆拒检、暴力抗法、损害农村公路设施设备等超限运输违法行为进行了专项整治。三是抓执法人员业务培训，执

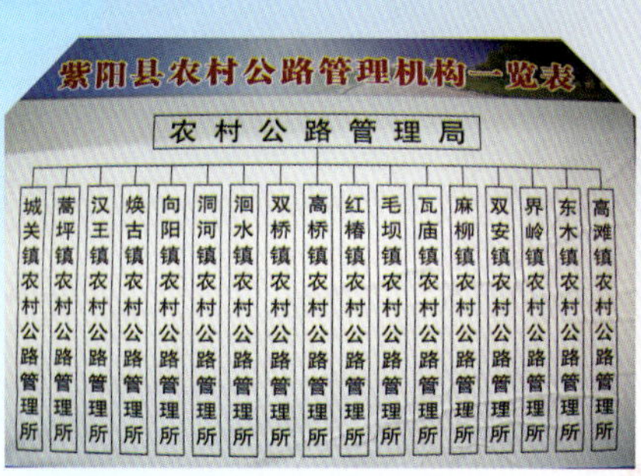

创建示范路

法人员业务素质和执法水平明显提高。

坚持项目建设稳中求进。该局注重总结全县几十年来公路建设经验，引导干部和群众汲取热情修路而不护路、工程上马只讲进度不求质量的教训。坚持越是国家投入大、项目多，越要质量第一，进度第二的原则，坚决杜绝半拉子工程和豆腐渣工程的出现。2016年，在完成续建2015年通村公路完善工程项目174公里的基础上，完成了2016年新建完善工程项目70公里；完成当年养护工程投资480万元，首先保障了全县脱贫攻坚当年40个出列村的公路升级保畅。2017年，该局再添措施，再聚合力，全局长期只留1~2人值班，所有干部都把公路作为上班的岗位，起早贪黑，战晴天，斗雨天，按照“抓创建、强养管、提水平”的思路，以全面提高农村公路的养管质量和服务水平为目标，以展开“安康好路杯”竞赛活动为载体，农村公路规范化管理、精细化养护措施，全面加强农村公路养管工作走向常态化，合上了县域经济社会迅猛发展的前进节拍。一是严格的养护网络基本形成。围绕质量标准，加强公路日常养护，全县通村公路基本形成了县考核、镇管理、村实施，群众季节性集中养护和养护员日常合同管养相结合的养护管理格局。二是路况服务水平不断提升。大力开展农村公路示范路创建活动，实施硬化路肩水沟、增设错车道、栽设警示标志，保障了公路安全畅通；开展危桥险路治理。多方争取投入对土地庙桥、紫阳沟大桥等3座危桥实施改造。投入100余万元对桑红公路、权洄公路、蒿汉公路安装了波形钢护栏、新建水泥防护敦等安保工程，有效改善了农村公路交通安全状况。加强对公路施工现场的管理，规范设置各种警示标志标牌，为群众营造了安全、畅通的出行环境。三是以路域环境综合整治为抓手，努力打造良好公路环境。为保护路产路权，打造良好路域环境，始终坚持路政管理经常性巡查制度，在狠抓公路路面治超、严厉查处和制止损害公路行为的基础上，集中力量定期开展了公路综合整治工作，对

加强安保

公路沿线所有违法建筑、堆放杂物、打场晒粮、全面清理整治。坚持从路面、源头、宣传、督办多方面入手，认真贯彻标本兼治、综合治理、协调联动、注重实效的工作原则，充分发扬连续作战、不怕疲劳的工作作风，始终保持强有力的治超工作态势，治超工作取得了较好成果。

精准扶贫措施有力有效。2016年8月，该局接手高滩镇蓼坝村这个当年就要脱贫出列的包联任务。在这严峻考验面前，局里除了硬选派一名干部长期驻村、并担任村上第一书记外，3名局领导紧紧围绕出列村验收标准，深入镇村，找门路，施良策。实施公路硬化1.2公里，村主干道路面修补4公里、安保工程4公里，村组水泥路安保工程3公里，扩宽硬化村文化活动广场500㎡，新建一组、二组便民桥两座，安装太阳能路灯40盏。与此同时，为全村选准落实主导产业建设，不仅让该村所有贫困户当年实现脱贫计划，还为他们落实了能持续增收的项目。年底顺利通过了省、市脱贫攻坚第三方评估验收出列。2017年，该局奉命接手界岭镇斑桃村的脱贫攻坚包村任务后，层层夯实脱贫目标责任，组织社会力量参与扶贫，截至2018年6月，在基础设施建设上，共实施完善、硬化、改造等村、组公路26公里；新建饮水工程1处、公路桥1座、移动基站1处、变压器扩容1台。在产业发展上，通过秦巴紫硒农业有限公司发展板栗种植1000亩，带动100户贫困户增收；以远洋生猪养殖专业合作社继续扩大养殖规模，培育年出栏10000头生猪，带动70余户贫困户从发展养殖业达到增收；利用军旺养鸡合作社养殖蛋鸡和肉鸡，计划养鸡和出售年出栏

10万羽，带动贫困户50余户；组织贫困户劳务输出320人；组织参加电商、农村农业实用技术、月嫂、足浴等免费培训，完成全年技能培训40人任务；通过“三变”改革带动低产茶园升级200亩；争取2018年全村退耕还林1000亩。在住房保障上，加快督促村级安置点、交钥匙工程、危房改造、移民搬迁等项目提前竣工，让158户509人搬进了安置房、实施8户危房改造和4户分散安置。

紫阳县农村公路管理局把地方公路视为人民幸福路来管护，我们相信，同时也期待紫阳人民一定会更加珍惜自己的劳动成果，更加尊重人民公路的守护人。

（撰稿：焦　睿）

脱贫攻坚

奋力追赶超　建设新向阳

——向阳镇特色小城镇建设巡礼

镇党委书记　詹世勇

镇人大主席　王军

镇长　佘在随

向阳镇是20世纪80年代初期的新建置镇。前身为城关区瓦房店镇，镇政府住地在任河与渚河交会，素有“小汉口”美誉的瓦房店老街。因建设安康水电站，该镇住地变为淹没区，新建集镇选址在任河东岸的太月乡悬鼓湾。又因此处设有向阳火车站，故取镇名向阳镇。2008年向阳镇被列入县城第二副中心建设规划，镇党委政府依托区位优势和茶产业、文旅开发潜力，“旅游开发和物流服务为主，打造物流集散、旅游、休闲、宜居的综合型新区”的发展思路，鼓足奋力追赶超越的勇气，带领全镇人民驶入了特色小城镇建设快车道，取得了一项又一项的工作成果，一个新向阳呈现在任河岸边。

统筹镇村建设，集镇规模不断壮大

向阳镇新集镇建设最初规划占地面积为1590亩，集镇民居沿紫渔公路两侧依山就势而建。经撤区并镇，至2017年，向阳镇总面积为130.9平方公里，辖12个村和1个社区，有2.53万人口。近10年来，镇党委政府抢抓国家关于陕南避灾移民、库区移民后期建设、迁移扶贫、新农村建设等政策机遇，统筹实施镇、村人口相对集中安置的思路，累计实施建设村级安置点6+处，建房266套，总面积达3200平方米，共安置不同类型迁移户292户934人；在集镇社区实施统筹建房1351套77817平米，共实现入住村民1351户4323人，使集镇人口总数达到3000户10000人；延伸老街1100米、建成新街2100米，集镇服务功能不断完善和提升。

2014年5月23日，全国政协前任主席贾庆林（前排中）在茶山听导游介绍

2014年5月23日，全国政协前任主席贾庆林（前右二）听专家（前左二）和县委书记（前左一）对北五省会馆修复工作的汇报

省委宣传部常务副部长（前右二）在瓦房店北五省会馆参观考察

省委调研组一行到社区调研工作

省巡视组组长郑仲来向阳镇调研

调整产业结构，富民强镇成效显著

向阳镇处于海拔360~1537米的巴山地带，林地覆盖率为54%，生态林和经济林达11.2万亩，其中茶园总面积达2.81万亩，是历史悠久的产茶大镇。如今驰名的茶山观光园的前身就是建国初期的西北茶叶研究所所在地，曾为西北茶叶发展做出过重要贡献。在全面深化农村改革的历史进程中，镇党委政府着力于“以茶为主，多业促收”的产业结构调整，取得了富民强镇的显著成效。

——企业带动，促特色产业上规模增效益。近三年来，新建茶园1500亩，其中：新栽茶苗1300亩、点播茶籽200亩；改良低产茶园1500亩；开垦荒芜茶园800亩；全镇实施茶园规范管护率达98%以上，其中营梁、院墙、月池、悬鼓等4个茶叶专业村管护率达100%；扶持全镇兴办茶叶加工企业54家，其中龙头、骨干企业5家，其中承担茶叶深加工企业向阳茶厂年收购鲜叶840吨，加工陕青茶240吨。茶农户均增收1.2万元。

——因地制宜，多业发展，助推农民增收。全镇根据不同气候、土壤、家庭适宜条件，走“一村一品，一户多业”发展之路，兴种魔芋产业9000亩、烤烟产业1800亩、花椒园800亩；发展规模禽畜养殖场2家，鸡鸣村马胜友生态标准化养羊场1300平方米，本地白山羊存栏200余只；高坝富硒畜禽林下养殖场年养殖达5000羽；再通过组织技能培训、劳务输出、发展电商等途径，助推农民多种经营，户均增收5000元。至2017年，全镇农村经济总收入达到2.1万元，农民人均收入跨过1万元。

——招商引资，不断增强镇域经济实力。近5年，全镇共实现招商引资落地项目10个，到位资金8000万元。(1) 落实瓦房古镇开发招商洽谈项目1个，总投资5亿

文旅集锦

元，先期投入100万元，已经完成规划设计；（2）安康江南公司在贾坪村实施大型物流仓储基地项目正在审批立项中；（3）落户贾坪村、总投资4000万元、设计年产值5000万元的紫阳硒陶文化发展有限责任公司已实现投产；（4）4个续建招商项目进展顺利，完成投资2500万元。其中，紫阳县燃气储备基地项目完成投资1100万元、阳光混凝土拌和站项目完成投资900万元、紫晨茶叶生态观光示范园项目完成投资250万元、江河茶叶生态园区项目完成投资150万元。“十三五”期间，实现社会固定资产投资7亿元，国民生产总值达到25000万元。

着力文旅开发，生态兴镇后劲增强

向阳镇具有交通便捷、文旅资源厚重的优势。任河、汉江游轮畅通，货船、舢板上下来往；襄瑜铁路、高速公路穿境而过，省道村道路路相连。瓦房店会管群和巨幅清代壁画为全国罕见；富硒茶文化观光园和山地茶业观光园是了解紫阳茶的重要窗口之一；芭蕉学校的芭蕉亭是中共安康史上的红色里程碑。“十三五”期间，镇党委政府认真实施全县“五大战略”，坚持“青山绿水就是金山银山”的发展理念，狠心关停落户多年的“红星化工厂”和地下开采等企业，着力于本镇文化旅游资源开发，为生态兴镇增强了发展后劲。

——**生态文明建设有序推进**。特别是近5年来，镇党委政府始终把生态文明建设列入重要的民生工程来抓。在脱贫攻坚和“乡村振兴计划”的具体实践中，面对农户人口相对集中、迁移扶贫安置点相对增多而出现的新问题，采取一手抓环境保护法规宣传教育，促村民生态文明建设认识的提高，革除陈规陋习；一手抓生态文明建设投入和治理到位，推进镇、村、组、户生态文明建设统筹规划的有效实施。在汉江水质保护措施上：一是对贾坪、营梁、悬鼓、马金四个村实施环境卫生综合整治工程，沿江各村村容村貌显著改观；二是投入资金300余万元，新建标准化垃圾池17座，采购垃圾桶120个，垃圾车2台，配备清洁工60人，清洁工年工资性支出35万元，建小三格化粪池30座，新装和维修排污管道8000余米，垃圾污水处理水平得到提升；三是争取移民资金投入45万元，新建集镇公厕3个；投资4万余元对任河、渚河沿岸开展集中综合整治、对江面河面漂浮物及时进行打捞，常年保持江面河面洁净；四是新建社区服务中心700平方米、建成文化活动广场和菜市场3000余平方米、投资500余万元建成了社区日间照料服务中心和殡仪馆。在村和社区建设与管理上：一是大力推进新民风建设活动，促村规民约的完善和有效遵守。二是树立“老哈调解室”先进典型，扎实扎实推进全镇平安建设工作。三是规范干部便民服务行为，开展餐饮服务安全示范店创建评比活动。四是制定《垃圾清运管理制度》、《保洁员工作职责》、《保洁员工作考核办法》、《保洁员责任区域划分》和《年度卫生收费办法及标准》等多项管理制度，确保了安置社区环境卫生管理常态化。

——**生态旅游建设风生水起**。瓦房店会馆群修复工程已全面竣工；富硒茶观光园项目业主汇成公司正在做复工前期准备工作；北五省会馆游客接待中心正在招商洽谈；合垭茶山观光道路硬化工程如期竣工；江河新建茶山路基础工程已完工，硬化工程即将结束；美丽乡村建设全面启动，木鱼包观光步道和观景长廊已建成，10户民居改造、公共厕所、文化广场硬化美化工程相继完工。每年接待游客约5万人次，使旅游景区的11家农家乐生意日益兴旺。

（撰稿：周志新）

向阳镇集镇新貌

统筹城乡发展 打造硒茶小镇

——焕古镇依托资源优势创新发展简述

紫阳县焕古镇位于紫阳县西北部，距离县城20公里，汉江通航15公里。全镇总面积102.5平方公里，海拔在331至1300米之间，辖11个村，1个居委会，人口3771户，14560人，现有耕地3.9万亩，茶园2.5万亩。焕古镇又名“宦姑滩”，依据“宦姑”动人故事而得名，北有秦岭相阻，南有巴山为屏，是典型的北亚热带湿润季风气候区。境内所产茶叶品质极佳，是紫阳富硒茶中极品，茶叶已成为焕古群众收入的主要来源。焕古历史人文荟萃，自然风貌奇特，这里满山遍野茶树滴翠，自唐代始即为朝廷贡茶原产地；这里有汉江贯通的黄金水道，码头接公路、公路连村组，构成了新时代最便捷的水陆交通网络；这里旅游资源独具潜力，古街石梯路、农家木板房、千年古刹东明庵风貌尚存；这里群山环抱，怪石嶙峋，名寨奇峰天设地造，奇沟异壑相互交融。

近年来，焕古镇党委、政府带领全镇人民始终瞅准镇域优势潜力，敞开发展思路，激活发展内力，聚精会神地围绕“统筹城乡发展，打造硒茶小镇”这幅独具特色的发展蓝图，浓墨重彩地书写着发展妙笔，全镇经济社会民生发生了日新月异的巨变。截止2017年底，全镇生产总值以18%的增速增长到43012万元；社会固定资产投资以11%的增速增长到23559万元；农民人均纯收入以8.1%的增速增长到10804元；城镇登记失业率控制在了4%以内。主要指标实现稳中有增，经济总量实现持续攀升。

镇党委领导班子

左起：扶贫办主任贺银巧、纪委书记朱棋、镇长覃承军、党委书记蔡英宏、人大主席周鹏、组织委员杜鹏志、副镇长黄晓德

10月20日，陕西省人大副主任黄纬（右二）到焕古镇调研

5月9日，安康市委书记、市人大常委会主任郭青（左三）到焕古镇调研硒茶小镇建设

10月27日，安康市政府市长徐启方（左四）到焕古镇调研硒茶小镇建设

3月15日，安康市政府副市长张全明（左四）到焕古镇看望慰问贫困儿童余星星

10月20日，县委书记赵立根（右一）到焕古镇看望慰问“美德少年”梁生霞

狠抓茶叶产业，筑牢经济基础

近年来，通过几届镇党委、政府班子的坚持不懈、久久为功的努力，富硒茶叶产业已成为焕古镇域经济发展主导产业。全镇原有茶园1.7万亩，2013年发展1584亩、2014年发展1986亩，2015年发展1622亩，2016年发展1268亩，2017年发展1004亩，全镇目前茶园面积接近2.5万亩，基本实现村村有茶山，户户有茶园的目标。为了让贡茶产地显露时代风采，镇党委政府始终坚持实行“龙头企业＋加小工厂＋农户＋基地”的联动发展模式。充分发挥焕古庄园富硒茶叶科技有限公司、秦巴山茶业有限公司两家龙头企业的引领作用，对全镇65家中小型茶叶合作社进行整合带动，形成了“龙头带龙身”发展共赢的产销格局。组建成立专业管护队，年茶园管护率达98%以上。2018年春茶销售210吨，产值达到1.09亿元。依托焕古庄园、秦巴山两家龙头企业，强力推进茶叶品牌营销，焕古茶叶成为十三届全国冬运会指定饮品，开拓了新疆、青海、内蒙古、宁夏等市场，焕古红茶成功出口哈萨克斯坦等东亚五国。通过中茶所、交大生命科学院等高等院校科研机构的合作成功研发出了硒香茶、秦巴茯茶、柑桔茶等新产品。在抓好茶叶产业的同时，大力发展养猪、养羊、食用菌、有机莲等特色产品，通过电子商务新途径拓宽销售渠

9月8日，县长陈莲（左二）到焕古镇指导硒茶小镇建设规划

道，全镇共开通交易网点企业15家，入住县中心3个，实现网上交易额320余万元。

聚焦小康焕古，建设现代农村

近年来，在县委县政府坚强领导下，焕古镇抢抓政策机遇，全镇移民搬迁、基础设施建设进程全面提速。

一是移民搬迁有序推进。截至目前，全镇十三五搬迁对象住房问题通过集中及分散等方式已全部落实到点，焕古镇城镇化进程进一步加快。我镇十三五搬迁共1194户3459人，2016年搬迁330户887人，2017年搬迁553户1877人，2018年以后搬迁311户695人，已全部落实，其中集中安置200户516人，分散安置111户179人，在2018年底将实现全部入住。危房改造项目快速推进，我镇“十三五”危房改造对象23户，现已竣工入住18户，在建5户。

二是基础设施全面提升。交通项目方面：2016年以来，县上下达我镇交通脱贫通村水泥路总任务85.1公里，目前已完工47.6公里，还有37.5公里正在加紧建设中，预计2018年底前可建成投入使用。饮水工程方面：2016年以来，县上共下达我镇水利脱贫项目26处，目前已建成18处，8处在建。电力保障方面：2016年以来，县上共下达我镇电力脱贫项目15个，目前已建成10个，还有3个正在建设，2个即将启动。公共设施方面：2016年以来，县上共下达我镇活动室项目5个，目前已建成3个，1个正在改造，1个已开工建设；村卫生室项目8个，目前已建成6个，2个在建；村级文化活动广场9个，目前已建成3个，6个正在建设中。农村通讯水平进一步加强，6各村宽带已接通，大连已开通96户无线网络，农村电网改造基本实现全覆盖。

坚持广交朋友，推动招商引资，

近年来，焕古镇始终把招商引资作为实现焕古突破发展的重要抓手，始终秉承“亲商活商，发展共赢”理念，依托富硒、旅游资源优势，紧扣富硒农业、文化旅游、基础设施等重点，积极作为、主动出击，有效落实优商政策，包装大项目，推进大招商，成效显著。2017年共完成7个招商引资项目，实现协议引资2.3亿元。2018年招商引资实现新的突破，目前已完成引资0.958亿元，到位资金4630万元。2018年引进的投资2000万元的“富硒蜂糖李”特色林果项目，目前正在苗溪、东红村新建3000亩蜂糖李示范园，已完成土地流转2850亩,完成园区建设1100亩，完成投资1200万元；焕茗茶叶加工厂完成投资1500万，建成茶业园区1080亩、茶叶加工厂1个；紫阳县宏威富硒农业科技有限公司投资3000万元的三坝茶叶综合开发项目，已完成征地和厂房设计，基础工程正在实施，到位资金200万元；大连村茶叶加工厂，投资500万元，已完成厂房建设；完成焕古“硒茶涧”主题酒店项目建设，投资800万元，目前已开始试运营；焕古镇青年旅社项目主体完工，正在装修，完成投资80万元；紫阳县焕古庄园富硒茶叶科技有限公司投资500万元启动500亩茶业观光园区提升工程，已完成整地栽苗，到位资金350万元；紫阳县鑫昌现代农业开发有限责任公司计划投资1200万元新建茶叶加工厂一个，目前厂房设计已完成，正在办理相关手续；引进一家社区工厂，目前正在协调厂房建设；全面启动了硒茶小镇项目、文创中心、焕古茶苑的招商工作。两个茶叶龙头企业（焕古庄园、秦巴山富硒茶叶有限公司）2017年分别实现销售额5000万元和3000万元。

打造特色小镇，推进产业联动

近年来，焕古镇围绕县委、县政府提出的“文旅兴县”发展战略，抢抓机遇、不等不靠，按照3A级旅游区标准全力加速推动特色小镇建设，各项工作成效明显。

一是聚力打造硒茶小镇。近年来，焕古镇按照“一廊一桥两岸四区”的总体布

古朴民居

局，全力打造升级版“硒茶小镇”。相继完成老街房屋风貌改造、供水工程、电网改造、老街板石路面铺装、汉江防洪河堤、客运码头、庙沟大桥等公共基础设施建设。同时，着力发展主题精品酒店、民俗客栈，开发茶叶、硒陶、板石文创等特色旅游商品，打造美丽宜居镇村，大力推进大连美丽乡村建设。目前，秦巴山游客接待中心已投入运营，大连—田坝—老街滨江步道第一期工程已完成，社区广场已开工建设、社区停车场已投入使用。启动了硒茶小镇文创中心、焕古茶院的前期招商工作。核心区500亩观光示范茶园建设全面完成。各村美化亮化工程正在进行、新街人行路已完成改造。镇村生活垃圾处理新机制运行有序，实现了常态保洁，村容环境管理取得明显成效。

二是推动茶旅联动发展。充分发挥旅游业对茶叶产业的带动作用，激发茶旅结合“扩散效应”的旅游扶贫优势。深挖历史内涵，凸显贡茶历史，宦姑仙子民间传说、东明庵道教遗址等历史文化元素，满足游客求新求异的心理需求。着力打造乡村旅游特色小镇品牌，突出“硒茶特色”的魅力和生命力，发展茶歌、茶艺、陕南特色美食、特色民宿、乡村观光旅游、健康养生等特色旅游项目，带动创业就业。着力丰富开发富硒茶叶、食用菌、莲藕、魔芋、草食牲畜、富硒林果等一批具有乡土特色的农特产品，引进的“富硒蜂糖李”特色林果项目，目前完成园区建设1100亩，茶叶旅游扶贫的综合带动效应进一步显现。

“梅花香自苦寒来”。不遗余力的艰苦奋斗和创新发展赢得社会赞誉和上级组织

认可，焕古镇自2013年以来，连续多年在全县综合目标年度考评为一等奖。2017年度，荣获省级卫生先进单位、省级卫生集镇、市级脱贫攻坚先进镇、市级食品安全示范镇、市级应急管理先进单位。焕古村被农业部命名为全国“一村一品”示范村、大连村成功创建省级卫生村、焕古村成功创建市级生态村、苗溪村和东红村成功创建县级卫生村。下一步，焕古镇党委、政府将继续立足“茶叶立镇、文旅兴镇、惠民安镇”总体部署，以“干在实处、走在前列、务实创新”为工作总基调、以追赶超越为主题，以脱贫攻坚为统揽，以茶叶产业建设和硒茶小镇建设为重点，奋力推动焕古经济、社会、民生各项事业全面进步，共同谱写焕古繁荣发展新篇章！

（撰稿：李志忠　胡伟　金绪锋）

砥砺前行谋发展　勇立潮头谱新篇

——记奋进中的麻柳镇中心学校

在巴山深处，在任河源头，在麻柳河畔，镶嵌着一颗璀璨的教育明珠——麻柳镇中心学校。麻柳镇中心学校创建至今，历经岁月的洗礼和时代的变迁，在激流中奋进，如同大浪前行，勇立潮头，成为紫阳西南边陲小镇的文化中心和基础教育人才培养的摇篮。

校长　余建安

看沧桑巨变　旧貌换新颜

麻柳镇中心学校是一所九年一贯制乡镇农村学校，学校始建于1949年9月，初定名麻柳小学，1971年春始设初中，更名为麻柳公社七年制学校，1978年更名为麻柳乡八年制学校，1990年更名为麻柳乡九年制学校，2006年11月机构改革，撤区建镇更名为紫阳县麻柳镇中心学校。目前，学校占地面积11960平方米，学校现设有9级21班，有教师58人，有在校学生1100余人，生源覆盖全镇六个行政村一个社区1.2万余人，是一所机构健全、部室规划合理、设施完备的乡镇中心学校。

和过去相比，现在的麻柳镇学校无论是办学规模，还是办学条件都发生了翻天覆地的变化。近年来，中心学校抢抓“316工程”评估、义务教育发展基本均衡县

校委会成员

左起：付斯松、徐成乾、王　松、栾成义、杨磊、邢万钺、余建安
陈龙双、任继刚、张兵诗、魏东军、贺俊、廖奎斌、吴绍志

2016年11月15日，省教育督导团到学校检查全面薄改工作

2017年4月17日，省教育督导团来学校检查督导义务教育均衡发展工作

2013年1月，市纪委副书记李均（一排左三）来学校检查验收“廉政文化进校园”示范校创建工作

2012年11月，副市长杜寿平（右二）来学校检查指导工作

2013年12月，市教育局局长马恒昌（一排左二）来学校检查指导工作

2012年5月，县委书记王晓江（中）来学校检查指导工作

2017年8月23日，县委书记赵立根到学校检查调研义务教育均衡发展工作

2016年9月23日，县教体局党委书记、局长朱平（右二）到麻柳镇调研指导教育教学工作

及“双高双普”创建机遇，使全镇学校办学条件得到极大改善。自2012年以来，先后完成了麻柳镇中心学校学生公寓楼、镇中心幼儿园、中心学校综合楼工程，赵溪小学教学楼工程，紫黄小学、书院小学综合楼建设及中心学校、紫黄小学、书院小学、赵溪小学校门及围墙新建工程，改扩建了中心学校运动场、铺设了塑胶跑道和BPU篮球场，新建了舞台和运动看台、绿化美化了校园环境。目前，中心学校正在加紧建设2017年薄弱学校改造二期综合楼工程。如今的麻柳镇中心学校正逐步向新颖别致的边陲亮点学校迈进。

彰显办学特色　促进全面发展

学校始终以“社会满意，家长放心，学生快乐”为办学宗旨，确立了“文明守纪、乐学上进”的校训；提炼出了“和谐自主、团结进取”的校风，“敬业进取、教书育人”的教风，“勤学、善问、踏实、灵活”的学风。

——**坚持制度管人，形成管理合力。**近年来，麻柳镇中心学校修订完善了《绩效工资发放办法》《校本研修学分认定实施细则》《教师考勤制度》《教师、校长交流轮岗实施办法》《教师继续教育管理办法》《村级学校教学质量奖励办法》《班主任考核办法》《学校部门管理考核办法》《学校领导班子包联工作制度》等制度，同时按照“设岗在先、职责在前”的设岗原则，细化明确各部门工作职责，使学校管理既分工明确，又彼此形成合力，着力打造了一支务实进取、办事高效的教师队伍。

——**坚持文化育人，增强文化底蕴。**一是学校在“传承国学经典，弘扬儒家文化”的基础上，将紫阳富硒茶、民歌、风土人情等家乡文化带入校园，把学校作为弘扬地方特色传统文化的重要阵地，同时精心打造“一班一品”的班级文化特色，营造了浓厚文化氛围，促进了学校和谐健康发展。二是创办校刊《柳韵》，为广大师生提供了展示自己的平台。

——**坚持活动育人，促进师生成长。**学校通过举行运动会、文化艺术节、师德演讲赛、关爱留守儿童成果展示、校园民歌比赛、党员志愿服务、教学能手评选等活动，为师生成长搭建平台。学校开设学生社团16个，涵盖音乐、体育、美术、书法等多个领域，以社团活动激发学生的兴趣，取得了良好效果。其中覃晓凤等4名学生在紫阳县少儿茶艺大赛中荣获优秀奖；2016年，学校承办了紫阳县“名师大篷车”送教下乡活动，受到了上级领导和参训教师的一致好评；2018年4月，在市群艺馆牵头举办的“脱贫攻坚·文化同行”文艺展演中，该校师生与省、市、县艺术家同台演出，获得了广泛赞誉；2018年5月，八年级学生覃剑波在紫阳县第二届中学生诗词大赛中表现突出，取得了第四名的好成绩。

——**坚持爱心育人，助力教育扶贫。**学校在留守儿童管护和贫困家庭学生帮扶上，坚持爱心育人，精准施策。一是对留守儿童进行登记造册，摸底核实，做到了如指掌。

二是学校建立亲情聊天室并按时开放。三是每天下午放学后将小学部在校住宿的留守儿童集中到教室，由专人管护。四是建立教师与贫困学生、留守儿童帮扶对子，实现了一对一，点对点帮扶。教师对帮扶学生在学习上、生活上给予力所能及的帮助，并着重在扶智和扶志上下功夫，激励贫困学生用知识改变命运，助力家庭早日脱贫。

——**坚持榜样带人，发挥示范作用。**学校切实做好了“乡村好教师”“名师风采”“我身边的好校长、好班主任、好教师、好学生”的宣传推介活动；每年评选一批“优秀教师”“优秀班主任”“先进教育工作者”“师德标兵”；在学生中评选一批“优秀班干部”“三好学生”“进步之星”“美德少年”等，同时发挥红领巾监督岗和团员示范岗的监督带动作用，在全校形成了学先进、做先进、比先进、争先进的浓厚氛围。自2012年以来，近20名教师被县委县政府授予“优秀教师”或“先进个人”，10名教师荣获“县级教学能手”称号；多名学生受到市、县相关部门表彰奖励。

抓实常规管理　提高教学质量

学校始终把教学质量作为学校发展的生命线，坚持科学管理，夯实目标任务。一是常规教学坚持以周训练、月检测为主线，教学任务坚持以周回头、月展望为基点。二是以积累基础知识、拓展学生视野、提升学生能力为长远打算，抓实一、四、七起始年级。三是坚持“课内教学+课外阅读”相结合的模式，积极推荐学生分阶段读完大纲规定的课外读物和中外名著。四是抓学生寒暑假期作业跟踪辅导和课外阅读指导，形成学生学习时间的连贯性。

近年来，学校教学质量稳步提升。2013年中考，该校人均成绩位居全县第三，综合考评成绩居全县第四，两名同学分别斩获理化、英语全县第三名；2015年中

文艺花絮

考，该校在全县参评学校中，综合排名位居全县第三，在九年制学校中位居第二，其中英语、理化人均分位居全县第一，两名同学分别斩获理化全县二、三名。2017年，该校中考综合排名位居全县第三，在九年制学校中位居第二，其中英语、理化均获全县单科成绩第一名，综合成绩优秀人数16人，500—549分9人，6人综合成绩位居全县前100名。这些成绩的取得，打破了过去麻柳教育教学质量一直处于全县中下游的魔咒，提升了麻柳教育人的自信和精气神，开创了麻柳教育发展新局面。

硕果盈枝　扬帆远航

近年来，该校先后获得“市级廉政文化进校园示范单位”、市级“三星级”美丽新校园、县级法治示范校园、县级“文明校园”、市级“五星级”美丽新校园、县级“教育先进集体”、县级“教育宣传工作先进集体”、紫阳县第二届中学生诗词大赛“优秀组织奖”等荣誉称号。

好风正劲待扬帆，初心不改再起航。学校将在巩固成绩的基础上，努力争创“三个一流”，实施好“四名工程”，奋力谱写全镇教育发展新篇章！

（撰稿：余建安　廖奎斌　邢万铖）

校园新貌

八道河的人才摇篮

——记洄水镇中心学校

校长　陈小军

洄水镇中心学校位于巴山深处八道河下游的洄水镇街道。历经几十年的发展，办学条件大幅改善，教育教学质量稳步提高，培养了超过5千名的各类人才，被誉为八道河的人才摇篮，为地方经济社会发展提供了强大的智力支撑。

历经百年的发展变迁

洄水镇中心学校的前身是创建于1941年的洄道乡国民小学校，有6级六班，学生129人，教职工11人。建国后，定校名为洄水区完全小学。1969年洄水小学带帽招收初中班,1971年招收首届高中班（后转为简师班）50名学生，校名为洄水区九年制学校。1973年中、小学分离，洄水中学设在现校址，有四级四班，初、高中二二制，春季始业，学生200余人。1982年高中停办，自此至2010年校名为洄水镇初级中学，2010年年底教育行政区划调整，在“洄水镇初级中学”加挂“洄水镇中心学校”牌子，承担本镇中小学教育行政管理工作。

洄水镇初级中学现有占地面积8483平方米，校舍建筑面积6216.8平方米；教职

校委会成员

左起：扈兴刚、刘骏、吴章安、严德海、陈小军、卢升凯、李家军、詹世杰、邓山兵

县委宣传部周锦政（右三）到学校视察工作

员工32人，设3级8班，学生410人。学校内设党支部、教导处、政教处、教育工会、团支部、总务处、学生资助中心等机构。洄水镇中心学校设置初级中学1所，完全小学2所，教学点1个，共32个班级，有中小学生1278名。

办学条件的历史巨变

洄水镇初级中学建校初期全部是土木结构校舍，办学条件极差。学校抢抓普及九年义务教育、两轮“316工程”实施和义务教育发展基本均衡县创建等契机，积极作为，争取到大量建设资金，彻底改变了学校办学条件,到2010年彻底消除了土木结构建筑。2011年以后，学校先后建成一栋教学楼、两栋学生公寓楼、两栋综合楼、一栋乡村少年宫，改扩建了中心学校运动场、铺设了200米塑胶跑道和两个硅PU球场；建成了高标准高规格的功能部室；新建了100米传统文化墙、新增校园绿化面积600多平方米；生活、体育、卫生、安全等设施设备齐全。整个校园文化气息浓，学习氛围好，绿树成荫，鸟语花香。

独具特色的内涵托展

——*校园文化润物无声*。校园整体设计突出了自己的特色，在思想观念、布局格调、育人功能上做到了和谐统一。校园充满育人气息。一是注重校园美化、绿化、净化。在校园栽了12颗直径超过10厘米的桂花树和1万多棵具有本地特色的花

教育教学设施更新

草树木，保证了四季常绿，鲜花盛开，令人心旷神怡。二是建造百米传统文化墙，向师生展示传统文化的博大精深。三是打造特色走廊文化。利用楼道主墙集中展示了名人警句、伟人画像、安全提示语等内容；在走廊上，张贴《中小学生日常行为规范》和传统美德、健康教育、环保等宣传画，让师生随时随处受到文明、团结、友爱、和谐的温馨熏染。四是塑造一流师表形象。教师用高尚师德规范自身，立德立行。五是创新活动形式。学校坚持开展“学生一日常规评比”活动，教育引导学生养成良好行为习惯；长期开展“扮靓校园、卫生评比、爱护环境”等活动，教育引导学生增强环保意识，养成讲卫生的好习惯。六是开展书香校园和书香班级创建活动，让学生在活动中汲取丰富的精神食粮，养成爱读书、读好书的良好习惯。七是丰富多彩的社团活动，陶冶学生良好情趣，提升创造美、欣赏美的能力。

——**办好少年宫，满足学生成长需求。**一是学校多方筹措资金100万余元，高标准配置了德育类、艺术类、体育类、科普制作类及办公用具等设备器材，实现了功能用房齐全，活动场所方便实用，布局合理。二是活动项目丰富，开设的棋艺、奇石、羽毛球、乒乓球、篮球、健美操、十字绣、科普、竖笛、书法、英语角、茶艺等多个特色活动项目，激发了孩子的兴趣，培养了学生综合能力。在2017陕西省乡村学校少年宫管理系统网络考核中，学校成绩名列全县第一。

用教育扶贫播撒爱的希望

一是通过大家访，摸清建档立卡贫困学生基本情况，切实将“两免一补”、“营养改善计划”等一系列教育惠民政策宣传落实到位。二是爱心帮扶不缺位，老师给帮扶对象定期送衣物和生活、学习用品，帮助解决存在的突出问题。三是对贫困学生和残疾学生定期送教上门，增强了孩子学习的信心和战胜困难的勇气。四是携手家长共同商讨脱贫致富的路子和教育孩子的方法。学校在留守儿童帮扶上，健全结对帮护机制。把经济困难、学习困难、有性格缺陷或心理障碍、行为偏激等现象的留守儿童为重点帮扶对象，做到有的放矢，因材施教。通过每周一沟通，一月一家访的工作制度；采取家长会、电话沟通、定期家访等形式；通过心理辅导、亲情室聊天、爱心资助等活动，让留守孩子在学校深切感受到了别样温暖。

凝心聚力提升教育教学质量

校园文化

几十年来，一批又一批扎根学校、安贫乐教、无私奉献的教育工作者，以提高教育质量为己任，集中力量抓教育质量提高工作。一是实现了备、讲、辅、批、考全程严格督促检查评估。二是实行教学目标责任制管理，将素质教育目标任务落实到年级组，分解到班，细化到人，教师围绕目标任务开展工作。三是严格执行教师聘任制和末位淘汰制，使教师从重资历转向重能力，从重资格转向重实绩，调动了教师的工作积极性。四是建立了学校、年级组、班主任三位一体的教学成绩管理模式，班主任工作直接接受校长领导。五是积极为教师创造良好的工作环境，注重解决教师的工作学习生活困难，把以人为本落实到实处。六是发扬“三苦”精神，教学兢兢业业，全身心抓质量。同时，学校十分重视教育科研工作，建立了完善的校本教研制度，保证了规划、制度、人员、经费、时间五到位。学校围绕两项常规、课改、高效课堂等深入开展教研活动，结合学校课改实际，立足解决课改中的突出问题，广泛开展教学研究。先后完成县级课题20多个，校本课题60多个，教师达到人人参加课题研究的目标。有效推动课改深入展开。

一分耕耘，一份收获，学校教学质量稳步提升。其中2012年中考，该校综合考评成绩居全县第一；2017年中考，该校在全县参评学校中，综合排名位居全县第五。从2007年始，学校有8次被教育体育局授予教育体育工作综合考评先进单位，还先后获得省级“依法治校示范学校”、市级“实施学校发展水平316工程优秀学校”、县级“法治先进单位”、“平安校园”、“教育工作先进集体”、“教育宣传工作先进集体”、“先进基层党组织”等荣誉称号。

十年树木，百年树人。振兴洄水教育事业任重道远，我校将铭记使命，不忘初心，锐意进取，扎实工作，努力办人民满意教育，为当地教育事业健康快速发展再立新功。

（撰稿：曾显进）

洄水小学

洄水中心学校新貌

匠心兴天茗 真心报桑梓

——茶人陈国卿回乡创建天茗茶业小记

陈国卿是紫阳县界岭镇人，从上世纪八十年代就开始在洄水镇兴办茶厂，是全县第一个走出秦岭，在西安市区开茶庄的年轻农民。如今年过六旬的他，怀揣开茶庄的所有积蓄，毅然回到家乡，在双桥镇解放村开始了他人生的第二次创业。短短3年，实现投资1540万元，标准化的示范茶园基地、壮观的厂房和3条清洁智能化深加工生产设备，使这山峦重叠、云雾氤氲的许家河恍如一夜春风，增添了一派新的气象。

总经理 陈国卿

选址建园·为家乡树立科学管护样板

在西安开办茶庄，陈国卿跑遍了全国名茶产区，要说建茶园的优越条件，家乡紫阳怎么也比不上。但他坚信富硒土壤中生长的紫阳种茶，尽管产能低，投入大，但它生产历史悠久，饮用价值颇受消费者青睐，开发前景十分广阔。他要将有限的积蓄砸进自己的家乡，用以身试水的勇气，创办实业，回报桑梓。

2014年8月，他乘着家乡招商引资的机会，选择在双桥镇解放村落户创业。这里有一片相对开阔的高山平川地，处于双桥、洞河与高桥的结合部，洞双路在此穿过，有70%的村民集居在此。在镇政府的协调下，陈国卿流转了85户村民的300亩土地。

在建园和管护上，他用高薪从福建请来3名茶园管护技师，从事常年指导；他视土壤需求选配肥料，从湖北和汉中引进镁磷肥和茶叶专用有机肥混施、从内蒙古运回羊粪和有机肥，对幼龄茶园采取开沟施肥，卓有成效地改良了土壤；面对久旱，他适时进行人工保墒、坚持带土移栽。在气温高达三四十度的六、七、八月里同样移栽茶苗，坚持人工浇水保墒、人工扫雪保温。近两年，全县9800亩新植茶苗普遍受到干旱和霜冻损失，而该他的几百亩茶苗安然无恙，长势旺向。至2015年10月，一年建园初具规模；2017年10月，科学管护大见成效。县长陈莲亲临视察，不敢相信眼前的一切是真的，感慨地说：“这才是真正的管护。老陈，你给全县做出了好样子。”被中省市农科部门授予“茶树绿色高效栽培技术集成与示范”园区、“陕西省

2016年，省畜牧局局长杨黎旭（中）来康硒天茗园区调研指导

2018年5月12日，县委赵立根书记向市农业局邹局长推介天茗白茶

2017年8月24日，省农业厅处长李思训（中）、紫阳县副县长田鑫（左）视察紫阳县康硒天茗茶业有限公司产业园区建设

县长陈莲（左三）在第三届丝路展向省农业厅领导和市委宣传部领导推荐康硒天茗白茶

茶叶农业标准化示范区”。

建厂投产·用匠心研制康硒天茗品牌

实现“一年建园，两年建厂，三年见效”的目标，对陈国卿来说不是神话而是神速。至2017年4月，他实现总投资1540万元。6600平米厂房、1400平米办公楼、400平米职工生活楼、3100平米生产车间、300平米白茶晒场、1800平米停车场等全部竣工；专电专变及绿茶、红茶、白茶三条清洁化生产线设备全面建成。2018年茶园采收鲜叶3万公斤，生产绿茶4000公斤，红茶1500公斤，白茶2000公斤。

陈国卿是一位既精于茶叶买卖，又长于兴茶制茶的全能型人才。他痴心建园的初衷，不仅仅是用样板改变家乡茶园管护观念，还有一个不为人知的美丽梦想，就是用自己培育的茶园来创建一个集种植、研发、销售、公司加农户于一体的循环式示范企业，来实现自己研发紫阳茶品牌中另一个亟待研发的品牌——紫阳白茶生产的突破。

为此，老陈除了要求员工继续精益求精地生产“紫真”、“康硒天茗”、“金州茶牙”等绿茶系列品种，他自己全身

2018年3月19日，紫阳县副县长夏志文（中）深入康硒天茗茶叶园区调研

中国农科院中茶所颜鹏博士（左一）来园区调研茶树高效栽培与示范

心地投入到“紫阳白茶”品牌的研发中。他亲临中国白茶著名产地福建茶区，拜师学艺，忍受师傅的严苛；他与福建籍茶人陈英丽结为挚友，经常切磋白茶制作要领和方法；他废寝忘食地研读朝廷对紫阳的征茶令，研究当时的紫阳“白茶”是什么茶，是怎样制作的，当今的白茶与绿茶在采摘技术、制作工序、产品特征和价值上有什么区别……

中国茶叶流通协会会长王庆（左二）与紫阳县田鑫副县长（左一）了解紫阳白茶生产情况

功夫不负有心人，他研制的产品得到了许多专家学者的一直认可。2018年6月，中国茶叶博览会在西安举行，几位专家在省质检院张建成副院长的引荐下，来到陕西展厅紫阳展室的天茗展位前。天茗茶业总经理陈国卿手捧着印有光绪三年征茶令图案的饼式“紫阳白茶”，迎接着来宾。“紫阳白茶”的突然问世，犹如晴天惊雷，让许多中、省农业、茶业界的专家学者向他投来了惊喜的目光。通过现场品尝和点评，更加坚定了他的信心。博览会结束后，他的“白茶”供不应求。他用锲而不舍的执着精神，用精益求精的严谨态度，让康硒天茗茶业成为了紫阳茶业界又一个有影响力的企业。

中国标准委员会秘书长翁坤老师（左二）、陕西省质检院张建成副院长（左三）、紫阳县田鑫副县长（左一）品鉴康硒天茗白茶

勇于担当·为企业助农致富贡献余热

“都60岁的人了，不准去冒那么大的风险！”那天，老陈是不顾家人反对，拧起简单的行囊回到家乡的。他知道今后会面临多少风险，可只为家乡助农致富做点实事的梦想，在他的一个一个脚印中精彩呈现了——

流转土地，让农民变工人。刚到解放村建厂时，老陈像做经济普查一样，问了镇上和村上干部的介绍不算，还挨家挨户地登门了解详情，听取他们对流转土地和兴茶的意见和想法。该村共有农户510户，1820人，有茶园2500余亩。在征得大多数村民同意并进行土地面积丈量核实后，共兑现土地流转资金12万元。从此，有85户村民一下子变为了工人。有的村民说：“我们这下只管在家门口干活挣钱了。”单就土地流转费一项，平均每户就能拿到500元钱，村民说：“这比荒到那里强多了。”

中茶所茶叶加工专家叶阳老师指导白茶加工生产

科学管护，发挥样板效应。实现茶园管理科学化规范化是最难做的工作。很多茶农爱凭老经验办事，特别是在修剪、采摘、除草、施肥上，认为自己兴了一辈子茶，总是与企业主“唱对台戏”。老陈对此很

有耐性，一面坚持自己的原则，“示范茶园是我的，就得按我的要求来。”；一面选择茶园大户进行对比性管护。面对2015年的持续干旱，他连续跑遍全县有移栽的地块，制定了自己的一套保苗方案。在他的严格要求与亲身带动下，被移栽的几百亩茶苗安全度过了旱季，成活率达到95%以上，创全县保苗最好记录。他力倡“什么土壤施什么肥”和标准采摘、规范修剪。为了达到科学有效管护茶园，他不惜投入财力、人力和物力，为实现科学管护茶园竭尽了全力，这方村民都称他是义务技术师。3年里，该公司累计投入配土肥料300吨，累计用于开展技术培训和技术服务价值达20余万元。样板效应得到明显发挥，茶园产值由过去的800元增长到现在的8000元，农民的兴茶积极性随着管护技能的掌握而不断提高。

因户施策，有效助农脱贫。老陈认为：“既然是招商引资回乡创业，就要把脱贫攻坚视为企业不可推卸的责任。”天茗茶业覆盖着本镇3个产茶村，他以解放村2014年在册的50户贫困户为重心，因户施策助农脱贫。仅采茶、卖鲜叶、制茶三项就解决当地劳动力就业户均增收6000元,年增收1.5万至2.5万以上的5户，1万元以上的10户，1万元以下的35户。当地老百姓散养的土鸡、土鸡蛋、土豆、腊肉等农特产品也在陈国卿的帮助下销往西安、咸阳、宝鸡等地及外来游客，开启了当地老百姓农特产品的市场之门。2018年帮扶对象扩大到了141户，人均年增收3000元以上。（撰稿：方万华）

2015年国际柔联官员代表尼克授予康硒天茗生产的紫阳毛尖为柔道中国行西安站指定用茶

2018年4月8日，西安无风堂著名书画家范长安、赵瑞安、呼延小舟等采茶问道文化之旅来康硒天茗园区访问交流

目 录

Contents

特 载

Special Features

大事记

Chronicle Events

概 况

General Situation

党政群团

Party and Government Groups

军　事
Military

法　治
Rule of Law

农 业
Agriculture

工 业
Industry

商　贸
Commerce and Trade

交通·电力
Transport·Electricity

邮政·通信
Ppostal Service·Ccommunication

城建·环保
Environmental Protection

财税·金融·保险
Finance and tax·Financing·Insurance

经济管理
Economic Management

社会事业
Social Programs

创建卫生县城和园林县城
Create Health County and Garden County

各镇概况
Introduction to Towns

人 物

Personage

附 录

Appendix

铭记初心　担当实干
奋力加快全面小康紫阳建设步伐

——在县委十五届四次全会上的讲话

（2018年1月22日）

县委书记　赵立根

一、2017年工作回顾

刚刚过去的一年，在市委的坚强领导下，县委常委会深入学习贯彻习近平新时代中国特色社会主义思想，全面落实中央和省委、市委决策部署，以脱贫攻坚为统揽，以从严治党为保证，紧紧依靠全县各级干部群众，扎实推进“五大战略”，奋力加快追赶超越，全县经济社会发展和党的建设迈上了新台阶。

一是脱贫攻坚成效明显。始终把脱贫攻坚作为最大的政治责任、最大的民生工程、最大的发展机遇，县委常委会14次专题研究脱贫攻坚工作，坚持科学统筹、精准施策，经过全县上下苦拼实干、奋力攻坚，脱贫退出12个贫困村、2016户7699人。紫阳龙头企业带动的产业技能脱贫经验得到中省市充分肯定，全省“扶志扶智·技能培训”研讨会在紫阳举行，技能脱贫带头人远元集团董事长郑远元荣获全国2017年脱贫攻坚奉献奖，远元集团荣获全国“万企帮万村”精准扶贫行动先进民营企业。苏陕扶贫协作成效明显，紫阳作为全省唯一一个贫困县参加全国东西部扶贫协作经验交流会。坚持扶贫先扶志，深入推进新民风建设，全市新民风建设扶贫扶志现场会在我县召开。紫阳富硒茶地理标志商标入选全国十大富农商标精准扶贫典型案例，全省地理标志商标助推精准扶贫现场会在我县召开。今年元月中上旬，我县顺利通过国考，极大增强了我县脱贫攻坚年度成效考核实现“双优秀”的可能性。

二是经济保持稳定增长。牢牢把握发展第一要务，突出把方向、谋大局、定政策、促改革，把党对经济工作的领导贯穿到研究谋划、科学决策、推动落实、督促检查各环节，统筹推进稳增长、促改革、调结构、惠民生、防风险各项工作。产业转型升级步伐加快，产业基础不断夯实，经济结构逐步优化，预计全县生产总值增长11%，全社会固定资产投资增长20.3%，规模以上工业增加值增长14%，社会消费品零售总额增长14%，保持了稳中有进的发展态势。

三是发展动能持续增强。深化“放管服”改革，加快相对集中行政许可权改革试点，成立行政审批服务局，紫阳“全程代理”政务服务模式被省委主要领导批示在全省推广，全省政务公开和政务服务现场会在紫阳召开，我县被国务院确定为开展基层政务公开标准化规范化试点县，紫阳作为西部唯一的县级试点单位在全国基层政务公开标准规范化试点工作推进会上作经验交流。“五证合一、一照一码”商事制度改革受到国务院和省政府通报表彰。镇纪委直接监管村（居）民监督委员会业务工作得到省市纪委肯定并在全市推广，全市镇办纪委直接监管村（居）民监督委员会业务工作改革暨重点工作现场推进会在我县召开。“三位一体”警务创新模式在全国公安机关改革创新大赛上荣获铜奖。司法体制改革、农村集体产权制度改革、农村“三变”改革试点、基层妇联改革等改革工作稳步推进，发展动力活力不断增强。

四是城乡环境更加宜居。牢固树立绿水青山就是金山银山理念，全面落实“河长制”“网格化”监管责任，全力整改中省环保督察反馈问题，扎实推进垃圾、污水处理工程建设，汉江出紫断面水质稳定达标。持续打好“减煤、控车、抑尘、治源、禁燃、增绿”组合拳，推进农村环境综合整治，大力实施生态绿化工程，污染减排达到预定目标，县城环境空气质量保持省市前列。统筹推进山水人文县城、特色小镇、重点镇和美丽乡村建设，成功创建国家卫生县城，城市功能逐步完善、品位持续提升，县住建局被住建部、人事部联合表彰为全国住建系统先进集体。

五是民生保障不断提升。始终坚持以人民为中心的发展思想，协调发展社会事业，群众获得感不断增强。义务教育均衡发展创建工作高分通过验收，教育质量持续提升，二本上线人数连续十一年保持增长。率先在全市完成城乡医保整合，实现省内异地就医直接结算报销。深入推进社会主义核心价值观“六进六促”活动，扎实开展送文化下乡，群众文化活动丰富多彩。成功举办紫阳富硒茶北京、银川推介会，央视《乡约·紫阳》成功录制播出，央视大型纪录片《中国影像志·紫阳篇》开机录制，紫阳美誉度、影响力大幅提升。扎实推进平安紫阳建设，有效应对了20年一遇的强秋淋灾害，统筹抓好安全生产、信访维稳等工作，社会大局和谐稳定，人民群众安居乐业。

六是党的建设全面加强。认真履行从严管党治党主体责任，迅速掀起学习贯彻党的十九大精神热潮，全面落实意识形态工作责任制，实行科级干部任前政治理论考试制度，推进“两学一做”学习教育常态化制度化。鲜明用人导向，用好“三项机制”，鼓励激励提拔50人、容错纠错免责24人、能上能下免职16人，提拔使用35名脱贫攻坚一线干部。实施

“百名人才引进计划”，引进各类人才391名。坚持党建引领脱贫，加强各领域党建工作，整顿软弱涣散村党组织17个，统筹整合四支力量，推进“党支部+X+贫困户”强基工程，把党的力量挺在了脱贫攻坚最前沿。深入开展“为政不为”作风专项整治，坚持不懈纠正“四风”，扎实推进“三个助力”专项巡察，县委巡察实现镇村全覆盖，重拳整治侵害群众利益不正之风和腐败问题，全县纪检监察机关共处置问题线索474件，党纪政纪处分231人，党风政风和社会风气进一步好转。

县委常委会高度重视自身建设，带头践行“四个意识”，不折不扣贯彻落实党中央决策部署，始终在思想上政治上行动上同以习近平同志为核心的党中央保持高度一致。带头加强学习和调查研究，带头遵守党章党规，带头贯彻民主集中制，着力提高科学决策、民主决策、依法决策水平。充分发挥总揽全局、协调各方作用，支持和保证人大、政府、政协和法院、检察院依法依章程，独立负责、协调一致地开展工作，完成共青团、妇联、工商联换届，形成了推动追赶超越的强大合力。

同志们，实践证明，轻轻松松不能取得成绩，安安逸逸不能推动发展，紫阳的事业是全县上下万众一心干出来的、拼出来的。回顾一年极不平凡的奋斗历程，我们经历了考验，收获了成绩，更被无数感动击中泪点。在脱贫攻坚这场没有硝烟的硬仗中，广大党员干部面对艰巨繁重的工作任务，舍小家、顾大局，鏖战高温、顶风冒雨，冰天雪地、不惧严寒，披星戴月、夜以继日地奋战在脱贫攻坚第一线。重担千钧始向前、辛苦劳累终不悔，很多干部累倒病倒在扶贫工作岗位，三名干部将生命永远定格在脱贫攻坚路上，广大党员干部用苦干实干的实际行动，诠释了特别顾大局、特别敢担当、特别重协作、特别能吃苦、特别讲奉献的脱贫攻坚精神！以担当负责的态度、无怨无悔的付出，展示了新时代紫阳干部群众的精神风采！用智慧、汗水、热血甚至是生命，谱写了紫阳决胜全面小康最嘹亮的战歌！我们为紫阳有这样一支敬业奉献、能打硬仗的干部队伍感到无比骄傲和自豪，让我们向奋战在脱贫攻坚一线的各级党员干部致以崇高的敬意和诚挚的问候！硝烟犹在，旌旗已扬，脱贫攻坚依然在路上，让我们铭记2017，携手再战2018，向人民、向历史再交上一份满意的年度答卷！

实践中我们深刻体会到：党的领导是推进伟大事业的保证。过去一年，我们在习近平新时代中国特色社会主义思想的指引下，县委团结带领全县人民攻坚克难，加快了紫阳改革发展步伐。我们必须始终坚持党的集中统一领导，不折不扣落实中央和省委、市委的决策部署，把县委作出的决定、确定的事情，一件一件落细落实，一项一项干好干成。加快发展是解决一切问题的根本。发展不充分、不平衡仍然是紫阳最大的县情，我们必须保持落实“五新”战略任务、建设西北生态经济强市、加快实施“五大战略”的发展定力，在推动发展上敢担当、善作为，以实实在在的举措追赶超越，努力使紫阳发展水平更高、质量效益更好、群众获得感幸福感安全感更强。改革创新是激活发展动能的引擎。过去一年，我们坚持不懈改革创新，探索实践了一些影响深远的工作，得到各级肯定和群众认可。我们必须在更大范围内推进思想解放，在更深层次推进改革创新，善于用开放的视野集聚资源，用改革的手段破解难题，用创新的方法推动工作，探索新实践、打造新亮点、推动新发展。苦拼实干是实现追赶超越的基石。紫阳的事都是一件一件干出来的，唯有实干苦干真干，才能推动发展。凡是认准的事必须一往无前抓到底，敢于攻坚破难、勇于啃硬骨头、善于真抓实干，用我们的担当作为、苦拼实干，一步一个脚印把紫阳的各项工作推上一个新台阶。精诚团结是推动紫阳发展的法宝。紫阳发展取得的显著成效，是中央和省委、市委坚强领导的结果，靠的是县级四大班子精诚团结，靠的是各级党组织凝心聚力，靠的是全县人民万众一心。我们必须始终珍视团结、维护团结、加强团结，全县上下凝心聚力、众志成城，就没有克服不了的困难，就一定能够汇聚加快发展的磅礴力量。

在看到成绩的同时，我们必须清醒认识到存在的问题：经济总量偏小，结构不优，发展质量不高；重大产业项目引入不够，投资环境不优，招商引资签约多、落地少，项目建设进展不快，一些项目久议不决、久拖不建、久建不成的现象依然存在；全县贫困面大，贫困程度深，减贫成本高，基础设施欠账较多，公共服务、社会保障与群众期盼还有差距，改善民生的任务较重；支撑发展的各类人才匮乏，一些干部担当不足、本领恐慌，不愿为、不敢为、不干事、不担责的现象不同程度存在。对于存在的问题，我们必须采取有效措施，认真加以解决。

二、2018年工作部署

2018年是贯彻党的十九大精神的开局之年，是改革开放40周年，是决胜全面建成小康社会、实施“十三五”规划承上启下的关键一年。党的十九大对新时代党和国家事业发展作出了重大战略部署，深入学习贯彻党的十九大精神和习近平新时代中国特色社会主义思想是全县当前和今后一个时期首要政治任务，必须紧扣学懂弄通做实，继续深化抓首要、大学习、促发展，以习近平新时代中国特色社会主义思想统揽全局、武装头脑、指导实践，用新思想铸就绝对忠诚、强化责任担当、提升工作本领，使之成为推动紫阳经济社会发展的强大思想武器。中央经济工作会议、中央农村工作会议、全国扶贫开发工作会议，明确了2018年经济工作、农村工作、扶贫工作的总体要求、政策导向、目标思路和重点任务，为我们做好今年各项工作提供了根本遵循。省委十二届三次全会和市委四届五次全会紧紧围绕新时代战略安排、重大部署和党的建设总要求，对各项工作进行了系统部署，为我们理清了思路、明确了基调、指明了方向。各级各部门要深刻认识到，2018年既有攻坚深度贫困的艰巨任务，又有推动高质量发展的全新要求，必须加强党对经济工作集中统一领导，切实把党的领导贯穿到经济社会各个领域、改革发展每个环节，既要坚持“稳中求进”的总基调，也要坚持“发展为要”的硬道理，快干实干会干，推动紫阳各项事业持续健康发展。

2018年全县工作总体要求是：**认真学习贯彻党的十九大精神，以习近平新时代中国特色社会主义思想为指导，全面落实中省市部署，坚持新发展理念，牢牢把握稳中求进工作总基调，按照高质量发展要求，以供给侧结构性改革为主线，以追赶超越为主题，以脱贫攻坚为统揽，突出抓重点、补短板、强弱项，统筹做好稳增长、促改革、调结构、惠民生、防风险和党的建设各项工作，扎实推进“五大战略”，加快全面小康紫阳建设步伐。**

县委常委会综合各方面因素，提出2018年经济社会发展主要预期目标是：**生产总值增长10%，全社会固定资产投资增长15%，规模以上工业增加值增长13%以上，社会消费品零售总额增长13.5%，地方一般预算收入增长6%，城乡居民收入分别增长8.5%和9%；完成市定污染物减排和节能降耗任务，汉江出紫断面水质稳定保持国家Ⅱ类标准，实现38个贫困村3.35万贫困人口脱贫退出。**

实现上述目标，要全力抓好三个方面工作。

（一）坚持统筹统揽，全力攻坚深度贫困

去年目标，基本实现。今年任务，更加艰巨。当前，面对紫阳扶贫工作进入啃最难啃的硬骨头的深度攻坚阶段，我们要坚决按照党中央统一部署和省、市委的整体安排，坚持精准扶贫、精准脱贫基本方略，以攻坚深度贫困堡垒为重点，以扶贫领域作风专项治理为抓手，以提高脱贫攻坚实效为导向，采取更加有力的举措、更加集中的支持、更加精细的工作，继续以坚韧不拔的毅力、坚定执着的信念，全力打好精准脱贫攻坚战。

一要坚持科学统筹，聚力整体推进。强化系统思维，始终坚持以脱贫攻坚统揽县域经济社会发展全局，把脱贫攻坚与乡村振兴战略紧密衔接，继续按照去年县委确定的“四抓四结合”统筹推进工作思路，把抓整体稳定脱贫与县域经济发展、贫困村脱贫与非贫困村脱贫、当年计划出列村脱贫与以后年度出列村脱贫、已出列村巩固提升与未出列村集中帮扶有机结合起来，综合施策、统筹推进贫困村与非贫困村协调发展、贫困人口与非贫困人口共同致富。这里强调统筹推进，就是一定不能忽视非贫困村脱贫攻坚工作。全县43个非贫困村，贫困发生率达23%，可以说，非贫困村脱贫攻坚任务十分艰巨，也是各级督查检查和考核评估的重要内容。各镇要组织强有力的帮扶工作队，进驻非贫困村抓实抓好精准帮扶工作；各相关部门要给予强有力的政策、资金和项目支持，切实提高非贫困村脱贫攻坚工作成效。同时，着力探索解决“边缘户”帮扶问题，实现非贫困户产业帮扶政策普惠，确保兼顾各方、不留“死角”。

二要注重脱贫质量，聚力全面提升。脱贫是底线，小康是目标。贫困村、贫困户脱贫退出只是完成了脱掉绝对贫困的底线任务。确保脱贫村高标准脱贫、高质量致富，一定要坚持有效减贫与巩固脱贫成果两手抓，构建防范返贫长效机制。对按规定程序已脱贫退出的脱贫村，在攻坚期内保持扶贫政策不变、支持力度不减、帮扶队伍不撤，深化帮扶工作，提高脱贫质量，全面实现脱贫村稳定脱贫、基础设施、产业扶贫、生态保护、人口素质、公共服务、村级组织“七个提升”。大力实施乡村振兴战略，探索开展乡村振兴综合示范村建设，在非贫困村和已出列村中选择一批基础条件好、发展潜力大、村级班子强的行政村，科学规划，深入帮扶，全面提升，兴产业、兴生态、兴文化、兴人才，打造融合发展、共同富裕、质量兴农、绿色发展、文化兴盛、治理有效的综合示范村。

三要强化支持保障，聚力深度攻坚。聚焦35个深度贫困村，深度改善贫困村生产生活生态条件，深度调整产业结构，深度推进农村集体产权制度改革，深度落实各项扶贫惠民政策，实施到村到户“六八”工程，即帮扶力量到深度贫困村“六个一”：每个贫困村有一位县级领导包抓、一个帮扶部门包联、一位“第一书记”常驻、一个企业或合作社帮带、一个互助资金协会帮筹、一名村医驻村。帮扶措施到户“八个全覆盖”：对贫困户实现干部帮扶全覆盖、技能培训全覆盖、有劳动能力的中长期产业项目或有条件的公益性岗位就业全覆盖、有需求的小额信贷全覆盖、子女助学政策全覆盖、新合疗等健康扶贫政策全覆盖、安全住房全覆盖、符合条件的兜底保障政策全覆盖。

四要优化政策机制，聚力落地落实。坚持项目向脱贫攻坚布局、资金向脱贫攻坚倾斜、力量向脱贫攻坚聚合，全面压实责任、落实政策、做实工作。责任落实方面，继续推行脱贫攻坚片区作战机制，夯实“三个一”和“八办两组五保障”工作责任，建立指挥部定期研判机制。压实干部结对帮扶责任，加强“四支队伍”管理，强化政策保障，更加关心关爱干部，激励广大干部在脱贫攻坚主战场履职尽责、建功立业。扎实开展扶贫领域作风问题专项治理，完善督查检查和考核评估办法，以务实苦干的作风和公平公正的考核推动脱贫攻坚“三落实”工作。政策落实方面，落实强有力的投入保障政策，根据脱贫需要，实行项目供给制，攻坚期内每个深度贫困村投入不低于1000万元，一般贫困村投入不低于800万元，非贫困村投入不低于500万元。完善产业扶贫政策，制定更加有效的龙头企业培育、专业合作社发展、到户产业直补政策，大力扶持发展长效产业，有效支撑稳定脱贫。加大金融扶贫政策落实力度，保证贫困户有效信贷需求，实现应贷尽贷。全面落实好健康扶贫、教育扶贫、兜底保障各项政策，做到开发式扶贫与保障式扶贫并重。工作落实方面，扎实落实“八个一批”脱贫举措，系统推进“支部+X+贫困户”、“三变”改革、新社区工厂、新民风建设、帮扶干部素质提升“五大工程”，集中攻坚，实现突破。把培育富民产业作为实现稳定脱贫的治本之策，以“三变”改革为抓手，大力推行“主导产业+龙头企业+合作社+贫困户”模式，发展壮大特色产业，完善利益联结机制，带动贫困户增收脱贫。要全面完成后三年易地扶贫搬迁任务，坚持以户定建、以业促搬，解决好搬迁群众就业问题。持续加大免费职业技能培训力度，充分整合就业扶贫公益专岗等帮扶资源，优先安置符合条件贫困劳动力。扎实推进生态扶贫，提高贫困人口参与度和受益水平。深化与新北区扶贫协作，努力在劳务协作、产业合作、人才支援等方面取得更多实质性进展。加强省市定点扶贫和部门驻村帮扶工作，扎实推进“百企帮百村”等社会扶贫活动，凝聚决胜脱贫攻坚的有效合力。

（二）聚力追赶超越，加快县域经济发展

一要全力扩大有效投资。要精准谋划项目。瞄准国家政策支持的重点领域、重点行业、重点布局和省市工作部署，围绕基础设施、特色农业、生态旅游、富硒资源开发等，加大项目谋划的广度和深度，加强与省市部门对接，争取更多项目列入省市项目库。要高效推进项目。夯实重点项目领导包抓责任制，列出重点项目清单，明确责任领导、责任人和具体措施，一月一督查、一月一调度，切实解决项目建设征地拆迁、资金保障等问题，优化建设环境，强化项目可研、立项、招标、标后监管，确保项目建设进度和质量，完成年度投资116亿元。要全力引进项目。把今年作为“招商引资突破年”，制定出台并严格落实招商引资优惠政策，大力开展产业链招商、亲情招商、以商招商和领导带队招商、小分队跟进招商，提升精准招商水平，提高项目履约率、开工率，扭转签约多、落地少、建成更少的局面。实行招商引资工作单项考核，严格兑现招商引资奖励办法，重奖招商有功之臣。要优化营商环境。扎实开展“营商环境提升年”活动，各级各部门“一把手”要直接上手抓环境、抓招商、抓服务，做到亲自接待、亲自洽谈、亲自协调、亲自督办。建立投资环境倒逼问责机制，开展“企业家测评局长、股长”活动，严肃查处阻挠项目建设、干扰企业生产经营的人和事，努力营造一流的招商、营商、安商环境。

二要大力培育实体经济。要抓实产业发展。以富硒茶、富硒水、富硒食品为重点，加快发展富硒食饮品加工业，力促浩翠富硒矿泉水等项目建成投产，推动新型工业快速发展。突出文旅融合做大三产，加快擂鼓台、会馆小镇、硒茶小镇等重点景区开发建设，大力发展乡村旅游，打造精品旅游线路，积极开展文化旅游主题活动，推动紫阳文化旅游加快发展。大力发展电子商务、商贸物流、家政物业、健康养老和分享经济、信息经济、消费经济等新型业态，以高质量供给激活市场、扩大消费。要抓实企业培育。把促进企业做大做强作为抓好实体经济发展的重要任务，加大精准服务力度，加大规模工业企业培育，搭建银企合作平台，保障各类生产要素供给，帮助困难企业恢复生产，促进成长型小微企业晋规升级。大力弘扬企业家精神，构建“亲”“清”政商关系。要抓实园区平台。科学编制富硒生态产业园区发展规划，加快基础设施和标准化厂房建设，切实做好入园企业跟踪服务，力促富硒大米深加工等项目尽快入园，确保绞股蓝深加工、蓝黑板石废料综合开发利用项目建成投产；加大园区招商引资力度，全年引进入园企业6家；加快推进硒产业研究院综合体建设，强化科研攻关，助力企业开发新产品和延长产业链。实施产业融合与园区提升工程，力促48个现代农业园区做优产业、打造品牌、提升效益，新培育认定县级现代农业园区18个，带动特色产业发展、农民增收。

三要奋力推进乡村振兴。要做大富硒特色农业。持续推进茶叶、魔芋、核桃等特色产业，大力发展山林经济和林下种养产业，因地制宜发展流水养鱼产业。推动茶产业融合发展，提升茶叶基地建设水平，注重老茶园开发利用和低产茶园改造，加强产品质量安全监管，推进加工体系、营销体系、溯源体系建设和富硒茶标准升级。不断挖掘利用农村特色资源，大力发展休闲农业、设施农业等新型业态，扶持培育农业产业化企业、农民专业合作社等新型经营主体，依托龙头企业带动，通过规模经营、精深加工、物流销售等途径实现农产品增值，使传统农业成为第二产业的第一车间、第三产业的基地和依托，提高农业全产业链收益。要夯实农村发展基础。切实抓好G541国道、汉王跨汉江大桥等交通枢纽工程建设，启动建设擂鼓台旅游公路、焕古跨汉江大桥。按照“四好农村公路”要求，扎实实施通村水泥路和产业道路、旅游公路、连户路建设，启动建设镇域、村域互联互通道路、桥梁建设，提升镇村道路畅通能力。加快农村安全饮水、电网改造、光纤进村等农村基础设施建设，补齐农村公共服务、基础设施和信息流通等方面短板。要建设美丽宜居城乡。加快山水人文县城建设，按照“老城区做减法、新城区做加法”要求，加快河堤路综合改造、滨江生态广场、仁和国际社区、西门河新区等县城重点项目建设，积极稳步推进县城棚户区改造，有序推动县城扩容提质。巩固提升国家卫生县城创建成果，扎实推进省级生态园林县城、省级生态文明示范县建设，推进城市管理执法体制改革，全面开展市容市貌整顿、公共设施维护、社会文明提升等行动，着力加强城市车辆停放管理，推动城市治理长效精细。持续抓好蒿坪副中心、焕古硒茶小镇、瓦房会馆小镇和美丽乡村建设。要严格生态环境保护。始终把汉江水质保护放在首位，强力护水、重拳控污、全力治脏、合力添绿，厚植生态本底。抓实“河长+警长”等长效监管机制，加快县城、沿江集镇和集中安置社区垃圾、污水处理设施建设，加强城镇水源地保护，确保汉江水质持续稳定达标。突出抓好中省环保督察反馈问题整改，切实抓好向阳含钡渣土综合治理、蒿坪河流域重金属污染防治等工程，开展农村环境综合整治，全面推进农村垃圾、污水、厕所专项整治“三大革命”，大力实施水土保持、天然林保护、绿化造林等生态保护工程。严格落实生态环境保护党政同责、一岗双责，严格落实“管发展必须管环保、管生产必须管环保”的环保责任，做到有责必履职、失职必追责。

四要着力深化改革创新。统筹推进“互联网+政务服务”、相对集中行政许可权改革、基层政务公开试点和商事制度改革，让各类群体创业更顺畅、办事更方便。深入实施农村土地制度改革，全面落实第二轮土地承包到期后再延长三十年政策。扎实推进农村土地“三权分置”改革和集体土地产权制度改革，积极稳妥推进农村“三变”改革。建立农村产权交易中心，强化土地承包经营权流转管理和服务。建立健全政府债务风险防控机制，规范政府举债行为，摸清政府债务特别是隐性债务底数，从严论证审批、从严监管控制，让债务规模与经济社会发展相适应。进一步修改完善招投标管理办法，落实项目业主主体责任和行业部门监管责任，严厉打击“围标”“串标”等现象。积极稳妥、依法依规处置“僵尸企业”“僵尸项目”。围绕富硒产业加快科技创新，加强硒产品溯源认证检测中心、县茶叶研究所、紫阳养生硒陶研究院等平台建设，建设紫阳硒产业研究院及富硒产业孵化服务中心，加强与科研院校产学研对接，在科技成果转化上取得新突破。

（三）保障改善民生，促进发展成果共享

一要统筹发展社会事业。坚持尽力而为、量力而行，以实施好城乡20件实事为抓手，稳定扩大普惠性民生，提高优质民生供给。坚持教育优先发展，以“双高双普”创建为抓手，优化城乡教育资源配置，促进学前教育普惠优质发展，逐步解决好“大班额”、婴幼儿照护、儿童早期教育服务以及留守儿童关爱等问题；深化教育管理体制改革，健全竞争激励机制，调动教师队伍积极性，努力提高教育质量，全面争创“三个一流”。积极推进“健康紫阳”建设，加强县级医院能力建设，实施基层医疗卫生机构标准化建设，积极推行分级诊疗、家庭医生签约、医养结合新模式，保障基本医疗服务有效供给。加强文化事业发展，出台《紫阳县推动文化大发展大繁荣建设文化强县的实施意见》，深入挖掘紫阳“茶歌道”文化内涵，推进文艺精品创作，开展主题文化活动，加快文旅融合发展。坚持计划生育基本国策，促进人口均衡发展。扩大有组织劳务输出，多渠道保障高校毕业生、农村劳动力等各类群体充分就业。充分发挥社会保障“安全网”功能，落实全民参保计划，统筹做好城乡居民基本医疗保险、大病保险和养老保险工作，建立健全覆盖城乡的社会保障体系。

二要强化社会治理创新。坚持党委领导、政府负责、社会协同、公众参与、法治保障，着力打造共建共治共享的社会治理格局。全面加快县镇村三级综治维稳中心建设，大力推进治安防控科技化、智能化，依法防范和打击各类违法犯罪活动，建设高水平“平安紫阳”。深化信访法治化建设，严格落实领导干部接访下访和包抓重点信访问题工作机制，积极回应群众关切，及时化解社会矛盾。加强对食品药品、防汛防滑、道路交通等重点行业、重点领域的监管执法和隐患整治，坚决防范重特大事故发生。

三要加强民主法治建设。支持人大、政府、政协和监察委、法院、检察院依法依章履行职能、开展工作、发挥作用。深入开展“七五”普法，全面落实司法责任制，积极推进司法行政体制改革和法律服务工作，严格规范、公正文明执法，不断改善人民群众司法感受。强化党管武装工作。稳妥推进群团组织改革，发挥工会、共青团、妇联、科协、残联等群团组织作用。加强同民主党派、工商联和无党派人士的团结合作，做好老干部、统战、对台和民族宗教工作，调动一切有利于发展的积极因素，形成推动紫阳决胜小康、追赶超越的强大合力。

三、推动全面从严治党向纵深发展

进入新时代，担当新使命，必须全面贯彻落实新时代党的建设总要求，一刻不停歇地推动全面从严治党向纵深发展，为新时代紫阳追赶超越提供坚强保证。

一要从严抓好政治建设。要旗帜鲜明讲政治。坚持把加强党的政治建设摆在首位，切实增强“四个意识”，坚定“四个自信”，做到“四个服从”，坚决维护习近平总书记在党中央和全党的核心地位，坚决维护党中央权威和集中统一领导，把维护习近平总书记的核心地位作为最大政治，把维护党中央集中统一领导作为最高原则。要严格遵守政治规矩。各级党组织和广大党员干部要一切行动听党指挥，坚决贯彻执行党中央决策部署，不折不扣落实省委、市委和县委各项要求，认真学习贯彻、严格执行《中共紫阳县委工作制度》《中共紫阳县委贯彻落实“三重一大”事项集体决策制度实施办法》以及领导干部外出请假报备等规章制度。要严肃党内政治生活。自觉尊崇遵守党章党规，严格执行新形势下党内政治生活若干准则，坚决落实重大问题请示报告制度，坚持和完善民主集中制，用好民主生活会、组织生活会这个重要载体，用好批评和自我批评这个锐利武器，从严落实“三会一课”等基本制度，着力增强党内政治生活的政治性、时代性、原则性和战斗性，切实使党内政治生活严肃严格起来。要涵养健康政治文化。积极践行忠诚老实、公道正派、实事求是、清正廉洁等价值观，构建清清爽爽的同志关系、规规矩矩的上下级关系、干干净净的社会关系，坚决反对言行不一，搞两面派、做两面人，自觉加强党性锻炼，提高政治觉悟、政治能力、政治担当，永葆共产党人政治本色，推动形成良好的政治生态和政治环境。

二要从严抓好思想建设。要坚定理想信念。认真组织学习贯彻新党章，扎实开展“不忘初心、牢记使命”主题教育活动，教育引导广大党员干部牢记党的宗旨，坚守理想信念，强化政治担当。要做实教育培训。要加快县委党校建设，发挥党校大学习、大培训主阵地作用，加强党的新理论新思想新理念、党章党规党纪等教育培训，实现全县党员领导干部教育培训全覆盖，提高党员干部政治素质和能力。要强化党性锻炼。全面落实中心组学习和“三会一课”、民主生活会、谈心谈话、民主评议党员等基本制度，在党内政治生活中锻炼党性。始终把党的力量挺在脱贫攻坚最前沿，发挥党员一线带头攻坚作用，在工作实践中锤炼党性。挖掘红色文化资源，发挥芭蕉口中共安康地委机关旧址等党性教育基地作用，教育党员干部做党的光荣传统和红色基因的传承者。要抓牢意识形态。牢牢掌握意识形态工作领导权，严格落实“五制一体化”意识形态责任制度体系，管好阵地、管好媒体、管好舆论，坚持团结鼓劲、正面宣传为主的舆论导向，传递紫阳好声音、展示紫阳好形象。积极践行社会主义核心价值观，深入开展“六进六促”活动，加强思想道德建设，广泛开展精神文明创建、道德实践和文化惠民活动，弘扬新风尚，激发正能量。

三要从严抓好干部队伍建设。要突出政治标准选用干部。坚持好干部标准，把政治标准摆在首位，突出政治过硬、纪律严明、本领高强“三条要求”，用好“三项机制”，牢固树立“三重”用人导向，重点在脱贫攻坚、追赶超越、信访维稳等“吃劲”的地方培养锻炼、选拔使用一批优秀年轻干部，着力改善领导班子结构。注重培养选拔女干部、少数民族干部和党外干部。要切实严格监督管理干部。全面推行干部实绩档案机制，完善年度目标责任制考核办法，强化单位内部考核管理，强化为政必为的意识，提高为政会为的能力，追究为政不为的责任，营造为政愿为的环境，激发干部主动担当作为。要锻造提升干部能力本领。实施领导干部素质全面提升工程，通过集中培训和实践锻炼，全面增强各级干部“八种本领”，切实解决少数干部知识退化、思想僵化、本领弱化和能力欠缺、责任欠缺、激情欠缺等问题。要实施重点引才育才工程。出台《紫阳县关于加强人才工作的意见》，围绕人才引进、培养、管理、服务等环节建立科学引才育才规划，着力解决目前党政人才、专业人才紧缺问题。加大急需紧缺人才招录引进，对于一些技术性、事务性的工作，要在政策允许范围内拓宽思路，积极尝试合同聘请、向社会购买服务等途径解决人力不足的问题。要妥善解决干部借调问题，坚决杜绝不按程序随意借调干部。要抓好用好苏陕扶贫协作机遇，选送一批优秀干部到发达地区锻炼，开阔视野、提升能力。要认真落实激励机制，让人才引得进、留得住、用得好，把各方面人才集聚到紫阳发展事业中来。

四要从严抓好基层组织建设。要突出政治功能，切实提升组织力。严格落实抓基层党建工作责任制，推行基层党建重点镇管理制度，严肃问责不履职、不尽责的行为。持续深入开展基层组织建设“六大提升行动”，统筹推进各领域基层党建工作，积极探索城市党建、智慧党建、示范党建创新，解决基层党组织弱化、虚化、边缘化问题。要建好建强支部，切实提升战斗力。树立党的一切工作到支部的鲜明导向，2018年5月底前完成村“两委”换届工作，选好配强村党组织带头人和第一书记，注重从农村致富带头人、返乡创业人员、大学生村官等优秀人才中选拔村“两委”成员，不断提升村党组织引领发展、脱贫致富、服务群众的能力。持续抓好村级后备干部“青苗工程”，全面推行“支部+人才+实体+贫困户”人才兴业模式，开展“双培双带”“双建双带”工程。要强化党员日常教育管理，积极探索党员分类管理、积分管理机制，切实解决党员“日常管理难、表现评价难、作用发挥难、考核量化难”等问题。要建立“党员活动日”制度，扎实开展“主题党日”等活动，推进党内组织生活规范。推进党务公开，充分保障党员权利，回应党员群众关切。要发挥服务作用，切实提升凝聚力。要用心关爱党员干部，落实干部定期健康体检制度和年休假制度，建立完善村干部报酬增长、离任村干部生活补贴、为在职村干部购买意外伤害保险等关怀机制，让基层党员干部始终感受到组织的温暖；要用情服务人民群众，持续深化联系服务群众“五个一”工作品牌创建，强化干部包联，拓展基层服务，联动解决群众困难，增进党员干部与群众感情。

五是从严抓好党风廉政建设。要夯实“两个责任”。压实靠牢“两个责任”，认真履行“一岗双责”，严格执行“一案双查”，推动主体责任、领导责任、监督责任具体化、清单化，综合运用通报曝光、班子调整、组织处理、执纪审查、纪律处分等多种方式方法，倒逼各级党委（党组）书记把管党治党的主体责任担当起来，把“第一责任人”职责履行到位，切实做到真管真严、敢管敢严、长管长严。要注重抓早抓小。坚持把纪律和规矩挺在前面，常态化开展党风党纪和廉洁自律教育，做到警钟常鸣，注重家庭家教家风，筑牢拒腐防变的思想防线和行为底线。用好监督执纪“四种形态”，在第一种形态上下更大功夫，发现苗头及时提醒，违反纪律立即处理，让党员干部知敬畏、存戒惧、守底线。要加强党内监督。推进巡察工作规范化、常态化，开展对县直部门党组织巡察工作。深入推进监察体制改革，组建县监察委员会，实现对所有行使公权力的公职人员监察全覆盖。完善提升镇纪委直接监管村（居）民监督委员会业务工作，提高村监委会履职能力和监督实效。加强派驻纪检组能力建设，探索建立执纪审查团队制、层级负责制等制度，不断加强全县纪检监察干部队伍建设，切实提高纪检监察干部队伍素质。要严惩腐败行为。持续保持反腐败高压态势，既要重点查处政治腐败和经济腐败相互交织的案件，不收敛、不收手、群众反映强烈的重点领域、关键环节的腐败问题，又要重拳整治群众身边的“蝇贪”“微腐败”，抓好扶贫等领域腐败和作风问题专项治理，严肃问责各种不落实、慢落实和选择性落实等“软腐败”行为，着力构建不敢腐、不能腐、不想腐的体制机制，努力营造山清水秀的政治生态。

六是从严抓好作风建设。要严防“四风”反弹回潮。坚决贯彻落实习近平总书记关于进一步纠正“四风”、加强作风建设的重要批示精神，严格落实中央八项规定实施细则精神和省委、市委办法细则，出台县委落实中央八项规定实施细则加强作风建设的制度，密切关注隐形变异等新表现新现象新问题，抓住“关键少数”，发挥“头雁效应”，严肃查处官僚主义、形式主义问题，坚决纠正表态多调门高、行动少落实差等突出问题，决不允许上有政策、下有对策，决不允许有令不行、有禁不止。要看住小事、管住细节，对违反中央八项规定精神问题一寸不让、露头就打，坚决防止“四风”反弹回潮、隐形变异。要担好紫阳发展之责。各级党员干部要始终保持热爱紫阳、建设紫阳的干事激情，担好改革之责、发展之责、稳定之责，决不能当旁观者、评论家，决不能守摊子、混日子。要敢担当、真担当，善作为、真作为，敢于攻坚碰硬，善于破解难题，千方百计谋发展、抓发展，确保安排的工作有力推进、定下的项目快速建成、明确的事情迅速落实、发现的问题妥善解决，以“辛苦指数”换取群众“幸福指数”。要大兴苦干实干之风。要大力精简会议和文件，严格控制各类检查评比和外出考察学习活动，多到镇村一线去，多到项目工地去，多到企业车间去，多到群众身边去，立言立行、马上就办、紧抓快办，集中精力抓落实。实行重点工作、重大事项主要领导交办制、分管领导负责制、责任部门承办制、专门机构督办制，县委常委会坚持定期听取重点工作、专项工作汇报，对经济指标完成情况、重点工作推进情况通报到责任领导、承办部门，坚决防止管而不抓、抓而不紧、抓不到底的现象。各级领导干部特别是主要领导要带头示范、以上率下，既“挂帅”又“出征”，决不能当甩手掌柜，带头少说多干、真抓实干、埋头苦干，带头说实话、出实招、求实效，不搞花架子，多干实在事，推动形成全力以赴抓落实、凝心聚力促发展的浓厚干事创业氛围。

同志们，美好蓝图变为现实，必须不驰于空想、不骛于虚声，一步一个脚印，踏踏实实干好工作。让我们高举习近平新时代中国特色社会主义思想伟大旗帜，在省委、市委的坚强领导下，不忘初心、牢记使命，坚定决战决胜信心，发扬苦干实干精神，奋力加快全面小康紫阳建设步伐!

政府工作报告

——在紫阳县第十八届人民代表大会第三次会议上

（2018年2月7日）

紫阳县人民政府县长　陈　莲（女）

一、2017年工作回顾

过去一年，在县委的坚强领导和县人大、县政协的监督支持下，全县上下深入贯彻新发展理念，全面推进“五大战略”，经济发展稳中有进，人民生活持续改善，圆满完成了县十八届人大二次会议确定的目标任务。全年实现地区生产总值90.77亿元，增长11%；全社会固定资产投资102.85亿元，增长21.3%；一般公共预算收入1.2亿元，同口径增长14.3%；社会消费品零售总额26亿元，增长15%；城乡居民收入分别达到27527元和9638元，增长8.1%和9.7%。

一是县域经济稳定增长。我们牢牢把握发展主题，保持定力、精准发力，抓项目、扩投资、促转型、调结构，主要经济指标较快增长。地区生产总值迈上90亿元台阶，服务业增加值增速、农业增加值增速、农村居民人均可支配收入增速三项指标位居全市第一，一般公共预算收入中税收收入增长11.2%，非税收入下降54.1%，收入结构更趋合理，发展质量稳步提升。实施“双百”工程，建设重点项目102个，固定资产投资突破百亿大关，其中工业投资增长36.6%、民间投资增长57.5%，投资结构更趋优化，发展后劲持续增强。汉王跨汉江大桥开工建设，541国道、易地扶贫搬迁等项目快速推进，高速路引线改造、睿智集团轻质环保建材等36个项目投用投产。策划包装重大项目50个，引进招商项目29个，9家新社区工厂签约落户。全市首家毛绒玩具企业爱多宝公司从注册到开业仅用时15天，展现了赶超发展的“紫阳速度”。

二是脱贫攻坚成效显著。坚持以脱贫攻坚统揽全局，建立片区作战机制，夯实“八办两组五保障”职责，全面开展176个村社区脱贫攻坚工作，核实在册贫困对象31083户96812人，142个单位驻村扶贫，3080名干部结对帮扶，推动“八个一批”措施精准落地。整合财政涉农资金2.6亿元，争取各类扶贫贷款1.67亿元，4970户贫困户获得“5321”贷款2.19亿元，7279户贫困户获得互助资金借款1.1亿元。产业扶贫带动1.4万贫困户增收，11711名贫困劳动力实现转移就业。1063个基础设施项目加快推进，完成搬迁8088户，危房改造879户。贫困患者享受健康扶贫政策保障11.1万人次，住院费用报销比例达到93.57%。落实教育扶贫资金1262万元，资助家庭困难学生1.75万人次。兜底保障政策全面落实。中省市定点扶贫、苏陕扶贫协作、新民风建设、技能脱贫、电商扶贫、“百企帮百村”等工作成效明显。代表全省接受脱贫攻坚“国考”和东西部扶贫协作年度考核。全年12个贫困村出列，7699名贫困群众脱贫，贫困发生率下降1.6个百分点。我县推荐的郑远元同志荣获全国脱贫攻坚奉献奖，远元集团荣获全国“万企帮万村”精准扶贫行动先进民营企业。

三是产业升级步伐加快。大力推动茶产业创新转型升级发展，硒产品检验检测中心建成运营，富硒产品溯源系统投入使用，县茶叶研究所重组恢复，全市首家科技创新茶叶专家工作站在我县成立，新建茶园1万亩，年产茶叶6282吨。紫阳县荣获2017年“中国最美茶乡”，“紫阳富硒茶”入选全国商标富农和运用地理标志商标精准扶贫十大典型案例，连续四届蝉联中国十大富硒品牌榜首，荣膺三秦质量之光“最受老百姓喜爱的品牌”。种植魔芋6.8万亩，新建特色经济林2.91万亩，发展现代农业园区23个，培育专业合作社55个。优化园区管理运营体制，新改建标准化厂房2.5万㎡。焕古硒茶小镇入选省级培育的旅游小镇，瓦房会馆小镇被列为市级培育的特色小镇，擂鼓台风景名胜区、文笔山景区等项目有序推进，养生硒陶研究院投入试生产，产品荣获第七届中国陶瓷文化展览会金奖，“汉江画廊·茶歌紫阳”旅游品牌知名度不断提升，旅游综合收入增长33.52%。国家电商进农村综合示范项目通过省级初验，县电商服务中心、智慧物流中心和113个服务站点建成投用，实现线上交易额5.2亿元。

四是城乡环境持续改善。国家卫生县城正式命名，河堤路西段综合改造、县城棚户区改造、西门河新区开发等项目扎实推进，河堤路东段广场、惠民四期、黄金商贸城、体育场提标改造等项目全面竣工。西关夜市整体搬迁，紫阳富硒美食街开市运营，“双创”成果巩固提升。县住建局被评为全国住房城乡建设系统先进集体。蒿坪副中心、特色小镇和美丽乡村加快建设，村庄规划覆盖全域，人居环境持续改善。建成通村水泥路330公里。新建农村安全饮水工程122处，惠及3.93万人。改造中低压供电线路341.36公里，户表16674户。“河长制”“网格化”监管责任全面落实，县城污水处理厂提标改造顺利完成，蒿坪、汉王集镇污水处理设施竣工验收，实施环境综合整治30个村，治理水土流失110.2平方公里，绿化造林6.9万亩，关闭矿山17个，空气质量优良达到331天，汉江水质稳定达标，生态环境更加优美。

五是改革创新取得突破。持续深化“放管服”改革，成立行政审批服务局，提升“全程代理”政务服务模式，在全市首推“一窗式”审批服务，88项审批事项实现“零跑路”，企业和群众办事更加便捷。基层政务公开标准化规范化试点工作全面启动，编制完成“9+x”政务公开事项标准目录，在全国试点工作推进会上交流经验做法。投融资体制改革取得新进展，县投融资开发公司、文化旅游开发公司挂牌运营，设立产业发展基金、中小企业还贷周转金，累计提供“过桥”资金6730万元，新增市场主体2454户，净增“五上”企业28户。农村“三变”改革稳步推进，17个村启动改革试点，各村股份经济合作社组建完成，1058户贫困户入股经营主体。“三位一体”工作法荣获全国公安改革大赛铜奖。“三调联动”机制不断完善，新成立婚姻家庭纠纷、环境保护纠纷等6个专业调解委员会。国有林场、供销合作社等既定改革任务全面落实，发展活力持续增强。

六是社会事业全面进步。全年民生支出22.5亿元，占公共预算支出的84.8%。城乡20件实事较好落实，公开承诺的重点工作基本完成。举全县之力创建国家义务教育发展基本均衡县，投入资金2.86亿元改善91所学校办学条件，新招录教师212名，义务教育发展水平整体提升。高考二本上线人数连续十一年保持增长。计划生育转型发展示范县创建达标，建成标准化村卫生室85个，实现省内外异地就医直接结算报销。央视《乡约·紫阳》成功录制播出，茶文化、民歌文化有效普及宣传，群众文化活动丰富多彩，建成文化综合服务中心53个。完成县城殡仪馆迁建，集镇殡葬服务设施实现全覆盖，新建农村幸福院15个。发放创业贷款5515万元，城镇新增就业2248人。发放养老金6347万元、低保金3986.9万元，城乡低保、农村五保应保尽保。县防汛办被省防汛抗旱总指挥部表彰为先进集体，县信访接待中心被省综治办、省信访局表彰为先进单位，治安防控扎实有效，安全生产形势平稳，社会大局和谐稳定。

七是政府建设切实加强。始终坚持县委领导，严格执行“三重一大”事项报告制度。自觉接受人大法律监督、工作监督和政协民主监督，认真办理人大代表建议71件、政协委员提案93件。法治政府建设扎实推进，邀请40名县人大代表、县政协委员列席县政府常务会议，修订完善招投标管理、财政投资项目资金管理、专项资金拨付审批等办法12件，清理规范性文件51件。积极回应群众关切，办理紫阳热线、县长信箱、网上信访、群众来信反映事项3516件。深入推进“两学一做”学习教育常态化制度化，认真履行党风廉政主体责任，加强对脱贫攻坚、生态保护、干部作风等重点领域的监督管理，政府服务不断规范、提质增效。同时，国防动员、民族宗教、统计、金融、移民、供销、外侨、老龄、邮政、气象、烟草等工作都取得了新成效。

各位代表！2017年是紫阳克难攻坚的一年，更是紫阳大有作为的一年！商事制度改革受到国务院办公厅和省政府表彰。国家义务教育发展基本均衡县创建高分通过验收。紫阳被确定为全国基层政务公开标准化规范化试点县、全省相对集中行政许可权改革试点县、县域营商环境监测评价试点县、食品安全示范县、农产品出村示范县、山林经济发展示范县。作为全省唯一一个贫困县参加全国东西部扶贫协作经验交流会，全省技能精准扶贫、商标助推脱贫、基层政务公开和全市新民风建设等会议相继在紫阳召开，在全国全省扩大了紫阳的影响！

一年追赶超越，成绩来之不易！这是县委带领全县干部苦拼实干的结果，更是全县广大群众共同奋斗的结果。在此，我代表县人民政府，向全县广大干部群众、离退休老同志、驻紫武警官兵、政法干警，向全体人大代表、政协委员和社会各界人士，向所有为紫阳发展付出心血和汗水的同志们，致以衷心的感谢和崇高的敬意！

在总结成绩的同时，我们清醒认识到，发展滞后、不充分、不平衡是紫阳最大的实际。主要体现在：经济总量不大、结构不优、质量不高，开放发展程度低、招商引资落地少、实体经济支撑弱，人才保障、科技创新、金融服务、营商环境有待提升；全县脱贫攻坚任务艰巨，基础设施欠账多，改善民生任务重，公共服务、社会保障与群众期盼还有差距；少数干部担当、服务、效能、创新、危机意识不强，慢作为不作为等问题仍然存在。对此，我们一定坚持问题导向，切实加以解决。

二、2018年政府工作安排

2018年是贯彻党的十九大精神的开局之年，是决胜全面建成小康社会、实施“十三五”规划承上启下的关键之年。党的十九大作出中国特色社会主义进入新时代的重大判断，中央和省市县委明确了今后一个时期的总体要求、目标任务和工作重点，为全县赶超发展指明了方向和路径。国家深入推进“一带一路”、脱贫攻坚、乡村振兴、供给侧结构性改革、新一轮西部大开发等重大战略，省市在科技创新驱动、振兴实体经济、区域协调发展、汉江生态经济带、县域经济发展和城镇建设等方面持续加大投入，特别是对深度贫困地区脱贫攻坚给予重点倾斜，为我们同步小康提供了强力支持。只要我们乘势而上、抢抓机遇，咬定目标、苦拼实干，就一定能够开创新时代紫阳各项事业的新局面。

按照县委十五届四次全会的部署和全县“十三五”发展规划，今年工作总体要求是：**认真学习贯彻党的十九大精神，以习近平新时代中国特色社会主义思想为指导，全面落实中省市部署，坚持新发展理念，牢牢把握稳中求进工作总基调，按照高质量发展要求，以供给侧结构性改革为主线，以追赶超越为主题，以脱贫攻坚为统揽，突出抓重点、补短板、强弱项，全力推进“五大战略”，统筹做好稳增长、促改革、调结构、惠民生、防风险各项工作，加快全面小康紫阳建设步伐。**

主要预期目标为：**地区生产总值增长10%，全社会固定资产投资增长15%，规模以上工业增加值增长13%以上，社会消费品零售总额增长13.5%，一般公共预算收入增长6%，城乡居民收入分别增长8.5%、9%，完成市定污染物减排和节能降耗任务，汉江出紫断面水质稳定保持国家Ⅱ类标准，完成38个贫困村出列、3.05万贫困人口脱贫退出。**

围绕上述目标，我们重点抓好七方面工作。

（一）全力扩大有效投资，增强追赶超越新动能

深入开展“招商引资突破年”、“重点项目建设年”和“营商环境提升年”三大主题年活动，全力抓招商、扩投资、优环境，全面加快开放发展，昂首阔步追赶超越。

主攻精准招商。把招商引资作为“一号工程”，落实招商优惠政策，实施攻坚突破行动，力争落地亿元招商项目5个以上，招商到位资金30亿元以上。深度融入中省市开放发展战略，主动对接京津冀、长三角、珠三角、西三角等发达地区，全年到北京、上海、广州、深圳、江苏等地开展专题推介招商活动6次以上，积极承接东部产业转移、东西部扶贫协作项目，形成开放开发新局面。大力推进精准招商，紧扣富硒产业、文化旅游、城镇建设、健康养老、新社区工厂等重点，强化专业招商、以商招商、产业链招商和领导带队招商，坚持“五资”齐抓、招大引强，注重补链强基、招才引智，瞄准国内外专业化、有实力、有影响的大企业、大集团精准上门推介招商，鼓励引导成功人士返乡创业，大力招引一批优质项目和企业落地紫阳。出台加强招商引资工作的实施意见，优化招商引资工作机制，建设专业化、高效率招商队伍，各单位“一把手”主管主责，落实“四个亲自”，量化考核激励，重奖有为之人，促进全员招商，推动招商引资取得新突破。

狠抓项目建设。把项目建设作为关键支撑，实施“双百”工程，提高投资质量，建设重点项目109个，完成投资116亿元，其中民间投资增长15%以上。严格落实项目责任制，实行“一名县级领导包抓、一个主管单位负责、一个专门团队服务、一个精细方案实施、一个量身办法考核”的工作机制，采取集中开工、月查季督、现场点评等有效措施，全力保障项目快速推进。以基础设施建设、产业融合发展、生态环境治理、社会民生保障为重点，加快推进541国道、汉王跨汉江大桥、产业园区标准化建设、县城棚户区改造等37个重点项目，年内建成易地扶贫搬迁、1.8万吨电池级硫酸锰、蓝黑板石弃渣综合利用等72个重点项目。牢牢把握中省政策走向和投资方向，围绕全县“十三五”规划和发展需求，突出脱贫攻坚、富硒产业、全域旅游、民生保障等领域，以创新思维和战略眼光做深做细50个重大项目前期工作，力争瓦房店茶山隧道、擂鼓台旅游公路、任河流域综合治理等项目纳入省市投资盘子。积极争取各方面投入支持，下达项目资金争取计划，实行台账管理、季度通报、年底考核，到位资金25亿元以上。

优化营商环境。把营商环境作为重要抓手，深化“放管服”改革，做好营商环境监测评价工作，实施“优化营商环境十大行动”，打造全国一流营商环境。加快相对集中行政许可权改革试点，推动县行政审批服务局高效运行，实行“一枚印章管审批”。全面优化“全程代理”政务服务模式，继续扩大“零跑路”事项范围，大力推行“最多跑一次”。建立行业部门牵头、招商和相关业务部门紧密配合的项目全程代办服务推进机制，组建项目专门服务团队，从项目招商到建成实行点对点、保姆式服务，当好“金牌客服经理”和“五星级店小二”。坚持有求必应、无事不扰，加快“双随机一公开”监管全覆盖，规范涉企会议活动、中介服务、收费行为和执法检查，设立营商环境投诉举报电话，定期开展营商环境满意度调查，建立健全失信联合惩戒机制。切实维护公平公正的市场秩序，推进公共资源交易规范化透明化，着力破解项目前期慢、落地难等突出问题，深入开展强买强卖、侵商扰商等专项整治行动，重拳打击围标串标、借用资质、强揽工程、阻扰施工等违法行为。大力弘扬企业家精神，积极培养勇于创业创新、积极履行社会责任的优秀企业家，鼓励更多社会主体投身创新创业。着力构建“亲”“清”新型政商关系，形成重商尊商育商聚商的浓厚氛围，激发各类市场主体活力。

（二）决战攻坚深度贫困，夺取精准脱贫新胜利

以乡村振兴为目标，以“四大行动”为抓手，跳出脱贫抓脱贫，围绕脱贫抓发展，努力建设产业兴旺、生态宜居、乡风文明、治理有效、生活富裕的现代农村。按照中央“既不降低标准、也不吊高胃口”的要求和县委“四抓四结合”工作思路，统筹组织13个出列村、43个非贫困村巩固提升，系统推进35个深度贫困村、85个一般贫困村、9.2万贫困人口脱贫工作，年度出列38个村、减贫3.05万人。

实施产业发展带动行动。按照“多业联动、多措并举”的产业扶贫路径，以企业带动、园区承载、就业创业为关键，依托特色产业、社区工厂、技能培训、电子商务、公益岗位，用活股权合作、金融扶持、产业奖补、互助资金、生态补偿等措施，吸纳贫困群众就近就业、返乡创业，提升扶贫的生态、经济和社会效益。大力推行“主导产业+龙头企业+合作社+贫困户”模式，按照“一镇一业一龙头、一村一品一主体、一户一技一项目”的要求，落实中长期产业、新型经营主体、电商扶贫点全面覆盖到村，脱贫增收项目、产业带动利益联结机制、扶贫小额信贷有效需求精准对接到户，把贫困群众嵌入产业链，实现稳定增收脱贫。出台支持新社区工厂的政策，发展新社区工厂10家以上、“扶贫车间”10个以上，解决就业5000人。依托电商扶贫带动贫困户4000户，实施免费技能培训7000人，安排扶贫公益专岗1200个以上。

实施人居环境提升行动。以优化农村基础设施、易地扶贫搬迁和环境综合整治为重点，着力补短板、强弱项、抓提升，确保达到出列标准。落实项目供给制，贫困村所有基础设施项目一次规划设计到位，今年启动建设，明年全部建成。实施农村道路、安全饮水、电力保障“三提升”工程，完成当年出列村道路建设260公里，农村安全饮水工程134处，电力保障项目15个。坚持搬迁“三条红线”，落实“搬前谋业、搬中固业、搬后兴业”，新建安置点23个，实施易地扶贫搬迁5000户、生态移民搬迁1600户，危房改造1000户，彻底解决贫困群众住房保障问题。结合美丽乡村建设，全面推进农村环境综合整治，组织开展“五边五治、四化四评”农村环境卫生大整治活动，以镇边、村边、河边、路边、屋边为重点，治理“乱排乱倒、乱搭乱建、乱停乱放、乱堆乱占、乱贴乱挂”问题，实施农村净化、亮化、绿化、美化“四化工程”，开展美丽宜居示范村、“四好农村路”、乡村环保卫士、卫生模范户评选创建活动，打造生态宜居、美丽和谐的田园新村。

实施乡风文明建设行动。以乡村治理和新民风建设为抓手，倡导乡村文明新风，引领群众向上向善。坚持法治、德治和自治“三治结合”，创新农村社区治理模式，积极推进村务公开，引导群众守法用法、参与乡村治理。深入推进“诚孝俭勤和”新民风建设，完善村规民约和“四会”组织，开展道德评议、移风易俗、文化传播、文明创建、诚信建设、依法治理“六大活动”，整治农村陈规陋习，创建新民风示范镇6个、示范村18个。大张旗鼓表彰自强自立标兵，宣传勤劳致富典型，激励群众主动脱贫。以村民自乐班为载体，引导群众积极开展喜闻乐见的文化活动，弘扬优秀传统文化，推进农村精神文明建设。

实施惠民关爱保障行动。以教育、医疗、民政、公益为支撑，精准落实各项脱贫措施，确保小康路上一个都不掉队。针对学前教育到大学教育不同阶段，分类落实“免补资贷护”帮扶措施，实现贫困家庭全覆盖，不让一名孩子因贫失学。实施健康扶贫工程，一手抓精准施治，一手抓疾病预防控制，全面落实健康扶贫政策，减少因病致贫，防止因病返贫。严格落实兜底保障政策，有效发挥最低保障、特困供养、临时救助、医疗救助等机制作用，实现应保尽保、应享尽享。深入开展“百企帮百村助万户”活动，组织引导公益慈善团体扶贫帮困，广泛动员社会力量参与脱贫攻坚、做出积极贡献。

各位代表，脱贫攻坚是紫阳加快发展的最大机遇，实现小康是全县人民的共同愿望！我们将强化责任落实，继续推行片区作战机制，实行指挥部每月研判制度，夯实“八办两组五保障”工作职责，靠牢各级包联帮扶责任，优化检查督查和考核办法，统筹各方力量向脱贫攻坚聚合；强化政策到位，全面落实176个村社区“八个一批”精准扶贫措施，突出抓好35个深度贫困村到村到户“六八”工程，积极推动非贫困户产业帮扶政策普惠；强化投入保障，将更多项目、资金、资源向脱贫攻坚集中，确保攻坚期内每个深度贫困村投入不低于1000万元、一般贫困村投入不低于800万元、非贫困村投入不低于500万元；强化监督管理，深入开展扶贫领域作风问题专项治理，严格保证现行标准下的脱贫质量，严格扶贫项目资金监管，严格扶贫领域审计全覆盖，严格脱贫攻坚效能问责，坚决打赢今年精准脱贫攻坚战！

（三）矢志守护绿水青山，展现美丽城乡新面貌

坚持保护与发展并重、建设与管理并举，落实国家生态主体功能区规划，加强生态环境保护，推动城乡融合发展，建设生态宜居的美丽紫阳。

严守生态环保红线。以“河长制”为统揽，以汉江水质保护为重点，扎实做好生态环境保护工作，开展汉江水质保护“十大专项行动”，启动任河市级示范河流创建，加快实施集镇垃圾污水处理设施工程。坚决打好蓝天保卫战，落实铁腕治霾措施，完成气化工程城区管网建设，空气质量优良天数保持在320天以上。积极推进山水林田湖一体化治理，建设基本农田8000亩，腾退宅基地2000亩，汉江增绿添彩2000亩，绿化造林6.9万亩，治理水土流失110.4平方公里。实行最严格的生态环境保护制度，开展第二次全国污染源普查，突出抓好中省环保督查反馈问题整改，加快推进蒿坪河流域污染防治、向阳废渣综合治理工程，严厉打击环境违法行为。倡导绿色环保生活方式，引导群众养成良好生活习惯，激励全社会共建绿色家园。

建设山水人文县城。坚持山水城融合发展，按照景城互动、产城一体的要求，持续推进老城疏散提质和新区开发建设。以棚户区改造为抓手，加快河堤路西段综合改造，稳步推进教场坝、石梁子、北坡片区棚户区改造，启动建设西门河城市广场、滨江生态广场，建设汉江桥头至西关广场观光电梯，打通汉江大桥经西门河至彩虹桥道路，完成县城环城路综合改造、神峰山至钟鼓湾公路综合改造、高速路出口至县城“迎宾大道”景观绿化。以援建保障为重点，建成西门河防洪隧道，完成国电高压铁塔迁移，加快实施紫邑新城商业步行街（二期）、西门河新区开发（三期）项目，积极推进仁和国际社区（二期）、滨江商业街项目后续建设。以市场需求为导向，加快培育康养、休闲、文化、娱乐等产业，丰富城市业态，聚集发展商贸、服务等经济实体。以“双创”为抓手，按照全市“五城联创”的总体安排，巩固国家卫生县城创建成果，完成省级生态园林县城创建，启动省级生态文明建设示范县创建，集中开展市容卫生、户外广告、占道经营、车辆违停四个领域突出问题整治，高标准实施县城增绿添彩、背街小巷提升、标识标牌完善、城区“厕所革命”、公交服务升级五项城市环境工程，提升县城品质。加快城管体制改革，组建城市管理局，强化城管协同联动，建成数字化城管平台，提升精细化管理水平，展现紫阳文明开放的良好形象。

打造美丽宜居镇村。抢抓沿汉江生态城镇带建设机遇，加快产城融合，推动城乡一体，大力支持蒿坪副中心建设，扎实推进焕古、向阳特色小镇建设，全面提升青中、营梁等10个美丽乡村，抓好乡村产业发展、特色建筑保护、民俗文化传承和基础设施完善。建成城关至向阳产业公路，完成桑树沟至茶山旅游道路改造、蒿汉线北沟口段提标改造，加快建设蒿坪北沟口至沔峪河四级公路，提升路网互联互通水平。完善城乡水利设施，迁建县城水源地，建成江南供水和向阳瓦房、洞河、高滩集镇防洪工程。实施农村电网升级，改造线路240公里、户表2万户。加强宽带网络建设，新建通信基站30个，完成宽带入村38个。

（四）大力培育实体经济，实现产业升级新突破

以供给侧结构性改革为导向，放大富硒资源优势，推动产业提质增效，加快一二三产融合，构建特色现代产业体系。

做优做强富硒产业。以质量效益为中心，以绿色、生态、有机、无公害为方向，围绕“世界硒源·富硒茶乡”区域品牌定位，制定富硒产业行动计划分期实施方案，推广运用世界硒源品牌视觉识别系统，做强“硒+X”产业体系，引领富硒产业发展。一是坚持一业突破、多业并举。做优“硒茶+”产业模式，大力实施茶产业“八大创新”工程，推动生产标准化、产品品牌化、经营多元化、产业一体化。稳步扩大标准化茶园规模，选育紫阳茶优良单株品种，提升专业服务队管理水平，支持茶业企业改造升级，引导茶企专注品质、细分市场，拓展销售平台和渠道。积极推广认领体验茶园半亩茶模式，提升产业关联效能。启动紫阳富硒茶国际商标申请注册，制定产品质量抽查检验办法，积极推广茶树病虫害绿色防控技术，严厉打击违规使用农业投入品的行为，以“零容忍”的态度维护产品质量安全和品牌形象。实施茶叶市场搬迁，精心打造中国富硒茶城。发展紫阳茶树良种育苗基地600亩，新建标准化茶园1万亩，改良低产茶园1.5万亩，发展体验店、实体店20家、网店25家，生产茶叶6800吨以上。协同发展魔芋、蔬菜、林果、杂粮、花卉、中药材、畜牧养殖等特色富硒生态产业，种植魔芋7.6万亩，特色经济林2.6万亩，富硒菊花、油用牡丹等花卉3000亩。创建山林经济示范镇2个、示范村3个。二是强化科技支撑、标准认证。深入推进富硒产业研究孵化服务中心建设，打造富硒资源开发利用综合体，促进产学研用深度融合。建立紫阳富硒茶全产业链标准体系，规范产品门类和品级，引导2家企业建立车间、茶园基地可视化质量溯源系统，培育8家企业开展SC认证，指导20家企业开展“三品一标”认证。三是突出园区承载、龙头带动。启动建设蒿坪、双安富硒产业聚集发展试点示范区，推动农工服一体化、文养游深度融合发展，壮大富硒产业集群。实施48个农业产业园区提质工程，提升园区标准化规范化水平，新培育省级园区2个、市级园区10个。培育省级农业产业化龙头企业1户、市级农业产业化龙头企业4户，专业合作社50家、市级示范社10家，新型职业农民150人以上。富硒产业增加值增长15%以上。

发展壮大新型工业。推动工业经济向高质量发展转变，全年完成工业投资8亿元以上，新增规上工业企业6户以上。一是围绕园区抓提升、优平台。瞄准富硒健康产业和新型材料产业，以优化完善机制、增强承载能力、促进产业集聚为重点，全面提升富硒生态产业园区发展水平。组建富硒生态产业投资开发有限公司，建立园区准入和低效企业退出机制，提升园区道路、供电、绿化设施，做好招商引资、科技创新、资本运营、服务管理等工作，建成标准化厂房3万㎡，新引进入园项目6个以上，争创省级示范县域工业集中区。二是围绕产业抓项目、增后劲。坚持改造提升与引进培育相结合，加快推动石材矿山、烟花爆竹等传统产业转型升级。大力发展富硒食饮品、生物医药、新型材料产业，加快建设30万吨秸秆综合利用、硒元康富硒矿泉水开发、大唐制药绞股蓝深加工等工业项目。落实县级领导和部门包联重点企业责任，加强监测调度、要素供给、协调服务和市场拓展，稳定工业经济增长。

加快培育新兴产业。制定出台支持实体经济发展的实施办法。加强与省金控集团的对接，争取落实产业扶贫子基金10亿元，用好产业基金、财信担保、政银企联动等措施，为产业发展和实体经济提供支持。加快企业梯次成长培育，促进“个转企、小升规”，新增“五上”企业20户、市场主体2000户以上。积极发展电子商务，统筹推进国家电子商务进农村示范县、全省农产品出村试点县、全省供销电商示范县建设，打造紫阳富硒绿茶产业集群电子商务基地，新建镇村电商服务站点50个，培育电商龙头企业5家，提升产业辐射带动能力。开发服务业发展潜能，培育“幸福产业”，做大修脚健康产业，丰富以硒、茶为特色的服务业态。深入推进“互联网+”行动，积极发展观光体验、康养休闲、现代物流、家政服务等新经济，培育新的经济增长点。

（五）精心打造品牌景区，构建全域旅游新格局

立足“山水硒、茶歌道”特色资源，紧扣

“吃住行游购娱”六要素，坚持“八个围绕”抓旅游，推动城旅农旅文旅产旅融合发展，彰显“汉江画廊·茶歌紫阳”美丽形象，打造西北一流休闲康养旅游胜地。

建设品牌景区。完善全域旅游发展规划，制定三年行动计划，优化沿汉江生态旅游特色农业经济带布局，策划包装精品旅游项目20个以上，开发“康乐体养游”特色旅游产品，加大招商引资力度，引进实力雄厚的市场主体参与开发建设。围绕城旅融合，按照山水城一体化发展的思路，加快实施一江两岸环江休闲文化长廊工程，启动建设老城记忆特色旅游文化街区，打造山水城共融共生城市文化旅游综合体，积极创建文笔山AAAA级景区。围绕农旅融合，推进焕古硒茶小镇项目招商落地，全面启动文创中心、焕古茶苑和配套设施建设，创建AAA级景区。围绕文旅融合，快速推进瓦房会馆小镇建设，建成硒陶文创产业园，创建五省会馆AAA级景区、富硒茶观光园AAA级景区。围绕产旅融合，编制完成蒿坪富硒康养小镇总体规划，有序推进基础建设工作。加快擂鼓台风景名胜区开发，引入市场主体，编制建设详规，实施景观改造提升，力争擂鼓台旅游公路开工建设。突出亲水欢乐主题，做精做美汉江两岸旅游景观带，开通汉江水上游线，力争创建任河国家级水利风景区。大力发展乡村旅游，打造县城至青中、贾坪营梁、蒿坪黄金3条乡村旅游线路。支持镇村发展乡村休闲、田园观光、农耕体验、民俗民宿等特色旅游项目，培育田园综合体2个，创建旅游示范村3个以上。旅游收入增长14%以上。

完善旅游要素。落实产业发展基金1000万元，支持文化旅游产业发展，壮大县文化旅游公司，培养和引进旅游专业人才。完善旅游标识体系，建成游客服务中心，提升游客接待、停车场等服务设施，新建旅游码头2个、画舫3艘，实现城区重点区域及焕古硒茶小镇、文笔山、茶山Wi-Fi全覆盖。鼓励发展主题精品酒店、民俗客栈，开发茶叶、硒陶、板石文创等特色旅游商品，制定二十四节气富硒养生菜谱，评选紫阳美食示范店，打造“紫阳味道”美食品牌。

丰富文化内涵。精心策划“汉江画廊·茶歌紫阳”旅游品牌整体宣传方案，运用新媒体、互联网等便捷途径宣传推介，扩大紫阳旅游的知名度，吸引更多游客来紫阳旅游。组织“春品茶、夏亲水、秋问道、冬养生”四季文化旅游主题活动，开展民歌大赛、品茶斗茶、养生论道、冬泳竞技等文体活动，大力推动“茶艺茶道、民歌民舞”进机关、进社区、进校园、进企业、进乡村，丰富群众文化生活，增强旅游体验乐趣。繁荣发展特色文化，全面开展非物质文化遗产普查、保护和利用工作，加强汉调二黄、紫阳民歌的传承和保护，加快培育文化产业。建成茶博馆、硒陶馆、城博馆、文化馆、图书馆，建设38个基层文化中心，完成有线电视入户1.5万户，实现调频广播全覆盖，培育60名文化人才和民间手工艺人，推出文艺精品佳作5个以上。

（六）纵深推进重点改革，释放创新发展新活力

坚持问题导向，聚焦关键领域，以更大力度推动改革创新，激活追赶超越的内生动力。

深化重点领域改革。全面推进基层政务公开标准化规范化试点工作，完成城乡规划、重大建设项目等9个领域试点任务，创新“一单管理、一责到底、一站发布、一窗受理、一体运行”的政务公开“紫阳模式”，为全国全省深化政务公开贡献紫阳方案。持续深化经济领域改革，大力推动供给侧结构性、投融资体制等改革措施落地，严控政府债务规模，抓好降低企业成本、补齐民生短板等工作。建立企业规范管理激励约束机制，推行金融顾问和财务指导制度，帮助企业建立现代管理制度，防范各类风险。做实政府投融资平台，健全法人治理结构，完善投融资决策机制，提升资信等级，推动县投融资公司和城投、文旅、扶贫等子公司向实体化、市场化发展，着力破解产业发展和重大项目融资问题。统筹推进农村“三权”分置改革、“两权”抵押试点、农村产权制度改革等工作，完成农村集体资产清产核资，建立农村产权交易中心，规范农村资源资产交易行为，激活农村生产要素。积极推动农村“三变”改革，将试点范围扩大到38个当年出列村，推行扶持资金折股量化，壮大农村集体经济，促进产业发展和群众增收。深化统计管理、生态环保、综合执法、盐业体制等领域改革。

释放创新创业潜能。深入推进科技创新驱动县域经济发展示范县建设，加强与中省市科研院所的合作，建立协同创新平台和创新联盟，在富硒产业领域打造国家级、省级产业创新中心，促进产业发展向中高端迈进。大力支持创新载体，新增高新技术企业2户以上，培育众创空间、星创天地2个以上，促进主导产业、新兴产业、高成长性产业快速发展。加强技术创新和新产品研发，鼓励企业和科研单位联建实践基地、研发机构、实施科研项目，推动更多创新成果落地转化。加大贷款贴息、技能培训和购买服务等支持力度，吸引在外创业成功人士、高校毕业生、农民工返乡创业，发放小额担保贷款5000万元以上，带动就业创业1550人以上。

实施人才振兴计划。建立柔性引进人才机制，与国内优秀人才团队建立长期合作关系，新聘紫阳发展智库专家顾问20名以上。健全优秀人才培养机制，优先解决教育、文化、卫生、科技、茶业、旅游等领域人才短板问题，引进急需紧缺和高素质人才100名以上。积极推动各类人才走出去培训学习，年内组织民营企业家、专业人才、技术人才等外出培训100名以上。规范人事制度管理，严格控制县直部门从乡镇借调干部，鼓励用人单位在政策允许范围内通过合同聘用、向社会购买服务等途径解决人才不足问题。加大各类人才和基层干部关爱关怀力度，落实各项福利待遇，完善关爱保障措施，激发干事创业活力。

（七）共建共享幸福家园，回应人民群众新期盼

牢固树立以人民为中心的发展思想，坚持在发展中保障和改善民生，尽心尽力办好关系群众切身利益的实事好事。

增强群众幸福感。紧扣民生需求，加大民生投入，办好城乡20件实事。大力实施文化场馆建设、城市广场建设、安居保障工程、市政路网完善、水源迁建工程、公共交通升级、教育事业发展、茶叶市场搬迁、城区环境提升10件城镇实事，加快完善城镇功能，提升居民生活品质。认真落实特色产业发展、就业兴业工程、乡村振兴示范、交通互联互通、民生水利改善、农网升级改造、示范河流创建、文化惠民工程、卫生设施建设、信息网络覆盖10件农村实事，解决群众普遍关心的热点难点问题。

增强群众获得感。优先发展教育事业，巩固义务教育均衡发展成果，更加注重教育内涵发展，加快推进“双高双普”创建，新改扩建幼儿园5所，提升紫阳中学、毛坝中学和职教中心办学条件，高考二本达线人数保持全市前列。深化教育管理体制改革，加强教师队伍建设，提升教育教学质量，全面争创“三个一流”。深化医药卫生体制改革，完成县人民医院二甲创建，县中医综合门诊楼院投入使用，华阳医养中心主体完工，建设38个标准化村卫生室，新农合参保率达到98%以上，提高计生服务水平，加快发展卫计事业。扎实做好民族宗教工作。建成县老年公寓（二期）、残疾人康复中心，新建2个社区综合服务中心、2个社区日间照料中心和20个农村幸福院。完成社会保障扩面提标，提升城乡低保、农村五保、医疗救助、社会保险等保障能力。关爱农村留守群体和社会困难群体，支持社会福利和慈善事业健康发展，继续办好残疾人十件实事。

增强群众安全感。深化联系服务群众“五个一”工作法。完成村（居）民委员会换届。全面推进“七五”普法，扎实推进“平安紫阳”建设，创新“三调联动”机制，加强矛盾纠纷排查调处，下大力气化解信访积案，解决群众反映的突出问题。健全立体化社会治安防控体系，深入开展“扫黑除恶”专项行动，严厉打击各类违法犯罪活动。严格落实安全生产责任，深入开展重点行业和重点领域专项治理，坚决遏制安全生产事故发生。巩固提升食品安全示范县创建成果，加强食品药品安全监管。完善城区、集镇和集中安置点消防设施，提升突发应急事件处置能力，扎实抓好市场监管、防汛防滑、防灾减灾等工作，保障群众生命财产安全。

三、加强政府自身建设

各位代表，面对新形势、新任务、新要求，我们将牢记使命与责任，以提升效能、优化服务为主题，全面加强政府自身建设。

尊崇法治，依法行政。增强依法行政意识，自觉接受人大法律监督、工作监督和政协民主监督，充分听取社会各界的意见和建议，认真办理代表建议和委员提案。全面落实《紫阳县法治政府建设实施方案（2017—2020年）》，加快建设法治政府，依法履行政府职能。健全政府法律顾问团，完善重大事项依法决策机制，严格规范公正文明执法，深入推进政务公开，扩大和保障群众的知情权、参与权、表达权和监督权。

创新有为，精进善政。持之以恒推动干部解放思想，积极营造敢为人先、勇于变革、崇尚创新、宽容失误的干事创业环境，引导干部克服安逸思想、破除守旧观念、树立忧患意识、增强首创精神。深入落实“抓首要、大学习、促发展”要求，增强“八大执政本领”，办好“紫阳干部讲堂”，增强干部推动发展、服务群众的能力，建设信念过硬、政治过硬、责任过硬、能力过硬、作风过硬的政府干部队伍。保持雷厉风行、精益求精的工作态度，强化敢想敢干、善作善成的责任担当，坚持用新思想、新举措破解难题、补齐短板，塑造对标先进、争创一流、赶超奋进的紫阳形象。

服务高效，务实勤政。始终以人民满意为第一标尺，加快转变职能，提高工作效能，提升服务水平，打造精简高效的政务生态。坚持“铭记初心、工作用心、服务贴心、办事省心、群众放心”的标准，推动形成“服务发展、服务群众、服务企业、服务项目、服务基层”的良好氛围，打造“五心五服务”政务品牌。拓展政民互动渠道，认真办理县长信箱、紫阳热线、政务新媒体群众诉求。坚持把高效落实作为第一守则，推行政府工作清单式管理，严格落实重点工作公开承诺，出台重大决策部署落实管理办法，强化跟踪督查、动态管理、对账销号、效能问责。认真贯彻“三项机制”，为干事者鼓劲，为担当者撑腰，对落实不力、懒政怠政、不作为慢作为等行为加强督查问责，让担当作为、高效服务在政府系统蔚然成风。

干净干事，廉洁从政。落实党风廉政建设主体责任，认真履行“一岗双责”。扎实推进“两学一做”学习教育常态化制度化，深入开展“不忘初心、牢记使命”主题教育。认真贯彻落实中央八项规定实施细则精神和省市相关实施办法，大力整治“四风”问题新表现，精简会议和文件，降低行政成本，驰而不息改进作风。加强审计全覆盖，强化重大政策措施落实情况跟踪审计。健全廉政风险防控机制，严厉整治发生在群众身边的腐败问题，以实际行动赢得群众的信任和支持。

《政府工作报告》名词解释：

1.“双百”工程：每年开工建设100个以上重点项目，完成全社会固定资产投资100亿元以上。

2.八办两组五保障：“八办”指产业脱贫、生态脱贫、就业创业、健康扶贫、易地搬迁脱贫、教育脱贫、兜底保障、危房改造八个办公室。“两组”指县发改局、县财政局牵头的公共服务和基础设施协调组、资金保障协调组。“五保障”指公共服务和基础设施保障组、资金保障协调组、电力保障组、交通保障组、水利保障组。

3.八个一批：产业扶持脱贫一批、转移就业脱贫一批、生态补偿脱贫一批、易地搬迁脱贫一批、危房改造脱贫一批、健康扶贫脱贫一批、教育支持脱贫一批、兜底保障脱贫一批。

4.“9+X”政务公开：根据全国基层政务公开标准化规范化试点工作要求，我县围绕城乡规划、重大建设项目、财政预决算、税收管理、环境保护、食品药品监管、安全生产、公共文化服务、公共法律服务9个重点领域，并结合实际自主确定部分领域，开展政务公开标准化规范化试点工作。

5.“五上”企业：规模以上工业、有资质的建筑业、全部房地产开发经营业、限额以上批发零售业和住宿餐饮业、规模以上服务业法人单位。

6.“三变”改革：农村“资源变资产、资金变股金、农民变股东”改革。

7.“三位一体”工作法：县公安局以指挥研判为中心、实地警务为基地、网上警务为阵地的“三位一体”警务创新模式。

8.供给侧结构性改革：指从提高供给质量出发，用改革的办法推进结构调整，矫正要素配置扭曲，扩大有效供给，提高供给结构对需求变化的适应性和灵活性，提高全要素生产率，更好满足广大人民群众的需要，促进经济社会持续健康发展。

9.“五资”：开放吸引“外资”，积极争取“央资”，深入挖掘“内资”，充分激活“民资”，创新渠道“融资”。

10.四个亲自：亲自招商、亲自接待、亲自洽谈、亲自协调。

11.优化营商环境十大行动：指“简化企业开办和注销程序、简化施工许可证办理程序、方便企业获得水电暖、方便企业办理不动产登记、降低企业获得信贷难度和成本、优化企业纳税服务、提升企业跨境贸易和投资便利化、降低企业运行成本、县域营商环境监测评价、优化提升营商环境专项督查”十大行动。

12.四抓四结合：抓整体稳定脱贫与县域经济发展相结合，抓贫困村脱贫与非贫困村贫困人口脱贫相结合，抓当年计划出列村脱贫与以后年度出列村脱贫相结合，抓已出列村巩固提升与未出列村集中帮扶相结合。

13.搬迁“三条红线”：人均自筹资金不超过2500元，户自筹资金不超过1万元；建房面积人均不超过25平方米，户最大面积不超过120平方米；搬迁群众购房房价不超过1500元/平方米。

14.农村“四会”组织：红白理事会、村民议事会、道德评议会、禁赌禁毒会.

15.“六八”工程：帮扶力量到深度贫困村“六个一”，每个贫困村有一位县级领导包抓、一个帮扶部门包联、一位“第一书记”常驻、一个企业或合作社帮带、一个互助资金协会帮筹、一名村医驻村。帮扶措施到户“八个全覆盖”，对贫困户实现干部帮扶全覆盖、技能培训全覆盖、有劳动能力的中长期产业项目或有条件的公益性岗位就业全覆盖、有需求的小额信贷全覆盖、子女助学政策全覆盖、新合疗等健康扶贫政策全覆盖、安全住房全覆盖、符合条件的兜底保障政策全覆盖。

16.汉江水质保护“十大专项行动”：打击环境违法犯罪行为专项行动、瀛湖库区水质保护专项整治行动、安全生产专项整治行动、汉江入河排污口排查整治行动、农业面源污染集中整治行动、工业点源污染集中整治行动、违法运输、处置危险化学品及废弃物专项整治行动、水污染防治项目建设专项督查行动、规范“两厂（场）”运营专项督查行动、“保护母亲河”行动。

17.五城联创：巩固卫生城市、森林城市创建成果，统筹推进全国综治优秀市、省级文明城市和环保模范城市创建。

18.厕所革命：指改善城乡厕所卫生状况，对现有的厕所进行改造升级，提高厕所的合理布局和现代化水平的一项举措。

19.“硒+X”产业体系：指依托富硒资源，通过富硒产业创新平台，大力发展硒茶、硒矿泉水、硒魔芋、硒蒜、硒果、硒粮、硒菌、硒肥、硒中药材等产业，协同发展硒康养、硒休闲、硒度假等产业，打造富硒产业集群。

20.“硒茶+”：根据全县富硒产业发展行动计划，围绕紫阳富硒茶产业，大力发展“茶+民俗文化”、“茶+特色小镇”、“茶+休闲美食”、“茶+文化创意”、“茶+文化遗迹”、“茶+文化博物馆”、“茶+修行游学”、“茶+印象秀”等复合业态，形成产业联动、融合发展的新模式。

21.“八大创新”工程：指我县茶产业“生态基地建管、龙头企业培育、产品科研创新、产品质量管控、人才队伍建设、品牌市场建设、茶文化建设、茶旅融合发展”八大工程。

22.三品一标：无公害农产品、绿色食品、有机农产品和农产品地理标志的统称。

23.SC认证：指食品生产许可。

24.幸福产业：指旅游、体育、健康、教育培训和养老等与人民的生活质量和幸福感相关的产业。

25.“八个围绕”抓旅游：一产围绕旅游调结构，二产围绕旅游出产品，三产围绕旅游搞服务，交通围绕旅游上档次，城市围绕旅游树形象，宣传围绕旅游造声势，政法围绕旅游保平安，各行各业围绕旅游聚合力。

26.“三权”分置：坚持农村土地集体所有，将农村集体土地的所有权、承包权、经营权三权分置并行。

27.“两权”抵押：即农村承包土地经营权抵押、农民住房财产权抵押两种贷款方式。

28.双高双普：高质量、高水平普及九年义务教育，普及学前教育、普通高中阶段教育。

29.三个一流：一流的办学条件、一流的师资队伍、一流的教育质量。

30.八大执政本领：习总书记在党的十九大报告中指出，要全面增强执政本领。即增强学习本领、政治领导本领、改革创新本领、科学发展本领、依法执政本领、群众工作本领、狠抓落实本领、驾驭风险本领。

大事记

1　月

1月3日，紫阳县音协“万人唱紫阳”音乐工作年会座谈会召开。县委常委、宣传部部长周锦政，副县长张宗军，政协副主席黄振宙出席会议。

1月4日，县长陈莲带领住建局、国土局、扶贫局、搬迁办负责人检查调研县城移民搬迁安置点规划选址工作。县委常委、副县长陈佳斌，副县长张宗军一同调研。

1月4日下午，县委书记赵立根、县长陈莲在城关镇青中村调研脱贫攻坚工作时强调，要进一步统一思想认识，找准发展定位，突出特色，科学规划，夯实责任措施，强力推进落实，高标准、高质量完成各项脱贫攻坚任务，确保2017年整村脱贫摘帽。

1月5日下午，紫阳县政府在四楼会议室召开电子商务座谈会，4名副县长，9个镇级电商服务站、18个县级部门、19家电商企业负责人齐聚一堂，共商全县2017年电子商务发展大计。

1月6日，紫阳县召开2017年脱贫攻坚指挥部第一次会议，传达学习中省市领导关于脱贫攻坚工作的讲话和指示精神，研究部署脱贫攻坚工作。县委书记、县脱贫攻坚指挥部第一总指挥长赵立根出席会议并作重要讲话。县长、县脱贫攻坚指挥部总指挥长陈莲主持会议。县脱贫攻坚指挥部副总指挥长张教志、康树民、周继林、罗云忠、闫锋、陈佳斌、周富林、周锦政、龚颖等出席会议。

1月8日下午，市委书记、市人大常委会主任郭青到市四届人大一次会议紫阳代表团，同代表们一起审议市政府工作报告。三届市政协主席、市人大常委会党组副书记陈勇，市人大常委会副主任马孝芳，副市长蒋清海参加审议。紫阳代表团团长赵立根主持会议，代表团副团长张教志、陈莲和其他代表参加审议。

1月10日下午，紫阳县在县委六楼会议室召开“饮茶与健康”知识讲座，来自县委、县政府机关的80余名干部职工参加。

1月10日，紫阳县16名校（园）长集中履新，走上县直小学校长、县幼儿园园长、部分镇中心学校校长的新岗位。这是该县继2011年、2014年后第三次在全县范围内公开选聘校长。

1月12日，紫阳县现代农业产业精准扶贫投资收益分红大会召开。大会在该县高桥镇设主会场、瓦庙镇设分会场。当天，该县共1050户贫困户领到产业扶贫“大红包”——陕西省供销企业集团返还的投资收益181.8万元。

1月13日，紫阳县第十二届政协常委会第一次会议召开。县政协主席康树民主持会议并讲话。县委副书记周继林应邀出席并讲话。县政协副主席周静、黄振宙、杨从国出席会议。

2017年1月13日全国公安机关改革创新大赛颁奖仪式上，紫阳县公安局“张敏工作室创新警务模式”斩获铜奖。项目主创团队代表应邀参会并受到了中央政法委书记孟建柱、公安部部长郭声琨的亲切接见。

1月18日，CCTV-7《乡土》栏目摄制组一行走进紫阳县焕古镇，开机拍摄“过大年”年俗专题片。

1月19日，紫阳县“百企帮百村”社会扶贫工作动员会暨西安市紫阳商会2016年年会召开。县委书记赵立根、县人大常委会主任张教志、县政协主席康树民、副县长田鑫、县政协副主席杨从国出席会议。县委副书记、县长陈莲讲话，县委常委、统战部长、红椿镇党委书记龚颖致辞。

1月20日，全省首场创新驱动县域经济发展科技需求对接会在紫阳召开。省科技厅副厅长林黎明、市科技局局长刘昌兰出席，县长陈莲主持对接会，副县长田鑫、刘军号参加会议。

1月21日，市人大常委会主任陈勇深入紫阳县蒿坪镇、麻柳镇，看望慰问困难群众，向他们送去党的温暖和新春的祝福。县委书记赵立根、县人大常委会主任张教志、副主任贾学勇陪同慰问。

1月26日，县委书记赵立根、县长陈莲看望慰问信访干部、公安干警、消防官兵和环卫工人，代表县委、县政府向全县节日期间坚守岗位的干部职工表示慰问，并致以新春的祝福和节日的问候。县委常委、常务副县长罗云忠，副县长、县公安局局长周斌一同慰问。

2　月

2月3日，县委召开常委会暨中心组学习会议，传达学习十八届中央纪委七次全会精神、中共中央关于《县以上党和国家机关党员领导干部民主生活会若干规定》和省委副书记毛万春在2017年全省追赶超越季度点评视频会上的讲话精神，安排部署当前重点工作。县委书记赵立根主持会议并讲话。

2月4日，农历正月初八，由紫阳县委宣传部、县教育体育局、县文化旅游广电局联合举办的2017年“追赶超越”干部职工越野赛县城广场隆重举行，来自全县各行各业的1000余名干部职工参加比赛。副县长张宗军宣布比赛开始，县人大常委会副主任李龙安、县政协副主席周静、杨从国参加活动。

2月5日，满载500余名紫阳修脚师的10多辆公交车从紫阳县修脚培训基地通过县城驶向紫阳县火车站。这500余名上海片区的紫阳修脚师，将乘坐由四川宣汉始发开往上海的直达民工专列。

2月6日晚，由紫阳县委宣传部、县文广旅游局主办，县广播电视台承办的“邀约春天·放飞梦想”少儿春节联欢晚会在源森多功能厅精彩上演。县委常委、宣传部长周锦政出席活动并观看演出。

2月8日晚，由县委宣传部主办、县文广

旅游局承办的“相约春天·携手小康”紫阳县2017年迎春晚会在紫阳县体育场隆重举行。县委书记赵立根、县人大常委会主任张教志、县政协主席康树民等全体在家县级领导出席并观看了演出。县委常委、宣传部部长周锦政致辞。

2月9日下午，紫阳县2016年度目标责任考核工作报告大会召开，接受市委、市政府第五考核组对紫阳县2016年度目标责任完成暨领导班子建设工作的考核。市考核组组长、市委统战部副部长、市工商联党组书记陈有随，市考核组副组长、党建工作考核小组组长、市林业局总工程师刘斌，市考核组副组长、党风廉政建设考核小组组长、市供销社纪委书记云正军，市考核组副组长、脱贫攻坚考核小组组长、市委督查室副主任欧阳小伟以及市考核组成员出席考核报告会。县委书记赵立根主持会议，县委副书记、县长陈莲代表县委、县政府做工作汇报。

2月13日，紫阳县第十八届人大常委会第三次会议召开。县人大常委会主任张教志主持会议并讲话，县人大常委会副主任贾学勇、程楚安、扈正安、李龙安及全体常委会委员参加会议。县委常委、常务副县长罗云忠应邀出席会议。

2月14日，县政协主席康树民主持召开政协第十二届紫阳县委员会常务委员会第二次会议。县政协副主席周静、黄振宙、杨从国及全体常务委员参加会议，县政协各委室副主任列席会议。

2月13日至14日，副省长庄长兴带领省级有关部门负责人到紫阳县考察调研陕南移民（脱贫）搬迁和县城建设工作。省政府副秘书长王晓驰、省国土资源厅厅长王卫华、省住房城乡建设厅厅长杨冠军、省国土资源厅副厅长、省移民办主任邹顺生，市长徐启方、副市长何邦军，县委书记赵立根、县长陈莲分别陪同调研或参加有关活动。

2月15日，紫阳县获省综治委全省“2016年度平安建设先进县”荣誉称号。

2月16日，中国共产党紫阳县第十五届委员会第二次全体会议召开。全会深入贯彻落实中央和省、市系列重要会议精神，总结2016年工作，部署2017年任务。

2月16日，全市移民搬迁安置社区集中开工活动——紫阳主会场在蒿坪镇集镇安置社区项目工地隆重举行。当天，县委、县政府举行一季度重点项目集中开工仪式，全县分四个片区集中开工项目56个，累计总投资21.2亿元。市委副书记鲍永能，市政协副主席孟平以及市委政研室、市农业局、市水利局负责人出席蒿坪集镇安置社区开工仪式和全县一季度重点项目（蒿坪片区）集中开工活动。县委书记赵立根主持，县委副书记、县长陈莲介绍项目基本情况并作表态发言。

2月19日上午，政协第十二届紫阳县委员会第二次会议在县委六楼会议室隆重开幕。

2月20日上午，紫阳县第十八届人民代表大会第二次会议在源森多功能厅隆重开幕。

2月22日下午，全县脱贫攻坚工作会议召开。县委书记赵立根主持会议，县长陈莲讲话。县人大常委会主任张教志，县政协主席康树民，县委副书记周继林，县委常委罗云忠、陈佳斌、杨平、周富林、王毅、周锦政、龚颖参加会议。全县脱贫攻坚工作会议结束后，紧接着召开全县追赶超越工作会议，落实习近平总书记视察陕西提出“追赶超越”定位和“五个扎实”要求，认真贯彻省市追赶超越会议精神，安排部署紫阳县追赶超越工作。

2月23日上午，紫阳县创建国家义务教育发展基本均衡县攻坚动员大会召开。县长陈莲，县委常委、常务副县长罗云忠出席会议并讲话。县委常委、宣传部长周锦政主持会议。县人大副主任程楚安，县政协副主席黄振宙出席会议。

2月24日下午，紫阳县召开老城及环江文化旅游长廊概念方案评标会。县人大主任张教志，县长陈莲，县政协主席康树民，县委常委、政法委书记王毅，县委常委、宣传部长周锦政，县人大副主席程楚安出席会议。副县长张宗军主持会议。

2月23日至24日，紫阳县百余名茶叶技术骨干参加茶产业“万人技能培训”师资培训班，副县长田鑫出席培训班开幕式并讲话。

2月25日，在安康市名优特色产品展示走进常州暨重点合作项目推介会上，县委书记赵立根接受江苏省常州市电视台的专题采访，介绍紫阳优势资源和经济社会发展情况，并围绕落实两地扶贫协作会议精神、更好的推动双方合作发展，回答记者的提问。

2月25日，中国民间文艺协会副秘书长张志学一行到紫阳县调研指导紫阳民歌传承保护工作。

2月25日至26日，县委书记赵立根带领紫阳党政考察团到常州市新北区和金坛区学习考察，对接两地对口扶贫协作和经济合作工作。常州市委常委、高新区党工委书记、新北区委书记周斌，金坛区委书记狄志强会见考察组一行。常州市高新区党工委副书记、新北区委副书记、政法委书记韦东生，金坛区委副书记、组织部部长、区政协主席刘国新分别陪同考察并主持座谈会。

2月27日至3月2日，县委书记赵立根带领相关部门负责人到浙江省德清县、桐乡市和福建省武夷山市、莆田市学习考察，并开展系列招商推介活动。县委常委、常务副县长罗云忠，县委常委、宣传部部长周锦政参加招商考察。

2月28日至3月1日，紫阳县妇女第十二次代表大会隆重召开。来自全县各行各业、各条战线的139名代表和25名特邀列席人员参加。

3 月

3月2日，省人大常委会委员、环资工委主任李健伟一行10人到紫阳县调研环境状况和环境目标保护完成情况。

3月6日，以“幸福过大年”为主题的年俗专题片《秦巴汉水紫阳春》于12时27分在CCTV–7《乡土》栏目播出。当日18时21分，以三线学生兵修建襄渝铁路为历史背景的电影《美丽的桑园坪》将在CCTV–6电影频道播出。

3月8日，紫阳县高桥镇权河村精准扶贫工作队正在对全村309户贫困户信息进行核实，为电子查询系统建设做前期准备，这是全县第一个设置在村级的贫困户信息电子查询端口，一周内正式投入使用。

3月9日，由县委宣传部、县文明办主办的紫阳文明网（http://www.zyxwmw.gov.cn/）正式开通运行，标志着紫阳县又一个对外宣传窗口诞生。

3月9日下午，中共紫阳县第十五届纪律检查委员会第二次全体会议召开。县委书记赵立根出席会议并讲话。县委副书记周继林主持会议。县委常委、纪委书记周富林代表县纪委常委会作了题为《推进全面从严治党 强化监督执纪问责 奋力开创党风廉政建设和反腐败工作新局面》的工作报告。

3月9日，县委召开全县巡察工作动员会，安排部署2017年巡察任务并启动第一轮巡察工作。县委书记赵立根出席会议并讲话。县委副书记周继林主持会议。县委常委、纪委书记、县委巡察工作领导小组组长周富林安排部署2017年第一轮巡察工作。

3月9日，“北京水墨行动”在紫阳县拉开帷幕。15位全国知名画家将进行为期7天的采风写生活动，用手中的画笔定格茶乡紫阳的记忆。

3月10日下午，县委工作会议召开，贯彻落实中省市县有关会议精神，回顾总结2016年组织、宣传、武装、统战工作，安排部署2017年工作任务。县委书记赵立根出席会议并讲话。县委副书记周继林主持会议。县人大常委会主任张教志，县政协主席康树民，县委常委、副县长陈佳斌，县委常委、人武部部长杨平，县委常委、宣传部部长周锦政，县委常委、统战部部长龚颖出席会议。

3月13日，全县农村工作会议召开，传达贯彻中省市农村工作会议精神，总结分析全县“三农”形势，安排部署2017年“三农”工作。县委副书记周继林出席会议并讲话，县委常委、统战部部长、红椿镇党委书记龚颖，县人大常委会副主任、县总工会主席李龙安，副县长田鑫，县政协副主席周静出席会议。

3月13日，紫阳县2017年现代农业产业精准扶贫工作会议召开，全面回顾总结2016年现代农业产业精准扶贫工作成绩，安排部署2017年工作。会议邀请省供销企业集团副总经理郭海涛、产业扶贫部副部长胡小军参会，副县长田鑫主持会议并讲话。

3月14日，紫阳县政府和社会资本合作（PPP）模式培训会召开。县委常委、常务副县长罗云忠主持，县人大常委会副主任、县总工会主席李龙安，副县长周斌、张宗军、何平，县政协副主席周静，各相关部门主要负责人、各镇分管领导参加培训。

3月15日上午，紫阳县消费者协会、县市场监管局、环保局、烟草局等多家单位联合县内部分企业在县城广场开展“3·15”国际消费者权益日纪念宣传活动。2017年活动的主题是“网络诚信、消费无忧”。

3月17日，“乡约紫阳 茶乡飞歌”广场文化活动座谈会召开。县人大常委会副主任、县总工会主席李龙安主持并讲话，县委宣传部、县总工会、县文广局、团县委、县妇联、县音乐家协会、城关镇等单位负责人参加座谈会。

3月17日，省科技厅牵头在紫阳县组织召开“两联一包”联席会议，总结工作，交流经验，安排部署当前和今后一个时期的“两联一包”精准脱贫工作。省科技厅农科处处长冀峰主持会议，县委常委、副县长陈佳斌，副县长刘军号出席。

3月21日，国道541紫阳汉王至洞河公路改建工程开工仪式在城关镇新田村举行。县政协主席、国道541紫阳段项目援建领导小组组长康树民宣布开工令。市交通局党委委员、副局长王广华，县委常委、副县长、国道541紫阳段项目援建领导小组副组长陈佳斌，国道541紫阳段工程建设指挥部指挥长文新出席。

3月22日，长安银行党委委员、工会主席殷石安到紫阳调研网点建设和金融支持地方经济发展工作。

3月22日至23日，中国建设银行总行办公室副主任祝艳阳带领省、市分行的负责同志到紫考察调研建行定点扶贫工作开展情况，并与部分电商企业进行精准扶贫对接座谈。

3月24日，紫阳县召开第25届“科技之春”宣传月活动动员会。县委常委、宣传部长周锦政，县人大常委会副主任、县总工会主席李龙安、副县长田鑫出席会议。

3月24日，紫阳县召开“百企帮百村”社会扶贫推进会。贯彻落实中、省、市、县关于精准扶贫工作安排部署，响应全国工商联“万企帮万村”精准扶贫行动，支持动员广大非公经济人士履行社会责任，助力脱贫攻坚。县政协主席康树民、县人大常委会副主任贾学勇应邀出席会议。县委常委、统战部部长龚颖作工作安排，副县长田鑫主持会议。

3月26日，由紫阳县委宣传部、县总工会、县文广旅游局联合主办，紫阳县音乐家协会承办的“乡约紫阳·茶乡飞歌”民歌演唱活动在县城体育场激情唱响，为山城群众带来一场丰盛的“文化大餐”。县人大常委会副主任、县总工会主席李龙安到场观看演出。

3月28日上午，央视七套《乡约·紫阳》特别节目现场录制在紫阳县城广场举行。央视主持人、“全国金话筒奖”获得者肖东坡主持，这是中央电视台《乡约》栏目组首次走进安康。

3月30日，紫阳县志（1986—2010）终审会在县政务服务中心四楼召开，历经8年编纂打磨的《紫阳县志（1986—2010）》经过省级终审专家组充分评审讨论，一致同意通过省级终审。省地方志办公室党组书记、主任秦向东出席会议并讲话，县委书记赵立根致辞，县委常委、常务副县长罗云忠作表态发言，省地方志办公室副主任史天社主持会议。市地方志办公室主任柯晓明、县政协主席康树民、县人大常委会副主任程楚安、县政协副主席黄振宙参加终审会。

3月30日，紫阳县电商扶贫示范专项培训会议在紫阳县电子商务服务中心召开，来自全县12个镇50余名电商、扶贫工作干部、电商扶贫示范点负责人参加培训。

3月31日，由县委宣传部、县有线电视台、县音乐家协会联合主办的“中国新歌声第二季”全国城市海选紫阳赛区决赛在县城体育场火爆开唱。县委常委、宣传部部长周锦政，县人大常委会副主任程楚安、李龙安，县政协副主席黄振宙到场观看比赛。

3月31日，紫阳县召开地质灾害防治暨业务知识培训会，传达贯彻中省市有关文件精神，安排部署2017年地质灾害防治工作，并就地质灾害业务知识进行系统培训。县委常委、副县长陈佳斌出席会议并讲话。

3月31日，县委召开常委会议，传达学习3月19日市委常委会议、3月27日全市信访工作座谈会会议精神和《中共中央办公厅关于推进“两学一做”学习教育常态化制度化的意见》、《中国共产党党委（党组）理论学习中心组规则》等有关文件精神，听取一季度脱贫攻坚工作汇报，研究部署下一步推进措施。县委书记赵立根主持会议。

4 月

4月1日，农业部农产品质量安全监管局局长广德福带领相关专家到紫阳县调研农业特色产业和农产品质量安全监管工作。

4月1日，县委政法工作会议召开，深入贯彻落实中省市委政法、维稳专题和县委工作会议精神，安排部署2017年全县政法工作。县委副书记周继林讲话，县委常委、政法委书记王毅安排2017年政法工作。县人大常委会副主任、县总工会主席李龙安，副县长、县公安局局长周斌，县政协副主席黄振宙，县法院院长毕传祥，县检察院检察长王开富出席会议。

4月7日，陕西（安康）青年电商发展峰会暨富硒产品博览会系列活动在紫阳隆重举行。活动分四个板块进行，即：紫阳县电子商务服务中心揭牌暨北京汉森商学院“安康分院”授牌仪式、青年电商富硒产品博览会暨安康市供销电商展启动仪式、陕西（安康）青年电商发展峰会暨农村青年电商培育工程首场示范培训和探寻紫阳富硒茶之旅。

4月7日上午，陕西（安康）青年电商富硒产品博览会暨安康市供销电商展启动仪式在紫阳体育场隆重举行。省商务厅副厅长王国龙，省供销合作总社副主任张乃卫，团省委副书记贾琳，市委常委、副市长尹清辽等省市领导参观了紫阳富硒特色产品展以及兄弟县区参展情况。

4月9日至10日，中国国民党中常委兼中央评议委员、台湾中华农业暨水利事业发展协会理事长黄炳煌，陕台文经旅促进会会长鲁晓明率台湾中南部村里长暨经贸合作考察团一行30余人到紫阳参观考察。

4月17日，全省巾帼家政经理人能力建设培训班开班仪式暨寻找三秦“最美家政员”活动启动仪式在紫阳举行。省妇联副巡视员崔志伟，副县长何平出席开班仪式。县委常委、统战部部长、红椿镇党委书记龚颖致辞。

4月19日下午，省发改委外贷办项目处负责人张锋利带领调研组一行到紫阳县就世行贷款陕西省特色小镇与乡村旅游发展项目进行实地调研考察。

4月19日，湖北省恩施州政协党组副书记、副主席肖谏诚带领考察组一行到紫阳考察富硒产业发展情况。

4月19日，陕西省督导评估紫阳县义务教育均衡发展工作反馈会在县委六楼会议室召开。省政府教育督导团副总督学、办公室主任王恒斌，省政府教育督导评估组全体成员，市政府副秘书长、法制办主任赵德成，市教育局党委书记、局长马恒昌，市政府教育督导室主任武大明，县委副书记、县长陈莲，县委常委、常务副县长罗云忠，县委常委、统战部部长龚颖，县人大常委会副主任贾学勇，县政协副主席杨从国出席反馈会。

4月19日，省政协副主席李晓东带领部分省政协委员对紫阳县南水北调中线水资源保护情况进行专题调研。

4月19日晚，县委召开常委扩大会议，认真学习习近平总书记在中央政治局第三十九次集体学习时的重要讲话、省委书记娄勤俭在省委常委会研究脱贫攻坚工作时的讲话以及省委副书记毛万春在安康脱贫攻坚情况反馈会上的讲话和市脱贫攻坚指挥部扩大会议精神，研究全县脱贫攻坚工作。县委书记赵立根主持会议。

4月21日，紫阳县召开脱贫攻坚推进会，传达习近平总书记在中央政治局第三十九次集体学习时的重要讲话，省委娄勤俭书记在省委常委会上的讲话，以及市脱贫攻坚指挥部扩大会议精神，对深入推进脱贫攻坚进行再动员、再部署，进一步压实责任、明晰路径，动员全县广大干部群众齐心协力、众志成城，全力打赢脱贫攻坚战，确保高质量完成年度脱贫攻坚工作任务。

4月22日上午，由紫阳县政协、县委宣传部、县文广局、陕西大长安国画院主办的陕西大长安国画院“多彩紫阳”采风作品展在紫阳县城体育场隆重开展。原陕西省文化厅厅长秦天行，陕西省美术家协会党组书记吕俊涛，县政协主席康树民，县委常委、宣传部部长周锦政，县人大常委会副主任程楚安，县政协副主席黄振宙，中国海政文工团安康籍男高音歌唱家周发猛等出席开展仪式。

4月22日至23日，“中国紫阳南宗道教研究会”成立并承办《中国道教史》教材编写大纲和冯兴钊大师弘道修行50年研讨会。中国社科院研究员王卡、卢国龙，中国道协副会长袁志鸿，宗教界知名人士及高校专家学者30余人应邀参加，省宗教局副局长李晓建，省社科院副院长白宽犁，县政协主席康树民，县委常委、统战部部长、红椿镇党委书记龚颖，县人大常委会副主任程楚安，县政协副主席黄振宙出席。

4月21日，湖北省恩施州人民政府副州长

程水源带领考察团一行到紫阳考察富硒产业发展情况。

4月21日，第三届亚太茶茗大奖颁奖盛典、斯里兰卡锡兰产地茗茶评比颁奖盛典在北京举办。紫阳焕古庄园、秦巴山、闽秦、郁禧园4家茶企选送的茶样在第三届亚太茶茗大赛评选中分别获得金奖。

4月24日，全省首个检察院驻环保局检察室在紫阳揭牌成立。副县长张宗军、县检察院检察长王开富出席揭牌仪式。

4月24日，市长徐启方到紫阳县洄水镇、界岭镇、双桥镇、高桥镇调研检查脱贫攻坚工作。

4月27日，全县金融暨政银企对接工作会议召开，回顾总结2016年金融工作，安排部署2017年金融暨政银企对接工作。县长陈莲，县委常委、常务副县长罗云忠出席会议并讲话，副县长何平、张麟出席会议。

4月27日，国务院办公厅下发《关于对2016年落实有关重大政策措施真抓实干成效明显地方予以表扬激励的通报》，对落实推进供给侧结构性改革、适度扩大总需求、促进创新驱动发展、保障和改善民生等有关重大政策措施取得明显成效的26个省（区、市）、90个市（地、州、盟）、127个县（市、区）予以通报表扬，并采取相应措施予以激励支持。《通报》显示，紫阳县位列推动工商注册制度便利化工作及时到位、落实事中事后监管等相关政策措施社会反映好的市、县（市、区）之中，受到全国通报表扬，系单项表扬中陕西省唯一获此殊荣的县。

5 月

5月4日，安康市召开2017年青年助力脱贫攻坚表彰分享会，紫阳县6名“第一书记”榜上有名。分别是来自城关镇青中村曾顺宝，蒿坪镇王家河陈荣贵，东木镇柏杨村田专，红椿镇上湾村晏飞，焕古镇刘家河村刘宇航，毛坝镇快活村焦加虎。

5月8日，紫阳召开全县省、市级文明单位创建工作现场观摩学习培训会，全县省、市级申创单位分管负责人及文明创建常态化管理系统信息报送员等70余人参加会议。

5月9日，全县重点项目工作推进会议召开，听取一季度项目工作进展情况汇报，研究分析存在的问题和差距，安排部署下一步推进措施。县长陈莲出席并讲话，县委常委、常务副县长罗云忠主持会议。

5月11日，2017年企业家黄帝陵祭祖茶供遴选暨陕西第二届斗茶大会在西安南院门古道茶城举行。紫阳县选送的3个品牌的富硒绿茶在众多参评茶样中脱颖而出，全部跻身陕西十大名茶。其中由紫阳春富硒茶业有限公司选送的明前翠峰荣获陕西十大名茶第一名，由紫阳县向阳茶厂选送的明前毛尖、紫阳县硒健茶业有限公司选送的明前翠峰分获第三名和第八名。

5月11日晚，紫阳县“百场文艺进百村”脱贫攻坚暨新民风建设文艺巡演活动在向阳镇广场启动。县人大常委会副主任、县总工会主席李龙安出席活动。

5月12日，县政府举行2017年第二期“紫阳干部讲堂”。邀请中国农业大学资源与环境学院副教授赵桂慎对其领衔编制的《紫阳县硒产业行动计划》进行全方位解读。县人大常委会副主任、县总工会主席李龙安，副县长夏志文，县政协副主席周静出席讲座。副县长田鑫主持讲座。

5月11日至12日，省科技厅副厅长林黎明一行到“两联一包”扶贫联系点——城关镇双坪村蹲点调研指导联村扶贫工作。

5月12日，建设银行帮扶紫阳县脱贫攻坚座谈会暨紫阳县人民政府与中国建设银行股份有限公司安康分行资产管理业务精准扶贫备忘录签字仪式举行。建行总行办公室副主任祝艳阳，副市长蒋青海，县长陈莲，建行安康分行行长李致国，副县长刘军号、何平出席座谈会，副县长张麟主持。

5月16日，由厅领导带队的陕西省国家安全厅扶贫领导小组一行到“两联一包”扶贫联系点——汉王镇汉城村调研指导联村扶贫工作。

5月16日，市委书记郭青到紫阳县调研精准扶贫脱贫、生态环境保护、党风廉政建设和一季度追赶超越季度考核工作。市委常委、常务副市长赵俊民，市委常委、秘书长、宣传部长罗雪剑参加调研。

5月21日，由陕西省茶业协会主办，紫阳县总工会、紫阳县职业教育中心承办的紫阳县首届茶艺大赛暨第四届陕西省茶艺大赛紫阳县选拔赛，在县委六楼会议室圆满落下帷幕，来自全县9支茶艺表演队、47名参赛选手上演一场精彩、唯美、生动的茶艺大餐。县人大常委会副主任、县总工会主席李龙安出席活动并为获奖选手颁奖。

5月19日，省人社厅党组成员、省公务员局局长鲁锋带领相关处室负责人在市人社局局长汪小卫的陪同下到紫阳调研基层公务员队伍建设和管理工作。县委书记赵立根，县委常委、常务副县长罗云忠，县委常委殷贵军参加调研。

5月18日至21日，由国家农业部、浙江省人民政府主办的2017中国国际茶叶博览会，在有着“人间天堂”之美誉的杭州隆重举行。活动期间，紫阳县抢抓各路商家云集的大好时机，按照放大优势、补齐短板的思路，主动对接硒产业、茶产业、电子商务等领域优秀企业，并与各方达成初步合作意向。

5月20日，由中国信息协会信息惠民分会、一窗研究院联合主办的2017年“互联网+政务服务”（西安）论坛在西安陕西宾馆举行。论坛以“推进‘一号申请、一窗受理、一网通办’落地应用”为主题，引导政务服务与互联网深度融合新方向，加强各地政务服务工作经验的交流与合作。紫阳县受邀参加并作大会经验交流发言。

5月19日，全国公安系统英雄模范立功集体表彰大会在北京人民大会堂隆重召开，共表彰100个优秀公安局、500个全国优秀基层单位、220名全国特级优秀人民警察、1100名全国优秀人民警察。紫阳县公安局指挥中心副教导员张敏荣获“全国优秀人民警察”荣誉称号。

5月22日，紫阳县召开脱贫攻坚问题整改工作汇报会，了解脱贫攻坚问题集中整改工作进展情况，进一步聚焦任务、夯实责任、强化措施，确保整改实效。县长、县脱贫攻坚指挥部总指挥长陈莲出席会议并讲话，县委副书记周继林主持会议，脱贫攻坚问题整改牵头领导罗云忠、陈佳斌、周富林、田鑫参加会议。

5月23日，省委政策研究室副厅级研究员李林一行到紫阳县调研美丽乡村建设。

5月25日下午，紫阳县人民政府与北京大学光华管理学院签订合作框架协议，双方将在人才培养、实训基地、决策咨询等方面开展深入合作，为紫阳经济转型发展、加快追赶超越、助力脱贫攻坚提供有力支撑。县长陈莲、北京大学光华管理学院西安分院院长姜万军代表双方签约。县委常委、常务副县长罗云忠，副县长田鑫、何平、张麟参加签约仪式，共同见证合作协议签署。

5月26日上午，紫阳县2017年春季学期干部专题研修“新形势下党的领导与党的建设”

专题培训班在县委党校开班，县委组织部、县委党校相关领导，各镇、各部门副科级以上领导100余人参加培训。

5月27日，备受期待的第三届中国安康富硒产品博览会暨第四届汉江流域农业博览会在安康国际天贸城开幕。作为全国两大高硒区之一的紫阳县积极抢抓机遇，精心组织县内20家企业抱团参展，借力推介紫阳富硒特色产品。

5月27日下午，第三届安康富硒茶大赛颁奖暨品茗活动在安康宾馆举行。经过组委会认真组织和中省市资深茶叶专家评审，从全市参选的129支茶样中评选出茶王两个、特等奖15个、一等奖25个、优秀产品奖34个。紫阳县选送的34支茶样全部获奖，斩获特等奖6个、一等奖12个、优秀奖16个，成为本届富硒茶品茶大赛的最大赢家，再次展现紫阳富硒茶的品牌优势和独特魅力。

5月29日，作为第三届中国安康富硒食品（包装饮用水）博览会暨第四届汉江流域（安康）农业博览会主题活动之一，紫阳富硒茶及重点招商项目专场推介会在安康国际天贸城举行。副县长何平出席活动并致辞。

5月，紫阳县被确定为全国基层政务公开标准化规范化试点县。

6　月

6月2日，紫阳县委组织部邀请市委党校经济管理教研室主任、副教授冯三俊在县委党校开展“精准扶贫、精准脱贫——全面小康的重要抓手、底线任务、底线目标”专题培训。

6月3日上午，2017丝博会暨第21届西洽会在西安曲江会展中心隆重开幕。开幕当天，县委书记赵立根、县长陈莲考察紫阳展馆。

6月4日下午，副省长魏增军来到西安曲江国际会展中心B3和B4馆紫阳展区，参观了解2017丝博会暨第21届西洽会展销情况。副县长田鑫陪同参观并介绍参展情况。

6月5日，在2017丝博会暨第二十一届西洽会上，紫阳县共有20个项目成功签约，合同引进资金51.6亿元，项目涉及特色小镇建设、生态旅游、现代农业等领域。县长陈莲、副县长田鑫出席签约仪式并代表县政府签约。

6月7日，县长陈莲在北京拜见中国科学院地理科学与资源研究所研究员、博士生导师、硒资源研究专家雒昆利教授，汇报紫阳经济社会发展和富硒资源开发情况。副县长田鑫一同参加座谈。

6月8日，浙江大学CARD中国农业品牌研究中心、中国农业科学院茶叶研究所《中国茶叶》杂志、浙江大学茶叶研究所等联合课题组发布“2017中国茶叶区域公用品牌价值评估”报告，紫阳富硒茶品牌资源力跻身全国前十。

6月8日，第四届中国富硒生态产业发展高峰论坛、首届中国富硒产业扶贫高峰论坛暨中国十大富硒榜、中国硒天使形象大赛颁奖盛典在国家会议中心三楼学术报告会隆重举行。经中国富硒联盟推荐、实地考察、社会公示和专家评审，大会组委会最终授予紫阳县“中国十大富硒之乡”称号。副县长田鑫出席活动并做主旨发言。

6月13日，省信访局正厅级督查专员候永平带领督察组一行到紫阳督查上半年信访工作。县委书记赵立根，县委常委、常务副县长罗云忠，县委常委、县政法委书记王毅，副县长周斌参加座谈。

6月13日至14日，省教育厅党组书记、厅长王建利带领有关处室负责人深入紫阳县调研义务教育均衡发展工作。副市长孙矿玲，安康职业技术学院院长、市教育局局长马恒昌，县委书记赵立根，县长陈莲，县委常委、常务副县长罗云忠参加调研。

6月14日，省委科技工委委员、省科技厅副厅长兰新哲、赵怀斌，省科技厅总工程师杨柳带领委厅机关第二批干部到紫阳县双坪村调研指导“两联一包”对口扶贫工作。

6月16日，紫阳县2017年春季学期干部专题研修“中共党史学习系列之一”专题培训班在县委党校开班。县委组织部、县委党校相关领导，各镇、各部门副科级以上领导70余人参加培训。

6月17日，省委党校副校长吴铁到紫督导检查党校工作。县委书记赵立根，县委副书记、县委党校校长周继林，县委常委、常务副县长罗云忠参加检查和座谈。

6月17日至18日，西安交通大学继续教育学院金融EMBA中心组织30余名总裁研修班学员到紫阳进行商务考察。县委常委、副县长夏志文陪同考察。

6月19日，“2017中国茶叶区域公用品牌价值评估”结果发布。紫阳富硒茶品牌价值达17.05亿元，排名第31位，再攀历史新高。

6月20日，紫阳县首期建筑劳务培训班在县职教中心开班。副县长张宗军、县政协副主席杨从国出席开班仪式。

6月20日，陕西日报2017年通联表彰交流会在平利县召开。会上，陕西日报社公布2016年度新闻报道先进集体、十佳通讯员、优秀通讯员及通讯员新闻奖评选结果，紫阳县委宣传部荣获新闻报道先进集体，选送的六篇作品全部获奖。

6月22日，全省县域经济发展和建设工作会议召开，2016年度全省县域经济发展监测综合排名正式出炉，紫阳县综合排名由2015年的第55位前进到2016年的第50位，较去年前进5个位次。

6月26日，由工商总局商标局与中国工商报联合开展的商标富农和运用地理标志精准扶贫典型案例征集和评选活动结果日前揭晓，紫阳富硒茶以179443票的成绩荣获第一名，成为陕西省唯一入选的地理标志商标。

6月24日上午，中央电视台第七频道《态度》栏目组实地拍摄紫阳蓝黑天然板石产品宣传纪录片开机仪式在紫阳天地天然板石有限公司举行。县委常委、副县长夏志文出席开机仪式并致辞。

6月26日，紫阳县工商联（总商会）第十次代表大会隆重召开，109名会员代表参加，回顾总结过去五年工商联工作，展望今后五年的发展工作，选举产生新一届工商联（总商会）领导班子。县委副书记周继林，县委常委、常务副县长罗云忠，县人大常委会副主任、县总工会主席李龙安，县政协副主席杨从国出席，县委常委、统战部部长龚颖主持会议。

6月30日，紫阳县2016年度目标责任考核总结表彰大会召开。县委书记赵立根出席会议并讲话，县长陈莲主持会议，县委副书记周继林通报目标责任考核情况，县委常委、常务副县长罗云忠宣读表彰决定，县政协主席康树民，县委常委陈佳斌、杨平、王毅、龚颖、夏志文等全体在家县级领导出席大会并为获奖单位颁奖。

6月30日，紫阳县隆重举行纪念建党96周年暨“七一”表彰大会，重温党的光辉历程，颂扬党的丰功伟绩，表彰在全县脱贫攻坚一线涌现出来的优秀共产党员，激励和动员全县各级党组织、广大党员干部更好地发挥战斗堡垒和先锋模范作用，凝心聚力打赢脱贫攻坚战，奋力开创追赶超越新局面。县委书记赵立根出席会议并讲话。县委副书记、县长陈莲主持大会。

7 月

7月3日，省质监局党组成员、副局长魏恒星一行到紫阳县调研富硒茶品牌建设情况。

7月4日，市委副书记、代市长赵俊民带领市政府办、市水利局、市脱贫办负责人到紫阳县调研脱贫攻坚、环境保护和防汛防滑工作。

7月4日至5日，西安美术学院院长郭线庐带领学院有关负责同志一行到紫阳考察对接高校结对帮扶贫困县助力脱贫攻坚工作。

7月6日，江苏省常高新集团有限公司一行6人到紫阳县考察投资环境和重点项目建设。县政协主席康树民，县委常委、副县长夏志文，县政协副主席杨从国分别参加考察。副县长张宗军出席座谈会。

7月5日至7日，县委常委、常务副县长罗云忠带领县发改局、财政局、硒谷生态工业园区管委会、县投融资开发有限公司负责人一行赴韩城市考察学习项目策划包装和管理推进工作。

7月7日，市科技创新茶叶专家工作站成立暨授牌仪式在紫阳县举行，这是全市围绕富硒茶产业发展成立的首个专家工作站。市委常委、副市长尹清辽出席仪式并为工作站授牌。副县长张宗军出席活动。

7月10日，紫阳县农村集体产权制度改革试点示范工作推进会议召开，专题安排部署全县农村集体产权制度改革试点推进工作。县委副书记、县委全面深化改革领导小组副组长、县农村专项改革小组组长周继林主持会议并讲话。

7月10日下午，来自意大利、法国、丹麦、美国、新西兰、马来西亚、澳大利亚等茶叶消费地区的嘉宾和采购商代表，以及肯尼亚、印度、斯里兰卡主要茶叶生产国的科研机构和管理机构代表一行20余人，在参加由中国农业国际促进会和安康市人民政府主办的“一带一路”（安康）国际茶叶经贸洽谈会后，到紫阳参观考察富硒茶产业发展情况。

7月11日，“古韵诗词·墨存风华”安康市首届中学生诗词大会总决赛在紫阳中学多功能厅隆重举行，市政府副市长孙矿玲，县委常委、宣传部部长周锦政，副县长张宗军出席活动。

7月11日，紫阳县投融资开发有限公司正式挂牌成立。县委常委、常务副县长罗云忠，副县长田鑫、何平出席揭牌仪式。

7月13日，在第四届中国富硒生态产业发展高峰论坛、首届中国富硒产业扶贫高峰论坛暨中国十大富硒榜颁奖盛典上，紫阳富硒茶荣登“中国十大富硒品牌”榜首，这已是连续四届获此殊荣。

7月14日，国家卫生计生委官网发布《关于命名2014—2016周期国家卫生县城（乡镇）的决定》，紫阳县城被正式命名为“国家卫生县城”。

7月16日，河南省陕西商会会长、郑州真好医疗科技集团股份有限公司董事长曹可奇一行到紫阳县进行商务考察。

7月19日至20日，省政府副秘书长唐少鹏、省政务公开办公室主任谢泱一行到紫阳调研基层政务公开标准化规范化试点工作。

7月21日，省国土资源厅副厅长、陕南移民搬迁工作办公室主任邹顺生到紫阳县调研易地扶贫搬迁工作。

7月18日至25日，受国务院扶贫办、国家发改委委托，中国人民大学博士后冯晓龙一行10人到紫阳，对“十三五”易地扶贫搬迁建档立卡贫困户人口进行跟踪入户调研和抽样调查。

7月25日，由安康市政府、省工信厅、省商务厅主办，市工信厅、市商务局、市招商局承办的陕西安康富硒食品暨包装饮用水产业招商推介会在北京国际饭店会议中心隆重举行，安康紫阳汉水硒谷·真硒水凭借纯天然、零污染的独特优势，受到与会嘉宾和各地客商的广泛好评。

7月26日，在北京湖南大厦举行的第五届陕南绿色循环经济合作项目推介暨签约仪式上，紫阳县与陕西睿智环保建材有限公司签订年产30万吨秸秆综合利用项目协议，标志着全市首个以新型环保建材为主要内容的招商引资项目正式落户紫阳。

7月25日至26日，由省商务厅、省贸促会与陕南三市共同主办、安康市人民政府具体承办的的第五届陕南绿色循环经济项目合作交流系列活动在北京隆重举行。紫阳县组织县内五家企业携近百余种特色产品赴京参展。县委书记赵立根，县委常委、副县长夏志文，副县长张麟出席活动并向首都市民推介紫阳特色产品。

7月26日，省委常委、省委秘书长钱引安到紫阳县调研脱贫攻坚工作。

7月27日，上海复星集团公益基金会执行秘书长兼公共事务执行总经理张翼飞带领考察团到紫阳县考察产业扶贫项目投资环境，对接洽谈社会公益事业合作项目。

8 月

8月3日，全市镇办纪委直接监管村监委会业务工作改革暨重点工作现场推进会在紫阳召开。市委常委、市纪委书记田沐臣出席会议并讲话，省纪委正处级纪检监察员葛玉梅到会指导，市纪委副书记、市监察局局长王安中主持会议。县委书记赵立根致辞，县委常委、县纪委书记周富林作经验交流发言。

8月4日，省档案局局长王建领带领相关处室负责同志到紫调研档案工作。

8月5日，紫阳县社区工厂电子产品生产线项目签约仪式在红椿镇举行。县委常委、统战部部长、红椿镇党委书记龚颖出席活动。县委常委、副县长夏志文代表县政府签约。

8月14日，央视大型纪录片《中国影像方志·紫阳篇》在瓦房店北五省会馆举行开机仪式。县委常委、宣传部部长周锦政出席并致辞，副县长张宗军主持。县人大常委会副主任程楚安、县政协副主席黄振宙出席并揭幕。

8月16日，省高级人民法院党组书记、院长阎庆文深入紫阳县调研指导司法体制改革和安全维稳工作。

8月18日，省石油化工研究设计院副院长何长明到紫阳县焕古镇金塘村，开展“两联一包”对口帮扶工作，并对包联村贫困大学生及所结对帮扶的贫困户进行走访慰问，发放慰问金。

8月21日，经济学博士、教授、博士生导师、中国人民大学研究生院常务副院长、国家发展与战略研究院研究员刘风良带领课题组一行5人到紫阳，调研生态产业、环保治理、精准扶贫、新民风建设、体制机制创新等工作。

8月23日，省食品药品监督管理局副巡视员张明带领省食品安全督查组一行到紫阳督导检查食品安全工作。

8月24日，第十二届“中茶杯”全国名优茶评比获奖结果公示，由紫阳县茶业局组织选送的紫阳富硒绿茶和富硒红茶茶样，经组委会专家组精心评选并向社会进行公示，在近千支参评茶样中脱颖而出，最终摘取五项大奖，其中特等奖1个、一等奖4个。

8月24日，市委书记郭青来到位于安康高新区贫困户农村产品线上线下交易中心紫阳馆视察指导，调研产业和就业扶贫工作。

8月30日，紫阳县“互联网+政务服务”云平台启动仪式在县政务服务中心四楼会议室隆重举行，这标志着经过两个月的试运行、功能日趋完善的“互联网+政务服务”云平台（ttp://zwfw.ankang.gov.cn:7120/zwpt）正式启动运行。县委常委、副县长殷贵军出席。县政务中心全体工作人员参加启动仪式。

8月31日，县委书记赵立根利用参加全国东西部扶贫协作经验交流会间隙，到网库集团北京总部考察，对接洽谈合作事宜。网库集团联合创始人、总裁李军保，副总裁李超陪同考察。

9　月

9月3日，全县脱贫攻坚工作推进暨干部作风专项整治会议召开，贯彻落实全市追赶超越第二季度考核点评暨干部作风专项整治会议和市脱贫攻坚指挥部紧急会议精神，通报上半年脱贫攻坚工作进展情况，安排部署下一阶段全县脱贫攻坚暨干部作风专项整治工作。县委书记赵立根主持会议并讲话。县委副书记、县长陈莲安排脱贫攻坚工作。

9月6日上午，2017中国—阿拉伯国家博览会在宁夏银川开幕。当天下午，由安康市政府主办，紫阳县政府、安康市农业局、市政府新闻办承办的“共建丝茶之路，同品安康富硒茶”紫阳富硒茶宁夏银川专场推介活动在宁夏国际会堂举行。会上，紫阳茶企与埃及Pharaonic flowers group公司、黎巴嫩China gate公司等中外企业签订茶叶购销协议，紫阳县人民政府与宁夏天韵达集团公司签订招商项目协议。

9月6日至7日，全国政协常委、提案委员会副主任、九三学社中央副主席赖明率九三学社中央调研组到紫阳开展“健康扶贫、易地扶贫搬迁和县级财政涉农资金统筹使用情况”课题调研。省委副书记毛万春，市委书记郭青，市委常委、常务副市长赵璟，副市长何邦军，县委书记赵立根，县长陈莲，县政协主席康树民等分别参加调研和有关活动。

9月7日下午，紫阳县隆重举行庆祝第33个教师节暨教育表彰大会，共同庆祝广大教师的节日，表彰在教育战线上取得优异成绩、做出突出贡献的先进集体和先进个人。县长陈莲出席会议并讲话。县委副书记周继林主持大会。

9月10日，全国政协委员、中将、原总装备部科技委员会副主任徐小岩到紫阳调研红四方面军及川陕革命根据地有关党史和革命遗址遗迹保护利用情况。

9月13日下午，国务院扶贫办召开新闻发布会，公布2017年全国脱贫攻坚奖获奖名单，由紫阳县推荐的陕西郑远元专业修脚保健服务集团有限公司董事长郑远元获得“2017年全国脱贫攻坚奖奉献奖”。

9月17日，中国网库集团执行总裁邱广志带领考察团一行到紫阳进行商务考察。

9月19日，全省县域营商环境监测评价综合试点工作会在紫召开。省统计局收入贫监处处长常录寿主持会议并讲话，市统计局副局长张艳，县委常委、常务副县长罗云忠出席会议。全省各市区统计部门相关负责人及业务人员参加会议。

9月20日下午，安康富硒茶首届手工制茶技术能手大赛在美丽的汉水之滨、紫阳县焕古硒茶小镇——焕古庄园富硒茶业科技有限公司开赛。

9月22日，中国建设银行携手建信期货、丽姐助学爱心物资捐赠仪式在高桥镇中心学校举行。建信期货有限责任公司副总裁张志东，副县长何平、张麟出席。

9月22日，省检察院副处长任秦娜带领省打击侵权假冒工作督查组一行对紫阳县打击侵权假冒工作进行督查。

9月26日，共青团紫阳县第十三次代表大会在县委六楼会议厅隆重开幕，来自全县各条战线上的160余名代表参会。县委书记赵立根，团市委书记陈磊出席会议并讲话。

9月27日，市人大常委会党组副书记、常务副主任、市重点项目第三巡查组组长袁子顺带领巡查组一行到紫阳，代表市委、市政府对2017年重点项目建设推进情况进行集中巡查。

9月30日，紫阳县举行绞股蓝系列产品生产线建设项目签约仪式。仪式上，县委常委、副县长夏志文代表紫阳县政府与西安大唐制药集团有限公司签订总投资约1.1亿元绞股蓝系列产品生产建设项目。

9月30日，陕西省委书记娄勤俭在省委党校呈报的《咨政专报》（2017年第11期）上作出重要批示，同意在全省推广紫阳“全程代理”政务服务模式。

10　月

10月5日，全县农村“三变”改革试点工作推进会召开，传达贯彻省、市农村“三变”改革试点工作会议精神，安排全县农村“三变”改革试点工作。县委副书记周继林出席会议并讲话，副县长田鑫主持会议，县政协副主席杨从国出席。

10月5日下午，市委书记郭青到紫阳县高滩镇、城关镇环城路社区检查指导防汛救灾和地质灾害防治工作。他强调，要牢固树立“以人为本”和“防范胜于救灾”的意识，加强地灾隐患点监测排查，切实做好各项防范和应对工作，千方百计保障人民群众生命财产安全。

10月6日，2017中国（厦门）国际收藏投资博览会暨第七届中国（厦门）陶瓷文化艺术创意设计精品展览会日前在福建·厦门国际会展中心隆重举行，紫阳硒陶文化发展有限责任公司作为全市唯一一家陶瓷企业应邀参展，该公司选送的四组陶瓷作品全部获奖，其中摘获金奖一个、银奖一个、铜奖两个，成为本届参展企业代表中的最大赢家。

10月10日，紫阳县美丽乡村规划方案评审会召开。县文化旅游工作领导小组组长、县长陈莲，副组长、县委常委、宣传部长周锦政，县人大常委会副主任程楚安，副县长田鑫、张宗军出席会议。

10月9日，国务院扶贫办对2017年全国脱贫攻坚奖奋进奖、贡献奖、奉献奖、创新奖共40名获奖者进行了表彰，陕西郑远元专业修脚保健服务集团有限公司董事长郑远元获得“全国脱贫攻坚奖奉献奖”，是我省唯一获此殊荣者。

10月13日，由教育部、中央电视台联合举办的“2017全国最美孝心少年颁奖典礼”在中央电视台一号展播厅举行，紫阳县焕古镇中心学校九年级学生梁生霞荣获“2017年媒体特别关注孝心少年”称号。10月16日上午，省文明办专职副主任鲍贻勇会见了从北京载誉归来的梁生霞。

10月18日至20日，省政府教育督导团总督学马万清带队到紫回访督导国家义务教育发展基本均衡县创建工作。市教育局党组书记、局长邹成燕，市政府教育督导室主任武大明，县长陈莲，县委副书记周继林，县委常委、常务副县长罗云忠分别参加调研或参加反馈会。

10月20日，省文化厅副厅长顾劲松带领相关处室负责人一行到紫阳检查调研省级文化先进县创建复查工作。县长陈莲、副县长张宗军陪同调研。

10月23日，省人大常委会农工委委员、办公室主任王决胜带领调研组一行到紫阳调研农业供给侧结构性改革工作。

10月25日，县委书记赵立根带领县直有关单位负责人赴山东新稀宝股份有限公司考察，就进一步加快在紫投资项目建设进度，坚定发展信心，深化双方合作进行对接洽谈。

10月26日，省委高教工委副书记、省教育脱贫办公室副主任李智军与西安美术学院院长郭线庐等一行到紫阳县对接调研教育扶贫工作，并就下一步结对帮扶工作进行了精准对接。县委副书记周继林，县委常委、宣传部部长周锦政，副县长张麟参加对接调研活动。

10月27日，县委副书记周继林主持召开紫阳代表团参加第二十四届杨凌农高会筹备工作会议，听取前期工作筹备情况，安排部署参会布展工作。县委办、县政府办、县委农工部、县农林科技局等部门负责人参加会议。

10月26日，由中国茶叶流通协会、云南省农业厅、临沧市人民政府联合主办的“第十三届中国茶业经济年会”在临沧市开幕，会上公布了2017年度“中国茶旅之乡”评选结果，经过审慎筛选、网络投票和专家评审评议环节，陕西省紫阳县荣获“2017年度中国最美茶乡”称号。

10月30日，省移民办副主任薛富平带领检查组一行到紫阳核查灾情及督查避险解困工作。

10月31日下午，安康市紫阳商会成立大会暨第一次会员代表大会在睿智亚朵酒店举行，选举产生第一届监事会、理事会领导班子，睿智实业（集团）有限公司董事长刘志军当选安康市紫阳商会第一届理事会会长，标志着安康市首家县级商会正式成立。市人大常委会副主任马孝芳、县长陈莲共同为安康市紫阳商会揭牌。市政协副主席、市工商联主席孟平，县政协主席康树民，县人大常委会副主任扈正安，副县长田鑫以及紫阳籍市直部门领导、在紫阳工作过的老领导和100余名紫阳籍企业家代表参加揭牌仪式。县委常委、统战部部长龚颖主持。

11　月

11月2日，县委召开常委（扩大）会议，集中学习研讨党的十九大报告精神，交流学习心得体会，研究部署全县学习宣传贯彻工作。县委书记赵立根主持会议。

11月2日，省扶贫办党组成员、副主任孙云峰到紫阳县调研指导脱贫攻坚工作。

11月5日上午，以“‘一带一路’助推农业现代化”为主题为主题的第二十四届中国杨凌农业高新科技成果博览会在杨凌示范区隆重开幕。县长陈莲、县委副书记周继林、副县长田鑫带队参加，独具特色的“紫阳元素”在展会上大放异彩，受到各级领导、参展客商的广泛赞誉和一致好评。

11月5日下午，由国家工商总局、陕西省政府共同主办的第24届杨凌农高会地理标志商标助推脱贫攻坚高峰论坛在杨凌举行。副省长魏增军出席并致辞。紫阳县受邀参加。县长陈莲出席活动并在论坛上做题为《小茶叶撬动大产业、名商标助力大扶贫——“紫阳富硒茶”品牌扶贫的实践探索》的主旨发言。副县长田鑫一同出席。

11月6日，省水利厅副厅长张玉忠带领调研组一行到紫阳调研深度贫困县水利扶贫工作，并在紫阳召开全市深度贫困县水利扶贫工作调研会。

11月6日晚，在源森多功能厅举行新民风民歌剧《一孝千金》首场演出。全市新民风建设扶贫扶志现场推进会参会人员，全体在家县级领导，各镇党委书记、镇长，部分县直部门干部职工共500余人观看演出。市委常委、宣传部部长罗雪剑，县委书记赵立根一同观看演出。县委常委、宣传部部长周锦政致辞。

11月7日，全市新民风建设扶贫扶志现场推进会在紫阳县召开。市委常委、宣传部部长罗雪剑出席会议并作重要讲话。市委宣传部副部长、文明办主任李大明，县委书记赵立根出席会议。市委副秘书长刘义林主持会议。县委常委、宣传部部长周锦政参加会议并代表紫阳县作新民风建设扶贫扶志工作经验交流发言。

11月7日，市政协副主席、市工商联主席孟平带领参加安康市“万企帮万村”精准扶贫行动现场推进会130余名与会人员到紫阳县进行参观考察，实地了解紫阳县非公有制经济助力脱贫攻坚工作情况。市委统战副部长、工商联党组书记陈有随参加活动。

11月9日上午，由陕西省质量促进会主办的年度质量压轴“大戏”——2017年度“陕建杯”三秦质量之光颁奖典礼在陕西广电大剧院隆重举行，对全省10名“三秦质量人物”、10家“质量标杆企业”、10名“三秦质量工匠”进行表彰奖励，对20个省内品牌授予“最受老百姓喜爱的品牌”称号。“紫阳富硒茶”荣获“最受老百姓喜爱的品牌”称号，紫阳县和平茶厂荣获“质量标杆企业”称号，再次展现紫阳富硒茶的品牌优势和独特魅力。副县长田鑫出席活动。

11月9日，省扶贫办党组成员、副主任何存贵到紫阳调研指导脱贫攻坚工作。

11月11日晚，县长陈莲应邀走进中央电视台财经频道（CCTV-2）直播间，做客大型直播节目“2017年中国电商年度发展报告·聚焦双十一网购狂欢节”，为紫阳富硒茶代言，向全国电视观众和网民现场推介好喝健康的紫阳富硒茶。

11月14日，省农村信用社联合社主任张全明带领省社相关业务处室负责人到紫阳县调研金融扶贫工作，看望慰问贫困留守儿童。

11月15日至16日，中国建设银行总行公司业务部副总经理李钺带领总行、分行、二级分行三级机构相关负责人到紫阳县调研定点扶贫工作，了解金融需求，会商帮扶举措。

11月20日，省“万企帮万村”精准扶贫行动领导小组副组长、省工商联副主席郑佩宏带领考核组一行4人到紫阳县督导考核“万企帮万村”精准扶贫工作。市政协副主席黄骁勇，县政协主席康树民、县政府党组成员蒋学军参加考核。

11月21日，由陕西省工商局主办、安康市工商局和紫阳县人民政府共同承办的全省运用地理标志商标助推精准扶贫经验交流现场会在紫阳召开。省工商局党组成员、副局长田中智出席会议并讲话，副市长寇全安致辞，省工商局商标处处长张毅主持，市政府副秘书长王志洲，市工商局党组书记、局长王传杰，县委书记赵立根，县长陈莲，副县长田鑫参加会议。

11月22日，国家督学、中国政法大学商法所教授、北京市海淀区政协副主席王玉梅带领国家评估检查组一行5人，到紫阳县评估验收全国义务教育发展基本均衡县创建达标工作。

11月24日，中国建设银行副董事长、执行董事、行长王祖继带领总行、分行、二级分行相关负责人一行到紫阳县调研定点扶贫工作。副市长蒋清海，县委书记赵立根，县长陈莲，副县长刘军号、张麟，县政府党组成员蒋学军出席座谈会。

11月28日，安康超美特红椿社区工厂正式开业投产，这是继紫阳县钜源鞋服社区工厂落户紫阳红椿镇后，又一家劳动密集型“社区工厂”入驻。县委常委、统战部部长、红椿镇党委书记龚颖，县委常委、副县长夏志文出席活动并讲话。

11月30日至12月1日，省政府副秘书长唐少鹏带领省编办、省发改委、省工商局、省政务公开办相关负责人一行到紫阳县调研政务服务工作。

12 月

12月4日，省农业厅农民体育指导中心主任文力带领省产业扶贫督导组到紫阳督导产业扶贫工作。

12月5日，恒紫循环产业园区工业项目建设现场推进会暨睿智环保建材项目竣工投产仪式在紫阳“飞地经济”园区举行。市委常委、常务副市长赵璟，市人大常委会副主任马孝芳，市政协副主席黄骁勇，县委常委、常务副县长罗云忠，县委常委、组织部部长王毅，县人大常委会副主任贾学勇，副县长田鑫，县政协副主席杨从国出席活动。

12月5日，在西安举行的苏陕两省扶贫协作集中签约仪式上，江苏省常州浩翠商贸有限公司、江苏金娃娃玩具有限公司分别与紫阳县政府签订了富硒矿泉水开发项目和毛绒玩具“社区工厂”生产项目，总投资1.6亿元。成为安康市唯一上会签约的项目。

12月6日至7日，中国经济体制改革杂志社调研部主任、地方改革创新研究中心执行主任贾存斗带领专家组一行来到紫阳，就“安康生态文明体制改革”课题进行专题调研。

12月6日，江苏省工商联秘书长熊杰带领南京、苏州、无锡、常州等市工商联及部分企业代表，到紫阳考察对接扶贫协作工作。县政协主席康树民，县委常委、统战部部长、红椿镇党委书记龚颖陪同考察，县委常委、副县长夏志文出席座谈会。

12月8日，全省政务公开和政务服务现场会在紫阳县召开。国务院办公厅政府信息与政务公开办公室四处处长周兴兵应邀作专题辅导。省政府副秘书长唐少鹏出席并讲话。市委常委、常务副市长赵璟致辞。省政府政务公开办公室主任谢泱主持会议。省编办副主任史丰有、省发改委固定资产投资办主任常保平、省工商局副巡视员刘建升出席。县长陈莲作大会交流发言，县委常委、常务副县长罗云忠参加会议，县委常委、宣传部部长周锦政参加相关活动。

12月9日至10日，由省委宣传部、省政府研究室、省人社厅、省扶贫办、省社科院、安康市委、市政府和新华社陕西分社联合主办，紫阳县委、县政府承办的全省“扶志扶智·技能培训 促进产业发展 实现精准脱贫”研讨会在紫阳举行。省委宣传部常务副部长钟顺虎，省政府研究室(省发展研究中心)主任、党组书记杨三省出席并讲话。市委常委、常务副市长赵璟致辞。省社科院院长任宗哲主持会议。县委书记赵立根作大会交流发言。

12月15日，紫阳县老年大学暨环城路社区慈善老年大学揭牌仪式在紫阳中学文化多功能厅举行。市慈善协会副会长钟庆明、县委书记赵立根出席并为老年大学揭牌。县委常委、县委组织部部长王毅讲话。

12月16日，中共山西省委宣传部副部长董晓林带领相关部室负责人一行5人到紫阳考察学习新民风建设助力脱贫攻坚工作。

12月18日，紫阳县产业精准扶贫投资收益分红大会在紫诚旅游公司院内举行，1334户贫困户喜获210万元产业精准扶贫投资收益“大红包”。副县长田鑫出席活动并致辞。

12月19日，省委科技工委书记、省科技厅厅长卢建军，省科技厅副厅长史高领带领部分处室负责人一行到“两联一包”扶贫联系点——城关镇双坪村调研指导联村扶贫工作。

12月21日，中国茶叶研究所专家邓余良一行到紫阳调研富硒茶产业及品牌建设。

12月28日，紫阳县行政审批服务局揭牌仪式在县政务服务中心举行，标志着紫阳县正式由“多枚印章管审批”迈入“一枚印章管审批”的新时代。市编委办副主任薛同新、县委书记赵立根共同为行政审批服务局揭牌。县委副书记、县长陈莲主持揭牌仪式。

12月28日，全市首家苏陕协作毛绒玩具产业企业——安康爱多宝动漫文化产业有限公司在紫阳县蒿坪镇双星社区顺利开业。副市长何邦军出席活动并宣布公司开业。县长陈莲致辞。市政府副秘书长、市政务服务中心主任刘福全，市妇联、市移民搬迁办、市创业就业局有关负责人，县委常委、宣传部部长周锦政，县委常委、副县长夏志文出席。常州市对口帮扶安康市工作组组长、市政府副秘书长戴胡爽主持开业仪式。

12月28日，省政协常委、民盟省委副主委、省民盟脱贫攻坚民主监督工作组组长车建营带领民盟陕西省委脱贫攻坚民主监督工作组一行到紫开展监督调研。

12月29日上午，紫阳县汉王汉江大桥正式开工建设。县委书记赵立根出席开工仪式并宣布项目开工。县政协主席康树民，县委常委、副县长陈佳斌，县人大常委会副主任、县总工会主席李龙安，副县长蒋学军，县政协副主席杨从国，市交通局副调研员、国道541紫阳段工程建设指挥部总指挥文新出席。

概　况

地　理

【地理位置】　紫阳县位于陕西省南部，汉江上游，大巴山北麓，因道教南派创始人张平叔（号紫阳）得名。地理座标：东经108° 06′ ~108° 43′，北纬32° 08′ ~32° 49′。四邻：东为安康、岚皋2县，西为镇巴县，南为四川省城口、万源2县，北为汉阴县。境内南北长97.3千米，东西宽57.4千米，边界线长365千米，图形呈枫叶状。全县现有总面积2204平方千米，设21镇、175村。2017年年底，总人口336624人，人口密度为每平方千米153人，为陕西省内人口稠密县份之一，有“山大人不稀”之说。城关镇为县人民政府驻地，北距首都北京1200千米、距省会西安195千米，东距安康市委、市政府所在地安康50千米。

【地形地貌】　地形以山地和丘陵为主，地势西南高，东北低，境内万山重叠，汉江由西向东横贯全境，任河由北流入汉江，将全境分割为东南部大巴山区，西南部米仓山区，北部凤凰山区及东部的蒿坪河川道，构成“三山两谷一川”的基本地势轮廓。多数河流发源于大巴山，向北流，形成深山峡谷与险峻山岭相间的地形。紫阳最高峰五个包，海拔2522米。

【气候】　属北亚热带湿润季风气部，夏无酷暑，冬无严寒，高温多雨，年降雨1130毫米，为水热条件最佳匹配区，亚热带经济林特作物最佳越冬区和茶叶生长的最适宜区。一般夏、秋季多雨，7、8月有程度不同的伏旱。由于境内多山、气候垂直变化比较明显。因北有秦岭和凤凰山两重山岭阻隔西北寒流，南有任河谷地输送西南暖气，故夏无酷暑，冬无严寒。由于山地相对高差大，呈立体气候特征。低山河谷地带全年平均气温15.1℃，最热月份（7月）月平均气温25.7℃，最冷月份（1月）月平均气温3.5℃，年平均降雨量1127.8毫米，湿润指数1.94，年平均日照1606.8小时，年积温4669℃，无霜期268天，属北亚热带湿润季风气候。中高山区的气温、日照和无霜期随海拔升高而递减。海拔1800米以上的高山地带与中低山区差异明显。

2017年气候概况

温度 本年平均气温15.4℃，比历年均值偏高0.3℃，年极端最高气温41.3℃，出现在7月27日，极端最低气温-2.7℃，出现在12月19日。

降水 本年总降水量1281.6毫米，比历年均值偏多22%。

日照 年日照时数1263.6小时,比历年均值偏少242.5小时，年日照百分率为29%。

【河流水系】 境内河道属长江流域汉江水系，主要河流汉江。汉江在境内流程95千米，其主要支流有任河、洞河、汝河、勉汝河、林本河等，任河是汉江最大的支流之一，境内长56.9千米，流量3.03亿立方米。任河的主要支流有渚河、权河、盘箱河、绕溪河等。汝河源于大巴山北坡，干流长51.9千米，流域面积263平方千米，流量2.0亿立方米。洞河是江上游支流，干流长96千米，主要在本县境内长69.1千米，水流量2.5亿立方米。渚河是任河的最大支流，源于镇巴星子山，境内长27.4千米，流量1.9亿立方米。权河源于大巴山光头山，干流长28千米，流域面积121平方千米，流量1.0亿立方米。朱溪河上游称白河，全长41.1千米，流域面积161.7平方千米，流量0.1亿立方米。全境内多年平均径流总量为16.18亿立方米。全县流域面积在5平方千米以上的河流共有104条。

【土地资源】 境内土壤资源主要是黄棕壤、棕壤、水稻土、潮土4个土类11个亚类，28个土属，94个土种，黄棕壤是紫阳县的主要土壤，占总面积的87.15%。土地适宜性广，利用类型多样。全县土地总面积330.6万亩，其中耕地64.7万亩，园地8.8万亩，林地231.9万亩，草地6.9万亩，城镇村及工矿用地4.7万亩，交通运输用地2.4万亩，水域及水利设施用地6.7万亩，其他土地（包括飞地）0.9万亩。全县15°以下耕地1.8万亩；15°~25°耕地6.1万亩；25°以上56.6万亩。基本农田划保面积66.4万亩，保护率99.8%。境内耕地特点从地理分布上看，一是分布不均，江北多，江南少；二是集镇周边多，公路沿线多，山沟少。从耕地类型和产能上看，一是坡地多、平地少；二是旱地多、水田少，且产能低，防灾抵灾能力差。建设用地主要有城乡建设用地、交通水利用地和其它建设用地。其中城乡建设用地34330.6亩，占建设用地面积的51.18%，交通水利用地32653.6亩，占建设用地面积48.68%，其他建设用地98.0亩，均为特殊用地，占建设用地面积的0.14%。

【矿产资源】 县内已发现各类矿产36种，探明、控制资源储量的矿产6种，推断资源储量的10种。共发现矿产地289处，包括钛磁铁矿、瓦板岩、磷钛磁铁矿、锰矿、磷矿和水泥用石灰岩矿等。其中优势矿产有瓦板岩、毒重石、铁、钛、石煤、锰、钒、水泥用石灰岩矿、饰面和铸石原料用辉绿岩、富硒矿泉水等。其中瓦板岩、毒重石、富硒矿泉水在陕西乃至全国位于前列。紫阳县已全部完成1:20万区域地质调查，1:20万区域地球化学测量，1:50万区域重力测量和1:20万航磁测量。重点成矿区域已完成1:5万区域地质调查，基本查明地层层序、总体地质构造格架和主要矿产的分布。但总体矿产资源勘查程度很低，289处矿产地有29处经过普查，占10%，而经过详查或勘探的仅有8处，占0.03%，其余均未详查。

【动植物资源】 紫阳是全国仅有的两个富硒区之一，本地生长的动植物都含有丰富的硒元素。紫阳有大、中型兽类5目16科33种，鸟类15目36科122种，爬行动物4目11科23种。全县森林面积为187.4万亩，森林覆盖率为55.7%。按地类分，有林地1709728亩，占林地面积的70.21%；疏林地4092亩，占林地面积的0.17%；灌木林地177729亩，占林地面积的7.3%；未成林造林地223216亩，占林地面积9.17%；宜林地320304亩，占林地面积的13.15%；“四旁”树9942.73万株，散生木890474.57万株。其主要的优势树种有油松、马尾松、杉木、柏类、栎类、桦类、硬阔类、软阔类、刺槐、杨类、泡桐、杜仲、厚朴等。

【特色旅游资源】 紫阳县历史悠久，人文荟萃，境内有国家级文物保护单位一处，即瓦房店会馆群。省级森林公园1处，即擂鼓台森林公园，省级文物保护单位3处，分别是：北五省会馆、东城门、高桥廊桥。此外还有县级文物保护单位33处。除人物景观外，紫阳风景优美，有擂鼓台自然风景区、仙人洞真人宫景区、木兰峡风景区。已开放的寺庙、道观有4处，古遗址110处、古墓葬957处、古建筑186处、石刻50处、近现代代表建筑及史迹40处。馆藏珍贵文物18件。2012年，全县有宾馆、旅社、招待所35家，床位1205张。总计旅店120家，床位2100个。餐饮398家，其中农家乐58家紫阳县旅游资源丰富而独具特色，特别是文化资源与周边地区形成明显差异。茶文化、民歌文化、道教文化历史悠久、底蕴深厚，民俗风情古朴浓郁、特色鲜明。紫阳是全国最早贡茶产地，产茶历史距今已有2000余年，紫阳富硒茶获国家地理标志保护产品，现为中国驰名商标；紫阳民歌悠扬婉转，存有鲜明地方风格的原生态民歌5000余首，紫阳民歌被国务院列入首批国家级非物质文化遗产保护名录，紫阳县也被文化部命名为“中国民间艺术之乡”。依据国家《旅游资源分类、调查与评价》标准，经调查，紫阳县共有191个资源单体，30个优良级旅游资源，属于文化旅游资源丰富大县，具备旅游产业做大做强基础。

行政区划

【建置沿革】 紫阳境域据传为古梁州之域，商代属庸国，春秋属巴，战国后期属楚之汉中郡。秦汉时期，紫阳地属益州汉中郡西城县；曹魏时属荆州西城郡西城县；东晋紫阳地西部属晋昌郡宁都县，东部属魏兴郡西城县；南北朝时始设广城县、汉阳县；隋属直州宁都县，后改属金州总 管府西城郡安康县；唐属西安州安康县，唐末属山南东道金州安康郡安康县。五代属金州汉阴县；北宋属京西南路金州安康 郡汉阴县；南宋属利州路金州安康郡汉阴县；元属陕西行中书省兴元路金州。明正德五年（1510）年设紫阳堡，明正德七年（1512）设紫阳县。属陕西布政使司金州。清属陕西省陕安道兴安州。中华民国初年，属紫阳属陕西省汉中道，民国二十五年（1936年）后，属陕西省第五行政督察区。1949年11月30日，紫阳县和平解放，属陕南行政公署安康分区辖；1950年5月后，紫阳县隶属安康专区；1969年后属陕西省安康地区。2001年1月1日，安康地区撤地设市，紫阳县属陕西省安康市。

【行政区划】 紫阳县现辖17个镇、20个城镇街道社区，175个村、1482个村（居）民小组。21个乡镇的称谓是：城关镇、蒿坪镇、汉王镇、焕古镇、向阳镇、洞河镇、洄水镇、斑桃镇、双桥镇、高桥镇、红椿镇、高滩镇、毛坝镇、瓦庙镇、麻柳镇、双安镇、界岭镇、东木镇、广城镇、绕溪镇、联合镇。

【民族宗教】 2017年紫阳县总人口336624人，主要为汉族，有少数民族8个，少数民族以回族为主，大约3300人。佛教自东汉传入紫阳，历代都有发展。宋以后，因紫阳真人张伯端在仙人洞修行，光大道教，道教开始盛行。信仰佛教、道教者多为汉族。伊斯兰教在清代传入紫阳，县城、向阳及洞河等地皆有信众，并修建有清真寺。

国民经济和社会发展

【经济概况】 完成生产总值92.81亿元，增长11%；全社会固定资产投资102.85亿元，增长21.3%；一般公共预算收入1.2亿元，同口径增长14.3%；社会消费品零售总额26亿元，增长15%；城乡居民收入分别达到27527元和9638元，增长8.1%和9.7%。

【农业】 全年粮食播种总面积63.7万亩，预计全年粮食总产11.1万吨；油料种植总面积11.1万亩，总产1.27万吨；农业增加值增长5.2%；农村居民人均可支配收入达到9930元，增长13%；富硒综合产值40亿元，实现增长15%的目标。全县茶园总面积22万亩，总产量达到6282吨，综合收入实现15.6亿元，超额完成目标任务；现代农业园区总数达到38个；农产品加工业产值比1.83:1；培育规模以上农产品加工企业1家。

【工业】 全年预计完成规模以上工业总产值108亿元，增速15.5%，完成规模工业增加值41亿元，增速15%，非公经济占比51.5%，完成工业固定资产投资14亿元，新培育规模企业15户。全年预计完成社会消费品零售总额25.78亿元，新培育限额以上商贸流通企业11户，外贸出口预计完成9500万元。

【固定资产投资】 全县102个固定资产投资项目已全部开（复）工，预计完成投资105亿元以上，超出年度计划5%；17个市级重点项目预计完成投资21亿元以上，超出年度计划2.01%；50个县级重大项目前期和8个市级重大项目前期全部完成可研报告编制，1个已开工建设；8个PPP项目，其中5个项目已完成可研，2个项目“两评一案”已编制完成，1个已完成专家评审，集镇污水处理设施及垃圾资源化处理（PPP）项目前期工作已完成，可达到招标前置条件。

【财政金融】 2017年全县财政总收入预计完成24000万元，占调整任务24000万元的100%。地方财政一般公共预算收入预计完成12050万元，占调整预12050万元100%。其中：税收收入完成7500万元，非税收入完成4550万元，税收占比62.2%，较上年提升20.9个百分点，为历年来最高。全年累计争取到位各类补助和项目资金23亿元。全年公共财政预算支出预计完成259970万元，占调整预算259970万元100%，较上年同期增长14.4%，增支32660万元。其中民生支出215790万元，占财政总支出83%，较上年增支19150万元。

【招商引资】 全县共新签订重点招商项目24个，涉及特色农业产业园区、茶旅农旅融合、富硒资源开发、新能源开发、康养休闲及鞋服、玩具、电子产品加工社区工厂等诸多方面，为县域经济社会发展增添强劲动力。

【城镇建设】 河堤路综合改造工程2016年完成河堤路外侧房屋征迁后，于2017年9月完成滨江生态广场规划设计、施工图设计、预算及招标标工作，开工建设滨江生态广场一期道路工程，已完成三通一平、围挡等前期工作，正在进行回填，即将进入桩基础施工。老城区规划设计工作有效推进，河堤路内侧、东城门至石梁子棚户区改造房屋征迁工作于10月18日正式启动，已签订征迁协议63户，已完成年度征迁总任务77%。西门河新区建设7号楼已建成投入使用，8、9号楼主体封顶，正在进行装饰装修工程，10号楼正在进行主体6层施工。西门河新区1至6号商住楼及紫邑新城商业步行街亮化工程已建成投入使用，1000米的防洪隧道已掘进750米，国电高压铁塔迁移已完成合同签订、施工设计等前期工作。盘活尚都商业步行街2017年5月启动外围配套基础设施建设，排水、排污、化粪池、消防泵房、消防池、长廊、场地石材铺装、室内消防、水电安装及房建等工程已建成，A、C区绿化工程已完工，电梯、公共区域装饰装修正在有序施工。四川远景尚林有限公司和安康宏远建筑公司债务纠纷已移交安康中级人民法院审理，93户私人购房户已通过司法公正形式交付给业主。江南尚都商业步行街于6月20日启动运营，紫阳首届青岛啤酒音乐美食文化节运营后生意火爆，上海复兴集团计划整体托管运营。城市基础设施建设，县城建筑垃圾填埋场和新增330个停车位已建成投入使用，西关原夜市摩托车停车位已全面开工建设，《县城区规范停放摩托车方案》和《城市品牌设计方案》已报县政府审定；全面完成省级生态园林县城绿化任务，新建火车站公厕1座，实施建司巷公厕提升改造工程和会仙路综合改造工程，建设雨污管网和消防设施，12月底全面建成投入使用，完成建司巷、糖司巷及石梁子巷道路改造工程；投资2976万元的高速路引线桥1.74千米景观绿化工程和县城主要节点改造及串联区域的增绿添彩工程已完成规划、立项等前期准备工作，即将进入招投标程序。重点镇和美丽乡村建。蒿坪副中心镇红旗新区、河道综合治理、汽车客运站等10个重点项目已全面开工建设，累计完成投资23990万元，占总投资额度95%，12月底超额完成市政府下达目标任务。成立紫阳县美丽乡村和改善人居工作领导机构，制定《紫阳县改善农村人居环境建设美丽乡村工作方案》和2017年试点村建设工作方案，编制完成美丽乡村建设规划10个，下达建设资金2110万元，各镇村按照“九大工程”建设目标组织项目实施，累计完成投资5500万元。

【交通】 2017年，新开工项目建设分为农村公路建设、渡改桥、码头建设三大类。农村公路建设项目计划总投资14420万元。2017年全县共下达通村水泥路建设计划249.415千米，已建成142.8千米，年底建成182.8千米。2017年度拟脱贫退出12个贫困村中，下达通村水泥路建设计划59.401千米，已全部建成完工。2018年及以后出列村通村水泥路314.9千米计划全部下达，已完成施工图设计并交付各镇招标；改建安川高速紫阳连接线1.8千米，完成桥梁工程95%，路基工程100%，已完成总投资额75%；新建茶山旅游公路，桑树沟至瓦房旅游专线公路6千米，已完成总投资额35%；新建安全生命防护工程50千米，全部完成；新建通村公路完善工程217千米，完成120千米，完成总投资额52%。渡改桥项目计划总投资4602万元。新建汉王跨汉江大桥一座360延米，已完成招投标工作，12月开工建设；新建向阳江河桥104延米，南岸引线路基已贯通。完成总投资额15%；洄水洄堰桥96延米，桩基础已完成80%，预制梁已完成75%，已完成总投资额50%；双安双河口桥35延米，桩基础已全部完成，正在进行墩柱施工，完成总投资额30%。码头建设项目计划总投资1400万元。焕古、洞河、汉王等3个汉江码头新建项目已完成全部招标工作，汉王客运码头土建工程已完工；焕古客运码头开工。2016年续建项目共6个，计划总投资15718万元。续建城关塘么子沟至向阳江河公路21千社。路基工程已完成18千米，路面工程完成1千米，完成总投资额50%；续建2016年精准扶贫村通村水泥路，已下达建设任务150.67千米，完成141.57千米；续建文笔山环线一期工程4千米已完成建设任务；续建焕古肖家沟桥52延米。已开工建设，0号、2号台挖孔完成，1号墩柱已完成施工。已完成总投资额

18%；续建东木小石河桥44延米。已完成建设任务；续建权双公路安全生命防护工程65千米。完成42.25千米。已完成总投资额65%；策划包装项目共计四个，计划总投资27800万元。启动擂鼓台旅游公路建设,已完成设计招标工作，初步设计已完成；启动改建任河嘴至焕古四级公路，正在进行施工图设计工作；启动汉王至蒿坪三级公路建设，下一步进行施工图设计招标工作；启动瓦房店茶山隧道设计招标工作。

【电力】 2017年1—11月售电量累计完成19671.69万千瓦时，同比上升15.08%，完成年计划的98.60%。购、售价差完成133.40元/KKWh，同比下降37.84元/KKWh，与指标值下降12.95元/KKWh。综合线损率完成4.77%，同比下降3.76%，较计划指标下降3.23%。电网日最大供电负荷6.89万千瓦，同比5.71万千瓦增长20.67%；截止到11月25日，累计完成供电可可靠率99.68%，同比上升0.65个百分点。户均停电时间：25.28小时/户，同比平均每户下降52.71小时；综合电压合格率80.21%，同比提高0.05个百分点。1.35千伏高压配网大修工程。市公司下达紫阳2017年第一批高压配网大修项目1项，总投资12万元。第二批高压配网大修项目共4项，计划投资20万元。截止到11月20日，所有项目已竣工决算。10千伏配网大修工，第一批10千伏配网大修项目共11项，总投资87.3万元。截止目前，项目工程已完成验收决算。第二批10千伏配网大修项目共12项，总投资67.56万元，工程正在有序实施中。2017年截至11月底，共开工70项，占计划70项的100%；完工40项，占计划70项的57.14%；完成投资1424.95万元，占计划2378.66万元的59.91%；改造户表11813户。其中：2017年农网改造升级工程：开工16项，占计划16项的100%；完工4项，占计划16项25%，完成投资189.92万元，占计划570.25万元33.30%。完成10千伏线路3.84千米，安装变压器1.20MVA/8台；架设0.4千伏线路8.8千米，改造户表224户。2017年预备工程：开工54项，占计划54项的100%；完工36项，占计划54项的66.67%；完成投资1235.03万元，占计划1808.41万元68.29%。完成10千伏线路32.96千米，安装变压器4.79MVA/36台，架设0.4千伏线路78.41千米，改造户表11589户。2017年，贫困村通动力电工程完工10项，占计划10项的100%；完成投资173.80万元，占计划180.9万元的96.1%。完成架设0.4千伏线路39.8千米，改造户表229户。2017年，脱贫村电网建设工程完工29项，占计划29项的100%；完成投资429.1万元，占计划418.6万元的103%。完成10千伏线路5.88千米，安装变压器3.79MVA/28台；架设0.4千伏线路42.2千米。2017年专项户表增补工程开工52项，占计划83项的62.65%；完工52项，占计划83项的62.65%；完成投资123.8万元，占计划348.36万元的35.54%。截至11月中旬，已更换小总表2676只。截至2017年11月30日，实现长周期安全生产786天；未发生轻伤及以上人身事故、发生四级电力安全事件2起、发生四级设备事件4起、未发生一般及以上交通事件。

【脱贫攻坚】 坚持以脱贫攻坚统揽全局，建立片区作战机制，夯实“八办两组五保障”职责，全面开展176个村社区脱贫攻坚工作，核实在册贫困对象31083户96812人，142个单位驻村扶贫，3080名干部结对帮扶，推动“八个一批”措施精准落地。整合财政涉农资金2.6亿元，争取各类扶贫贷款1.67亿元，4970户贫困户获得“5321”贷款2.19亿元，7279户贫困户获得互助资金借款1.1亿元。产业扶贫带动1.4万贫困户增收，11711名贫困劳动力实现转移就业。1063个基础设施项目加快推进，完成搬迁8088户，危房改造879户。贫困患者享受健康扶贫政策保障11.1万人次，住院费用报销比例达到93.57%。落实教育扶贫资金1262万元，资助家庭困难学生1.75万人次。兜底保障政策全面落实。中省市定点扶贫、苏陕扶贫协作、新民风建设、技能脱贫、电商扶贫、“百企帮百村”等工作成效明显。代表全省接受脱贫攻坚“国考”和东西部扶贫协作年度考核。全年12个贫困村出列，7699名贫困群众脱贫，贫困发生率下降1.6个百分点。紫阳县推荐的郑远元同志荣获全国脱贫攻坚奉献奖，远元集团荣获全国“万企帮万村”精准扶贫行动先进民营企业。

【移民工作】 项目安排重点倾斜库区贫困村，24个库区贫困村共落实项目59个，资金1523万元。其中，当年出列8个贫困村落实项目29个，资金789万元。截至11月底完工项目59个，完成投资1523万元。及时核减移民直补人口，按时发放直补资金。全年共核减移民直补人口45人，已分四季度共兑付6002人直补移民直补资金360.12万元，兑现率100%，不存在多兑、漏兑、截留等现象发生。2017年，省市下达水库移民项目共计104个，总投资2458.2万元；截至10月底，开工建设项目104个，竣工项目99个，报账结算项目81个。全面完成汉王镇移民重点镇建设任务。投资200万元新建1300平方米的集镇农贸市场。向阳镇贾坪村移民重点村建设，2017年安排项目4个资金73万元，截至11月底完成公路改造升级3公里、修建示范路2千米和吊桥附属工程建设任务。2017年5月，贾坪村被省移民办命名为“水库移民美丽乡村”。库区现代农业园区建设，2017年移民局负责抓3个现代农业园区建设任务，其中：向阳镇月池市级茶叶产业园区巩固提高。完成配套基础设施建设任务，规范化管理茶园1200亩；添置茶叶深加工设备，新购置陕青砖茶生产线。汉王镇汉王韵市级茶叶产业园区。完成200亩茶园规范化管理，新建茶园360亩，新建茶叶加工厂房4200平方米，硬化场地800平方米，修建茶园观光道路2.4千米，茶园生产道路1公里，硬化公路1.62千米，完善茶园灌溉等设施，建成红茶、绿茶生产加工生产线各一条。汉王镇草川县级茶叶产业园区。完成厂房扩建500平方米，购置茶叶揉捻机械1台，茶叶修剪机5台，完成茶园管理800亩，新建茶园150亩。

【水利建设】 成立“河长制”工作领导小组和河长制办公室，落实人员和经费。印发《紫阳县全面深化河长制实施方案》，制定《紫阳县“河长制”联席会议制度》《紫阳县“河长制”监督巡查制度》等7项制度以及《紫阳县“河长制”工作考核实施细则》。对县内流域面积5平方千米以上104条河流全部落实具体责任人，层层签订管理目标责任书，建立县、镇、村（社区）三级河长领导分级负责制的网格化管理体系，共确定县、镇、村三级河长513名，聘请专职河道巡查员26名、护河员267名。全县共制作河长公示牌227块、规章制度牌224块，制作音频版《紫阳县全面深化河长制实施方案》，安装各类宣传牌130块。多措并举。加强已建成4个污水处理厂运营管理；开展专项执法行动78次，查处涉水违法案件28起，立案非法捕捞刑事案件11起，刑事拘留6人。衔接县纪委制定出台《紫阳县“河长制”工作责任追究办法(试行)》，明确13种问责情形。高效节水灌溉围绕全县主导产业园区先后在城关、高滩、蒿坪、汉王、双安等镇建成高效节水喷（管）灌工程5处，累计新增高效节水灌溉面积4210亩，完成投资1300万元。2017年，全县共计划建设贫困村饮水工程122处，其中省定12个脱贫村28处，市定30

个脱贫村84处，涉及40个贫困村3.93万人，122处饮水工程已全面完工，累计完成投资3900万元。完成36个村80处饮水工程设计。县城污水处理厂提标改造工程主体工程全部完工，设备安装完成，进入调试阶段，累计完成投资1200万元；蒿坪集镇污水处理厂土建工程、设备安装工程全部完成，达到通水运行条件，完成投资1800万元；任河咀污水处理厂完成管道安装完成3.1千米，完成70%，完成投资450万元。汉王镇污水处理工程土建工程全部完成，进入设备安装阶段，管网安装基本完成，完成投资600万元。江南供水工程已铺设输水管道6200米；完成浆砌石1600立方米；二级泵站土方开完8000立方米；进场道路临时抢通，正在加快水厂清水池、二级泵站等工程施工。高滩集镇供水工程。完成拦水坝、净化厂反应沉淀池、加药房、办公房、围墙等主体工程，安装输水主管道4600米。汉江综合整治工程。洞河镇防洪工程三个标段都已开工，前期完成进场道路和材料准备工作，已完成工程总量10%。任河中小河流二期项目完成项目审查，进入招标程序，12月中旬可开工建设。

【社会保障】 以“紫阳修脚技师”为亮点，涵盖“紫阳月嫂”、“紫阳味道”、“紫阳劳工”、“富硒电商”等在内的五大技能品牌。共举办123期培训班，培训10013人；技能脱贫“紫阳经验”已成为全省脱贫攻坚工作中的一大亮点。与3家市级培训机构合作，累计培训在册贫困户4403人。以创业型城市创建工作为契机，对高滩等5个镇开展基层平台标准化建设；在全县176个村（社区）开发特设扶贫公益性岗位616个，用于安置“无法离乡、无业可扶、无力脱贫”的“三无”贫困劳动力就业；城镇新增就业2210人，完成2200人任务的100.45%；贫困劳动力自主创业393人，贫困劳动力转移就业12287人，贫困劳动力技能培训3564人，此三项指标分别完成市上下达50人、3000人、1000人任务的786%、409%、440%。全县农村劳动力实现转移就业8.75万人，创劳务收入13.25亿元。发放创业贷款5515万元，完成市上下达的5500万元目标任务的101%、完成县上下达的4000万元目标任务的138%。2017年，实施“全民参保”计划，对全县4.14万未参保群众落实养老、医疗保险待遇。2017年，各项参保任务全面完成。其中：参加企业职工基本养老保险1.21万人。参加城镇基本医疗保险人数2.08万人。城乡居民社会养老保险参保18.98万人，参保率达99.7%，贫困人口参保率到100%，发放社保卡18.04万张，待遇发放率始终保持在100%。开展劳动保障监察综合执法检查，检查用人单位85个，涉及劳动者1200余人。开展用人单位劳动年检55户，劳动用工备案53户。自6月1日起农民工工资保证金缴纳主体由总承包企业调整为建设单位，截至11月底共征收148个工程项目工资保证金2518万元，退还和支取115笔 1225万元。受理举报投诉案件84起，立案28起、结案25起，时效期内结案率达100%。受理工伤认定申请37起，已做出认定23起，申报工伤劳动能力鉴定13人，职工因病丧失劳动能力鉴定8人。协调处理明华煤矿欠薪案、紫邑新城承包纠纷案、“衣世界”欠薪案等劳资纠纷案件50余起。

【社会事业】 “义务教育发展基本均衡县”创建工作顺利通过国家评估验收。全县投资2.06亿元，规划86所学校的94个新建和维修改造项目。维修改造项目全部完工，37个新建单体项目主体完工12个。全县投资7200万元，补充97所义务教育阶段学校的教学仪器、计算机、图书及其他设施设备，所有设施设备均已安装到位、投入使用。2017年，补充新任教师212名，秋季开学前已全部分配到岗。投资870万元，用于校园文化、绿化和美化工程建设，学校“三个大力宣传”基本到位，“一训三风”基本形成，校容校貌焕然一新。2017年4月中旬和10月中旬，先后接受省教育督导团的过程督导和回访督导，11月21至23日，创建工作接受国检组的检查验收并顺利通过评估认定。全县参考1972人，二本以上达线1203人，比去年增加20人，达线率61%，提高了1个百分点，二本以上达线人数实现“十连增”；中考成绩稳中有升，378分以上合格考生达到1096人，500分以上优秀考生达到119人，比去年分别增加58人和13人；全县拟脱贫村和建档立卡贫困户家庭中无辍学学生，小学巩固率达100%，初中巩固率达99.93%以上。全县共资助贫困学生11668人，资金共计2274.265万元，其中贫困幼儿1510人，中小学生4125人，中高职267人，高中阶段2299人，大学生702人，共9086人921.2万元；发放大学生生源地贷款2082人1353.065万元。全县2000余名教师与11766名贫困学生结成对子，对学生学习、生活、心理、行为等给予全方位的关爱和帮扶。

医药卫生体制改革纵深推进。分级诊疗工作有序展开，全年共上转患者896人，下转患者174人。医疗机构加入技术协作型医联体实现全覆盖。公立医院药品耗材采购执行“两票制”，网采率100%。14类基本公共卫生和9大类重大公共卫生有序实施，各项指标均达到省市标准。新农合参合29.7万人，参合率99.9%，合疗报销比例达到78%。招聘专业技术人员84名。“十百千万”完成任务111.24%。县人民医院二级甲等综合医院创建工作快速推进，中医院完成二级甲等复审。4个镇创建“人民群众满意乡镇卫生院”通过初验。成功调处医疗纠纷8起。预防接种信息化系统建成并投入使用，实现省级管理平台数据共享，单苗接种率均达95%以上。报告乙、丙类传染病17种1356例，无甲类传染病报告，无突发公共卫生事件发生。投入100万为参合犬伤患者免费接种疫苗和免疫球蛋白。全县早孕检率99.6%，孕产妇系统管理率 99.6%，产后访视率99.86%，高危孕产妇管理率100%。新生儿访视率99.86%。无孕产妇死亡。开展科普宣传活动20余场次，受众3000余人。实施“十镇百村”中医药示范单位创建工作，17个镇卫生院全面启动中医馆建设。县中医医院烧伤科为市级特色专科，脾胃病、老年病、骨伤、肛肠科为市级重点培育专科。镇卫生院与全县21所养老机构签订医疗服务协议。卫生计生监督工作执行有力。完成54家“双随机”抽检工作。规范开展监督检查各类医疗机构、传染病防治单位、公共场所、供水单位共958户次，下达整改意见书166分，查处非法行医8起，罚款1.66万元，没收药品器械33箱、违法所得1.36万元。计划生育期内共出生3085人，性别比为107，出生率10.6‰，人口自然增长率3.3‰。完成孕前优生健康检查夫妇1575对，母亲健康检查共完成27338人。落实“三个一”领导机制，把计划生育纳入全县重大事项督查和“一票否决”范围，实行“月督查、季考核、年评估”分段量化考核，并列入单项考核。年初县财政预算计生事业经费478.5万元，实际县级投入各类事业经费692.3万元。强化村级“两室一校”阵地建设，规范“表卡册牌”档案资料管理。配齐村级计划生育专干196名和中心户长1251名，落实计生专干纳入领取补贴村干部范围。2017年投入各类奖励及帮扶资金1307.83万元，其中县级配套资金503.26万元。加强对流动人口信息服务平台管理，平台应用率100%。

【旅游】 2017年，共接待游客303万人次，同比增长16.64%，实现旅游综合收入

17.14亿元，同比增长23.51%，旅游综合收入增幅赶超考核目标。完成市级旅游重点项目4.7亿元投资任务，包括擂鼓台、文笔山、会馆小镇、任河咀综合开发等重点工程建设。圆满完成中央七套《乡约紫阳》节目现场录制工作；配合CCTV-7《乡土》栏目走进紫阳县焕古镇完成了“过大年”年俗专题片拍摄；配合中央电视台完成《中国影像方志·紫阳篇》。启动文笔山国家AAAA级旅游景区建设，三期步道及修丹亭工程、特色板石阶梯路、景区绿化以及南宗大道建设完成，景区内在魅力不断提升；悟真观停车场、景区道路改造、文笔山景观码头主体工程完工，景区配套基础设施日趋完善；启动擂鼓台景观改造提升工程。焕古旅游示范镇、营梁旅游示范村、全县10家民俗客栈示范户升级改造正在稳步推进。招商引进的硒陶养生研究院已进入试运行。围绕“一城两镇四村八景”，牵头或参与策划的《紫阳老城修建性详规》《滨江文化长廊旅游详规》《青中村修建性详规》《擂鼓台名胜区风景提升旅游规划》以及营梁、权河、兰草、新田、白马村旅游规划已基本完成。

【文化】 “两馆”迁址升级改造全面启动，全县万人拥有公共文化设施面积达到350平方米以上，省级文化先进县复查考核已通过验收；投资812.7万元完成镇、村级文化综合服务中心建设53个（含40个脱贫村），文化活动器材配送到位；购买公共演出服务180余场。规上文化企业培育工作超额完成，新增2家规上文化企业“紫阳县民歌文化传播有限公司”“紫阳县音悦汇歌城”，经统计部门认可，10月已入库通过。顺利通过省级文化先进县复验；筹集812万元，基本建成53个村、社区文化服务中心；文化馆、图书馆新址已通过县委、县政府审定，两馆迁址工作已进入装修设计招标；组织文化惠民演出小分队下乡演出100余场次，投资120余万元打造大型民歌剧《一孝千金》，组织创作十首新民歌；牵头组织或策划实施2017年春节系列文化活动、CCTV“乡约”节目录制、“五一”“十一”黄金周演出、“安康龙舟节”等活动；参与完成2017年紫阳茶艺赛、广场舞赛、歌咏赛、老年节健身舞蹈展演、等大型群文活动；扩充非遗办公室人员，对全县的非物质文化遗产项目进行普查，牵头组建硒陶博物馆，“紫阳乌陶传统手工制作技艺”作为市级项目申报，编辑出版紫阳民间歌谣汇编《姐儿歌》并举行首发式和研讨会，对汉调二黄的一批老艺人进行音视频的集中采录和分散采录；争取资金组织实施北五省会馆彩绘、江西会馆布展和高桥廊桥文物修复工程。持续办好“走基层”“民生在线”“4411111”等专题专栏，精办《玩转紫阳》《有理大家说》《法之声》《百科全说》《今天新农村》《不老的紫阳民歌》等专题，内外宣传有声有色；筹资400万元，启动17个镇、175个村以及县城四级调频广播网建设；完成10176户的有线电视入户工程。

【廉政建设】 “五责”并举助推党风廉政建设“两个责任”落实。县委先后召开20余次常委会、县委全会、纪委全会、追赶超越工作会等会议具体研究部署党风廉政建设。制发《中共紫阳县委落实党风廉政建设主体责任清单》，进一步厘清责任。全县各级党组织对照年度党风廉政建设目标任务，以清单形式细化责任，层层传导压力。对“两个责任”清单实行台账和记实手册管理，做到照单履职、全程留痕，确保履责有痕、倒查有据、落实有力。县委书记带头做表率，认真履行“第一责任人”职责，坚持党风廉政建设常议常讲、常抓常严，每季度定期听取党风廉政建设工作汇报，签批党风廉政建设相关文件32余件（次）。县委常委以身作则，严格按照“一岗双责”的要求，认真抓好分管范围内的党风廉政建设工作。全县各级党组织认真履责、齐抓共管，进一步完善夯实责任链条，构建纵向到底、横向到边、责任到岗到人的责任体系。县委下发《2017年追赶超越重点工作任务分解一览表》，将党风廉政建设工作纳入全县追赶超越季度考核点评督查事项，实行季督查点评，进一步聚焦问题整改，聚焦阶段性重点工作和亮点打造，为年度目标考核奠定坚实基础。县纪委围绕中心，服务大局，积极推进“两个责任”落实，全面履行专责机关的监督责任，准确运用监督执纪“四种形态”，对各单位党委（党组）贯彻落实党风廉政建设主体责任的情况进行监督检查，用严肃问责倒逼“两个责任”落实。并把考核结果作为对领导班子总体评价和领导干部业绩评定、奖励惩处、选拔任用的重要依据。2017年已开展三轮常规巡察和一轮专项巡察，并对2016年首轮巡察的1镇1部门进行了巡察整改督查检查。第一轮巡察安排4个巡察组，对4个镇及42个村(社区)开展了巡察，共发现问题103个、问题线索30件，已全部反馈、移交县纪委；第二轮巡察工作共抽调24人组建4个巡察组对8个镇95村（社区）开展为期3个月的巡察。已形成报告，按规定汇报审定后反馈整改，问题线索待审定后向县纪委移交；第三轮巡察工作共抽调24人组建4个巡察组对4个镇和59个村（社区）进行巡察，正在进驻阶段，实现镇村年内巡察全覆盖目标；“三个助力”专项巡察共发现问题226个，已分别反馈到17个镇和4个部门，全部上报整改结果。制定出台《紫阳县扶贫对象核实及数据清洗工作问责办法》《紫阳县脱贫攻坚工作问责办法（试行）》，7月3日至5日，中省市纪委召开扶贫领域监督执纪问责工作电视电话会后，制定印发《关于全面落实扶贫领域监督执纪问责工作十条措施的通知》提出10项贯彻落实措施。成立7个督导组，由各常委带队对镇村两级开展督导检查，狠抓扶贫领域监督执纪工作。全县共处置扶贫领域问题线索237件，立案91件，结案91件，给予党政纪处分109人。运用谈话提醒、批评教育、诫勉谈话等组织处理措施116人次。搭建从信访台账排查筛选、从“4411111”台账排查、行政执法机关移送、公检法移送、审计和扶贫相关职能部门移送、村民监督委员会上报六个平台，进一步拓宽信访渠道，使监督触角更深更远，覆盖面更宽更广。实行县纪委常委领办大案要案，每名纪委常委每年必须亲自主办一件以上科级领导违纪立案案件并领衔办理大要案。由纪委常委包联镇，具体负责协调、督促、指导镇纪委纪律审查工作。镇纪委自办案件向县纪委“统报统审统管”。对所有谈话函询予以了结、初步核查予以了结问题线索，一律由县纪委常委会集体研究决定。严格要求执纪审查必须制定详细的安全方案，与被审查人谈话必须在谈话室进行、必须同步录音录像，严守纪律审查工作安全底线。全县纪检监察机关共接受信访举报211件（次），处置问题线索474件，立案196件，结案196件，给予党政纪处分231人，给予批评教育等组织措施处理195人次。容错纠错11件（1个单位、24人次）。处置侵害群众利益不正之风和腐败问题线索494件，初核494件，立案144件，结案144件，运用第一种形态处理99人，党政纪处分166人。全县立案查处违反中央八项规定精神问题案件25件25人。全年共发出各类典型案例通报19批次61起67人。

【精神文明建设】 2017年，以党委中心组学习为载体，推进理论武装工作常态化、制度化。制定《2017年全县党委（党组）中心组理论学习计划》，修订完善《县委中心组学习制度》，对学习考勤、集中学习和个人自学，专题调研、学习通报、旁听指导等方面作了具体规定，建立良好的制度机制。紧密结合工作实际，围绕“脱贫攻坚”“省十三次党代会”“党风廉政建设”“党的十九大精神”等内容，开展县委中心组集中学习13次。运用理论指导实践，提升工作水平。以提升政治理论素养为目标，增强学习的针对性。县级领导带头学、带头讲，各镇、各部门党委（党组）带头抓理论宣讲学习提升政治素养树立标杆。通过完善《紫阳县科级领导任前政治理论考试制度》，激发广大党员干部学习理论提升干事创业的热情。搜集整理中省市微信学习平台、关注“紫阳宣传”微信公众平台开辟的“学理论”专栏、聆听中省市县宣讲报告等成为提升干部政治水平和理论素养的有效渠道。6月21日，县委中心组邀请市委讲师团到紫阳做省第十三次党代会精神宣讲，就陕西省党代会召开背景、过程及对未来工作的整体谋划进行解读，深入学习党代会提出“五新”战略，落实“五个扎实”，助推紫阳奋力追赶超越发展；党的十九大10月18日召开以后，县委在市委宣讲团宣讲过后，成立县委宣讲队，从县级各部门抽调政治素质硬、业务水平的高的17名领导干部分组深入各级、各部门及重点行业、系统集中宣讲党的十九大精神；各镇、各部门纷纷成立宣讲小分队，深入镇村、社区、学校、企事业单位开展常态化宣讲。重视调查研究，增强学的实效性。紫阳注重在调查研究中学习，做到学以致用，善于将学习成果转化运用。县委中心组成员分别到包联片区、镇村开展调研、讲党课300余场次，先后在人民网、中国网、西部网、陕西电视台、《陕西日报》《安康日报》等中省市媒体刊发理论文章60余篇。其中：县委书记赵立根的调研文章《不忘初心 追赶超越》《落实“三项机制”聚力担当作为》《聚力追赶超越　建成小康紫阳》《以“五新”战略引领全面小康紫阳建设》，在《安康日报》刊登并被各大网站转载。县委常委、宣传部长周锦政的撰写的调查报告《紫阳“全程代理”政务服务模式》被推荐到中共陕西省委党校《咨询专刊》刊发，原省委书记娄勤俭批示，同意在全省推广。扎实开展社会主义核心价值观“六进六促”活动，结合“美丽乡村、文明家园”建设项目，按照“十个一”标准在全县14个村（社区）建立“百县万村综合文化服务示范点”。开展社会主义核心价值观宣传教育，制作各类广告牌、宣传栏800余块（幅）；县政府网、县文明网、广播电视台专栏刊播社会主义核心价值观内容；建成紫阳主题文化广场，设置“图说我们的价值观”“中国梦、我的梦”等6个板块。加强选树先进典型。多渠道、深挖掘、广宣传群众身边典型，向“中国好人榜”推荐好人线索12000余条，推荐入围“陕西好人”4人，2人上榜，持续开展“十星级文明户”和“好媳妇”“好婆婆”“好孝子”、脱贫致富能手、紫阳好人等先进评选工作，2017年评选先进典型3900余人。县公安局民警张敏被评为“全国优秀警察”、紫阳县高桥镇外出创业人士郑远元获得“全国脱贫攻坚奉献奖”、焕古中学梁生霞荣获“2017年媒体最关注的孝心少年”。其中汉王镇五郎坪小学五年级学生汪元辉获得“陕西省美德少年提名奖”。召开全县文明单位现场观摩会，对全县94家文明单位（含在创单位）进行系统培训，对在创的81家省市县级文明单位每季度检查指导并通报创建情况，促进文明创建工作扎实有效开展。制定《紫阳县志愿服务制度化实施方案》，组织爱心茉莉公益联盟、丽姐助学、县红十字会、青年创业协会等志愿服务组织开展志愿服务工作100余场次，落实扶贫济困专项资金300多万元。

【综合治理】　对全县251个基层综治组织

(741人)、591个群防群治组织(2135人)实行信息化管理;升级改造城区“天眼”150个,农村高清视频监控300个。坚持问题导向,突出“重点领域、重点场所、重点人员”三个重点主攻薄弱环节,组织巡检加油站、涉爆商家等重点单位1200家次,整改治安隐患269余处,查处违反危险化学品管理规定案件24起;扎实开展“三个精准防范”,实施“物防工程”升级“C级”以上锁芯4969户,推广GPS车辆防盗系统1699套;加强寄递物流规范整治,联合市邮政管理局查处未落实“三个100%”要求案件13起;组织开展校园安全检查300余次,排查“蓝鲸游戏”参与人员11人;铁路沿线7个镇常态化开展铁路护路联防;明确543名严重精神障碍患者“一人三管”监管责任并落实了监护人待遇,在重点时段对其中75名易肇事肇祸者实行“一人四管”;强化115名社区矫正人员日常管理,对重点对象实行24小时全程定位监控管理,对35名矫正对象进行技能培训。评选“平安家庭”示范户5000个,累计成功创建“市级平安建设示范镇”14个;召开“两率两度”提升工作推进会2次,发送“平安建设+新民风建设”宣传短信40余万条,广泛开展送法下乡、巡回审判、警务上门、文艺展演、新媒体推送等活动,多层次、多渠道、多模式巩固提升“两率两度”。法院系统顺利完成司改试点任务,创新团队化审判工作模式,开展“执行风暴”行动,破解执行难题。受理各类案件2034件,较去年同期增加260件,增幅14.58%,结案1579件,较去年同期增加205件,增幅14.92%,法官人均结案45件,均创历史新高。建立执行协作机制,执行结案452件,同比上升50.17%,执结标的5408.68万元。公布失信被执行人名单4期79人,实施信用惩戒67人,罚款、拘留36人。检察系统完成司改规定动作及司法体制“大部制”改革;受理提请审查批捕案件57件72人、批准逮捕54件69人,受理移送审查起诉95件127人、提起公诉77件89人;开展“清风行动”,立案查办职务犯罪9案14人;加强创新新民行检察工作,审查民事诉讼、执行监督案件16件;加强外部监督,聘请6名非公经济人士为县检察院首届特约检察员。公安系统共立刑事案件210起,破获209起(现案137起、积案72起),协外破案454起,破案绝对数为663起,抓获各类犯罪嫌疑人149名、逃犯33名;查处治安案件285起,处罚1249人,行政拘留280人。严打“盗抢骗”“黄赌毒”“五霸”“食药环”、涉枪涉爆等突出问题,打掉犯罪团伙14个,强制隔离戒毒10人,处罚涉赌人员676名,查处重点项目阻工案件10起,查处食品药品环境安全犯罪29起41人,收缴雷管1460枚、炸药216.2公斤、气枪21支。处置交通事故342起,同期事故死亡人数下降12.5%。开展消防抢险救援14次,33起火灾“0伤亡”。监所刑事在押、行政拘留人员出所就医23次,突发疾病处置5次,实现“零事故”。县司法局深化“三调联动”工作,强化公证工作效能,排查矛盾纠纷1051件,调解成功987件,引入诉讼程序31起。处理政府指派疑难信访件43件、调解重点项目矛盾纠纷47件,办理重点工程及各类公证案件320件。设立法律援助工作站点56个,办理法律援助273件,在111个贫困村开展“一村一法律顾问”工作。

【富硒茶产业】 全年茶叶产量达6282吨(绿茶5903吨、红茶337吨、黑茶37吨、白茶5吨),预计实现第一产值11.4384亿元,较上年分别增长7.15%和29.9%;超市下达考核指标(6200吨)增长1.32%。组建34个专业服务队完成标准化管理生产茶园1.75万亩;完成低产茶园改良15200亩;完成新建茶园9850

亩，超市上下达建园任务指标1850亩。落实育苗业主12家，在红椿镇、东木镇、蒿坪镇、汉王镇完成年度育苗710亩，超县上年度计划。新建清洁化茶厂3家基本完成，其中双桥康硒天茗、麻柳鼎龙茶厂建成投产，麻柳秦硒厂房建设完成已进入生产线安装调试；增加界岭秦巴紫硒公司清洁化茶厂建设，年内完成厂房建设及生产线安装调试。秦硒、秦巴紫硒两家有望明年春季投产。完成新建茶叶初制厂7家，改扩建初制厂5家。新培育首次获SC认证6家；另到期通过SC换证3个，完成扩项认证1个。全县SC认证茶企、茶厂共计达47家。引导支持完成市级3家和省级2家龙头企业申报工作，等待认定结果；抓了已获市级龙头企业关南春茶业、紫阳春茶业、天赐茶业3家巩固提升工作。新增汉王韵富硒茶业有限公司1家市级规模企业，全县市级规模茶叶企业达15家。市直部门帮扶包抓14个市级重点现代茶叶示范园区建设培育工作成效较好，70%以上市直部门有实际的帮扶措施。从林业、移民口年度新增申报创建市级茶叶园区4个。认定第一批县级茶叶类现代农业园区11个，其中推介申报山林经济、循环农业、移民市级茶叶类现代农业园区7个。在焕古庄园茶叶公司挂牌成立安康市首个专家工作机构——“市科技创新茶叶专家工作站”，开发上市“硒香茶”；盘龙茶业公司开发上市颗粒红茶；向阳茶厂试生产出青砖茶，通过市科技成果鉴定，建成一期50吨紫生产线；秦巴山茶业公司开发上市“寻仙”系列小罐茶，产品紧俏，十分畅销，并与西安交大专家合作启动颗粒茯茶研制，正在设计包装，产品将于年内上市。有4家茶企茶样获得北京第三届亚太茶茗大赛金奖；企业家黄帝陵祭祖茶供遴选暨陕西第二届斗茶大会1家茶企茶样获陕西十大名茶第一名；第三届安康富硒茶大赛斩获特等奖6个、一等奖12个；5家茶企茶样参加第十二届“中茶杯”全国名优茶评比获特等奖1个、一等奖4个、银奖1个；以省茶协举办陕西省首届斗茶赛暨紫阳富硒茶斗茶赛，郁禧园茶业毛尖茶获金奖夺冠。加强与中茶所合作，开展紫阳茶区土样、茶样抽取检验检测工作；和平茶业获2017“陕建杯”三秦质量之光“质量标杆企业”称号。新增发展体验店、实体店20家；电商网店21家。引导10家SC茶企茶厂进入县上统一建立的电商产品网上溯源体系平台进行销售。央视七套录制、播出央视《乡约·紫阳》特别节目宣传紫阳富硒茶；省茶协在紫阳主办紫阳县首届茶艺大赛暨第四届陕西省茶艺大赛紫阳县选拔赛。设计制作《世界硒源　富硒茶乡》紫阳富硒茶宣传画册。双“十一”县长亲临央视2套直播间宣传推介紫阳富硒茶很给力。相继在安康举办焕古庄园“紫阳富硒茶——硒香茶”新品发布会，陕西安康紫阳富硒茶2017年北京推介会，“中阿国际博览会”紫阳富硒茶宁夏银川推介会。参加2017（杭州）中国国际茶叶博览会，第三届中国安康富硒产品博览会暨第四届汉江流域农业博览会，2017丝博会暨第21届西洽会，安康“一带一路”国际茶叶经贸洽谈会，北京“第五届陕南绿色循环经济项目合作交流会”，第5届（济南）中国茶叶博览会，第四届世界硒都（恩施）硒产品博览交易会、安康市名优特色产品走进宁波暨承接加工贸易产业转移招商推会、中国（湖南·桃源）富硒农产品交易博览会暨纪念硒元素发现200周年高峰论坛、第24届中国杨凌农业高新科技成果博览会，安康市名优特产走进宝鸡暨重点合作项目推介会。“2017中国茶叶区域公用品牌价值评估”，紫阳富硒茶品牌资源力位居第七首次跻身全国前十；首届中国富硒产业扶贫高峰论坛暨中国十大富硒榜评选，紫阳富硒茶获“中国十大富硒品牌”称号；工商总局商标局举办“商标富农和运用地理标志商标精准扶贫十大典型案例”评选，紫阳富硒茶位列榜首；完成国家质检总局“全国知名品牌创建示范区”紫阳富硒茶区域公用品牌价值评估待结果；2017“陕建杯”三秦质量之光，紫阳富硒茶获“最受百姓喜爱的品牌”；紫阳县荣获“2017年度中国最美茶乡”称号，闽秦茶业基地茶园获全国“三十座最美茶园”称号。春茶前后集中开展2017年茶产业万人技能培训工作，县镇村、茶企累计完成培训8610人次。茶业局专题举办绿茶加工、茶产业技术骨干教师、茶园标准化管理专业服务队队员技术培训班各1期，共培训480人次；暑期举办机关、企事业单位职工初中级茶艺师和少儿茶文化专题培训班各1期，培训100人次；邀请安徽农大知名茶学专家举办祁门红茶加工技术、紫阳红茶审评培训班1期，培训50人次。茶业局、相关茶企派员10人次，到中茶所、中国茶叶学会、成都、西乡、省农干校参加茶产业转型升级、提质增效专题培训班。

【硒谷工业园区建设】 整合硒谷、恒紫两个园区统筹组建紫阳县富硒产业园区管委会，成立富硒产业投资发展有限责任公司，进一步理顺园区管理体制。2017年9月30日，县委常委会议已通过《关于加快富硒生态产业园区发展的意见》。富硒产业投资发展有限责任公司现已完成公司章程（草案）的制定，拟定公司与园区管委会的工作机制及整合方案，待政府批复后实施。妥善解决紫龙科技公司遗留问题，对原10000平方米厂房进行完善和标准化改造，工程投资258.8万元，工程已竣工并已与西安特瑞斯热能技术有限公司厚朴产业综合利用开发项目达成入驻意向。园区土地平整圈围工程完成投资702万元，3个标段均已竣工；投资2180万元新建标准化厂房15000平方米，11月20日开工建设，按合同工期于2018年3月竣工；引进投资500万元对暂时闲置的土地培植苗圃已完成前期工作。新引进入园企业4家，西安大唐制药集团有限公司紫阳硒谷绞股蓝深加工项目已签订入园合同，项目总投资1.2亿元，已完成主体设计和环评报告，正在进行工程招标，12月30日前开工建设。其他3户招商企业分别是：安康源硒地生态农业发展有限公司富硒大米加工项目，该项目租赁园区标准化厂房2500平方米，计划投资2500万元，前期准备工作已就绪，签订入园协议，待标准化厂房竣工后入驻；厚朴综合开发利用项目投资人已完成前市场调研和产品实验，正在编制项目建议书，厂房已具备入驻条件；苦荞酒酿造项目计划投资5000万元，已完成项目可研和设计，待政府批准后即可入园开工建设。富硒食品公司、绿安现代农业公司两户产业龙头企业扶贫成效明显，园区所有企业运营效益与上年相比有明显提升。2017年，共完成遗留征地13.12亩，完成遗留房屋拆迁1户，化解矛盾纠纷近百起，化解各种原因阻工32起，未出现因征地拆迁而上访和集体上访事件。

中共紫阳县委员会

中共紫阳县委员会

书　记：赵立根

副书记：陈　莲（女）　周继林

常　委：罗云忠　陈佳斌　周富林

王　毅　周锦政　龚　颖（女）

夏志文　殷贵军　周　斌

县委办公室

主　任：冉远富

副主任：刘登全　马孝锐

县委督查室

主　任：（空缺）

县委督查室副科级扶贫攻坚督查专员：方　平

县委保密委员会办公室（国家保密局）

局　长：刘登全

县委机要局

局　长：刘　杰

县委接待中心

主　任：王　雯（女）

副主任：熊书文

机构设置

【内设机构】　县委督查室，主任空缺。县委信息管理办公室，主任空缺。

【事业单位】　中共紫阳县委保密委员会办公室（县国家保密局），县国家保密局为县委办下属正科级事业单位，核定事业编制3名，设局长1名，经费全额预算。县委机要局，为县委办下属的副科级事业单位，设主任1名，事业编制3名，经费全额预算。县委接待中心（2012年成立，正科级事业单位）。县委机关后勤服务中心，为县委办公室下属股级事业单位，经费全额预算，事业编制8名。

【人员编制】 县委办公室总编制40名，其中，行政编制15名，设主任1名，副主任2名（督查室主任由县委办副主任兼任），督查室副主任1名，信息管理办公室主任1名；事业编制为25名，设保密局局长1名，机要局局长1名，县委接待中心主任1名，副主任1名。实有人数为30人。

县委工作综述

【党的建设】 认真履行从严管党治党主体责任，学习贯彻党的十九大精神，全面落实意识形态工作责任制，实行科级干部任前政治理论考试制度，推进“两学一做”学习教育常态化制度化。鲜明用人导向，用好“三项机制”，鼓励激励提拔50人、容错纠错免责24人、能上能下免职16人，提拔使用35名脱贫攻坚一线干部。实施“百名人才引进计划”，引进各类人才391名。坚持党建引领脱贫，加强各领域党建工作，整顿软弱涣散村党组织17个，统筹整合四支力量，推进“党支部+X+贫困户”强基工程，把党的力量挺在脱贫攻坚最前沿。深入开展“为政不为”作风专项整治，坚持不懈纠正“四风”，扎实推进“三个助力”专项巡察，县委巡察实现镇村全覆盖，重拳整治侵害群众利益不正之风和腐败问题，全县纪检监察机关共处置问题线索474件，党纪政纪处分231人，党风政风和社会风气进一步好转。

【经济建设】 牢牢把握发展第一要务，突出把方向、谋大局、定政策、促改革，把党对经济工作的领导贯穿到研究谋划、科学决策、推动落实、督促检查各环节，统筹推进稳增长、促改革、调结构、惠民生、防风险各项工作。产业转型升级步伐加快，产业基础不断夯实，经济结构逐步优化，预计全县生产总值增长11%，全社会固定资产投资增长20.3%，规模以上工业增加值增长14%，社会消费品零售总额增长14%，保持稳中有进的发展态势。

【改革工作】 深化“放管服”改革，加快相对集中行政许可权改革试点，成立行政审批服务局，紫阳“全程代理”政务服务模式被省委主要领导批示在全省推广，全省政务公开和政务服务现场会在紫阳召开，紫阳县被国务院确定为开展基层政务公开标准化规范化试点县，紫阳作为西部唯一的县级试点单位在全国基层政务公开标准规范化试点工作推进会上作经验交流。“五证合一、一照一码”商事制度改革受到国务院和省政府通报表彰。镇纪委直接监管村（居）民监督委员会业务工作得到省市纪委肯定并在全市推广，全市镇办纪委直接监管村（居）民监督委员会业务工作改革暨重点工作现场推进会在紫阳县召开。“三位一体”警务创新模式在全国公安机关改革创新大赛上荣获铜奖。司法体制改革、农村集体产权制度改革、农村“三变”改革试点、基层妇联改革等改革工作稳步推进，发展动力活力不断增强。

【民生保障】 始终坚持以人民为中心的发展思想，协调发展社会事业，群众获得感不断增强。义务教育均衡发展创建工作高分通过验收，教育质量持续提升，二本上线人数连续十一年保持增长。率先在全市完成城乡医保整合，实现省内异地就医直接结算报销。深入推进社会主义核心价值观“六进六促”活动，扎实开展送文化下乡，群众文化活动丰富多彩。成功举办紫阳富硒茶北京、银川推介会，央视《乡约·紫阳》成功录制播出，央视大型纪录片《中国影像志·紫阳篇》开机录制，紫阳美誉度、影响力大幅提升。扎实推进平安紫阳建设，有效应对20年一遇的强秋淋灾害，紫阳县防汛办被省防汛抗旱总指挥部表彰为防汛抗旱工作先进集体，被市委、市政府表彰为防汛救灾先进集体，统筹抓好安全生产、信访维稳等工作，社会大局和谐稳定，人民群众安居乐业。

【民主法治】 县委常委会高度重视自身建设，带头践行“四个意识”，不折不扣贯彻落实党中央决策部署，始终在思想上政治上行动上同以习近平同志为核心的党中央保持高度一致。带头加强学习和调查研究，带头遵守党章党规，带头贯彻民主集中制，着力提高科学决策、民主决策、依法决策水平。充分发挥总揽全局、协调各方作用，支持和保证人大、政府、政协和法院、检察院依法依章程，独立负责、协调一致地开展工作，完成共青团、妇联、工商联换届，形成推动追赶超越的强大合力。

党的十九大精神县委宣讲团宣讲报告会

【县委常委会议】 2017年，县委主要领导主持召开县委常委会议21次。

第一次，1月5日召开。研究审定《中共紫阳县委贯彻落实“三重一大”事项集体决策制度实施办法》、研究审定《紫阳县党政干部鼓励激励实施办法（试行）》《紫阳县党政干部容错纠错实施细则（试行）》《紫阳县推进科级领导干部能上能下实施办法(试行)》（修改稿）、研究审定《紫阳县妇联换届方案》、研究干部人事问题。

第二次，2月3日召开。学习贯彻十八届中央纪委七次全会精神、学习贯彻毛万春在2017年全省追赶超越季度点评视频会上的讲话精神、学习传达中共中央关于《县以上党和国家机关党员领导干部民主生活会若干规定》、安排当前重点工作。

第三次，2月15日召开。研究县委十五届二次全会召开有关事宜、审定有关材料（全委会工作报告、经济工作讲话、会议时间、参会范围、会议议程等）、研究紫阳县第十八届人民代表大会第二次会议召开有关事宜（审定政府工作报告、人大工作报告、计划报告、财政报告，会议时间、参会范围、会议议程等）、研究政协第十二届紫阳县委员会第二次会议召开有关事宜（审定政协工作报告、会议时间、参会范围、会议议程等）、研究县妇联换届人事安排。

第四次，2月21日召开。专题研究脱贫攻坚有关事宜。

第五次，3月9日召开。关于研究审定紫阳县推荐陕西省第十三次党代会代表候选人初步人选；关于当前几项重点工作。

第六次，3月31日召开。传达学习3月19日市委常委会会议精神；传达学习3月27日全市信访工作座谈会会议精神；学习贯彻中共中央办公厅《关于推进“两学一做”学习教育常态化制度化的意见》；传达学习《领导干部报告个人有关事项规定》《领导干部报告个人有关事项报告核查结果处理办法》；传达学习《中国共产党党委（党组）理论学习中心组规则》；听取全县一季度脱贫攻坚工作进展情况汇报；听取全县一季度基层党建工作进展情况汇报；研究审定《紫阳县综治工作重点管理镇（部门）认定办法》和紫阳县2016年度“平安建设先进镇（部门）”拟表彰对象；研究审定《县委落实党风廉政建设主体责任清单》《全面深化镇纪委直管村（居）民监督委员会制度的意见》；研究干部人事问题；研究干部违纪有关问题。

第七次，4月19日召开。学习贯彻习近平总书记在中央政治局第三十九次集体学习时的重要讲话精神和省委书记娄勤俭同志在省委常委会研究脱贫攻坚工作时的讲话精神，传达4月14日市脱贫攻坚会议精神，研究全县脱贫攻坚工作，审定《紫阳县扶贫对象核实数据清洗方案》《紫阳县行业部门包抓脱贫责任清单》；研究审定《紫阳县关于推进“两学一做”学习教育常态化制度化的实施方案》；研究审定《县委落实党风廉政建设主体责任清单》《全面深化镇纪委直管村（居）民监督委员会制度的意见》；研究审定《关于大力推进新民风建设的实施方案》；研究审定《紫阳县工商联（总商会）换届工作方案》。

第八次，5月18日召开。传达学习省第十三次党代会精神，传达学习市委书记郭青5月16日来紫调研重要讲话精神，安排部署贯彻落实工作。

第九次，5月26日召开。传达学习全省脱贫攻坚整改推进视频会议和全省移民（脱贫）搬迁工作会议精神，安排部署贯彻落实工作。

第十次，6月23日召开。传达学习《中央第十一巡视组关于对陕西省开展巡视回头看的反馈意见》和杨晓超、娄勤俭同志在反馈会议上的讲话；传达学习娄勤俭同志在全省意识形态工作会上的讲话；传达学习《甘肃祁连山国家级自然保护区生态环境问题督查处理情况及其教训的通报》；传达学习中共中央组织部关于印发《党委（党组）讨论决定干部任免事项守则》的通知；讨论审定全县2016年度目标责任考核结果；研究县工商联（总商会）换届有关事宜。

第十一次，6月29日召开。传达学习习近平总书记在深度贫困地区脱贫攻坚座谈会上的讲话精神；审定《紫阳县落实“五个扎实”加快追赶超越实施方案》；审定县域经济监测考评结果；研究审定“七一”表彰有关事宜；研究干部人事问题；审定干部违纪问题处理意见。

第十二次，7月6日召开。传达学习7月3日王岐山同志在全国扶贫领域监督执纪问责工作电视电话会议上的讲话精神；传达全省学习贯彻深度贫困地区脱贫攻坚座谈会精神暨全省脱贫攻坚工作推进视频会议精神，安排部署迎接国务院扶贫开发领导小组督查巡查准备工作。

第十三次，8月4日召开。传达学习7月14日习近平总书记在全国金融工作会议上的重要讲话、7月24日在中共中央政治局会议分析研究当前经济形势和经济工作时的重要讲话、7月26日在省部级主要领导干部专题研讨班开班式上的重要讲话精神；听取县纪委关于王岐山同志在扶贫领域监督执纪问责工作电视电话会上的讲话精神贯彻落实情况汇报；传达学习省委副书记毛万春在安康调研讲党课时的讲话，在全省就业扶贫推进电视电话会议上的讲话，省委常委、省委秘书长钱引安来紫调研脱贫攻坚工作座谈会上的讲话精神；学习《中共中央办公厅印发〈关于市县党委建立巡察制度的意见〉的通知》；传达学习全市镇办纪委直接监管村监委会业务工作改革暨重点工作现场推进会和市委常委、市纪委书记田沐臣来紫调研座谈会精神；听取县委巡察办关于市委第一专项巡察组对紫阳县三个助力专项巡查反馈意见的整改专项汇报；审定干部违纪问题处理意见。

第十四次，8月17日召开。传达学习全省

领导干部大会以及市委四届四次全会精神，研究紫阳县贯彻落实意见。

第十五次，9月11日召开。专题研究紫阳深度贫困县脱贫攻坚推进工作。

第十六次，9月15日召开。研究河堤路西段外侧综合改造滨江生态广场项目建设有关情况；研究老城片区（东城门至石梁子）房屋征迁有关工作；研究紫阳县瓦房店景区防洪工程有关问题；审定《关于加快富硒生态产业园区发展的意见》；审定《关于加快推进产业精准扶贫工作的意见》；研究团县委换届工作。

第十七次，10月18日召开。收听收看中国共产党第十九次全国代表大会开幕式；传达学习党的十八届七中全会精神；学习《习近平总书记对脱贫攻坚工作重要指示、李克强总理重要批示和汪洋副总理在脱贫攻坚先进事迹报告会上讲话要点》《习近平总书记10月3日在中央纪委〈关于对河北省张家口市扶贫领域监督执纪问责工作开展明察暗访的情况报告〉上的重要批示精神以及娄勤俭、胡和平、毛万春、贺荣同志的批示》《党的十八大以来中央巡视工作总结》；传达学习《中共陕西省委关于深刻汲取魏民洲教训开展警示教育的通知》；研究县党风廉政教育基地和家风家训馆建设；审定《紫阳县科级领导干部任前政治理论考试制度》。

第十八次，11月2日召开。学习党的十九大精神，交流学习心得体会，研究部署学习宣传贯彻工作；研究审定《紫阳县2017年度目标责任考核评价办法》《紫阳县2017年招商引资工作考核办法》《紫阳县2017年县域经济社会发展监测指标考核实施细则》《紫阳县2017年重大改革创新工作考核实施细则》；研究县委党校建设有关工作。

第十九次，11月24日召开。学习《中共中央关于认真学习宣传贯彻党的十九大精神的决定》；脱贫攻坚专题民主生活会；审定《紫阳县2017年脱贫攻坚工作考核办法》《紫阳县深度贫困地区脱贫攻坚规划》；传达全省深化国家监察体制改革试点动员部署电视电话会会议精神；研究调整2017年财政收支预算问题；审定《紫阳县镇、村（社区）妇联组织改革工作实施方案》；研究2016年度科级领导干部考核情况；审定干部违纪问题处理意见。

第二十次，12月11日召开。学习习近平总书记关于进一步纠正“四风”、加强作风建设重要批示的通知；研究县委十五届四次全会筹备有关事宜；听取县人大常委会党组关于全省县乡人大工作和建设经验交流会、全市县区人大常委会主任座谈会会议精神情况汇报；听取省级各民主党派开展脱贫攻坚民主监督工作启动会议精神汇报；审定《紫阳县深化国家监察体制改革试点工作实施方案》；县委常委分工调整事宜；审定干部违纪问题处理意见。

第二十一次，12月15日召开。听取脱贫攻坚工作汇报；听取紫阳县中省环保督察反馈问题整改工作进展情况汇报；听取紫阳县“三变”改革工作情况汇报；研究干部人事问题。

（吴绪波）

组织工作

中共紫阳县委组织部

部　长：王　毅

副部长：程本裕

县委农村基层组织建设领导小组办公室

主　任：王　林

县委农村党员干部现代远程教育中心

主　任：程本裕

县非公有制经济组织工作委员会

书　记：程本裕

副书记：徐申全

【机构设置】 中共紫阳县委组织部内设办公室、干部股、干部教育监督股、组织股、党建调研室（组织史编纂办公室）。挂靠部门：县委农村基层组织建设领导小组办公室、县委农村党员干部现代远程教育中心（党员电教中心）、县非公有制经济组织工作委员会、县委干部教育委员会办公室。行政编制15人，事业编制9人。

【“两学一做”学习教育】 突出主题“深入学”结合实际制定推进“两学一做”学习教育常态化制度化实施方案，坚持以“迎接十九大、做合格党员”为主题，积极创新学习方式，着力夯实学习教育的思想基础和实践基础。把“两学一做”纳入各级党委中心组重点学习内容，严格各级领导班子成员带学、讲学、评学制度，建立县级领导常态化制度化示范点40个，以上率下传导压力，引导党员学深学透。持续深化“十学”活动，充分利用网络党支部、紫阳党建网、组工微平台等现代信息传媒，推动党员学习随时随地、全面覆盖。聚焦脱贫“认真做”扎实开展“赛亮争”主题活动，坚持把聚力脱贫、争先创优作为主要目标，引导党员立足岗位争当先锋。精心组织知识竞赛，编印下发“党的知识竞赛800题库”，组织32个党（工）委组队参加“学习党的知识，推动追赶超越”主题竞赛，对13000余名党员进行党的知识测试，开展“十九大精神进农村、进社区、进机关、进学校、进企业”活动，组织集中宣讲200余场次。全面推行亮牌服务，采取戴党徽、设桌牌、悬挂先锋榜、落实责任区、组建突击队等形式，引导广大党员把身份、承诺事项和工作业绩亮出来，切实增强党员意识和责任意识。分类指导争当先锋：农村党员争当“双带先锋”，社区党员争当“服务先锋”，机关党员争当“连心先锋”，非公和社会组织党员争当“发展先锋”，窗口单位和服务行业党员争当“便民先锋”。全县100余个县镇机关、3000多名机关干部与6600余重点贫困户结成帮扶对子，109个非公企业和社会组织与111个贫困村结对共建，兴办实事好事30000余件。“七一”期间，县委评选表彰优秀党委书记、脱贫攻坚队长、第一书记30名，形成争先创优的浓厚氛围。力补短板“扎实改”严格整改台账销号制度，同步整改班子问题和工作问题，推动学习教育与党建重点工作同步提升。全县统一购买发放《新编党支部工作手册》《“三会一课”实用手册》《党员手册》《党建应知应会手册》《党的十九大报告学习辅导百问》等党务书籍30000余册，全面推行任务清单管理制度，成立5个“两学一做”督查组，每季度进行督导督查点评。严速党内组织生活，开展党课教育、专题讨论2200余场次，自上而下组织召开脱贫攻坚专题民主（组织）生活会535次，对13402名党员进行民主评议。强化制度“出实效”坚持把制度建设作为建强支部的最根本之举，充分发挥党支部教育管理党员的主体作用。认真落实“三会一课”

2017年11月22日，紫阳县科级领导干部培训班开班仪式

"主题党日"等基本制度，统一印发 "三会一课"记录本10000余册，严格备案管理，定期检查通报。将集中学习、党课教育、民主议事、专题研讨、承诺践诺、党性分析、民主评议、缴纳党费等党员教育管理要求融入到"主题党日"中，充分利用重大节日和工作重要节点，组织党员干部到驻在社区、包联贫困村以及革命遗址芭蕉亭、巴山工务段等红色教育基地过开放式组织生活800余场次。不断创新工作机制，全面推行精准化指导、制度化管理、品牌化创建、信息化支撑、多元化服务的"五化"工作方法，提升全县基层党组织规范化建设水平。

【干部队伍建设】 强化"三项机制"导向，严格执行《党政领导干部选拔任用工作条例》等政策法规，制定出台《在脱贫攻坚工作中选拔任用干部若干规定》，全面树立坚持"三项机制"的选人用人导向。根据全县科级领导岗位空缺和换届工作的需要，2017年共调整任免干部90人，其中新提拔正科级干部13人、转任重要岗位7人，新提拔副科级干部24人、转任重要岗位6人，平级交流或平级调任24人。运用鼓励激励提拔重用50人，容错纠错免责20人，能上能下免职16人。圆满完成县第十二届妇联换届、县第十届工商联（总商会）和第十三届共青团紫阳县委换届选举工作，候选人均高票或满票当选。精准科学识别干部，改进"体检"式用人形式，采用"综合研判""无任用推荐""实名制推荐"等举措，为敢于担当的干部撑腰，为奋勇争先的干部加油，让实绩突出的干部推得出，让德才兼备的干部选得上，让低调务实的干部不吃亏。认真贯彻落实"三项机制"做好班子研判，进一步增强县直部门领导班子调整配备和日常管理工作的前瞻性、主动性、科学性。截至目前，完成9个县直部门领导班子的综合研判工作，深入了解和综合分析部门领导班子运行情况、优化方向和领导干部履行职责、工作状态、能力绩效等情况，为县委调配干部提供科学依据。

严格监督管理干部，强化干部日常管理，充分运用巡视、纪检、审计、信访等结果，加大提醒函询诫勉力度，把关心爱护干部落实到日常的监督管理工作中。坚持从严把关，对列入考察对象的52名干部做到档案必查、个人有关事项报告必核、纪检监察机关意见必听、有关信访举报必查，防止干部"带病提拔"。继续抓好领导干部个人有关事项报告和抽查核实，严格执行干部选拔任用预审备案制度，建立选人用人重要问题专项报告制度，加强选人用人全程监督和倒查追责。大力引进各类人才，严格落实"干部必须配硬"的铁规，增配2名县脱贫攻坚指挥部专职副主任，选拔28名干部到指挥部办公室工作，选派142名县镇机关优秀干部到建档立卡贫困村和后进村担任"第一书记"，80名年轻干部到县脱贫攻坚指挥部、援建办、考核办等部门学习锻炼，公开遴选17名"大学生村官"，公开招聘50名高校毕业生到镇扶贫办担任精准扶贫信息员。实施"百名人才引进计划"，引进各类人才391名。其中：招录公务员26名，事业单位365人（公开招聘106人，特岗教师118人，免费师范生9人，硕士研究生招聘10人。医学类本科生41人，定单培养医学类本科生4人，镇级医学类专科生36人。退役士兵安置17人，从外县引进教育人才4人。从外县引进规划、土建类人才1人。从村官中定向招聘镇扶贫办工作人员17人，两个聘期满的村官考核转聘2人）。引进急需文化旅游管理人才3名，柔性引进中国地质大学、中国农业大学等高校硒研究专家30余名；与北京大学光华管理学院签订校地合作框架协议。抓好人才队伍培养，选派80名农林科技人员与贫困村"一对一"结对帮扶，组织开展“百企帮百村”活动，实现111个贫困村企业帮扶全覆盖。着力推进国家级电商进农村综合示范工程，大力开展以修脚足浴为主的五大免费技能培训，全年累计培训人员7869人。积极搭建专业人士晋升平台，100余中小学教师参加第二批“国培计划”培训，29名医疗、教育人才纳入“十百千万”培养工程，459名基层医生完成骨干医师培训。设立县级人才发展专项资金50万元，县财政专项预算资金用于“第一书记”驻村队员伙食补助和交通费，人才助推脱贫攻坚的资金保障进一步充实。扎实开展干部人才培训，把党章党规党史纳入教育培训必修内容，充分发挥红色资源在干部教育培训中的重要作用，着力打造芭蕉口中共地委机关遗址为全省党性教育示范基地，推出红色教育“精品课”，全年共接待学习观摩8000余人次，开展“主题党日”活动100多场。围绕学习贯彻党的十八届六中全会、党的十九大精神和习近平总书记系列重要讲话精神，举办《抓党建促脱贫攻坚专题培训班》《紫阳县2017年重点村支部书记暨非公党组织书记培训班》《紫阳县2017年科级领导干部培训班》各1期，参训人数达655余人；举办《紫阳县2017年春季专题研修班》5期，培训人数524人；举办《紫阳县村（社区）干部计算机知识培训班》8期，培训人数383人；指导县级业务部门举办专题培训12场次，培训人数达1500余人次。完成省、市的调训和专题培训任务。采取“请进来”与“走出去”相结合着力增强培训实效，从省、市、县邀请专家学者来紫阳辅导授课，开办9期“紫阳干部讲坛”，培训1080余人；推广异地体验式培训模式，由县委书记带队到江苏省常州市对接对口扶贫协作和经济合作工作，赴浙江省、福建省部分县区考察学习在抓特色小镇、茶叶产业和美丽乡村建设方面的先进经验。选派5名干部到江苏常州高新区进行为期3个月的对口挂职学习锻炼。

2017年11月13日，紫阳县重点村(社区)、非公党组织书记培训会

【基层党建工作】 压实责任，严格落实党建责任制，明确各级党务干部具体职责，充实各级党务干部63人，夯实党建工作指导力量。严格日常检查指导、季度考核点评、年度考评述职制度，坚持每季度下发党建任务清单、开展专项点评，并向各镇各单位“点对点”下发整改问题清单，坚持精准和常态督导相结合，采取现场会议通报、现场背书反馈、“手机+党支部”精准平台点评指导等方式，对存在问题和薄弱环节进行跟踪整改，推动各级党组织把党建工作责任落细落实。建好队伍，持续推进后进整顿，采取领导带头、派驻工作组、限时销号等方式，集中整顿17个软弱涣散村，重点配齐配强党组织班子，调整党组织书记6人；着力培优基层队伍，加强党员日常管理，充分利用远教站点组织党员定期学习，完成“卫转电”站点模式28个，指导创建升级版站点10个，拍摄完成《党的义务宣传员——王安银》《为民服务的“贴心人”——记紫阳县政务服务中心主任汪泽海》两部电教片。选派

132名各级优秀后备干部担任驻村第一书记，调整第一书记46人，每季度评选10名优秀第一书记。实施村级后备干部“青苗工程”，深化“双带双培”“双建双培”等活动，先后在产业能人中发展党员100余名，培养入党积极分子200余名，培育村级后备干部近600名。全面推行“积分制”管理，5000余有能力的农村无职党员领岗承诺，充分发挥先锋模范作用；不断扩大“两个覆盖”，深化非公企业和社会组织“评星晋级、争创双强”活动，全面剔除“空壳”“僵尸”“影子”企业，新建“拓展型”“特设型”非公企业党组织2家，选派党建指导员121人，全县非公企业和社会组织党组织覆盖率均达到90%以上，党的工作实现全覆盖。在城市社区设立“五型”（楼栋型、商务楼宇型、商圈型、物业型、‘两新’型）网格党小组，社区网格化体系基本实现全覆盖。全面完成中小学校党支部换届工作，17个学校党支部实现校长和党支部书记“一肩挑”；扎实开展换届研判，以镇为单位逐村研判并建立研判台账，集中排查出可能影响换届选举的重点村、复杂村60个，逐村制定换届预案，明确换届风险规避办法，县委组织部制定负面清单和村“两委”换届方案，为成功换届奠定基础。按照“全面覆盖、突出重点、有序推进”的原则，稳步推进村级财务和村干部任期、离任经济责任审计，为考核和选举村干部提供科学依据。强化载体在农村，印发《抓党建促脱贫攻坚责任清单》，创新拓展“支部+X+贫困户”模式，通过“实体带动、人才支撑、‘三变’改革、新民风引领”等方式，不断创新和培育壮大“X”经济实体，全年新增经济实体300余个。同时，坚持扶贫与扶智、扶志相结合，大力推进以“诚孝俭勤和”为内容的新民风建设，大力实施以修脚养生为主的五大免费技能培训，100余名科技专家常年活跃在脱贫一线，带动13900余户农户就业增收，培树脱贫致富先进典型500余个，增强脱贫攻坚的内生动力。在非公企业和社会组织，不断深化“评星晋级、争创双强”活动，大力推进两类党组织标准化建设。扎实开展“党建引领·助力脱贫”主题活动，全县109家非公企业和社会组织实施116个扶贫项目工程，投入2000余万元帮扶71个贫困村，带动3000余贫困户兴产业、进企业、建家业。在机关和事业单位，持续深化“五型”机关创建，强化“三包三联”“共驻共建”“三亮三比三评”“三学三促”等主题活动，促机关效率有效提升。在学校，深入开展“抓党建促教育、争当育人先锋”主题活动，深入开展“抓党建促教育、争当育人先锋”主题活动，实施“四名”工程，120名优秀教师和10个先进党支部受到表彰。加大投入，配齐配强各镇各部门组织政工干部，明确部门领导班子成员分管党建工作责任，实现党建工作有人抓、有人管。全力推进基层活动阵地标准化建设，采取财政投入、项目捆绑、党费奖补等方式，整合资金1500余万元，新改建村活动场所15个，建成30个农村综合服务中心，基本满足基层办公和服务的需要。坚持把资源向脱贫一线倾斜，成立县镇“四支队伍”工作办公室，组建132个脱贫攻坚帮扶工作队临时党支部，统筹“四支力量”，细化工作职责，把村干部补贴80%纳入绩效考核,强化脱贫干部考核。县财政每年为132个贫困村拨付260余万元工作经费，驻村队员每天落实60元生活补助，每月报销4次往返交通费，县财政安排2000元作为每个驻村工作队集中伙食启动金，建立完善干部定期健康体检制度和带薪年休假管理制度，财政投入35万元为在职村干部购买人身意外伤害保险，最高保额达到50万元，消除干部后顾之忧。

【部门自身建设】 认真落实机关周例会

制度，深入开展业务大练兵，培养组织工作“多面手”“业务通”。深化组工干部基层调研活动，切实提升政策运用、分析研究、工作创新能力，高质量完成各项任务。坚持从严治部，大力弘扬组织部门优良传统，恪守公道正派的职业操守，担负好政治责任。大力推进组织工作理念、实践和方法创新，不断提升组织工作境界和水平。加强党建组织工作宣传和舆情引导，加快信息化建设步伐。坚持办好《紫阳组工》《紫阳党建网》及紫阳组工公众微信平台，全面提升服务大局的工作水平。对会议室进行装修改造，添置会议桌椅，使部机关办公环境进一步加强。组织引导各级党组织完成2018年度《当代陕西》征订任务1600份，率先完成紫阳县下达的党报党刊征订任务。调研报告《加强新时期社会组织党建工作探索与研究》荣获全市调研成果三等奖；电教片《大山里的宣传员——王安银》在全市第十三届党员电教片（远程教育课件）观摩评比中荣获党建微视频类二等奖；电教片《让“熔炉”真正火热起来》在全市第十三届党员电教片（远程教育课件）观摩评比中荣获党建专题片类三等奖。

（叶松铖）

宣传思想文化工作

中共紫阳县委宣传部
部　长：周锦政
副部长、文明办主任：胡　渊
副部长：余兴福
文明办副主任：陈　晨（女）

【理论武装】　以习近平新时代中国特色社会主义思想为指导，认真贯彻十九大精神，扎实开展理论武装工作，取得明显成效。一是以建立制度机制为保障，不断增强学习自觉性。以党委中心组学习为载体，推进理论武装工作常态化、制度化。修订完善《县委中心组学习制度》，制定年度理论学习计划，全年开展县委中心组集中学习13次。二是以提升政治理论素养为目标，增强学习的针对性。县级领导带头学、带头讲，各镇、各部门党委（党组）带头抓理论宣讲学习提升政治素养树立标杆。县委成立17个宣讲团集中宣讲党的十九大精神；各镇、各部门成立230个宣讲小分队开展常态化宣讲。制定《紫阳县科级领导任前政治理论考试制度》，首批9名干部参加政治理论考试。

【新闻宣传】　坚持团结稳定鼓劲，正面宣传为主，讲好紫阳故事。加强与中央、省、市级主流媒体的联络沟通，随时掌握其阶段性宣传动向，拓宽新闻宣传深度和广度，提高宣传效果。聚焦县委决策部署，全年在市级以上媒体发稿3000余条，发稿层次和质量位居省市前列。4月上旬和9月上旬，在北京和宁夏银川举办“紫阳富硒茶2017年北京推介会”“紫阳富硒茶宁夏银川专场推介会”。围绕特色亮点工作，精心组织开展“走村访镇看亮点”“访贫问苦话脱贫”“党的十九大精神在紫阳决战脱贫攻坚 奋力追赶超越”等集中宣传活动，集中展示紫阳经济社会发展和脱贫攻坚成

2017年紫阳县新闻通讯员暨网络评论员培训会

就。编印《紫阳这一年——紫阳县2016年度新闻作品汇编》，收录2016年度各级各类平面媒体刊发的新闻稿件50余万字。果断处置舆情事件90余起，及时有效控制舆情升级、扩散和蔓延，有力地维护了紫阳和谐发展局面。

【文明创建】 扎实开展社会主义核心价值观“六进六促”活动，结合“美丽乡村·文明家园”建设项目，按照“十个一”标准在全县14个村（社区）建立“百县万村综合文化服务示范点”。广泛深入开展社会主义核心价值观宣传教育，让广大群众在耳濡目染中接受社会主义核心价值观教育。广泛宣传群众身边典型，向“中国好人榜”推荐好人线索1.2万余条，推荐入围“陕西好人”4人，2人上榜。持续开展了“十星级文明户”和“好媳妇”“好婆婆”“好孝子”、脱贫致富能手、紫阳好人等先进评选工作，2017年，评选先进典型3900余人。县公安局民警张敏被评为“全国优秀警察”、远元集团董事长郑远元获得“全国脱贫攻坚奉献奖”、焕古九年制学校学生梁生霞荣获全国“2017年媒体最关注的孝心少年”。召开全县文明单位现场观摩会，对在创的81家省市县级文明单位每季度检查指导并通报创建情况，促进文明创建工作扎实有效开展。组织爱心茉莉公益联盟、丽姐助学、县红十字会、青年创业协会等志愿服务组织开展志愿服务工作100余场次，落实扶贫济困专项资金300多万元。

【文化发展】 立足紫阳本土特色文化资源，坚持传承与创新并举，不断加强文化建设，全面提升紫阳文化软实力。开展“脱贫奔小康·欢乐过大年”十大春节文体活动、“乡约·紫阳”春天茶歌季系列文化活动、“聚力茶事助脱贫·弘扬茶道奔小康”茶文化十大主题活动，举办茶文化知识讲座，有力传承和弘扬了紫阳地域特色文化。深入挖掘弘扬紫阳茶歌、茶舞、茶文、茶道等特色文化元素，引导全民形成“知茶、敬茶、爱茶、饮茶、事茶”的浓厚氛围。《乡约·紫阳》节目录制并在央视七套播出，县委赵书记面向全国推介紫阳四张“金名片”，节目在网上点击率和收视率创央视同期节目新高。在紫阳实景拍摄的电影《美丽的桑园坪》、年俗专题片《秦巴汉水紫阳春》也先后在央视播出。《美丽的桑园坪》荣获“陕西省第十四届精神文明建设‘五个一工程’优秀作品奖”。央视大型记录片《中国影像方志·紫阳篇》成功拍摄。政府陈县长受邀做客中央电视台财经频道“厉害了我的国·中国电商扶贫行动”大型直播，向全国观众推介紫阳富硒茶。普查非物质文化遗产项目，筛选申报“紫阳乌陶传统手工制作技艺”市级项目，编辑出版紫阳民间歌谣汇编《姐儿歌》，采录一批老艺人传承的汉调二黄音视频。积极开展送文化下乡活动，全年组织文化惠民演出180余场次。春节前夕，由中国文联、中国民协、陕西省文联等主办的2018“我们的中国梦”文化进万家文艺志愿服务活动走进紫阳县。

洄水镇庙沟村开展新民风文艺汇演暨表彰大会活动

【新民风建设】 围绕“诚孝俭勤和”核心目标，以道德评议、移风易俗、文化传播、文明创建、诚信建设、依法治理“六项活动”为抓手，统筹推进6个新民风建设示范镇、65个示范村，形成以点带面、全面开花的局面。全年举行“百场文艺进百村”新民风主题文艺演出活动110余场次，举办集中升学礼124场。牵头组织开展“孝行紫阳·敬老爱亲”主题活动，营造全社会孝老爱老敬老的良好氛围。全市新民风建设扶贫扶志现场推进会在我县召开，“推进喜事新办简办为群众减负”获全市宣传思想文化工作创新奖一等奖。

【宣传队伍】 统筹体制内外两种资源，组建理论宣讲员、新闻发言人、新闻宣传员、舆情信息员、文明志愿者、文体辅导员六大队伍，构建基层宣传思想文化人才队伍体系和网络。全县各级、各部门设立通讯组，配备了专（兼）职通讯员。举办紫阳县新闻通讯员暨网络评论员培训班，108人参加为期一周的专题培训。举办民歌民舞、茶艺表演等培训班80余场次，培训800余人次。成立138支志愿服务组织，注册登记2500余名志愿者。

（汪可平）

纪检　监察

中共紫阳县纪律检查委员会

县委常委、纪委书记：周富林

纪委副书记、监察局局长：陈　强

纪委副书记：陈荣刚

纪委常委：吴世君　石新科　王　华　陈　曦（女）

【机构设置】 中共紫阳县纪律检查委员会机关内设9个室，均为副科级规格，为办公室、组织宣传部、党风政风监督室、信访室、案件监督管理室、第一纪检监察室、第二纪检监察室、第三纪检监察室、案件审理室。机关行政编制26名,其中：书记1名，专职副书记1名，局长1名（副书记兼任），副局长2名，室主任9名。设置8个县纪委派驻纪检组，各组均为副科级规格，每个组核定编制5名，共40名。

【纪委全会】 2017年3月9日，中国共产党紫阳县第十五届纪律检查委员会第二次全体会议召开。县委常委、纪委书记周富林作了《推进全面从严治党 强化监督执纪问责 奋力开创党风廉政建设和反腐败工作新局面》的工作报告。

2017年3月9日，县纪委二次全会上，赵立根书记为先进单位颁发奖牌

【党风廉政建设】 县委先后多次召开常委会具体研究部署党风廉政建设工作，全县各级党组织对照年度党风廉政建设工作目标任务，以清单形式细化责任层层传导压力,认真履责齐抓共管，进一步完善夯实责任链条，构建了纵向到底、横向到边、责任到岗到人的责任体系。县纪委围绕中心，服务大局，积极推进“两个责任”落实，全面履行专责机关的监督责任，准确运用监督执纪“四种形态”，对各单位党委（党组）贯彻落实党风廉政建设主体

责任的情况进行监督检查，用严肃问责倒逼“两个责任”落实。

【执纪审查】 高悬巡察利剑，促进廉洁从政。坚持政治巡察定位，从严从实，深挖细究问题，原汁原味报县委巡察工作领导小组和县委“五人小组”审定，原汁原味向被巡察单位反馈问题，原汁原味移交问题。加大执纪问责，护航脱贫攻坚。坚持把助力精准扶贫脱贫作为义不容辞的政治责任，围绕脱贫攻坚领域，主动出击，积极开展督促检查，严肃追责问责，倒逼责任落实。挺立纪律规矩，严格执纪审查。2017年，全县纪检监察机关共接受信访举报211件（次），处置问题线索474件，立案196件，结案196件，给予党纪政纪处分231人。在全县范围内持续营造从严执纪、露头就打的浓厚氛围，发挥很好的教育引导和警示震慑作用。查处侵害群众利益不正之风和腐败问题工作在7月11日全省纪检系统推进巡视整改暨执纪审查工作电视电话会议上，受到省纪委常委李献峰的点名通报肯定。

【自身建设】 持续深化推进镇纪委直接监管村监委会业务工作。紫阳县创新推行的镇纪委直接监管村监委会业务工作，受到省市充分肯定和关注，7月5日市委办公室发文在全市推广，8月3日在紫阳县召开全市镇办纪委直接监管村监委会业务工作暨重点工作现场推进会，紫阳县在会上作交流发言。10月11日，新华社陕西分社副社长储国强一行到紫阳专题采访报道此项工作。12月7日，题为《陕西安康探索镇纪委直接监管村监委会业务工作》在新华社《国内动态清样》刊登。精准高效，认真落实监察委员会改革试点工作。转变作风，扎实开展“为政不为”专项整治工作。强化宣传，持续加固廉政风险“防火墙”。完善制度，不断加大监督制约力度。

（王　伟）

督查考评

紫阳县督查考评办公室
主　任：陈俊瑞
副主任：方先念

【机构设置】 根据中共安康市委办公室、安康市人民政府办公室《关于印发〈紫阳县政府职能转变和改革规定〉的通知》（安办字〔2015〕22号）和中共紫阳县委办公室《关于印发〈紫阳县督查考评办公室职能配置内设机构和人员编制规定〉的通知》（紫办发〔2017〕7号）精神，设立县督查考评办公室，为县委组织部管理的正科级行政机构，是县委、县政府管理的负责全县目标责任制考评和重点工作督查的综合管理部门。县督查考评办公室不设内部机构。

【人员编制】 县督查考评办公室机关行政编制5名，其中：主任1名，副主任2名，其他工作人员2名。实际在岗7人，其中：主任1名，副主任1名，工作人员5名。

【考评表彰】 2017年6月30日，紫阳县召开2016年度目标责任制考核表彰大会，拿出1925万元资金对全县2016年20项重点工作、综合考评和中省驻紫支持地方经济建设先进单位予以表彰奖励，县委书记赵立根出席会议并作重要讲话，县委副书记、县政府县长陈莲主持大会。县委副书记周继林宣读县委办、县政府办《关于全县2016年度目标责任考评结果的通报》。县委常委、常务副县长罗云忠宣读县委、县政府《关于表彰2016年度目标责任考核一等奖和重大改革创新奖、单项工作贡献奖单位的决定》。在镇年度目标综合考核中，城关镇等6个镇获得一等奖，瓦庙镇等6个镇获得二等奖，高滩镇等5个镇被“一票否决”；在县级部门年度目标综合考核中，县委政法委等23个单位获得一等奖，县红十字会等19个单位获得二等奖，县委老干局等7个单位获得三等奖，县经贸局等3个单位被“一票否决”；在中省驻紫单位支持地方经济发展考核中，县烟草局等10个单位获得一等奖，县工商银行等11个单位获得二等奖；县邮政局等7个单位获得三等奖。

【考评办法】 2017年11月3日，县委办、县政府办出台《紫阳县2017年目标责任考核评价办法》，将2017年追赶超越、20项重点工作和年度目标任务纳入年度综合考核。年度目标实行百分制考核，其中：追赶超越季度考核点评在镇考核中占15%，综合考核指标占85%；在县直部门考核中占18%，综合考核指标占82%。镇综合考核指标设共性考核指标4项，即：基层党建及党风廉政建设、依法治理、服务群众“五个一”工作机制、改革创新，设经济社会发展考核指标7项，即富硒特色产业建设、生态文明建设暨河长制、新型工业、招商引资、民生保障、集镇建设与管理（含“双创”）、脱贫攻坚(含精准扶贫、移民搬迁)；县直部门综合考核将部门分为4类，即：县纪委（监察局）等18个党群工作部门、县人社局等9个社会事业工作部门、县发改局等15个经济综合工作部门、县法院等9个政法执法监督工作部门。部门综合考核指标设共性考核指标5项，即：机关党的建设、“双创”工作、民意调查、服务基层、改革创新，设经济社会发展考核指标7项，即完成重点工作任务、市对县年度目标责任考核任务、省对县域经济社会发展监测、招商引资、行政审批与服务、安全生产、脱贫攻坚。年度综合考评实行8个“一票否决”制度，即脱贫攻坚、党建工作、党风廉政、综治维稳、安全生产、食药品安全、环境保护、计划生育。目标责任制考核结果设置一、二、三等奖，按照财政全额拨款机关单位的在编在岗工作人员分别计算综合考评奖金。镇设一等奖6名、二等奖7名、三等奖4名（其中末位1名）；县直部门设一等奖17名，二等奖23名，三等奖11名（其中末位2名）。脱贫攻坚工作单项奖设置奖金300万元；招商引资工作单项奖设置奖金50万元；县域经济社会发展监测工作单项奖设置奖金50万元；重大改革创新奖设置奖金50万元。

【重点工作】 2017年6月18日，县委办、县政府办出台《紫阳县2017年20项重点工作包抓责任落实方案》，明确项目名称、工作内容、县级包抓领导、责任县级领导、责任单位、责任人和配合单位。2017年20项重点工作分别是从严治党、脱贫攻坚、生态建设、新型工业、园区建设、特色产业、文化旅游、特色小镇美丽乡村建设、县城建设、河堤路综合改造、交通基础设施、水利基础设施、招商引资、电子商务、社会治理、新民风建设、义务教育均衡发展、社会事业、改革创新、破解项目建设难题。2017年，对全县重点工作、省对县域经济社会发展监测指标、市对县年度目标责任考核进行全面督查，继续采用台账管理式、重点推动式、随机抽样式、季度定性式督查方法。不断创新完善督查机制，对重点工作坚持“月督查、季通报、半年巡查讲评、年度考评奖惩”,加大督查通报力度,强化责任追究。2017年8月9—11日，紫阳县委、县人大、县政府、县政协四大班子领导，县直相关部门主要负责人，各镇党委书记、镇长组成两个重点工作巡查组分赴全县17个镇、县城重点工程集中巡查49个重点项目建设情况，通过现场观摩的方式，巡查各镇、各责任部门工作亮点，集中巡查结束后，于8月11日下午，在源森多功能厅召开了县委全委会，合并召开经济工作会、半年巡查讲评会、二季度追赶超越点评会和新民风建设推进会。县委书记赵立根主持会议并做重要讲话、县委副书记、县长陈莲安排经济工作，会议通报全县重点工作进展情况，对二季度追赶超越进行点评，回顾总结上半年工作，对下半年工作进行全面安排部署。2017年，县督查考评办认真贯彻落实全县重大决策和工作部署，紧紧围绕全县重点工作、市对县目标责任考核、省对县域经济社会发展监测指标，不断加大督查力度，推动工作落实，保证各项重点工作的有序推进。全年开展重点工作和市考指标专项督查检查12次，共印发《通报》16期，其中：县重点工作联合督查办公室印发《督查通报》6期；市考指标季度完成情况《通报》6期；配合县脱贫攻坚指挥部办公室开展脱贫攻坚专项检查6次，联合印发《督查通报》2期；配合县委督查室开展重点工作专项检查2次，联合印发《通报》2期。对市考指标季度、半年未达到进度要求、进展滞后的责任单位进行《预警督办》或《预警提示》，限期进行整改，全年预警督办7项工作、预警提示24项工作，以督查促落实，助推县委、县政府各项重大决策和重点工作落地生根、取得实效。

（吴元成）

机构编制工作

紫阳县机构编制委员会办公室
主　　任：贾晓鹏
副 主 任：程　莉（女）
事管局局长：陈科江

【机构设置】 紫阳县机构编制委员会办公室（简称：县编委办）为综合管理全县机关、事业单位机构编制的职能部门，列县委机构序列，既是县委的工作部门，又是县政府的工作部门。内设行政股、综合督查股、机构编制股。机关行政编制9名。县事业单位登记管理局（简称：县事登局）为县编委办下属副科级事业单位，核定事业编制6名。经费实行财政全额拨款。

【“放管服”改革】 把“放管服”改革作为政府“转职能、提效能，优服务、添活力，促发展、惠民生”的重要抓手，实施“放权+”、“管理+”、“服务+”三大工程，着力创新政务服务管理模式，积极推行“全程代理”和“线上线下”一体化政务服务，切实为企业“松绑”、为群众“解绊”、为市场“腾位”，不断激发经济活力和市场动力。建立权责清单动态调整机制，本着“清单之外无权利、目录之外无审批”的原则，进一步清理审批事项和政府部门权责，亮出“家底”、划出“边界”，细化责任清单内容，确保权力清单制度科学化、规范化、法治化，同时，建立完善“一单两库一规则”，扎实推行“双随机一公开”监管机制，切实强化事中事后监管。开展“减证便民”专项行动，全面清理盖章和证明事项，按照“谁设定、谁清理，谁主管、谁负责”的原则，全面梳理、论证各类证明和盖章环节，共梳理汇总86项须盖章和证明事项。经县法制办、人大法工委、市场监管局、公安局等单位联合会审，在充分沟通协商、达成一致意见的基础上，最终初步确定拟保留须盖章和证明事项26项，着力打通服务群众“最后一公里”，大幅精简群众、企业办事创业申报证明材料，降低制度性交易成本。开展相对集中行政许可权改革试点工作，印发《紫阳县开展相对集中行政许可权改革试点工作方案》，围绕“一个部门承办、一家机构行文、一枚印章管理”，组建县行政审批局，积极推进相对集中行政许可权改革。将本县组织实施的行政许可事项，纳入相对集中许可权范围，交由县行政审批局统一实施，备案，扎实推进“审管分离、全责一致”“一窗受理、限时办结、规范办理、透明办理、网上办理”的相对集中行政审批模式。12月28日，紫阳县行政审批服务局挂牌成立。全面启动全国基层政务公开标准化规范化示范县建设试点，在住建、发改、财政、国税、地税、环保、市场监督、安监、文广等10个单位，依次围绕城乡规划、重大建设项目、财政预决算、税收管理、环境保护、食品药品监管、安全生产、公共文化服务、公共法律服务等9个方面，全面启动政务公开标准化规范化试点工作。

【行政体制改革】 深化行政体制机构改革，建立业务指导联系机制和责任追究机制，调整理顺重点领域体制机制，助推县域社会经济稳定快速发展。推进城市管理体制改革，让城市管理更优化，拟定《紫阳县深入推进城市执法体制改革改进城市管理工作方案（初稿）》，明确指导思想、改革目标和工作思路，扎实推进城市执法体制改革，改进城市管理。推进地震机构体制调整，促体制机制更完善，设立紫阳县地震局，将原农林科技局承办的防震减灾工作的职责划入县住建局，其机构人员编制整建制划转统一机构名称、统一机构规格、统一隶属关系，着力理顺县区地震体制机制。持续推进村财审计监管体制改革，使监督管理全覆盖，指导镇办财政审计机构依法全面履行职能职责，推进镇办财政审计所职能转变，稳步推进村财审计各项工作，巩固村财监管体制改革成果。

【事业单位改革】 推进事业单位分类改革，让管理运行更规范，根据省市经营类事业单位改革方案精神，再次梳理全县事业单位分类情况，研究讨论《紫阳县事业单位分类改革实施方案（讨论稿）》，印发《紫阳县事业单位分类名册》，根据功能属性，明确界定事业单位类别，进一步强化事业单位规范管理。优化调整事业单位机构设置，让资源配置更科学，结合政府机构改革，对卫计、教育、农林科技、市场监管、文广旅游、规划住建等部门下属事业单位机构编制事项进行调整优化，推进检验检测机构整合、综合执法机构优化整合、妇幼保健和计划生育技术服务机构整合，重新印发各优化整合事业单位“九定”方案，解决整合部门所属事业单位职能交叉重叠、分工过细、机构零散、名称各异等问题。强化事业单位法人履职评估考核，让履职服务更高效，根据《安康市事业单位履职评估考核办法（试行）》，结合事业单位法人“双随机”抽查机制，修订完善事业单位法人履职评估程序和工作规则，进一步扩大事业单位法人履职评估试点工作范围，强化履职评估结果运用及考核，促进事业单位法人自觉提高履职服务能力。开展事业单位法人治理结构建设试点，让服务水平更优化，指导县城关镇卫生院完成法人治理结构建设试点工作，强化试点结果运用与推广，着力提高事业单位法人履职、服务能力。印发《紫阳县事业单位法人结构治理试点实施方案》。

【机构编制管理】 强化实名制管理，准确掌握机构编制动态，完成实名制电子政务专网建设，成功搭建全县机构编制实名制统计网络管理平台，县镇67个机构编制网点全部上线运行，实现机构编制“线上线下”同步审核、同步运行，为“互联网+机构编制”管理奠定基础。规范用编申请、出入编等手续的网上办理流程，及时对全县各级机关和事业单位机构编制网上数据信息进行核对维护，办理网上进出编申请300余人。推进“五有四统一”标准化建设，让机构编制管理规范，分类整理2016年前有关机构编制资料，编印《文件汇编》《紫阳县党政机构改革文件汇编》《紫阳县党政群机关及所属事业单位机构编制资料汇编》等，按照编制前置审批要求，结合编制人事联席会议机制，更新完善《用编审批表》及《控编通知单》，换发《机构编制管理册》。强化调研，严格底线，保障重要民生领域用编需求，按照控编减编总体要求，结合县域重点工作任务，根据机构编制“增一减一，先减后增”的原则，严制总量、盘活存量，优化配置全县机构编制资源，在保证全县机构编制总量不突破2012年底基数前提下，先后到教育、扶贫、卫计、民政、文旅等部门进行专题调研，实地了解情况，合理调配优化，保障机构编制向扶贫、教育等重点环节和民生领域倾斜，促进编制资源使用效益最大化，更好地满足全县经济社会不断发展的需要。扎实开展网上名称管理工作，推进机构网站可识别，结合事业单位法人年检，集中时间扎实推进中文域名注册、续费和网站标识管理工作，新注册2个中文域名、续费94个单位、变更审核45个，开办网站148个，顺利实现中文域名注册和网站挂标“全覆盖”。

【事业单位登记管理】 完成事业单位法人年度报告、换证及评估工作，根据“一照一码”“五证合一”有关要求，开展事业单位法人年度报告公示和换证工作，如期完成100家事业单位法人年度报告公示和换证工作，年报公示率达100%。同时，严格落实省市年度报告评估要求，如期完成年度报告评估任务。创新事业单位登记管理，优化登记服务，严格执行事业单位法人登记“三级联审”制度，安排3人模拟三级操作人员，扎实做好事业单位法人日常登记管理，以“互联网+政务模式”，在机构编制官网、机构编制微信公众号公开事业单位法人登记流程及相关资料，推进“全事项”、“全流程”网上办公。继续推进统一社会信用代码改革工作，开展全县党政机关、群团组织、事业单位统一社会信用代码证赋码发证工作，受理登记申请60家，核准通过55家，发证55家，党政群机关办证基本实现全覆盖。探索建立党政群机关和事业单位法人社会信用信息部门共享，积极配合发改局做好社会信用信息工作，及时在社会信用信息共享平台公示全县党政机关和事业单位许可登记信息。开展事业单位法人“双随机抽查”工作，强化事中事后监管。根据《事业单位法人公示信息抽查办法（试行）》，健全全县事业单位法人名录库及随机抽查工作规则，建立事业单位法人“双随机”抽查机制，扎实开展事业单位法人“双随机一公开”实地核查，切实强化事业单位法人履职事中事后监管，促事业单位自觉提高履职水平、服务能力。

【脱贫攻坚工作】 强化组织领导，夯实帮扶责任，明确1名分管领导主抓脱贫攻坚，建立“第一书记常驻，股室每周轮岗，干部全员包联”机制，坚持驻村常态化，确保长期有3名以上干部驻村帮扶，夯实帮扶责任。狠抓数据清洗，确保帮扶精准，4月22日以来，全体干部纷纷走村入户，深入开展扶贫对象核实和数据清洗工作，严格按照核查范围、标准、程序，坚持公平公正公开，对全村510户1820人进行再次识别，确保应进则进、该退则退，不错一户、不漏一人。狠抓项目建设，完善基础设施，按照全村整体规划，加快推进项目建设步伐，一方面督促解放村安置点建设加快进度，目前60户贫困户的房屋和36户交钥匙工程建设的一层已经封顶，相应配套设施建设有序推进，另一方面加快基础配套设置建设。解放村二组2.3千米（梯子沟）公路硬化工程准备就绪，正邀请县交通局进行验收，工程队即将进行施工；解放村五组的路基改造工程正在进行集资阶段，各项基础设施建设正稳步推进。狠抓产业发展，促进农户增收。坚持党建引领、产业带头，积极推进“贫困户+合作社+企业”的脱贫模式，建立农村企业合作社，大力发展茶叶产业和种养殖业，切实促进农户增产增收。依托“三变改革”，积极培育龙头企业。鼓励农户自愿参加“三变”改革，拿出资源变资产，腾出资金变股金，推进农民变股东，发展壮大康硒天铭茶叶有限公司，完成春季茶园管护1000亩，培育养殖大户12户。同时，强化技术指导和服务，组织农户开展茶叶采摘、修剪等实用技术培训，切实提高实用农户发展展业技术技能。组织劳动力参加修脚、月嫂、烹饪、建筑等技能培训，切实农户提高劳务输出和创业就业能力。狠抓政策宣传，促村风民风转变。以提高知晓率为基点、群众满意度为目标，着力强化脱贫攻坚有关政策知识宣传引导。采取召开会议（包括户主大会）、入户走访、发放宣传单等方式，大力宣讲新时期综合扶贫工作要求、涉农法律法规和惠民政策，做好群众的教育引导工作。组织开展“迎七一”文艺展演暨脱贫攻坚政策知识宣讲活动，邀请县民歌演义中心、双桥镇卫生院和理发师，为群众义诊、免费理发，同时进行有奖问答。

【自身建设】 强化“学习型”机关建设，促机关干部综合素质提升，根据中省市县委有关文件要求，以推进“两学一做”学习教育制度化常态化为指引，结合党员干部思想和工作实际，印发《推进“两学一做”学习教育常态化制度化实施方案》，制定学习计划，完善学习制度，强化岗位承诺，办好学习园地，健全班子成员和主要领导问题清单和整改台账，坚持边学边查边改、即知即改，做到以知促行、知行合一，扎实推进机关学习常态化制度化，切实促进机关干部综合素质提升。加强机关党建，凝聚工作合力，根据《中国共产党章程》《中国共产党廉洁自律准则》和《新形势下党内政治生活的若干准则》等有关规定，结合机关党员实有人数，迅速成立机关支部，强化党的领导，增强工作合力。探索推行“支部+机构编制”模式，以开展“主题活动”为载体，强化机构编制政策法规学习，组织干部积极参加新春长跑比赛、政务中心承办的野外拓展训练等，不断提升干部精神风貌，增强干部队伍的凝聚力和战斗力。强化党风廉政建设，营造风清气正氛围，将党风廉政建设与业务工作同部署、同落实，多措并举，不断提高干部廉政法规知识和勤政守廉意识，促进干部作风转变和工作效能提升。组织开展“为政不为”专项整治，大力整治机关干部“慵懒散混”等方面的问题，切实推进机关干部作风转变。强化信息宣传，开办“紫阳县机构编制网”部门网站、“紫阳机构编制”微信公众号等宣传平台，公开相关办事流程，及时更新工作动态，切实强化机构编制宣传。三月，组织开展机构编制宣传月活动，重点宣传机构编制政策法规常识和办事流程，切实提升机构编制政策法规知晓率，巩固提升部门自身形象。

（张朝琴）

巡察工作

中共紫阳县委巡察工作领导小组办公室

主　任：张景文

【机构设置】 2016年11月17日，中共紫阳县委办公室印发《县委关于成立县委巡察工作领导小组的通知》，县委巡察工作领导小组正式成立。2017年2月9日，紫阳县机构编制委员会《关于设立中共紫阳县委巡察工作领导小组办公室的通知》，设立中共紫阳县委巡察工作领导小组办公室（简称县委巡察办），为县委工作部门，正科级规格。主要负责全县巡察工作统筹规划、综合协调、组织指导、政策研究、制度建设、监督管理、服务保障等工作。

【人员编制】 县委巡察办行政编制5名，其中：主任1名，副主任1名，其他工作人员3名。

【常规巡察】 2016年11月底，制定《紫阳县巡察工作实施办法（试行）》，启动全县首轮巡察，抽调12人组建2个巡察组，对1个部门、1个镇和1个社区进行2个月的巡察；2017年，开展三轮常规巡察，每轮抽调24人组建4个巡察组，共对16个镇和196个村（社区）进行了巡察，实现全县17个镇和197个村（社区）的巡察全覆盖。

【专项巡察】 2017年5月上旬，抽调24人组成4个专项巡察组，对全县17个镇实施为期1个月的助力精准扶贫脱贫、生态环境保护、规范市场秩序专项巡察。

（刘安枝）

机关党务

中共紫阳县直属机关工作委员会
书　记：刘治伟
副书记：金先波

【机构设置】 中国共产党紫阳县直属机关工作委员会编制4人。书记1名，副书记1名，不内设，实有人员6人。2017年，机关工委所辖党总支8个，支部72个，党员1060人。

【干部素质教育】 加强政治理论学习，坚持在“学”上强基础，按照“全覆盖、常态化、重创新、求实效”的要求，抓好党章党规、习近平总书记系列重要讲话精神和治国理政新理念新思想新战略的学习；坚持在“做”上下功夫，深入开展“亮身份、亮承诺、亮业绩、争先锋”主题活动，教育引导广大党员立足本职、围绕中心、服务大局，做到政治合格、执行纪律合格、品德合格、发挥作用合格；坚持在“常”上求实效，以尊崇党章、遵守党规为基本要求，以“三会一课”为基本制度，以机关支部为单位，以解决问题、发挥作用为基本目标，坚持问题导向，健全规范组织生活会、民主生活会、谈心谈话、民主评议党员等制度的落实，始终用制度规范言行，以制度监督整改，教育引导每名党员按照“四讲四有”标准，不断增强追赶超越的思想和行动自觉。加强业务知识学习，在学政治的同时，坚持学习党建业务方面知识，着重学习《党章》《中国共产党地方组织工作条例》方面的知识，多渠道、多层次地汲取营养，同时将所学应用于工作实践，创新了工作思维和方法，极大地提高了工作效率。深入基层党支部，开展调查研究，主动向先进典型学习，与他们座谈，真正实现受教育的目的。

【机关党建】 进一步强化基层党组织抓党建工作的责任意识，推动党要管党、把从严治党要求落到实处，根据县委组织部的要求，结合中心工作实际，及时制定并下发《2017年县直机关党建工作要点》和《2017年党建目标考核细则》，对机关党建、国企党建、社会组织党建进行了分类指导，从考核上细化不同的标准。以深化“五型”机关创建为抓手，下发了支部“主题党日”活动计划实施方案，将每月第一周星期一固定为“支部主题党日”。“支部主题党日”以各党支部为单位组织开展相关活动，活动内容包括在集体诵读党章、重温入党誓词、按月交纳党费等规定动作的基础上，结合实际以开展“两学一做”学习教育常态化、制度化学习教育为总抓手，开展专题学习讨论、讲党课、知党情、组织生活会、民主评议党员、立足岗位作贡献及开展集体活动等。

对支部的“三会一课”、开展党员民主评议等工作加大指导力度，发放《“三会一课”使用手册》《新编党支部工作手册》《党员手册》等学习资料到支部。规范党费收缴工作，组织全体党员认真学习党费收缴文件规定，建立党费收缴台帐，严格做好党费收缴管理工作，按期足额上缴。积极做好党组织关系接转及党员信息采集工作。完成工委72个支部、1106名党员的信息采集、录入工作。积极推进在职党员进社区志愿服务活动，构建“片区一体、动态管理”的党员管理新模式，充分尊重党员主体地位，使党员教育管理从单位封闭式向社区开放式转变，狠抓党组织规范化建设。严格抓党的组织生活，认真执行“三会一课”制度，坚持开好专题组织生活会，不断完善民主评议党员工作，定期开展党性分析评议活动，对不履行党员义务、不符合党员条件的党员及时给予帮助教育，促其改正。

【基层组织建设】 加强党务干部队伍建设，通过重点督促、现场指导，“学、带、帮”方式对新配的党务工作者进行培训和业务指导，促使党务工作者从思想上认识机关党建的重要性，摆正位置，增强做好机关党务工作的责任感和使命感。严格执行发展党员的工作程序，党组织吸收申请人入党必须在坚持党员标准、落实党员条件的基础上，严格执行发展党员的工作程序，认真履行发展党员的手续。对条件比较成熟的17名积极分子通过工委预审，按照发展程序在“七一”前夕接收为预备党员。及时改选改建基层党组织，年初下发县直属机关总支、支部2017年到期换届台账，规范党总支、支部换届工作，选优配强支部班子，支部书记一般由班子成员担任，组织委员必须要熟悉党建业务工作的干部兼任。2017年，有25个支部完成到期换届，通过补选、改选有45名年轻有为的党员年轻干部被选进支部班子。

【机关活动】 在县直机关中组织举办“学习党的知识，助推追赶超越”党建知识竞赛活动，一千余名党员参加书面答题；在县直机关广泛开展“赛、亮、争”主题活动，作风建设得到进一步强化，建立流动党员服务网络，增强组织服务功能，扎实开展“支部主题党日”、创建“五型机关”等载体活动，支部充分将“主题党日”活动与脱贫攻坚中心工作结合起来，开展送义诊进社区进农村、“党建+新民风”等活动，充分发挥党员的带头作用。

【党风廉政建设】 认真贯彻落实县委、县纪委十五届二次全会对党风廉政建设“两个责任”决策部署，结合工作实际，扛牢主体责任，制定《落实党风廉政建设主体责任清单》，明确职责，建立责任体系，将责任细化到人头，量化到岗位，扎实推进“两个责任”落实，深入推进县直机关党风廉政建设和反腐败工作。认真开展“为政不为”专项整治工作，对照“思想不敏锐、精神不振奋、责任不担当、工作不落实、行为不清明、自律不严格”六个方面问题为重点，全面开展自查自纠，扎实整治整改，切实转变工作作风，扛牢夯实党风廉政主体责任，不断加强干部纪律和规矩意识，建立健全长效机制，营造遵规守矩良好氛围。坚持民主集中制，认真执行各项规定，坚持大事勤商量，小事常通气，公开办事，充分发扬民主。

【精准扶贫】 年初，工委认真按照县脱贫攻坚指挥部要求，制定包抓工作实施方案，工委全体4名党员，每名党员帮扶5户贫困户，共20户，经过深入分析贫困户家庭情况和致贫原因，制定切实可行的帮扶措施。发挥部门优势作用，开展“党建+”系列活动，规范活动阵地建设，通过协调县民政局项目资金20万元，协调县委组织部5万元解决活动阵地资金短缺问题，争取县司法局价值3万元的办公家具。其次按照规范支部建设要求，规范制度牌、公示牌、值班牌、便民服务等制度，规范支部生活开展，规范个各类党建软件资料。开展支部联建活动，工委支部党员每季度至少参加一次以上村上党员会议，共同学习、共商发展、共谋脱贫。真情帮扶，单位在财力紧张的情况下，挤出5万元资金用于贫困户产业发展，购买一台电脑和一台打印机（价值0.5万元）解决村级办公设备不够的问题。在帮扶贫困户过程中，如陈平燕儿子患耳聋，帮扶干部联系县残联免费解决人工耳蜗植入费用；刘玉明因541国道拆迁房屋居住生活困难的问题，工委干部捐款为其送去生活物资；协调各方，争取各类资金75万余元，其中村活动阵地建设资金28.5万元，县扶贫局公路底子工程补助36.5万元，省石化院帮扶资金10万元左右。

（马　丽）

农村工作

中共紫阳县委农村工作部
部　长：陈　刚
副部长：（空缺）

【机构设置】　紫阳县委农工部全称中共紫阳县委员会农村工作部，属县委工作部门。设行政编制5名，其中部长1名，副部长1名，其他工作人员3名。现实有人员6名，根据职责，农工部不内设机构。

【以文辅政】　积极参与县委重要文稿、重要文件起草工作。先后参与县委十五届二次、三次、四次全委会工作报告以及县委主要领导重要会议讲话、全县综合工作汇报、脱贫攻坚工作汇报、农村工作会议讲话、农业农村工作安排部署等重要文稿文件起草工作，发挥以文辅政和参谋决策作用。

【三农工作】　牵头组织召开全县农村工作会议、“三变”改革推进会等专题会议，对全县农业农村工作进行了全面安排部署，起草《紫阳县2017年农业农村工作要点》，明确农业农村工作追赶超越五个方面十八项重点任务，牵头起草《紫阳县关于深入推进农业供给侧结构性改革加快培育农业农村发展新动能的实施意见》《关于贯彻落实中央完善农村土地所有权承包权经营权分置办法的实施意见》《紫阳县扎实推进“三抓一确保”重要批示落实具体工作方案》等文件，为推动全县农业农村工作和农村改革奠定了坚实基础。

【调研成果】　配合市农工办、市脱贫办开展农村“三变”改革工作调研。配合省委政研室完成了美丽乡村建设调研，撰写《紫阳县营梁村美丽乡村建设调查报告》和《厚植地域文化优势，打造特色文旅名村》的营梁村美丽乡村典型材料，营梁村美丽乡村建设经验入选全省30个美丽乡村建设典型案例。联合县委组织部下发《关于开展“聚力追赶超越·建设小康紫阳”优秀调研文章评选活动的通知》，组织开展科级领导干部优秀调研文章评选活动。进一步总结提炼紫阳免费技能培训工作经验，紫阳在全省技能精准脱贫研讨会介绍技能脱贫“紫阳经验”，陕西日版整版推出紫阳技能脱贫经验。

【政策宣传】　对县农村“三变”改革领导小组成员单位负责人和各镇党政主要领导、分管领导、业务干部、试点村党支部书记进行了农村“三变”改革专题辅导培训。11月，组织70名镇村干部到西农大农民发展学院进行为期一周的培训，重点对涉农法律法规、农村“三变”改革、现代农业发展等知识进行了集中学习。扎实开展中央一号文件精神、乡村振兴战略、中省市农村工作会议精神宣传。12

月，按照县委安排，农工部部长作为党的十九大精神县委宣讲团成员到红椿镇为镇机关干部、村三委干部、驻村第一书记宣讲党的十九大精神。

【农村改革】 牵头推进农村“三变”改革，成立以县委、县政府分管领导任正副组长的县农村“三变”改革试点工作领导小组，牵头组织相关部门成立了农村“三变”改革办公室，健全组织机构。牵头组织有关部门和部分镇村干部到贵州省遵义市湄潭县、安顺市塘约村、六盘水盘州市考察学习农村“三变”改革工作，为紫阳县“三变”改革试点工作提供实践经验。牵头制定《紫阳县农村集体产权制度改革试点工作方案》《紫阳县农村资源变资产、资金变股金、农民变股东改革试点工作方案》，对改革试点工作重点任务、实施步骤等内容进行明确。牵头组织召开全县农村“三变”改革试点工作推进会，对全县农村“三变”改革试点工作进行安排部署，在17个村开展“三变”改革试点和轮回督查指导。培育涌现洄水镇团堡村、蒿坪镇王家河村等“三变”改革典型，1058户贫困户利用土地、林地、资金入股经营主体，通过订单生产、土地入股、园区务工、收益分红等方式实现增收。紫阳县农村“三变”改革助力脱贫攻坚取得明显成效。

紫阳县洄水镇团堡村“三变”改革分红现场

【机关党建】 牢固树立“抓党建就是最大政绩”理念，以推进“两学一做”学习教育常态化制度化为抓手，狠抓基层组织提升活动，开展“知识竞赛、亮牌承诺、争当先锋”主题活动，推动机关党的建设全面过硬、全面提升。建立支部主题党日制度，确定每月第一周的星期一作为“支部主题党日”，积极开展共驻共建、党员进社区服务、党员与贫困户结对帮扶、慰问老党员等活动。坚持“三会一课”制度，扎实组织开展好党员组织生活会及民主评议党员工作。制定党建工作制度，凡涉及到单位重点建设及重大项目开支等重大事项，均召开支部会议集体研究决定，发扬党内民主，不搞“一言堂”。认真开展“抓党建转作风促工作”专项整治工作，让党员干部严格用党的纪律和规矩约束言行，养成遵规守矩的良好习惯，进一步转变工作作风。切实抓好党建三项重点工作自查，开展党组织关系排查工作，规范党员组织关系管理，健全党员档案管理。全面开展党员违纪违法未给予相应处理情况的排查和党费收缴工作专项检查，对2008年4月以来的缴纳党费情况进行彻底排查，建立党费收缴台账，核准党费收缴基数。强化“手机+党支部”运用，及时上传更新信息，全年共上传动态信息60余条。

【两学一做】 制定《县委农工部推进“两学一做”学习教育常态化制度化的实施方案》，突出在思想教育、落实基本制度、解决主要问题上下功夫，扎实推进“两学一做”学习教育。采取灵活多样的方式，组织党员干部学习党章党规、十九大报告精神以及习近平总书记系列讲话精神及县委十五届二次、三次、四次全会精神，扎实开展专题讨论，着力提高党员思想政治素质。在机关开展创建学习型、服务型、勤政型、廉洁型、创新型“五型”机关和带头学习提高，带头争创佳绩、带头服务群众、带头遵规守纪、带头弘扬正气，争做农村改革的宣传员、农村热点难点问题的调研员、脱贫攻坚的战斗员“五个带头、争做三员”活动，着力引导党员做到“四个合格”。

【脱贫攻坚】 围绕贫困户脱贫、贫困村出列“五七”标准，坚持扶志与扶智并举，狠抓精准帮扶、产业提升、基础设施完善和新民风建设。全年直接投入资金5.3万元，争取项目资金28万元。所包联的洄水镇庙沟村脱贫攻坚工作取得阶段性成效。

（黄方奇）

统战工作

中共紫阳县委统战部
部　长：龚　颖（女）
副部长：吴时林

【机构设置】 紫阳县委统战部，设有行政编制4名，部长1名，副部长1名，现实有人员4名，副主任科员1名。

【非公经济工作】 组织111家企业与全县111个贫困村结对帮扶，有76家民营企业与95个贫困村完成对接并实施帮扶项目，实现非公企业与全县贫困村帮扶全覆盖，共累计投入资金5900余万元，帮助2900余户贫困户发展主导产业，完成足浴、家政、月嫂、建筑等各类培训4000余人次，带动27878名贫困人口实现增收，做细做实“百企帮百村”社会扶贫工作。2017年，全市“万企帮万村”现场会示范点选在紫阳是对紫阳“百企帮百村”工作的极大肯定。发挥富硒渔业合作社的作用，吸纳70余名回民同胞，年均增收2万余元；对少数民族青年同胞实施劳动技能免费培训，带动50余户少数民族贫困户脱贫；帮扶回民同胞开办清真食品餐馆及清真食品加工作坊，9个民族亮点镇开办清真食品农家乐、清真食品特色店30余家，大力扶持民族特色经济及民族特色产业。以全县秋季开展集体升学礼仪式为抓手，全县共55家企业积极捐资助学、助困，累计捐资120余万元，资助342名贫困大学生。积极联络民进党爱心人士为紫阳县捐助医用救护车2辆，广泛开展“光彩事业”。悉心接待由省委统战部牵头组织的9家中省主流媒体，到紫阳县开展“万企帮万村　助力脱贫攻坚”以及基层统战工作进行媒体采访宣传报道，加大统战工作宣传。

围绕“壮大实体”，开展“非公经济振兴行动”，起草出台紫阳县《关于推动非公有制经济追赶超越发展的意见》，牵头完成紫阳县工商联、紫阳县总商会顺利完成换届工作；成立全县第二个异地商会“安康紫阳商会”；引导非公企业加快向富硒农业、新型工业、现代服务业为主的循环产业转型升级，帮助非公企业建设人才队伍，实施技术改造，提升核心竞争力，加强对非公企业的指导。开展非公经济综合评价，共淘汰11名拟进入工商联任职的非公企业家代表。共推荐非公经济代表人士担任市、县人大代表31人，市、县政协委员73人，不断加强非公经济代表人士政治和社会荣誉安排，为更多的优秀非公经济人士提供参政议政平台。

【宗教工作】 围绕融合发展，开展“文旅兴县助力行动”，立足紫阳“南宗祖庭”道缘优势，深入挖掘宗教文化资源。先后举办“迎福纳祥新春庙会”“《中国道教史》教材编写大纲和冯兴钊大师弘道修行50年研讨会”等系列活动。积极包装“南宗道教精神领袖”冯兴钊道长，申报“冯兴钊道长方丈升座”道教大型活动，在中国道教协会第二届道教文化艺术周开幕式晚会上，选送《全真之路》《洒净》两个节目。投资1000万，实施擂鼓台景区旅游道路改造，同时计划投资1.2亿元建成擂鼓台至汉王段541国道的专线旅游公路建设，现已完成工程设计，年内开工建设，开工建设显月观至七宝寨景区长约15千米的盘山步道。盘山步道的开通，将形成12.5平方千米显月观风景区。围绕“冯兴钊道长升座”大型宗教活动，投资250万，新建方丈室、钟楼、鼓楼及配套设施建设项目。投资120万元修建西门河回民公墓大门1座，硬化回民公墓公路2.9千米，修建墓区人行步道280米，栽植香樟及麦冬草绿化墓地63亩，完善宫观场所水、电、路、讯基础设施，提升宗教场所公共服务功能加强宗教场所建设规划。建立完善民族宗教工作联席会议制度，支持各宗教协会依法组织宗教文化交流展示活动，全县15处合法宫观场所制度齐全，管委会陆续成立；7月，中国紫阳南宗道教研究会正式成立，为县内外道教文化爱好者搭建了潜心研究和广泛研讨南宗道教文化的平台。

【对台工作】 广泛联系台湾同胞，吸引更多海外资金、技术、人才向紫阳聚集，全年共接待3次大型台胞访紫考察活动。抓住“一带一路”起点辐射机遇，与陕西泰国商会达成紫阳富硒产品入泰销售共识，具体合作事宜正在进一步接洽。

【党外代表人士工作】 围绕凝心聚力，开展“人才智库完善行动”。建立党外人才信息库台账，将全县30余名非党领导干部，20多名体制外新阶层人士、党外知识分子、非公经济代表人士、民族宗教人才及各行业新阶层人士等进行详细摸底建立人才智库。加强党外代表人士队伍建设。积极引导党外代表人士坚定“四个自信”，给他们“压担子”“谋位子”“搭台子”，对30余名民主党派人士及党外知识分子日常联系及时，政治充分信任。引导党外代表人士建言献策。引导民主党派和无党派人士围绕全县经济社会发展更好地建言献策出力，全年共提交各类优秀提案、议案100余件。

【部门建设】 围绕自身建设，开展“强基固本提升行动”。按照“政治素质高、工作能力强、具有民主作风、善于处理复杂问题”的要求配齐全县镇、村、民族聚居社区及相关部门统战宗教联络员，实现全县“县、镇、村”三级统战工作网格化，完善统战工作体系。将“紫阳统战”“南宗道源”“紫阳商界”“百企帮百村”等统战专题宣传交流平台作为紫阳统战工作舆论宣传主阵地，加强宣传阵地建设，传播基层统战声音。

【精准扶贫】 严格落实“部门联村”脱贫攻坚任务，做到包联工作全覆盖。派驻一名副科级干部担任驻村第一书记，专职驻村开展脱贫攻坚工作。机关所有党员干部每人结对帮扶5户贫困户，定期入户走访，帮助解决实际困难。在全面了解全村的产业发展现状、贫困户的致贫原因后，明确了以强化班子建设为基础、以开展基础设施建设为关键、以产业发展带动贫困群众增收致富为重心、以民风建设和民生建设为保障的工作思路，有针对性地制定了符合尚坝村发展实际的《工作规划》和《实施方案》。同时认真传达学习扶贫政策文件及相关会议精神，确保群众对扶贫政策的知晓率。扎实抓好数据清洗工作，大力推动项目建设。在住房方面，全村已达到安全住房的贫困户189户628人，需实施异地搬迁的共154户531人，已经签订三项协议98户419人，计划危房改造6户8人。在基础设施建设方面，公路硬化村委会至白杨坪4.3千米，已完成；尚七路5.5千米、苟家坪至三合寨1.8千米已完成底子工程；耳扒组和西记组的饮水工程已完成程勘查设计，进入招标阶段；西记、尚坝组变压器扩容和低压改造已联系电力部门实地设计，三合寨已实地实施，完成宽带网和广播进村项目。在完善公共服务设施方面，村委会280平方米维修已经完成，配齐办公设备；新建村卫生室1处，即将完工。在拓宽增收渠道方面：落实茶园管护和养殖等短期增收项目175户664人；产前奖补89300元，动员216户330人外出务工增加收入；成立村级互助资金协会，共发放互助资金88万元。在新民风建设方面：制定出台《村规民约》，成立村红白喜事理事会，道德大讲堂。举办“脱贫攻坚 励志感恩尚坝村集体升学礼”活动。组织动员三家民营企业投资11万元，对30名贫困大、中、小学生捐赠帮扶。在义务教育均衡发展创建方面：包联尚坝小学，选派一名干部，具体负责协助落实创建工作。同时，为该校11名教师，购置席梦思床11套，为全校7个班购置饮水机7台。

【“温暖工程”就业助学计划】 组织2名学生参加对外交流项目——中德国际护理人才交流计划，现已赴德国留学就业。

（杨开恩）

党校工作

中共紫阳县委党校
常务副校长：贾学斌
副　校　长：王　健

【概况】 紫阳党校成立于1956年5月，原位于县城任河咀，后因仁和国际社区开发，现已搬至紫阳县教师进修学校。党校属参公单位，正科级，编制数15人，实际人数13人，参公管理4人，专业技术人员9人。

【干部教育】 按照县委组织部及人社局2017年度干部培训总体部署，结合党校实际制定《中共紫阳县委党校2017年度干部培训计划》。截至年底，共举办各类班次25个，共培训2389人次。正科级领导干部自主选学班5期300余人次；全县专业技术人员继续教育培训班6期共578人；重点村党支部书记培训班1期、非公企业党组织书记培训班1期、科级领导干部研修班1期、优秀青年干部培训班1期，共计255人次；宣讲十九大精神16场次，共培训党员干部1256人次。2017年国家开放大学学历教育专、本科毕业生达121名。

【科研工作】 强化课题研究工作。按照年初制定《中共紫阳县委党校2017年课题研究计划》要求，制定2017年科研规划和工作要点。2017年，全体教师参加全省党校系统理论研讨会，其中1篇理论研讨文章荣获三等奖。

【教职工队伍建设】 继续落实教育与培养的原则，注重加大师资队伍建设力度。加强教职工思想教育。通过理论学习、理论研讨和学习先进典型，使教职工树立正确的世界观、人生观、价值观。完善学习交流制度。2017年，选派副校长担任驻村第一书记，办公室副主任担任工作队员;共选派5名教师分别参加省委党校举办的贫困县师资培训班和教师培训班学习，选派2名教师参加复旦大学举办的十九大精神进修班学习。公开招录2名普通全日制本科生充实党校师资队伍。

老干部工作

中共紫阳县委老干部工作局
中共紫阳县离退休干部工作委员会
党工委书记、局长：张　彬
副　局　长：张明鉴

【组织机构】 老干局现有工作人员10人。

【老干部基本情况】 全县党政机关事业单位共有离退休干部职工3212人，其中党政机关离退休干部1137人（离休干部7人，地市级1人，副处级6人），退休干部1130人（正处级6人，副处级16人，正科级238人，副科级441人，科员及其他人员429人）。事业单位2075人（其中离休3人）。由老干局直接管理的离休干部14人（含正县级离休干部4人），县处级退休干部22人。

【离退休干部政治待遇】 县委、县政府年度召开重要会议，均邀请老干部代表参加，为老干部征订《金秋》《离退休干部参考》，为离退休干部党员订阅《当代陕西》，召开老干部座谈会2次。组织离退休干部到恒紫循环工业园区、安康高新区参观视察，到蒿坪镇金竹村指导驻村脱贫攻坚和新农村安置点建设，赴四川万源市红色教育基地参观学习，引导老干部始终“不忘初心 牢记使命”，永远跟党走，做到离岗不离党，退休不褪色，为党的事业发展，社会进步做奉献。在落实老干部政治待遇方面，抓好老干部的政治学习，坚持送政策、送学习资料上门，为老干部增强精神食粮。抓好老干部政治学习，开展“两学一做”学习教育常态化制度化，确保老干部政治思想常新，理想信念永存。坚持抓老干部“五项制度”的落实。坚持从政治上关心，精神上关怀，尊重关怀老干部，不忘老干部的历史功绩。

【离退休干部生活待遇】 申报落实1名退休干部护理费（每月67元），落实兑现离休干部交通费、影剧费、取暖费、降温费和一名离休干部电话费，年度增发1~3个月生活补助费。办理一名退休干部的丧葬费和一次性抚恤费。离休干部医疗费按政策实报实销，县城居住离休干部实行定点医院非现金结算，进行离退休干部身体健康检查，确保老干部老有所养，老有所医，共享改革开放成果，幸福安度晚年。

【老干支部组织活动】 老干部党支部组织建设，坚持按照《关于进一步加强和改进离退休干部工作的意见》要求，抓好老干部党员的思想政治工作，引导离退休干部党员始终保持公仆本色，始终牢记党员身份，始终坚定理想信念，始终保持对党忠诚的政治品格。增强“四个意识”，树立“四个自信”，自觉在思想上、政治上、行动上同以习近平为核心的党中央保持高度一致。把抓老干部思想政治工作同帮扶老干部相结合，开展老干部党员的帮扶工作。在老干部党员中开展“两学一做”学习教育常态化制度化。组织开展离退休干部党支部组织活动，老干支部组织活动正常开展，支部堡垒党员示范作用得以发挥。

【离退休干部精神文化生活】 春节、老年节，对老干部进行走访慰问，对异地居住老干部进行登门走访，对病重住院老干部进行探望，坚持按时为老干部送学习资料，从精神上给予关怀。按照“先求其有，再求其优，后求其扩”的办学思路和“两块牌子，两套人马，一个阵地，资源共享”的办学模式，协调县文体活动中心解决约1500平方米老年大学教学阵地。协助配合老体协、音乐协会等社会团体组织开展老干部文化娱乐活动，丰富活跃老干部文化娱乐生活。

【“四就近”服务老干部工作】 老干局与环城路、会仙桥社区建立“四就近”服务老干部工作，依靠社区资源、社会群体，多种服务方式，为老干部做好管理服务工作。环城路社区、会仙桥社区经常为年老体弱的老干部进行上门服务。帮助老干部、老同志解决生活中的实际困难，化解老干部家庭矛盾，就近组织老干部参加政治学习，就近参加支部组织活动。局机关党员志愿报名到社区，参加社区自愿公益服务工作，帮扶一名贫困居民，帮老干部解决实际困难，促进老干部管理服务工作的开展。

【老干部信访工作】 完善老干部信访工作管理制度，落实信访工作责任分工，局机关干部坚持经常走访，随时掌握了解老干部身心变化和生活情况，倾听老干部的呼声，传达老干部的愿望，对老干部提出的困难和问题，做到认真听取，耐心解释，在老干局职权范围内能够解决的及时给予解决，坚持做到件件有着落，事事有回声，巩固老干部信访工作“三无单位”。

【引导老干部增添正能量】 组织引导老干部增添正能量，为老干部发挥余热搭建平台。坚持从引导老干部做好“两个支持”工作，鼓励老干部为脱贫攻坚，社会维稳，关心教育下一代，创建平安县城，传承家规家风和地方文化，促进社会和谐，发展公益事业，为县域经济发展和县委、县政府提出“五大战略”目标任务，助推全面建成小康紫阳建言献策，发挥余热。

【老干部宣传工作】 开展老干部工作方针、政策，中、省、市老干部工作会议精神，老干部历史功绩的宣传，对中办发〔2016〕3号文《关于进一步加强和改进离退休干部工作的意见》进行学习宣传，上报老干部工作信息4篇，书写大幅标语9副，办学习园地4期，建文化墙1组，完成老干部工作调研1篇。

【联村扶贫工作】 包联的金竹村开展包联帮扶工作，局机关党员干部每人结对帮扶5户贫困户，抽调2名科级干部长期驻村抓脱贫攻坚，为扶贫村争取资金12万元，用于金竹村的基础设施建设和茶园管护。

（郭国银　张彩诗）

紫阳县人大常委会

紫阳县第十八届人民代表大会常务委员会
主　任：张教志
副主任：贾学勇　程楚安　扈正安
　　　　李龙安
委　员：（按姓氏笔画排列）
　　　　王西兵　王华强（2月13日辞去）
　　　　王学友　邓　涛　朱念方
　　　　朱紫兰　刘　涛
　　　　闫　锋（11月29日辞去）
　　　　许海昌　李谢军　杨世文
　　　　吴世友　吴时林　张海波
　　　　陈正伟　陈英江　陈荣刚
　　　　陈俊瑞　罗　勇　金冠全
　　　　孟庆国（11月29日辞去）
　　　　赵华伦　柳庆忠　贾学文
　　　　贾耀卿　夏　江　晏刚林
　　　　徐　嘉（11月29日辞去）
　　　　覃建财　曾朝和

紫阳县第十八届人大常委会代表资格审查委员会
主任委员：扈正安
副主任委员：王学友

紫阳县第十八届人大常委会专门委员会
财政经济委员会
主任委员：贾学勇
副主任委员：朱念方　贾耀卿
委　　员：陈正伟　陈英江　付益民
　　　　　朱良成

法制委员会
主任委员：李龙安
副主任委员：王西兵　贾学文
委　　员：许海昌　夏　江　阴文忠
　　　　　王华强

紫阳县人大常委会办事机构及其负责人
紫阳县人大常委会办公室
主　任：邓　涛
副主任：杨世文

紫阳县人大常委会人事代表工作委员会
主　任：王学友
副主任：朱紫兰

紫阳县人大常委会法制民政工作委员会
主　任：许海昌
副主任：夏　江

紫阳县人大常委会财政经济工作委员会
主　任：陈正伟
副主任：陈英江

紫阳县人大常委会教科文卫工作委员会
主　任：赵华伦
副主任：李谢军

中共紫阳人大常委会党组

党 组 书 记：张教志

党组副书记：贾学勇

党 组 成 员：贾学勇　扈正安　李龙安　邓　涛

【工作概况】 2017年是紫阳县十八届人大及其常委会任期的第一年。在中共紫阳县委的正确领导下，县人大常委会深入学习贯彻党的十八届六中全会、十九大精神和习近平新时代中国特色社会主义思想，紧紧围绕省、市、县党代会的部署要求，依法行使职权，扎实开展工作。全年共召开2次人代会、8次常委会，组织开展视察、执法检查和专题调研10次，听取和审议"一府两院"专项工作报告13项，依法作出决议、决定和审议意见27项。

【紫阳县人民代表大会会议】 紫阳县第十八届人民代表大会第一次会议。2016年12月7日至9日，紫阳县第十八届人民代表大会第一次会议在源森酒店召开。参加会议的代表189名，会议由大会主席团主持，其成员按姓氏笔画排列有王毅、王开富、王华强、王西兵、王学友、邓涛、田鑫、刘涛、朱念方、朱紫兰、毕传祥、许海昌、闫锋、吴世友、吴时林、张宗军、张海波、张教志、李龙安、李谢军、杨平、杨世文、陈莲、陈正伟、陈佳斌、陈英江、陈俊瑞、陈荣刚、周斌、周继林、周富林、周锦政、孟庆国、罗勇、罗云忠、金冠全、柳庆忠、赵立根、赵华伦、夏江、徐嘉、晏刚林、贾学文、贾学勇、贾耀卿、康树民、扈正安、龚颖、曾朝和、程楚安、覃建财（51人）。秘书长由贾学勇同志兼任。大会选举张教志为紫阳县第十八届人民代表大会常务委员会主任，贾学勇、程楚安、扈正安、李龙安为紫阳县第十八届人民代表大会常务委员会副主任，王西兵等30名为紫阳县第十八届人民代表大会常务委员会委员；选举陈莲为紫阳县人民政府县长，罗云忠、陈佳斌、田鑫、周斌、张宗军为紫阳县人民政府副县长；选举毕传祥为紫阳县人民法院院长，王开富为紫阳县人民检察院检察长；马小静等37名当选紫阳县出席安康市第四届人民代表大会代表。大会还以举手表决方式选举产生紫阳县第十八届人民代表大会财政经济委员会组成人员和紫阳县第十八届人民代表大会法制委员会组成人员。

紫阳县第十八届人民代表大会第二次会议。2017年2月19日至22日，紫阳县第十八届人民代表大会第二次会议在源森酒店召开。参加会议的代表189名，会议由大会主席团主持，其成员49人。秘书长由贾学勇兼任。大会议案审查委员会主任委员扈正安，副主任委员王西兵、贾学文、王学友，委员朱紫兰、许海昌、杨世文。大会财政经济审查委员会主任委员贾学勇，副主任委员陈正伟、朱念方、贾耀卿，委员付益民、朱良成、陈英江、覃建财、曾朝和。会上，县政府县长陈莲作《紫阳县人民政府工作报告》（《紫阳县2016年国民经济和社会发展计划执行情况与2017年国民经济和社会发展计划（草案）的报告》《紫阳县2016年财政预算执行情况和2017年财政预算（草案）的报告》印发代表讨论审议），张教志主任作《紫阳县人大常委会工作报告》，毕传祥院长作《紫阳县人民法院工作报告》，王开富检察长作《紫阳县人民检察院工作报告》。会议经过认真审议，决定批准上述报告，并作出紫阳县第十八届人民代表大会第二次会议《关于紫阳县人民政府工作报告的决议》《2016年国民经济和社会发展计划执行情况与2017年国民经济和社会发展计划的决议》《关于2016年财政预算执行情况和2017年财政预算的决议》《关于县人大常委会工作报告的决议》《关于县人民法院工作报告的决议》《关于县人民检察院工作报告的决议》。大会还对县十七届人大五次会议代表优秀建议案和2016年度县人大代表建议办理工作先进单位进行通报表彰。

【常委会会议】 2017年，县人大常委会共举行8次会议。

县十八届人大常委会第一次会议。会议于2016年12月19日召开，会期一天。会议以举手表决的方式通过代表资格审查委员会组成人员名单，以无记名投票的方式通过县十八届人大常委会各委室主任、副主任人事任命。

县十八届人大常委会第二次会议。会议于1月24日召开，会期一天。会议审议通过《关于提请将政策性金融扶贫项目政府购买服务资金和项目资本金纳入财政预算的议案》。

人大机关民主生活会

县十八届人大常委会第三次会议。会议于2月13日召开，会期两天。会议听取和审议关于召开紫阳县第十八届人民代表大会第二次会议有关事项的报告，听取《紫阳县人大常委会工作报告》起草情况的报告，听取和审查《紫阳县2016年财政预算执行情况和2017年财政预算（草案）的报告》，会议任命19名政府工作部门主要负责人。

县十八届人大常委会第四次会议。会议于5月8日召开，会期两天。会议听取并审议《县政府近三年招商引资工作情况的报告》《县政府近三年来财政专项资金使用和管理情况的报告》《县人民法院司法体制改革推进情况的报告》《县人民检察院司法体制改革推进情况的报告》。会议任命夏志文为紫阳县人民政府副县长，鲍务林等4名为政府组成部门负责人，任命马腾等4名为紫阳县人民检察院检察员，任命王寿田等29名为紫阳县人民法院人民陪审员。

县十八届人大常委会第五次会议。会议于7月7日召开，会期两天。会议听取和审议《县人民政府关于创建国家义务教育发展基本均衡县攻坚工作的报告》《县人民政府2016年度预算执行和其他财政收支情况的审计工作报告》《县人民政府关于2015年度预算执行和其他财政收支情况审计报告审议意见贯彻落实情况的报告》《县人民政府关于〈中华人民共和国固体废物污染环境防治法〉贯彻实施情况的报告》《县人民法院近几年执行工作情况的报告》《县人民检察院关于紫阳县行政执法检察监督工作实施办法（试行）的报告》，审查和批准《县人民政府关于2016年度财政决算（草案）情况的报告》，听取和评议县人民检察院副检察长兰俊华、宋方甲个人履职情况的报告。以无记名投票的方式表决通过了殷贵军为紫阳县人民政府副县长。

县十八届人大常委会第六次会议。会议10月5日召开，会期两天。会议听取和审议了《县人民政府关于全县脱贫攻坚工作情况的报告》《县人民政府关于2017年上半年国民经济和社会发展计划执行情况的报告》《县人民政府关于2017年上半年财政预算执行情况的报告》，审议通过相关人事议案。会议结合审议全县脱贫攻坚工作情况的报告进行专题询问。

县十八届人大常委会第七次会议。会议于11月29日召开，会期两天。会议听取和审议《县人民政府关于2017年财政预算调整情况的报告》，通过批准预算调整方案的决议，听取和评议县民政局、人社局、文广旅游局、市场监管局、安监局主要负责人履职情况的报告，对两名市四届人大代表的履职情况进行评议，表决通过接受闫锋、徐嘉、孟庆国辞去县十八届人大常委会委员职务，表决通过免去周斌紫阳县人民政府副县长职务，决定任命蒋学军为紫阳县人民政府副县长。

县人大脱贫攻坚调研

县十八届人大常委会第八次会议。会议于12月29日召开，会期两天。会议听取和审议县人民政府《关于县十八届人大二次会议代表建议、批评和意见办理情况的报告》《关于在全县公民中开展法制宣传教育的第七个五年规划（2016—2020年）编制情况的报告》《关于调整2017年财政支出预算的报告》《关于2017年盘活财政存量资金安排情况的报告》《关于紫阳县监察委员会副主任、委员的任免和宣誓办法决定（草案）的说明》。

【执法检查】 2017年，县人大常委会全力支持和督促法检“两院”司法体制改革工作，听取和审议县人民法院和县人民检察院司法体制改革推进情况的报告，力促各项司法改革措施落到实处，确保司法改革取得新成效。听取和审议县人民法院近几年执行工作情况的报告，着力破解“执行难”问题，切实维护法律尊严，依法保障当事人的合法权益。配合省、市人大常委会完成《中华人民共和国固体废物污染环境防治法》执法检查。

【视察调研】 2017年，县人大常委会共举行7次视察调研。分别对县政府近三年招商引资工作、县政府近三年财政专项资金使用和管理工作、脱贫攻坚工作、义务教育发展基本均衡县创建工作、县人民法院执行工作、紫阳上半年国民经济和社会发展计划执行情况、财政预算执行情况等方面进行视察调研。

【工作监督】 2017年县人大常委会听取和审议2017年上半年国民经济计划和财政预算执行情况的报告、2016年度财政预决算执行和其他财政收支情况的审计工作报告，要求进一步加强财政预算和其他财政财务管理、重视财政审计工作、预算单位财务、政府招标采购、公共资产管理人员实现专业化配备、加快滞留专项资金的安排使用、让收入基数回归现实、增加可用财力，充挥发挥好公共财政职能作用，努力提高财政资金的使用效益。听取和审议2016年财政预算调整报告，审查认为，2016年财政预算执行情况总体情况良好，实现“保工资、保运转、保民生、保重点”的目标。

【群众来信来访】 常委会高度关注群众诉求，进一步完善人大信访工作机制，积极妥善处理群众信访上访问题，全年共受理人民群众来信来访61件103人（次），有力维护群众合法权益和社会和谐稳定。

【乡镇人大工作】 实行县人大常委会领

导包片联系制度，加强对镇人大工作的指导，支持镇人大依法行使职权、开展工作。组织镇人大主席参加全省乡（镇）人大主席培训，邀请镇人大主席列席县人大常委会会议，参与工作视察、调研，推进县镇人大工作上下联动发展。

紫阳康洪茧丝“暖冬行动”慰问物资发放仪式

【议案、建议办理工作】 县十八届人大二次会议和闭会期间代表提出的71件意见建议，截至12月底已全部办理完毕并答复代表。其中10件群众反映比较集中、具备办结条件的建议，由县人大常委会领导牵头督办，群众反映强烈的热点问题得到有效解决，较好地回应了群众关心的问题。

【代表变动情况】 紫阳县十八届人大二次会议实有代表189名。自县十八届人大二次会议以来，有4名县人大代表依法自行终止代表职务，其中3名调离本行政区域、1名死亡。2018年1月24日，补选2名县十八届人大代表，综上所述，县十八届人民代表大会实有代表187名，出缺2名。

（周清华）

紫阳县人民政府

紫阳县人民政府

县　长：陈　莲（女）

副县长：罗云忠　陈佳斌　夏志文(挂职)
　　　　殷贵军（挂职）　田　鑫
　　　　张宗军　蒋学军　刘军号(挂职)
　　　　何　平（挂职）　张　麟(挂职)

紫阳县人民政府办公室

主　任：李振国

县政府办副主任、督查室主任：赵　峰

县政务服务中心主任：汪泽海

县政府信息中心主任：周　辉

信访督查专员：陈支虎

信访督查专员：王思强

县政府办副主任：刘大勇

县政府法制办副主任：朱文涛

县应急管理办主任：聂　蕊（女）

县政务服务中心副主任：马　波

县政府信息中心副主任：陈　刚

县政府信访接待中心副主任：姜　彦

县外事侨务办副主任：刘亚玲（女）

【机构设置】　紫阳县人民政府办公室（县信访局、县人民政府法制办公室）核定行政编制27名(含县级领导)。其中：主任(信访局局长)1名，副主任3名（其中负责政府法制工作副主任1名，负责信访工作副主任（信访局副局长）1名；关心下一代工作委员会办公室主任、督查室主任分别由政府办副主任兼任），科级信访督查专员2名。县关心下一代工作委员会办公室为县关心下一代工作委员会的办事机构，正科级规格，不单设编制，职责由县政府办公室承担。县外事侨务办公室为县人民政府办公室下属正科级事业单位，经费全额预算，事业编制6名。其中：主任、副主任各1名。县人民政府信息中心为县人民政府办公室下属正科级事业单位，经费全额预算，事业编制7名。其中：主任、副主任各1名。县政务服务中心为县人民政府办公室下属正科级事业单位，经费全额预算，事业编制10名。其中主任、副主任各1名。县人民政府应急管理办公室为县人民政府办公室下属副科级事业单位，经费全额预算，事业编制4名。其中：设主任1名。县政府后勤服务中心为县人民政府办公室下属股级事业单位，经费全额预算，事业编制9名。信访接待中心为县人民政府办公室下属正科级事业单位，经费全额预算，编制7名。其中主任、副主任各1名。另设督查室、政务股、综合股、机要股、法制股、信访股6个股室。

重要会议

【县政府常务会议】　是年，紫阳县人民政府共召开常务会议10次。

1月18日，县长陈莲主持召开2017年县政府第1次常务会议，审定《紫阳县人民政府工作规则》，审定《紫阳县农村承包土地的经营权和农民住房财产权抵押贷款试点实施方案》《紫阳县科技创新驱动县域经济发展示范县建设实施方案》《紫阳县农村有线电视户户通工程建设实施方案》，审定《组建紫阳县茶园标准化管理专业服务队实施办法（试行）》《紫阳县2016年茶叶转型升级示范县建设专项资金使用计划》，研究两宗种苗款有关遗留问题、紫阳县前卫实业有限公司财信担保贷款有关问题、紫龙科技有限公司有关遗留问题。同时听取全县反恐、禁毒、消防工作情况汇报，传达学习市四届人大一次会议和市政协四届一次会议精神、全省农村集体产权制度改革工作电视电话会议精神、全市安全生产工作会议精神，并就贯彻落实相关会议精神进行安排。

2月14日，县长陈莲主持召开2017年县政府第2次常务会议，研究讨论《政府工作报告（讨论稿）》《紫阳县2016年国民经济和社会发展计划执行情况及2017年计划安排意见（草案）的报告》《紫阳县2016年财政预算执行情况和2017年财政预算（草案）的报告》。

4月12日，县长陈莲主持召开2017年县政府第3次常务会议，审定《紫阳县统筹整合涉农资金使用管理办法（试行）》和《紫阳县2017年统筹整合财政涉农资金实施方案》，审定《紫阳县国有林场改革实施方案》《关于在全县公民中开展法治宣传教育的第七个五年规划（2016—2020年）》，研究义务教育均衡发展资源整合、项目建设和设备采购有关问题，研究移民（脱贫）搬迁集中安置点挡护配套工程建设有关问题、县城殡仪馆迁建项目土石开挖量等三项工程变更问题、集镇污水处理厂后期运行有关问题。传达贯彻省、市政府廉政工作电视电话会议精神，研究2017年度政府廉政工作，传达贯彻全市环境保护工作会议精神，研究2017年度环境保护工作，会议还研究有关干部的纪律处分问题。

4月19日，县长陈莲主持召开2017年县政府第4次常务会议，学习贯彻习近平总书记在中央政治局第39次集体学习时的重要讲话精神，传达省市脱贫攻坚有关会议精神，研究紫阳县贯彻落实意见。审定《2017年度部门（单位）驻村联户扶贫工作任务方案》《紫阳县扶贫对象核实及数据清洗工作方案》和《紫阳县脱贫到户项目资金扶持办法》。研究城关、毛坝、麻柳、红椿、高滩、向阳六镇民营资本参与移民搬迁有关问题。

5月10日，县长陈莲主持召开2017年县政府第5次常务会议，研究《紫阳县落实“五个扎实”加快追赶超越实施方案》《紫阳县国家投资项目招标投标管理办法（修订版）》。审定《紫阳县财政性投资项目资金管理办法（试行）》《紫阳县财政支出绩效评价管理办法（试行）》《紫阳县财政投资评审管理办法（试行）》《紫阳县财政专项资金拨付审批管理办法（试行）》。研究审定不动产登记工作中已购公有住房和经济适用住房上市交易补交土地价款有关问题，研究关于退役士兵安置遗留有关问题和4宗国有土地使用权出让问题。听取关于统筹完善园区管理运营机制有关情况的汇报，传达贯彻全省产业精准脱贫工作会议精神，传达第十二次陕南绿色循环发展工作座谈会议精神，研究贯彻落实意见。

6月23日，县长陈莲主持召开2017年县政府第6次常务会议，研究避灾（扶贫）搬迁项目实施审计有关问题，研究紫阳县富硒食品有限公司财信担保贷款有关问题和增加产业发展基金、企业还贷周转金规模有关问题，研究2宗国有土地使用权出让和8宗采矿权延续有关问题，研究权双公路二期、文笔山环线公路一期和城关镇龙洞沟排洪涵洞等3处交通工程变更问题。审议《关于加快富硒生态产业园区建设的实施意见》《紫阳县茶产业创新转型发展实施意见》和《紫阳县金融创新支持产业精准扶贫实施办法》。研究县城棚户区改造房屋征迁有关问题、紫津房地产开发有限责任公司代建紫邑新城安置住房项目有关问题和黄金商贸城、惠民四期限价商品房住房及商业用房价格有关问题。

8月3日，县长陈莲主持召开2017年县政府第7次常务会议，审议《关于加快蒿坪县城副中心镇建设的实施意见》《紫阳县招商引资实施办法》《紫阳县茶产业创新转型升级发展扶持办法》和《关于加快推进产业精准扶贫工作的意见》。

9月3日，县长陈莲主持召开2017年县政府第8次常务会议，研究541国道项目征地拆迁有关问题和紫阳县江南滨江观景长廊超投资部分纳入审计有关问题，审定《紫阳县殡葬服务收费管理暂行办法》。听取全县1—8月安全生产工作、环境保护工作和信访工作情况汇报。

10月24日，县长陈莲主持召开2017年县政府第9次常务会议，研究PPP项目有关问题，审议《紫阳县招商引资实施办法（试行）》《紫阳县招商引资奖励办法（暂行）》。研究和平茶厂财信担保问题、研究1宗国有土地使用权出让和划拨滨江生态广场项目用地有关问题、研究城关镇塘么子沟至向阳镇营梁产业公路变更问题、研究紫邑新城商业步行街（二期）项目建设有关问题、研究紫阳县茶博馆、硒陶馆、城展馆建设有关问题、研究县城江南新区供水工程变更有关问题。传达学习《习近平总书记对脱贫攻坚工作重要指示、李克强总理重要批示和汪洋副总理在脱贫攻坚先进事迹报告会上讲话要点》《习近平总书记10月3日在中央纪委〈关于对河北省张家口市扶贫领域监督执纪问责工作开展明察暗访的情况报告〉上的重要批示精神以及娄勤俭、胡和平、毛万春、贺荣同志的批示》。

12月25日，县长陈莲主持召开2017年县政府第10次常务会议，传达学习中央经济工作会议及中共陕西省委第十三届委员会第二次全体会议精神，审定《2018年固定资产投资计划》《紫阳县开展政务公开标准化规范化试点工作实施方案》和《紫阳县大力发展社区工厂的实施意见》。研究设立安康市财信融资担保公司紫阳分公司有关问题，研究睿智环保建材有限公司财信担保问题，研究顺福矿业公司麻柳锰矿开采项目等3宗采矿项目备案有关问题，研究桑树沟至瓦房店旅游专线公路改建工程变更有关问题，研究富硒生态产业园区建设发展有关问题，研究苦荞酒酿造项目入驻富硒生态产业园区有关问题，研究集镇污水处理、垃圾资源化利用PPP项目有关问题。听取全县河长制推进工作情况汇报和全县安全生产情况汇报，研究县中医医院住院综合楼、县康复治疗中心建设项目资金缺口问题，研究命名2017年度县级卫生单位、卫生村问题，传达贯彻全市深化供销综合改革暨“两个示范市”建设工作会议精神。

【县长办公会议】 是年，县政府共召开县长办公会议4次。

第一次，4月5日，县长陈莲主持召开办公会议，听取县国土局、县搬迁办、县财政局、城关镇关于仁和国际社区开发项目工作进展、B地块费用核算等情况的汇报，专题研究协议回收仁和国际社区开发B地块有关问题。

第二次，6月28日，县长陈莲主持召开县长办公会议，研究全县移民（脱贫）搬迁问题整改事宜。

第三次，8月8日，县长陈莲带领县直有关部门负责人到国道541紫阳段实地踏勘线路走向、路网设计、工程推进、施工环境保障等情况，并主持召开县长办公会议，听取县援建办、项目指挥部及县级有关部门关于项目推进情况的汇报，专题研究解决项目推进中存在的有关问题。

第四次，8月30日，县长陈莲带领相关部门负责人，实地调研了茶博馆、硒陶博物馆、城市展览馆、老城综合改造、河堤路西段滨江广场、瓦房会馆小镇、富硒茶观光园、桑树沟至茶山旅游道路等重点市政和旅游项目建设情况，并召开县长办公会，专题研究有关问题。

2017年县政府第一次全体（扩大）会议

【县政府专题会议】　是年，县政府共召开专题会议32次。

第一次，1月10日，县委常委、常务副县长罗云忠主持召开专题会议，研究原乡镇畜牧兽医站退养人员生活补助问题。

第二次，3月22日，市委副秘书长、市委办主任赵敏书带领工作组到高桥镇裴坝现代茶叶示范园区检查指导2017年联建帮扶工作。工作组实地查看裴坝现代茶叶示范园区建设情况，详细了解园区建设规划、种植规模和发展模式，并就现代茶叶示范园建设进行研究商讨，进一步明确2017年联建帮扶工作责任，统筹协调解决园区项目推进中存在的问题。

第三次，3月23日，副县长张宗军主持召开专题会议，研究解决天然气城市气化工程建设有关问题。

第四次，4月10日，县委常委、副县长陈佳斌带领相关部门负责人到汉王镇实地踏勘国道541旋涡至汉王段项目建设情况，并同市道路运输管理局局长王启仲在汉王镇政府召开现场办公会议，专题研究项目援建有关问题。

第五次，4月14日，县委常委、常务副县长罗云忠主持召开县政府专题会议，研究紫阳道教养生谷旅游开发项目部分征地拆迁户遗留问题。

第六次，5月4日，副县长张宗军主持召开专题会议，研究建设银行政府购买服务贷款项目申报工作。

第七次，5月27日，县委常委、常务副县长罗云忠带领县发改局、环保局、交通局、移民局主要负责同志在洞河镇调研集镇农贸市场和石家村吊桥项目选址情况，并在洞河镇政府主持召开专题会议，研究项目规划建设有关问题。

第八次，6月5日，受县长陈莲委托，县委常委、常务副县长罗云忠主持召开专题会议，研究原中医医院门诊综合楼有偿划拨问题。

第九次，6月5日，县委常委、常务副县长罗云忠主持召开专题会议，研究原乡镇畜牧兽医站退养人员生活补助问题。

第十次，6月6日，县委常委、县政府常务副县长罗云忠主持召开专题会议，研究紫阳县兴安煤矿（原蒿坪煤矿）关闭奖补资金兑付有关问题。

第十一次，6月16日，受县长陈莲委托，县委常委、常务副县长罗云忠主持召开专题会议，研究解决紫阳县富硒食品有限公司申请还贷周转金有关问题。

第十二次，6月21日，受县长陈莲委托，县委常委、县政府常务副县长罗云忠主持召开专题会议，研究紫阳县盘龙天然富硒绿茶有限公司担保贷款有关问题。

第十三次，6月26日，县委常委、县政府常务副县长罗云忠主持召开专题会议，研究城乡居民基本医疗保险制度有关问题。

第十四次，7月5日，县政府副县长田鑫主持召开专题会议，研究金融创新支持产业精准扶贫试点有关工作。

第十五次，7月11日，县委常委、常务副县长罗云忠主持召开专题会议，研究解决紫阳县和平茶业有限公司申请还贷周转金有关问题。

第十六次，7月12日，副县长田鑫主持召开专题会议，研究县硒产品检验检测中心搬迁有关问题。

第十七次，7月17日，副县长张宗军主持召开专题会议，研究紫阳县硒远现代农牧业公司养殖基地建设破坏生态环境有关问题。

第十八次，7月24日，县委常委、副县长陈佳斌主持召开县政府办公会议，专题研究向阳镇江河大桥工程建设有关问题。

第十九次，8月7日，县委常委、副县长陈佳斌主持召开县政府办公会议，专题研究县农村公路管理局、县航务管理局、县人民医院和县中医医院编制内工作人员养老保险、医疗保险待遇落实有关问题。

第二十次，8月17日，县委常委、副县长陈佳斌主持召开县政府专题办公会议，听取各镇和县级有关部门关于易地扶贫搬迁工作进展情况，研究解决全县易地扶贫搬迁工作推进中存在具体问题。

第二十一次，8月22日，县委常委、副县长陈佳斌带领相关部门负责人实地踏勘仁和国际千户安置社区项目建设情况，并在项目部主持召开现场办公会议，研究解决有关问题。

第二十二次，9月4日，副县长张宗军主持召开专题会议，研究解决西门河片区爆破工程设计方案安全评估有关问题。

第二十三次，9月5日，副县长张宗军主持召开专题会议，研究解决紫阳县集镇污水处理设施及垃圾资源化处理与利用项目可行性研究报告有关问题。

第二十四次，9月8日，县委常委、县政府常务副县长罗云忠主持召开专题会议，研究全县PPP项目推进工作。

第二十五次，9月15日，县委常委、副县长陈佳斌主持召开县政府办公会议，听取县政府有关部门推进健康扶贫“四重保障”政策落实情况，专题研究加快健康扶贫“四重保障”政策落实、方便群众办事等有关问题。

第二十六次，9月30日，按照县委赵书记指示，副县长张宗军带领县国土局、交通局、公路段有关负责人前往高滩镇踏勘集镇涵洞口山体崩塌现场，并主持召开专题办公会议，研究解决集镇涵洞口山体崩塌应急处置和治理等问题。

第二十七次，10月1日，副县长田鑫主持召开专题会议，研究向阳富硒茶观光园及会馆小镇周边标准化观光茶园改造提升工程有关问题。

第二十八次，10月4日，副县长张宗军带领城关镇、国土局相关负责人现场指挥处置紫阳县城环城路社区闵家庄山体崩塌险情，随后主持召开专题会议，研究解决该处山体崩塌险情处置及灾害治理有关问题。

第二十九次，10月8日，副县长张宗军主持召开专题会议，研究解决县城摩托车停放、西关农贸市场经营管理有关问题。

第三十次，10月23日，县委常委、县政府常务副县长罗云忠主持召开专题会议，研究西关广场、紫阳港跨汉江大桥等城市建设项目拆迁户信访事项化解工作。

第三十一次，11月7日，副县长张宗军主持召开专题会议，听取县环保局关于明华煤矿生态治理项目进展情况汇报，研究解决明华煤矿生态恢复和环境治理工作有关问题。

第三十二次，12月18日，县委常委、常务副县长罗云忠，县政府副县长蒋学军主持召开县政府专题会议，听取县卫计、财政、社保中心等部门关于镇卫生院职工基本医疗保险相关情况的汇报，专题研究镇卫生院职工基本医疗保险相关工作。

政府办工作

【政务工作】 严格程序抓收文，坚持“一个口子进出”原则，所有文件严格按照“打印室收文打印—机要室登记流转—秘书摘要建议—跟班主任初审拟办—县政府领导审核批示—秘书登记退文—机要室登记流转—督查室限时督查”的程序，处理各级来文，做到来文步步留痕，可溯可查，杜绝文件丢失的情况。提高办文要求，所有办理件均要求秘书摘录文件要点，并提出具体办理建议，力戒“一转了之”，杜绝“二传手”。认真审查抓发文，在发文工作方面，突出“审查”二字，重点从程序、形式、内容上严格把关。程序上严格按照“拟稿人（部门）—秘书—跟班主任（办公室主任）—县政府领导”的程序送审把关。形式上严格按照公文标准格式进行规范，规范性文件还按照“三统一”的格式进行规范，确保公文形式上的严肃性。重点突出公文内容审核，确保公文虚实有度，“上”能接天线，“下”能沾地气，全篇无疑点，前后不矛盾，具有针对性、指导性和可操作性。通过三个环节的严格审查，提高公文撰写质量，减少公文差错。注重细节抓办会。抓好会前、会中、会后三个环节，突出细节抓服务，办会质量与效益不断提高。会前，与相关单位充分沟通，拟定详细办会方案，制定任务清单，落实工作责任，确保会议顺利召开。会中，提前做好会议材料的发放，适时做好灯光、音响、投影等设备的调试、使用，认真详实地做好会议记录，落实专人做好茶水服务，协调做好摄影摄像，确保会议有序进行。会后，及时整理会议记录、纪要，及时整理领导讲话、及时转办会议确定事项，及时衔接新闻报道事宜，确保会议精神得到有效传达。

【政务服务中心工作】 2017年，紫阳县政务服务中心不断深化完善“全程代理”运行模式，认真贯彻中省市“放管服”工作部署，

县政府办学习贯彻十九大精神专题会议

12月14日，省工商局局长王吉德调研县政务服务中心

牢固树立和落实新发展理念，深入推进“互联网＋政务服务”体系建设，全力参与安康市政务平台及政务服务标准化建设工作，持续深化“放管服”改革，不断优化提升“全程代理”运行模式，推动放权彻底、监管到位、服务提升，受到上级表彰和群众认可。国务院对紫阳县商事制度改革工作进行通报表彰，并被国务院确定为全国基层政务公开标准化规范化试点县；省委书记胡和平同志批示在全省推广紫阳“全程代理”政务服务模式；全省政务公开和政务服务现场会在紫阳县召开；紫阳县在全省“放管服”改革电视电话会议上进行交流发言；人民日报连续两次刊登题为《陕西紫阳：政务服务的三次跨越》《最求更高层次的社会满意》的评论文章，陕西新闻联播播出题为《安康紫阳：“放管服”让西关夜市“提前”3个月开业》的新闻特写，对紫阳县政务服务工作很多做法进行宣传报道，产生广泛影响。2017年全年，中心共受理各类事项132385件，已办结132351件。其中各进驻窗口共受理96258件，已办结96239件，办结率99.9%，满意率100%；17个乡镇便民中心共受理36127件，已办结36117件，办结率99.9%，满意率100%。

【精准扶贫工作】 2017年，包抓的全兴村。产业建设。采用分等级土地流转形式，促成神龙富硒公司在仙洞湾发展种植300亩花椒，带动周边农户务工增收。成立全兴茶园管护服务队，改造管护700亩老茶园，争取300亩退耕还茶项目指标，引导本村创业青年栽种100亩，在仙佛组连片栽种200亩，打造生态休闲精品茶园。与帮扶企业开源公司对接，完成订单式种植富硒玉米150亩。为十户残疾人贫困家庭每户免费发放100只鸡仔发展养殖增收。动员本村青年创业成立养猪合作社，建设年出栏2000头养猪场，带动农户发展养殖产业。引进浙商计划建设果园500亩，种植水芹菜15亩，发展中药材800亩。项目建设。完成村级主干道的疏通补修，拓宽组级路13千米，新挖通断头路3.5千米，4千米道路硬化项目正在进行中。新建村委会和卫生室主体已完工，正在进行内外墙的粉刷和内部装修，在村集中安置点配套进行了绿化和基础设施完善工程。精心制定脱贫攻坚项目计划。结合实际制定年度项目申报计划，制定深度贫困村三年项目建设实施方案。数据清洗。按照上级文件规定流程要求完成扶贫对象核实和数据清洗工作，广泛邀请群众参与，始终坚持实事求是的态度，按照应纳尽纳、应剔尽剔的要求，进行三次公示，接受群众的监督和举报。本次数据清洗后返贫10户27人，新增30户92人；剔除12户25人；清洗后系统应有贫困户总规模310户967人，已脱贫41户134人，现有未脱贫贫困户269户834人。加强环境治理，努力改善整村居住环境。结合实际制定村规民约大力宣传，聘请1名水质检测员监管主要河段，在安置点修建垃圾池解决安置点住户倒垃圾问题，聘请4名森林管护员加强森林资源保护。县包联单位和镇驻村部门按照每人包联5户的方式，实现包联贫困户全覆盖。大力宣传技能培训优惠政策，动员参加修脚、月嫂等技能培训60余人次。动员群众通过异地移民搬迁和危房改造，确保住房安全有保障。现已在集镇集中安置点订房129户，实施危房改造3户。扎实有效开展党建活动，加强阵地建设。增添空调、电视机、会议桌和电脑等办公设备，制作党建和脱贫宣传牌，党员承诺对外公示，村委会阵地环境氛围焕然一新。组织开展庆“七一”暨脱贫攻坚文艺演出活动，邀请紫阳县安银民俗文化演艺有限公司表演精彩的文艺节目。积极开展新民风建设活动。通过召开会议、张贴标语等形式进行新民风宣讲，设立道德讲堂，评议典型形象，激发内生动力。

【督查工作】 紧紧围绕政府中心工作，坚持实事求是原则扎实开展督办督查工作，全年督办事项2800余件，完成人大代表建议和政协委员提案督办164件。发督查通报22期，极大的促进了政府各项工作的快速推进。

【信息中心工作】 完善政府信息公开制度，切实依托政府网站、政务微博、政府网站微信公众号、公告栏等宣传平台，持续推进政府信息公开，圆满完成年度政府信息公开各项任务。成立由常务副县长为组长，各部门主要负责人为成员的政务公开工作领导小组，统筹安排全县政务公开工作。各镇各部门也成立相应领导机构，全县上下形成主要领导牵头，分管领导具体负责，各方参与，共同推进的政务信息公开工作机制，确保信息公开工作抓牢抓实抓出成效。5月，我县被确定为全国政务公开标准化、规范化基层试点单位之一，以此为契机，特聘请安徽商网技术人员对网站进行改版，按照全县政务公开所收集整理到的事项内容对政府信息公开、政务中心、政民互动等栏目进行了重新设置、重新优化。在平时工作中，安排3名工作人员专门负责网络安全管理和政府信息审核发布工作，及时更新门户网站内容。同时，积极创新丰富公开形式，落实专人管理“紫阳发布”微信公众号和“紫阳政务微博”，向广大人民群众提供方便快捷的政务信息服务。始终把“紫阳县人民政府门户网站”作为政府信息公开的主要载体和第一平台，不断完善政府信息公开平台建设，加大政府信息主动公开力度，通过政务微博、政务微信等其它新型信息渠道推动政府信息资源共享、方便群众查询信息。2017年，全县主动公开政府信息数5429条，其中公开政府机构信息21条、政府文件信息75条、重点工作信息18条、财政资金信息174条、人事信息6条、统计信息10条、政务督查信息9条、公示公告信息214条、动态信息2948条，发布紫阳热线来电通报12期，发布“紫阳县2017年度党风政风行风”调查问卷1期、民意征集8期，政务微信微博公开政府信息2250条，公布建议提案23件。全年累计审核督办“县长信箱”信件832件，答复824件，办结率达99.04%。

【外事侨务工作】 加强交流提升对外开放形象。经省市外侨办组织联系，陈莲县长随安康市考察团到日本静冈县牧之原市进行回访，并考察茶业产业，取得良好成效。积极组织参加由安康市人民政府和瑞中经济文化促进会共同主办的“秦巴明珠·美丽安康”摄影风光展，政府办选送的两幅摄影作品在瑞士日内瓦联合国世界气象组织总部展出，获得好评。配合市外侨办圆满完成由中国农业国际合作促进会、安康市人民政府主办的“一带一路”（安康）国际茶叶经贸洽谈会参会代表在紫阳县富硒茶观光园、盘龙天然富硒绿茶有限公司的参观考察活动。为向阳镇侨眷陈开静、毛坝镇侨眷饶荐春申报争取困难侨眷发展个体民营经济补助4万元。

【后勤保障工作】 严格按照中央八项规定、党政机关厉行节约浪费条例和公务接待管理规定，突出地方特色，规范接待程序，严格接待标准，严控接待成本，加强接待工作的精细化管理，公务接待水平得到全面提升。严格执行党政机关公务用车制度，县公车服务中心高效运行，合理有效的配置公务用车资源，实现公务出行便捷合理、交通费用节约可控、车辆管理规范透明，极大降低行政成本。

【应急管理工作】 进一步修订完善《紫阳县突发事件总体应急预案》，建立突发事件应急预案体系，为科学处置突发事件提供可靠依据。坚持常态化开展应急演练，不断增强应急处突能力。加强应急值守，坚持24小时领导带班、工作人员值班制度，保证通讯畅通，信息上报及时，事件处置得当。

【党群工会工作】 深入开展“两学一做”学习教育常态化制度化，举办“我承诺、我践行，争做合格党员”主体活动，持续加强作风建设，行政效能得到大幅提升。举办对接帮扶进社区活动，组织干部利用业余时间深入社区帮扶孤寡老人、留守儿童，增添了办公室干部职工的工作乐趣。

（舒　心）

信访工作

紫阳县信访局
局　　长：李振国
正科级信访督查专员：王思强　陈支虎
县信访接待中心副主任：姜　彦

【机构设置】 紫阳县信访局为县政府直属工作部门，核定行政编制2人，局长由政府办主任兼任，副局长由政府办副主任兼任，正科级信访督查专员2名。下设紫阳县信访接待中心，为紫阳县政府办公室内设正科级事业机构，同时在县政府办加挂信访局牌子，为全额拨款预算单位。

【概况】 2017年，开展“信访责任年”活动，着力打造阳光信访、责任信访、法治信访，全县信访形势总体平稳有序。1月至12月，全县信访总量765件，较去年同期下降13.5%，其中来访354批次666人，批次较去年下降56.6%，人次较去年下降29.9%；集体访22件228人次,与去年同期基本持平；来信64件，较2016年同期下降62%；网上信访206件，占信访总量的33%；引导群众进行满意度评价342件，参评率达66.9%，群众评价满意率达到99.2%；《市长信箱》受理群众来信141件，较去年上升67%；中省市交办信访事项5件，办结率100%。在全国“两会”、省党代会、“一带一路”、党的十九大等重要会议和重大活动节点，实现“零”上访。全年进京上访8人次，其中非访4人次，赴市集体访2件，无群体性事件发生。

【接访处置】 2017年，全县以开展“信访责任年”活动为契机，大力宣传《信访条例》、中办国办印发的《信访工作责任制实施办法》《关于依法处理涉法涉诉信访问题的意见》和市委《信访工作责任追究办法》等文件规定，不断夯实信访工作责任。建设完成“一大四小”信访接待中心，即除接访大厅外，还设置涉法涉诉、利益纠纷、民生保障三个接待室和一个县级领导接访室，抽调法院等17个单位干部，依据信访工作实际情况，轮流入驻信访接待中心各接待室，根据各自职能分类快速处理，确保初信初访得到及时、妥善处理。

【县级领导包案】 2017年，认真落实信访工作责任，全力做好领导干部接访工作，不断丰富接访形式，采取坐班接访、带案下访、电话约访、联合接访等方式，紧密联系群众，信访渠道得以进一步拓宽。全县共开展县级领导包案活动2次，共包抓重点信访案件15件、落实重点稳控对象34人，所有包案县级领导均主动召开会议、接待群众，制定化解或稳控方案，助推11件重点信访案件得到妥善处理，省市排查交办的7个重点群体、13名重点信访人，无一人失控漏管。同时全县所有科级领导干部按照各自职责分工，全面开展接访活动，一大批矛盾在本县内得到解决，有效地维护社会稳定。

【网上信访】 全年网上信访登记206件次，占信访总量的33%；全县49个县直机关、17个镇共66个责任单位全部配备网上信访投诉代理员，保证群众诉求通过网上信访渠道得到解决，达到“让数据多跑腿、让群众少跑路”的目的。为进一步促进基层信访业务规范化，提高网上信访信息系统的运用，我县先后开展3次全县信访干部业务培训，培训人次达210人次，各责任单位办信员能够熟练规范的在陕西省网上信访信息系统办理信访事项。

【信访听证评议】 2017年市上共下达给紫阳县信访听证评议任务5件，实际完成5件，完成率为100%。通过听证评议，一批影响全县社会稳定的疑难信访案件得到有效化解。如：东木镇赖某反映土地纠纷问题，多年来屡屡赴省进京上访，省市多次进行交办。4月7日，邀请“两代表一委员”、律师、社会知名人士担任听证评议员，对其反映诉求进行详细剖析，依据法律法规向其作解释工作，最终促使赖某降低诉求，自愿签订息诉罢访承诺书。

【驻村扶贫】 2017年，县信访接待中心包联高滩镇百坝村，紧紧围绕人均纯收入达到3070元以上和“两不愁、三保障”这个标准来开展脱贫攻坚各项工作，硬化村活动广场824平方米，完成高百公路百坝段升级改造8.4千米的设计及招标，目前正在施工。引进安康市进春威农业科技有限公司，在百坝村种植“油牡丹”并套种菊花1000亩。推动三变改革工作，完成清产核资，找到一条发展产业脱贫致富的新路。同时引导全村缺技术的贫困户，实行职业教育，技能培训相结合，2017年培训60人次。

（舒大鹏）

政协紫阳县委员会

政协第十二届紫阳县委员会
主　席：康树民
副主席：周　静（女）黄振宙　杨从国

政协第十二届紫阳县委员会各委室负责人
政协办公室
主　任：王　亮
副主任：周世红（女）
政协提案法制委员会
主　任：陈　勇
副主任：罗晓兰（女）
政协经济科技委员会
主　任：王定礼
副主任：程光明
政协学习文卫委员会
主　任：苏仁琼（女）
副主任：储晓荣（女）
政协民族宗教委员会
主　任：刘兴丽（女）
副主任：龚世宏

【政协全委会】　2017年2月18日—20日，政协第十二届紫阳县委员会第二次会议在县城举行，会议应到委员179人，实到173人，请假6人，符合章程规定人数。会议邀请县委书记赵立根，县人大常委会主任张教志，县委副书记、县长陈莲，县委副书记周继林，县委常委罗云忠、闫锋、陈佳斌、杨平、周富林、王毅、周锦政、龚颖等领导出席会议；邀请原政协主席程从礼、王春丽出席会议；会上，受政协第十二届紫阳县委员会常务委员会委托，县政协主席康树民作政协第十二届紫阳县委员会常务委员会工作报告；会议审议通过《政协第十二届紫阳县委员会提案审查委员会关于十二届二次会议提案审查情况的报告》《政协第十二届紫阳县委员会第二次会议关于常务委员会工作报告的决议》《政协第十二届紫阳县委员会第二次会议政治决议》。

【常委会议】　2017年，政协第十二届紫阳县委员会召开5次常委会议。

1月13日，县政协主席康树民主持召开政协第十二届紫阳县委员会常务委员会第一次会议。会议通报县政协领导班子成员分工情况；审议通过《政协第十二届紫阳县委员会各专门委员会组成人员名单》；会议举手表决通过王亮等10名同志任职的决定；原则通过《政协紫阳县委员会主席会议工作规则》等9项工作制度；协商通过《政协紫阳县委员会2017年工作要点》。

2月14日，县政协主席康树民主持召开政协第十二届紫阳县委员会常务委员会第二次会议。会议协商审议政协第十二届紫阳县委员会第二次会议召开的时间、地点、会议议程、日程等相关事宜；原则通过《政协第十二届紫阳县委员会常务委员会工作报告（征求意见稿）》；原则通过《政协紫阳县委员会全体会议工作规则》等四项制度；原则通过各政协联络组组成人员，县政协主席、副主席联系界别和联络组、常委联系委员名单。

2月20日，县政协主席康树民主持召开政协第十二届紫阳县委员会常务委员会第三次会议。会议听取大会各讨论组组长关于县政协常委会工作报告、政府工作报告及其他报告和各项决议讨论情况的汇报；审议通过《政协第十二届紫阳县委员会关于常务委员会工作报告的决议（草案）》《政协第十二届紫阳县委员会第二次会议政治决议（草案）》及《政协紫阳县委员会提案审查委员会关于提案审查情况的报告（草案）》。

7月7日，县政协主席康树民主持召开政协第十二届紫阳县委员会常务委员会第四次会议。会议原则通过《关于加强人民政协协商民主建设的实施意见》；表决通过县政协原副主席张立尧，县政协委员、常委吴德财辞去政协委员的申请；表决通过增补武文飞、龚小利二人为政协第十二届紫阳县委员会委员；听取县工商联关于"百企帮百村"工作推进情况的汇报，并广泛征求参会人员对紫阳县脱贫攻坚工作的意见建议。

12月8日，县政协主席康树民主持召开政协第十二届紫阳县委员会常务委员会第五次会议。会议邀请县委常委、副县长夏志文同志宣讲十九大精神；表决通过唐正香、李志江二人辞去政协委员的申请；表决通过增补刘志军、林秉福、彭忠波三人为政协第十二届紫阳县委员会委员；讨论审议《紫阳县实体经济发展情况调研报告》。

【视察调研】 围绕紫阳县乡风文明建设开展专题调研，形成《"人情风"泛滥成因及治理建议》调研报告，并被《安康发展》予以刊发；针对紫阳县医疗卫生人才严重缺乏问题开展专题调研，形成《关于医疗人才队伍建设情况的调研报告》，部分建议得到县委、县政府高度重视和采纳，县政府先后出台《紫阳县加强卫生计生人才队伍建设实施意见》《县级公立医院人员编制备案管理实施方案（试行）》；围绕我县茶叶产业情况开展专题调研，形成《紫阳富硒茶产业发展情况调研报告》，为《紫阳县茶产业创新转型升级发展实施意见》的制定提供有益参考；围绕紫阳县义务教育均衡发展情况开展专题调研，形成《关于县城教育资源优化配置的调研报告》，为县委、县政府科学决策提供民意基础；围绕紫阳县实体经济发展开展专题调研，形成《紫阳县实体经济发展情况调研报告》，提出的"建立协调服务机制、扩大融资渠道"等建议得到相关部门采纳落实；围绕擂鼓台景区开发与建设开展专题调研，形成《依托道教文化资源，打造特色旅游景区》调研报告，受到县委书记赵立根同志的批示肯定。

3月15日，县政协主席康树民带领县扶贫、交通、水利、农林科等部门主要负责人到双安镇调研指导脱贫攻坚和富硒产业发展工作。县政协副主席、双安镇脱贫攻坚工作团团长周静一同调研。

3月23日，县政协副主席周静带领县政协提法委同志一行深入到焕古、向阳镇调研乡风文明建设情况。

3月29日至4月1日，县政协副主席周静带领县政协提法委干部及部分县政协委员，赴旬阳县、湖北省竹山县、房县、保康县考察移风易俗与乡风文明建设工作，深入两省四县乡风文明建设先进镇村学习交流。

4月10日至12日，县政协副主席杨从国带领县扶贫局、汉王镇政府联村负责同志及政协机关驻村干部一行赴河南省兰考县调研学习脱贫攻坚先进工作经验。

4月11日至12日，县政协副主席黄振宙带领调研组到汉王、双安、蒿坪、洞河调研乡风民俗建设。

7月5日至20日，由政协副主席黄振宙带领政协学文委及政协委员先后到城关、向阳、焕古、蒿坪、双安、汉王、洞河等镇，以及紫阳中学、县教育体育局进行调研。

8月16日，县政协主席康树民带领县发改局、文广旅游局负责人一行，到安康瀛湖生态旅游区考察旅游产业发展暨汉江生态经济带建设。县政协副主席杨从国一同考察。

12月14日，县政协主席康树民带领县文广局、住建局、交通局等单位负责同志到汉王镇农安村调研指导深度贫困村脱贫和旅游发展工作。

【社情民意】 2017年，县政协共收集反馈社情民意信息69条，向市、县反映社情民意16条，其中《在安康学院增设相关医学专业的建议》等3件得到市领导批阅转办，《对当前脱贫攻坚工作的几点建议》等2件被评为全市优秀社情民意，县政协被评为全市社情民意先进单位。

【提案工作】 县政协十二届二次会议期间，共收到委员提案94件，经提案审查委员会审查，立案60件，合并处理13件，转作社情民意20件，协商撤销1件，交由县委、县政府24个工作部门承办。提案内容涉及全县经济、政治、社会、文化和生态文明建设五个方面。截至2017年9月底，所有提案全部回复完毕，委员满意率达99%。

【文史工作】 完成第八辑《紫阳古建筑图文集》征集、编纂、出版工作；完成文史资料1~4辑再版校对出版工作；加强文史资料队伍建设，成立文史资料研究会，确定各镇信息员17人、聘请文史资料研究员12人、会员及特邀会员29名。

【民族宗教】 3月—5月初，民宗委与民政局联合对对全县民族宗教场所进行全面走访，积极协调解决困难问题，加强交往交流交融；4月22日至23日，全力争取并积极协助《中国道教史》教材编写大纲和冯兴钊大师弘道修行50年研讨会在紫圆满举办；12月12日，组织召开全县民族宗教工作座谈会，及时收集意见建议，为县委县政府推进民族宗教工作提供参考。

【脱贫攻坚】 主要领导严格执行“三个一”工作机制，包片领导坚持每季度召开1次片区推进会，每月到江北四镇进行督战，班子成员坚持每周到包联镇村检查指导1次，及时帮助理清脱贫攻坚工作思路，协商解决重点难点问题；认真抓好机关联村工作，指导制定农安村深度贫困村发展规划，协调启动汉王镇汉江大桥建设项目，全力推进茶叶、柑桔、蔬菜、水稻、养殖等特色农业产业发展，群众增收渠道进一步拓宽；积极抓好“百企帮百村”促脱贫行动，协助县委统战部、工商联促进91家民营企业与98个贫困村完成对接并实施帮扶计划，投入8300余万元帮助6000多户贫困户发展致富产业和创业就业，实现持续稳定增收，有效发挥社会扶贫的重要作用；34名县政协委员率先带头，为36个贫困村实施帮扶项目，郑远元委员荣获2017年全国脱贫攻坚奉献奖，并在市政协四届一次全委会上交流发言，远元集团获全国“万企帮万村”精准扶贫行动先进民营企业。

【项目援建】 全年组织召开国道541项目援建工作推进会、协调会12次，主要领导深入现场协调解决土地、房屋、杆线征迁等具体问题30余件。截至12月底，国道541项目共征收土地841户1475亩，拆迁房屋67户10866平方米，迁移杆线156根55千米，迁坟89座，兑付补偿资金3509万元。

【重要活动】 1月6日，紫阳县政协组织新一届驻紫市政协委员召开履职培训会。县政协主席康树民主持会议并讲话。

紫阳县富硒产业发展座谈会

1月16日，县政协机关支部召开“两学一做”专题民主生活会。县政协主席康树民，政协副主席周静、黄振宙、杨从国参加会议。

2月24日，县政协主席康树民主持召开片区四镇23个村部门包联脱贫攻坚工作推进会。县政协副主席周静参加会议。

2月24日，县政协副主席黄振宙在毛坝镇干沙村庞家院子主持举行《紫阳古建图文集》文史资料征集启动仪式。

3月23日，县政协组织汉王镇分管农安村扶贫工作副镇长、村干部、驻村工作队员、致富带头人一行12人，到城关镇青中村、蒿坪镇森林村、黄金村进行实地考察学习脱贫攻坚工作。

4月19日，省政协副主席李晓东带领部分省政协委员对紫阳县南水北调中线水资源保护情况进行专题调研。市政协副主席吴大康，县委书记赵立根、副县长张宗军、县政协副主席黄振宙分别陪同调研。

4月22日，由紫阳县政协、县委宣传部、县文广局、陕西大长安国画院主办的陕西大长安国画院“多彩紫阳”采风作品展在紫阳县城体育场开展。原陕西省文化厅厅长秦天行，陕西省美术家协会党组书记吕俊涛，县政协主席康树民，县委常委、宣传部部长周锦政，县人大常委会副主任程楚安，县政协副主席黄振宙，中国海政文工团安康籍男高音歌唱家周发猛等出席仪式。

4月24日，县政协主席康树民主持召开片区四镇23村包联部门驻村干部脱贫攻坚工作推进会。县政协副主席周静、黄振宙、杨从国参加会议。

4月27日，县政协举办委员学习讲堂第二期培训，邀请陕西省古建高级营造师张关林就“中国古建木作技术知识”进行专题讲座。县政协副主席黄振宙主持培训会，政协副主席周静参加学习。

4月28日下午，县政协党组召开党组扩大会暨脱贫攻坚专题民主生活会。县政协党组书记、主席康树民主持会议，党组副书记、副主席周静、党组成员王亮参加会议，县政协非中共副主席黄振宙、杨从国以及各委室主任、副主任列席会议。

5月3日，咸阳市政协主席贺书田带领考察团一行到紫阳调研考察文化旅游发展工作。市政协副主席马晓旬，县政协主席康树民，县政协副主席杨从国陪同调研。

5月4日，县政协主席康树民主持召开国道541援建工作推进会。汉王、双安、焕古、城关、洞河、洄水六镇及县交通、国土、法院等相关单位负责人参加会议。

5月15日，四川省巴中市政协副主席尹治才带领巴中市政协考察团一行36人，到紫阳调研考察文化旅游发展情况。县政协副主席周静、杨从国陪同调研。

6月2日，市政协副主席孟平带领部分市政协委员来到紫阳调研义务教育均衡发展工作。县委书记赵立根，县长陈莲，县政协主席康树民，县委常委、常务副县长罗云忠，县政协副主席黄振宙参加座谈或陪同调研。

6月7日至8日，市政协主席陈勇到紫阳县调研脱贫攻坚和特色产业建设工作。市政协秘书长李云健，县委书记赵立根，县政协主席康树民，县委常委、纪委书记周富林分别陪同调研。

6月10日，县政协组织县医院医务人员到汉王镇农安村开展送医送药义诊活动。县政协主席康树民、副主席杨从国参加活动。

6月28日，市政协秘书长、机关党委书记李云健带领机关全体党员来到紫阳县芭蕉口小学，与县政协机关党支部联合开展庆“七一”主题党日活动，瞻仰革命遗址，缅怀革命先烈，重温入党誓词，庆祝中国共产党成立96周年。县政协主席康树民、副主席周静一同参加活动。

6月30日，县政协机关党支部携手农安村党支部以“聚力脱贫攻坚，争做模范党员”为主题，联合开展庆“七一”系列活动。

7月4日，四川省大竹县政协副主席王守元带领考察团一行来紫阳调研考察“百企帮百村”脱贫攻坚工作情况。县政协副主席杨从国陪同调研。

7月25日，县政协召开紫阳县茶产业发展座谈会。县政协副主席杨从国主持会议，县和平茶厂、县焕古庄园富硒茶业科技有限公司等10余家本地茶企参加会议。

8月8日，咸阳市政协副主席王江带领考察团一行到紫阳调研茶叶产业发展情况。市政协副主席、市工商联主席孟平，县政协副主席杨从国陪同调研。

8月22日，西安市阎良区政协副主席李小刚带领阎良政协考察团一行11人，到紫阳调研考察政协委员管理工作。县政协副主席周静陪同调研。

9月10日至11日，南郑县政协副主席何丽一行到紫阳调研脱贫攻坚工作。县政协副主席杨从国陪同调研。

9月21日至22日，常州市新北区政协党组书记、主席薛建南带领考察团一行到紫阳县调研考察电子商务工作及美丽乡村建设情况。县政协党组书记、主席康树民，县委常委、宣传部长周锦政，县委常委、副县长夏志文，县政协副主席周静先后陪同调研。

10月27日，县政协召开全县实体经济座谈会。县政协副主席杨从国主持会议并讲话。

11月2日，县政协召开党组扩大会议，专题传达学习贯彻党的十九大、十九届一中全会以及县委全委扩大会议精神。县政协党组书记、主席康树民主持会议并作十九大精神辅导宣讲，县政协副主席周静、黄振宙、杨从国及全体机关干部参加会议。

11月6日，县政协主席康树民主持召开国道541汉王至洞河段项目建设推进会。汉王、双安、焕古、城关、洞河、洄水六镇及县级援建部门负责人参加会议。

11月7日，县政协、县妇联组织全体女党员干部深入环城路社区，联合开展“进社区、送温暖”志愿服务活动。县政协副主席周静出席活动。

12月5日，中科院西安分院院长赵卫、副院长李保国一行到包联的双安镇沔浴河村调研指导扶贫工作。县委常委副县长殷贵军、县政府副县长刘军号、县政协副主席周静陪同调研。

12月25日，县政协提案管理信息系统开通，所有政协提案均实现网上提交、网上审查、网上立案。提案交办及督办、反馈、评议打分等实现“一网通”管理。

12月28日，县政协召开全县卫生计生人才队伍建设专题协商会议，县政协主席康树民，县委常委、常务副县长罗云忠，副县长蒋学军出席会议，县政协副主席黄振宙主持会议。

（唐朝晖）

社会团体

工　会

紫阳县总工会

主　席：李龙安

副主席：郭　晴（女）

【机构设置】　紫阳县总工会现有干部职工6人，其中主席1人，副主席1人，中共党员5人。内设行政办公室、组宣办公室、援助中心办公室。

【基层工会组织建设】　2017年，新建基层工会组织30个，发展新会员900人，吸纳农民工入会1861人。发挥"党建带动工建、工建服务党建"的积极作用，以非公有制经济组织为重点，积极探索工会组织形式、组建方式。认真做好全县非公企业法人数据库的核查确认和录入工作。全面完成2017年工会统计年报工作。大力开展"六好乡镇（社区）工会"和"职工之家"创建活动，着力提高工会干部的能力素质，全年度以会带训200多人次。全面完成了市总下达的建会30家、发展会员900人的目标任务。全县累计基层独立工会总数为475家，涵盖法人单位总数为120家，会员总数为23000人，全县建会入会工作达98%。

【建功立业劳动竞赛】　充分发挥工会组织优势，坚持把茶叶作为服务全县中心工作的主打品牌，坚持从"种茶、采茶、制茶、营销能手、明星企业"等关键环节入手，以茶叶基地镇、村、企业为重点，大力开展"六项茶事"劳动竞赛活动。评选表彰2016年度"采茶能手"和"种茶能手"各100名、"制茶能手"30名、"营销能手"10名，授予紫阳县和平茶厂、紫阳县焕古庄园富硒茶业科技有限公司、紫阳县秦巴山富硒茶业有限公司三家企业为"2016年度明星企业"称号。2017年9月20日至21日，安康市首届手工制茶技术能手大赛在紫阳焕古成功举办，得到各级领导的高度肯定和社会各界的广泛赞誉。紫阳春茶业谢维华，秦巴山茶业陈富银，向阳茶厂黄定繁荣获"安康富硒茶首届手工制茶大赛优秀能手"，紫阳县关南春茶业谭朗，紫阳县焕古庄园夏昌军荣获"安康富硒茶首届手工制茶优秀能手"。

【职工维权帮扶】　春节期间深入开展以"交友帮扶"为主题的送温暖活动，县总工会共筹集送温暖资金20.35万元，对364名因大病、特困在职困难职工和困难劳模进行慰问。开展2轮大病救助活动，救助患病职工159人次，发放慰问金44.3万元。深入推进金秋助学，全县各级工会组织共发放助学资金27.6万元，资助困难职工子女和困难农民工子女201人。筹集资金3.9万元，深入到全县重点项目建设工地，脱贫攻坚一线开展送清凉活动，走访慰问职工286人次，其中农民工258人次。筹措资金1.33万元，为城关镇38名环卫工人进行全面健康检查。做实在职职工医疗互助保障工作。采取强化宣传、夯实责任、表彰奖励、周到服务等措施，切实把在职职工医疗互助保障工作做实做细做好。组织182个单位7980名职工参保或续保。办理患病职工二次保销365人次，理赔资金56.5万元，有效缓解参保职工看病就医压力。

【脱贫攻坚】 坚持把茶叶产业作为该村主导产业，综合推进养殖、种植等特色产业，多措并举促进贫困户增收。研究制定《麦坪村脱贫攻坚产业扶持及奖励办法》，兑现茶叶、养殖、种植等产业奖扶资金2.3万元。2017年春茶期间，设立郁禧园茶业鲜叶收购点，茶叶专业合作社负责人每天定时蹲点收购。针对交通不便，位置偏远的农户上门收购，保证鲜叶天天有人采，农户天天有收入。按照鲜叶的不同标准，不同品质，不同数量，分别给予一定的物质奖励。该村仅2017年春茶一季采摘鲜叶达2.5吨，贫困户实现增收20多万元。打造“青春洋芋”农特产品，种植高山洋芋100亩，工会通过联系，与县内电商公司合作，成立青春洋芋线上线下供应站，销售洋芋20多万斤，实现销售收入20多万元，带动贫困户户均增收2500余元发挥工会特色品牌优势，依托“春送岗位”，培训修脚师30名，23人已到远元集团足浴店报到上班，定点输送农民工150多人，实现稳定的转移就业脱贫。依托“夏送清凉”，慰问农民工、产业工人60余人。依托“金秋助学”，帮扶麦坪村建档立卡贫困学生87名，发放助学金5.3万元。依托“冬送温暖”，为全村特困群众发放米面油等慰问品。

【新闻宣传】 加强紫阳县总工会网站的日常管理和维护，及时更新工会工作动态。紧紧围绕全县党政工作大局和工会重点工作，把握新常态、传递好声音、唱响主旋律，新闻宣传工作稳步推进，取得明显成效。一年来，紫阳县总工会采写的稿件被各级新闻媒体、工会内部刊物和网站采用130篇。《陕西工人报》采用13篇，《陕西工运》采用调研文章1篇，陕西工会网站采用16篇，市总网站采用56篇，县政府网站30篇，县电视台14条。

【重要活动】 以“十大茶文化活动”为主线组织开展文化活动。联合县委宣传部等单位印发《“聚力茶事助脱贫·弘扬茶道奔小康”2017年十大茶文化活动实施方案》。开展“以茶载道”茶文化知识讲座，“升级晋档”茶艺师，评茶员培训，第九届“全民饮茶日”，“紫阳县首届茶艺大赛暨第四届陕西省茶艺大赛紫阳县选拔赛”等系列文化活动。紫阳成人和少儿共7支队被选拔参加全省茶艺大赛复赛。其中成人职教中心代表队进入省决赛荣获优秀奖。紫阳县总工会获得优秀组织奖。3月至5月持续3个月开展“乡约紫阳·茶乡飞歌”民歌大家唱和茶歌舞专场活动，共开展民歌教唱活动和民歌歌舞专场晚会18场次。组织紫阳干部职工参加“2017年陕西省职工文化艺术节”，阳光合唱团荣获全省合唱展演二等奖。洞河小学教师符晓荣荣获音乐展演三等奖。2017年8月和12月，先后两次在全省工会助推脱贫攻坚工作会上，作经验交流发言。

（吴　佩）

共 青 团

共青团紫阳县委

书　记：方世繁

副书记：徐　嘉（女）

【机构编制】 共青团紫阳县委编制4人，实有3人（含借调人员1人）。

【青少年思想道德建设】 加强对青少年的理想信念教育。以重大节庆活动为契机开展“不忘初心跟党走 追赶超越当先锋”“喜迎十九大——我向习爷爷说句心里话”“争做向善向上好少年”“红领巾相约中国梦”等系列主

中国共产主义青年团紫阳县第十三次代表大会

题教育活动。在青少年中开展喜迎十九大和学习宣传贯彻党的十九大精神系列活动。十九大召开前，在全县各级团队组织中广泛开展“喜迎十九大——我向习爷爷说句心里话”主题活动，全县50余所中小学校共计3万余名青少年参加了活动，表达共产党的坚决拥护和对习爷爷的热爱。同时专门下发《关于认真组织团员青年收看党的十九大开幕式的通知》，开幕式当天，全县广大共青团干部、团员青年及少先队员集中观看十九大开幕盛况，并对大会召开情况及大会报告展开了热烈讨论，进一步坚定听党话、跟党走的理想信念。

【共青团助力脱贫攻坚】 开展驻村扶贫。在单位只有3人的情况下，继续派驻少先队总辅导员肖宝任洄水镇小河村第一书记长期驻村开展精准扶贫工作。围绕贫困村出列“七个标准”和贫困户脱贫“五大保障”，制定切合实际的脱贫方案和帮扶措施，包联村村产业规模不断扩大，群众收入稳定增长，住房困难妥善解决，基础设施趋于完善，新民风建设效果明显，村容村貌焕然一新，脱贫攻坚成效显著。争取社会扶贫。2017年，团县委积极动员社会力量参与社会扶贫，共募集爱心物资100余万元，为13所农村小学建立图书室，配备图书及设备。新建农村留守儿童亲情联络室2个。帮助300余名困境少年儿童完成“微心愿”。组织开展“城乡手拉手.脱贫奔小康”主题活动，城关镇50名贫困家庭学生得到爱心帮扶。31名特困家庭留守儿童参加“因有爱、再出发”公益夏令营活动，感受社会温暖。争取到利群阳光助学行动、梦无缺、中天集团育人助学等项目，帮助33名贫困家庭学生圆梦大学。通过江苏青基会励志阳光基金会联系好支营教组织到农村小学开展送教活动，助推农村家庭子女都能享受到公平而有质量的教育。助力电商扶贫。强化组织培训，先后组织推荐10余名优秀电商青年参加团省委、省商务厅举办的电商培训和电商创业大赛，培育了电商人才骨干力量；承办“陕西·安康青年电商发展峰会暨青年电商富硒产品博览会”。与汉森供应链、汉森创投签订每年500人次的农村青年电商人才培训计划，邀请全国知名电商专家对600余名党政机关干部和农村电商青年骨干集中授课。举办九县一区青年电商产品展销活动，强化产品宣传，深化交流合作，大力营造电商助力脱贫攻坚的良好环境；发挥共青团新媒体作用，助力脱贫攻坚。通过开展“青助农”“青就业”“青代言”“青公益”“青义卖”等活动，发动广大青年参与产业扶贫、电商扶贫、就业扶贫、教育扶贫等领域；突出典型引领，积极发掘培育示范典型。推荐青年电商领头人林红梅开发的“青春洋芋”项目参加2017年7月在安康举办的“创青春”第五届安康市青年创新创业大赛并获得一等奖，成功闯人“盐商杯”第四届“创青春”中国青年创新创业大赛全国赛现代农业和农村电子商务组20

强。通过团县委的层层推荐，林红梅被团中央、中央网信办评选为中国青年电商联盟理事。2017年10月，紫阳三生网络科技有限公司被授予安康市青年助力脱贫攻坚示范基地荣誉称号。

【青少年茶文化系列活动】 2017年以来，团县委多次开展青少年茶文化活动。聘请茶文化专业教师举办1期少儿茶艺辅导员培训班，全县20余名青年骨干教师参加培训；开展2期“小小茶艺师”专业技能培训，100余名少儿参加了培训，通过专业教师示范、小小茶艺师们身着统一服装现场体验的方式，培养少儿对茶文化的喜爱；与县茶业局联合举办1期暑期青少年茶文化培训班，40名青少年参加培训；成功举办紫阳县首届少儿茶艺大赛。全县13个参赛队，124名少儿参加比赛，推荐2支队伍参加陕西省首届少儿茶艺大赛，紫阳文广局代表队和紫阳县第二小学代表队分别活动获得第一名和第二名的好成绩，紫阳团县委荣获优秀组织奖。

【换届选举】 共青团紫阳县第十三次代表大会于2017年9月25日至26日在县城召开，大会应到代表168名，实到代表163名，县委书记赵立根出席开幕式并讲话。大会选举产生共青团紫阳县第十三届常务委员会和共青团紫阳县第十三届委员会书记1名，副书记1名，兼职副书记2名。方世繁当选为紫阳县第十三届委员会书记。

【新民风建设】 利用微信、微博等新媒体手段大力宣传新民风建设内容，号召广大青少年自觉参与到新民风建设中去。高考结束后，号召广大应届毕业生不办学酒，通过为贫困大学生争取助学金及举办集体“升学礼”活动的形式，取得良好的示范带动作用；积极选树先进模范，弘扬文明新风。在洄水镇小河村开展“好媳妇”“好孝子”“致富能手”“自强标兵”等评选表彰活动；开展“践行新民风最美少年”评选活动，推荐刘欢欢等3名少年获得安康市践行新民风最美少年荣誉称号。

【共青团品牌工作】 发挥希望工程品牌优势，争取到希望小学援建项目3个，截至2017年年底，洄水镇小河小学已开工建设，瓦庙镇瓦房小学、界岭镇双明小学已通过考察，初步达成了援建意向；紫阳县公安局巡逻大队获得省级青年文明号单位荣誉称号；利用重大节日，组织青年志愿者先后在留守儿童较多学校开展关爱留守儿童活动30余场次。与青创协会、茉莉爱心公益联盟等社会组织联合举办“做四有紫阳青年，爱老敬老送温暖”活动，为毛坝、蒿坪敬老院的老人购置液晶电视、洗衣机、热水器，送去手套、毛巾、帽子等生活日用品大礼包。同时，组织志愿者结对帮扶贫困学生，开展亲情陪护、作业指导、精准帮扶等活动，向阳镇显中村7名大学生志愿者为该村42名留守儿童义务补课1个月。

（洪玉青）

妇　联

紫阳县妇女联合会
主　席：许小玲（女）
副主席：邓兴翠（女）

【机构设置】 机关事业编制5名。其中：主席1名、副主席1名。实有人数4人。不内设机构。

【妇女儿童思想宣传】 开展“三八红旗手”“最美家庭”“好媳妇”“好婆婆”“好妯娌”“最美家政员”“社会主义核心价值观进家庭示范点”等示范创评活动，积极推荐“优秀志愿者”“劳动模范”“道德模范”“陕西好人”等优秀典型，涌现优秀家庭80余户，先进个人30余名。推荐全国三八红旗手一名。向全县妇女发出“促脱贫、倡环保、树新风，全县姐妹齐行动”的倡议，鼓励广大妇女群众坚定脱贫致富的信念，树立节约意识、环保理念和绿色消费观念，树立新风正气，践行“诚”“孝”“俭”“勤”“和”的新民风。为普及紫阳旅游文化知识，提高机关干部对旅游文化的认知度，发动巾帼力量，助力“旅游兴县”，县妇联组织开展“庆三八、游茶山会馆，做旅游文化推介者”活动，组织广大女干部参观北五省会馆、瓦房茶山。邀请专业讲解员进行全程讲解。全县共有170余名女机关干部参与此项活动。各镇、各部门妇联组织分别以表彰活动、维权宣讲、文艺活动凤方式开展庆“三八”活动，在全县上下形成氛围，激发广大妇女干事创业的信心。管好、用好妇联微博、微信等媒体，实现各镇妇联微博、微信“全覆盖”。建立健全妇联网络信息管理机制，建设妇联网络宣传员队伍。大力建设“网上妇联”，完善妇联网上信访窗口，把妇联的活动品牌、服务项目、工作资源广泛链接到网上。在省市妇联、政府网站等平台积极投稿，广泛宣传妇联工作，提升妇联号召力和影响力。CCTV-7《乡约》节目，是央视唯一一档大型户外访谈交友节目，定于2017年3月来紫阳录制。这是紫阳县展示地狱特色、风土人情、经济文化生活的机遇，全力以赴组织完成节目录制，充分利用微信自媒体引导和鼓励广大群众参与，营造浓厚的舆论氛围，发现和推荐节目嘉宾，做好组织协调和相关联络工作。

【妇女儿童维权】 推进矛盾纠纷人民调解、行政调解、司法调解“三调联动”多元化解决机制，成立紫阳县婚姻家庭调解工作委员会，由县妇联主席任主任。组建一支由司法、公安、民政、律师等专业人才组成的矛盾纠纷调解队伍。进一步规范矛盾调解程序，统筹“悄悄话室”“维权工作室”“矛盾纠纷调解办公室”三室合一，着力推进婚姻家庭矛盾纠纷调解工作。2017年共接待来信来访40余件。处理办结率达98%以上。高度重视重大个案调解处理工作，采用全程录像模式并及时上报备案。今年紫阳县妇联在两起重大婚姻家庭矛盾纠纷案件中充分发挥作用，成功维护妇女合法权益。同时积极参与社会矛盾排查和化解，维护社会大局稳定。妇联荣获紫阳县2016年平安建设先进单位。

【关注弱势群体】 广泛开展与社会组织、爱心企业的交流合作，搭建为妇女儿童服务的平台。和钟爱一生婚纱影楼合作，筹款15万元，精准帮扶600个困难妇女儿童；和茉莉助学联盟合作，举办假期夏令营，帮助20个贫困儿童圆梦，并在全县范围开展助学助残活动；和紫邑新城幼儿园合作，举办亲子运动会；申报红凤工程，为12名女生助学；实施恒爱行动，为400名儿童编织爱心毛衣；和青创协会合作，关爱环卫工人；和常州市妇联合作，为两癌妇女和2000个留守儿童完成微心愿。通过各种协作，延伸妇联工作领域，拓展妇联业务范围，使更多的群体关心和支持妇女儿童工作。2017年，共争取两癌救助项目资金19.7万，救助26名贫困患病妇女；申请“提高婚前医学检查率”项目，争取项目资金10万，用于紫阳县提高婚检率和降低出生缺陷；申请“母亲健康快车”项目，为紫阳县医院、紫阳县妇幼保健院争取到救护车2辆；申请“导乐分娩关爱服务”项目，将引进市值89.52万元的项目设施设备，为产妇自然分娩提供服务。用好本县“妇女人均一元钱”专项资金，利用项目资金开展贫困妇女儿童救助。联合社会组织开展各类妇女儿童关爱活动，今年累计救助1000余人。加大对“三留守人员”的关爱工作，联合相关部门，组织机关单位、社会组织力量，组织开展亲情活动。

【“巾帼脱贫”行动】 通过妇联组织报名，集中统一培训，公司安排就业，妇联跟踪管理。共组织妇女培训800余人，实现就业500余人，妇联全程介入，跟踪服务，实现零距离对接。增加妇女收入，维护社会稳定，助力脱贫攻坚。2017年4月，全省巾帼家政经理人能力建设培训班暨现场推进会在紫阳县举办，在全省推行技能培训“紫阳模式”，在多个媒体进行报道。推荐培训中心为三秦巾帼脱贫行动先进集体。开展“巾帼文明岗”“巾帼建功标兵”评选活动，3个集体和4名个人获得市级以上表彰。成功创建全国巾帼农业示范基地一个（紫阳县青春洋芋种植基地），为紫阳绿色经济发展和妇女就业增收服务，获得全国妇联表彰和项目支持。创建市级创业就业示范基地2个，发挥“妇”字号基地示范带动作用，推进城乡妇女创业创新，带动500余名贫困妇女脱贫发展。

【妇联组织自身建设】 召开紫阳县妇女第十二次代表大会，完成各级妇联换届工作。选好配强各级妇联的领导班子。通过换届，使各级妇联的班子进一步提高素质、优化结构，增强活力，为更好地发挥桥梁纽带和社会支柱作用提供坚强的组织保证。17个镇、175个村、22个社区、56个单位妇委会、20个非公经济组织妇委会完成换届工作，各镇、村社区均配齐了主席、兼职副主席。2月28日至3月1日，紫阳县妇女第十二次代表大会隆重召开。来自全县各行各业、各条战线的139名代表和25名特邀列席人员参加，共商紫阳妇女事业发展大计。县妇联主席许晓玲代表紫阳县妇女联合会第十一届执行委员会做了题为《扎实苦干 追赶超越 努力开创妇联工作新局面》的工作报告。全面回顾总结过去五年紫阳妇女事业走过的光辉历程，并确定今后五年紫阳妇联工作的总体思路和目标任务。会议期间，选举产生县妇联第十二届执行委员会和主席、副主席、兼职副主席、常务委员，审议通过《关于紫阳县妇联第十一届执行委员会报告的决议》，表彰8名优秀镇妇联主席。在机关开展党建带妇联，妇建促服务活动。实现妇女组织建设和党的基层组织建设同步规划、同步实施，做到哪里有党组织哪里就有妇女组织，开展巾帼文明示范岗创建和巾帼建功标兵评选活动，增强窗口单位服务的主动性，提高服务水平。在企业开展党建带妇建，妇建促企建活动。因地制宜，建立妇女组织，构筑新形势下非公企业妇女组织的新模式，以妇女组织带动企业活力，促进企业发展。在农村开展党建带妇建，妇建促脱贫活动。建好村级“妇女之家”，积极发挥作用，宣传各项惠民政策和妇女儿童救助项目，广泛动员全村妇女参加技能培训，提高脱贫能力。开展新民风建设，通过评比表彰活动，充分调动妇女在脱贫攻坚工作中的主观能动性。在社区开展党建带妇建，妇建促和谐活动。推进妇女儿童活动阵地建设，活跃社区氛围，搭建维权和爱心平台，维护好社会稳定，积极广泛开展对弱势群体服务工作，促进社区和谐。

【精准扶贫工作】 县妇联2017年包联村为城关镇西门河村，全村有建档立卡贫困户346户1151人，县妇联抽调2名干部常年驻村开展脱贫攻坚帮扶工作。单位主要领导将80%精力用于脱贫攻坚，妇联4名干部共包联贫困户72户，每周选择2~3天进村入户。通过入户走访和召开村组干部会、党群例会、村民小组会、院落会，建立微信群等形式，与广大农户面对面交流和沟通，宣传脱贫攻坚各项政策。使广大贫困户和非贫困户在较短时间内熟知包联部门和包联干部。同时，县妇联充分发挥自身优势，通过争取各项民生项目和社会救助资金，用真心、动真情，切实解决贫困户存在的实际困难和问题，与广大农户建立了亲如家人的关系。按照脱贫攻坚进度安排，全面完成脱贫任务。

（陆　巧）

工商业联合会

紫阳县工商业联合会（驻会）
主　席：卢升艳（女）
副主席：张　刚
秘书长：朱元珣
紫阳县总商会
会　长：卢升艳（女）
副会长：吴时林
秘书长：徐初琴（女）（不驻会）

【机关设置】 机关行政编制5人，其中：主席1名，副主席1名，秘书长1名。实有人数5人，不内设机构。

【组织建设】 一是顺利完成换届工作，成功召开县工商联（总商会）第十次代表大会，选举产生工商联十届执委会，和新一届工商联（总商会）主席、会长、副主席、副会长和秘书长，班子面貌和干部作风焕然一新。二是利用创建省级“五好”工商联示范县机遇，结合紫阳县实际加大会员发展和商会建设力度，筹备组建1家异地商会——安康紫阳商会。三是依托全国工商联组织网络，加强与各地工商联（总商会）的联系，分别与银川市贺兰县工商联、常州新北区工商联缔结友好工商联。四是推动工商联工作规范化、制度化，制定出台《紫阳县工商联（总商会）主席（会长）会议制度和《紫阳县工商联（总商会）兼职副主席（副会长）轮值制度》等制度。五是为会员企业与金融机构搭建精准对接平台，组织召开多次银企对接会，协助中小企业及小微企业破解“融资难”的问题。

【参政议政】 在政协第十二届紫阳县委员会第三次会议，来自工商界的29名政协委员围绕政府工作报告、政协工作报告和政协提案报告踊跃发言，交流想法，献计献策，闭幕会上，紫阳县工商联获得“提案承办先进单位”，工商界委员卢升艳“关于引导和鼓励社会力量参与脱贫攻坚的建议”、工商界委员张汉平“关于对紫阳老城区进行改造的建议”获得优秀提案。

10月27日，紫阳县工商联组织紫阳县华阳建设工程有限公司、紫阳县神农富硒生态农业发展有限公司两家企业到蒿坪镇电光小学开展“结对帮扶”爱心捐赠活动

【百企帮百村】 2017年，全国“万企帮万村”精准扶贫行动启动后，县委、县政府十分重视，分别在县委工作报告、县政府工作报告和县政协年度工作要点中进行专项安排，县委统战部、县工商联迅速启动紫阳县“百企帮百村”精准扶贫行动，组织111家企业帮扶全县111个贫困村，累计投入资金5200余万元，

帮助2800余户贫困户发展主导产业，完成足浴、家政、月嫂、建筑等各类培训4000余人次，带动21518名贫困人口实现增收，成为助力全县脱贫攻坚工作的一股重要力量。其中，陕西远元专业修脚保健服务集团有限公司荣获2017年全国脱贫攻坚奉献奖和全国“万企帮万村”精准扶贫行动先进民营企业。在全省对县级“万企帮万村”精准扶贫工作的实地督导考核中，省“万企帮万村”精准扶贫行动领导小组副组长、省工商联副主席郑佩宏一行对紫阳县“万企帮万村”精准扶贫工作取得的成效给予充分肯定。

【招商引资】 一是在县政府组织的“共建丝茶之路，同品安康富硒茶”紫阳富硒茶宁夏银川专场推介会活动中，积极配合、主动作为，成功邀请当地知名企业、茶企、创业成功人士100多名参加推介会，并帮助紫阳春富硒茶叶有限公司与埃及Pharaonic flowers group公司、黎巴嫩China gate公司做好沟通联系，签订1000万元的茶叶购销协议。二是完成招商引资项目落地建设项目4个，分别是紫阳县华阳医养中心、陕西睿智环保建材有限公司、紫阳硒谷园区物流园综合建设项目、紫阳县富硒茶文化风情园。三是紧紧抓住苏陕协作的大好机遇，做好江苏省工商联到紫阳考察扶贫协作工作，并召开座谈会沟通交流，深度挖掘合作潜力，拓宽合作空间，让江苏企业在对口帮扶中得到更大的发展，让紫阳贫困群众在帮扶下早日脱贫致富。

【精准扶贫】 建立互助资金协会，发放67户39.8万元，调动群众发展产业积极性；根据森林村产业发展实际，重点突出茶叶主导产业，管护茶园1700余亩，其中精品茶园500亩，单位从公务经费中列支5万元购置专用肥20余吨为茶叶管护的茶农免费发放。实施异地搬迁64户274人，危房改造22户55人，新建交钥匙工程24户45人。完善1、2、3组电网改造，村民用上同网同价的电；新开挖1、2、3组公路14千米，拓宽改造4组1.6千米通组公路，水泥硬化通组公路4.5千米；新修饮水工程1处，水窖10口；新修邝家大坪到电光学校人行步道900米，解决2、3、5组学生上学出行问题；完成邝家大坪、老乡政府两个安置点的设施配套工程；新建移动信号塔一座，解决全村手机通讯问题；新建文化活动广场1400平方米，购置垃圾桶50个；新建村卫生室，助力健康脱贫。深入开展新民风建设，在支部党员大会上对新民风建设进行宣讲，在庆祝中国共产党成立96周年之际，共评选出“好婆婆”“好媳妇”“好孝子”“致富能手”和“优秀党员”53人，单位出资15000元购置奖品进行表彰；7月29日在村委会为全村2017年考上大学的7名学生举行集体升学礼，会后各位家长与村委会签订新民风建设承诺书，大力弘扬文明新风尚，传播社会正能量。扎实开展技能培训工作，全村参加烹饪培训169人，修脚师培训32人，建筑技能培训20人，电商培训2人。群众全村所有贫困户实现全部参加农村合作医疗和大病保险，45周岁以上的全部参加社会养老保险，且贫困户签约医生实现全覆盖。联系郑远元修脚保健有限公司对全村10名患重病困难家庭给予每户1500元的大病救助。联系郑远元修脚保健有限公司为3名贫困大学生给予每人每年5000元的资助，4年共计投入6万元；组织“百企帮百村”包联企业陕西华阳建设工程有限公司和紫阳县神农富硒生态农业发展有限公司紫阳分公司为森林村7名学生进行资助，按照每人1000元的标准进行生活补贴；同时两个包联企业为电光小学留守儿童捐赠生活物资14000元，助力教育均衡发展。

（行　甜）

残疾人联合会

紫阳县残疾人联合会
理 事 长：曹和新
副理事长：杨远忠

【机构设置】 紫阳县残疾人联合会成立于1990年，副科级单位，设在县民政局一楼，隶属于县民政局管理。1996年3月，升格为正科级单位，脱离与县民政局的隶属关系。县残疾人联合会主席由县政府分管领导担任，副主席由县政府办、民政局、残联负责人担任。2002年10月，县残疾人联合会机关迁至紫府路东段180号。县残联机关人员编制5名，2017年实有干部职工11名。残联机关现内设行政办公室、劳动就业服务中心、康复办公室。

【残疾人康复工作】 2017年残疾人康复工作以“残疾人人人享有康复服务”为目标，实施残疾儿童抢救性康复训练、精神病救助、辅助器具适配为主要内容的康复项目，取得十分显著的工作成效。全年共为符合条件的贫困残疾儿童植入人工耳蜗1例，为19名符合条件的残疾儿童免费康复训练，为全县8名听力残疾人验配助听器，投入资金20万元为40户重度残疾人家庭实施无障碍改造，为14名贫困残疾人免费装配假肢，投入资金25万元为300名重度残疾人免费适配轮椅等个性化辅助器具，改善残疾人生活和生存条件，提升残疾人生活质量。争取实施县残疾人康复中心建设项目，到位项目资金904万。

【残疾人就业】 根据陕西省《残疾人就业保障金征收使用管理实施办法》文件要求，县残联配合财政、地税部门积极做好残疾人就业保障金征收工作，共征收残疾人就业保障金54.7万元；新增农村残疾人就业281人，新增就业年龄段就业和培训实名制录入6396人，达到89.57%；支持建设盲人按摩示范店6个；当年共有923名城乡残疾人参加烹饪、修脚师、盲人按摩、茶叶、养鸡养猪等职业技能、实用技术培训，为残疾人实现分散、自主就业提供技术保障。

【残疾人扶贫】 残疾人扶贫工作有新突破。实施贫困残疾人精准扶贫生产扶持项目。投入50万元，在蒿坪镇建设残疾人精准脱贫产业发展示范园，扶持培育残疾人扶贫示范基地7个，免费为残疾人发放鸡苗15000羽、猪仔120头、香菇4万袋，建茶叶示范园500亩，带动300余户贫困残疾人发展种养殖业；实施贫困残疾人精准生产扶持项目。协调扶贫等部门投入资金75万元，扶持贫困残疾人150户，每户扶持资金5000元。

【残疾人社会保障】 全面落实残疾人两项补贴等残疾人社会保障政策。完成残疾人两项补贴审核工作，为11124人发放资金1028.808万元。残疾人社保、医保参保符合财政补贴政策的全部补贴到位，符合城乡低保的应保尽保并落实享受提标；多措并举，加大救助扶助工作力度。对24名在校贫困残疾中小学生给予生活补助，对2名贫困残疾大学生及11名低保家庭残疾人子女大学生给予一次性资助；实施“阳光家园计划项目”，投入资金6.25万元，使125名重度残疾人享受到居家托养补助。

【残疾人培训】 持续坚持把残疾人技能培训作为促进残疾人就业的基础工作来抓，依托社会和部门力量，整合各类资源，面向市场就业需求，根据各类残疾人的自身实际和就业愿望，结合全县主导产业发展项目，大力实施城乡残疾人职业技能和实用技术培训工程，争取资金21万元，用于残疾人实用技术和职业技能培训。当年共有50名城乡残疾人参加计算机等各类职业技能培训，全年共举办农村残疾人实用技术培训班17期，培训农村残疾人873名。选送2名基层残疾人专职委员参加清华大学远程网络教育培训，并顺利通过考试，获得《结业证书》；通过各种培训，提高残疾人的劳动技能、增强了就业本领，帮助他们实现集中就业、就近就业和自主就业的愿望，达到培训一人、就业一个、脱贫一户的工作目的。

【残疾人证管理】 2017年，县残联进一步规范残疾人证办理，继续采取县残联办证大厅集中办证与工作人员为交通不畅、行动不便的残疾人上门办证相结合的方式，切实有序地推进办证工作。全年共新办理二代残疾人证1408份，办证率达到65%。残疾人数据动态数据更新工作全面完成，核查残疾人证19000余人次，注销死亡502人，不符合办证条件的112人。投入资金14万元，开展残疾人基本服务状况和需求信息动态更新专项调查工作，通过省市验收，全面建立残疾人基本信息数据库，为残疾人享受各项优惠政策奠定基础。

【残疾人信访工作】 在残疾人信访工作上不断加强领导，强化组织保障；建立和完善信访工作制度，强化制度保障；实行信访首问责任制和理事长信访接待日制度，强化责任意识。全年接待处理残疾人来信、来电、来访114人次，每个信访件都按规定程序交接办理，办结率为100%，群众对办理结果的满意度在98%以上，全县没有出现残疾人越级上访和群体上访事件，为全县大局稳定和改革发展做出积极的贡献。

【残疾人宣传工作】 为扩大宣传，提高残疾人工作的社会知晓率，从而赢得全社会对残疾人事业和残疾人工作的了解、理解、支持和关注，十分注重宣传工作，成立新闻工作领导小组，出台新闻奖励办法，建立新闻工作考核制度。2017年，在县以上新闻媒体共发表有关残疾人工作的各类新闻稿件50篇（件），其中县级26篇（条），市级14篇（条），省级以上10篇（条）。

【残疾人托养工作】 2017年，实施农村重度残疾人居家托养服务55名，日间照料51名，托养机构托养15名，补助资金28万元，同时，投入资金，10万元购置轮椅等辅助器具，解决重度托养残疾人出行问题。

【残疾人基层组织建设】 按照《中国残疾人联合会章程》规定和中省市关于残疾人组织建设的工作要求，全面推进紫阳县残疾人基层组织体系建设，建立健全各级残疾人组织，选聘配备镇、村（社区）残疾人专职委员299名，签订劳动合同、购买意外伤害险、颁发聘任证书、明确工作职责、建立考核机制、落实工作报酬，镇专职委员每人每月报酬800元，社区专职委员每人每月350元。17个镇建立残疾人联合会，175个行政村和22个社区普遍建立残疾人协会。通过连续三年的残疾人工作示范镇、村（社区）创建活动的深入开展，到2017年年底，全县残联组织建设基本健全，职能作用发挥正常，队伍素质不断提高，服务意识和工作能力明显增强，工作机制日趋完善，正在朝着“机构健全规范、队伍稳定实干、服务功能完善”的目标迈进。

（刘　慧）

科　协

紫阳县科学技术协会
主　席：朱富安
副主席：刘璋海

【机构设置】 根据2002年8月中共阳县委办公室关于印发《紫阳县科学技术协会职能配置、内设机构和人员编制规定》的通知精神，紫阳县科学技术协会是县委联系全县科技工作者的群众组织，为事业编制，共4人，其中主席和副主席各1名，机关无内设机构。

【科技宣传】 4月，组织开展紫阳县第二十五届“科技之春”宣传月活动，共开展创森创园、生态保护、气象灾害防御、消防安全等科普知识宣传活动20余场次，向群众发送《标准茶园管理技术》《魔芋丰产栽培技术》《环境保护知识应知应会实用手册》等农村实用技术图书和各类科普宣传资料127000余册（份），受众达10200余人。紫阳县在“科技之春”宣传月活动中被省科协评为全省“科技之春”先进单位。9月，组织全县二十多个“全民科学素质纲要成员单位（县直相关部门）”在西关广场开展“创新驱动发展，科学破除愚昧”为主题的“全国科普日”宣传活动。采取发放宣传资料、开展现场咨询、进行科技成果展示、开展各类培训等一系列措施，激发广大群众崇尚科学的热情，增强讲科学、学科学、爱科学、用科学的积极性，使广大群众受到科普教育。配合相关部门开展以“科技强国、创新圆梦”为主题的“全国科技周”宣传活动和科技、文化、卫生“三下乡”活动。制作科普宣传资料及科普图书，开展“科技进社区”宣传服务活动，共发放疾病防治、自然灾害防控、电信诈骗防范、家庭防火安全等科普资料3700余份。长篇科普纪实文章《奏响新时代茶乡紫阳的科技进行曲》编入光明日报社出版的《科技工作改革发展与创新规划务实》一书中。

【科技服务】 组织动员科技工作者积极参与“全市第十三届自然科学优秀学术论文评选活动”，荣获优秀论文作品15篇，其中9篇获二、三等奖，受到安康市人民政府通报表彰。在“全市创新争先奖”评选活动中，推选的候选人富硒大蒜种植示范基地负责人唐榆川荣获首届“全市创新争先奖”荣誉称号。暑假期间，按照市科协的统一安排，组织选派出10名紫阳中学学生到西北农林科技大学参加为期7天的“高校科普营活动”，让同学们开阔眼界，增长知识，激发对科学的热情和知识的渴求。配合市科协、市人社局在焕古庄园挂牌成立紫阳“茶叶专家工作站”，聘请国内知名茶叶专家定期驻站开展工作。

【科学普及】 协调、邀请省科协“科技专家服务队”来双安镇现场举办核桃技术培训班，专家向广大群众讲授核桃栽培管理技术，到田间地块为群众演示核桃修剪、嫁接、施肥等技术要领，双安镇分管领导、精准扶贫驻村工作队员、贫困村的村组党员干部、核桃种植户和周边群众受训人员共100余人。县科协组织编印一套《实用科普知识手册》系列丛书，共包括“科普知识”和“实用技术”两类共6册（即：安全知识、健康养生、慢性病防治、生活百科、科学种植和科学养殖），印刷60000册，免费向全县群众发放，引导贫困群众学科学、用科学，努力提升科技意识、科学素质和依靠科技脱贫致富的能力。组建成立紫阳县通力茶叶专业技术协会、紫阳县盘龙茶叶技术协会等两个协会组织。建立焕古庄园富硒茶叶科技有限公司“科技助力精准扶贫示范基地”和盘龙富硒绿茶有限公司“科技助力精准扶贫示范基地”等两个科技助力产业精准扶贫示范基地，从而有效地发挥科技对产业发展的支撑作用，帮助、指导、引领贫困户脱贫致富。争取2017年“基层科普行动计划”专项奖扶资金20万元，分别奖扶给这两个专业技术协会，全力用于开展科技助力精准脱贫工作。

【科普阵地建设】 策划文笔山、瓦房北五省会馆、双安镇集中安置点等多处旅游景点及人口密集区域制作科普宣传牌匾、宣传画廊，作为宣传科技、文化、卫生、环保等各方面知识以及科学种、养实用新技术的阵地、窗口，为广大社区居民掌握科普知识开辟一条重要的渠道。做好“科普中国”和“县科协手机报”“手机+党支部”的日常管理工作。加大“科猫”手机APP的推介使用力度，为公众传播科学知识、普及实用技术、交流生产生活信息、发布最新科学成果，发挥较好的效果。

【科协机关建设】 开展“两学一做”学习教育常态化、制度化，定期组织党员学习党的政策和新颁布的法律法规，撰写笔记和学习体会，全年在手机+支部、科普手机报、纪委网站、安康日报等媒体上发表党风廉政建设及科普文章52篇。从加强学习教育、强化内部管理和完善制度机制入手，采取切实有效的措施，积极构筑反腐倡廉防范体系，狠抓工作落实，切实把党风廉政建设落到实处。坚持抓制度建设、抓责任落实、抓宣传教育、抓政策法规学习、抓活动开展、抓监督管理、抓自查督查、自觉遵守“三会一课”制度，走进所包联的双安镇林本河村、城关镇环城路社区等基层支部，开展讲党课，搞科普宣传，组织捐资捐物，慰问贫困户，帮扶贫困群众等活动。从领导做起，从小事做起，进一步加强和改善机关财务及三公经费管理制度，完善“三大一重”报告机制，及时与县第二纪检组保持工作联系，自觉接受组织监督，发现问题及时纠正，每个党员结合自身岗位实际制定承诺书，增强机关党组织的凝聚力和战斗力，在全市科普工作综合评比中刷新紫阳科协工作的新成绩。

【脱贫攻坚工作】 主要领导纵览全局，一名副主席担任村支部第一书记，长期驻村包户抓落实。单位在人员、物力、资金等方面优先保证脱贫工作，集中80%精力用于脱贫攻坚上，以务实精神全力配合镇工作队员打好总体战。想方设法拿出资金2万余元，对机关干部所联的贫困户，且具有养殖条件的20户农民，每户免费提供猪崽一只，每头价值千元。组织扶贫技能培训，30余村民、贫困户参加县上举办的修脚、月嫂、厨艺等技能培训，40余人参加镇上举办的厨艺培训。还为包联的实施义务教育发展的双安镇安坪小学捐赠一套价值8000多元的会议桌椅。积极宣传脱贫攻坚政策。邀请“紫阳民歌汉剧艺术研究中心”的演职人员，到村开展脱贫攻坚政策宣传演出活动。活动采取互动方式，将扶贫方面的政策编为小题目现场让群众回答，答对者赠送小礼品。通过这种方式，把脱贫攻坚政策送到千家万户、送到老百姓心中。组织编印《脱贫攻坚政策和新民风建设知识宣传挂图》1000余份，张贴到全村各户家中，提高群众对脱贫政策的知晓率和工作满意度。推进贫困户产业发展。协助村特色种植协会发动会员户种植富硒莲藕50亩、富硒水稻100亩、苦荞等特色种植300亩。完成核桃、茶叶退耕1000亩，达到户均8亩还退面积，林业产业基础初步建立；发展养猪60户140头，培育养羊大户10户，养牛大户6户，有效促进贫困户增收，确立以发展特色种植、养殖为近期脱贫项目，以发展核桃、茶叶为远期致富项目。村特色种植协会还拿出近万元，对富硒莲藕、富硒水稻、苦荞等种植大户给予种子款补助和种植奖励，激发种植户的热情。协助镇村推进基础设施建设。全村完善7千米通村道路、拓宽硬化公路5千米、新建3处饮水工程，陆续完成电网改造、宽带入户工程和新建电信基站工程。多措并举、落实到位。全村共实现异地搬迁202户680人、危房改造18户79人、贫困户住房条件极大改善；实施健康扶贫21户76人、教育扶贫29户，扶持大学生29人；生态扶贫6户，聘请护林员6人，实施兜底保障91户，202人。

（陈　涛）

红十字会

紫阳县红十字会
会　长：韩冠新
秘书长：王盛林

【概况】 紫阳县红十字会是从事人道主义工作的社会救助团体，是党委和政府在人道领域的助手。现有人员4人，其中会长1人，秘书长1人。

【红十字业务工作】 做好贫困弱势群体的人道关爱工作。筹措价值3.5万元的大米、食用油、家庭包、棉衣、棉被等慰问物资开展2017年“博爱送万家”活动，使300余困难群众受益。抢抓东西部对口扶贫协作的机遇，争取江苏常州新北区的爱心捐赠善款28万元，全年共筹资44万元，为贫困大病患者、困难学生、受灾家庭等开展救助。组织5.8红十字博爱周宣传和水上救援应急演练活动。动员700余名学生开展红十字知识和防灾减灾知识竞赛；利用紫阳广场LED显示屏和移动通讯平台播放新修订的中国红十字会法相关信息7000余条；在紫阳广场和任河漂流景区设立宣传台发放宣传资料2000余份，为400多市民群众现场普及应急救护知识，演示心肺复苏技术要领，指导市民进行实际操作，收到很好效果。筹资两万余元，为瓦庙镇中心学校228名学生捐赠慰问物资，助力义务教育均衡发展创建。扎实推进瓦庙新华村“博爱家园”项目，捐赠15万元建设的便民桥工程竣工投入使用，卫生健康、产业技能知识培训，防灾减灾、应急避险演习受到村民的普遍欢迎。

【党建和党风廉政建设工作】 坚持党建领引，锲而不舍抓党风廉政建设，通过“两学一做”常态化、制度化学习教育，以及在脱贫攻坚主战场上的不断考验，全体党员干部责任意识、担当意识不断增强，不怕吃苦、乐于奉献成为干部工作的主旋律，单位选派的驻村工作队员成为全县脱贫攻坚一线的榜样，受到社会各界的广泛赞誉。

【脱贫攻坚工作】 瓦庙镇新华村是红十字会包抓的贫困村，单位主要领导认真落实“三个一”，确保70%以上的精力用于脱贫攻坚工作。继续选派精干人员长期驻村抓扶贫，所有干部都结对帮扶5名贫困户，实现干部帮扶全覆盖。夯实帮扶措施，帮扶成效明显。驻村工作队员和帮扶干部多次入户进行走访，宣传脱贫政策、对接帮扶措施、核实相关信息。动员群众参加足浴、电商、烹饪等培训80余人，在全县率先完成足浴培训任务。单位主要领导通过村组会、院落会开展多次新民风建设宣讲，激发群众脱贫内生动力，群众反响热烈；创新形式在全县为贫困村首家定制“搪瓷缸子”+知识读本到农户进行入户宣传，受到农户欢迎；争取社会资金15万元，采取“合作社+贫困户”的模式，为15户贫困户每户无偿借款1万元发展魔芋产业，年底保底每户分红1000元。筹措近5万元社会资金开展教育扶贫、健康扶贫，慰问救助留守儿童、空巢老人和大病患者。群众对脱贫政策的知晓率和满意度不断提高，在县脱贫办的多次检查督导、县委主要领导的暗访抽查、省市扶贫办领导的调研检查中受到肯定和好评。第三季度全省市际脱贫攻坚交叉检查中，检查组对新华村的驻村帮扶工作给予很高的评价，村级软件资料规范建设走在全县的前列，全县第三季度部门帮扶工作考核列第一名，新华村当年实现脱贫摘帽。

（韩冠新）

军　事

人民武装

紫阳县人民武装部
部　　长：邵战国
政治委员：杨建华
副 部 长：归宗库
政工科长：贾兴计

【思想政治工作】 坚持把学习宣传贯彻习主席系列重要讲话作为坚定维护核心、强化看齐追随的根本要求，持续深化，抓细落实。坚定对习主席系列重要讲话政治信仰，着力锤炼对党绝对忠诚政治品格，真正使“三个维护”成为思想自觉、党性观念、纪律要求和实际行动。2017年主题学习教育计划分三个阶段，6月前抓好第一阶段学习教育，7月至十九大召开前抓好第二阶段学习教育，十九大召开至年底主要是抓好十九大精神的学习贯彻。每个阶段的学习教育都采取理论学习、教育辅导、讨论交流、配合活动的步骤组织实施，一步一个动作，着力把学习贯彻活动引向深入。围绕“深化改革怎么看、推进改革怎么办”，人人谈认识、亮态度、表决心，引导干部、职工把思想和行动统一到党中央、中央军委和习主席决策部署上来，通过澄清认识、净化思想、清查涉郭涉徐信息，彻底消除郭徐流毒影响。

【军事工作】 坚持把提高民兵队伍应急应战能力作为一切工作的出发点和落脚点，一切工作向实战聚焦、向备战发力。第三季度，结合主汛期防汛备汛，集中民兵严格按纲施训，保证时间、内容、标准、质量“四落实”的同时，对防汛预案内容进行综合演练，确保民兵应急队伍关键时刻拉得出、用得上。

【征兵工作】 2017年，紫阳县征兵工作从3月开始，依次完成兵役登记、网上报名、征兵宣传、体格检查、政治考核和体格复查6个步骤。完成兵役登记17072人，其中18周岁男青年兵役登记任务完成率100%；19周岁至24周岁男青年兵役登记任务完成率96.7%。按照学历优先的定兵原则，双合格大学生占征集任务数的49%，预定新兵中高中以上文化程度占99%，实现由数量向质量的转变。在征兵工作过程中，始终坚持廉洁自律不放松，把纪律规矩挺在前面，截至年底没有接到任何信访举报和退兵。

【双拥共建工作】 人武部认真贯彻省军区“传承红色基因、弘扬延安精神”的指示，大力弘扬拥政爱民的光荣传统，积极推动驻地经济发展，为当地老百姓办好事，办实事，送温暖、送关怀，促进双拥共建，激发紫阳籍广大官兵献身国防、建功军营的政治热情。部党委以位于城关镇新田村的东山烈士陵园为基地，“七一”前夕，组织人武部、武警、消防官兵一起走进东山烈士陵园，清理杂草、打扫卫生，重温入党誓词；“八一”前夕，组织武警、消防官兵及部分中小学生参观烈士陵园，祭奠英雄，缅怀先烈，把烈士陵园作为爱国主义教育的红色阵地。

紫阳县武装部外景

【脱贫攻坚工作】 人武部包联高桥镇铁佛村，部党委选派精干职工担任驻村第一书记，为村委会捐赠会议桌椅60余套，改善村上办公条件；为铁佛村小学捐赠图书500余册，为农村孩子提供增长知识的机会；整理汇编民政、医疗、社保、教育、金融等部门的脱贫帮扶政策，制作扶贫政策宣传手册700余份，进村入户把党和政府的好政策带给每一位村民，当好脱贫攻坚的“宣传员”。（贾兴计）

武装警察部队

武警紫阳中队

中队长：吴　飞

指导员：成宝宝

【概述】 2017年，武警紫阳县中队始终以维护核心，听从指挥和习主席的“听党指挥、能打胜仗、作风优良”为指导，以建设一支强大的现代化武装警察部队为目标，以纲要和总队、支队两级党委扩大会议精神为依据，本着“依据条例抓管理，按照纲要抓建设“，以训促管，以训促勤，与时俱进创先进的工作思路，以“迎接保卫党的十九大的胜利召开”为突破口，在部队全面建设上下工夫，取得一定的成效，得到上下一致好评，最终在年底考核中获得先进基层中队。

【加强支部建设】 党支部是中队统一领导的组织核心，充分发挥党支部的战斗堡垒作用，是加强部队全面建设的根本保证。通过加强建设“一个班子”“两支队伍”“两个助手”，带动中队各方面工作顺利开展。一年来，中队党支部一班人在深入学习领会三级党委扩大会议精神的基础上，紧紧围绕“去年工作怎么看，今年工作怎么干”这一主题，广泛开展大讨论，充分听取意见建议，制订年度按纲建队计划，确立“学习贯彻党的十九大”基本工作方向，进一步理清工作思路，明确奋斗目标，强化保先创优的意识和信心。

【注重政治教育】 突出抓好官兵的理论学习和思想政治教育工作。深入贯彻党的十九大精神，习近平新时代中国特色社会主义思想和习近平强军思想，始终把习主席系列讲话精神的学习作为武装官兵思想的重点工作来抓，深入理论学习和主题教育成果转化工作，使官兵在教育中都针对自身存在的问题，明确加强工作的努力方向、具体内容和标准要求。时刻进行自我对照检查，形成在本职岗位上自觉践行强军目标、争做新一代四有革命军人的良好氛围。做好经常性思想工作。通过谈心交心、听取个人思想汇报、跟班查勤的方式，从执勤官兵的言谈举止、细微变化中掌握思想动态，对现实思想问题及早发现，及时做工作，解决问题。充分利用好“三互”“双四一”等载体，使思想工作渗透到执勤的每个环节，确保官兵不带思想问题上到哨位。中队官兵工作积极，安心服役。文化活动丰富多彩，官兵物质生活得到改善。年初以来，中队党支部能围绕“中心”工作开展丰富多彩的文化活动，为官兵创造栓新留人的环境。一方面能每天坚持三个“半小时”的落实，并结合“八个起来”文化活动及电视进班活动，丰富官兵生活。

【强化军事训练】 依据《新军事训练大纲》要求，抓好对每个科目训练前的示范班培训和抓住干部骨干训练这个重点，大大提高训练质量。坚持好支部议训制度。中队党支部坚持每月分析军事训练形势，及时解决训练中的各种繁杂问题，时刻做到以军事训练为重点安排工作，保证军事训练中心地位。抓实基础训练。新兵下队前主要对骨干进行培训，对在对人员进行复训和体能训练，为新兵下队后抓军事训练打下良好基础。新兵下队后，注重发挥士官骨干的模范作用，抓好每个科目的训练，通过按钢施训、因人而训等方法，结合士官岗位大练兵活动，促进士官队伍军事训练水平整体提高。以训促管效果明显。在军事训练中，注重把训练与管理紧密结合起来，并把管理的对象重点放在个别吃苦精神不强、情绪波动较大、身体素质相对差一点的士兵身上。通过解决思想认识问题，变“要我练”为“我要练”。在训练中，坚持跟班作业，检查督促，无一人漏训、逃训，训练质量得到保证。训练中政治思想工作力度大，官兵练兵热情高。训练中牢固树立练为战的思想，干部在与战士同训练中，积极做好深入细致的思想工作，增强爱兵观念，处处率先垂范，划清“简单粗暴”与“严格管理”，“敢抓敢管”与“打骂体罚”的界限，严于律己，以身作则，使全体官兵的训练热情高涨。中队把战士的训练成绩与战士的奖励和个人的成长进步挂钩，在评功评奖、入党考学、学技术、转改士官时把军事训练成绩作为一项重要考核标准，激发官兵训练热情。

【中心任务】 党支部坚持多措并举，狠抓执勤工作，确保中心任务圆满完成。坚持中心居中，狠抓隐患治理。中队在1月完成钢网墙加装工作。支部始终坚持中心工作不偏移集中精力抓好执勤工作。坚持常抓常议，每天晚点名讲评当日执勤情况，每周队务会查找执勤问题分析执勤形势。狠抓制度落实，加强勤务管控。在执勤兵力紧张、执勤工作压力大的情况下，持续开展执勤教育，筑牢官兵居安思危的忧患意识。根据科技强勤的思路，下大力推进智慧磐石工程，力争执勤设施达到更高要求与标准。中队全年各项工作成绩突出，四个季度被评为红旗单位，连续27年实现“三无”。2017年应急班荣获集体三等功一次，2017年，中队中士苏勇参加优秀士兵报送入学提干考试，考入武警警官学院。2017年被评为先进基层中队。

【后勤管理】 武警执勤二大队紫阳中队大力加强后勤建设，以“保中心，保生活”为重点，抓好规范管理，加强四项设施建设，积极为官兵创造良好的物质文化生活条件、落实“三分”“四定”，建立应急食品库，有效提高应急保障能力。因地制宜开展农副业生产，后勤综合保障能力不断提高。 （成宝宝）

法 治

政法委及综治

中共紫阳县委政法委员会

县委常委、政法委书记、公安局长：

周　斌

政法委副书记、县综治办主任：刘明彬

政法委副书记、县委维稳办主任：陈海军

县委防邪办副主任：张雪梅（女）

县委维稳办副主任、县社情民意调查中心主任：赵安红（女）

【队伍建设】 政法系统各部门以开展“两学一做”学习教育常态化和各类实践活动为载体，认真贯彻《关于新形势下加强政法队伍建设的意见》，狠抓领导班子和政法干警思想道德、纪律作风建设，以“党建+”为载体推进支部建设，规范“三会一课”制度，深入开展“为政不为”专项整治活动，定期开展违纪通报、警示教育。2017年，培育树立“公安张敏”“我身边的好法官伍贤畅”等2名先进典型，引领正能量；举办各类培训450余人次，开展警风巡查督查66次，查办违纪案件3起，诫勉谈话5人，提醒谈话11人次，通报批评10人次，调整工作岗位3人。全县政法综治维稳队伍整体上风清气正，展现了公平公正、清廉务实、亲民爱民、富有活力的风貌形象。

【政法工作】 法院系统顺利完成司改试点任务，创新团队化审判工作模式，开展“执行风暴”行动，破解执行难题。受理各类案件2034件，较去年同期增加260件，增幅14.58%，结案1579件，较去年同期增加205件，增幅14.92%，法官人均结案45件，均创历史新高。建立执行协作机制，执行结案452件，同比上升50.17%，执结标的5408.68万元。公布失信被执行人名单4期79人，实施信用惩戒67人，罚款、拘留36人，有力地震慑“老赖”，提升公信力和满意度。检察系统完成司改规定动作及司法体制“大部制”改革；受理提请审查批捕案件57件72人、批准逮捕54件69人，受理移送审查起诉95件127人、提起公诉77件89人；开展“清风行动”，立案查办职务犯罪9案14人；加强创新新民行检察工作，审查民事诉讼、执行监督案件16件；加强外部监督，聘请6名非公经济人士为县检察院首届特约检察员。公安系统共立刑事案件210起，破获209起（现案137起、积案72起），协外破案454起，破案绝对数为663起，抓获各类犯罪嫌疑人149名、逃犯33名；查处治安案件285起，处罚1249人，行政拘留280人。严打“盗抢骗”“黄赌毒”“五霸”“食药环”、涉枪涉爆等突出问题，打掉犯罪团伙14个，强制隔离戒毒10人，处罚涉赌人员676名，查处重点项目阻工案件10起，查处食品药品环境安全犯罪29起41人，收缴雷管1460枚、炸药216.2公斤、气枪21支。处置交通事故342起，同期事故死亡人数下降12.5%。开展消防抢险救援14次，33起火灾“0伤亡”。监所刑事在押、行政拘留人员出所就医23次，突发疾病处置5次，实现“零事故”。司法行政系统深化“三调联动”工作，强化公证工作效能，排查矛盾纠纷1051件，调解成功987件，引入诉讼程序31起。处理政府指派疑难信访件43件、调解重点项目矛盾纠纷47件，办理重点工程及各类公证案件320件。设立法律援助工作站点56个，办理法律援助273件，在111个贫困村开展“一村一法律顾问”工作。

【社会治安综合治理】 强化基层基础，以综治信息化试点建设为契机，以县镇村三级综治维稳中心建设为抓手，对全县251个基层综治组织（741人）、591个群防群治组织（2135人）实行信息化管理；升级改造城区“天眼”150个，农村高清视频监控300个，治安防控体系得到加强。强化重点防控，坚持问题导向，突出“重点领域、重点场所、重点人员”三个重点主攻薄弱环节，组织巡检加油站、涉爆商家等重点单位1200家次，整改治安隐患269余处，查处违反危险化学品管理规定案件24起；扎实开展“三个精准防范”，实施“物防工程”升级“C级”以上锁芯4969户，推广GPS车辆防盗系统1699套；加强寄递物流规范整治，联合市邮政管理局查处未落实“三个100%”要求案件13起；组织开展校园安全检查300余次，排查“蓝鲸游戏”参与人员11人；铁路沿线7个镇常态化开展铁路护路联防；夯实543名严重精神障碍患者“一人三管”监管责任并落实了监护人待遇，在重点时段对其中75名易肇事肇祸者实行“一人四管”；强化115名社区矫正人员日常管理，对重点对象实行24小时全程定位监控管理，对35名矫正对象进行了技能培训。深化平安创建，评选“平安家庭”示范户5000个，累计成功创建“市级平安建设示范镇”14个（下余的3个镇申报本年度创建）；召开“两率两度”提升工作推进会2次，发送“平安建设+新民风建设”宣传短信40余万条，广泛开展送法下乡、巡回审判、警务上门、文艺展演、新媒体推送等活动，多层次、多渠道、多模式巩固提升“两率两度”。

【维护社会稳定】 强化源头防范机制。有效整合信访接待系统与“4411111”紫阳热线投诉交办督办、矛盾纠纷“三调联动”多元化解、社会稳定风险评估三个机制，完善社会矛盾风险预警处置流程，把矛盾掌控在初期，把不稳定因素消灭在萌芽，把稳定风险预防在源头。民调中心接听群众来电10352个，办理群众诉求1963件；“三调联动”化解群体涉众类矛盾纠纷33起；风险评估完成重大项目评估22个（其中市级重点项目11个，县级重点项目11个），确定重大项目风险决策1个，完成率100%。从源头上消除重大社会稳定风险。深化了“三会一包”机制。按季召开政法工作联席会、按月召开维稳形势分析会、按需召开重大案情研判会，深化“领导包案”，按照

“管行业必须管信访、管业务必须管信访、管生产经营必须管信访”的要求，对排查出的10件490人信访积案，落实县级领导包抓，明确责任单位、限办期间、化解措施、稳控要求，一批涉众型疑难信访积存问题得到妥善、有效解决。建立违法信访打击机制。首次出台依法打击非法信访规范性文件，制定《紫阳县依法处置信访活动中违法犯罪行为工作方案》，按照“统一指挥、部门联动、分级负责、形成合力、依法处置”的原则，针对16种重点违法犯罪信访行为，组织公、检、法、信同时发力，按照排查梳理、调查取证、依法严打、曝光震慑等工作环节，严厉依法打击，形成高压态势。共查处非访缠访闹访案件4起，行政拘留7人，刑事拘留1人，警告1人，维护良好信访秩序。

【防范和处置邪教】 开展“敲门行动”入户走访涉邪人员111人，保持高压态势打击处理邪教案件10起23人，其中“门徒会”8起、“全能神”8起，警告处理16人，治安拘留7人。创新开展反邪宣传，开通“清茗紫阳”微信公众号，推送反邪教宣传内容37条，吸纳“粉丝”646名；在政府网站开通反邪教专栏，发布信息9篇；开展全县中小学生暑期反邪教作品有奖征集活动，评选45名优秀作者予以发文表彰奖励；签订10000份校园拒绝邪教承诺书。开展贫困涉邪人员脱贫脱邪“双脱”省级试点工作，以脱贫促脱邪。

【综治信息化建设】 按照中省市部署，率先全市首家创新建立三级综治维稳中心。县级“一总五分”、镇级“一心四室”、村（社区）级“一心三室”，实行“编制统调、人员统管、经费统列、工作统筹、业务统分”，建成三级、立体、多维的综治维稳体系，解决了综治维稳基层基础问题。按照国家标准，开发“9+X”综治信息化软件。除9个综治工作基本业务模块之外，创新整合水利、气象、环保、公安、住建、交通、交警、铁路等相关部门的基础数据和视频资源，系统调试运行，基本功能完善，已在县中心、17个镇中心、首批75个村（社区）中心运行使用，全省首个“智慧综治”体系在紫阳县初步建成。

【司法体制改革】 创建新型审判团队，法院以“法官+法官助理+书记员”（“1+1+1”）为基本配置，重组5个审判团队和执行警务、诉讼服务、行政事务3个服务管理团队，实行扁平化管理，跨区立案、划区审判。通过“田间法庭”“院落审调”“就近办案”等新形态“流动办案”，办案时长平均缩减15天，员额法官人均结案同比增长16.77%，案件发改低、申诉少，调撤率、服判息诉率、满意率均大幅提高。创新行政执法监督，率先全省探索行，研究制定了《紫阳县行政执法检察监督工作实施办法（试行）》（后简称《办法》），提交县人大常委会审议通过。《办法》实施以来，发出检察建议32件，责令并监督整改汉江非法电捕鱼、“硒远”公司非法占用林地等公益问题，在生态保护、公共安全维护、市场秩序整顿等方面显现出巨大社会价值，促进行政执法监督规范化、系统化、制度化，打响紫阳“生态检察”品牌，经验在全省交流、全市推广。

【“三调联动”矛盾纠纷多元化解】 深化人民调解、行政调解、司法调解“三调联动工作”，进一步探索建立“诉调对接”机制。法院和司法局联合成立“诉调对接”办公室，选派10名法官联系10个专业人民调解委员会，直接在县法院设立人民调解室,选拔优秀调解员进驻，对适用简易程序的民事案件，立案庭与调解室紧密协作开展“诉调对接”，开辟调解协议司法确认“绿色通道”，当日即可按照法定程序完成司法确认。大量纠纷在打官司前实现“握手言和”，节省诉讼时间和成本，缓解法院诉讼压力。

【公安改革】 紧紧围绕“1+3”改革方案，不断深化警务实战化、“放管服”、户籍制度、受立案、资源整合、“互联网+”“大部制”“智慧警务”等系列改革，有效破解警力不足问题，有力推进警务实战化，全面提升服务民生能力，改革成果被省公安厅、《人民公安报》等先后5次推介。特别是首创的张敏工作室“三位一体”工作法荣获全国公安改革大赛铜奖。

【党的十九大安保维稳】 县委、县政府3次主持召开全县领导干部大会安排部署，详细明确政治责任、工作重点、纪律要求；县、镇、部门层层制定方案和预案，将信访安保维稳的责任夯实到具体人、具体事、具体时间、具体标准。对重点矛盾纠纷分别落实一名县级领导、一名科级领导、一名镇村干部、一名干警负责实行“一人四管”。全县上下密切协作，实现党的十九大期间无重大安全事故、无重大群体性事件、无进京上访和越级上访的目标任务。

（陈明刚）

法治政府建设

【依法行政】 组织起草《紫阳县法治政府建设规划（2017—2020年）》《2017年度依法行政工作要点》，明确部门工作职责，强化保障措施，加快推进法治政府建设。

【审查机制】 完善合法性审查机制，对重大行政决策、重要文稿、和重大合同协议，严格进行合法性审查，确保政府决策合法合规。

【规范性文件清理】 组织对近五年各级、各部门出台的规范性文件进行集中清理，宣布失效规范性文件12件。

【行政执法人员清理审核】 在全县范围内开展了行政执法证件的换发和申领工作，确保执法人员执法资质明确，行政执法行为规范和严格规范文明执法。

【社会矛盾纠纷化解】 积极妥善化解社会矛盾纠纷，依法办理行政复议和应诉案件。2017年，共受理行政复议案件4件，办结4件；代理县政府应诉市政府行政复议案件1件，审结1件。

【法制信息报送】 加强法制信息报送，组织各镇、各部门积极向省市法制网站、杂志投稿，全县法治宣传工作力度不断加大。

（朱文涛）

公 安

紫阳县公安局
县委常委、政法委书记、县公安局党委书记、局长、督察长：周 斌
党委副书记、政委：谢代军
交警大队队长：唐紫恒
副局长：王志军 杨健 杨韬 唐亮
党委副书记、纪委书记：宋 峰
国安大队队长：杨德明
政工室主任：李茂成
治安大队队长：廖 聪

【机构设置】 紫阳县公安局内设13个队室：政工室、指挥中心、纪检监察室、警务保障室、国内安全保卫大队、刑事侦查大队（下设直属中队、技术中队、城关刑警中队、蒿坪刑警中队、毛坝刑警中队5个中队）、治安管理大队、经济犯罪侦查大队、公安城市管理大队、法制大队、看守所、巡逻警察大队、网络安全保卫大队。直属机构交通大队（内设行政

紫阳县公安局返还赃款赃物大会

股、事故处理科、交通秩序管理科、车辆管理所，下设城区交警中队、蒿坪交警中队、权河交警中队、洄水交警中队、毛坝交警中队、红椿交警中队6个中队）；派出机构17个：城关派出所、蒿坪派出所、双安派出所、汉王派出所、洞河派出所、洄水派出所、界岭派出所、双桥派出所、高桥派出所、向阳派出所、高滩派出所、毛坝派出所、瓦庙派出所、麻柳派出所、焕古派出所、红椿派出所、东木派出所。截止2017年12底，全局现有民警251人，工勤人员6人，基层一线警力占总警力数的82.5%，派出所警力占总警力数的41.6%。

【反恐维稳】 2017年，牢固树立国家总体安全观，健全情报预警研判机制，预防和超前处置群体性事件6起。以“敲门行动”为抓手，对全县邪教活动进行整治，查处一批邪教案件。围绕敏感节点和重大活动，抓好各项安保措施落实，响应等级戒备，圆满完成党的十九大、各级“两会”、省十三次党代会、“一带一路”国际合作高峰论坛、金砖会议、CCTV-7《乡约·紫阳》节目现场录制以及春节等一批重大安保任务，荣获“全市公安机关十九大安保突出贡献奖”。宣传贯彻《反恐怖法》，组织反恐演练，开展反恐涉恐隐患排查。加强网络阵地管控，将全县网站纳入全国公安机关互联网安全服务平台，收集上报互联网信息，查处散步网络谣言扰乱公共秩序案件1起，行政拘留1人，有力维护网上秩序。加强矛盾纠纷排查化解工作，共调处各类矛盾纠纷1368起，依法办结信访事项45起，对重点信访人落实“1+4+N”稳控措施，查处非访缠访闹访案件4起，行政拘留7人，刑事拘留1人，警告1人。

【严打整治专项行动】 2017年，以“秦风”行动为主线，相继破获“9·22”蒿坪镇郭某故意杀人案、“8·05”特大电信诈骗案、部督“8·27”网络贩枪案等大要案件。全县共立各类刑事案件210起，破209起（破现案137起，积案72起），协外破案454起，破案绝对数为663起，其中立重大案件30起，破21起，抓获各类犯罪人员149名，刑事拘留120人，逮捕97人，移送起诉121人；抓获逃犯33名，协外抓逃15名。严厉打击黑恶势力违法犯罪，共打掉涉黑团伙3个，抓获犯罪嫌疑人21人。在“严打盗抢骗”等专项行动中，共破获盗窃案245起（其中积案62起，协外97起），诈骗案230起（其中积案10起，协外195起），打掉犯罪团伙14个24人，抓获“盗抢骗”逃犯21人。狠抓治安环境整治，助力脱贫攻坚，保障重点项目建设，服务县域经济发展，全县共破获经济犯罪14起，刑拘8人，逮捕1人，移送起诉3案3人；办理治安案件503起，其中处罚1249人，行政拘留280人。查处“五霸”案件31起，行政拘留42人，刑事立案1起，逮捕1

人；查处扰乱建设施工秩序案件10起，拘留12人，妥善处置2起群体性阻工事件；破获涉毒案件32起，其中刑事案件8起、治安案件20起，刑事拘留8人，起诉4人、行政拘留20人，强制隔离戒毒10人，铲除罂粟554株；查处涉黄案件5起，行政拘留7人，取缔2处涉黄场所；查处赌博案件88起，处罚676人，其中刑事拘留1人，行政拘留64人、罚款611人，查处10人以上的赌博案件19起；共侦办破坏水资源违法犯罪案件14起，抓获违法人员22人；查处非法收购废旧机油案件1起，行政拘留2人；查处食品药品安全犯罪安全14起，抓获涉案件人员17人、起诉11案14人。

【治安防控体系】 2017年，实施“心防工程”“物防工程”，开展“六个一”治安防范宣传活动，升级“C级”以上锁芯4969户，推广安装GPS车辆防盗系统1699套，有效提升群众自防能力。开展“平安单位”“平安小区”“平安校园”等系列平安创建活动，落实企事业单位安全管理主体责任，以社会运作，充实保卫力量，提升群防组织“快速反应、规范处置、灵活应对、及时报告”的能力。升级改造城区“天眼”高清视频监控150个，农村集镇“平安镇村”高清视频监控300个。启动全县治安检查站升级行动，提前完成麻柳省级公安检查升级改造任务；完善街面防控网，成立城区街面警务站，购买移动警务站，组建“山城摩托车骑行队”，形成“群防管区、派出所管片、机关警务站管面、巡特警检查站管点、交警管线”的网格化街面“五级巡防”体系。

【公共安全管理】 2017年，以“三个不发生”创建活动为载体，开展安全隐患“清零”行动，压实安全监管各方责任，扎实开展隐患排查整治，整改安全隐患269处，查处易制爆危险化学品管理规定案件24起，旅馆不如实登记案件12起，不履行安保职责单位4家，不落实寄递物流“三个100%”案件13起；收缴并销毁雷管1460枚、导火线332米、炸药216.2公斤、黑火药0.75公斤；查处非法运输烟花爆竹案件2起，行政拘留2人；查处非法持有枪支案件18起，刑事拘留8人、行政罚款14人，收缴气枪21支。强化校园安全，开展学校幼儿园法制讲座200余场次、排查“蓝鲸”游戏参与人员11人，有效预防该游戏在校园蔓延。加强道路交通安全管理。开展道路交通秩序专项治理行动，狠抓路面执法管控，全县道路交通事故同比下降。强化消防安全管理，构建“消防部门+派出所+微型消防站”的消防工作体系，认真组织开展各类专项行动，全县火灾事故起数同比下降12.8%。加强监所安全管理。推进监所信息化建设，对在押人员开展风险评估，实现监所“零事故”目标。

【改革成果】 2017年，深入开展机关警务实战化改革、“放管服”、受立案改革、资源整合、“互联网+”等“微改革、微创新”，省厅简报刊载和人民公安报先后5次推介该局改革工作经验。在“大部制”改革方面，充分整合网安、信通部门人力、信息等手段，抢占科技建设应用高地，形成“大网安、大信通”工作格局，全面引领推动公安工作转型升级。在实战化建设中，将机关民警分为8个班次，实行城区巡逻和公安检查站“双循环”轮流上岗模式，实现“110再快一分钟”。建立“125”“123”联勤联动机制，在农村道路建立40个安全劝导站，在S310省道建立3个路警联勤联动执勤室。在嵩坪、红椿、洄水开展“所队卡合一”建设，整合派出所、交警队警力资源，统筹做好维护稳定、侦查破案、交通管理、基础管控、行政服务等工作；交警大队研发的“交通警察大队涉案财物管理系统”，有效解决了交警部门简易程序处罚文书制作不规范和涉案财物管理不规范问题。在社区警务方面，将传统警务模式与现代警务相结合，形成指挥研判为中心、实地警务为基地、网上警务为阵地的“三位一体”警务室工作法，荣获全国公安改革创新大赛铜奖。深化“放管服”改革方面，积极落实居民身份证“三项制度”，城关派出所开通全国身份证异地受理，其他派出所开通省内证件异地受理和“一站式”服务；依托陕西公安“互联网+政务服务”平台、紫阳县网上办事大厅终端，户政、车驾管、出入境、消防等行政审批事项实现“群众往返跑”到“资料网上跑”的转变。

【法治公安建设】 2017年，强化规范执法，狠抓全局民警执法培训，局党委委员、所队长、教导员及法制民警全部通过中级执法资格考试，6名民警通过高级执法资格考试，5名民警通过国家司法考试。围绕“警情、案件、财物、场所、案卷”执法要素，加快“智慧法制”建设步伐，推进办案中心、案管中心、执法音视频管理中心、涉案财务管理中心建设，县局智能化案卷管理系统、办案区人员定位管控系统投入使用，强化执法记录设备、办案区视频监控、审讯系统、执法办案和监督系统建设应用，形成同步录音录像“一张盘”，执法监督工作实现“粗放巡查”向“精准管理”的巨大转变，民警执法办案实现由“要我规范”为“我要规范”的巨大转变，县局连续九年荣获全省执法质量考评优秀公安局，连续三届荣获全省执法示范公安局。

【队伍建设】 突出政治建警,组织开展“迎接十九大、忠诚保平安”主题教育活动，开展局党委书记上党课、纪委书记讲家规、重温入党誓词活动，推进“两学一做”学习教育常态化制度化，牢固树立“四个意识”，增强“四个自信”，把习总书记“四句话、十六字”总要求贯穿公安工作和队伍建设全过程。加强党建工作,制定《党建工作细则》，将扶贫包村、进社区作为党员学习教育阵地，筑牢“对党忠诚、服务人民、执法公正、纪律严明”的从警理念。狠抓党风廉政建设，先后召开防腐倡廉、党风廉政建设专题培训会、党委班子落实党风廉政建设汇报会，层层签订《党风廉政建设责任书》，聘请35名特邀监督员，组织开展各类专项督察活动，压实从严治党“两个责任”和“一岗双责”。加强优待警，慰问因公受伤民警、因病住院民警、离退干部，凝聚警心。加强人才强警工作，开展“苦练精兵铸警魂，践行忠诚保平安”教育训练工作，协调推进队伍编制建设，制定《警务辅助人员管理办法》，规范辅警招聘录用管理，为完成全局中心工作提供人才保障。加强警营文化建设，组建各类兴趣小组，聘请专业人士组织教育培训，举办越野赛、清明祭英烈、庆五四等系列公安文化活动。强化公安宣传工作，全局共在市级以上媒体、网站刊登宣传稿件1028篇次。

【追赶超越】 紧扣“十九大安保”“追赶超越”主题主线，强化考核激励，连续九年在全市公安系统目标责任考核中名列前茅。全年共有20个次集体和37人次民警受到各级党委政府和上级公安机关的表彰奖励，11人次荣立个人三等功，队伍中涌现出“全国优秀人民警察”张敏等一大批先进典型，刑侦、交管等工作受到市局贺电和县委县政府和批示肯定，县局机要室获评“全国公安机关一级机要室”、县局荣获“全市公安机关集中打击盗抢骗先进集体”“全市禁毒工作先进单位”，城关派出所被授予“全省执法示范单位”。

（宋　涛　王日峰）

道路交通安全管理

紫阳县公安局交通警察大队
交警大队长：唐紫恒
教 导 员：王永平
副大队长：崔 军 焦 山

【机构设置】 单位核编岗位40人，实有交警38人，聘请协警34人，管辖2760.87千米公路交通秩序，管理机动车34008辆、机动车驾驶人45436人。交警大队下设一个城区交警中队、五个农村交警中队；机关内设政办、事故、交管、车管、法宣五个股室；县道路交通安全委员会办公室、县道路交通事故社会救助基金办公室、交通事故调解委员会办公室设在交警大队。

【队伍管理】 全年队伍无违法乱纪发生。大队以党的“十九大”精神为指针，坚持“抓班子带队伍，抓管理树形象，抓安全保稳定，抓创新求发展”的队伍建设工作思路，深入开展队伍政治理论学习、作风教育、典型案件剖析等警示教育，开展执法质量、办案程序、事故处理、车管业务、交通指挥手势、服务用语和科技装备运用等教育培训。不断强化队伍素质训练，纯洁民警队伍思想，规范执勤执法，增强服务意识，为推动全县各项道路交通安全管理工作提供有力支撑和保障。同时，还始终将“两学一做”学习教育作为推动工作开展、密切联系群众的长效机制来落实。

【道路交通事故】 全县共发生各类道路交通事故342起，中简易程序268起，一般程序74起（统计事故2起、非统计事故72起。）死亡14人，受伤114人，造成直接财产损失237980元。与同期相比事故起数增加53起，上升18.3%；死亡人数减少2人，下降12.5%。15起肇事逃逸案件全被破获。无重特大道路交通事故发生。

【道路交通秩序管理】 共出动警力7500余人次，警车1700台次，动员600余人次社会力量参加整治行动，开展13类专项整治活动，集中统一行动33次，查处各类违法行为41947起，含警告24680人次、罚款17267人次，与去年同期相比查处各类违法行为总数下降42%。其中无证驾驶178起，饮酒驾车341起，机动车超速行驶2961起，客运等超员29起，货运超载1起，其它交通违法行为38437起。记分8240人次，暂扣机动车302辆，证件295本。向客运站下达隐患整改通知书26份。公安交通集成平台有效预警2172次，及时签收预警1606次，处置采集预警701次，共查获嫌疑车辆150台次，现场处罚149台次，其中成功拦截假套牌6台次，逾期未检验104台次，其他39台次，非现场采集违法11950次。

【驾驶人及机动车管理】 共办理各类机动车业务16348起，其中车辆注册登记4451辆，核发车辆检验合格标志10537辆，转移登记 464辆，变更登记52起，注销登记464辆，转入业务1辆，受托检验62辆，抵押登记74辆，补换牌证243起；共办理各类驾驶人业务7478起，其中初次申领1303起，军警换证12人，增驾370次、满分学习89起，驾驶证补证298起，驾驶证换证3386起，转入401起、转出894起，注销登记339起，其它386人次，互联网注册（面签）12712人。

【交通安全宣传教育】 开展“五进八上”宣传活动420余次，上交通安全课58次，开展大型宣传活动6次，事故警示展板215块次，发放各种宣传资料4.5万余份，受教育人数达8万余人次。959路况提示信息发布5100余条，开展交通安全大直播6次（关注人数达到50余万人），“双微”平台发布信息1300余条，曝光典型违法行为、事故案例共7条起，今日头条推送信息210余条，向外网投递稿件580余篇次，公安内网发布稿件600余篇，发送驾驶人安全提示短信200余条。

【交通安全法制工作】 大队法制工作走在全市县级交警大队同行前列。加强教育培训，努力使民警在潜移默化中养成严格规范公正文明执法的良好习惯，共开展法制教育培训12场次。完善执法程序制度化建设，进一步健全交警执法工作制度和执法规范管理体系。建立执法全过程记录制度，全面推进执勤执法记录仪使用管理，健全民警执勤执法监督，加大执勤执法记录仪采集数据的综合深化应用，促进民警队伍管理机制建设。开展好执法质量考评工作，强化日常考、动态考、专项考和网上考评，形成一个科学、合理、务实、高效的考评机制，促进执法办案质量。开展涉案财物管理和“双争创”活动，继广泛深入地开展“争创规范执法示范单位和标兵个人”活动，挖掘、培养先进典型，发挥引领示范作用，推动执法规范化建设的深入开展。加强执法公开，深入推进阳光警务活动，听取社会各界人士意见和建议，改进执法工作。

【道路交通秩序专项整治】 大队先后开展“春运、清明、国庆中秋双节严打整治专项行动”“酒驾、毒驾专项行动”“驾乘摩托车不安全戴头专项整治”“预防重特大道路交通事故行动”“治理黄标车行动”“治乱疏堵”“重点车辆集中整治”“三个不发生专项工作”9类专项整治行动，做到次次有方案、有措施、有落实，有效打击各类交通违法行为，有力维护辖区道路交通秩序，以城区为中心加强县城主要道路紫府路、河堤路、环城路的安全畅通专项整治。同时还把城区及其周边道路、城关镇、蒿坪镇、高滩镇、毛坝镇列为重点整治乡镇，由安监、交通、运管、交警等部门组成联合执法组，轮回深入城区及周边、5个中心镇开展交通秩序大整治，为提升交警大队的快速反应购置8辆警用摩托车，成立县城铁骑队，实现循环交替巡逻，做到城区条条道路有警，时时刻刻有检查，使各种交通违法行为得到遏制，事故起数明显下降，交通环境得到很大改善，切实净化辖区道路通行秩序。

【交通风险防控】 共排查全县道路安全隐患300多起，上报县政府监督责任部门治理。对全县重点车辆加大监管力度，消除安全隐患。严格机动车驾驶证考试关口，加强“五进”宣传力度，提升驾驶人、群众、学生的交通安全意识。

【客运安全监管】 大队加强部门联动，督促客运企业认真落实“三关一监督”制度，严把客运车辆的技术检验关，坚决把事故隐患消除在源头和站内。与教育局协调配合，认真摸排辖区运送学生客车及驾驶人情况，建立健全相关台帐，还专题开展安全驾驶教育培训。同时，大队还严格落实“包抓责任制”，将大队领导和民警分派到客运企业，进行定期和不定期检查，认真清查客运车辆和驾驶人违法、加强异地客运驾驶人动态管理等，全力消除客运源头安全隐患，有效遏制重特大交通事故发生。

【联勤联动】 联合各镇深入开展农村道路交通安全“125”机制建设，全县建立40个农村道路“125”安全劝导站，推进农村道路安全管理工作向纵深发展，有效遏制农村道路交通事故高发势头。联合公路管理段，在S310省道建立3个“123”路警联勤联动执勤点，在S310省道开展联合执勤执法，排查道路隐患，促进省道交秩序好转。探索建立城市道路“113”机制建设，联合城建、城管镇政府、“双创”办、文明办、教育等部门，大力整治城区机动车乱停乱放、摩托车逆行、驾乘摩托车不戴安全头盔等不文明交通行为。

【工作创新】 新购置高拍仪、电脑等装备，迅速在各乡镇交警中队开展互联网交通个人入网服务业务。与软件开发公司共同设计研发的《紫阳县公安局交通警察大队涉案财物管理系统》，于3月底在自建的阿里云服务器上正式运行。此系统的投入使用，有效解决大队涉案财物底数不清、情况不明和对涉案财物清理、公告、处置难等问题，有效堵塞漏洞，实现对涉案财物管理工作的信息化、制度化、规范化管理，为大队的执法质量提升奠定坚实的基础。该系统附带的《简易程序处罚决定书》等现场文书制作及打印模块，实现《简易程序处罚决定书》等现场法律文书制作并打印，有效解决现场文书制作不规范的问题。全面执行机动车号牌摇号和自编号牌规定，更好的服务群众。“三调合一”避免交通事故当事人更多的通过诉讼维权，调解率达到90%以上，为受害人节省成本和时间。

【扶贫攻坚】 自2017年3月1日包联界岭镇箭竹村扶贫攻坚工作以来，交警大队围绕“六大保障”“七个一批”为中心开展各项精准扶贫工作。贫困户精准识别和数据清洗工作。对整村脱贫及贫困户脱贫进行认真规划，制定详细的脱贫方案和帮扶措施。启动标准化村委会办公室、村卫生室、活动场地建设。产业扶贫为贫困户争取40头猪仔补贴，每头补贴300元到位；养猪两头以上、养羊5头以上、养峰10桶以上的700元产业奖补已经兑付农户手上，并对村上30户的养蜂户500斤蜂蜜高于本地市场价全部销售完毕，为农户多增加收入5000元。粮食直补已经兑现，茶园改造已完成120亩。72户住房无保障户易地搬迁“三项协议”已签订完毕，43户订房户共计缴定房款39.5万元；危房改造3户已完工。所有贫困户合作医疗政府退费全部完成，26个贫困人口住院已全部报销总费用的90%；教育扶贫在读大学生8人、职业技术学校2人，2017年新考入大学的4人已帮忙申请泛海计划等教育扶贫项目，交警大队按每人1000元奖励新考大学生，共计4000元，为40名贫困学生申请“微心愿”。生态扶贫护林员9个，民政、社保、公路等公益岗已落实到贫困户，兜底保障19户20人。大队配备1名正科1名副科民警驻村开展扶贫工作，抽调18名民警各自包联5户贫困户全力帮助农户脱贫按时完成各项工作任务。成立一个养蜂合作社，共35户贫困户加入合作社，共养蜂400多桶，今年蜂蜜共收入5万余元。成立一个茶叶合作社，茶叶加工厂已经投入生产，部分农户已将自己的老茶园改造完毕，400亩新建茶园正在整理土地。共有32人参加足疗技能培训，超额完成任务，交警大队按照每人补助500元补贴进行帮扶，共计发放技能培训补贴16000元。大队在箭竹村委会为箭竹村村民免费培训摩托车驾驶技能，有30人培训合格经过考试拿到驾驶证，为农民免去培训费10500元。交警大队投入一台警车、两辆摩托车、三台电脑、两台打印复印一体机、笔墨纸砚，弥补村上办公条件不足。

（武进军）

消 防

紫阳县公安消防大队
大队副大队长：张峻踊
大 队 教 导 员：肖永生
大 队 参 谋：梁联产 张 晋
中队副中队长：常文彪

【消防概况】 2017年，县消防大队圆满完成元旦、春节、元宵、五一、国庆等重大节日消防安保任务。全县共接警出动175次起，其中火灾38起，抢险救援25起，社会救助112起，出动消防车228辆次，消防人员1006人次，抢救被困人员12人，疏散人员20人。同比去年，接警出动起数上升了35.71%，出动车辆数上升61.54%，出动消防人员数上升了65.05%，抢救被困人员数上升266.67%，消防部队所担负的职能任务从以往火灾扑救为主的基础上，逐步向承担以抢救人员生命为主的应急救援职能拓展。

【部队管理】 圆满完成十九大安保、元旦、春节、元宵节、“两会”“乡约走进紫阳”和党代会等重大消防安保工作任务。通讯、业务实战化训练工作扎实开展，组织开展五次通讯专项训练，就通讯使用和术语进行规范；着重就各种新装备、新技术确保官兵做到“会操作、会讲解、会保养、会维修”，努力发挥器材装备的最大效能。开展3月“条令学习月”、每月“条令学习日”和“队列训练日”活动，强化官兵条令条例意识和安全发展理念，3月9日大队专门召开军人大队就“条令条例学习暨纪律作风教育整顿”活动进行动员部署，在支队举办的条令条例知识竞赛和队列会操中大队取得较好成绩。实现无亡人责任事故、无刑事案件、无自杀事故、无酒驾、无严重违纪的“五无”目标，确保部队安全稳定。年度岗位练兵多措并举，练兵成果转化战斗力。结合《安康市公安消防部队2017年度执勤岗位练兵实施方案》的通知要求，大队严格按照方案要求开展日常训练工作，坚持按纲施训、按职施训，做到以训练场为战场，以训促战，保证训练项目、时间、人员、效果四落实。大队官兵坚决克服人员少的实际困难，在执勤、训练中发扬小中队也有大作为的思想认识，在支队举办的擂台赛中多次取得优异成绩，特别是在第三期擂台赛中中队上士周小红取得结绳擂主，在第五期擂台赛中取得无编制中队综合第一的好成绩。2017年以来，紫阳大队与紫阳县高速路管理所签订协议，两家单位进行联勤联训工作机制，共联合出动四次火灾和抢险救援任务，保证第一出动的充足力量，大大提升处置火灾和抢险救援的效率，为灭早火、灭小火提供坚强保证。夏防工作有序推进，取得良好效果。有序开展辖区六熟悉、演练工作，六熟悉社会单位81家，演练社会单位31家，制作单位预案81份，修订完善灭火救援重点单位31家，完善数字化预案19家，制作了辖区水源手册，高层建筑灭火演练26次。紫阳大队狠抓“两个经常性”工作，进一步规范部队“四个秩序”，严格执行安全工作一票否决制。3月25日，召开专题会议全体官兵和外聘人员逐人签订安全责任书。2017年，中队没有发生任何行政责任事故，部队持续保持高度稳定。

【防火监督管理】 消除火灾隐患，保持全县火灾形势持续稳定。2017年，大队相继开展今冬明春火灾防控专项行动、施工现场专项检查、夏季消防安全排查整治、十九大安全保卫等活动。大队先后联合民政、教育、卫计、文化、市场监管、住建等部门开展多项联合执法，切实消除一大批火灾隐患。紫阳消防大队全年共检查单位2377家，下发责令改正通知书份1074份，发现并督促整改火灾隐患或违法行为4177处。指导基层派出所，基层民警消防业务知识水平逐步提高。大队采取多项举措，不断明确派出所消防监督职责，规范派出所消防监督执法工作，强化派出所消防监督管理工作，实现依托基层公安派出所建设三级监管“网格化”管理工作的目的，进而全面提高城镇消防工作水平，营造良好的城镇消防安全环境。在前期县公安局明确消防大队与派出所职责任务，形成所领导负责，专兼职民警抓落实的基础上，大队为各所下发《消防安全管理实用手册》，帮助开展日常消防监督工作，同时，针对派出所消防监督管理系统的应用问题，大队指派业务能力强的监督人员上门指导，现场教学，完成数据录入。紫阳县17个派出所共检查单位15284家，下发责令整改通知书10390份，发现并督促整改火灾隐患23121处，消防行政处罚25起。县公安局将消防工作考核纳入到公安局的业务考核范围，每次考核抽调消防大队执法人员进行实地考核，推进了紫阳县消防基层派出所的消防监督工作。创新宣传模式，消防宣传多种多样形式丰富。分别深入企业、农村、社区、人员密集场所开展消防安全培训，先后为企、事业单位3000余名职工开展消防安全知识培训；大队充分利用县电视、短信、横幅、娱乐场所的电视、微博、微信、彩图等各种媒体资源，发布消防安全常识、灭火救援画面、预防煤气中毒、预防消防行为诈骗公告，还精心打造“一楼一宣传”消防宣传亮点工程，全面构建多元化、立体式消防宣传“大格局”，增强各级人员消防安全意识和素质。大队指定专人负责每天推送消防微信更新、微博推送消息，定期通过大队开通的移动信息平台发放消防安全知识。消防基础设施建设逐步完善，微型消防站建设稳步推进。划拨40万专项款，用于紫阳县（含17个镇）的消防专项规划编制工作，覆盖率走在全市前列。微型消防站建设主要以重点单位为抓手，利用安康博物馆微型消防站现场会的要求实施，关于社区微型消防站的依托镇政府开展微型消防站建设工作，目前，全县77家重点单位已全部建成微型消防站，22个社区已全部建成微型消防站，主城区部分高层和老旧小区按人口密度建设微型消防站12家，已全部加入“消防力量云平台”，可以进行区域联防，从而达到“三分钟到场、扑救初期火灾”的要求。大队对社会单位进行大排查，经过排查发现紫阳县农产品服务中心（西关夜市）未按要求设置自动喷水系统、机械排烟系统、自动报警系统，大队监督人员依据重大火灾隐患判定方法直接判定为重大火灾隐患单位，已上报支队防火处，并录入系统，县公安局提请政府挂牌督办，目前紫阳县农产品服务中心（西关夜市）已经全体搬迁，重大火灾隐患已消除。4月，依据重点单位界定标准，对辖区重点单位进行从新调整，以公安局下发正式文件，并录入消防监督管理系统，及时更新单位信息，并严格按要求落实户籍化管理网上“三项报告备案”制度，全县77家消防安全重点单位已全部备案，备案率达100%。

（张峻踊）

检 察

紫阳县人民检察院
党组书记、检察长：王开富
副检察长：兰俊华　宋方甲　阴文忠
纪检组长：陈　宏
检察综合业务部部长：黄新春（女）
监查监督部部长：黄英志
反贪污贿赂局局长：兰俊华（兼）
反渎职侵权局局长：纪晓忠

【机构设置】 紫阳县人民检察院有政法专项编制55名，在编48人。内设反贪污贿赂局、反渎职侵权局、职务犯罪预防科、公诉部、监查监督部、民事行政检察部、诉讼监督部、检察综合业务部、政治部、办公室。

【履行法律监督职能】 2017年，共受理公安机关提请批准逮捕案件61件80人。经审查，共批准逮捕58件76人，不批准逮捕4件4人（含1案部分不捕1人），纠正漏捕1件1人。2017年，共受理审查起诉案件110件146人，其中公安机关移送100件130人，本院自侦部门移送10件16人，经审查，依法向县法院移送起诉87件101人，上报市院审查起诉案件1件1人，不起诉11件17人，纠正遗漏罪行2人，追诉漏犯4人，退回公安机关补充侦查55件86人，出庭支持公诉85件99人，审查县法院判决75件86人，均做有罪判决，提请抗诉1件。2017年，共接待来信来访140件155人次，电话访19件,办理司法救助案件11件16人，发放司法救助金13万元。

【查办和预防职务犯罪】 开展“利剑”行动，全年共立案查办职务犯罪案件9案14人，其中查办贪污贿赂犯罪案件6件10人，查办渎职犯罪案件3件4人。原紫阳县邮政局贪污公款115万元潜逃13年之久的犯罪嫌疑人朱某抓获归案。全年共开展职务犯罪法律知识专题讲座31场次，开展行贿犯罪档案查询2235件。

【诉讼监督】 全年共受理审查各类民事行政检察案件28件，其中向县人民法院发出再审检察建议1件，监督诉讼活动违法情形7件，监督执行活动违法情形6件，县法院采纳再审检察建议并改判1件，一般检察建议12件，作不支持监督申请决定2件；向行政机关发出督促履行职责检察建议11件；办理公益诉讼诉前程序案件5件；提起公益诉讼案件1件。协助组织、承办全市公益诉讼推进会1次。2017年，共审查暂予监外执行案件1件；办理财产刑执行监督案件2件，办理羁押必要性审查案件8件，对不需要继续羁押的7人依法建议变更强制措施。办理在押人员控告申诉案件6件，其中依法为在押人员追回财物类案件4件。加强监外执行工作的法律监督，配合有关部门监督考察监外执行罪犯240人次，针对不当问题依法监督纠正5件，建议监督纠正1件，建议督促1件。

【品牌工作】 2017年，创建“生态检察”品牌工作，在全省首创设立驻环保局检察室，检察室以支持和监督环保执法工作为抓手，带动水利、林业、国土等相关执法部门，切实加大对生态环境保护力度。起草制定《行政执法检察监督实施办法》试行草案，将修改完善的《实施办法》试行草案提交县人大审议，2017年7月7日，县人大十八届人民代表大会常委会第五次会议上审议通过该办法。

【司法体制改革]】 作为全省检察体制改革试点院之一，紫阳县人民检察院严格按照省检察院下发的司改路线图，完成第二批入额检察官遴选工作，员额检察官均已按照上级文件要求配置到一线办案业务岗位办案。2017年6月，省编办和省检察院发文确定院内设机构将按照“大部制”模式，并按上级规定的时间节点完成内设机构改革配置工作，其经验做法被市院在全市检察机关转发推广。

【检察队伍建设】 加强政治思想建设。十九大后，加强学习十九大报告，全院干警参加各种培训、辅导、讲座会，并联系实际写心得体会，不断增强干警“四个意识”和“四个自信”。强化岗位练兵。举办岗位练兵、竞赛评比活动，参与上级院岗位练兵竞赛活动。创办“正义锋行论坛”，对疑难复杂案件及社会热点问题进行研讨、辩论。狠抓司法考试和学历教育，全年共有4名干警参加司法考试，其中3人通过A证。深化内部监督，推进执法规范化。全年开展四次案件评查活动，并对个案中存在的不规范行为提出整改要求。按照“三项机制”要求，制定绩效考核办法，年终兑现奖惩，激发工作活力。严格落实“两个责任”，层层签订党风廉政建设责任书，认真执行廉政准则和中央八项规定精神及省、市实施意见，按照市、县委的统一安排，开展“为政不为”专项整改活动，取得一定成效。经县人大常委会、县政协推荐，检察院与县委统战部共同研究，聘请6名非公有制法人代表为首届特约检察员，实现党外人士监督检察工作、检察工作更好服务非公有制经济互动。

【精准扶贫】 2017年，县检察院帮扶向阳镇芭蕉村，成立脱贫帮扶工作队，选派2名工作能力强的干警常年驻村，帮助芭蕉村用3年时间完成脱贫任务，全院干警每人包联5户，组织开展数据清洗、政策宣传、产业建设等工作，全年争取道路改造、人畜饮水、电力改造、厂房建设等工程项目资金267万元，挤出办公经费8万元支持村购买脱贫攻坚办公设备、制作广告宣传牌等。帮助改善当地农业种植结构，积极与胡氏修脚集团联系，在芭蕉村举办培训班2期，培训85人。

（侯安平）

法 院

紫阳县人民法院
党组书记、院长：毕传祥
副院长：蒋晓安 吴庆华 汪 焱
执行局长：高显超

【机构设置】 紫阳县人民法院（以下简称县法院）编制75人，临聘人员36人。党组成员5人，机关内部为全面落实司法体制改革的各项要求，打破原有庭室建构，整合设置了第一审判团队（高桥法庭、毛坝法庭、红椿法庭）、第二审判团队（蒿坪法庭、洄水法庭、汉城法庭）、第三审判团队（民一庭、民二庭、行政庭）、第四审判团队（刑事庭）、第五审判团队（审监庭、审管办、研究室）、诉讼服务团队（立案庭、信访办）、执行警务团队（执行局、法警大队）、行政事务管理团队（政工科、办公室、监察室）共8个团队。

【概况】 全年共受理各类案件2175件，办结2123件，同比分别增长14.5%和15.7%，收、结案件数量均首次突破2000件。

【刑事审判】 全年共受理刑事案件93件，审结91件，判处罪犯106人。依法判处刘停停等人非法捕捞水产品犯罪案，有效保护青山绿水生态环境。成功审理张春莲生产、销售有毒有害食品案，保护群众“舌尖上的安全”。审结向阳镇江河生态园冯超拒不支付劳动报酬、诈骗案，严厉打击金融和涉众型犯罪。依法快速审理任文芝寻衅滋事案，规范信访行为，维护国家机关正常办公和公共秩序。

【民事审判】 共受理各类民商事案件1390件，审结1351件，坚持“调解优先、调判结合”的原则，积极稳妥化解各类民商事纠纷，高度重视民生案件，审结婚姻家庭纠纷案件384件，促进家庭和睦、社会和谐。审结金融借款、民间借贷纠纷等案件868件，促进社会诚信；审结买卖、承揽、房地产开发、建设工程等案件215件，促进市场健康有序发展。

2017年6月29日，最高法院审委会委员、立案庭庭长姜启波（左一）带领最高法院工作组来到紫阳法院开展立案、信访和诉讼服务工作调研，图为姜启波庭长详细了解紫阳法院诉讼服务“一二三四五”模式

针对民间借贷纠纷案件高发态势，通过《有理大家说》栏目，就高利贷的危害及风险防范向广大群众提出有针对性的意见建议。在县城河堤路改造工程、541国道建设、紫邑新城劳资纠纷、尚都商业街建设合同纠纷等重点项目建设中，积极发挥职能作用，保障工程顺利进行。

【行政审判】 加强非诉行政案件审查，对发现的问题、遇到的情况及时与相关行政机关进行交流沟通，充分发挥司法建议作用，督促行政机关完善行政执法程序，促进依法行政。全年共审查非诉行政执行案件8件，其中裁定准予执行7件，不准予执行1件。发出司法建议1条，促进行政机关依法行政。

【执行工作】 新收执行案件685件，执结674件，同比分别上升63.2%、60.9%。执结到位标的额5408.7万元，开展“执行风暴”专项行动，大力营造决胜攻坚的强大声势。加强财产联动查控，与住建、国土、公安、市场监管、银行等部门建立不动产、存款、股权等网络查控系统，累计冻结存款1869.1万元，查封房产79套、扣押车辆11台，进一步织密防范规避债务的法网。加强失信惩戒，县委办、政府办联合出台了《关于强化执行联动威慑机制实施办法》，县人大常委会作出了《关于加强县法院基本解决执行难工作的决议》，推动紫阳县“党委领导、人大监督、政府支持、法院主办、部门配合、社会各界参与”的基本解决执行难工作大格局形成。同时利用电视、微信、室外显示屏等平台多渠道对79名“老赖”公开曝光，拘传27人，对64名拒不执行的被执行人采取司法拘留措施，迫使16名“老赖”主动履行法定义务，初步构建起“一处失信，处处受限”的信用惩戒威慑机制，产生了良好的社会反响。

【精准扶贫工作】 选派2名精英干警驻村担当第一书记和工作队员，每名在编干警包联2户群众。与县脱贫办联合出台《关于为脱贫攻坚提供司法保障和法律服务的实施意见》，建立审理涉扶贫领域犯罪工作专班，审结涉扶贫领域犯罪2案2人，妥善执行涉扶贫人员案件30案。对34名涉贫执行当事人发放执行救助资金43万余元，充分发挥审判服务扶贫工作的职能作用。与此同时，加强与包联的高桥镇何家堡村贫困户的结对帮扶工作，实施包帮贫困户“1+3”工作法，培植3户产业大户，促成养牛、药材和蔬菜种植、花卉培育3个合作社的成立，为推进整村脱贫奠定了坚实基础。推进新民风建设，落实技能培训，激发贫困户精神脱贫，长远发展。通过协调，争取并实施道路加宽硬化3条8.8千米，人饮工程3处，出资20余万元用于帮扶何家堡村产业发展、基础设施、劳动技能培训等。全院干警自发募捐5万余元，为包联贫困户送仔猪、鸡苗、粮油款物、捐助困难学生。

【司法改革】 先后三批次遴选出23名员额法官，按照“1+1+1”的模式组成办案单元，所有案件的裁判文书均由员额法官直接签发，新型办案机制有效形成。进一步优化内设机构和司法资源配置，打破庭室部门职能划分，在原组建的8个新型审判团队的基础上，又成立家事审判和案件速裁2个团队，形成扁平化审判管理新格局。院领导全部编入审判团队办理案件，院庭长办案常态化，全年院庭长共办结各类案件1203件，占结案总数的56.5%。深入落实司法责任制，推进员额法官、司法辅助人员、司法行政人员的分类考核，完善绩效评价体系，增强队伍管理的科学性。新型审判团队建设和家事审判等工作，赢得省市法院的充分肯定。

【队伍建设】 邀请法学专家教授来院开展专题培训讲座8场次，选派干警参加各类培训200余人次，不断提升法官队伍的法律适用能力、庭审驾驭能力、诉讼调解能力、文书说理能力、判后答疑能力和案件执行能力。开展庭审观摩、裁判文书评比、岗位练兵等活动，提高干警业务素养，增强队伍整体司法水平。开展“精品党建示范点”创建活动，激发党员干警活力。开展“法院院长讲办案故事”和“我身边的好法官”培育推荐活动，激发干警职业尊荣感，传递队伍正能量。通过开展党组书记讲党课、邀请纪委领导讲廉政课、演讲比赛、学习模范先锋、组织干警观看警示教育片等方式，强化党性教育、优化党员管理、深化作风建设，增强法官干警的政治意识、大局意识、核心意识、看齐意识。

2017年8月16日，陕西省高级人民法院党组书记、院长阎庆文（左四）一行到紫阳法院调研指导司法办案和安全维稳等工作，图为阎庆文院长在蒿坪法庭调研

【党风廉政建设】　以加强各项政治理论和规章制度学习为抓手，认真贯彻落实中央八项规定精神，严防“四风”反弹。积极践行监督执纪“四种形态”，出台《关于开展谈话提醒构建抓早抓小工作机制的实施细则》，对党员干部执行“八项规定”“五个严禁”等方面存在的苗头性、倾向性问题及时开展谈话，力促问题早发现、早提醒、早处置，做到有病早治、防微杜渐，培育勤奋务实、廉洁自律、敢于担当、奋发有为的良好干部作风。严格日常工作纪律，院领导带头、团队负责人和部门负责人负责、纪检监察部门监督，从上下班纪律、会风会纪、审判作风等细节小事抓起抓实，严格落实责任追究。成立督查组，不定期开展检查。扎实开展廉洁司法专项教育活动和以整治“庸、懒、散、奢、骄、虚、乱、枉”等八种不良风气为重点的干部作风专项整顿活动，严厉整治“为政不为”。全年共开展任前廉政谈话55人次，提醒谈话12人，诫勉谈话1人，无违纪案件发生。

【基础设施建设】　以“规范化人民法庭”建设为中心，完成高桥、蒿坪两个法庭的规范化法庭验收，目前5个人民法庭实现局域网、视频监控、审判管理软件在法庭的全覆盖，物质装备条件和信息化水平得到进一步改善。

【宣传调研】　紧扣县委和上级法院的工作重心，加强新闻宣传工作，客观、快捷地反映工作取得的成绩，传递司法正能量。全年在中央级媒体发稿11篇，在省市县媒体发稿615篇，被人民法院报、中国法院网、陕西法院网、陕西法制网、西部法制报、安康日报等各级主流媒体广泛报道。2017年，紫阳法院被省法院评为新闻舆论工作先进集体，1名干警被省法院评为新闻舆论工作先进个人。

（汪德伟）

司　法

紫阳县司法局

局　　长：朱永平

副 局 长：喻明权　焦　峰

纪检组长：孙智琴（女）

【机构设置】 紫阳县司法局承担着指导、管理全县普法依法治理、人民调解、社区矫正、安置帮教、法律援助、法律服务、公证等工作。内设6个股室：行政股、法制宣传教育股、法制与法律服务监督管理股、基层工作管理股、法律援助中心、社区矫正中心，下设正科级事业单位公证处和股级事业单位148法律服务所（县民事调解中心）。负责管理陕西汉水律师事务所、陕西自信律师事务所、城关法律服务所和蒿坪法律服务所。县司法局机关核定行政编制20名，事业编制4名。

【普法教育】 将普法依法治理工作纳入各镇、各部门年终综合目标任务考核。在县委、县政府的高度重视下，依照“谁执法、谁普法”“社主管、谁普法”的要求，由紫阳县督查考评办公室和县委依法治县工作领导小组办公室联合印发《紫阳县2017年普法依法治理工作考核实施细则》，将普法工作纳入各镇、各部门工作综合考核。有力的推进“七五”普法依法治理工作。开展“法律进校园”宣传周集中宣传活动；印制青少年普法宣传读本和以案说法等普法宣传书籍40000余册。新建法治文化广场1个、法治文化广场墙5面，截到目前全县累计打造法治文化街23条，法治文化广场4个、法治示范小区10个。法治文化大院1个、法治文化园区1个；开展“民主法治示范村（社区）”“法治示范校园”创建活动，创建达标市级法治示范村（社区）25个、县级民主法治示范村（社区）10个、法治示范校园5个。印发《关于开展2017年紫阳县“12·4”国家宪法日暨全国法制宣传日活动方案》，深入学习贯彻党的十九大精神，学习中国特色社会主义新时代依法治国思想。开办《法之声》和《有理大家说》普法栏目，开通E信通、微信、微博普法平台。2017年以来，播出《法之声》12期、《有理大家说》6期，办黑板报446期，标语600条，发放宣传资料、书籍17万余份。深入开展“法律六进”活动，仅“法律进校园”宣传活动有50余场次，全县共举办法治报告会428场次，受教育群众12万余人次。

【基层基础工作】 2017年以来，因陕西省农村综合体制改革，将各镇司法所划归各镇政府管理，从而改变原来以司法局管理为主、镇管理为辅的管理体制。但为了巩固基层司法所建设，司法局印发《基层司法所目标任务考核办法》，并与各所签订目标任务责任书；扎实开展“聚力司法所、强基促和谐”专项活动，并进行专题调研。司法局还给各镇司法所一定的公务经费，以促进基层司法行政工作的开展。

【人民调解工作】 加强《陕西省人民调解工作条例》的宣传与贯彻落实，建立县级人民调解委员会，完善“三调联动”多元化解矛盾纠纷机制，在县、镇两级设立“三调联动”办公室；联合县法院、县交警大队建立“诉调对接”和“交调对接”机制，设立诉调对接办公室和驻交警大队调解室；完善婚姻家庭、征地拆迁、食品药品安全等行业性专业性调解委员会6个，截至年底共成立行业性专业性人民调解委员会10个；充分发挥“三调联动”机制，促进541国道等重点项目建设；在向阳、蒿坪等镇建立规范化调解室10个，积极组织和开展人民调解员培训，省市培训50余人次，县级培训300余人次；推选4名优秀人民调解员担任人民陪审员；进一步修改完善以案定补实施方案，县财政预算30万人民调解专项资金，由县调解中心对调解案件实行“以案定补”，进行表彰奖励，有效调动基层人民调解员的工作积极性。2017年，共调解各类矛盾纠纷1183件，调解成功1159件，调解成功率达98%。其中涉及全县重点工作、重点项目47件，调解成功47件。

【重大节日及敏感时期矛盾纠纷排查调处】 在“春节”“两会”“中秋”“国庆”“十九大”、省党代会等重大节日及敏感时期，专题布置、梳理排查不稳定因素，制定维稳方案、应急预案，实行“零报告”制，利用全县纠纷网格化管理平台，实现动态化管理，确保把矛盾纠纷消灭在萌芽状态。

【公共法律服务体系建设】 全面推进公共法律服务体系建设，印发《关于进一步加强政府机关法律顾问工作的通知》，积极组织律师、基层法律服务工作者担任各镇、各部门、人大代表、政协委员法律顾问；建立了律师、基层法律服务工作者参与信访化解工作机制，并在县信访大厅派驻值班律师；加强律师和法律工作者队伍的工作指导和日常监管。建立完善律师、法律服务工作者的个人诚信档案，对从业人员的个人从业行为及投诉记入档案，并纳入年终考核和执业年检；对2017年法律服务案卷、公证案卷、法律援助案卷进行全面评查；全面推行“点援制”援助模式，在县法院、各镇等单位设立法律援助工作站26个，在村（社区）设立法律援助联络点30个；积极开展“十项举措惠民生、法律援助解民困”活动，2017年共办理法律援助案件273件，为受援对象挽回经济损失1700余万元。强化“公证便民”的理念，改善公证处的办公条件，提高服务环境。全年共办理公证310件。

指派20余名律师和法律服务工作者，为111个贫困村担任法律顾问。按照统一协议、统一标牌、统一考核的要求，组织法律顾问团队积极开展工作，全年共受理群众法律咨询5160件，法治宣传和讲座316场，化解矛盾纠纷312起，法律援助68件，合同协议把关18件。

【社会管理创新】 安置帮教工作。近5年累计接收刑释解教人员265人，2017年接收刑释解教人员49人，帮教49人，帮教率100%，无一脱管、漏管和重新犯罪行为。联合县人社局对刑释解教人员进行技能培训，通过培训教育，引导和扶持刑释解教人员依靠自身努力实现就业。社区矫正工作。全县累计接受社区矫正对象440人，在矫对象115人，开展审前社会调查评估290起，其中2017年开展36起。司法局成立社区矫正中心，落实社区矫正中心工作人员。在社区矫正工作中，健全工作机制，县镇两级成立社区矫正工作领导小组，建立标准的办公场所，建立工作制度。完善社区服刑人员管理各个环节的工作制度和工作流程，坚持用制度规范、用制度提高效率、用制度强化管理。规范档案资料，建立教育和管理的资料库。强化社区矫正对象的日常管理，建立县镇监控平台，运用定位系统全天监管。注重人文关怀，申请民政资金对家庭困难对象进行慰问救助，对35名矫正对象进行技能培训，使其学会一技之长，促进其生活稳定。加强执法监

紫阳县司法干部送法到田间地头

督，联合县检察院在全县开展社区矫正执法监督，进一步加强和规范镇级社区矫正执法工作。全县无一例脱管、漏管现象。

【干部队伍建设】 认真学习党的“十九大”精神，认真落实中央“四个全面”战略布局，增强“四个意识”，树立“四个自信”，继续在全体队伍成员中开展宗旨教育、法治教育、廉政教育以及社会主义核心价值观教育，提高队伍成员的政治思想素质、理论文化素质和道德修养素质。加强班子建设，增强班子的凝聚力、战斗力。完善民主集中制、党风廉政建设责任制、理论中心组学习、调查研究、联系群众等制度，增强班子的凝聚力、号召力、战斗力，充分发挥班子在队伍建设中的领导核心作用。坚持两个原则，促进队伍建设取得实效。第一要坚持“严抓严管”的原则，加强对队伍的监督管理，及时解决队伍中出现的各种不良倾向和问题。第二要坚持“关怀关爱”的原则，认真关心和爱护司法行政队伍中的每一名成员，思他们所思，想他们所想，积极为他们排忧解难，让他们能够安心投入到工作当中，干无所忧、干有所为。

【综治平安建设】 2017年，认真履行综治成员单位职责，围绕“两率两度”积极开展各种形式的宣传活动，利用“一村一法律顾问”入住全县111个扶贫村向群众宣传平安建设和司法行政工作；开展民主法治示范村（社区）创建工作，宣传平安建设工作；通过“法治紫阳”“和谐紫阳”微信公众号宣传平安建设成果，让群众感受到平安建设带来的“幸福感、获得感、安全感”。

（朱永平　贺晓平）

农 业

农林科技

紫阳县农林科技局

局　　长：鲍务林

副 局 长：伍贤密

局党委委员：曾德鑫　朱国茂　黄志富

唐　勇　张　安

【机构设置】 紫阳县农林科技局于2016年4月28日由原县农业局（科技局）和原县林业局合并成立，行政编制32名(含紫阳县公安局森林公安分局政法专用编制10名)，事业编制144名；其中：局长1名，副局长2名，内设行政股、计财股、农业股、林业股、法制股、科教股、资源股7个股室，辖12个事业单位。现有在岗职工168人，其中行政在岗人员44人，事业在岗人员124人。

【综述】 全县农林科技工作以脱贫攻坚为统揽，以农业发展农民增收为核心，以科技服务为支撑，以新型经营主体为载体，着力发展农业特色产业，优化农业产业结构，深化农业农村改革，实现农业农村经济平稳持续健康发展。完成国有林场改革、农村土地承包经营权证书打印颁证，成立产业脱贫、生态脱贫，以及三变改革办公室，全年新建茶园1.06万亩，新培育县级现代农业园区23个，实质性启动26个村“三变”改革试点工作，农村居民人均可支配收入达到9638元，同比增长9.7%，粮食播种总面积63.7万亩，猪牛羊出栏总量50.67万头，饲养家禽210万羽，肉类总产3.3万吨，魔芋种植6.8万亩，绿化造林6.9万亩，森林覆盖率达到62%，成功创建陕西山林经济示范县。

【农村改革】 全年完成176村的农村土地承包经营权证书打印颁证工作；全面完成国有林场改革工作；新成立农民专业合作社105家，其中市级示范社3家；成立县级农村集体产权制度改革和“三变”改革工作领导小组，出台工作方案，下发改革工作流程，落实办公室和工作人员，全县有26个村实质性启动改革试点工作，其中5个省市试点示范村亮点纷呈。洄水镇团堡村以团堡生态养鱼专业合作社、宝康茶叶专业合作社、乡源生态农业专业合作社为承接主体，按照“合作社+基地+农户”合作方式，推动茶园、土地、水域等资源变资产和部门帮扶资金、互助资金变股金，建立贫困群众与三个专业合作社的利益联结机制，基本形成“三变”+茶叶产业、“三变”+生态渔业、“三变”+农村电商模式。界岭镇斑桃村以秦巴紫硒农业科技有限公司为承接主体，成立茶叶、板栗、核桃三个专业合作社，采取“企业+合作社+基地+贫困户”合作方式，通过流转土地和土地入股，流转22户农户承包荒山、土地1800亩，计划投资1.2亿元建设秦巴紫硒农业园区，已发展茶叶800亩、核桃500亩、板栗500亩，套种黄豆750亩，农户通过“保底收益+园区务工”增加收入。蒿坪镇王家河村以舍顿菊花有限公司为承接主体，村上成立盈丰种养殖专业合作社，采取“企业+合作社+基地+贫困户”合作方式，流转土地300亩种植菊花，公司按照每亩1000元的标准委托盈丰种养殖专业合作社进行基地管理，盈丰种养殖专业合作社按照每亩800元标准反租倒包给土地流转户和贫困户负责生产管理，采摘时企业按劳另付薪酬，合作社每亩收益200元中除去管理服务费外全部为合作社公积金，农户每年获得每亩200~400元的土地流转保底收益、800元基地管理薪金和劳务收入。高桥镇裴坝村以关南春茶叶有限公司、半亩茶有限公司、开源富硒科技有限公司为承接主体，通过流转土地保底收益和订单带动增加收入与农户建立利益联结机制，推动土地、茶园等资源增值。焕古镇东红村以秦巴茶业公司使用省供销集团注资650万元，带动贫困户97户，农户按配股额（一户3万元）5%分红，5%在公司通过劳务获得。12个省定2017年脱贫出列村“三变”改革试点工作同步推进，乡镇主要领导亲自上手，加派财审、扶贫、农综相关业务干部汇聚扶贫工作队，县上向脱贫出列村派驻“三变”改革工作组，合力推进出列村“三变”改革工作，从集体资产清产核资、集体经济组织成员建立等基础性工作入手，指导各村制定农村集体合作经济组织章程、考核办法、按程序组织选举审报登记理事会和监事会，积极选择产业，选定合作实体，开展多种形态的股份合作。毛坝镇走内引外联之路，规划全流域打造盘厢河旅游扶贫经济带，已有天津一家地产公司和成都一家航空食品公司，进驻盘厢河，观音、岔河两村广纳农户资源，山林经济和旅游观光已迈出坚实步伐，洞河镇小红光村、汉王镇汉城村积极培育市场主体、探索农户与实体联结机制，建设现代农业园区，推动产业发展。

【茶叶产业】 是年，全县茶园总面积达到22万亩，茶叶年产量6282吨，实现综合收入15.6亿元。全年新建茶园1.06万亩，改良茶园1.5万亩，发展紫阳茶种良种繁育基地765亩，培育母穗园2800亩，新建清洁化茶厂3个、重点茶叶园区6个，培育SC认证茶业企业10家、市级以上茶业龙头企业4家。

【畜牧产业】 全年无重大动物疫情发生，自主成活率达到95%以上，畜牧发展总体向好，生猪出栏37.5万头，羊出栏13万只，肉类总产达到3.3万吨，家禽饲养总量210万羽，禽蛋总产4310吨，建成标准化养殖场2个，规模提升阳晨产业联盟5个，培育生态养殖示范点3个。

【魔芋产业】 全年继续推进“公司+合作社+基地+农户”魔芋一体化经营“紫阳实践”发展模式，全县15个魔芋基地镇共完成魔芋种植6.8万亩，较2016年扩大0.8万亩，其中商品芋2万亩、种芋繁殖2.05万亩、林下种植2.75万亩；建成一镇一业魔芋重点镇2个，一村一品重点村8个，建成市级魔芋示范园4个，县级魔芋产业示范园8个。

【农村经济】 农村居民人均可支配收入达到9638元，同比增长9.7%；全年粮食播种总面积63.7万亩，总产11.1万吨，同比增长-0.4%；油料播种总面积11.1万亩，总产1.27万吨，同比增长1.6%；全年猪牛羊出栏总量达50.67万头，肉类总产3.3万吨，饲养家禽210万只，禽蛋总产4310吨；魔芋种植总面积6.8万亩，总产量7.5万吨。

【农业机械】 全年完成33.8万元农业机械补贴资金，推广茶叶机械、茶叶修剪机械、微耕地机械等各类机械675台，受益农户364户。

【退耕还林】 是年，对全县29.86万亩一期退耕还林工程进行了管护和政策补助兑现，对2014年实施的0.6万亩和2015年实施的1万亩新一轮退耕还林工程进行政策兑现，对2016年2万亩新一轮退耕还林工程进行规划设计和检查验收，并启动2017年1万亩的新一轮退耕还林工程建设。

【农业园区】 是年，县政府出台《紫阳县现代农业园区建设管理实施细则》，全县继续围绕茶叶、魔芋、畜牧和特色林果产业对31个省市级农业园区开展“五治一品”提质增效工作，全年共培育建设农业专业合作社55家，培育新型职业农民310人，新培育建设县级农业园区23个，申创市级农业园区5个，建成产值2000万元以上园区10个，其中红椿、蒿坪2个园区产值达亿元以上，和平、焕古、绿安3个园区产值达5000万元以上，闽秦、高桥、开源、秦巴山、郁禧园5个园区产值2000万元以上。

【农产品质量安全监管】 全年农产品质量安全抽检合格率100%，组织农药及农产品经营业主业务培训会，换发上岗证，依托县镇村三级监管体系和监管队伍，实行农产品质量安全网格化管理，实现监管工作全覆盖；重点推行生产基地一对一监管，夯实监管人员工作责任，法制股和农业执法大队定期检查生产基地环境、生产记录、农业投入品使用情况，以及安全间隔期执行情况，强化农产品生产安全责任。扎实开展了高毒农药违规经营违法使用、非法添加畜禽滥用抗生素、违规使用膨大剂、违法销售和屠宰病死畜禽、以及无证收购运输农产品等违法违规行为专项整治工作，保持农产品质量安全监管高压态势，全年无农产品质量安全事件发生。

【林特生产】 全年完成造林绿化6.9万亩，实施森林抚育2.5万亩，实施飞播造林2.5万亩、封山育林0.7万亩、特色经济林2.9万亩、退化林防护0.3万亩、重点区域绿化0.5万亩；建成郭家梁等义务植树点3个，义务植树70万株；改造低产经济林2.9万亩，育苗0.2万亩，发展云木香、大黄、魔芋、花椒、荞麦、燕麦等林下种植业15万亩，林下养殖业168万头（只），养蜂0.8万箱；成功创建陕西山林经济示范县，在省定当年计划出列村建设山林经济示范点12个，在双桥创建山林经济示范镇，在高滩岩峰、红椿七里创建山林经济示范村；全年林业总产值25.5亿元。

【森林资源保护】 是年，对全县240余万亩森林落实了双向管护责任，与17个镇签订管护责任书，聘用220余名天保护林员；在全县范围开展胡蜂防治工作，全年无重大胡蜂伤人事件发生，开展松材线虫病枯死松木普查清理工作，经陕西进出口检测检疫局对普查送检的5个枯死松木样品检测确定蒿坪王家河村、城关新田村、麻柳染房村发生松材线虫疫病，全年共清理枯死松木12556株，疫情得到有效防控；通过实行县级领导包片、部门连镇、镇级领导包村、一般干部联户，以及签订“六个责任、一个明白卡”的工作措施，全面夯实森林防火责任，全年未发生重大森林火灾。

【产业扶贫】 是年，成立县产业精准扶贫工作领导小组办公室，建立成员单位工作机制、制定工作职责，出台紫阳县茶产业创新转型升级发展扶持办法。全年对新建9300亩茶园扶持1150万元，对管护改造低产茶园扶持350万元；财政注资促成3739个贫困户获贷16911万元；在全县开展互助资金扶持产业行动发放互助资金6069万元；兑现产业项目直补资金1850万元；支持23个现代农业园区和21个农民专业合作社培育提升共配套经营主体引导资金240余万元；由财政出资4350万元与省供销集团合作量化入股县内4家龙头企业，实行入资保底分红和订单生产等形式带动1334个贫困户发展产业。建立产业技术服务百日大行动110服务体系和产业技术服务调度指挥中心，实施万人技能培训工程，全年共开展产业技术培训2240余场次覆盖5.16万贫困人口，印发技术服务纪实手册3.2万份、明白卡2.5万份、技术培训需求征询表2.5万份、技术服务手册2万份，实现全县产业贫困户技术服务全覆盖。成功开发上市“硒香茶”新产品，试制建成一期50吨紫阳青砖茶生产线；全县有4家茶企茶样获得北京第三届亚太茶茗大赛金奖，4家茶企茶样参加第十二届“中茶杯”全国名优茶评比获得特等奖1个、一等奖3个；在商标富农和运用地理标志商标精准扶贫十大典型案例评选位列榜首，新增企业省名牌产品1个、市知名特色品牌产品2个。

【生态扶贫】 是年，成立县生态脱贫领导小组办公室，建立工作机制、制定工作职责，落实工作人员，聘用354个在册贫困家人员担任生态护林员，全年共兑现生态护林员工资177万元带动354个贫户家庭实现稳定脱贫，并将上级下达的森林生态公益林补偿资金2163万元迅速制定兑付方案及时进行兑付，共涉及1个国有林场、17个镇176个村63552户244164人，覆盖29500个贫困户95021贫困人口补偿资金860余万元。

【科技创新】 是年，围绕创建省级科技创新驱动县域经济发展示范县，大力实施创新驱动发展战略，着力提高县域创新能力。深入开展科技合作交流。落实“一县+N高校”联席会议制度，全年共组织召开“县域创新技术对接会”、参加中国技术创新挑战赛（安康赛区）等技术交流合作活动6场次，签订技术合作协议17项，引进孵化科技成果3项。加强科技人才队伍建设。选派科技特派员64名，实现科技特派员对贫困村产业扶贫技术服务的全覆盖。引进西北农林科技大学、陕西科技大学、省微生物研究所等科研院校技术人才（“三区”科技人才）20名，开展重点研发课题16项，协助企业开发新产品5个。积极打造创新研发平台。恢复县茶叶研究所，核准组建紫阳

双安富硒莲藕

养身硒陶研究院。整合农监、药监等科技资源，依托县绿安公司规划建设办公、实验和展示区1200平方米，引进购置试验检测仪器35台（套），筹建完成县硒产品检验检测中心（紫阳硒产业研究孵化服务中心）。科技投入产出不断提升。完成专利申请量45件，其中发明专利13件，实用新型、外观设计专利32件，专利授权量30件以上；组织完成3项技术成果交易，技术合同成交总额550万元，较上年增长130%；完成R&D投入3419.8万元，统计年度GDP比重的0.35%；县域经济发展科技进步贡献率超过32%。

【硒产业】 是年，协同县发改局、中国农业大学编制完成《紫阳县硒产业发展行动计划》并通过评审，科学规划“十三五”硒产业发展路径和重点工作。以“硒”“源”为核心理念，创意策划《中国紫阳·世界硒源》VI识别系统及宣传画册，促进“中国紫阳·世界硒源”县域硒资源公共品牌的打造、宣传和推广。积极与中国标准化研究院、中国农科院农产品加工研究所、中国富硒农业技术联盟等机构进行对接合作，主动参与硒产品标准研究，协助企业制定富硒产品标准10项，在硒产品市场话语权上有新突破。县硒资源开发研究所获得陕西省科技创新券服务单位接券资格，为县内乃至省内企业提供产品硒含量检测服务，全年开展硒检测实验26批次，检测样品248个。在双安富硒核心区试验种植药食同源植物、水生植物、豆类等作物12个品种，在高聚硒植物筛选和富硒肥料栽培实验取得阶段性成果和进展。

（廖文成）

茶产业

紫阳县茶业局
局　长：李尤学

紫阳举办安康市首届富硒茶手工制茶大赛

【机构设置】 紫阳县茶业局现有事业编制9名，实际有在册人员9人。内设行政股、业务技术股、综合管理股3个机构。

【产业概况】 全县茶叶年产量6282吨（绿茶5903吨、红茶337吨、黑茶37吨、白茶5吨），产值11.4384亿元，较上年分别增长7.15%和29.9%，紫阳富硒茶区域品牌价值19.67亿元。

【基地建设】 新建无性系茶园1万亩，其中陕茶1号精品园1300亩，覆盖贫困村53个；组建专业服务队34支，完成生产茶园标准化管理1.75万亩，改造低产茶园1.52万亩；落实育苗业主12家，在红椿镇、东木镇、蒿坪镇、汉王镇完成紫阳群体种及陕茶1号育苗710亩。

【产品质量】 县内4家企业获第三届亚太茶茗大赛金奖；在第十二届“中茶杯”茶叶质量评比活动中，1家企业获特等奖、4家企业获一等奖；和平茶业获2017“陕建杯”三秦质量之光“质量标杆企业”称号；承办安康市首届富硒茶手工制茶大赛；建立电商产品网上溯源体系平台，10家SC茶企茶厂进入该平台销售产品。

【产品研发】 焕古庄园、秦巴山等5家茶企与中茶所、西安交大等院所高校开展合作，挂牌成立了安康市首个专家工作机构——“市科技创新茶叶专家工作站”，相继开发上市紫阳富硒茶——“硒香茶”“寻仙”系列小罐茶、颗粒红茶、颗粒茯茶、青砖（黑砖）茶、金桔茶等新产品。

【品牌推广】 借力央视七套《乡约·紫阳》特别节目，宣传紫阳富硒茶；组织举办紫阳富硒茶2017年北京、银川两场次专场推介会；组织茶企参加2017杭州、北京、西安、济南、宁波等地相关博览会、贸洽会、交流交易会、招商会11次；双“十一”期间，县长亲临央视2套直播间，宣传推介紫阳富硒茶。

【品牌荣誉】 紫阳富硒茶位居2017年中国茶叶区域公用品牌价值评估品牌资源力第七位，获“中国十大富硒品牌”称号，获评商标富农和运用地理标志商标精准扶贫全国十大典型案例榜首，获“陕建杯”三秦质量之光获“最受百姓喜爱的品牌”；紫阳荣获“2017年度中国最美茶乡”称号。

【茶企发展】 焕古庄园、秦巴山茶业、郁禧园茶业3家获得第三批市级重点龙头企业认定；新增汉王韵茶业公司1家市级规模企业，全县市级规模茶叶企业达15家；新建清洁化茶厂4家、茶叶初制厂7家、改扩建初制厂5家，实现新增加工能力400吨；新培育SC认证茶企、茶厂6家，全县SC认证茶企、茶厂共计达53家，全县茶厂总量达314家。

【产业培训】 春茶前后集中开展2017年茶产业万人技能培训工作，县镇村、茶企累计完成培训8610人次。举办绿茶加工、茶产业技术骨干教师、茶园标准化管理专业服务队队员技术培训班各1期，共培训480人次；举办机关、企事业单位职工初中级茶艺师和少儿茶文化专题培训班各1期，培训100人次；举办祁门红茶加工技术、紫阳红茶审评培训班1期，培训50人次。

【政策措施】 印发《紫阳县茶产业创新转型升级发展实施意见》《紫阳县茶产业创新转型升级发展扶持暂行办法》《紫阳县组建茶园标准化管理专业服务队暂行办法》等文件，明确每年县本级财政预算、捆绑相关涉农资金共计4500万元用于茶产业建设。

（康绍山）

水　利

紫阳县水利局
党委书记、局长：刘洪涛
副 局 长：王永顺、陈春风
党委委员：唐志毅
防汛办副主任：朱贵山

【机构设置】 紫阳县水利局内设行政股、综合计划股、水电管理股、水政水资源股4个股室，下设防汛抗旱指挥部办公室、水土保持工作站、水产渔政管理站、水利水电勘测设计队以及县供水公司5个事业单位，局机关现有在岗人员44名。

【工作概况】 2017年，水利局紧盯市、县考核目标，聚焦脱贫攻坚，坚持“以党建、党风廉政建设为抓手，以水利扶贫为主线，以20项重点工作为核心”的工作思路，全年完成水利建设投资16200万元，水利事业实现稳步发展。

【河长制工作】 强化领导。成立以县委书记为组长、县长为常务副组长，县委副书记、常务副县长、分管副县长为副组长，相关成员单位主要负责人、各镇党委书记、镇长为成员的“河长制”工作领导小组，设立县河长制办公室，落实人员和经费。建章立制。印发《紫阳县全面深化河长制实施方案》，制定《紫阳县“河长制”联席会议制度》《紫阳县“河长制”监督巡查制度》等7项制度以及《紫阳县“河长制”工作考核实施细则》。夯实责任。对县内流域面积5平方千米以上104条河流全部落实具体责任人，且层层签订管理目标责任书，建立县、镇、村（社区）三级河长领导分级负责制的网格化管理体系，共确定县、镇、村三级河长513名，聘请专职河道巡查员26名、护河员267名。加强宣传。全县共制作河长公示牌227块、规章制度牌224块，制作音频版《紫阳县全面深化河长制实施方案》，安装各类宣传牌130块。多措并举。加强已建成的4个污水处理厂的运营管理，加快县城污水处理提标改造、以及汉王、蒿坪等在建污水处理厂的施工进度；开展专项执法行动78次，查处涉水违法案件28起，立案非法捕捞刑事案件11起，刑事拘留6人。严格问责。衔接县纪委制定出台《紫阳县“河长制”工作责任追究办法(试行)》，明确13种问责情形，为全县“河长制”工作落实提供坚强保障。2017年10月，市南水北调办和市河长办在紫阳县调研时对紫阳县河长制工作开展情况予以充分肯定。

【城乡供水】 农村安全饮水保障率在脱贫攻坚工作中是户脱贫、村退出、县摘帽的重要指标之一，也是水利行业扶贫的主战场。2017年，全县共计划建设贫困村饮水工程122处，其中省定12个脱贫村28处，市定30个脱贫村84处，涉及40个贫困村3.93万人（贫困人口1.8万人），2017年年底，122处饮水工程已全面完工，累计完成投资3900万元。同时开工建设江南供水工程和高滩集镇供水工程。城乡供水管理工作。实现县供水公司全年售水量135万吨，水费和安装劳务收入共310余万元；村镇供水总站统管的14个镇基本实现收支平衡、以水养水。全面加强供水服务，及时处理跑、冒、滴、漏问题，有效保障广大群众的生产生活用水正常。

【污水处理厂建设及运行管理】 县城污水处理厂提标改造工程主体工程全部完工，设备安装完成，已进入调试阶段，累计完成投资1200万元；蒿坪集镇污水处理厂土建工程、设备安装工程全部完成，达到通水运行条件，完成投资1800万元；任河咀污水处理厂因厂区施工面在库区蓄水位以下，暂无法施工，截至年底，完成管道安装完成3.1千米，完成70%，完成投资450万元。汉王镇污水处理工程土建工程全部完成，正进入设备安装阶段，管网安装基本完成，完成投资600万元。城镇污水及垃圾无害化处理PPP项目按照政府时间节点要求已于6月初完成项目可行性研究报告，9月通过审查，11月完成“两评一方案”并通过相关部门及省级专家联合审查，提交县委、县政府审定批准后即进入招标实施阶段。加强县城污水处理厂等4个已建成污水处理厂的运行管理，2017年县城污水处理总量达到184万吨，污水处理率达到98.9%。

【小水电管理】 争取新坪垭水电站等4个农村水电增效扩容改造项目国家补助资金481万元，完成“十二五”增效扩容改造项目剩余资金的拨付工作；完成黄龙洞水电站、权河水电站等水电站增资扩容改造项目的全部招标工作并开工建设，目前已完成80%建设内容。

【高效节水灌溉】 结合小农水、丹治等项目建设，下半年通过倒排工期、倒逼时限等措施，围绕全县主导产业园区先后在城关、高滩、蒿坪、汉王、双安等镇建成高效节水喷

（管）灌工程5处，累计新增高效节水灌溉面积4210亩，完成投资1300万元。

【水资源管理】 严格用水总量控制，年度用水总量按计划控制在6822万立方米以内。征收水资费81万元，超额完成市政府下达的50万元的计划。排污口管理工作规范有序，全年没有新增发生乱排、直排现象，汉江出水断面稳定达标。

【招商引资暨重点项目配合】 以洄水和联合渔业园区建设为抓手，完成特色渔产品投资300万元；完成瓦房店景区配套防洪工程的设计和申报工作，工程已启动招标，计划投资3396万元；配合西门河新区建设，实施西门河拦渣坝工程，完成投资100万元。完成任河国际河堤工程，累计完成投资2000万元。配合蒿坪森林村园区建设完成配套设施建设投资400万元。

【防汛工作】 强化值守，班子成员轮流24小时带班和干部值班，积极应对强降雨过程，确保各类信息和指令准确、及时上传下达，本年度共发布预警信息8次40万余条，提前转移群众6695人；有效应对9月27日万源市白杨溪泄洪事件，受到省防总的通报和市防指的表彰。认真开展防汛检查。从4月初开始，分别对各镇、各电站及重点企业进行汛前检查，共下发整改通知书16份，限期整改到位16处。深入开展培训工作，强化对防汛、防滑，气象及预案修编等知识的系统学习和开展山洪灾害内业调查专题培训，共培训180余人次。全面落实责任。按照重点地段、重要河流、水库分别落实县镇责任人，签订《防汛工作责任书》245份。组织防汛设备检修。安排专人对全县防汛专网、自动雨量站、自动水位站、视频监控点等设备进行全面检测维护、维修，确保防汛预警设备运行正常。通过一系列有效措施，再度实现“少受损、零伤亡”的年度防汛工作目标。

【水政、渔政执法】 切实加强河道管理执法力度，严厉打击禁采期、禁采区非法采砂行为，取缔非法采砂场2处，下达责令停止违法行为通知书26份，责令整改通知书30份，立案查处河道非法采砂案件7起，处罚款5万元，向县纪委移送案件3起。强化水保监督，加大对G541国道、采矿、砖厂、企业的水保监督管理，共下达限期履行水土保持义务通知书6份，责令整改通知书6份，立案查处乱堆、乱倒弃渣弃土违法行为2起。强化渔业资源管理，联合公安机关共查处12案18人电鱼、毒鱼非法捕捞水产品案件，刑事拘留6人。加强对6户水产品企业安全监管，全年无不安全水产品案例发生，水产品安全示范县软件建设规范并通过验收。积极受理、办理行政审批事项，全年共承办95件，其中咨询件68件，办证27件。

【部门包联村】 包联白马村以增收脱贫为目标，从产业建设、基础设施、人居环境改善、技能培训四个方面入手扎实开展帮扶工作，包联村成效显著。按照“六个保障”要求，通过从改善基础设施、发展茶叶、养殖等产业以及组织技术培训进行外出务工等途径进行全方位帮扶，所包联的白马村1510人在2017年实现整体脱贫。包联的闹河村通过制定“一对一”的帮扶措施，实施“八个一批”工程，扎实推进专项扶贫、行业扶贫、社会扶贫和兜底扶贫，联村扶贫成效明显。

【改革创新】 工程管理有创新，2017年全县在农村供水管理上创造性的提出“供水协会+两部制水价+贫困户”模式，得到省市主管部门的肯定，紫阳县已被列为全市农村供水工程“量化赋权”工作试点县，目前试点方案已印发，正在稳步推进；行业扶贫创新，已初步形成工程扶贫、产业扶贫、岗位扶贫、联村扶贫的水利X+贫困户的行业扶贫模式，全市深度贫困县水利扶贫工作会在紫阳县召开。

（张子强）

扶贫开发

紫阳县扶贫开发局

局　　长：张宣铭

副 局 长：马孝明　郑　罡

党组成员：王希平

【机构设置】 紫阳县扶贫开发局为县政府直属事业单位，参照公务员法管理，事业编制22名，其中：局长1名，副局长2名。主要负责贯彻落实中省市脱贫攻坚、扶贫开发、农业综合开发各项方针政策，组织全县脱贫攻坚、扶贫开发、农业综合开发的配套政策措施制定和实施管理工作。内设行政股、资金管理股、规划指导股、信息统计监测股、行业及社会扶贫股、金融及产业扶贫股6个股室。增加设立县扶贫开发信息监测中心，为县扶贫局下属副科级事业单位,事业编制3名，设主任1名；撤销县扶贫世界银行贷款项目办公室，职能职责划入县扶贫局。调整脱贫攻坚指挥部办公室内设机构设置，与县扶贫开发局合署办公，办公室下设业务指导组、信息宣传组、产业发展组、项目推进组、考核督查组、社会事业组、金融保障组7个工作组。采取硬抽人、抽硬人的办法，从各镇、各部门抽调人员48名充实到指挥部办公室工作，配置2名专职副主任，形成强大的指挥团体。17个镇分别配置1名副科级专职脱贫办主任，共增加脱贫攻坚专项事业编制33名。

【工作机制】 县委、县政府和各级各部门始终把脱贫攻坚放在首要位置，牢牢抓在手上，持之以恒，持续用力，压茬推进。坚持统筹统揽，构建大扶贫格局，成立以县委书记任第一总指挥长，县长任副总指挥长，县人大主任、县政协主席、县委各常委和县政府各副县长任副总指挥长，县委副书记、县政府分管副县长任责任指挥长的脱贫攻坚指挥部。调整充实指挥部办公室机构人员，配备3名专职副主任，抽调48名工作人员集中办公。配齐配强扶贫局领导班子和镇脱贫办专职副主任、扶贫专干，招聘30名高校毕业生担任镇扶贫信息员。成立产业扶贫、健康扶贫等八个行业扶贫办公室与资金保障、基础设施和公共服务建设协调、交通保障、水利保障、电力保障五项保障脱贫组，建立脱贫攻坚四个片区作战机制，组建县级领导任团长、镇党政主要领导任责任团长的镇脱贫攻坚工作团，形成县委统领指挥、各级各部门齐抓共管、“八办两组五保障”协同推进的工作机制。按照中央“五级书记抓扶贫”的要求，认真履行县委、县政府主体责任和县委书记、县长第一责任人的责任，制定《紫阳县各级脱贫攻坚工作职责》，细化明确11个责任主体的主要职责，县镇村三级层层签订责任书，形成无缝对接、环环相扣的责任体系。按照地域把全县17个镇划分成四个脱贫攻坚作战片区，分别由一名领导能力强、熟悉脱贫攻坚工作的县级领导包抓一个片区，建立指挥部管总、片区主战、工作团主责、工作队主抓四级攻坚体系。实行县级领导联系1个镇、帮扶1个贫困村、包抓1项脱贫攻坚重点工作的“三个一”工作机制。

【年度目标】 按照“三年任务、一次安排、全面启动、重点保障”原则，全面铺开176个行政村（社区）贫困人口脱贫工作，确保全县2017年度1.8万贫困人口脱贫退出（市对县考核1.5万人）；统筹推进43个非贫困村在册贫困户脱贫，巩固提升2016年已出列贫困村（蒿坪镇王家河村）脱贫成效，强力推进2017

年以后贫困村出列创建，重点保障40个贫困村当年脱贫出列（市对县考核30个村）。根据省、市脱贫攻坚指挥部对2017年减贫任务调减安排，经安康市脱贫攻坚指挥部同意，将紫阳县2017年脱贫计划由年初1.5万人脱贫、30个村退出调整为0.65万人脱贫、12个村退出。2017年，完成12个贫困村脱贫退出（城关镇富家村、汉王镇汉城村、蒿坪镇森林村、蒿坪镇双胜村、红椿镇民利村、洄水镇团堡村、麻柳镇麻柳村、毛坝镇腰庄村、双安镇白马村、双桥镇莲花村、瓦庙镇新华村、向阳镇院墙村）、2016户7699人脱贫，完成年度减贫任务，贫困发生率下降1.6个百分点。

【党建引领】 坚持把党的力量挺在脱贫攻坚的前沿阵地，建好支部、配强班子，充分发挥村党组织在脱贫攻坚中的战斗堡垒作用。全面推行“支部+X+贫困户”抓党建促脱贫模式，培育企业、园区、社区工厂、经济合作组织等市场主体320多个，带动贫困群众稳定增收。

【驻村帮扶】 1个央企、7个省直单位、28个市直单位、106个县直单位帮扶133个贫困村，选派133名优秀干部担任驻村第一书记，43个镇派工作队帮扶43个非贫困村，共落实驻村工作队员886人，3080名县镇村干部结对帮扶4.1万户贫困户，做到帮扶工作到村户、责任到干部、村村有包抓、户户有帮扶。出台《紫阳县第一书记管理办法》和《紫阳县单位包村、干部包户帮扶工作管理考核办法》等一系列管理措施，实行电子考勤、工作纪实、定期研判等制度，加强对驻村工作队员、第一书记驻村帮扶工作的监督检查和考核奖惩。坚持“六个召回”机制，实时召回重派第一书记46人，每季度评选10名第一书记“季度之星”，在县城广场进行展示。

【“四支队伍”整合】 印发《关于加强“四支队伍”力量整合的通知》，对驻村工作队、包村干部、第一书记和村两委四支力量进行整合，组建133个脱贫攻坚帮扶工作队临时党支部，统筹“四支队伍”职责分工，实行“两牌一本一册一卡一评议”管理机制，选配工作队长，统一调配帮扶力量，发挥帮扶作用，形成攻坚合力。

【资金整合】 建立财政专项扶贫资金稳定增长机制，全力保障扶贫资金投入，2017年专项扶贫资金投入13610万元，其中：中省10121万元，市级470万元，县级3020万元，支出12960万元。制定《紫阳县2017年统筹整合财政涉农资金实施方案》，严格按照中省市统筹整合财政涉农资金范围，做到“应整尽整”，整合涉农资金规模2.38亿元。制定出台《紫阳县统筹整合涉农资金使用管理办法》《紫阳县财政扶贫资金检查督查办法》《紫阳县财政支出绩效管理办法》等办法，加强项目及资金管理，将所有涉及脱贫攻坚的资金实行专户专人专账管理，实行国库集中支付，保障资金安全和使用效益，实现财政扶贫资金绩效评价省级考核A级目标。

【产业扶贫】 落实贫困户产业发展到户扶持资金1992万元，支持发展特色种养业；在

实行订单收购，确保产品销路

58个贫困村新建茶园9300亩；支持23个现代农业园区、21个农民专业合作社培育提升，组织54家龙头企业、138个专业合作社、65个家庭农场、3860个种养大户带动帮扶1.62万贫困户3.46万人；全面推进产业精准扶贫，为开源公司等4家产业企业注入资金4350万元，带动1334户贫困户实现增收；积极推进“三变”改革试点工作，确定3个省级试点村、2个市级试点村、12个县级试点村。

【就业扶贫】 实现贫困劳动力转移就业12287人，引导帮助贫困劳动力创业393人，组织贫困劳动力参加职业技能培训3564人，其中修脚师2365人；组织4家培训机构深入各贫困村结合当地产业发展实际开展农村主导产业实用技术培训，培训贫困劳动力560人，落实383名贫困劳动力一次性创业补贴114.9万元。在全县175个行政村选聘162人贫困劳动力作为村级就业扶贫信息员。依托公益性岗位、特设公益性岗位、公益专岗等政策，对“三无”贫困劳动力实行兜底安置。全县公益性岗位安置贫困劳动力77人；设立特设公益性岗位616个，到岗613人；开发公益专岗138个，聘用贫困劳动力就业116人；落实护河员水利公益性岗位276个。认定就业扶贫基地8家，安置贫困劳动力就业352人。开展各类招聘会5场次，达成就业意向800余人次。培育社区工厂7家，吸纳贫困劳动力就业319人。

【生态扶贫】 编制紫阳县2018—2020年度生态脱贫林业项目工程规划，计划总投资24332.10万元，兑现贫困户生态公益林补偿资金860.25万元；选聘354名生态护林员，带动354户贫困户、1433人脱贫增收；兑现2016年退耕还林贫困户补助资金2704户175.60万元；在贫困村实施天保项目，总投资额715.00万元。

【易地扶贫搬迁】 安排落实搬迁任务10377户36298人，规划新建集中安置点28个，集中安置贫困户8834户，分散安置1543户。

【危房改造】 按照“应改尽改”的原则，启动危房改造912户，竣工876户，兑付危改资金1426万元。2017年，计划脱贫的179户危改户和计划出列的12个贫困村160户危改户，全部达到入住条件，资金兑付到户。

【教育扶贫】 落实控辍保学“两线七长”责任制，在册贫困户家庭子女中无辍学学生，在全县教育系统开展“教师结对帮扶贫困学生”专项行动，2456名教师与16167名贫困学生结成帮扶对子；全面实行13年免费教育，实现从学前教育到高等教育国家助学政策全覆盖，累计资助贫困学生11668人，发放助学金2274万元；投入资金2.8亿元，全面改善97所义务教育阶段学校办学条件，义务教育基本均衡县创建工作顺利通过国家评估验收。

【健康扶贫】 全县建档立卡农村贫困人口136314人参合费用予以减免，贫困人口参合率、大病保险覆盖率达到100%。全面落实健

在红椿镇社区工厂，贫困户焦家勤居住在楼上安置房，上班在楼下社区工厂，月工资2000余元。

康扶贫新农合、大病保险、民政医疗救助、最低医疗保障“四重保障”，县镇住院费用分别报销90%、100%。实行贫困户看病“先诊疗后结算”“零押金住院”“一站式”报销，方便贫困群众就医。提升县镇村三级医疗水平，在县内医院就诊病人占94%；开展“天使健康扶贫”活动和实施“光明工程”，义诊活动覆盖17个镇，获益群众9万余人，完成农村贫困白内障患者手术132例。

【兜底保障扶贫】 将符合农村低保条件的5081户11269人建档立卡贫困户全部纳入农村低保范畴，发放低保金2834.75万元，实现应保尽保目标。农村特困供养人员5459人全部纳入建档立卡范围，并确定为民政兜底保障对象，共发放五保供养金2944.50万元。实施医疗救助5356人次，发放医疗救助资金996万元，资助困难群众参合参保19368人297.09万元。发放困难残疾人生活补贴6771人499万元，发放重度残疾人护理补贴4353人530万元。

【金融扶贫】 落实“5321”小额扶贫信贷金融政策，与县农商银行、农业银行、邮储银行合作，设立小额扶贫贷款风险补偿金专户，注资3000万元，开通扶贫小额信贷办理绿色通道，发放扶贫小额贷款4970户2.19亿元，保证了符合条件的贫困户有效信贷需求获贷率达到100%。全县176个行政村全部成立互助资金协会，拨付互助资金1.11亿元，创新互助资金使用方式，建立“信誉评星”机制，提高互助资金借款率，发放借款7279笔6069万元，互助资金借款达到60%以上，有效缓解贫困户发展脱贫产业资金短缺的问题。

【旅游扶贫】 围绕“十镇十村百户旅游扶贫示范工程”，编制老县城、环江文化旅游长廊、新田村、营梁村、权河村、焕古硒茶小镇五个旅游详规设计，规划建设焕古旅游扶贫示范镇、营梁旅游扶贫示范村，完成向阳镇营梁村4家、焕古镇6家特色民宿工程提升改造，总投资8049.50万元。通过“旅游公司+贫困户”的扶贫模式，带动贫困户增收，户均增收3500元以上。

【电商扶贫】 大力开展电商扶贫试点工作，培育电商企业20家，形成电商产品12个，带动贫困户3387户，人均增收879元。建成“淘宝·特色中国紫阳馆、京东·中国特产紫阳馆、陕西供销·紫阳富硒特产馆”三个网络销售平台，培育4个电商扶贫龙头企业、3个天猫旗舰店、2个京东旗舰店、527个淘宝店、5个微商城、1336个微商户，实现上线交易额3.7亿元。组建县级电子商务服务中心，建成13个镇级电商服务站、100个村级电商服务站、14个贫困村电商扶贫示范点。建立智慧物流中心，整合9家物流快递企业和镇村电商服务站、服务点作为快递中转枢纽，降低运营成本。组织电商培训班26期，培训贫困户1375人次。

【社会扶贫】 开展“百企帮百村”社会扶贫行动，组织引导县内111家非公企业与贫困村“结穷亲”，累计投入资金5200余万元，帮助2800余户贫困户发展主导产业。充分发挥知名企业的引领帮扶作用，对接恒大集团落实10个扶贫重点项目，总投资65.90亿元。共青团累计培训贫困人口426人次，扶持贫困户创业就业60人，资助贫困家庭留守儿童325人；县妇联组织7家实体企业实施帮扶项目7个，带动贫困人口3700人；县总工会累计培训贫困农民工684人次，累计投入扶贫资金17万元；以丽姐助学基金为代表的社会组织共资助贫困学生1200余人，资金150余万元。省科技厅及下属企业“两联一包”共签订6个帮扶协议，帮扶项目资金共计120万元。

【基础设施及公共服务项目建设】 实行“项目建设供给制”，分批下达基础设施和公共服务脱贫项目1369个，总投资6.03亿元。新建122处贫困村饮水工程，全部竣工并投入使用，新建引水堰闸24座、塘坝2座、蓄水池26座、水窖73口，引水渠4.15千米、排水沟13.3千米、输水管线20.9千米；完成40个贫困村电力线路升级改造，40个移民安置点的电力大配套设施建设，2017年12个脱贫村动力电全部架设到位，覆盖率达100%，电力入户率达100%，实现“户户通电、同网同价”目标；完成通村水泥路284.11千米，通村公路完善工程112千米；新建85个标准化村卫生室，2017年12个脱贫村标准化卫生室全部达标；新建村活动室19个，改（扩）建村活动室14个，新修7个贫困村农村幸福院；完成15个贫困村校舍及附属设施等建设任务，采购配送29个贫困村38套体育器材。

【问题整改】 根据国务院扶贫办对陕西2016年脱贫攻坚考核反馈问题，在全省开展脱贫攻坚问题整改工作，全县围绕中省市各级考核、巡视、检查反馈的问题，深刻剖析问题根源，明确整改方向措施。坚持书记县长牵头抓总，县级分管领导负责抓好分管领域、包抓片区、镇村脱贫攻坚工作存在问题的整改，各镇、各部门党政主要负责人落实整改工作主体责任。实行整改任务清单交办制、整改问题限时销号制、整改成效逐项评估制，做到原因不查清不放过、问题不解决不放过、防范问题发生的长效机制不建立不放过，确保整改工作真正落实，脱贫质量有效提升。建立脱贫攻坚专业督查队伍，实行随机暗访、常态督查。实行公告公示、有奖举报制度，开通“12317”扶贫监督举报电话和“4411111”群众满意度专项调查热线，设立网络留言平台，第一时间受理群众意见建议。出台《紫阳县脱贫攻坚问责办法（试行）》《紫阳县2017年脱贫攻坚工作考核办法》，对督查、检查、考核中发现的问题，坚决纠正，严肃问责，确保脱贫攻坚工作务实、过程扎实、结果真实，质量整体得到提升。聚焦中央2016年扶贫开发工作成效考核反馈意见的5个问题，国务院扶贫办反馈陕西省的4个共性问题，中央巡视“回头看”反馈的3个共性问题，国家督查巡查反馈的3个共性问题，九三学社民主监督调研指出的5类11个共性问题，全省整改工作存在的6个共性问题，第二季度市际交叉检查反馈的8个全省共性问题、9个具体问题，第三季度市际交叉检查反馈9个全省共性问题、5个市级共性问题、3个具体问题，2016年度精准扶贫资金和项目审计反馈的57个问题，市级各类督查检查暗访反馈的54个共性问题和具体问题，制定整改方案，建立问题清单、责任清单和整改台账，实行专档管理，做到问题整改有效、统筹推进有力，所有问题整改均在规定时限内全面完成。

【攻克深度贫困】 制定出台《紫阳县攻克深度贫困堡垒实施方案》，科学编制《紫阳县深度贫困脱贫攻坚规划》和35个深度贫困村项目规划，明确任务清单和责任清单，强化政策支持和帮扶措施，共规划建设项目2813个，总投资117.62亿元。率先实施一批涉及深度贫困村的交通、水利、电力等基础设施建设，其中：启动建设通村水泥路147千米、安全饮水工程52处，新建0.4千伏电力线路40千米，总投资4000万元的汉王镇跨汉江大桥完成招标并开工建设。

【动态调整】 开展扶贫对象动态调整，严格按程序、标准和时间要求，做好贫困人口和贫困村退出管理、贫困人口动态调整变化、建档立卡数据信息质量提升。2017年，共退出贫困人口2016户7699人，动态调整新增867户2808人、返贫239户547人，实际净脱贫4344人。

【扶志扶智】 开展脱贫攻坚宣传动员、激发贫困群众内生动力，把握脱贫攻坚舆论导向，全方位、多层次、广角度地宣传报道脱贫攻坚工作，深入挖掘脱贫致富代表人物，立榜样、树典型。印发各类脱贫攻坚政策宣传册5万多份、编发《脱贫攻坚简报》58期、紫阳扶贫微信公众号120期；向省扶贫办报送信息120条，在陕西扶贫微信群推送信息110条；在中省媒体发稿1200条，其中中央主要媒体发稿21条，省级主要媒体发稿369条；全县建立扶贫微信群319个。推进“诚孝俭勤和”新民风建设和“树千名自强标兵、交万名农民朋友”活动。召开道德评议会788场次，3500多名贫困群众直接受到带动和帮教转化；修订村规民约197条，覆盖全县133个建档立卡贫困村，集中举行新办简办仪式124场次；“文艺演出团”在贫困村开展新民风文艺演出活动110场次，推广传世家训85条，“乡贤能人报告团”在镇、村开展集中宣讲350场次，参与活动的贫困群众9万余人；在全县17个镇133个贫困村建立爱心超市200个，建立孝道基金20万元，选树表彰“十星级文明户”1970户，“好媳妇”“好婆婆”“好孝子”“好妯娌”等先进模范3900余人；树立贫困户自强标兵98人。

【苏陕协作】 与常州市新北区开展全方位、深层次协作合作，各项工作取得明显成效。紫阳县党政主要领导分别带领考察团赴新北区学习考察，对接两地对口扶贫协作和经济合作工作，举行招商引资推介会。常州市新北区党、政、企考察团共16批次100余人到紫阳县交流考察，成功签订系列帮扶协议，新北区社会事业局与紫阳县教体局、卫计局签订共建协议，新北区春江镇、奔牛镇与紫阳县蒿坪镇、焕古镇分别与签订结对帮扶协议，成为全省首批“携手奔小康”结对帮扶镇，6个招商引资项目达成协议并成功签约，总投资额达33亿元，落实扶贫协作资金1700万元，募集爱心捐赠208万元。常州新北区选派1名干部到紫阳县挂职任县委常委、副县长，1名干部到紫阳县发改局挂职帮助工作，县发改、经贸等部门选派5名干部到新北区相应部门挂职锻炼。双方还建立了贫困劳动力劳务输出合作机制，已向新北区输出劳务人员400余人，年人均收入超过3万元。

【“3+X”帮扶体系】 与西安美院进行5次互动和对接，签署《西安美术学院结对紫阳县政府签署了战略合作协议》。落实城关镇青中村新农村设计方案、焕古镇硒茶小镇整体规划设计方案、向阳镇魔芋包规划设计图、紫阳音乐教师培训方案、西安美术学院写生基地5个扶贫项目；拟定西安美术学院学生写生活动和紫阳特色产品的包装设计2个方案。有序开展“四大帮扶体系”建设，省市6所机构对口帮扶县级6所医疗机构，县级6所医疗机构对口帮扶17所镇级医疗机构，17所镇级医疗机构对口帮扶215个村级医疗机构，签订帮扶协议，明确帮扶计划。

【农业综合开发】 组织实施2016年度农业综合开发产业化发展财政补助项目的收尾及宣传标识工作；完成2017年度农业综合开发产业化发展贷款贴息项目组织实施、项目验收和资金兑现工作。

【三个助力】 制定出台《在脱贫攻坚中选拔任用干部若干规定》，56名脱贫攻坚一线干部被提拔使用，41名驻村干部受到省市县表彰，对15名干部给予容错纠错，5名干部通过“能上能下”机制退出工作岗位，每季度选树10名第一书记先进典型，激励广大党员干部在脱贫攻坚主战场担当作为。

【督查考核】 实行最严格的督查、考核制度，扎实开展脱贫攻坚专项巡察，对脱贫攻坚工作进行单项考核、“一票否决”，实行“月督查、季点评、年考核”，出台《紫阳县2017年脱贫攻坚考核办法》，开展脱贫攻坚工作督查14次，其中专项督查11次、季度考核3次。

【执纪问责】 聚焦扶贫领域违纪问题，切实查处侵害群众利益的不正之风和腐败问题，共对扶贫领域问题线索立案79件，给予党政纪处分88人，运用提醒谈话、批评教育、诫勉谈话等组织措施处理104人次，对未完成2016年脱贫任务的35名相关单位责任人实施追责问责。

【工作亮点】 积极探索脱贫攻坚工作方法路径，形成一系列在中省市叫得响、立得住、推得开的脱贫攻坚“紫阳经验”。全省地理标志商标助推精准扶贫现场会、全市新民风建设扶贫扶志现场会在紫阳县召开；紫阳县作为全省唯一代表出席国务院东西部扶贫协作经验交流会并递交会议交流材料；紫阳县义务教育均衡发展通过国家验收；紫阳电商扶贫走进央视直播间，在国家级媒体平台进行全方位的宣传展示；蒿坪镇以脱贫攻坚统筹农村发展创新试点工作稳步推进，党建示范带、脱贫攻坚示范带、新民风示范带、美丽乡村示范带四带合一成效显著；紫阳技能脱贫经验得到省委领导批示肯定，技能脱贫带头人、远元集团董事长郑远元荣获全国2017年脱贫攻坚奉献奖，是全省唯一获此殊荣者，远元集团荣获全国“万企帮万村”精准扶贫行动先进民营企业。

【机关党建】 坚持“围绕扶贫抓党建，抓好党建促脱贫”的工作思路，以“两学一做”为抓手，深入学习贯彻落实党的“十九大”精神，全面推进机关党员干部的思想、组织、作风和制度建设，全年集中学习10余次，撰写心得体会40余篇，领导干部讲党课5次，组织谈心谈话5次，召开民主生活会2次。贯彻落实党风廉政建设工作责任制，实行领导干部“一岗双责”制度，将年度目标任务、重点工作分解到人头，签订承诺书，组织观看警示教育片4部，预防职务犯罪讲专题党课1次。完善修订了《扶贫局机关内部管理制度》《扶贫局领导责任分工》《扶贫局日常工作管理》等18项管理制度。加强信访维稳及宣传工作，办理来信来访27件，组织开展“10·17第三个全国扶贫日”大型宣传活动1次。

（张明杰）

移民开发

紫阳县移民开发局
局　长：周厚军
副局长：熊智斌

【机构设置】 紫阳县移民开发局属于参照公务员管理的事业单位，内设行政股、计财股、开发股，现有干部职工13人。

【脱贫攻坚】 部门包村工作。5月份对汉城村贫困对象进行了全面清洗核实，完成道路改造9千米，硬化道路7.2千米，新建茶园510亩、果园540亩，组织开展培训贫困户173人次；行业扶贫工作。项目安排重点倾斜库区贫困村，24个库区贫困村共落实项目59个，资金1523万元。其中，当年出列的8个贫困村落实项目29个，资金789万元。当年完成项目59个，完成投资1523万元。

【文化旅游】 援建任河漂流二期工程已全面启动，投资200万元跨河吊桥已开工建设。

【城镇建设与管理】 一是全面完成汉王镇移民重点镇建设任务。投资200万元新建了1300平方米的集镇农贸市场，解决集镇多年农副产品交易无固定场所的难题，集镇乱摆乱放、脏乱差得到根治。二是向阳镇贾坪村移民重点村建设稳步推进。投资73万元完成公路改造升级3千米、修建示范路2千米，完成吊桥附属工程建设任务，2017年5月，贾坪村被省移民办命名为“水库移民美丽乡村”。

【库区现代农业园区】 完成三个园区的建设任务。一是向阳镇月池市级茶叶产业园区的巩固提高，完成配套基础设施建设任务，规范化管理茶园1200亩，新购置陕青砖茶生产线设备一套；二是当年培育建成汉王镇汉王韵市级茶叶产业园区，完成200亩茶园的规范化管理，新建茶园360亩，新建茶叶加工厂房4200平方米，硬化场地800平方米，修建茶园观光道路2.4千米，茶园生产道路1千米，硬化公路1.62千米，完善茶园灌溉等设施，建成红茶、绿茶生产加工生产线各一条；三是培育建成了汉王镇草川县级茶叶产业园区，完成厂房扩建500平方米，购置茶叶揉捻机械1台，茶叶修剪机5台，完成茶园管理800亩，新建茶园150亩。

【移民业务工作】 加强水库移民人口动态管理，及时核减移民直补人口，按时发放直补资金。全年共核减移民直补人口45人，已分四季度共兑付6002人直补移民直补资金360.12万元，兑现率100%，不存在多兑、漏兑、截留等现象发生；项目管理水平和质量进一步提高。2017年，省市下达紫阳县水库移民项目共计104个，总投资2458.2万元，已开工建设项目104个，当年竣工项目99个。在抓项目实施进度同时，狠抓项目的规范化管理和项目建设质量的提升，加强项目实施过程的监管，项目管理程序更加规范、建设质量显著提高。

【机关党建】 “两学一做”学习教育常态化、制度化得到保证。通过不懈地抓学习，党员对党在新时期的各项方针政策能够做到系统学习，深刻领会，做到在思想上和行动上与党组织保持高度一致；“党建六大提升”行动扎实有效。扎实开展党员干部素质提升、机关支部党建规范化管理提升、机关支部整体功能提升、抓党建促脱贫攻坚、“互联网+党建”工作普及和提升、机关党建保障工作提升六个提升行动，党员素质和机关支部整体功能显著提升；“三会一课”制度得到有效落实；“主体党日”活动特色鲜明。每个月活动准备充分，内容丰富，主题突出，效果明显。

【党风廉政建设】 主体责任得到强化与落实。结合单位实际制定《紫阳县移民开发局党风廉政建设主体责任清单》和《紫阳县移民开发局2017年党风廉政建设和反腐败工作责任分工》，按照《清单》和《责任分工》认真抓好各个环节的工作落实；强化廉政教育。充分发挥典型案例的警示教育作用，教育党员要守纪律、讲规矩、知敬畏，自觉遵守党纪党规，进一步树立正确的人生观、价值观；民主集中制得到有效落实。建立完善局党组和局务会议议事规则，充分发扬民主集中制精神，广开言路，凡“三重一大”事项都实行集体决策，提高决策的科学化、民主化水平；干部管理得到加强。制定《紫阳县移民局干部“鼓励激励”“容错纠错”“能上能下”实施办法》，扎实开展干部“为政不为”专项整治工作，干部中存在的“慵懒散混”现象得到有效遏制，精神面貌焕然一新，工作积极性显著提高，担当精神得到彰显，工作效率不断提高。

【信访维稳】 配足配强专职信访干部。选配一名熟悉水库移民政策，工作责任心强，工作经验丰富的干部专门负责移民信访工作，确保信访工作有人管、能管好；严格执行领导接访制度。科学安排领导接访时间，为库区移民畅通诉求渠道，切实解决移民群众最直接、最关心的问题；及时化解处理各类矛盾纠纷，做到不回避、不上交。全年共接待、受理群众来访来信8件次，现已全部办结，未出现集体或越级上访现象。

（李贵南）

经济贸易

紫阳县经济贸易局
局　　长：扈天芳（女）
党委副书记：徐东方
副 局 长：曹和荣（女） 明 勇
行 办 主 任：邓小军

【机构设置】 紫阳县经济贸易局是紫阳县政府主管工业经济和商贸流通工作部门。承担全县煤炭、黄金、机械、化工、有色、冶金、轻工、纺织、建材、室内装饰等工业行业管理，负责煤炭安全、生产和经营工作。正科级建制，现有工作人员35人，下设3个股室，分别是行政股、经济运行股、商贸流通股，另设副科级事业单位工业行业管理办公室（县煤炭安全监察大队），股级事业单位县市场运行管理办公室（茧丝绸协调办公室）。

【企业改革】 全县规模以上工业企业52户，其中国有（控股）企业2户，民营企业50户。2017年完成工业总产值107.6亿元，同比增长15%，实现工业增加值38.1亿元，同比增长15%。2017年成功培育申报规模工业企业15户，创历史最好水平。非公有制经济实力不断壮大，为混合所有制经济改革发展奠定了基础。

【新产品开发】 陕西睿智环保建材有限公司高性能混凝土复合砌块、紫阳县天地板石有限公司轻质骨料、钙酸板及紫阳县湘贵锰业有限公司电池级高纯度硫酸锰4种产品列为陕西省重点新产品开发项目。紫阳县硒陶文化发展有限责任公司以紫阳富硒陶土和汉江砂为原料，具有紫阳特色的硒和铁为主题的养生硒陶，填补汉文化陶瓷收藏界的市场空白，在2017年10月中国陶瓷文创设计展览会上摘获金奖一个、银奖一个、铜奖两个，并于年底启动“紫阳硒陶”地理标志集体商标申报工作。

【中小企业】 2017年，紫阳中小企业、非公有制经济总户数达到11788户，同比增长6.89%，从业人员达到57912人，同比增长2.66%；全年净增中小微企业405个，新增就业岗位1500个。规模以上中小工业主营业务收

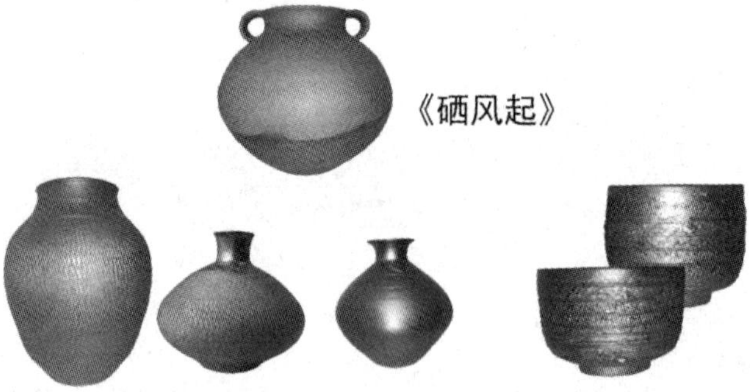

《硒风起》

《硒铁玄同》陶罐组合　《硒茶伴侣》

硒陶产品

入106.81亿元，比上年增长15.36%。重点建设县域工业集中区企业营业收入25.7亿元，比上年增长16.55%。成长梯队企业营业收入36.5亿元，同比增长15.08%。完成固定资产投资11.4亿元。非公有制经济增加值占GDP的比重达到53.5%，比上年增加2.8个百分点。紫阳县和平茶厂认定为2017年陕西省民营经济转型升级示范企业。陕西紫阳春富硒茶叶有限公司、陕西省紫阳县向阳茶果产业有限公司2户企业为陕西省“专精特新”中小企业。新发展质量标杆企业1户。培育省级“三星”企业5户（成长之星1户，创业之星4户）。2017申报省级名牌产品2个，市级特色品牌1个，培育省级中小企业品牌企业2户，推荐2户企业进入陕西省中小企业品牌培育库。组织15场次75家企业参加节会展销，实现销售收入102万元。组织21家企业进行32场次商贸洽谈。开展非公有制经济高级管理人员培训3期10人次，初中级管理人才培训2期100余人次。开展“经贸大讲堂”培训7期520人。紫阳非公企业预警监测网运行系统建设已连续7年获得省市先进表彰，2017年紫阳县经济贸易局被评为全省中小企业发展先进单位。

【商品流通】　2017年，紫阳县商贸流通工作，以改善消费环境，提高人们生活水平，满足消费方便、安全、实惠为出发点，以开拓城乡市场，扩大内需为重点，实现商贸流通业快速、健康、有序发展。紫阳县完成社会消费零售总额26.07亿元，增速为15%。新增限额以上商贸流通企业13户，限额以上商贸流通企业累计达47户。

【外贸出口】　2017年，全年外贸出口总额11384万元，新增有进出口经营权备案企业1户，累计有进出口经营权备案企业17户。

【电子商务】　2017年发展电商企业20家，其中电商规模化企业4家，电商企业带动贫困户发展茶叶、魔芋、天麻、蜂蜜、大米、土豆、李子、红薯、大蒜、玉米、腊肉、干菜等12个电商产品。发展电商企业带动贫困户3387户，人均增收879元。通过现代互联网平台，拓宽销售渠道，对外打造紫阳特产网销平台和渠道，建成淘宝·特色中国紫阳馆、京东·中国特产紫阳馆、陕西供销·紫阳富硒特产馆，培育4个电商扶贫龙头企业、3个天猫旗舰店、2个京东旗舰店、527个淘宝店、5个微商城、微商1336个，2017年实现线上交易额3.7亿元，使当地群众增收得到了大大提高。截至年底，紫阳县建成1个县级电子商务服务中心、13个镇级电商服务站、100个村级电商服务点、14个电商扶贫示范点。重视技能抓培训。电商办把技能培训做为重心工作常年抓，2017年共组织电商培训26期，培训人员4454人次，培训贫困户1375人次。引导培训人员及贫困户通过直接开设网店创业、为电商企业从事快递、包裹打包等就业，实现创业开店、务工增收的效果。打造产品做溯源。为了打造本地特产生态绿色、有机环保等品牌形象，提高产品知名度，增加产品附加值，县电商办今年投资55万元开展农产品溯源工作。目前已对首批10家茶叶企业、3家富硒食品生产企业119款产品进行质量追溯，有效提升紫阳县富硒特产品牌价值和影响力。在县城建立了智慧物流中心，整合9家物流快递企业，作为全县物流快递中转枢纽和农产品进城的集中发货点，结合镇村电商服务站点建设，建立13个镇级、100个村级物流中转站，作为农产品出村物流快递的接收点，解决农村物流快递“最后一公里”问题。

（张永江）

工业园区

紫阳县硒谷生态工业园区管委会

主　任：陈平欣

副主任：闫　平

【发展现状】　2017年，按照产城融合、一区多园模式完成生态旅游、休闲娱乐、度假养生、风情体验等配套区域规划，园区建设紧紧围绕富硒产业功能定位进行规划布局、开展招商引资活动，打造富硒食饮品生产、科研、流通为一体的综合园区，园区聚集能力不断增强，公司+基地+合作社+农户的生产经营模式已经形成，以富硒绿茶、红茶、富硒魔芋、富硒大蒜、富硒粉条为主的富硒食饮品产业龙头企业已初具规模，产、供、销一体化，一二三产融合发展的体系已基本建立。随着园区基础设施的日趋完善和产业的发展，区域经济得到了快速发展，园区已成为县域经济发展的主要支撑，富硒食饮品产值贡献率已占园区工业总产值的80%，真硒水、富硒黑蒜、任性魔芋等特色产品销往多个国家和地区。

【基础设施建设】　2017年，园区基础设施配套功能不断增强。园区317亩土地平整圈围工程完成投资702万元已全面竣工；投资2180万元新建标准化厂房15000平方米；引进投资500万元对暂时闲置的土地培植苗圃已完成前期工作。妥善解决紫龙科技公司遗留问题，成功化解因项目下马的各类矛盾纠纷十余起，同时对原10000平方米厂房进行完善和标准化改造，工程投资258.8万元。

【招商引资】　2017年，招商引资取得突破性进展。新引进入园企业3家。西安大唐制药集团有限公司紫阳硒谷绞股蓝深加工项目已签订入园合同，项目总投资1.2亿元，2018年开工建设；安康源硒地生态农业发展有限公司富硒大米加工项目租赁园区标准化厂房2500平方米，计划投资2500万元，已签订入园协议，待标准化厂房竣工后入驻；厚朴综合开发利用项目投资人已完成前市场调研和产品实验，项目建议书已编制，已签订入园协议，2018年入园建设。

【管理机制体制】　2017年，园区管理机制体制进一步理顺。紫阳县委、县政府决定将硒谷生态工业园区和恒紫循环产业园区的机构、人员及资产进行整合，集中力量建设紫阳县富硒产业工业集中区，全力创建省级示范县域工业集中区，为紫阳县富硒资源、循环经济的开发利用搭建更大的发展平台。整合硒谷、恒紫两个园区统筹组建紫阳县富硒产业园区管委会，成立富硒产业投资发展有限责任公司，进一步理顺园区管理体制。

【创新发展】　2017年，创新驱动园区发展已成为新引擎。科技创新驱动已成为园区产业发展的主要牵引，园区产业龙头企业与国内知名科研院所合作日趋紧密，新产品研发取得丰硕成果，以当地农林牧业为主的产业链科研正稳步推进，园区的平台作用发挥更加给力。2017年硒谷生态工业园区正在与有关单位合作筹备建设中国硒产业研究院，已完成前期各项基础工作，预计2018年内开工建设。

（曹树信）

供 销

紫阳县供销合作社联合社
党委书记、主任：吴冰峰
副主任：文　军　罗安涛

【供销综合改革】 2017年，认真贯彻落实中发〔2015〕11号、陕发〔2016〕10号、安发〔2017〕2号文件精神，从紫阳实际出发，拟定《紫阳县深化供销合作社综合改革的实施方案》，县委县政府以紫发〔2017〕9号文件印发。这个方案明确供销社综合改革的思路、到2020年的发展目标、工作重点和保障措施，是紫阳县供销社综合改革的总纲。在县政府的支持下，供销社承担的现代农业产业精准扶贫、供销电子商务工作已经取得了不错的成绩。随着发展资金的筹措到位，一个创新为农服务、开放办社、合作制发展的新供销发展局面将逐步形成。

【供销经济】 购销经济指标完成良好，履行供销服务“三农”主渠道功能。日用品、生资等传统业务购销两旺，全县供销系统全年商品购进预计完成2.35亿元，商品销售2.5亿元，实现利润1500万元，分别完成任务106%、107%和110%。社有企业体系在改革中实现大的发展。新组建的紫阳县供销电子商务有限公司顺利运行。争取县政府支持落实资本金500万元，为打造供销为农投资平台，实现以股份合作方式恢复建设供销体系迈出关键一步。供销实体当年新增7家，共计达到16家，增幅达到47%。其中：全资企业1家（新增）、社有直属企业2家、基层社3个、控股企业7家（新增4家）、专业合作社（新增2个）。涉及流通、一产、二产等各产业领域。进一步夯实全方位服务“三农”和供销经济持续发展的基础。

【供销产业精准扶贫】 2017年，按照县政府部署，全力争取与省供销企业集团合作，新增2家试点企业，总数达到4家。在2016年启动的紫阳县富硒食品有限公司、紫阳县开源富硒科技发展有限公司两家试点企业的基础上，积极争取省供销企业集团投入，2月完成紫阳县紫诚旅游有限公司注资（共注资900万元，其中县上500万元）、4月完成紫阳县秦巴山富硒茶业有限公司注资（共注资630万元，其中县上350万元）。4家试点企业共计带动贫困户1334户，通过收益分红、订单种植、生产扶持、土地流转等多渠道带动贫困户强化发展意识、实施产业项目、实现增收脱贫。严格履行好“紫阳县现代农业精准扶贫试点领导小组办公室”职责，精心抓好工作部署，扎实开展现场督察，运用会议、责任状、通报、检查等多种手段，与省供销企业集团驻企代表打好协同战，推动企业落实工作。结合大整改贫困户数据清洗完善建档立卡，务求信息准确、衔接紧密。试点工作对紫阳县富硒茶、魔芋、富硒玉米、养殖等主导产业扶贫起到积极的示范促进作用。4家试点企业经营发展势头良好,在省供销企业集团的指导下管理逐步规范，市场拓展能力不断增强。加强企业家社会扶贫责任意识教育，各企业社会责任感不断增强，积极参加了“百企百村”扶贫行动。产业扶贫投资收益年度分红工作加紧筹备，预计在12月下旬进行。

【供销电商】 2017年，按照县政府关于电子商务重点工作和市社关于电商发展的具体任务要求，集中力量落实。积极汇报，将电商工作挤入县委县政府重点工作项目，经贸局和我社为主要实施部门。积极向县政府汇报，实现供销电商惠农工程项目与国家电子商务示范县项目整合实施，实现“共建、共享、共赢”。2017年完成总注册资金1080万元的“紫阳县供销思兰电子商务有限公司”的组建，使得国家总社农村电商惠农工程项目落地生根，获得550万元的股权注入资金。供销电商体系加紧建设。建成“紫阳县供销电商运营中心”“供销e家·紫阳馆”“紫阳县供销智慧超市”“智慧供销仓储”和30个村供销电商服务点的建设。按照市供销社“百镇百园”电商平台体系建设的要求，建成10个镇12个园区的电商平台。紫阳县供销电商的骨架基本搭成，目前正加紧建设完善，以期发挥好预期服务功能。

陕西（安康）青年电商发展峰会暨农村青年电商培育工程首场示范会

【为农综合服务】 2017年，积极开展为农综合服务工作。通过供销控股的盘龙、富硒食品、开源、紫诚、秦巴山等企业实现对茶叶、魔芋、富硒玉米、特色养殖等主导产业提质升级转型发展，引领带动1、2、3产融合发展。发挥好农资供应主渠道功能，保障农业和产业发展的用肥需求。2017年通过领办的思兰硒源、开源富硒谷物、闽秦茶叶等一批合作社，实现了对产业发展的有效带动。通过2017年供销社农综项目支持1个龙头企业（紫阳县开源富硒科技发展有限公司）和2个合作社（紫阳县开源富硒谷物种植专业合作社、紫阳县思兰硒源专业合作社）发展特色农业。

【富硒产品推介】 按照省、市、县的业务要求，累计组织10余家企业参加各类展会

16场次。主要有西洽会安康富硒生态产品西安“五进”活动、银川推介会、农高会、龙舟节、安粤投资对接等。与商务部门打协作战，支持县内电商企业拓展线上销售。2017年4月上旬，协同团县委、经贸局共同举办“电商引领经济发展，青春助力脱贫攻坚”电商峰会和“安康供销电商展”。紫阳县供销电商企业积极进驻“供销e家”、陕西“供销易购”“京东”“淘宝”等平台。积极推介紫阳富硒特产网上销售，供销企业的“盘龙和秦巴山紫阳富硒茶”“紫阳富硒魔芋即食食品”“深磨坊富硒玉米营养餐”等产品畅销线上。2017年，全县供销企业实现线上销售收入16000余万元。积极组织盘龙公司、开源公司、秦巴山公司等供销控股企业以及和平茶叶公司、闽秦公司、焕古庄园公司、龙腾茶叶公司、三生网络科技公司、向阳茶厂、紫阳春公司、焕茗茶叶等非供销体系的企业积极参加做好生态富硒农产品进西安送健康“五进”活动，促进紫阳生态富硒农产品特产的产销对接。

【基层建设】 拟定《紫阳县供销联社关于以股权合作方式领办合作经济组织恢复供销服务体系的方案》，已报县政府待批，积极推进供销服务体系的恢复建设，照此方案一是积极恢复基层社，已完成毛坝、洞河两个基层社恢复方案制定。积极策划农民专业合作社联合社和专业社的领办。围绕茶叶产业，供销社已与紫阳春茶叶有限公司达成组建紫阳县富硒绿茶农民专业合作社联合社的一致意见，已报县政府待批。还遴选5户专业合作社，待方案县政府批准后通过入股的方式实现领办。

【项目发展】 2017年，组织申报的2017年安康市紫阳县富硒玉米产业融合建设项目获得批准，财政资金支持总额为500万元。是全县项目资金超额完成任务部门。目前正组织企业实施。组织申报2018年安康市紫阳县农村综合服务社建设项目，以紫阳县供销思兰电子商务有限公司为实施主体，建设县级仓储物流和镇级服务站。

【招商引资】 2017年，按照县长关于争上级股权投资既是争取项目资金也是招商引资的讲话精神，立足供销资源，积极争取上级供销集团企业入驻紫阳县，2017年共落实3个项目，到位资金2150万元，其中省供销企业集团公司投入到紫阳县紫诚旅游公司股本900万元、紫阳县秦巴山富硒茶业公司股本630万元。省供销电商集团公司投入紫阳县思兰电子商务有限公司股本550万元，合计2080万元。

【脱贫攻坚】 2017年，按照县委县政府和县脱贫攻坚指挥部统一部署，一手全力抓好现代产业精准扶贫工作。一手全力抓好麻柳镇堰碥村脱贫攻坚。提高政治站位，将包抓工作作为头等大事。紧贴该村实际和脱贫攻坚规划制定切实可行的包抓帮扶方案并严格组织实施。言必行，行必果。严格落实结对帮扶要求，全社人员克服年龄大身体多病的不利因素，全部9名人员结对帮扶45户。既抓好这45户的帮扶，干群连心交朋友，也抓好面上帮扶和政策宣传，努力提高群众政策知晓率和满意度。主要领导每月深入村上开展工作不少于3次。突出产业扶贫。为该村争取落实开源、紫诚、秦巴山等3家现代农业产业精准扶贫企业共计带动164户实施玉米种植、茶叶种植等产业。为群众捐赠肥料10吨价值2万元。联社机关克服自身困难，挤出自有资金为村两委解决扶贫信息员1人工资2.4万元。支持贫困户花椒种植捐赠肥料及设施1万元。为村委会购置电脑一部价值0.4万元。为村小捐赠资金0.5万元。积极支持村上的新民风建设，解决文化演出费0.6万元，解决出列农户奖励物资0.6万元。累计5.4万元。当前，驻村干部正按照“冬季行动”要求齐心协力和镇村干部一道全力冲刺，迎接年底各项脱贫验收。

【矛盾纠纷化解】 2017年，实施“稳定工程”，不断强化对基层社、直属公司的领导，强化思想政治教育，法规纪律教育，加强规范管理。集中领导力量把握处置城关供销社原主任张慧碧职务侵占案件的后续处理主动权，坚持原则，寸步不让，选配加强城关供销社领导班子。集中力量处置完毕高滩供销社解体遗留问题，将问题处置到最好，不存遗留问题。妥善处理了10余件以往企业解体安置职工过程中的遗留问题。

【党建与党风廉政建设】 2017年，社党委始终抓好党建这个首要任务，严格贯彻落实党建工作新要求，提升党建水平。将政治建设摆在首位，严守政治纪律和政治规矩，不断增强“四个意识”，向以习近平为核心的党中央看齐。抓好思想建设，强化理想信念教育，扎实推进“两学一做”学习教育制度化常态化，补足党员干部精神之钙。高度重视党委自身制度建设，出台了议事、决策、廉政等若干方面的制度，规范三重一大决策。高度重视支部建设，不断推进党建工作的规范化。组织党员进社区入农户，践行双岗奉献。扛实扛牢党风廉政主体责任，落实好党委主体责任、主要领导主体责任和班子成员主体责任。制定较为完善的主体责任清单并严格执行，在认真履职的同时，做到履职留痕，填写好履职台账。扎实开展“三个助力”自查，实行通报制度。扎实开展“为政不为”专项整治，推动“四治四强”深入开展。严格执行“八项规定”，严格遵守“六大纪律”，自觉抵制“四股歪风”，认真履行“一岗双责”。扎实组织党的十九大精神学习贯彻落实，干部职工工作作风进一步好转。

【宣传、综治、信访】 2017年，注重抓好宣传工作，结合党建党风廉政建设抓好理论教育。注重宣传，为产业扶贫、脱贫攻坚等重点工作造势助力，积极支持新民风建设。重视综治信访维稳工作，实行包案责任制，妥善处理遗留矛盾，维护大局稳定。注重安全生产，扎实开展安全检查，督促基层单位治理安全隐患，防患未然。积极抓好“双创”，支持生态文明建设。确保全系统大局稳定、圆满完成县委、县政府和市社交办的各项工作任务。

（吴冰峰）

盐　业

紫阳县盐务管理局

党支部书记、局长：张梦斌

副局长：张红霞（女）

【机构设置】 根据紫编办发〔2017〕9号文件《关于变更紫阳县盐务管理局隶属关系的通知》精神，紫阳县盐务管理局由紫阳县政府直属事业单位调整为紫阳县市场监督管理局下属正科级事业单位。事业编制4人，经费由地方财政全额拨款。县盐务局管理下属企业紫阳县盐业公司，公司实行独立核算、自负盈亏、自主分配、照章纳税、属三级批发经营的国有企业。

【市场监管和质量安全管理】 2017年，按照省盐务局下发的《关于在全省范围内立即下架有关食盐品种的紧急通知》及市盐务局下发的《关于转发〈陕西省盐务管理局关于开展食盐质量安全专项检查的通知〉的通知》，开展了专项检查，并签定《紫阳县集中用餐单位食盐安全配送管理协议》，全力保障紫阳县食盐市场安全。全年共集中整顿盐业市场 13次，出动执法人员232人次，检查覆盖零售、餐饮、食品加工业主385家，查处盐业违法案件1起，联同综合执法大队共同办案2起，共查获违法盐产品1360公斤。

【健康用盐宣传】 针对广大食盐经营户和人民群众提出的宣传普及新型盐产品、健康用盐知识，盐改后盐业法律法规适用等问题，盐务局在2017年全面开展科普知识宣传工作，分别在紫阳县政府网站、安康盐业网加大宣传力度。充分发挥“3·15、5·15、12·4”等重大法制宣传时间节点，解答人民群众所关心问题。加强进集市入乡镇等日常宣传，引进多种食用盐新品种，加大多品种盐市场投放工作，不断丰富食盐市场和群众的“盐罐子”，更好地满足人民群众日益增长的多样化需求。通过全方位、多手段、广覆盖的宣传，让民众真正了解、正确选用适合自己的盐产品，掌握健康用盐知识,确保全年无食盐安全事故发生。

【行业管理】 面对盐业体制改革后新的格局，通过学习领会食盐行业新的发展思路和工作要求，适时地调整经营管理工作重心，提出“重服务，求效益，促和谐”的经营管理理念，塑造良好的盐业人形象。多措并举，稳定职工队伍。领导班子营造宣传教育氛围，教育职工以积极的心态参与改革、支持改革、推动改革。引导职工从传统的思想中走出来，消除不平衡心理，引导、树立竞争意识、市场意识和效益意识。统一思想，认清形势，找准企业的难点和问题，在企业内部营造目标一致、上下一心的氛围，增进共识形成合力，把全员的智慧和力量凝聚到企业发展上来；加强与干部职工之间的沟通，通过与职工交谈，及时把握职工的思想脉搏，听取职工心声，采纳合理意见，增强与职工的相互理解和信任，增进企业职工参与企业发展和改革的热情，在企业和职工中架起“连心桥”。推进食盐生产批发区域限制和食盐自主定价机制。进一步落实《陕西省盐业体制改革实施方案》精神，推动盐业体制改革，保证食盐安全，维护市场秩序，促进公平竞争，释放市场活力，按照国家有关部门制定的食盐生产、批发企业的规范条件，允许在陕备案的食盐合法生产企业在紫阳县辖区内销售合格碘盐。放开食盐批发、零售价格，由企业根据生产经营成本、食盐品质、市场供求状况等因素自主确定食盐销售价格，同时加强食盐市场价格监测分析，当价格出现波动时候，可依法采取价格干预措施，稳定普通食盐的价格。

【党建与精准扶贫】 抓党建工作，落实从严治党主体责任。全面贯彻落实党的十八届三中、四中、五中、六中全会和十九大精神，认真学习习近平新时代中国特色社会主义思想，按照全面从严治党的总体要求，坚持党要管党，从严治党，牢固树立“把抓好党建作为最大政绩”的理念，更好地发挥党员的先锋模范作用，不断提升党建工作水平。结合紫阳县盐业工作实际，从“人、财、物”等方面构建防范体系，为完成各项盐业工作任务提供有力的政治和纪律保障。抓党建，推进“两学一做”学习教育活动常态化。县局党支部把党员干部学习党章党规和习近平总书记系列重要讲话精神列入重要学习计划，自觉用党章党规党纪规范自己的言行，用党的理论创新成果武装头脑，每位党员把学习党的章程和理论作为自己的自觉行动，积极投身“两学一做”教育活动之中，抓紧、抓好、抓实。抓党建，积极推进精准扶贫工作。在2016年完成城关镇全安村验收出列后，2017年又转战城关镇富家村，担负起富家村扶贫攻坚工作，县局主要负责人亲自担任第一书记，带领帮扶干部开展扶贫工作。扶贫干部进村入户了解村情民意，全面精准了解基本情况、收入情况，脱贫产业、精准退出时间、标准及程序。结合富家村脱贫规划和建设要求，与村两委会合理规划，精准施策，新建通村水泥路12.3千米，新建饮水工程五处，维修及改扩建饮水工程1处（已投入使用），村文化活动广场、村委会周边美化工程等建设项目。根据贫困户实际情况，搬迁46户，危房改造10户，培育茶叶龙头企业1家，巩固发展茶叶专业合作社1个，新发展养鸡2000羽以上1户，养羊15只以上3户，养牛5头以上2户。这些项目和产业的精准实施、精准帮扶，确保该村当年脱贫出列。开展道德评议、公民道德大讲堂等活动，设立富家村道德评议流程牌、善行义举榜、曝光台，积极推荐一批道德模范村民，倡导红白喜事新办简办，举办集体升学礼，推进该村新民风建设。

（张红霞）

物　资

紫阳县物资贸易总公司

总经理：徐东方

副经理：来明星　刘剑锋

爆破公司经理：来明星

【机构设置】　紫阳县物资贸易总公司于1993年由紫阳县物资局改制成立，属自负盈亏、独立核算的国有企业。下设子公司——紫阳盛泰爆破工程有限公司。现有在岗职工16人。内设行政办、财务科、批发部、保卫科、库管办、车队。

【工作概况】　2月中旬，组织全体职工开展为期一周的春季培训，学习党的十八大精神及《国有企业领导人廉洁从业若干规定》、中央八项规定等党内各项规章制度，学习国企党建、安全生产法、民爆物品管理法律法规。全体职工签订《安全生产责任书》，中层管理人员签订《党风廉政建设责任书》，将各项责任落实到人。职工养老、医疗、工伤、生育、失业保险和住房公积金全额上缴，按比例缴纳残疾人保障金。

【经营情况】　2017年，总公司和爆破公司总收入270万元，上缴税费20余万元。民爆物品销售处于亏损状况。

【安全生产】　企业安全生产组织机构健全。公司设有安全工作委员会、保卫科，安全责任落实，分工明确，逐级逐岗位签订安全责任书，每月有安全监督，每天每班3人24小时巡检制度，每月一次安全大检查和不定期抽查，发现隐患，随时整改。

【驻村帮扶】　2017年，公司包联双桥镇庄房村开展脱贫攻坚工作，一名党员常年驻村，其他党员结对帮扶，不定期走访，宣传扶贫政策，了解致贫原因、制定帮扶措施，查看帮扶情况，核算每季度收入。基础设施：硬化荷叶沟5千米道路，解决二、五组80余户300余人出行难问题；协调刘家垭口800米道路“一事一议”项目已实施，将解决辖区内住户创业增收问题；舒家院子和沙平寨两处饮水工程项目已落实，将解决70余户200余人安全饮水问题；公司投入1万元改善村活动室办公条件，村活动室已于5月份迁址投入使用。产业扶贫：产业扶持98户389人，贫困户除享受政策扶持外，公司按照每人补助300元现金的方式鼓励贫困户积极参与技能培训，超额完成年度任务，资金已兑现到户。组织劳务输出156户249人。异地搬迁：2017年动员异地搬迁103户372人。教育扶贫：落实89户121人受益。生态扶贫：落实生态补偿140户530人。兜底保障：42户70人。

【党建文明】　加强组织建设。党支部认真开展“两学一做”学习教育制度化、常态化，坚持“三会一课”制度，组织生活正常开展。一名入党积极分子确定为发展对象。2017年公司党支部继续开展“社区共建”活动。

（唐小娟）

烟　草

紫阳县烟草专卖局（分公司）
党支部书记、局长、经理：丁　波
党支部委员、副局长：付祖红

【机构设置】 2017年内设综合办公室、专卖管理股（下设两个稽查中队）、内部专卖管理监督派驻组、卷烟客户服务部共4个股室。在岗人员35人，离退休8人，内退1人。

【综述】 2017年，紫阳县烟草专卖局深入学习贯彻党的十九大会议精神，坚决落实习总书记一系列重要指示，注重实效，锐意进取，紧紧围绕县委、县政府和安康市烟草专卖局（公司）党组的决策部署，积极按照新时代新要求，提高认识，坚定信心，讲责任、重实干，两烟生产经营利税实现持续增长。上缴各类税金775.84万元，较上年同期上浮3%。全年工作受到地方政府的充分肯定，被中共紫阳县委县政府授予“紫阳县2017年度中省驻紫单位支持地方经济建设”一等奖和“全县二十项重点工作——富硒特色产业”三等奖。

【脱贫攻坚】 紫阳县烟草专卖局按照县委、县政府的统一安排，包抓瓦庙镇新华村。2017年，结合该村的实际，制定脱贫规划和贫困户分布图，派驻1名年轻党员驻村帮扶，投入专项帮扶资金7.6万元，通过发展烤烟、魔芋、修脚产业项目，增加收入，改善居住条件，确保帮扶贫困户如期脱贫出列。在2017年第三季度市际间交叉检查中，该单位的包抓工作被检查组用“政策宣传好、帮扶措施好、产业扶持好、政策知晓好、群众满意好”五个好给予了充分肯定。

【党建】 2017年，紫阳县烟草专卖局围绕“抓党建、聚人心、强队伍、严管理、促发展”主题，以培养“四能人才”即坐下来能写，站起来能讲，走出去能干，拉出去能唱，努力为党建工作创建品牌，以“三个充分”为抓手深入开展党务工作，扎实推进基层党建提升年活动。即，充分运用“互联网+党建”“手机+支部”互动学习模式，利用微信、QQ群组建紫阳烟草“指尖上”党支部；充分激发青年党员和业务骨干立足岗位勇挑企业发展效益增长的重任，勇于在大事难事上做表率，开展“传帮带”；扶贫路上充分发挥“党员+贫困户”优势和烟草行业优势，依托产业扶贫，继续推行“公司+产业+贫困户”帮扶策略，将“两学一做”精神贯彻到实践中，带动青年职工行动起来。

【卷烟营销】 2017年以来，依托客户，借力品牌，围绕客户做了大量实实在在的工作。领导班子扑下身子抓销售，深入市场，走近零售户，聚焦消费环节开展营销工作，把零售终端作为服务消费者的重要阵地，以驻店营销服务为平台，将营销工作积极向消费者延伸，精心组织开展客户经理驻店营销工作，实现工业、商业、零售客户和消费者之间的“四向互动”。运用“互联网+”的模式，利用线上、线下相结合的多种培训方式，为广大客户带来实实在在的利益。抢抓旅游旺季、节假日、农村集镇赶场日的时间节点，组织开展主题品牌体验宣传活动，让市场消费动起来，提振客户的经营信心。以客户经理驻店营销服务探索为突破口，向提振客户信心、提高客户经营能力、提升客户盈利水平、深化客我关系转型。

【专卖管理】 2017年，专卖市场管理始终坚持从打假破网、市场监管、证件管理、基础管理、队伍建设、方法创新、依法行政等方面，分析专卖管理工作面临的新情况、新要求和新任务，扎实有序推动专卖管理工作开展。

全县共查处涉烟违法案件120起，涉案金额82.40万元。借力安康市烟草专卖局开展寄递渠道涉烟犯罪“举报宣传发动周”活动，重拳出击实施全面监管，联合公安部门打击快递寄递烟的流通。查获寄递渠道案件96起，查扣假冒卷烟1437条，案值80.9万元。借力“三亮三比三提升”星级稽查中队创建活动，开展“百日专项行动”竞赛活动，进一步推进星级中队创建活动，促进专卖基础管理迈上新台阶。持续推行“行政许可从宽、监督管理从严、违法违规必究、许可能进能出”的行政许可审批运行管理机制。全年共办理行政许可业务426起，办证服务满意度100%。

【烟叶生产】 2017年，紫阳县烟叶生产面临转型升级，力求在“稳”字上谋发展，顺利将人、财、物移交汉滨烟叶分公司。全县种植烤烟2000亩，分布9村77户。依照“做实、做精、做出特色”的烟叶生产总体要求，坚持以沿任河流域种植布局，以四个农业园区集中连片种植为依托，坚定不移抓好烟叶生产，积极主动与种烟乡镇政府及有关部门加强联系，协调好各方面的关系，保障“采-烤-收”工作顺利开展，为烟叶转型升级交上完美答卷。全年完成收购烟叶4590担，烟农总收入达到483.39万元。其中贫困户31户，户均收入7.1万元。

【综合管理】 2017年，紫阳县烟草专卖局全面引入精益管理，紧紧围绕全年税利目标，健全降本增效指标体系和考评体系，深化对标、贯标，全方位挖掘增收节支潜力。向降本增效要成果，确保税利实现。始终坚持节约为本，效益优先的管理原则，注重员工节约意识的培养。安全管理稳步推进，狠抓“党政同责、一岗双责”责任落实，实行“全员、全方位、全过程”的安全管理体制。为了促进职工队伍专业知识结构不断优化、素质不断提升，培养一批爱岗敬业、务实创新，结合单位实际，研究制定《专卖执法队伍学历教育管理办法》。

（万晶晶）

石　油

中国石油天然气股份有限公司陕西安康紫阳销售分公司
经　　理：贺习洪
支部书记：毛建平

【机构设置】 机关设综合管理办公室，下属加油站：城关加油站、钟鼓加油站、蒿坪加油站、汉王加油站、权河加油站、毛坝加油站。在岗职工34人。

【经营指标】 截至2017年11月底，完成油品销售总计1.3万吨，完成进度任务的100.6%，同比增长15%，直批完成0.35万吨、非油销售完成128.3万元。

【安全管理】 始终将安全工作放在第一位，坚持“以人为本、安全第一”管理理念。坚持强化安全责任落实，年初根据公司的实际情况和各岗位职责的不同，分别与员工签订《安全环保责任书》，实现安全环保责任书签订率100%，切实将安全环保责任落实到每个人。坚持从强化安全教育入手，公司制定安全工作计划，更新各站安全预案，要求各站利用班前会、安全例会等时间，按月开展相关员工安全教育及预案演练，提高员工安全意识和应急处置能力。组织员工结合岗位开展岗位危险源辨识，让员工充分了解到自己岗位面临的安全风险，掌握防控风险的措施，提高员工的安全防范意识。坚决落实“20个杜绝项”清单，提高员工风险识别和应急处理能力，坚决杜绝“三违”现象的出现，确保公司安全运营。严格执行安全巡检、隐患排查整改制度，规定每天加油站经理或管理人员必须亲自做一次全面的安全巡检，当班安全员每天不少于4次的安全巡检。公司每月坚持到站对加油机每枪进行20升容积罐自检，确保加油机发出油品数量在规定范围内。公司还利用到站检查调看油品进站接卸视频监控，发现不规范行为当场指出纠正。要求各站认真落实油品接卸十六步操作法。一年来，在全体员工的齐心努力下，实现全年安全、数质量、环保责任事故为零，无客户投诉发生。

【经营管理】 2017年年初，公司及时组织全员学习宣贯上级工作会议精神，开展“形势、目标、任务、责任”主题教育活动，让全体员工统一思想，明确工作目标。组织员工开展现场服务，开口营销练兵活动。增强员工业务技能，提升了现场服务水平。成立以公司班子为组长、销售代表和加油站经理为成员的营销队伍，定期开展市场调查，及时分析市场变化，及时向上级业务部门反馈情况，争取上级政策支持，及时调整营销政策，有效的把控成品油市场。按照各站供油半径划分客户群，各站按照客户用油情况，分解到人按时上门拜访客户，及时了解客户需求、及时做好服务。公司加大中国石油品牌宣传力度，利用“3·15”消费者权益日等活动现场为顾客解说，积极发放宣传传单，宣传加大品牌宣传，扩大市场影响力，立足门店，努力扩销上量。合理安排小油罐车送油到工地，进厂矿。利用“国庆、中秋”双节的大好时机，积极行动，精心筹备，在上级业务部门的指导下成功举办了首个非油推荐会暨大客户座谈会，增进友谊，拉近客户距离，取得销售25.8万元的业绩。

【财务管理】 公司按照资金管理制度要求，及时与各站管理人员签定《资金安全责任保证书》《杜绝座支营业款承诺书》。加大监督检查力度，公司领导及综合管理员每月按时到站对财务管理制度的落实情况，营业资金到账情况等进行检查，督促各站严格执行“三流程一规范”及“资金安全运行方案”。针对自行缴存款站的情况，公司加强交款人员安全预案演练，加大资金管理力度，跟踪资金缴存时间，发现问题立即查询，确保资金安全。

【党风廉政】 因工作调整，按照支部按照党支部委员选举办法，进行支部委员的补选工作，健全党支部组织机构。细分各支部委员的工作职责，对照工作职责认真开展支部各项工作。支部认真落实“三会一课”制度，做到有计划、有安排、有组织、有记录。支部组织全体党员按照学习计划内容，认真开展党员集体学习和自学，对学习笔记进行季度检查。支部按照党员管理办法和目标考核制度，定期对党员责任区，党员模范岗，全体党员进行考核。督促全体党员认真履职，发挥党员模范带头作用。

（贺习洪）

交　通

紫阳县交通运输局

党委书记、局长：朱元地

党委副书记、农村公路管理局局长：徐兴万

副局长：王永国

副局长兼总工程师：王章勇

党委委员：唐明锋　陈　爽

【交通项目建设】 改建安川高速紫阳连接线1.8千米，完成桥梁工程95%，路基工程100%，完成总投资额的75%；新建茶山旅游公路，桑树沟至瓦房旅游专线公路6千米，已完成总投资额的35%；改建擂鼓台景区内公路3.2千米，因林可手续没有完善，暂时无法开工建设；新建安全生命防护工程50千米，已全部完成；新建通村公路完善工程217千米，已完成120千米，完成总投资额的52%；新建汉王跨汉江大桥一座360延米，已完成招投标工作；新建向阳江河桥104延米，南岸引线路基已贯通，因库区水位及北岸征地影响，暂时停工，目前已完成总投资额的15%；洄水洄堰桥96延米，桩基础已完成80%，预制梁已完成75%，已完成总投资额的50%；双安双河口桥35延米，桩基础已全部完成，正在进行墩柱施工，已完成总投资额的30%；续建城关塘么子沟至向阳江河公路21千米，已完成总投资额的50%；文笔山环线一期工程4千米已完成建设任务；续建焕古肖家沟桥52延米，0号、2号台挖孔完成，1号墩柱已完成施工，完成总投资额的18%；续建东木小石河桥44延，已完成建设任务；续建权双公路安全生命防护工程65千米。完成42.25千米，已完成总投资额的65%；通村水泥路已建成142.8千米，焕古、

541国道修建

线电话平台，24小时接受举报，对群众举报做到及时登记、及时调查，及时处理，及时反馈。截止目前，已对75名拒载、乱收费、不使用计价器、强行拼客等违规经营行为的驾驶员给予了处罚。2017年全年无水上安全事故。水上运输事故件数、死亡人数、沉船艘数、直接经济损失四项指标分别下降100%、100%、100%、100%。辖区安全形势稳定。全年排查各类船舶2000余艘次，纠正各类违章15起，其中给予行政处罚8宗，收缴罚金7500元，督促完成隐患整改1起，整改隐患船舶1艘。2017年，全县共完成货运量35万吨，货运周转量1000万吨千米，共完成客运量65万人，旅客周转量1770万人千米。乡镇渡口共渡运旅客15万人/次。组织紫阳县客货运码头建设援建，货运码头正在完善滑坡治理方案；完成5处停靠点建设；汉江视频监控系统已完成前期规划，年底开始实施。

洞河、汉王等3个汉江码头新建项目已完成全部招标工作，汉王客运码头土建工程已完工；焕古客运码头即将开工；洞河客运码头因地址变更增加费用，现在还在进一步论证。

【农村公路养管】 2017年，先后投入养护资金531万元，人力2800余人次，机械台班50个，清理边沟190公里，整修边坡路肩314公里，清理塌方14000立方，清除路障630余处，对金东路、焕金路、桑红路、红燎路、金五路、权洄路、洞双路、毛瓦路修补损害混凝土面板，修复挡土墙，涵洞及其路面病害。制作标牌60块，植树6.5万株。及时开展小修保养，累计投入1750余万元，对全县186座桥梁进行一次全面调查，进行归类建档，加大危桥实地监控力度。按照每4千米配备1名管护员的要求，共聘请401名农民工担任通村公路养护员，对11个乡镇25条农村公路路面病害进行修复。

【交通运输管理】 2017年，共查处“黑车”、路边带客、异地经营、非法营运等客运违章车辆78余台次。共查处违章货运车辆65余台次。分批次对全县所有客运驾驶员集中培训3200余人次，利用“4422710”运政投诉热

（朱元地）

公路管理

紫阳公路管理段
段　　长：王宗斌
党支部书记：杨晓康
副 段 长：李　靖

【机构设置】 紫阳公路管理段隶属于安康公路管理局正科级事业单位，担负S310线（恒口—紫阳—渔渡）107千米养护任务。有在岗职工93人，党员21人。机关内设办公室、

除雪保畅

公路股、路政股、财务股、效能监察室，下设茨沟、堰沟、米溪、长滩、桑树沟、权河、新滩、毛坝、麻柳9个道班。

【日常养护】 抓住养护管理这个“牛鼻子”，注重日常养护和路面保洁工作，加大对易污染路段和平交道口的清扫频次，始终保持路面干净整洁。全年清扫路面1112万平方米，清理水沟143万平方米，清理塌方4万立方米。突出季节养护，根据时间节点下达指令性任务，从小修保养、预防养护等方面入手，做到“早发现、早预防、早处置”，修补坑槽2057平方米，重点对管辖路段392道涵洞进行了彻底清理，理清养护管理上的“欠账”,路况质量稳中有升。年均优良路率94.06%，公路技术状况指数MQI92.64。坚持问题导向，严格对照养护体系抓落实，定期组织巡查月检，真正做到抓养护生产心若旁骛，抓养护巡查踏石留印，抓整改落实掷地有声。确保问题紧盯不放、整改迅速到位、路况持续向好。

【应急保畅】 对于防汛防滑工作，我们时刻保持如履薄冰的临战状态。提早完善防汛抢险预案，做到责任、投入、时限、预案、措施“五落实”。实行段领导24小时带班、段班两级轮流值班制度。一年来，连续吹响防汛防滑集结号，连续打赢应急保畅攻坚战。K88+150（燕子崖）和K110+100（高滩镇洞子口）发生山体崩塌后，想方设法清塌方、除险情，在这场没有硝烟的战斗中，抢险值守人员风餐露宿，夜不能寐，始终坚守在抢险保畅第一线。特别是春节、五一、十一等关键节点，段班两级更是以灾情为号令，放弃假日、不顾疲劳、连续作战，理性决策、科学抢险，及时发布阻车绕行信息，及时组织专家研判排险，最大限度缩短阻车时间，最大努力保障群众安全出行。哪里有险情，哪里就有公路人的身影。彰显公路人敢于担当、无私奉献的行业精神。

【路政执法】 路域环境综合整治力度进一步加大，清理整治利用桥下空间堆放物品或搭建临时构筑物活动成效明显，有力维护路产路权、桥梁安全和通行环境。8月23日，在桑树沟道班启动“123”路警联勤联动机制，全年共联合执法7次。不定期在毛坝和茨沟设点，对超限运输抓现行，对抛洒污染路面的司机，核实一个，就让其将污染路面进行清扫，达到“抓住一个、教育一片”的震慑作用。突出重点线路和重点时段，提前介入涉路事案，规避行业风险。6月中旬，成功阻止一起在管辖路段汉江大桥8#、9#桥墩施工的路政事案，及时上报市局进行踏勘，密切关注施工动向，督促建设单位完善路政许可手续，做到“法定职责必须为”。“三基三化”建设成果得到巩固。全年清理非公路标志标牌60余块，路政事案发现7起、查处7起，结案率100%；超限超载率控制在2%以内，收取路产损坏赔偿费11.3万元。

【质量安全】 建立健全质量管理体系，坚持质量问题“一票否决”，加大平时抽检的频率和力度，宁做监管前的“恶人”，不做问题后的“罪人”，工程质量始终处于可控状态，在建工程均为合格。深入开展安全生产大排查大整治活动，摸清道路安全风险点，做到“底子清、情况明”，在安全排查中，注重痕迹管理，实现自查、自报、自改的资料闭合。将日常排查和专项检查相结合，坚持“四不放过”原则，把安全隐患消灭在萌芽状态，针对2017年重大秋淋灾害公路安全设施严重受损实际，及时设立警示标志，尽力恢复安全设施，有力确保道路通行安全，持续巩固质量安全稳中向好的态势。

【行业建设】 在局领导的关心支持下，首先以改善机关办公环境为突破，在完成前期招投标后，于10月中旬开工。对办公楼屋顶进行防水处理，宿舍楼楼顶新建大屋顶，宿办楼全部更换了防盗门，大小会议室新增吊顶内外粉刷、更换桌椅，新建职工食堂，装饰办公楼卫生间，新建职工宿舍楼卫生间、洗澡间，对办公楼外墙瓷砖进行卸载，对宿办楼内外墙喷刷真石漆，新建院内文化墙，新增院内外亮化工程、安防设备等，机关面貌焕然一新，行业形象得到改观。在做好机关维修的同时，也注重道班建设，体现人文关怀，促进段班共同发展。为茨沟道班新建大屋顶、新修洗澡间、加深后檐排水沟，并对内外墙进行粉刷，基本达到“温馨职工之家”的标准。为权河道班新建过道雨棚、大屋顶，更换冰箱等厨房设备，一线职工“上厕所难、洗澡难、看电视难、上网难”问题得到解决。道班Wi-Fi全覆盖已梦想成真，职工健康体检已顺利完成，职工意外伤害保险和互助医疗保险全部购买，还为各班配置安全绳和伸缩楼梯，户外安全作业更有保障，一系列普惠措施，切实增强职工的归属感。

【脱贫攻坚】 全力做好包抓高滩镇万兴村脱贫攻坚工作，选派1名同志常年驻村开展扶贫工作，机关20名职工结对帮扶40余户。全年领导班子到村召开座谈会8次，到包联贫困户家中走访16次；机关职工轮流到结对帮扶贫困户家中走访24批次、120余人；驻村工队队员驻村235天；积极协助镇村两级新建村委会、卫生室，现已投入使用；帮助贫困户销售洋芋2万余斤；资助5户贫困户大学生2500元;为3户肢体残疾贫困户捐赠轮椅3部；为村委会捐赠电脑3台、打印复印一体机1台；慰问重度残疾贫困户11人、2200元。为全县脱贫攻坚顺利接受“国考”贡献公路人绵薄之力。

【作风纪律】 领导班子带头执行工作纪律，带头化解疑难问题，带头推动重点工作。建立健全每周一例会制度，每周三卫生打扫制度，每周四学习制度；梳理完善车辆停放管理制度、请销假制度、办公用品审批采购制度、车辆维修审批制度、考核督查通报等一系列制度，从严从实要求，做到用制度管人，为规范化管理奠定基础。在建章立制的同时，立足解决实际问题。解决了宿舍楼腾退遗留问题，遏制机关院内停车乱象，改变机关工作环境，强化段班两级应急值守，协调内外工作关系。通过一年来的常抓不懈，规矩意识明显增强，责任意识明显提高，段风段纪明显好转。

【党风廉政】 对照《党章》和基层党组织选举条例，召开党员大会，选举新一届党支部，支部战斗堡垒作用得到加强。深入贯彻落实十八届六中全会精神，认真学习贯彻党的十九大精神和习近平新时代中国特色社会主义思想，着重强化“四个意识”，夯实全面从严治党责任，扎实推进“两学一做”学习教育常态化制度化，坚持民主集中制，严肃党内政治生活，严明党的纪律，强化党内监督，坚决贯彻“八项规定”，防止“四风”反弹回潮。落实“三重一大”决策制度，凡是涉及全段“重大事项决策、重要岗位调整、重要项目安排、大额资金使用”都实行集体讨论、民主决策，并向上级请示汇报，经批准后按计划实施，保证全段各项工作的健康发展。班子成员自觉以党纪党规约束言行举止，坚决守住底线红线，做到心有所畏、言有所戒、行有所止。始终保持政治上清醒、工作上清正、经济上清廉、生活上清白。组织全体党员和班股长前往巴山工务车间，开展“学习巴山精神、重温入党誓词”主题党日活动，召开专题组织生活会，开展批评和自我批评，增强党内组织生活的政治性、原则性，战斗性、达到“团结—批评—团结”目的。完成工会换届选举，形成了推动追赶超越的强大合力。

（邱志清）

电　力

紫阳县供电分公司

公 司 经 理：罗　洋

党总支书记：胡　军

公司副经理：胡晓华　白鹏飞

主任会计师：娄　平

【公司概况】　紫阳县供电分公司隶属陕西省地方电力（集团）有限公司的一个县级供电企业。现有35千伏变电站7座，35千伏运行线路23条259.998千米，10千伏线路51条1660.958千米，0.4千伏线路5322.589公里，基本形成35千伏电网为主体，10千伏配网延伸全县的电网格局，供电可靠率、安全率得到大幅提升。并网水电站27座，总装机容量5.6945万千瓦。拥有固定资产2.7亿元。现有全民合同制职工91人，聘用制合同工123人，共计214人。主要承担全县17个镇236个行政村的工农业生产和城乡居民生活供电、服务、管理工作，供电面积2204平方千米，供电人口35万。

【机构设置】　下设8个职能部门：行政办公室，财务经营部，基建部，市场营销部，安全监察部，生产技术部，电力警务室，工程公司。13个供电所：城区供电所、任河嘴供电所、向阳供电所、红椿供电所、汉城供电所、蒿坪供电所、洞河供电所、洄水供电所、双桥供电所、高桥供电所、高滩供电所、毛坝供电所、麻柳供电所。7个变电站：江南变电站，贾坪变电站，蒿坪变电站，蒿堰变电站，高滩变电站，斑桃变电站，毛坝变电站。3个水电站：葫芦颈水电站，罗家坪水电站，高桥水电站。6个生产班组：江南运维班、毛坝运维班、调度所、计量所、修试所、保线站。

【经营指标】　2017年全年售电量完成

2.19亿千瓦时，同比增长15.77%，营业收入完成11179.30万元，同比增加8.05%，利润减亏290.35万元。

【电网建设】 完成35千伏高压配网大修工程5项，投资32万元，10千伏配网大修工程23项，投资154.86万元。并配合安康供电分公司完成35千伏向阳变增容改造工程，完成投资150万元。完成农村电网改造升级工程136项。新建和改造10千伏线路124.38千米，安装配变207台35.47兆伏安；改造低压线路270.54千米，完成投资3924.21万元。顺利通过省发改委对公司2015年农网改造升级工程的稽查验收。

【安全生产】 按照省市公司、县委县政府的部署和要求，公司与各部门签订安全生产目标责任书35份，安全工作承诺书35份；班组与员工签订责任书170份，承诺书170份；签订车辆安全管理责任书17份；消防责任书35份。针对安全管理中存在的问题和不足，坚持“四查”和“四不放过”。重点查思想、查举措、查隐患、查违章，对违反安全生产的人和事问责追责，2017年共查处违章4起，处罚2.15万元。公司已实现安全运行852天。

【脱贫攻坚】 完成城关镇青中村、红椿镇共和村等40个移民安置点的电力大配套设施建设。新建10千伏线路15.4公里，安装配电变压器8750千伏安/56台；新建0.4千伏及以下线路26.7公里，为77处安置点安装户表3425只，完成投资509.3万元。对40个脱贫村电力线路进行了升级改造，架设10千伏线路16.12公里，安装配电变压器5790千伏安/36台；架设0.4千伏及以下线路64.2公里，更换或安装户表6648只，投资877.36万元。

【供电保障】 2017年9月下旬，紫阳县境内出现暴雨灾害，造成多个乡镇受灾，多条电力线路倒杆断线、设备严重损毁，大面积停电，面对突如其来的巨大灾情，紫阳县供电分公司周密安排、科学组织，高效、快速处置“9·25”灾情，尽最大的努力迅速恢复供电。2018年春节前夕，紫阳县迎来迎来入冬以来的第二次范围广、强度大、持续时间长的一次雨雪、降温及冰冻天气，导致全县取暖用电负荷急剧攀升，供电形势严峻，紫阳县供电分公司电力职工不畏严寒，加大巡视力度，消除隐患，确保安全稳定供电，为广大人民群众送光明送温暖。2018年1月24日，紫阳县电网出现历史最大负荷71.65兆瓦。

【精神文明建设】 2017年，开展“我们的节日”活动6次、青年志愿者服务活动7次、立足岗位活动6次、道德讲堂4次，完成“中国好人榜”线索推荐852条，并实时将资料上传常态化管理系统。2017年网络测评得分96.5分。

（李　花）

邮 政

中国邮政集团公司陕西省紫阳县分公司
总经理、党支部书记：王晓勤
副总经理、工会主席：金相平

【概况】 中国邮政集团公司陕西省紫阳县分公司位于城区紫府路66号，在邮政体制改革时于2015年5月1日由紫阳县邮政局更名。全县共有信箱信筒10个，ATM自动柜员机16台（其中CRS存取款一体机14台），邮政车辆6辆。邮路34条，长度609千米，其中，县城自办汽车邮路1条，县镇汽车委办邮路10条。年末在岗职工97人，其中AB类合同工58人，劳务派遣工39人。本科及以上学历10人，大专学历42人，大专及以上学历占全部从业人员的54%，高中及以下学历45人。服务面积2204平方千米，服务人口35万人。2017年全年邮政业务收入2848万元，完成年度计划的97%，与上年同期相比增幅达17%，占全市总收入的9.8%，收入规模位列全市邮政各县分公司第三位；完成业务支出1614万元，同比增加20%；实现收支差额1234万元。业务发展呈现出速度加快、结构优化、重点突出、效益提升的态势，一些主要指标增长跃居全市邮政前列。多元化、专业化的金融产品和服务，更好地满足了城乡居民的金融和理财需求。网点标准化装修改造、干线邮路优化、设备更新、车辆增配等，极大地提升全县邮政服务能力。该公司荣获2017年度全市邮政先进单位、2017年度市级“平安示范单位”。

【机构设置】 紫阳县分公司内设职能部室2个，生产班组1个。下辖蒿坪、汉城、毛坝、高滩、高桥、双桥、洄水、红椿、向阳、西关、紫府路营业厅11个邮政综合（含金融）网点及1个单一邮政营业网点。

【代理金融业务】 紫阳县邮政分公司上下齐心协力，奋战业务发展旺季，深入推进“网点转型”“跨年度劳动营销活动”“柜员专场”等活动，克服种种困难，积极采取有效措施，细化方案和考核办法，不间断的督办业务进程和深挖市场，通过开展各种短程竞赛活动，网点PK赛、网点包片帮扶等措施，在激烈的市场竞争中取得较好成绩。至12月31日，全县邮储余额规模达到14.62亿元，全年净增1.79亿元。

【理财业务】 理财业务是邮政在农村金融市场的独特业务，紫阳分公司继续深化“余额池”的经营理念，正确认识储蓄与理财的协调发展关系，组织开展“余额池”专项营销活动，通过柜员专场、答谢会、推介会、积分有礼等多种活动措施推动余额池业务在全县邮政网点面开花。截至12月31日，该分公司年销售理财产品8145万元。为全县农村、城镇居民金融理财提供更多、更优的产品和服务。

【代理保险业务】 代理保险业务着力构建以网点金融超市的主体功能转型为依托，网点柜员为保障，大堂经理为支撑的专业营销体系队伍，形成了全方位的立体营销体系；深入落实网点晨会、例会制度，把控营销工作的全过程；通过进一步提高对培训工作的重视程度，夯实了业务发展的基础。为满足客户的理财收益、其他保障等的综合需求，提供收益高、保障高的各类银保产品。截至12月31日，该分公司共代理销售保费4080万元。

【邮务类业务】 随着信息化、现代科技的发展和应用，快递市场的全面放开。对传统邮政的函件、报刊、集邮、包快业务等多项业务市场形成冲击。函件业务通过不断创新思路，始终坚持邮政普遍服务的大旗，创新少儿书信大赛活动方式，全年累计实现函件业务收入13.55万元。集邮业务随着发行制度改革，紧抓集邮稀缺资，紧跟市场步伐，全力贴合集邮爱好者需求，全年累计实现集邮业务收入15.4万元，增幅达到21.28%。报刊发行业务把握大收订黄金机遇，以畅销报刊为重点，组织收订人员携带报刊宣传单、样报样刊、赠品进驻社区、小区扎点收订，开展各种促销收订；以随堂教辅类产品为重点，全面做好校园市场开发；把党报党刊的发行征订做为报刊业务的首要政治任务来抓，全年累计实现报刊业务收入63.82万元。

【快递】 紫阳县分公司认真贯彻落实中国邮政集团公司的“一体两翼”战略布置，全力推进省、市、县包快业务改革，配合全网提速做好网运处理，以揽投队伍建设为基础，全面开展协议客户开发，以“降费提速”为重点，加大速递市场的竞争能力。通过理顺机制、强化营销、充实揽投人员等手段，全力改变业务发展现状，提升服务能力，逐步扭转发展态势。2017年，实现包快收入81万元。

【企业成本】 2017年，严格执行市公司成本支出规定，全年成本支出1614万元，比上年增加279万元，企业费用成本更为合理。其中主营业务成本占1346万元，较上年增加21%，管理费用占262万元，较上年增加23%，三公经费占比仅0.93%。

【企业管理】 进一步抓好员工队伍建设，认真宣传和落实市公司《代理金融网点负责人绩效考核办法》《精品网点人员转型绩效积分办法》《普邮投递人员计件制考核办法》《邮政人才评价考核办法》等，提高执行力。调整向阳、汉城、西关3个支局所负责人；积极宣贯省、市分公司关于员工报考保险、基金、银行从业等资格证书的激励政策，并组织70人/次员工参加全市代理金融网点转型、全市支局长轮训、全省支局长轮训等培训班。安排金融、保险、基金从业及技能鉴定人员资格考试培训。对达到轮岗时限的员工、支局长全部进行了岗位轮换。强化纪律、作风建设，队伍建设进一步提升。

【安全生产】 安全工作重于泰山，安全工作一直是该分公司工作中的重中之重。紫阳县分公司根据省、市公司相关文件的要求，成立相关专项检查领导小组，认真开展人员排查和邮政业务稽查等工作。认真落实“4+4检查”机制，开展邮银联合资金安全大检查、金融机构安全评估自查和人员排查工作，完成了岗位轮换工作。根据公安部金融网安全规范要求对8个网点进行标准化装修改造，为全部网点更换了消防器材，更换高清监控设备。由于制度到位，责任落实到位，检查工作到位，保证紫阳县分公司的各项工作都能安全的开展，没有发生一起重大经济案件、重大安全事故、重大违规经营行为。被评为2017年度市级“平安示范单位”。

【新闻宣传】 紫阳分公司围绕市分公司党委的中心工作，以各类新闻媒体为阵地，紧抓新闻热点，精心策划专题活动，广泛宣传紫阳邮政经营发展、企业管理、优质服务、网点转型、包快改革等方面取得的优异成绩，极大提升了紫阳邮政的品牌形象。其中省公司新闻稿件3篇（条），市分公司新闻稿件9篇（条）。

【服务质量】 服务是邮政的永恒主题，是企业生存和发展之本。2017年以来，紫阳分公司把改善服务作为企业经营的重要举措，在强化日常检查工作的发展。以省、市邮政“全面提升服务质量”活动为载体，下发紫阳邮政“全面提升服务质量”营业、储蓄、投递服务量化考评办法，修订邮政通信质量考核办法，再次学习代理金融业务“十条禁令”，严格执行邮政短信业务各项管理规定、业务流程和七条禁令，转发投递服务五条禁令。配合中心局优化干线邮路交接时间，加快邮件报刊传递速度。开展定期或不定期地对网点、部门、中心通信质量和服务质量情况进行检查，加大服务质量的考核力度，提高员工贯彻规章制度的自觉性和服务技能，确保全县邮政通信质量和服务质量指标达到市局考核要求。

【工会工作】 2017年，紫阳县分公司继续深入推进基层工会送温暖活动，“冬送温暖，夏送凉爽”全年通过节假日慰问员工60人次、职工生日101名次、困难员工家庭7家、职工住院5人次，在职员工及退休职工离世发放慰问金、困难补助金等共计3.71万元。

【职工小家建设】 按照市分公司、市邮政工会安排部署，积极推进“职工小家”建设，全县9个农村支局（所）建成为标准“职工小家”，1个农村支局被评为2017年全市邮政先进集体，3人被评为2017年全市邮政先进个人。

【扶贫帮困】 按照县委、县政府统一部署，紫阳邮政分公司深入脱贫攻坚包联村——向阳镇钟林村开展各项工作。为该村脱贫项目支持提供资金支持2万元，提供电脑、打印机等办公设备0.6万元，订阅农村科技信息、实用技术等报刊杂志3000元，开展文化下乡精准扶贫演出1场。紫阳县分公司党员干部按期开展入户帮扶工作，分批进行节日及严寒、酷暑慰问。根据县委、县政府要求，开展了义务教育均衡发展结对帮扶工作，向结对帮扶学校——向阳镇营梁小学捐赠电脑10台，图书、杂志共1000册。

（魏定武）

通 信

中国电信紫阳分公司

党支部书记、总经理：黄 飞

副总经理：李晓杉

【机构设置】 中国电信紫阳分公司内设前端支撑中心、后端支撑中心和九个支局。全县各类服务网点32处。公司共有员工47人，其中合同制28人，4名派遣，15名委代办，平均年龄46岁。

【党建统领】 省公司党委委员、副总经理，市公司党委书记分别讲党课一次；2017年召开学习及会议41次；支部书记赴延安学习受教育一次，讲党课五次，集中学习贯彻十九大精神及习总书记重要讲话13次；周末主题党日12名党员，脱贫帮扶、业务帮扶全年共计256次。

【经营业绩】 中国电信紫阳分公司企业经营紧紧围绕习近平总书记“三个有利于”方针，围绕“十九大”精神坚持从有利于国有资产保值增值、有利于提高国有经济竞争力、有利于放大国有资本功能出发，2017年超额完成各项收入目标。企业收入规模不断提升，经营收入同比增幅24%，企业总体经营收入结构持续优化，抗风险能力显著增强；企业用户规模不断扩张、用户数量增幅加快；企业收入和税收上缴不断攀升，连年完成利润考核任务，顺利实现国有资产保值增值；企业深化改革持续推进，更多员工分享到改革发展红利。

【服务领域】 中国电信紫阳分公司以做领先的综合智能信息服务运营商为己任，为客户提供智能连接、智能平台、智能应用以及营造三者深度融合而成的业务生态圈，服务于数十个行业信息化应用。基于高速光网宽带的智慧家庭组网给家庭客户提供更加优质的服务，智能家庭Wi-Fi、4G/4G+通信、高清IPTV等业务让广大用户充分享受到中国电信积极践行国家宽带战略所带来的信息化红利；积极践行“光网紫阳”整体解决方案，打造综合能力平台，为客户带来众多崭新的信息化应用，光纤宽带推动物联网、云计算等新兴产业发展，在光纤化进程中，加快推进个人、物和组织之间的物联化和互联化。

【网络能力】 中国电信紫阳分公司坚持以网络智能化为导向，加快光宽网络建设，让骨干网带宽优势得以充分体现，形成一个骨干网与接入网相匹配的大规模、高速率的宽带网络。城区实现光纤全覆盖、农村光纤覆盖率由72%提升至94.12%，无线网络基站新建68座，无线4G覆盖率85.71%；3G覆盖率62.28%；2G覆盖率74.28%；家庭接入带宽实现千兆引领、百兆主流。持续启动“宽带中国·光网紫阳”工程，全力打造智慧家庭组网，以无源光网络（PON）技术结合高性能路由集群等关键技术，打造宽带化、IP化、扁平化、融合化为核心特征的可管可控的绿色高性能光通信网络，向家庭客户和政企客户提供满足不同需求的高质量、高速率的接入和行业应用解决方案。

【创新能力】 中国电信紫阳分公司坚持

以业务生态化为导向，积极打造翼支付互联网金融生态圈，支持各类线上线下民生支付应用，通过添益宝、交费助手、交费易等业务为个人、商户提供综合性的互联网金融服务，便捷的线上线下交易丰富和改变着民众的日常生活。基于党政军及行业客户、医疗、教育、旅游、校园等十大类新兴ICT业务为众多客户提供通信、网络、管理、效率提升等方面的一揽子解决方案。

【运营体系】 中国电信紫阳分公司坚持以运营智慧化为导向，深入贯彻习近平总书记两个“一以贯之”要求，按照集团和省市公司全面深化企业改革要求，落实倒三角管理体系，通过组织架构的扁平化和三级维系体系的搭建，建立起以客户为中心的全业务组织架构与管控支撑体系。

电信公司

【服务能力】 中国电信紫阳分公司坚持以打造卓越企业、服务社会民生为己任，整合线上线下资源，提供便捷高效服务。相继推出网上营业厅、掌上营业厅、QQ网上客服、网厅微信公众号、网厅易信公众号等线上服务，客户自助服务能力显著增强；加强社会渠道合作建设，终端销售、营销服务网点遍布城乡，全网通手机终端类型不断丰富；加强各类人才队伍建设，强化服务力量配置，支撑能力和服务能力大幅提升，用户满意率不断提升。

【社会责任】 中国电信紫阳分公司坚持以引领数字生态、筑力网络强国为己任，积极践行习近平总书记在国有企业党建工作会议上的讲话精神，坚持从“六个力量”的定位，发挥行业优势，积极履行电信普遍服务义务。“以安全之盾，铸社会之责”，为党政机关、金融机构、企事业单位量身打造“加密通信”及“安全手机”；“平安联防互助网络”民心工程助力政府创建平安和谐社会，深化镇村平安建设，提升人民群众安全防范能力；光纤网络、无线网络覆盖率逐年提升；积极承担农村党员干部现代远程教育网络建设任务，开展了多场信息下乡宣传活动，农村信息化建设成绩斐然；主动接应国家提速降费号召，率先取消长途费和漫游费，组织党员和干部员工走村入户进行点对点的通信服务和提速降费宣传讲解，通过耐心细致的比一比、算一算帮助用户减少了家庭通信消费开支，赢得了用户的广泛认可；积极消除“阉割版”手机终端壁垒，大力倡导、宣传和普及全网通手机终端，让用户享有手机终端知情权和入网选择权，降低用户在手机终端消费上的开支，获得社会各界和广大手机用户一致好评；在应急通信保障中屡建奇功，得到上级公司和地方各级党委政府以及人民群众的充分肯定。

【精神文明】 中国电信紫阳分公司坚持党建统领，致力于企业文化建设和企业精神文明建设。在2017年里，顺利通过了“省级文明单位”动态化管理测评验收，获得市级“最佳经营单位”称号，任河咀支局获得市级“十佳城市支局”称号，高滩支局、高桥支局和红椿支局获得市级“农村标兵支局”称号。

【基层工会】 2017年，紫阳公司工会从维护员工的权益出发，关爱员工稳定员工队伍，充分发挥工会的桥梁和纽带作用，成为员工的贴心人，积极引导组织员工为企业发展出谋划策，为企业发展献计出力，全面完成企业经营任务。延伸开展“两学一做”学习教育，不断提高队伍整体素质；围绕企业中心任务较强的发挥工会纽带作用；助力各种营销活动为公司发展建功立业；四是从细节关心关爱员工凝心聚力团队氛围形成。

（李晓杉）

陕西广电网络传媒（集团）股份有限公司
紫阳支公司
经　理：周　驹
副经理：刘　川

【公司概况】 陕西广电网络传媒（集团）股份有限公司是陕西省属国有大型文化传媒上市公司，是陕西省电子政务传输网支撑企业。紫阳支公司主要开展的业务有数字电视、宽带、数据集团专线专网。智慧业务、公安监控等项目。2017年有线电视在网用户1.7万余户，个人宽带用户3700余户，专线专网30余条。

【机构设置】 公司下设综合管理部。工程建设部、维护部、市场部、财务部，拥有员工18名。各镇都开通业务网点，有镇级代维人员14人。

【网络建设】 从2016年4月实施政府购买农村有线电视户户通工程以来，截至2017年年底公司认真贯彻落实县委确定的目标任务，大力发展农村基础网建设，目前已建成到各镇到行政村、集中安置点的光缆线路470千米。

【重点工程】 2017年8月，公司与紫阳县公安局签订平安乡镇视频监控项目，该项目覆盖了集镇、安置点和主要的交通要到262个监控卡口，项目建成后将极大的提高公安机关的办案效率，对违法犯罪分子起到震慑作用。目前项目已进入验收阶段。2018年1月，公司与县文广局签订全县应急广播改造项目，该项目覆盖全县15个镇，116个行政村，该项目建成后对当前脱贫攻坚有极大的助推作用，同时在防灾减灾，预警、处置突发事件中有其他媒体不可替代的突出作用，该项目与政府购买农村有线电视户户通工程一并纳入2018年紫阳县政府20项重点项目。

（周　驹）

中国移动通信集团陕西有限公司
紫阳分公司
总 经 理：宋彤辉
副总经理：邱建勋

【简介】 紫阳移动分公司隶属于安康分公司，公司在全县自建18个移动自控营业厅，下设5个农村支局，终端卖场2个，收费网点遍布城乡。截至2017年年底，紫阳移动分公司客户规模超过16万，运营收入过亿，市场占有率70%。

【企业责任】 持续实施企业社会责任，打造企业软实力，连续11年开展“爱心100”助学行动，资助55名贫困生圆梦大学殿堂；积极响应县委县政府“帮扶”号召，精准扶贫帮困向阳镇三营村、毛坝镇染沟村，改善通信网络、修建通村公路，加快“新农村”建设进程；为紫阳县大型活动提供坚实的通信保障；为紫阳“双创”、“平安紫阳”工作免费发送宣传信息；广大员工无私奉献，积极参与公益活动，忘我工作，涌现出许多动人事迹，树立公司良好的企业形象，受到党委政府和老百姓的好评。

【精神文明建设】 紫阳移动精神文明建设取得累累硕果，获得市、县级“文明单位”

和“青年文明号”以及“职工之家”“巾帼文明示范岗”“窗口文明示范岗”“抗洪抢险先进集体”等称号，连续几年荣获县级“支持地方经济发展”一、二等奖、县级“价格诚信单位”，历届行风评议中名列前茅，2012年荣获“省级文明单位”称号，多人被省、市公司评为“优秀员工”。经营方面连续三年荣获全省业务发展“十佳县”，曾荣获全省综合排名“十强县”。2014年收入首次突破亿元大关，获得全省本系统“收入过亿元县”称号。

【企业发展】 牢固树立“客户为根，服务为本”服务理念，打造4G精品网络，全县城乡、高速公路、重点旅游景点网络信号实现100%全覆盖；全县150个网点和电子渠道为客户提供随时随地便捷服务；相继推出咪咕视频、咪咕阅读等和生活、和娱乐新业务，满足客户多元化需求；为各大行业量身打造企业建站、小步外勤、云党建、云舆情、千里眼、和直播、云档案、云桌面等等一批亮点工程，有效推进紫阳城乡信息化进程。

紫阳移动公司

（张晓霞）

中国联合网络通信有限公司紫阳县分公司
总经理：任小华
副经理：张凌博 党中涛

【机构设置】 中国联合网络通信有限公司紫阳县分公司于2001年5月1日正式挂牌成立，设置5个部门：综合市场部、城市网格、政企网格、农村网格、建维中心。

【指标完成情况】 2017年全年各项经营指标排全市第二位、荣获省级先进集体称号。收入:截至12月，累计完成通服收入1680万元，完成全年计划任务99.08%、同比增长16.93%。用户及份额：截至11月，累计用户份额21.16%，较2016年底同期增长5.02%，其中不含2i用户份额基本和16年持平，连续5个月传统渠道用户份额正增长。围绕党建工作积极做好基础建设，定期或不定期开展活动。创新型业务拓展：在数字城管、组织部平台、景区Wi-Fi上有所突破。响应县委县政府号召积极做好扶贫项目支撑，一是包抓城关镇太平村，按照县委要求做好基础摸底，配合镇村积极做好帮扶工作。为了解决村上人手紧张及基础设施薄弱等问题，筹款资金7万元，用于人员招聘和完善基础设施，已到位4万元。二是开通贫困脱贫付家村、安五村、双星村等五个村宽带业务。配合县水利局加强对水资源监控工作，在主干流和分支流安装新增20个监控点投入使用。全年新建通信基站12个。

（胡紫平）

住房和城乡建设

紫阳县住房和城乡建设局
局　　　　长：刘　磊
副　局　长：王圣敏　徐初平
城管大队队长：朱清奎
城管大队副队长：石黎明　邹学平
房管局局长：刘　波
人防办主任：邱斌赞
保障性住房管理中心主任：王　玉

【机构设置】 内设机构：人防办、行政股、建管股、城建股、规划股；下设正科级事业单位：县城市管理综合执法大队；下设副科级事业单位：房管局、地震局、保障性住房管理中心、村镇规划建设管理办公室；下设股级企事业单位：环卫办、园林所、质监站、建筑设计院、建筑行业劳动统筹办公室、清洁队。紫阳县住建局核定行政编制17名，事业编制未核定（编办未下文），2017年年底实际在岗108人，其中行政26人，事业86人。

【规划管理】 完成县域城镇体系规划和175个行政村村庄建设规划，实现县域村庄规划全覆盖，蒿坪总规、控制性详规已通过县规委会评审，县政府批准实施，仁和国际社区规划方案调整、千户移民安置点、消防规划已通过评审实施。西门河月畔湾生态河堤、汉江大桥至彩虹桥道路规划已初步形成，环江旅游景观长廊、老城区、文笔山及蚂蝗梁片区规划正在修改完善；坚持一张蓝图绘到底，坚持每月对各集镇规划进行巡回检查，县城进行日常巡回检查，做到规划和建设相统一，坚决杜绝未批先建、违法乱建等违法行为。全年共办理“一书两证”165份，查处违法违章建设66起。

【城市建设】 迅速启动石梁子和农业局片区（二期）棚户区改造房屋征迁工作，截至年底签订征迁协议98户，同步全面完成惠民1期至4期、黄金商贸城及河堤路西段外侧回迁安置工作；聘请知名规划设计单位编制环江旅游长廊和老城区规划，全面启动滨江生态广场一期道路工程建设，正在进行桩基础施工；西门河新区7号楼建成入住，8、9号楼主体封顶，正在进行装饰装修，10号楼正在进行主体10层施工，1000米的防洪隧道已掘进800米，国电高压铁塔迁移已进场施工；江南尚都商业步行街外围基础设施全部建成投用，通过司法公正形式完成93户私人购房户交房工作，四川远景尚林公司和安康宏远公司债务纠纷诉讼至市中院审理，为尽快盘活商都商业市场奠定良好的基础；天然气合建站已建成投运，铺设中压管网6678米，累计发展用户4237户，惠民1至3期、黄金商贸城和保障房小区即将通气使用，超额完成市对县考核任务；建成惠民四期、黄金商贸城700套保障房，农业区片区一期350套保障房主体封顶，装饰装修工程即将完工；公租房建成304套，政府投资公租房累计分配入住5772套，超前完成市对县考核任务。

【村镇建设】 完成蒿坪副中心镇红旗新区、河道综合治理等10个重点项目投资2.68亿元；扎实开展美丽乡村和农村人居环境改善工作，编制完成10个美丽乡村建设规划，整合建设资金2110万元组织各镇村实施“九大工程”，累计完成投资5500万元；抽调12名工作人员分成6个工作组负责全县危房改造工作，2017年全县完成农村危房改造874户（超目标任务9.3%），2017年拟脱贫退出的177户危改户和12个拟脱贫出列村的137户危改户危房改造全部竣工入住，补助资金兑付到位，为全县脱贫攻坚工作奠定了良好的基础。

【城市管理】 组织西关夜市顺利搬迁，原西关夜市商户迁入紫邑新城商业步行街投入运营后，客源整体稳定，商户经营效益良好，市场运营有序，以紫阳特殊美食为主的“富硒美食街”赢得社会各界的一致好评。建成县城建筑垃圾填埋场，新建停车位330个、公厕1座、提标改造公厕1座，完成省级生态园林县城绿化任务，会仙路综合改造已竣工投用；将原西关夜市改造成摩托车停车场，新增500辆摩托车停车位；投资2900多万的高速路引线1.74千米景观绿化和县城主要节点改造及串联区域的增绿添彩工程已完成规划、立项等前期工作，即将进入招标程序。开展城乡环境综合整治活动11次，清理破旧污损户外广告55处2000平方米，进一步加强对占道经营、出店经营及马路市场巡查力度，加大静态交通执行管理，做好主街道、公共场所及背街小巷清扫保洁工作，确保市容市貌环境干净整洁；经常组织开展县城区市政和亮化设施检查检修，全面维修道路、公厕、污水管网等公共设施98处、亮化工程1458处，发现问题及时维修，创造良好的工作生活环境。

【行业管理】 新建房地产市场信息系统，建立完善房地产市场研究分析预警制度，调整完善商品房预售资金监管办法，实施灵活的预售资金监管模式，帮助开发企业缓解资金困难；完成1家房地产开发企业培育（宏达房地产开发公司）并已统计入库；加强物业企业培育力度，努力实现物业服务全覆盖，建立市场化收费机制，实行物业收支公示制度，接受业主监督，督促物业服务企业加强员工政策理论和业务技能培训，努力为业主提供优质服务。进一步加大本地建筑企业扶持力度，坚持以优势企业为依托，引导培育本地建筑企业联合重组，壮大规模和实力，已完成1家建筑企业培育（凯源建筑工程有限公司）统计入库；

组织开展建筑市场秩序专项整治4次，查处涉嫌转包、违法挂靠企业5家，下达限期整改通知书45份，依法将陕西商洛秦都建设有限公司清除紫阳建筑市场，确保建筑市场健康发展。完善质量安全监管制度，创新质量监督办法，组织开展建设工程领域安全生产大检查30次，发现建筑工程安全隐患248处，现场整改365处，限期整改29处，全年无安全事故发生。组织开展燃气行业安全隐患排查工作15次，发现燃气安全隐患36处，现场整改125处，限期整改36处，彻底消除安全隐患。

（马晓忠）

安康市住房公积金管理中心紫阳县管理部
主　任：邱洪涛
副主任：胡　苗（女）

【机构设置】 紫阳县管理部是隶属于安康市住房公积金管理中心（以下简称“市中心”）的正科级派出机构，内设综合业务办公室、财务室。紫阳县管理部核定编制6人，2017年实有工作人员8人（其中临聘人员3人）。

【住房公积金归集和提取】 全县共有212个单位建立住房公积金制度，缴存职工人数7895人。党政机关和由财政供养的事业单位住房公积金制度普及率为百分之百。2017年，全县归集住房公积金8526万元，比上年度增长19%，完成市、县年度目标任务的131%。截至2017年12月全县住房公积金余额达到2.76亿元,完成目标任务的110%。历年累计归集住房公积金4.47亿元。全县住房公积金稳步增长，奠定紫阳住房公积金制度不断发展的基础，维护广大在职干部职工的切身利益，增强干部职工改善和提高住房条件的消费能力。住房公积金提取条件进一步放宽，住房公积金制度保障作用进一步发挥。2017年，全市连续数次调整住房公积金提取政策，放宽提取使用条件，简化提取手续，提取额明显增长，资金使用效果明显，2017年全县缴存职工提取使用住房公积金5345万元，达到历史最高提取额，提取额比2016年增长42%，其中涉及职工住房消费提取4075万元，职工退休提取946万元，职工大病、死亡等其他情形提取324万元。

【个人住房贷款】 2017年，紫阳县管理部继续积极贯彻落实放宽的住房公积金个贷政策，个贷限额由原来的30万元提高到50万元，装修贷款最由由原来的20万元提高到30万元，延长购、建房资料时效期，全面长期开展购房、建房、装修房、二手房、商转公积金贷款（置换贷款）等贷款业务，全力满足紫阳县住房公积金个贷需求。在紫邑新城、任河国际等楼盘开展按揭贷款的基础上，2017年又与县城投公司开发的惠民四期、黄金商贸城等楼盘开展按揭贷款合作，继续支持保障房建设。2017年，发放职工个人住房公积金贷款175户5142万元，完成2017年度市、县目标任务的112%；历年累计贷款发放住房公积金个人住房贷款4146户4.23亿元；全年回收贷款本息4706万元。截至2017年12月，全县住房公积金个人住房贷款余额为1.83亿元。期末逾期贷款率为零。住房公积金个贷率为66%。全县住房公积金个贷业务的积极开展，大力支持了紫阳县房地产市场“去库存”，推进房地产市场稳定发展，有力的支持地方经济建设，较好的满足全县干部职工的个贷需求。加强住房公积金个贷发放管理，切实保证资金安全和正确用途。注重协调好与委托银行、不动产登记部门的业务关系，切实保证个贷办理过程的流畅。加强贷后管理，按月积极主动采取有效措施催收逾期个贷，2017年全县住房公积金个人住房贷款实现全年12个月，连续保持27个月零逾期的记录，有效防控资金风险。同时，按照全市住房公积金统一核算要求，市中心按照紫阳县住房公积金贷款规模核算提取贷款风险准备金，风险准备金充足率达到规定比例。全县住房公积金整体资金运行安全有效。

【信息化建设】 2017年10月9日，市中心完成全市住房公积金信息系统“双贯标”（住建部基础数据和银行结算数据采集系统贯标）建设工作，紫阳县管理部正式上线全新的住房公积金信息管理系统，实现“三统一”，即银行账户统一监管、资金统一调拨、财务统一核算，在业务办理方面实现“五实时”，即汇缴实时分解、提取实时入卡、贷款实时发放、账户实时监控、业务实时结账，管理水平得到全面提升，服务更加高效便捷。“双贯标”新系统运行后开展的提取“秒级”到账、住房公积金转账还贷、住房公积金按月对冲还贷等惠及广大干部职工的业务，广受关注、广受好评。同时“双贯标”新的住房公积金信息管理系统归集资金实行的统一管理模式，大大提高资金统一使用效益和资金安全度；业务办理上实行严格的提取两级审批，贷款三级审批市中心内审的不同岗位审批模式，严格的业务审批模式和资金划拨模式保证资金拨付安全。通过2017年的“双贯标”建设工作的完成，已逐步建立起办事高效、运转协调、行为规范的住房公积金管理运行机制，有利于资金的安全、有效管理。

【队伍建设】 严格按照市中心业务规范化、标准化、精细化“三化”管理要求和新的住房公积金信息管理系统要求，加强业务学习，熟悉操作技能，2017年共四次参加由市中心组织的全员业务知识综合培训，认真领会、学习和熟悉把握市中心下达的业务工作流程、业务要求、规章制度，统一答复口径、统一操作流程，逐步建立起用制度管事、办事的良好格局，努力使广大住房公积金缴存职工感受到每一项业务都在同一政策规定下办理的公正、公平。积极参入系统创文、创卫活动，广泛开展“为民服务、创优争先”“强素质、树形象、增效益”主题实践活动，深入学习贯彻十九大会议精神，认真学习贯彻落实县第十五次党代会精神，充分发挥住房公积金制度作用，努力为全面建成小康紫阳做出新的贡献；扎实开展“两学一做”学习教育和“为政不为”专项整治活动，把讲规矩、守纪律视为是我们住房公积金管理的生命线。全面推行了服务承诺制，认真落实“首问负责、一次告知、马上就办”制度，坚持开展微笑服务、文明用语服务、上门服务、挂牌上岗服务，坚持开展具有紫阳特色的节假日预约服务、乡镇个贷工资财政代扣还款服务，努力做到服务规范细致、周到热情、优质高效。

【脱贫攻坚】 2017年，紫阳县管理部克服人员奇缺经费紧张的不利因素，承担汉王镇西河村脱贫攻坚帮扶任务。制订紫阳县管理部2017年度驻村帮扶工作实施方案，成立以管理部主任为组长的脱贫攻坚工作领导小组,并确定专人负责协调、承办、对接脱贫攻坚工作。克服人员奇缺的现状，选派单位一名业务骨干驻村帮扶，该同志与单位业务工作完全脱钩，确保实行单位驻村队员帮扶专职化。派驻的驻村队员每月在村开展脱贫攻坚工作月平均超过25天。单位干部帮扶贫困户全覆盖，党员干部每人包联5户，扎实开展一对一帮帮扶，单位主要领导每月到包联村开展帮扶工作，持续组织开展大走访活动。

通过“培训一人、就业一人、脱贫一人”的工作计划，2017年介绍有劳动能力的贫困人员2017参加培训35人次，自主创业1户。相继协助村干部办理注册农业合作社及互助资金协会。扎实推进新民风建设，切实做好“扶志、扶智”工作。2017年8月组织紫阳籍外出创业成功人士赴包联帮扶的贫困村——紫阳县汉王镇西河村举行简朴的爱心助学暨准大学生集体升学仪式，五户建档立卡贫困户家庭的上学子女获得助学资助，涉及金额1.5万元，同时现场进行尚“诚”、重“孝”、倡“俭”、践“勤”、崇“和”的新民风教育宣讲，推动本单位及西河村的新民风建设。和驻村工作队积极配合，注重加强村两委班子建设，形成合力，确保精准扶贫工作认真落实。及时整改在精准扶贫工作中上级部门及自查自找的问题。在入户走访的基础上利用喇叭和微信等方式大力宣传各种惠民政策，努力提高扶贫政策知晓率。积极在县级行业主管部门中协调西河村水、电、路、讯等基础设施建设项目推进工作。2017年为包联村西河村协调解决办公设备电脑3台、打印机1台，共计1.2万余元，解决了村委会办公设备问题；争取协调专项资金5万元，用于西河村村活动室维修改造，2017年10月已维修改造完毕；协调争取西河村卫生室建设项目提前列入计划，20万专项建设资金和8万建设缺口资金已解决到位。

（邱洪涛）

环境保护

环境保护

紫阳县环境保护局

局　长：刘健骅

副局长：李发勤　陈小刚

【机构设置】　紫阳县环境保护局内设行政股、环境管理股（污染防治股）两个股室。下设环境监察大队、环境监测站，分别为副科级事业单位。实有干部20人。

【环境概况】　2017年，汉江出紫断面水质保持在国家地表水Ⅱ类标准；城镇集中式饮用水质达标率达到100%；县城优良天数达331天；区域环境噪声控制在国家标准以内。

【汉江水质保护】　县城污水处理厂完成提标改造，建成蒿坪、汉王集镇污水处理设施。投资4300万元实施小米溪沟及田家湾水污染防治工程、陈家沟土壤重金属污染防治项目；建成县城水源地视频监控系统，完成4个集镇集中饮用水源地保护工程；治理水土流失110.2平方千米，绿化造林6.9万亩，关闭矿山17个，“河长制”“网格化”监管责任全面落实，汉江出紫断面水质稳定达标。水污染防治工作在全市考核中获得优秀等次。

【大气污染防治】　持续打好“减煤、控车、抑尘、治源、禁燃、增绿”组合拳。县城“气化工程”进入投产试运行阶段；淘汰落后产能3家，淘汰黄标车16辆、老旧车19辆，实施挥发性有机物治理项目4个，11家砖厂全部实现“四有一达标”。全县31辆出租车完成天然气改装。县城建筑工地基本落实“洒水、覆盖、硬化、冲洗、绿化、围挡”六个100%要求，县城道路机扫率达85%。全县城镇建成区五类绿地绿化覆盖总面积达401万平方米。

【土壤污染防治】 出台《紫阳县土壤污染防治方案》。完成8家企业和455个农用地详查点位核查。

【污染减排】 全年实现化学需氧量、氨氮、二氧化硫、氮氧化物分别下降1.5%、1.5%、9.4%、64%，二氧化硫、氮氧化物削减任务超额完成。

【农村环境保护】 策划包装并实施17镇57个建档立卡贫困村环境综合整治；完成30个村农村环境综合整治并通过财政部、省市环保部门核查评估验收；建成蒿坪镇金石村、城关镇青中村太阳能微动力污水处理设施试点工程，蒿坪、麻柳集镇垃圾减量化、资源化、无害化利用试点工程有序推进，城乡环境持续改善。

【示范创建】 国家卫生县城正式命名，城关镇青中村、和平村，蒿坪镇黄金村、双星村，洞河镇洞河村，高桥镇权河村，焕古镇腊竹村、焕古村，向阳镇悬古村，双安镇桐安村，汉王镇安五村被市政府命名为市级生态村；毛坝镇联合小学、蒿坪镇初级中学被市政府命名为市级绿色学校。

【执法监管】 认真落实生态保护红线、环境质量底线、资源利用上线、环境准入负面清单“三线一单”要求，全面启动全县生态红线划定工作，全年共审批建设项目报告表22个，“三同时”验收2家，重点项目“三同时”制度执行率达到100%。率先成立全省首个驻县环保局检察室，先后出动执法人员250余人次，立案处罚20起，查封扣押2起，停产整治2起，实施按日计罚1起，行政拘留2人，有效打击环境违法行为。建立危化品道路运输“入境检查、重点护送、出境通报”工作机制。高效稳妥处置了“11·10”蒿汉公路油罐车侧翻泄漏污染事故。

【中省环保督察反馈问题整改】 从快从严查办省委环保督察环境信访交办件21件。迎接省委督查组下沉我县环保督察。扎实推进中、省环保督察反馈问题整改，31个中省环保督察反馈问题基本整改到位29个。

【宣传教育】 采取政府引导、公众参与、媒体造势，以“3·15”消费者权益保障日、“6·5”世界环境日等活动为契机，积极开展环境文化“六进”活动。编制《环境保护知识应知应会实用手册》，在县电视台开设《环保在行动》专栏，联合安银民俗文化传播公司开展了“环保文艺下乡”系列演出活动，依托手机短信平台定期发送环保短信，收到良好的宣传效果。累计在中省市媒体发布环境新闻稿件70余篇，信息宣传全市环保系统排名第二。

【机制建设】 先后出台《紫阳县各镇党委、政府及有关部门环境保护工作责任规定》《紫阳县“河长制”工作责任追究办法(试行)》，强化目标考核、责任追究、“一票否决”。先后召开县委常委会议5次、县政府常务会议5次研究部署环保工作，深入开展“三个助力”专项巡察，持续传导环保责任压力，各镇、各部门“党政同责、一岗双责”，“管行业必须管环保”理念进一步树立。

（唐　博）

财　税

财　政

紫阳县财政局
党组书记、局长：储成斌
党组成员、副局长：张　庆　马银鹏

紫阳县人民政府农村综合改革办公室
主　任：张　庆

紫阳县公共资产管理局
局　长：杨大群
副局长：雷世军

紫阳县财政监督检查局
局　长：张书轩

紫阳县政府采购中心（县政府投资项目招投标管理中心）
主　任：王　鹏
副主任：饶帮才

【机构设置】　紫阳县财政局内设行政股、预算股、国库股、综合计划股、行政政法教科文股、社会保障股、农业股、经济建设股、会计股、采购管理股10个股室，有紫阳县人民政府农村综合改革办公室、紫阳县公共资产管理局、紫阳县国库支付局、紫阳县财政监督检查局和紫阳县政府采购中心（县政府投资项目招投标管理中心）局属事业单位5个。

【收支情况】　2017年全县财政总收入累计完成25216万元，占年度调整任务24000万元的105.07%。一般预算收入累计完成12063

万元，占年度调整任务12050万元的100.1%，同口径比上年同期增长14.3%，其中税收收入累计完成7611万元，税收占比达63.09%，较上年增长21.75个百分点，为历年来最高。全年公共财政预算支出累计完成265777万元，占调整预算259970万元的102.2%，较上年同期增长16.9%。其中民生支出225616万元，占财政总支出的84.9%。

【征收管理】 把组织收入作为财政工作的首要任务，及时调整预算，细化任务分解，落实收入责任；坚持依法科学精细征管，强化部门联动协作，力促收入足额均衡入库。同时，积极配合各部门推进项目储备和申报进度，狠抓资金争取。全年累计争取到位各类补助和项目资金20.3亿元，其中财政部门5.27亿元、带基数财力补助5800万元。进一步增强地方可用财力，为县域经济和各项社会事业平稳发展提供了保障。

【财政管理】 多措并举，多管齐下，严格财政管理，努力提高财政资金安全性和使用效益。加快推进财政管理制度建设步伐。立足本县实际，制定出台《政府性投资项目资金管理办法》《财政投资评审管理办法》《财政支出绩效管理办法》，建立项目评审和绩效评价机制，进一步完善政府性投资项目资金管理。重新修订《紫阳县财政专项资金审批管理制度》，进一步健全完善专项资金审批流程、规范了专项资金使用和监督管理。大力盘活财政存量资金。根据省市关于做好盘活财政存量资金工作的要求，对两年及以上年度未使用的专项及本级挂账的沉淀资金予以清理盘活。全年共收回两年及以上年度专项资金和本级挂账资金20445万元，用于急需的扶贫、民生等项目。扎实清理往来挂账。下发《关于做好单位往来款项清理的紧急通知》，对财政总预算、专户暂付款项下发了催款通知书，清理收回财政暂付款项借款2000万元。清理纠正县级部门、各镇移民搬迁往来款14385万元。切实加强国库集中支付管理。充分发挥信息网络作用，全面加强财政、银行、预算单位的横向纵向对接，以及资金申请、拨付、清算等流程的动态监控，实现支付行为的规范化，提高管理透明度。全年国库集中支出45.1亿元，其中直接支付资金达43.27亿元，占支付总额的95.9%，有效防止资金特别是大额资金体外循环。同步杜绝不合理、手续不全支出行为，拒付支付申请663笔，有效保障资金安全。认真开展财政监督检查。围绕“三个助力”特别是助力精准扶贫脱贫为重点，充分发挥财政监督检查职能，联合监察、扶贫部门制定《紫阳县扶贫资金专项检查实施方案》，对全县近三年来各级各部门安排的所有扶贫资金的使用管理情况开展全面检查，对检查发现的问题责令单位限期整改，并依规向纪委监察局移交问题线索3件。开展行政事业单位预算编制、执行、预决算公开和会计信息质量检查，同时对2016年度被检查单位问题整改情况和审计下达的整改问题进行跟踪回访，促推单位规范财务管理。全面加强政府采购监管。首先，将政府采购预算纳入部门预算编报，促推预算单位在政府采购预算编制、预算追加、项目执行和资金结算等方面的规范化进程，强化预算管理；其次，严把采购审批、招标过程、采购资金结算、单一来源采购管理关，严格按法规、程序办事，坚决制止违规行为；第三，立足实际，积极探索，先后开展推行政府采购定点印刷和协议供货、试推行政府采购代理机构机制、政府购买服务等工作，进一步拓展管理范围、提高采购效率。全年实施采购项目562项（次），采购预算9002万元，实际采购金额7972万元，节约资金1029万元，节资率达11%。着力加强政府债务管理。严格执行《预算法》和国务院、省政府关于加强政府性债务管理的有关规定，加强政府债务管理，从严规范举债行为，逐步消化存量债务，有效防控债务风险。全年累计化解以前年度存量债务7959万元。同时，加大与上联系、对接力度，争取地方政府债券资金13000万元，用于建档立卡贫困村基础设施建设、义务教育均衡县创建。

【财政改革】 统筹整合财政涉农资金。依据脱贫攻坚规划，编制《紫阳县2017年统筹整合财政涉农资金方案》，按照“大类间打通，跨类别使用、跨年度预算平衡”的原则，严格对标中央20项、省级35项、市级9项资金，将分散在各个渠道、各个部门的涉农资金实行无条件整合，全年累计统筹整合财政涉农资金26015.77万元，整合率为100%，超市政府下达任务52.9个百分点。推进财政预决算公开标准化规范化试点。按照紫阳县政务公开标准化规范化试点工作安排部署，及时成立财政预决算公开标准化规范化试点领导小组，制定预决算公开标准化规范化试点实施方案，在落实县级财政预决算在县政府网站公开的基础上，指导各部门对单位预决算及“三公”经费按要求在县政府网站、部门门户网站或公示栏向社会公开，广泛接受社会监督，并汇总编制紫阳县预决算公开事项标准规范。推进投融资体制改革。先后制定《紫阳县产业发展基金管理办法》《紫阳县中小企业还贷周转金管理暂行办法》，累计筹集产业发展基金5000万元、企业还贷周转金3000万元，全部注入、委托县投融资开发有限公司运作。启动环境保护税水资源税改革试点准备。牵头联合地税、环保、水利相关部门加强协作，细化分工，夯实责任，积极开展环境保护税、水资源税税源调查，全面摸清底数，并就相关数据信息和档案资料进行交接，积极建立涉税信息共享平台，强化“两税”征收管理，确保“两税”改革后税款及时足额入库。推进PPP项目实施。配合县发改局、水利局编制《紫阳县集镇污水处理及垃圾资源化利用与处理PPP项目实施方案》和物有所值评价、财政承受能力论证，“两评一案”已经专家组评审通过，县政府常务会议已研究了该项目落地具体工作。城建局组织实施的县城棚户区改造项目已完成可研报告，土地规划预审及环评已完成，县发改局对可研报告予以了批复，下一步将开展“两评一案”、招标工作；交通局组织实施的紫阳县交通工程项目可研报告已编制完成，即将组织评审。推行政府采购定点印刷和协议供货。通过委托县政府采购中心进行公开招标，确定五家印刷企业为全县办公印刷服务定点企业，实行定点采购。同时，加强制度建设，制定《紫阳县政府采购协议供货和定点采购管理办法（暂行）》和《紫阳县财政局对2017—2018年度我县行政事业单位印刷服务政府采购项目定点采购有关事项的通知》，规范操作流程，为进一步强化政府采购监管提供依据。开展扶持壮大村集体经济试点。结合开展的“三变”改革，探索采用“合作社+公司+基地+农户”的运作模式，牵头在高桥镇裴坝村开展扶持壮大村集体经济试点，使该村由过去的“空壳村”转变为集体经济年收益超过25万元的村，村集体经济实力得到发展壮大，获得省级的大力支持，下达补助资金120万元，专项用于扶持壮大村级集体经济示范试点建设。减轻企业负担。及时转发财政部、国家发改委关于清理规范一批行政事业性收费和财政部关于取消调整部分政府性基金有关政策的规定，以及财政部、国家发改委关于不动产登记收费有关政策和标准的规定等。并依据全省公布的行政事业性收费和政府性基金目录清单，在本局网站进行公示，要求执收单位严格按照目录清单中的收费项目执行。并配合市追赶超越和放管服审计组对部分县级执收单位非税收入收缴管理情况开展专项检查，促使各单位按政策规定执行，做到该取消的取消、该免征的免征，切实减轻企业负担。稳妥推进招投标“管办分离”体制创新。首先，按照“决策、监管、操作”三分离要求，建立“一组、两中心”，即紫阳县国家投资项目招投标领导小组、紫阳县招投标管理中心、紫阳县公共资源交易中心，在体制机制上理顺“管、办”关系，实行“管办分离”；其次，建立完善硬件平台，提升监管技术水平。第三，将自行招标和委托招标有机结合，通过公开招标的方式择优建立工程招标代理机构库，供招标人需要时选择，招投标交易规范化水平进一步提高。

【队伍建设】 把全面从严治党放到更加突出的位置，以推进党的基层组织建设和党风廉政建设为抓手，大力加强干部教育管理和作风转变，着力打造政治坚定、作风优良、廉洁勤政的干部队伍。扎实抓好党的基层组织建设。首先，扎实推进“两学一做”学习教育常态化制度化。其次，严格制定年度党建责任清单、任务清单和问题清单，严格落实“三会一课”制度，严肃党内政治生活。第三，充分运用“三项机制”及本局实施细则。第四，借助互联网、手机现代信息技术推广“紫阳智慧党建”平台在机关支部中普及。第五，扎实开展基层党建“六大提升”行动，发挥党建引领作用。狠抓党风廉政建设。首先，专题研究、安排部署2017年党风廉政建设和反腐败工作，印发《2017年党风廉政建设责任和反腐败工作安排意见》及任务分解表，层层签订党风廉政建设目标责任书，制定主体责任清单。其次，局党组严格执行党员干部操办婚丧嫁娶事宜报备、主要负责人外出报备、廉政鉴定等各项党内制度和工作制度。严格贯彻中央“八项规定”精神，狠刹“四风”及“五股歪风”，严守《准则》和《条例》。第三，围绕“为政不为”专项整治工作，成立“为政不为”专项整治领导小组，制定《紫阳县财政局开展“为政不为”专项整治工作实施方案》《紫阳县财政局“为政不为”共性及个性问题整治整改方案》，认真开展为政不为专项整治工作。

【财政行业扶贫】 及时成立财政行业扶贫办公室，与县脱贫攻坚指挥部的资金保障协调组融为一体，合署办公，围绕全年整体脱贫规划和当年脱贫投资计划，积极拓展思路,从统筹整合涉农资金、加大本级投入、盘活存量资金、大力向上和对口地区争取支持等途径筹集资金、统筹使用，全年共筹集资金185810.6万元，为全县脱贫攻坚提供坚强有力的资金保障；通过实行“项目供给制”、全面兑付各类政策性补助资金、发挥财政存量资金和合规举债资金使用效应、撬动金融机构放贷支持产业发展、创新建立互助金扶贫方式、动态调整项目支出的办法措施，确保资金用在刀刃上，充分发挥“四两拨千斤”的引导作用，将筹集的资金全部投入脱贫攻坚领域，最大限度提升资金使用效益；结合本县实际，通过实行专户管理、落实主体责任、建立长效机制、强化监督检查和夯实基层基础五项强有力措施，切实加强扶贫资金管理，提高资金使用效益，确保扶贫资金“监督不断链、去向不模糊、使用要精准”。

【部门扶贫】 坚持领导定期入村督促指导、工作队员长期吃住在村开展工作、干部常态化入户帮扶解困，真扶贫、扶真贫，取得良好工作成效。民利村：大力发展茶叶产业，督导管护茶园500亩，新建茶园100亩，养羊280只、养猪320头。组织修脚师技能培训34人、烹饪技能培训74人、茶叶技术培训200人次。投入资金56万元，新建瓦场沟1处饮水工程，为三组农户铺设饮水管道5千米；协调改造低压线路4.3千米；投入资金313.5万元，完成3.6千米尚坝电站至沙树园村主干道硬化、3.2千米回龙湾至焦家山道路硬化工程、4.6千米砂石路改造，完成宽带进村入户30户，搬迁贫困户67户204人。全面完成新建村活动室、村卫生室、硬化活动广场及改建农村幸福院项目。为101户贫困户协调落实产业到户补助资金12.05万元，发放“5321”小额信贷贷款80户、341万元，向43户互助协会会员发放贷款39.8万元，协调紫阳县钜源鞋服有限公司向贫困户免费发放鸡苗1125只，并协调紫阳县兴宇建筑工程公司帮扶6万元，用于村主干道拓宽工程和资助贫困学生；动员建档立卡贫困户外出务工129户198人，落实公益性岗位12人，力促增加收入脱贫致富。先后组织开展“庆七一”表彰优秀党员、慰问贫困老党员活动和“百场文艺进百村，脱贫攻坚既新民风建设文艺巡演”活动，表彰“好媳妇、好婆婆、好孝子”等先进典型。93户339人达到当年脱贫标准、村达到出列标准。侯家坪村：大力发展茶叶、魔芋产业，按照“专业合作社+农户+企业”的模式，发展茶叶专业社1家，督导管护茶园1450亩，发展魔芋500亩；发展生猪220头、山羊280头、牛20头。组织开展茶园管理、养殖技术等各类技术培训500人次。落实29户贫困户实施易地搬迁，已签订三方协议。完成村委会一千平方的活动场地硬化，村安置点院场地硬化。完善交钥匙工程配套设施建设，各组团安置点完工相继入住。启动二、三组组级公路硬化7.7千米，目前已完成三组及环村公路硬化完成。义务教育阶段适龄儿童入学率100%。大力支持产业发展，协调互助资金协会向38户农户发放贷款38万元；向19户贫困户发放小额信贷78.5万元。5户24人达到当年脱贫标准。纪家沟村：完成278户贫困户产业入户摸底调查及其三年产业规划，申报总值5518万元深度贫困村三年的基础设施建设及产业发展的总规划，完成全村饮水工程勘测、电压扩容改造设计；大力发展茶叶产业，督导管护茶园750亩，建连片规模化茶园2处，新发展茶园100亩、养鸡及养猪大户各2户，兑付养殖类产业奖补资金6.8万元；开展村级茶园管护技能培训2场次、养殖类产业培训1场次，组织15人参加修脚师培训。新建村委会活动室、村卫生室各一座；动员65户无房户、危房户购买新房及缴纳定金。支持贫困户发展产业，向35户农户发放小额信贷140万元，向互助资金协会会员发放贷款64万元；为42户贫困户发放医疗“四重保障”追溯资金。评选致富能手、好媳妇、好党员，大力弘扬社会正能量。7户30人达到当年脱贫标准。白兔村：大力指导管护茶园1614亩，养猪350头、养牛64头、养羊141头、养鸡2900只。组织外出务工438人，组织免费技能培训45人，茶叶、养殖实用技术培训250人次。动员异地扶贫搬迁，落实129户贫困户安全住房问题；完成新修公路2千米，柯家梁、二里半、龙池、铺子沟四条道路拓宽改造16千米全面完成，启动柯家梁、二里半、龙池三条公路硬化工程；完成颜加湾、铺子沟饮水工程2处；实施宽带入村工程，已入户10户。成立白兔村互助资金协会，发放互助资金借款80万元，“5321”扶贫贴息贷款185万元。积极开展新民风建设活动，评选20名先进典型。推进“三变”改革，发动入股股民50户、资金100万元。7户30人达到当年脱贫标准。

（曹　娟）

国 税

紫阳县国家税务局
局　　长：李晓军
副 局 长：代定朝　兰俊辉　邹文涛
纪检组长：段清宇

【机构设置】　紫阳县国家税务局县局下设4个分局（城区、向阳、毛坝、蒿坪）、1个稽查局。县局机关内设10个职能科室、1个事业机构，主要承担全县6084户（其中企业742户，个体5288户）国税征收、管理和稽查等工作。在册人员114人，其中：在职干部70人，离岗1人，退休43人，在职人员平均年龄43岁。在职党员干部48人，占68.57%。

【组织收入】　2017年，共组织税收收入11482万元，同比增收4506.4万元，其中县本级一般预算收入3261.38万元，同比增收1498万元、增长85%，圆满完成市局和县政府下达的税收任务。加强税收预测，把握收入主动权。采用多维监控与分析相结合的方式，充分发挥征管、稽查、税源职能，应用大数据分析比对，形成对重点税源科学判断，实现有效监管。强化风险管理，提高征管主观努力度。完成实时风险监控101户，省级推送风险任务20户，自发特殊风险任务95户，通过纳税提醒、税务审计、纳税评估等多种方式相结合，共查补入库税款755万元。以开展国地税合作、税警协作为重要手段，深入开展打击骗税虚开发票犯罪活动，实现征管、稽查工作质量和效率的全面提升。全年共查补入库税款160.72万元。落实税收优惠政策“不打折”，传递实惠百分百。进一步简化税收优惠审批、备案程序，加大对农产品核定扣除、研发费用加计扣除等优惠政策的宣传培训，组织培训4场300人次，实现培训内容与纳税人需求精准对接。截至2017年11月，减免增值税2168.65万元，企业所得税2254.83万元，车购税48.56万元。严守组织收入纪律，实现“奉法”征纳，坚持“依法征税，应收尽收，坚决不收过头税”。

【收入分析】　受新增营改增四大行业翘尾因素和预算比例分配调整影响，全年共组织各项收入11488万元，完成中央级收入6187万元，同比增收2255万元、增长57%；完成省级收入2040万元，同比增收756万元、增长58.87%；完成县本级一般预算收入3261万元，同比增收1498万元、增长85%，占调整后地方一般预算收入目标3260万元的100%。四大税种全增收，税种结构变化明显。全年，增值税完成9298万元，同比增收4176万元、增长82%，收入比重提升至81%，但剔除新增“营改增”四大行业入库税收5745万元外，总量和增速均放缓；消费税完成12万元，同比增收5万元、增长71%。企业所得税完成1620万元，同比增收142万元、增长10%；车辆购置税552万元，同比增收183万元、增长50%。增收税源集中度高，多数行业税源下滑。“营改增”收入增长快，尤其是新增四大行业带来绝对量的增长。全年完成“营改增”收入增收3484万元、增长134%，电力供应、烟草批发、电信业等行业增值税减收较大，分别为206万元、57万元、131万元；商业增值税增收较多，同比增收719万元，增长52%；主要税源行业收入均不同程度下降，虽各行业减收税额不大，但减收面较宽。重点税源企业低速增长，且表现各异。全县重点监控的20户税源企业，全年共实现税款6601万元，比上年同期增长2464万元，增幅为59.57%，略慢于整体税收。重点税源占入库税收总额的57.45%。增收多集中在金融业、房地产业、建筑业上，而工业、传统批零业减收的企业居多。其中10户

“营改增”企业增收税款1542万元，同比增长196%，10户固有税源企业增收税款920万元、同比增收27%。

【税收管理】 以推进“三项制度”为契机，在夯实税收征管基础上统筹发力，加快完善基础工作清单、制度和流程，确保工作有标准，管理有规章。夯实法治基础，统筹推进“三项制度”建设。制定《紫阳县国家税务局推行“三项制度”实施方案》，并结合工作实际，党组中心学习组核心学，组织培训集体学，立足岗位自测学等形式，加大税收政策法规的宣传和咨询辅导，并按期将落实情况反馈市局，2017年共开展法制审核14项。扎实开展征管数据清理，根据市局下发的征管数据疑点清册迅速核查、认真校验，将全县征管数据中的疑点问题集中清理，共完成国税数据清理614条，协助地税完成清理1555条，确保国地税数据的一致性。规范操作运行，提高征纳质量。以落实“放管服”改革为契机，简化办税程序，大范围推广“免填单”服务，减少纳税人报送资料，规范前后台资料流转。严格限时办结，以预约服务、延时服务分流和化解办税高峰，受到纳税人一致好评。稳步推进“五证合一”“两证整合”商事制度改革，认真落实定期巡查管理制度。深化征管体制改革，通过对汉滨、高新试点单位实地调研交流，积极探索推进符合紫阳国税实际的征管模式。加强行政管理，提高后勤保障能力。突出政务服务，建立健全责任制，先后修订《财务管理办法》《差旅费管理办法》等制度，规范财务管理，坚持依法采购，进一步提高资金使用效率。结合实际统筹完善车辆管理、机关食堂管理、固定资产管理等后勤保障机制，严格执行中央“八项规定”，有效控制三公经费，打造节能型机关；以督办单形式，加强重点工作督办，提高行政运转效率，营造务实苦干的良好氛围。

【信息管税】 运用“互联网+”思维提高办税效率。大力拓展网上办税功能，全面实行小规模纳税人和个体工商户代开专票网上申请，扩大网上申报、网上认证覆盖面，大力推行财税库银横向联网，努力实现纳税申报、税款缴纳以及税款入库同步。充分应用增值税发票新系统，以畅易开票，“智能赋码”推广和增值税发票升级为契机，切实加强发票管理，严把发票申领、代开审核关，建立大额、免税代开台帐，规范发票管理秩序。强化网络安全，夯实信息化基础。全面完成“计算机实名制”，重新修订网络安全应急响应处置预案，整合国地税网络和计算机系统。在病毒防范上，百信源桌面安全防护系统安装100%，全面推行红黄盘移动介质管理，确保全局的办公信息安全。

【税制改革】 持续打好“营改增”第五场战役，县局制定工作指引，强化跟进服务，组织专项培训及企业座谈会4次，实现培训内容与纳税人需求精准对接，特别针对税负上升的纳税人，开展定制式辅导12次，用足用活税收政策。以落实国地税合作规范为引领，稳步推行办税服务厅一体化，扎实运行“一人单机双系统单POS”办税模式、全流程合作服务，达到“进一道门、办两家税、实现三方共赢”的效果；聚焦贯彻落实“三项制度”为契机，围绕权力运行全流程，携手政务公开标准化规范化试点工作，坚持先行先试，夯实部门责任清单，明确工作要求，确保改革工作稳步推进；扎实开展“大走访”六大活动，利用电子显示屏、公告栏和纳税服务QQ群广泛宣传税收最新政策，利用微信、电话提醒，认真落实限时办结事项，用实际行动深化“放管服”改革，优化纳税服务；坚决落实国务院推出的六项减税政策和各项税收优惠政策，2017年累计减免增值税2813.56万元，企业所得税1128.20

万元，车购税557.06万元，充分释放税收改革红利，助力企业转型升级。

【绩效管理】 充分发挥绩效管理的“指挥棒”作用和激励约束功能，推动工作落实和提质增效。制定印发县局对分局、对科室以及个人三套绩效考核办法，研究制定绩效考核结果运用办法。先后召开3次绩效讲评会，2次绩效培训会，1次绩效推进会，分析解读指标，通报考核结果。承接市局指标42项，制定本级系统指标36项，机关共性指标24项，机关个性指标33项，实现指标体系的全覆盖；加强节点控制，编印《绩效任务书》和《提醒单》，明确考核指标节点，实行节点电话、微信、到户提醒，推行节点反馈机制，及时掌握考核工作进度；严格落实绩效考评结果运用办法，构建“前排奖励、后排问责”的绩效管理格局，充分发挥激励导向作用。截至目前市局对我局考评指标36项，占全年考评指标84%，失分指标11项，扣1.36分。对本级已考核56项，占全年考评指标57%。

【队伍建设】 围绕“严管善待激活力”的要求，厚植干部职工干事创业氛围。更新领导干部管理理念，从小事做起注重干部作风养成和日常执纪监督，用严管引导干部队伍“懂规矩讲纪律”。持续开展“青年夜校”，形式多样的交流方式推动“青年夜校”建设制度化、常态化，局领导坚持以上率下，青年干部轮流牵头举办，实现锻炼一批，盘活全局，进而推动形成干事创业的浓厚氛围。加大人才培养力度，制定了干部培养五年规划，积极组织筹划参加会计达标考试，目前已报名33个，达到全员的47.14%，利用每周四下午开展会计知识培训，提升参考人员素质。

【党建工作】 坚持党建引领，“双建双促”提升政务质效。加强阵地建设，积极调整办公用房，完善党员活动室设施；加强队伍建设，选好配强党建带头人，及时换届选举基层党支部4人次，提升党务干部履职能力。坚持品牌引领，“双建双促”提升党建工作质效。将“双促双建”作为党建重要内容纳入年度综合目标考核，坚持问题需求导向，深入党建联系点召开税企座谈会，了解生产经营情况，征集企业纳税需求，帮助企业用足用好用活税收政策，以党建工作促进纳税遵从，打造“亲”上加“清”税企关系。通过与通达客运公司等4个非公经济企业签订党组织结对共建协议书，送党组织标牌、送党旗、送党刊、送党务工具用书方式，指导企业规范组织建设，引导税企双方合力参与社会管理、服务发展、扶贫帮困、志愿服务等工作，在税企间搭建起“活动融通”的新舞台，唱响“党建连心、兴业强税”的主旋律。

【文明创建】 作为全县唯一的“全国文明单位”，县局立足岗位实际，坚持文化带队，典型示范原则，充分发挥志愿服务队的作用，积极践行社会主义核心价值观，截止目前共开展志愿服务活动6次，参与人员90余人次，人均服务时长20小时，捐款捐物近万元，展现广大干部职工崇德向善、奉献社会的高尚品质；开展精神文明知识竞赛、廉政教育考试、观看红色电影、乒乓球赛、趣味运动会等活动，营造浓厚的文化创建氛围，使精神文明的意识观念牢牢扎根在干部心里。2017年，县国税局顺利通过“全国文明单位”复查验收，王祖琴同志被评为“感动陕西国税人物”，受到总局王军局长的接见。

【脱贫攻坚】 毛坝镇瓦滩村是紫阳县国税局确定的脱贫攻坚帮扶村，全村贫困户279户993人。针对瓦滩村实际县局制订切实可行的《帮扶实施方案》，机关20余名党员与48户重点扶贫对象精准对接“结穷亲”，在摸清致贫原因的基础上，先后入户走访核实数据120

余人次，以“家家有致富门路、人人有致富技能”为目标，提出以扶党建、扶基础、扶产业、扶教育“四轮驱动”为抓手，带动村民自力更生拔除“贫根”。把村级党组织建设作为“健脑工程”，主动以“两学一做”学习教育为统领，配合村“两委”换届，把致富能手和优秀党员选配成村“两委”负责人，充分发挥基层党组织先锋作用，使组织优势化为扶贫优势，组织活力变成攻坚动力。七一前夕，县局组织10余名党员干部深入瓦滩村党支部开展支部共建庆七一活动，实现机关和农村基层党组织优势互补、资源共享、互促双赢、为打赢脱贫攻坚战提供坚强的政治和组织保证。把改善基础条件作为“先行工程”，针对基础设施落后这个难题，紫阳国税把改善基础条件作为先行工程，协调解决资金、项目等问题，投入20万元资金，通过协调解决2公里道路硬化问题，52户电路改造、4户安全饮水等基础建设扶贫项目，切实解决包联村的实际困难和问题。把产业帮扶作为“致富工程”，一改“千篇一律”转向“量身定做”，充分发挥富硒资源优势，结合村情民意分类制定脱贫“作战图”，筹资6万元为贫困户购买仔猪和山羊，建成1个茶叶专业合作社，充分发挥“龙头企业+合作社+贫困户”扶贫模式，购买4台茶树修剪机器，支持贫困户茶园改造；实施移民搬迁工程，改善人居环境，助力贫困户稳定脱贫、精准脱贫。把教育兴才作为“希望工程”，激活脱贫村的“造血干细胞”，从根本上挖掉“穷根子”。组织干部对村民学生进行慰问，共出资1.5万余元，激发学生的学习积极性。举办思想道德讲堂和税法进校园等系列活动，引导学生建立正确的人生观、价值观。开展“金秋助学”教育帮扶活动，为帮扶村贫困大学生捐款2.25万元，助力贫困大学生家庭脱贫圆梦。为落实新民风建设的要求，开展1期以“孝老爱亲”为主题的《乡村道德讲堂》，用身边的典型引导和教育身边人，为改善帮扶村精神面貌，打造乡风文明、民风淳朴的美丽乡村营造浓厚氛围。

【党风廉政】 聚焦“抓什么”“谁来抓”“抓不好怎么办”三个问题为导向，从严从实搭建廉政格局。分层签订《党风廉政建设责任书》，制定主体责任和监督责任分解表，细化分解4级86项主体责任和纪检组15项监督责任内容，推送责任清单101条，形成“一把手”负总责、一级抓一级、层层抓落实的廉政格局。坚持廉政教育常态化，筑牢思想防线。坚持“学+考”强化模式，通过党组书记讲党课、纪检组长做反腐形势报告等形式，组织50余名干部参加“学条规、守纪律、做廉洁国税干部”知识考试活动，筑牢干部拒腐防变的思想道德防线。坚持正风肃纪系统化，绷紧纪律底线。县局对公务管理支出票据进行自查，有效规范了后勤管理；不断加大明察暗访力度，今年以来共发出明察暗访通报3次，纠正错误行为5人次，点名通报批评5人次；狠抓“为政不为”专项整治，以科室、分局为单位建立问题责任清单，对应科室逐条查摆整改；对全系统83名干部进行违规经商办企业专项整顿清查，确保人员全覆盖、信息无死角。坚持权力运行规范化，把握工作主线。完善“两权”制度，引导权利规范运行，推进监察工作规范化建设，印发《纪检监察工作规范化建设实施方案》，建立信访接待室、廉政约谈室和档案管理室，完善干部廉政档案等各项基础资料80余份，8名干部严格落实重大事项报告和廉政承诺等监察制度。对6个基层执法单位进行实地检查，发出监察建议书2份，提出监察建议6项。坚持国地合作科学化，拓展监察视线。与地税部门共同聘请9名党风廉政义务监督员，利用“双述双评”召开2次义务监督员和纳税人座谈会，全面提升国地税纪检监察工作合作能力。建立与县纪委、检察院联络制度，建立舆情监控信息反馈制度，实现联合监管做“加法”，责任落实做“乘法”的叠加效应。

（肖剑锋）

地　税

紫阳县地方税务局
党组书记、局长：张虎明
副局长：宋文军　冯　涛
副局长、纪检组长：熊　华

【机构设置】 紫阳县地方税务局成立于1994年，现有在岗干部职工75人。县局机关设六股二室（办公室、监察室、政治工作股、计会股、征管信息股、税政股、基金股、数据和风险管理股），设稽查局、办税服务厅、风险应对一分局、风险应对二分局4个直属机构，设城郊税务所、毛坝税务所、蒿坪税务所、向阳税务所4个基层税务所。负责全县17个镇地方税收、社保费及各项基金的征收管理工作。

【年度综述】 先后获安康市地方税务局2017年度“绩效管理与目标责任考核先进单位”和县纪委“2017年度党风政风行风评议优秀单位”，县地税工作获市局和县委政府高度肯定，深化国地税合作，建立“一体化办税服务厅”，展现紫阳地税良好形象，赢得市局和地方党委政府充分认可，得到社会各届和纳税人的点赞。

【组织收入】 2017年，全县地税系统累计组织各项收入10393万元，其中，地方税收收入（含教育费附加及地方教育附加）6996万元，虽同比减少28%，减收2750万元，但剔除“营改增”因素则同比增长16%，增收957万元，完成市局年初下达收入任务7400万元的95%，其中市县级收入（不含地方教育费附加）4615万元，占年初市局下达县级收入任务4000万元的115%；社会保险费收入3102万元，同比增长32%，增收756万元，其中养老保险收入3046万元，完成年度目标任务2350万元的130%，其他费金收入295万元，同比增长31%，增收70万元。

【征管改革】 2017年4月初，县（区）局数据管税示范单位创建工作在全省启动，主动请缨挤进全市第一批五个创建单位，并结合紫阳实际，对我局征管体制进行了大刀阔斧的改革，建立起“1113+3”的税收征管新模式，5月5日，各机构、人员、管户全部调整到位，7月初县地税局顺利通过省局验收，成功创建县（区）局数据管税示范单位，7月25日，县地税局在全市地税局长座谈会上就数据管税工作做经验交流发言。依托数据管税新机制“外控控税、内控控权、以内促外、内外互动”的透明、高效的良性征管机制已初步形成，全年通过数据管税应用平台累计识别税收风险疑点600余个，完成纳税评估任务379户（次），评估入库税款566万，评估贡献率达10.17%，新的征管模式被证明是科学可行的，数据管税成效正在日益显现并将持续扩大。

【税政优惠】 规范涉税减免事项的操作，做好取消审批事项的后续管理工作，认真贯彻执行税收政策，不断加强对政策执行情况的检查和监督，确保税收政策，特别是优惠政策的正确执行，做到“应收尽收，无税禁收”。全年对符合享受西部大开发企业所得税优惠政策的陕西汉江水电开发有限责任公司等4户企业按照相关规定和程序进行备案减免，共减免企业所得税165.87万元；对紫阳县新华书店有限责任公司符合文化专制企业优惠政策减免企业所得税31.86万元；2016年度企业所得税汇算清缴有7户企业享受小微企业企业所得税优惠政策，共减免企业所得税5.77万元；2017年对符合契税减免政策的减免契税800余万元；二手房交易符合减免政策的减免增值税355万元，个人满5年的个人所得税51万元；耕地占用税共减免1749万元，其中农村公路耕地占用税一项就减免1713.78万元、农村居民建房减免耕地占用税50余万元。2017年1—10月33户次小型微利企业享受企业所得税优惠31.68万元。

【纳税服务】 始终坚持以纳税人需求为导向，深化国地税合作，全面落实"放管服"各项政策，持续深入开展"便民办税春风行动"，认真落实《纳税服务规范3.0》，着力提升办税服务质效和水平，纳税人遵从度和满意度不断攀升。在2016年9月率先在全市实现县域内国地税联合办税全覆盖的基础上，2017年9月1日，全县税务系统各级办税服务厅又在原国地税"互设服务窗口"的基础上全面推行"一人一机双系统单POS"服务模式，国地税业务实现从"一站式"到"一窗通办"的飞跃，不仅彻底堵住税款流失的漏洞，也为纳税人带来诸多便利，得到各级部门和社会各界的广泛认可。2017年，"地税窗口"在政务服务中心41个窗口评比中，受理涉税业务数量、延时服务、业务办结率和群众满意度等各项考核指标始终名列前茅，多次荣获"红旗窗口"荣誉称号，窗口工作人员也多次荣获"优秀窗口工作人员"称号。不断加大税收宣传力度，搜集整理个人所得税、二手房交易、西部大开发、小微企业所得税、房土两税新政以及国务院六项减税政策等群众普遍关注的热点政策，结合"税收宣传月"活动广泛宣传，建立长效税收政策宣传机制，不断拓宽税收政策咨询渠道，通过政策咨询热线电话、办税服务厅咨询窗口、公示栏以及纳税服务QQ群、微信群等形式，确保纳税人及时获得最新政策信息，切实打通纳税人办税"最后一公里"，让纳税人多走网路、少跑马路。

【机关党建】 2017年，秉承"抓好党建就是最大政绩"的工作理念，坚持把党建作为一切工作的统领和基础，以党建带税收，以税收促党建，着力抓好基层党组织建设、基层抓党建责任清单、党建制度建设、党员组织生活和党员日常管理"五个规范"。依据《中国共产党党和国家机关基层组织工作条例》和党建有关规定，按照党建抓支部的工作导向，严格时间节点完成总支和支部换届，先后依规设置完善党总支1个，支部委员会3个、党支部3个，党小组2个，党组书记主动担起党建工作第一责任，班子成员自觉履行党建集体责任，班子成员分工负责，从党组、党总支、党支部逐一建立党建责任清单，使全体党员认识上高度统一、行动上坚决一致，构筑了上下贯通、层层负责的完整责任链条，党总支、支部班子和党务工作人员在党组领导下，大胆开展党建工作，全年按照"主题党日+""三会一课"组织生活会、民主评议党员、双重组织生活等党建工作系列制度开展组织活动10余次，召开党建工作推进会4次，邀请县组织部、县直机关工委人员对党员干部开展党建工作实务专题辅导2次，为各支部和党员配备《税务系统基层党组织工作规范》《新编党支部工作手册》《"三会一课"实用手册》《党员手册》等党务书籍100余册。依托"互联网+党建"、微博、微信、QQ群、"手机+党支部"等载体和"中心学习组""三会一课""主题党日+"活动等形式，扎实推进"两学一做"学习教育常态化制度化，深入开展个人自学、集中研学、专家讲学、党课辅学、互助送学、观摩促学、考试验学、网络促学、赛事比学、对标争学"十学"活动，组织党员线上线下、随时随地开展学习，确保规定动作不缺失。严格执行《陕西省发展党员工作规程（试行）》规定，认真做好组织发展工作，按照坚持标准、保证质量、慎重发展的原则，制定组织发展计划，建立入党积极分子联系人制度，一年来预备党员按期转正1人、新发展预备党员1人、培养积极分子2人。在党员日常管理中规范党员组织关系转接，坚持组织关系动态排查，杜绝失联党员、口袋党员，确保每名党员纳入支部正常管理。明确专人负责党费收缴管理，严格执行收缴标准，按月收缴，按月登记，规范收缴台账。开展“党员八带头”“亮身份晒承诺　树形象　做表率”“争当合格党员 聚力追赶超越”等主题活动，引导全体党员立足岗位作贡献，创先争优树形象，党员先锋模范作用较好发挥，“机关支部抓规范、蒿坪支部抓示范、其他支部抓完善”的党建工作格局基本形成。

【干部管理】　2017年，持续加强队伍建设，着力打造坚强有力的税务铁军，党组班子从自身做起，增强“四个意识”，强化责任担当，坚持从严管理不放松，着力解决个别干部纪律松弛、管理松散等突出问题，使干部队伍始终保持着奋发有为、开拓进取的精神状态，毛坝税务所李浩同志顺利通过国家司法考试，与陈松涛、邱可欣两名同志一起，创造“三师”考试三年连中三元的佳绩，政工股王月同志在注册会计师和税务师考试中取得较好成绩，鲁信智同志考取省局信息化高层次培训，干部干事创业热情进一步激发。

【廉政建设】　2017年，局党组以党的十九大精神和习近平新时代中国特色社会主义思想为指导，全面贯彻落实省市局党风廉政建设会议精神和县纪委十五届二次全会安排部署，围绕中心，服务大局，强化监督执纪问责，持之以恒贯彻落实中央八项规定及实施细则，扛牢主体责任，夯实监督责任，压实“一岗双责”，制定完善责任清单，积极构建横向到边，纵向到底的责任考核体系，深入推进全面从严治党向纵深发展，扎实开展“为政不为”专项整治活动，集中整治“庸政”“懒政”“散政”“混政”等突出问题。作风建设持续发力，开展多茬次的明查暗访，加大节假日重要时间节点，干部操办婚丧嫁娶事宜廉政纪律提醒力度，创新建立丰富多彩的廉政宣传教育，确保干部作风好中向优发展，行业形象，群众满意率不断攀升，县局荣获2017年全县党风政风行风“优秀单位”，为紫阳地税追赶超越提供坚强的组织纪律保障。

【精准扶贫】　2017年，不断加大对精准扶贫的投入力度，先后选派3名同志驻村组成扶贫工作队，将城区的37党员干部与87户贫困户结对子，近三年还从公用经费中挤出20余万元资金投入到该村产业及项目建设中，还协调争取项目资金近200万元，为该村拓宽、维修砂石路15.5千米，新修公路5.6千米；新建茶园500亩，栽核桃850余亩，改造老茶园230亩，为2019年贫困村出列奠定坚实的基础。

（邱可欣）

紫阳县地税局

金融·保险

金　融

中国人民银行紫阳县支行
行　　长：余佑学
副 行 长：刘汉清
纪检组长：罗　鸿

【机构人员】　支行内设3股1室，即行政办公室、国库会计发行股、综合业务股、保卫股。管辖农发行、工行、农行、邮政储蓄银行、农商行、长安银行6家银行金融机构，辖40个营业网点；共有财险、寿险、中华联合3家保险机构。截至2017年年底正式职工22人（女职工6人），平均年龄36.1岁，其中：中级职称6人，初级职称9人；本科学历17人，专科学历2人。

【支持地方经济发展】　2017年，人行紫阳支行结合县域实际，灵活运用货币政策工具，充分发挥“窗口指导”职能，引导辖内金融机构将信贷资源向县域重点项目、现代农业、扶贫开发等重点领域倾斜，有力地推动辖区经济金融快速健康发展。搭建政银企合作平台，支持地方实体经济发展。4月，支行联合县金融办组织召开全县金融暨政银企对接工作会。6家金融机构与12家企业现场签订总额7.04亿元的贷款意向协议。8月，围绕金融支持实体经济发展和金融精准扶贫，支行召开了全县金融工作推进会，县委常委、常务副县长罗云忠到会安排部署了下一阶段金融工作的重点任务。狠抓金融精准扶贫，助推脱贫攻坚见实效。支行协调县政府相关部门出台了《紫阳县扶贫小额信贷风险补偿资金管理办法》，扶贫小额贷款风险补偿金由800万元增加到3120万元。推动县政府将县农行、县邮储银行纳入扶贫小额贷款经办行。2017年，3家金融机构累计发放扶贫小额贷款4152笔18633.4万元。三是引导信贷产品创新，满足特色产业融资需求。2017年，支行积极指导县农行围绕富硒茶种、产、销产业链，着力推动“金穗陕茶贷”批量发放，县农行累计发放金穗陕茶贷17笔605万元。

截至2017年年末，全辖金融机构贷款累计投放额44.19亿元，同比增加8.47亿元、增长23.71%。各项存款99.69亿元，同比增加14.98亿元、增长17.68%，存贷比为44.33%，较去年增长2.16个百分点。工作成绩得到地方党政的充分肯定，并获得“2017年中省驻紫单位支持地方经济发展一等奖”。

【做好扶贫包抓工作】　根据县委县政府要求，支行制订《扶贫工作实施方案》，派驻晁吉祥驻村担任第一书记。2017年，晁吉祥负责双柳村286户981人脱贫工作，支行15名扶贫干部负责63户215人包联任务。在前期扎实的准备工作下，7月，支行以“明白卡”的方式，综合运用易地搬迁、危房改造、产业发展、技能培训等扶贫政策确定每一户具体帮扶措施，并积极付诸行动。8月，支行全体扶贫干部参加紫阳县扶贫政策培训并全员通过扶贫政策考试。截至目前，支行党组先后18次带领职工深入帮扶村开展工作，受到村民、村委会、镇政府和县委组织部的高度肯定，晁吉祥也被授予“紫阳县优秀第一书记”称号。

【经理国库水平】 紫阳支行不断深化“国库会计标准化建设”，保障国库资金安全，提高运行效率。按照《紫阳县支行“‘守底线 强管理’国库标准化推进年”活动实施方案》，建立国库“制度+岗位”动态管理机制，推动国库会计核算基础工作水平显著提升，确保国库业务“零差错”、国库资金“零风险”、国库部门“零案件”目标顺利实现，全年实现财政收入329404.27万元，其中调拨收入314890.22万元，非税收入6903.36万元，财政支出325505.04万元。

【支付结算环境】 紫阳支行与人行蓝田支行就银行卡暨支付结算工作进行交流座谈，学习借鉴先进行在“互联网+支付”工作的新模式、新方法和新举措。走访调研县公交公司，指导县域金融机构加大公交IC闪付卡推广应用力度，目前刷卡乘车交易量已由上线初期的日均50笔上升至1000多笔。深入高滩镇白鹤乡指导涉农金融机构强化惠农支付服务点建设，推动实现“业务发展、商户实惠、农户方便”的多赢局面。

【政治理论学习】 支行依托党组中心组学习、党支部“三会一课”等基本制度，深入推动“两学一做”学习教育常态化制度化。全年共召开党组中心组学习12次，支委会12次，党员大会5次，主要领导讲党课3次，全体党员撰写心得体会4期88篇。10月18日，支行组织全体行员听取十九大专题报告。11月1日，支行党支部与双柳村党支部开展以“学习十九大精神 助力脱贫攻坚”为主题的联学共建活动。11月30日，支行召开党员大会明确提出将学习党的十九大精神作为当前首要工作任务，要求深刻领会精神实质和报告内涵。7月、10月，支行先后组织开展“学巴山精神，做合格党员”和“追寻革命历史，争做合格党员”主题党日活动，围绕“学巴山精神，做合格党员”支行还申报党建创新项目“巴山央行党旗红”，该项目得到分行的认可，已通过创新项目评选并完成文档资料的上报。2017年，总行工会、中支党委对支行困难职工进行慰问补助，让这些职工感受到组织的温暖。另一方面积极组织工会群团活动。人民银行紫阳支行工会委员会组织开展文笔山健步走、慰问退休老职工活动，在欢声笑语中凝聚履职尽责的正能量。团支部以人民银行安康中支“悦读”活动为契机，组织开展“紫手环读书活动”，上报读书心得3篇，其中1篇被分行团委编发。

全县金融工作推进会

【党风廉政建设】 2017年，人民银行紫阳支行以《遵规守纪，勇于担当，努力开创紫阳支行纪检监察工作新局面》为主线，明确以“文化育廉、监督护廉、服务促廉、制度保廉和创新倡廉”工作主线，实施“12345”工程，贯彻落实中支2017年党风廉政建设工作会议精神。一是制定紫阳支行党风廉政建设党组、纪检组、党支部的主体责任清单，细化履职内容，界定监督主责，增强他律机制刚性约束力。二是人民银行紫阳支行党组牢牢把主体责任扛在肩上，支持纪检组工作，定期召开党组会、党组扩大会和党员民主生活会，研究制定、按排部署纪检工作。着力建立监督台账、风险提示函及谈话检查等机制，监督重大风险隐患排查、防控和工作决策流程的规范化管理，定期向中支纪委和支行党组汇报工作。人民银行紫阳支行党组书记带头履行第一责任人职责，坚持做到“重要工作亲自部署、重大问题亲自过问、重要环节亲自协调”，对党风廉政建设工作常议常讲、常抓常严。三是突出纪检监督的主业主责。纪检组从日常工作作风、工作纪律、劳动纪律着手，把县支行同级监督的内容与全行业务操作、安全保卫、货币政策、金融统计、征信、金融消保等工作结合起来，在监督上通盘考虑，因地施策，落实劳动纪律和请销假制度，扎牢财权、事权、干部任职、评先评优等的监督制约机制，督促部门负责人的主体责任，形成在监督检查下工作、在纪律约束下工作、在制度要求下工作的良好氛围。四是明确责任分解和工作落实。印发《紫阳支行2017年纪检监察工作要点》《紫阳支行2017年党风廉政建设和反腐败工作任务分解意见》等文件，签订责任书，层层传导监督、问责的压力，分重点、有步骤贯彻落实“两个责任”。全年紫阳支行无信访、无案件、无安全事故，党风廉政建设责任得到有效落实。

【县域金融稳定】 按照“风险为本”原则，人民银行紫阳支行对辖内6家金融机构、4家保险公司进行反洗钱考核评级，并以此为契机指导县域银行业、保险业金融机建立反洗钱长效机制。7月19日，对县寿险公司开展反洗钱检查。通过检查，发现和纠正保险公司在反洗钱工作中存在的问题，规范操作流程。9月，进驻县工行开展支付结算业务专项检查，督导落实各项支付结算工作制度。11月，与县公安局、教育局、工商局成立联合整治预付卡重大违法犯罪办公室，通过现场检查、日常监督、多渠道宣传等措施，推动辖区支付服务市场健康发展。以“神秘人制度”对城区营业网点进行随机暗访，对乡镇营业网点开展现场检查。县域中小面额券别配备情况和现金服务质量总体较好。下半年，联合人民银行安康中支对紫阳农商行开展存保评级现场核查暨投保机构风险核查。对投保机构的风险状况进行综合评价，核查投保机构不良资产真实性，防范和化解潜在金融风险。

【青年职工培养】 人民银行紫阳支行把加强人才建设作为支行长远发展的基础工作来做，努力为想干事、能干事、干成事的人才脱颖而出搭建好平台。2017年，经过充分讨论研究，2名同志被支行聘任为中层干部，2名入党积极分子被吸收为中共预备党员，为青年员工成长提供平台，也为人民银行紫阳支行的长远建设储备人才。

【金融宣传】 2017年紫阳支行金融宣传水平不断提升，全年通过实地走访、发放问卷、市场调研等方式，形成的多篇调研报告被系统内外部刊物采用，其中《有了扶贫贴息贷 满山羊儿跑得快》《农月无闲人》《鏖战秦巴山》《贷动燕归巢》《小银行 大作为》等信息被金融时报刊登，为宣传紫阳经济及金融状况起到积极的推动作用。

（刘 文）

中国工商银行股份有限公司紫阳县支行
行　长：程晓梅
副行长：曲志强

【概况】　中国工商银行股份有限公司紫阳县支行于1986年6月12日正式挂牌成立，现有从业人员19人，支行设有两个部室，客户经理部、营业部。

【经营状况】　利润完成情况。2017年度，实现净利润1905万元，比去年同期增加462.47万元，增幅为32.06%。人均利润105.83万。负债类业务指标完成情况。截至2017年年底，支行各项存款余额163616万元，增加17964万元，日均增加4523.8万元。其中：机构存款余额85743万元，日均增加256.17万元；公司存款余额14838万元，对公存款余额在县域同业占比中排名第一；储蓄存款余额62697万元，较前期增加5373.3万元，个人金融资产总值当年增加10737.36万元，支行负债业务规模进一步扩大，达到历史最佳水平。资产业务指标完成情况。截至年底，支行各项贷款余额8.22亿元，各项贷款累放4090万元、累收5062万元。其中：公司贷款余额7.32亿元，累计发放公司贷款2200万元；个人贷款余额9060万元，累计发放个人贷款1890万元。客户类指标完成情况。2017年度客户类13项考核指标全部完成任务，是安康分行唯一一家全面完成客户类指标的支行。其中，金融资产1万元以上个人客户净增365户，完成率121.67%；工银融e行客户净增2677户，完成率149.47%；工银融e联客户净增3577户，完成率111.78%；一键支付客户净增1786户，完成率146.88%；第三方存管（中信建投证券）客户新增623户，完成率445%；有效对公结算账户净增39户，完成率195%；信用卡有效客户净增877户，完成率151.21%；个人信用消费贷款白名单客户新增11322户，完成率113.22%；信用卡新3654张，完成率214.94%；新增信用卡客户1156户，完成率226.67%。资产质量控制水平持续保持，支行贷款质量始终保持逾期贷款、不良贷款均控制为零。内控案防暨安保情况。支行各项经营活动规范安全，实现无重大差错事故和无案件发生的管理目标。

【业务发展】　信贷投放业务。锁定重点建设项目和招商引资项目，围绕县域经济发展"五大产业"，推进5321项目工程，加大信贷投入和资金扶持力度。采取重点企业、主导产业、重点项目名单式管理，一方面加大信贷资金投放力度，另一方面拓宽企业受众面，切实为县域企业排忧解难。当年先后投放小企业贷款2200万元，分别是：紫阳县龙腾富硒食品有限公司450万元、紫阳县秦巴山富硒茶业有限公司300万元、紫阳县人民医院500万元、紫阳县兴宇建筑工程公司450万元、紫阳县利君药品超市500万元，有效的解决项目建设和企业经营资金短缺的燃眉之急。项目合作与业务拓展。支行围绕县域经济重点项目、重点工程、重点企业开展跟踪营销，紫阳县投融资有限公司基本结算账户在工商行开立、紫阳县人民法院执行案款安心账户、紫阳县法院、检察院代发工资专户、涉案专户开立；与紫阳县机关事业单位退休养老经办中心办公室，达成合作协议，成功开立职业年金托管专户；带动公务卡的批量发卡，成功与与紫阳县幼儿园，县新型农村合作医疗办，县文化旅游投资发展有限公司，县广播电视台4家单位签订公务卡发卡协议，全年发放公务卡310张；并与紫阳县职业技术学校签订批量发卡协议，发放中职学生借记卡236张。

【服务水平】　提升服务意识，确保窗口

服务形象。以总行开展的“服务口碑新变化喜迎党的十九大”活动以及安康分行“比服务、树形象，比形象、树口碑”服务体验提升月活动为契机，组织员工学习《安康分行网点服务管理工作考核办法》，进一步强化员工服务意识。落实行长带班制度，坚持在午间、双休日轮流值班，强化大堂人力及服务管理。坚持按季开展支行服务评先活动，不断提升服务质量、服务管理水平。重视服务环境管理。落实行内卫生清洁区责任分工及自助银行环境管理办法、网点亮化工程责任人，并坚持每周检查通。通过以上措施，2017年全年支行无有效投诉发生，客户体验满意度得到提升。

【重点工作】 内控案防。分层签订内控案防责任书、合规承诺书，建立“三书三账”，规范基础管理，落实案防排查职责，强化10+2重点领域关键环节风险排查工作。进行员工行为动态排查，关注员工异常行为。持续开展合规教育活动。

【党风廉政建设】 2017年以来，支行班子依据上级行工作要求，以两个责任制为抓手，成立有党风廉政建设领导小组，签定党风廉政建设责任书加大党风廉政建设管理、监督、教育力度，严明纪律，深化作风建设。围绕年初既定工作目标认真落实上级行各项工作要求，以党建工作的扎实开展引领支行业务发展。

【脱贫攻坚】 认真落实省、市、县党委工作部署，积极投入地方脱贫攻坚工作。工商行克服人员紧，经营压力大，精力严重不足的前提下，选派1名工作队员驻村开展定点帮扶帮困工作。按照县脱贫指挥部2017年全县脱贫攻坚工作安排，制定下发《工行阳县支行2017年帮扶毛坝镇双新村脱贫攻坚工作方案》的通知。加大技术资金支持，扶持产业发展，累计投入紫阳县毛坝镇双新村帮扶资金11万元，赠送物品价值1万元，增补村委会互助基金，加快村民产业产业发展。开展献爱心捐赠活动。在“七一”中国共产党成立96周年前夕，支部书记带领党员自筹党费，到扶贫点慰问困难党员；在“八一”中国人民解放军建军节80周年前夕，支部书记组织党员到县武警中队慰问武警官兵，送去慰问品，表达军银共建友谊之情。在国庆中秋“双节”期间，党支部再次进行慰问贫困户，送去粮油礼品；在秋季开学之际，开展定向捐赠献爱心送真情活动。落实义务教育均衡发展，向毛坝镇小学捐赠电脑2台，现金2000元。落实金融信贷帮扶工作。全年金融信贷扶贫取得新进展。截至2017年12月，已完成贫困户60户建档立卡，贫困户资料信息收集工作。

（周　坤）

中国农业银行紫阳县支行
党委书记、行长：张武峰
副 行 长：樊晓俊
纪委书记：邸小琳

【主体业务】 信贷投放围绕县上确定的重点项目和重点产业，主动开展金融工作，不断优化信贷服务，助力本县追赶超越。截至12月末，各项贷款余额达到1.5亿元，累计投放1000万元。助力小微企业发展，认真执行“三个不低于”监管要求，严格执行《农行安康分行小微企业金融服务“质效提升年”活动方案》，出台严厉的奖惩措施，将其纳入重点工作考核。2017年，累计投放小微企业贷款454万元，其中申贷通过率达到100%。业务产品创新，信贷产品创新实现多元化。投放个人理财产品自助质押贷款217万元，让群众办理信贷业务更加便捷。投放“简式贷”200万元、“房抵贷”177万元、“助业贷”93万元、“茶叶贷”1745万元、“5321”贷款101笔383万元。

【普惠金融】 稳步推进“金穗惠农通工程”。依托该工程广覆盖的渠道平台，借助惠农服务点和乡镇自助银行，将惠农金融服务与新农保、新农合等民生工程项目有效对接，通过提供多层次代理服务，实现机到村、卡到户、钱到账，为农民的养老钱、看病钱、补贴钱安全高效地归集、发放和管理建立“直通车”，推动国家惠农政策的有效落地。

【金融宣传】 采取柜面宣传、集中宣传、“走出去”宣传等多种形式，积极组织开展“3·15”消费者权益保护日、“4·15”全民国家安全教育日、“4·26”知识产权日、“保密宣传月”、“6·14”信用记录关爱日、“金融知识万里行”“金融知识下乡”“反假币”“反洗钱”、“防范非法集资”“金融知识进校园”等主题宣传活动。全年共开展活动10余场次，发放宣传折页4000余份，受众1万余人次。积极防治电信网络诈骗。注重源头治理，强化“反欺诈”宣传，优化提醒服务，全力维护群众资金安全。全年共成功堵截电信网络诈骗案件2起，为客户挽回资金损失4余万元，为维护金融稳定、净化金融生态环境筑牢“防火墙”。

【脱贫攻坚】 加强组织领导，层层落实责任。逐级成立脱贫攻坚工作领导小组，并抽调精干力量担任帮扶村驻村队员，确保扶贫措施精准，工作有效推进。稳步推进“双基联动”工作，建成“双基联动”工作站6个。加大县域“三农”信贷扶持力度，助力脱贫攻坚。涉农贷款余额达到1.5亿元。其中：农户贷款余额达到3200万元。这些贷款的投放，为脱贫攻坚工作贡献金融力量。做实对口帮扶。为落实好帮扶措施，行领导多次深入田间地头、村民院落访贫问苦、考察调研，解决对口帮扶中存在的问题。推广“以产业带动为主、小额贷款为辅+农村电子渠道建设+政府增信”的精准扶贫模式。2017年，本行已与当地政府签订政府增信协议，为促进脱贫攻坚搭建良好平台。真心实意为对口帮扶村办实事、办好事。确定18名农行干部与关庙村90户贫困户结成“对子”，实施“对口帮扶”，并深入农家院落为贫困户送去“一卡一薄”、签订“四书”，圆满完成包联贫困户的入户信息采集工作。支行把金融助力脱贫攻坚作为当前最大的政治任务，认真贯彻落实政府安排部署，结合贫困村金融需求实际，组织开展慰问贫困户、数据清洗、“结对认亲”、扶持产业发展等金融助力脱贫攻坚相关工作。

【金融创新】 继续着力打造“富硒茶叶贷”，完成对全县茶企、茶农的信息采集，为金融支持茶产业发展提供了基础数据支撑。2017年，共向9户茶企发放茶叶贷款1745万元，对2户茶企评级授信4000万元。

【服务质效】 改善服务，提质提效，继续推进网点转型，切实提高服务质效。认真落实《网点标准化改造规划》《网点瘦身方案》；继续推进6S管理。加强考核管理，强化岗位练兵。把窗口服务工作列入综合考核，抓在日常，严在经常，并通过开展“岗位练兵”活动，持续提高窗口工作人员的业务技能和服务效率。加强网点现场管理。本行从2017年起实行“支行行级领导按周深入网点进行现场管理”的工作制度。加强学习培训，提高服务能力。辖属营业网点利用晨夕会、周例会，集中组织对员工新业务、新产品、新制度、新知识的学习培训，不断提升员工的综合服务能力。

【服务渠道】 率先在紫阳推广“超级柜台”。2017年已布放“超级柜台”4台，实现2个网点全覆盖。“超级柜台”的推广应用，实现“客户自助+协同服务”的智能化服务模式，增强客户体验，提升业务处理效率和客户满意度，有效缓解客户等候排队问题。加快建设自助银行和惠农服务点建设。建成乡镇自助银行3处，共配备自助设备12台。惠农服务点总数达到1299个，其中：精品服务点795个。“五位一体”金融支付网络形成，打通农村金融服务的“最后一公里”。

【服务转型】 适应业务发展新常态，给力互联网金融。积极应对居民消费升级，主动实施业务转型，继续下大力气推广金融服务、电子商务和社交生活等三大金融服务平台，大力发展互联网金融业务。发行“车行无忧卡”1890张，满足车主客户的费用结算金融需求。新增掌上银行活跃客户11918户，同比多增9929户，增幅499.20%；农银e管家商户2户，实现电信、移动话费掌上银行、网上银行、惠农服务点、自助终端多渠道缴费功能。上述新产品的相继推出，让老百姓享受到更加便捷的现代金融服务。发挥固有优势，抓好传统消费金融。满足农民进城购房金融需求，投放“农民安家贷”1544万元，帮助69户农民进城安家。支持个体经济发展，发放个人生产经营贷款662万元。加快信用卡审批和授信，至9月末，已累计发行信用卡4900张，授信1亿元，透支余额2.3亿元。着力促进消费市场活跃和繁荣，新布放POS机154台，增加有效商户35户。

【理财服务】 推进对公理财业务。满足市场需要，推出本利丰、安心得利、安心快线等对公系列理财产品10余种。激活对私理财业务。应客户需求，发行本利丰系列、汇利丰系列、安心系列、如意系列、进取系列等多系列、多款、多期个人理财产品，针对金穗惠农卡持卡人新推出金益农惠农理财产品。

【代理服务】 2017年，重点代理业务扎实推进。为解决农户用电缴费，在麻柳镇实现农户电费由本行批量代扣，至12月末，累计代扣电费6700笔，代扣金额45万元。实现烟草访销就近办理，至12月末，累计代理烟草访销户473户，代理笔数3.2万笔，代理金额2亿元。51个惠农服务站全年办理业务35000多笔，代理惠农汇兑、存取款金额18645万元。代理社保卡3276张，代理批量代缴社保缴费金额5.6万元。共代理工资23户，发放8000余笔7200万元。

【党建目标责任制】 重视加强意识形态工作。把意识形态工作作为党的建设的重要内容，纳入党建工作责任制，与经营管理和党的建设工作紧密结合，逐级签订意识形态责任书，形成“一级抓一级、层层抓落实”的良好工作格局。本季未发生违反意识形态工作规定的事件。建立和完善制度，落实工作责任。制定《紫阳支行2017—2020年党建工作规划》，建立起以党建引领业务发展的长效机制。印发《2017年党建工作主要任务分解表》《紫阳支行2017年党建工作要点》《基层营业机构党组织量化考核评价方案》，修订《党建工作责任制考核办法》，完善党建工作任务考核指标，加大党组织建设考核力度，提高党建工作考核的科学性和规范性。切实把党建工作责任放在心上、扛在肩上、抓在手上，及时调整支行班子成员党建联系点并建立机关部室联系支行党建工作制度。按季召开党建工作领导小组例会，研究党建工作中的重点、难点问题。“党建线”组织架构搭建基本完成，党员队伍清查摸底工作稳步推进。深化“两学一做”学习教育，加强思想建设。健全党委中心组学习机制，制定党委中心组学习计划，明确每月重点学习内容，定期开展专题研讨，进一步强化“四个意识”。推进“两学一做”学习教育常态化、制度化。制定了《“两学一做”学习教育常态化制度化工作方案》。在全行开展优秀党员评选工作，七一前夕，全行组织开展“党委书记讲党课”、接受爱国主义教育、观看红色影片、志愿服务等主题活动。通过把学习教育融入日常、抓在经常，突显其对党员党性修养和理想信念的提升、净化作用，充分发挥党员的先锋引领作用和党组织的模范凝聚作用。

【党风廉政建设】 牢固树立“不抓党风廉政建设是失职、抓不好是不称职、有案不查是渎职”的观念，切实增强落实“两个责任”的政治自觉性。全力抓好“两个责任”清单的落实。召开党委专题会议，研究部署全行2017年党风廉政建设和防范案件工作。加强对各级领导干部的日常监督和重点时段的监督检查，通过纪委书记谈话、重要节日发送廉洁提示短信等形式，不断增强领导干部的廉洁自律意识。加强责任考核，强化责任考核的“硬约束”作用，制定《紫阳支行2017年党风廉政建设暨防范案件责任制考核方案》《党委领导班子成员2017年度党风廉政建设工作任务分解的意见》，进一步细化责任内容、突出工作重点、强化责任追究，形成责任分解、检查考核、倒查追究的完整责任链条。深化纪检监察部门的监督责任。认真督促落实党内监督各项制度，重点对“三重一大”的执行情况和领导干部报告个人有关事项进行监督。对贯彻落实八项规定情况进行重点监督。加强对各级领导干部的日常监督和重点时段的监督检查，并着重在警示教育和日常提醒方面加强监督。通过纪委书记谈话、发送廉政短信、手机短信、转发上级行文件等方式，确保重要节日期间严格落实中央八项规定精神。2017年前三个季度，本行无违反八项规定情况发生。加强信访举报监督，按照“谁主管、谁负责”的原则，进一步落实信访领导责任制。加强警示教育，开展好“三地”教育，不断提高全员思想认识，切实做到警钟常鸣、斩断麻痹思想的苗头和倾向。认真抓好领导联行抓点工作。行党委和班子成员切实履行“一岗双责”，按季深入联系点开展联行抓点工作，工作检查更加仔细和认真。全面部署、扎实推进“三线一网格”（党建线、纪检线、运营线、员工行为管理网格化责任体系）管理模式推广工作。

【平安银行创建】 本行认真贯彻落实《2017年综治维稳暨平安建设目标责任书》，重点抓好内部安全综合防范，年未发生刑事案件、重大治安问题、职工违法犯罪问题、严重影响社会稳定等群体性事件。重视强信访维稳和声誉风险防控工作，特别是“十九大”期间严格实行“零报告”和“日报告”制度，报告期未发生重大信访和声誉风险事件。不断夯实全面风险、内控合规和运营基础管理，业务经营活动实现安全平稳运行。通过一系列工作措施的有效落实，守住风险底线，为改善金融生态、推进本县平安建设作出积极贡献。

（陈忠柱）

陕西紫阳农村商业银行股份有限公司
党委书记、董事长：付益民
行　　长：邵义鑫
纪委书记、监事长：杨兴强
副 行 长：李新泰　翦海东

【基本情况】 陕西紫阳农村商业银行股份有限公司（以下简称“紫阳农商银行”）内设行政综合部、业务发展部、财务会计部、风险合规管理部、信贷管理部、稽核审计部、信息电银部、安全保卫部和监察室共9个职能部门，下辖1个营业部、13个支行和9个分理处共23个营业网点。现有在职员工217人，其中：研究生学历2人，本科学历96人，大专学历103人，2017年年末已聘任专业技术职务人员91人。

【经营业绩】 至2017年年末，全行各项存款余额458005万元，较年初增加78540万元，增幅20.70%。各项贷款余额260514万元，较年初净增25865万元，增速11.02%。实现财务收入30482万元，同比增加5176万元，增幅20.45%。资本充足率达16.88%，拨备覆盖率达237.25%。累计发行富秦系列卡39.34万张，安装自助存取款设备36台，拓展助农商户285户，安装设备295台，其中：安装助农E终端159台；电子银行签约客户累计达到80107户，是全县营业网点分布最广、贷款投放最多、服务“三农”力度最强、资产规模最大的农村金融机构。

【支农服务】 紫阳农商银行结合地方经济发展实际，扎实推进农户经济档案更新、评级范围扩张、授信额度提高、信贷投放增加、信用体系建设不断升级，有效完善“地方党委政府、农商行、村委会、农户”四位一体的信用服务体系建设。根据农户产业发展潜力、家庭收入水平、信用记录和人格品行等情况，充分利用内部风险评级模版百分制量化计分，社会公开联评公议，确定农户信用等级，根据信用等级核定不同的信用贷款授信额度，农户单户最高限额20万元。截至12月月末，共建立农户经济档案70424户，评定信用等级授信58633户，授信总额334437万元，评级授信面达到83.26%；富秦家乐卡发行8902张，授信总额59344万元；城乡个体工商户建档评级1131户，授信金额16147万元；中小微型企业评级授信34户,授信金额50900万元。为加大支农支实工作力度，紫阳农商银行建立每名客户经理的营销网格，积极组织开展“盈春行动”网格化+外拓营销活动，扎实开展贷款专营。充分发挥“双基联动”工作站的一线战斗堡垒作用，在镇村两委的积极配合下，以点带面，主动深入各专业合作社、家庭农场、种养大户等新型农业经营主体和个体工商户上门开展精准营销。全面梳理县域特色产业、优势产业客户群体，建立了纳税100强、涉农龙头企业、重点项目、公共事业类客户、新型农业主体、特色产业及优势产业精准营销名单，逐户落实对接网点、客户经理和包抓责任人，实行领导班子、中层干部、客户经理3级分层管理划分营销责任。对接纳税大户21户，成功营销贷款3500万元；成功营销县人民医院收费资金账户在本行开立使用；对接专业合作社53家，成功营销贷款150万元；对接重点项目5户；对接龙头企业20户；对接特色产业、优势产业农户19户，发放贷款15户、296万元。

【金融扶贫】 紫阳农商银行以金融扶贫工作为己任，用实际行动积极践行“金融脱贫攻坚，信合一马当先”服务承诺，大力开展金融扶贫工作。积极开展贫困户建档立卡，严格按照“一户一档、专档专管”的管理模式进行了规范。截至12月末，在全县范围内累计向贫

农商银行员工上门授信放贷

困户授信17197户、授信金额75667万元。加强银政合作，凝聚扶贫合力。由县委县政府累计注入贷款风险保证金2300万元，严格按照扶贫贷款“5321政策”，有力推进扶贫贷款的发放。截至12月末，累计发放5321小额扶贫贷款7042户、31126万元。积极开展扶贫政策宣传，全行员工走进乡村社区、田间地头，有力加强金融扶贫政策宣传，通过贫困户进行面对面座谈交流、发放宣传彩页、张贴宣传海报、设立宣传展板等形式大力宣传扶贫政策，积极营造狠抓攻坚谋发展的浓厚氛围。截至12月末，共开展扶贫政策宣传100余次，发放宣传折页60000余份，接受群众咨询15000余次，贫困村宣传覆盖率达100%。认真开展包联村贫困户评级授信。为扎实开展精准扶贫工作，及时满足包联贫困村洄水镇小河村贫困户的信贷资金需求，该行组织相关工作人员对小河村贫困户进行了全面评级授信工作。截至12月末，对该村177户贫困户授信575万元。已批准小额贷款55户、252万元。积极组织该行党员干部与包联贫困村实行一对一结对帮扶，七一期间，组织开展内容丰富、形式多样的慰问活动，邀请紫阳安银民俗文化传播有限公司为贫困户奉献精彩演出，同时拿出2万元办公经费，为全村177户贫困户送去米面粮油等生产生活物资，确保真扶贫、扶真贫。该行一次性捐赠200625元对小河村一期安置点沿河线路面硬化、河堤加固、修建沿河栏杆、制作户外宣传展板等项目进行帮扶，将包联帮扶工作落到实处。

【党风廉政】 加强思想道德教育。10月中旬，在赴延安参加高管人员党建工作专题培训后，该行积极组织全行员工认真学习传达专题培训会议精神，以“党建引领转型发展，合规创造经营效益”为主题，对全行员工进行了思想道德教育，以从严治党的高压态势，加大对员工“为政不为”的惩治力度，重点解决员工服务意识不强、服务能力不足、服务质量不高、服务纪律不严等问题。加强警示教育。9月下旬，该行积极邀请县纪委第八督导组组长陈显奎同志对全行员工进行一次十分重要的警示教育，陈组长对全县公职人员2017年度违规违纪和违法犯罪等情况进行通报，深入浅出的讲述自己身边的人、身边的事，同时就这些违规违纪和违法犯罪问题存在的根源进行深刻剖析。加强作风整顿。5月中旬，组织全行员工召开“为政不为”专题作风整顿工作会议，针对查处的“不作为、慢作为、乱作为”现象进行全面通报，认真总结前期作风整顿工作中存在的问题，充分肯定所取得的成绩，安排部署后阶段“为政不为”专项整治工作重点。强化素质培训。5月初，积极组织开展为期3天中层管理人员岗位培训，聘请专业培训老师进行授课，主要就中层管理人员的角色定位，培养和加强执行能力以及如何带领和管理团队、提升综合素质方面进行全面指导培训，切实增强中层岗位员工的履职能力和工作水平。

【形象能力建设】 紫阳农商银行以打造“标准化”银行为目标，逐年分批次对房屋、设施陈旧的网点进行升级改造，充分考虑营业网点辖内日均客流量大小、营业网点建筑布局、商行未来的规划和发展方向等综合因素，合理确定营业窗口数量，尽可能达到金融服务能力完全覆盖当地业务需求。截至目前，焕古分理处办公楼已建设完成并对外营业，高桥支行房屋建设工程已经过半，高滩支行宿办楼拆除工程已经动工，界岭支行办公楼建设及装修已经完工即将对外营业，城关支行装修改造工作已经顺利完工并对外营业。

【新闻宣传】 紫阳农商银行持续加大新闻宣传工作力度，全年共向省市县各级新闻媒体投稿50余篇，其中很多高质量的宣传稿件被中国农村金融报、时代金融、陕西日报、安康日报、安康银银行业协会、紫阳政府网站等媒体刊载，获得2017年度新闻宣传先进单位荣誉称号。

（周家霆）

中国农业发展银行紫阳县支行
行　长：唐　瑞
副行长：周　兵

【机构设置】 下设两部（计划信贷部、财务会计部）一室（办公室）。现有职工11名。

【经营绩效】 2017年，支行共发放贷款21540万元，贷款余额25017.52万元，其中中长期贷款19900万元，2017年日均存款余额50939.95万元，实现利润1560.56万元，不良贷款继续保持为零。

【信贷业务】 坚持发挥政策性银行的金融服务职能，不断提升支农效果，重点保证粮油收储资金及时足额供应，维护粮食市场稳定，2017年发放县级储备粮贷款（小麦）240万元，有效地支持粮油购销企业粮油收购对信贷资金的需求。推动县域基础建设发展，在上级行的正确指导下及当地政府大力支持下分别在3月、6月、11月投放三笔棚改贷款，共计19900万元。发放茶类短期流动资金扶贫贷款1400万元，支持本县茶叶产业发展，通过对该企业贷款支持，有效带动当地种茶贫困户800余户的经济收入。做好省行易地扶贫搬迁资金监管，确保资金支付合规，截至2017年共支付9.2亿元，主要用于本县17个乡镇的建档立卡扶贫搬迁群众建房补助、集中安置区基础和公共服务设施建设补助，作为资金监管行，依据《陕西省异地扶贫搬迁专项资金使用办法》规定程序收集整理支付资料，已将9.2亿元搬迁资金用于17个乡镇的统规统筹、统规自建、分散安置补助，大量资金的投入有效解决紫阳整个县易地扶贫搬迁的资金困难。

【扶贫帮困】 积极响应应县委、县政府的号召，包挂洄水镇桦栎村扶贫，在人员少的情况下（全行共11人）派出一名年青骨干人驻村开展工作，其他员工在行领导的带领下利用节假日深入贫困户了解相关情况，宣传扶贫政策，填写完善贫困户相关报表数据，全年累计进村入户300多人次，全年为桦栎村运去茶叶收割机两台，电脑三台，价值15000元，号召全行职工向贫困大学生捐款3000元，资助改善村委会修路5000元。

（唐　瑞）

中国邮政储蓄银行股份有限公司紫阳县支行
行　长：孙　龙

【经营业绩】 截至2017年年底，各项存款余额4.52亿元，各项贷款余额1.57亿元，贷款年发放1.1亿元，贷款年净增0.31亿元，重点发放涉农和产业扶贫贷款9172万元，其中“5321”扶贫小额贷款发放349万元，是邮储银行第一家开展此业务的支行。完成扶贫小额贷款投放平台和创业扶贫贷款投放平台的搭建，完成优享贷信用消费创新贷款的开办。

【信贷管理】 按照邮储银行服务大众、服务三农的零售银行市场定位，将信贷服务对象重点集中县域内小微企业客户、个体工商户和个人消费客户的，重点推介个人商务贷款、再就业创业贷款、个人消费优享贷等个人信贷品种，开展“走企业、走市场、走单位”三走营销活动，入企入社区召开一对一小型座谈会，积极宣传邮储银行信贷产品。加快创新信贷产品推广工作，积极推进小水电、税贷通和医院贷等股权质押和信用类贷款品种，在行业领域解决抵押担保难的问题。

【客户服务】 一直致力于服务提升建设，将“以客户为中心、以服务创造价值”的经营理念传达到每一位员工，增强服务意识，不断提升综合服务能力。以网点转型服务规范为准则，组织全行范围内的服务规范培训，开展微笑服务、用心服务，立足以客户为中心的经营服务理念，使服务管理水平不断提升，打造一批服务标杆网点，评选一批优秀网点服务明星，综合服务能力有很大改变，获得社会各界一致赞誉，提升本行的社会满意度。

【金融扶贫】 严格遵循县扶贫办的工作安排，支行克服人员少，抽调专职人员派驻村工作队，同时落实到户帮扶责任人，通过入户走访和调查登记，获取贫困对象的各项信息资料，并组织信息录入建档建册，完善档案建设工作，结合基础设施、产业发展、民政保障、社会解贫等帮扶政策措施，量身定制脱贫计划，采取有效帮扶措施，做好帮扶记录。协助完成2017年建档立卡贫困户数据清洗工作和基础资料的完善。支行向政府做好金融扶贫工作汇报，申请加入金融扶贫经办银行序列，获得县政府的批准和支持，签订小额扶贫贷款合作协议，开立专户，并积极推展工作。同时，优化扶贫贷款流程，单人审批，两日终结，同时利用移动业务办理设备，入村入户进行现场办理，提高业务办理效率。

（陈丛飞）

长安银行股份有限公司紫阳县支行

行　长：刘　军

副行长：余小兵

【基本情况】 长安银行股份有限公司紫阳县支行成立于2015年12月，下设两部（营业部、业务拓展部）一室（办公室），一个营业网点，3台附行式ATM机。现有职工11人，其中男员工6人，女员工5人。

【主要指标】 存款：截至2017年12月末，各项存款余额40475.17万元，其中对公存款余额为34339.82万元，储蓄存款余额为6135.35万元。贷款：各类贷款余额为5271.73万元，其中小微企业贷款余额为4536.28万元，（茶叶企业贷款2017年累计投放2250万元，个人贷款余额为735.44万元）。安全内控：支行全年各项经营活动规范安全，无重大差错事故和案件发生。

【金融服务】 扶持当地企业：2017年累计投放3971万元，小企业贷款共投放3600万元，分别是紫阳县建筑工程总公司、紫阳县天赐茶业有限公司、紫阳县闽秦茶业有限公司、紫阳县强祥机动车驾驶培训服务有限公司、紫阳县盘龙天然富硒绿茶有限公司、紫阳县利君药品超市以及平利县福鑫茶业有限公司；开立公交IC卡：截至2017年年底该行共开立2000余张公交IC卡，为城镇居民出行提供方便。普惠金融服务：全年开展金融知识宣传活动达20余期（包括进校园、进旅游景点、进农村等），投放各类宣传折页6000余份，建立有效惠农网点2个，服务乡村居民。

【精准扶贫】 开立精准扶贫卡：2017年联合当地扶贫局、供销社及帮扶企业，为紫阳县境内贫困户开立精准扶贫卡，并于2017年12月成功分红。从资料收集、到资料筛选、批量开户、发放红利，历时近半年，在该行员工以及企业的积极努力下，成功开户1038户，分红158万元。2017年该行帮扶东木镇燎原村，及时制定《长安银行紫阳县支行金融扶贫工作实施方案》，成立以行长为组长、副行长为副组长的金融扶贫工作领导小组，指导全行开展金融扶贫工作。在全行只有11人的环境下，派出一名责任心强的干部长期驻扎燎原开展帮扶工作，行长亲自带领本行其他帮扶员工每月进村入户开展帮扶工作，为贫困户解决实际困难；配合驻村工作对做好扶贫对象核实及数据清洗工作。出资2万元，用于基础建设。

【党风廉政】 该行与恒口支行合为一个党支部，党建与业务经营管理两手抓，充分发挥党支部和党员先锋模范作用。定期开展党员学习活动，要求党员做出承诺，撰写教育活动心得体会。以党员带动非党员的形式，在全行开展学习关于中共十九大等理论报告。

（叶立阳）

保　险

中国人寿保险股份有限公司紫阳支公司
总经理：刘　宁
副经理：张冰茹（女）

【基本概况】 中国人民保险公司成立于1949年10月20日。1984年保险业务从人民银行划出，建立独立经营的保险公司。1996年中国人民保险公司改组为中国人民保险（集团）公司，下设中保财产保险有限公司、中保人寿保险有限公司、中保再保险公司。1996年5月17日，中国人民保险公司紫阳支公司分设为“中保财产保险有限公司紫阳支公司”和“中保人寿保险有限公司紫阳支公司”。1999年3月，国务院决定撤销中保集团，以原中保集团子公司中保人寿保险有限公司为基础改建成立中国人寿保险公司，同年5月，中保人寿保险有限公司紫阳支公司更名为中国人寿保险公司紫阳支公司。2003年6月中国人寿保险公司进行重组改制，组建中国人寿保险（集团）公司，改制后紫阳支公司更名为中国人寿保险股份有限公司紫阳支公司（简称中国人寿紫阳支公司）。办公地址：紫阳县紫府路东段83号。

【机构设置】 公司下辖个险部、团险部、银保部、客户服务部四个部门，并在紫阳县政务中心大病窗口驻点。下设1个城区服务部和8个农村营销服务部、11个银邮代理网点，全县有480余名营销代理人。

【经营状况】 截至2017年12月31日，全县系统资产规模达8亿元，2017年分类分级考核结果排名为“A”类公司。公司在全县拥有1个城区营销服务部、8个农村营销服务部、11个银邮代理网点，吸收各行业下岗职工和农村富余劳动力480余人，经过培训教育训练，成为销售员工，为缓解社会就业压力做出贡献，履行企业应尽的社会责任和义务。累计承担全市约30万人次、1.6亿元的风险保险保障，在缓解社会就业压力，促进农村经济社会发展和稳定群众生活方面发挥“稳定器”和“助推器”作用。2017年1—12月，公司服务全县大病补偿人数共计426人，累计支付大病补偿金250.08万元。其中城镇居民大病补偿人数92人，累计补偿大病资金93.85万元，人均补偿10201.09元，城镇患者住院医疗费报销在基本补助的基础上平均增加了18.5%；新农合大病补偿人数334人，累计支出大病补偿金156.23万元，人均补偿4677.54元，农合患者住院医疗费报销在基本补助的基础上平均增加15.28%。6月20日，全县启动“一站式”结算工作以来，让患者更加切实感受到服务的便捷，同时大大减轻贫困患者入院就诊的资金压力。

【运营服务】 服务提升形象。以视频、晨会、现场会等形式对柜面标准化服务培训演练，树立典型标杆，倡导“大运营、大服务”“提升服务质量、提升服务效率”，唱响勇于担当“贴心服务”的主旋律。服务助推发展。组织开展“6·16”“国寿客户节”、客户满意度调查、柜面服务暗访等活动，设立总经理接待日，公布并率先执行各项服务承诺，提升服务质量，保障客户权益，防范化解风险，有力地助推发展。服务更有效率。通过业务培训、经验交流、技能竞赛，不断提升工作技能和工作效率，各项运营服务指标明显提升。2017年度，公司客户服务部考核在全省第七，安康第三的位次。

【理赔服务】 全年共处理各类赔案988件（其中长险110件），较去年同期上升20%。短险赔款金额253.5万元；契约、保全、理赔作业质量不断提升，客户信息关键信息完整率和准确率均达成100%，理赔业务管理质量平均考核得分86.5分，位居全省第四名，全市第一；客户投诉案件较去年同期下降40%，全部投诉案件均已妥善处理，客户投诉管理考核全市第二名。

【宣传保障】 全年在各级媒体发表35篇保险稿件及新闻图片，为提升公司社会形象提供强有力的宣传保障。全年上报省公司简讯50期、动态信息60条，为公司业务发展搭建良好的宣传沟通平台。把宣传助推发展作为评价宣传质量的标尺来衡量，通过理赔宣传、典型及感动人物的挖掘、微博互动等来传递正能量，推动团队经营和业务发展。通过贫困学生赠送学生平安保险、捐资帮扶紫阳县困难家庭及有各种困难贫困人员、组织全体员工开展向贫困群众“送温暖、献爱心”活动、投资支持2017年度安康中学生诗词比赛和大学生捐助等公益活动，累计捐款捐物超过50万元。公司被紫阳县委、县政府授予年度目标责任考核和金融工作先进单位。

【党建工作】 当好党建工作“第一责任人”。中国人寿保险股份有限公司紫阳党支部切实履行职责，高度重视发挥各级党组织的核心领导作用，加强基层服务型党组织建设，真正做到党建工作与业务工作“同部署、一起抓”，为公司持续健康发展提供坚强的组织保障。加强领导班子建设。强化班子“功成不必在我、建功必须有我”的责任担当，打造一支有理想有激情、有追求有担当、有能力有作为的“六有”班子队伍。加强干部队伍作风建设。党支部及公司领导班子围绕2017年工作的总体要求，坚持矢志奋斗，认真落实“两学一做”规定动作。发挥党组织引领作用。党支部建立标准活动室，党支部按照各阶段的专题内容，做到集中学习和个人学习相结合，确保“两学一做”学习教育常态化。

【风险防范】 完善风险防范体系。安康分公司与紫阳支公司负责人分别签订《党风廉政建设责任书》《案件风险防范责任书》《合规经营承诺书》《年度目标责任书》，落实党委对党风廉政和风险管控主体责任，将风险防范指标列入县公司班子和责任人员职能考核。着力强化风险管控“四道防线”责任细化落地，以岗位责任书方式，分解落实全员风控责任，强调岗位自律，推进关口前伸，构建“横向到边，纵向到底”的立体式防范体系。突出风险管控体系。加强对各销售渠道人员经营规范性的动态检查，及时出具风险提示书，充分发挥警示作用，进一步加强反洗钱工作，做到监控到位、排查到位、梳理到位、评估到位、动作到位。强化风险治理体系。维护制度执行严肃性，抓早抓实抓出成效，不断强化风险治理服务意识、风险意识和执行意识，切实减少风险隐患，为公司和谐、稳健发展提供坚实保障。

（覃程祥）

中国人民财产保险股份有限公司
紫阳支公司
经　理：杜广珍（女）

【公司概况】 中国人民财产保险股份有限公司成立于1949年10月20日，前身是中国人民保险公司，是位列“世界500强”第114

位的中国人民保险集团股份有限公司核心成员和标志性主页，副部级央企。1984年保险业务从人民银行划出，建立独立经营的保险公司。2017年公司实现发展跨越，保费收入突破3500亿元。1986年6月19日，中国人民财产保险股份有限公司紫阳支公司成立，地址位于陕西省安康市紫府路中段。

【机构人员】 公司下设承保出单中心、理赔分部、办公室、业务部、蒿坪镇三农服务部、员工19人。

【经营指标】 2017年，实现保费收入1588万元，同比增长3万元，100.19%增速，完成全年任务的88.22%，应收保费为零，综合成本率75.48%。

【经营状况】 车险，从严考核，以客户为中心，科学利用续保工具，开展形式多样的宣传活动，资源配置调整，促进业务正常发展，全年共收取保费805万元，较上年同期增长4.97%。商业非车险，全年除责任险外均超额完成年计划任务，其中企财险实现保费收入46.7万元，同比增长16.95%；家财险实现保费收入44.9万元，同比增长26.48%；工程险实现保费收入22.5万元，同比增长100%；意外险实现保费收入154万元，同比增长76.14%；责任险实现保费收入258万元，同比增长13.16%。农险，2017年共承保油菜、能繁母猪、森林三个险种，实现保费收入202.62万元，同期增长-51.93%。

【理赔服务】 公司集万家网点、24小时全方位优质服务、完善的理赔系统、精英队伍于一体的管理体系，携手金汇通航开通直升机救援，实现“空地”一体增值服务。开展行车路上有人保、人伤全程托付、理赔夜市、逢事故停车、微信理赔，万元以下无人伤一小时赔付等高效、精准、快捷理赔服务。多年来公司承保紫阳县域内以车险为主打险种的多个险种，尤其在承保国家惠农政策的养殖业及种植业险种后，面对地域辽阔，受灾农户众多且分散的情况下一如既往提供优质服务。

【金融扶贫】 10月31日，人保财险陕西省分公司与安康市人民政府在市政府签署15亿支农融资项目合作协议，旨在通过人保财险支农融资高效安全投入，推进安康贫困区域产业项目加快发展，带动区域内贫困户稳定脱贫。通过人保财险紫阳分公司助贷险部的尽调，目前紫阳县首批成功放款紫阳县富硒食品有限公司2000万元。此举开创安康保险业支农融资的先河，标志着安康“政融保”金融扶贫项目全面启动实施，也标志着市政府与人保财险之间继签署备忘录之后第一批融资交易正式落地。2017年，人保财险紫阳支公司包帮扶贫瓦庙镇堰塘村，一年来，紫阳公司包点人员驻村配合村委开展数据清理及人员情况核实工作以及贫困户信息表的采集、填写、录入等相关工作，并帮助村民脱贫致富，帮扶当地贫困户提高收入，生活水平得到有效改善。为确保2017年本县创建义务教育发展基本均衡县顺利通过国家评估验收，紫阳公司还出资为包联学校紫阳县瓦庙镇保坪小学购买多媒体设备，解决学校硬件设施匮乏问题，并对学校进行绿化，美化校园环境。在包联村组织开展“百场文艺进百村”文艺巡演活动，宣传脱贫攻坚政策，有效推进新民风建设。

（杜广珍）

中华联合财产保险股份有限公司紫阳支公司

经　理：汪　华

【公司简介】 中华财险，全称中华联合财产保险股份有限公司，是经中国保监会批准，于2006年12月由中华联合保险控股股份有限公司发起设立的全国性财产保险公司，也是全国唯一一家以“中华”冠名的保险公司。2012年年底，公司引入资本实力雄厚的中国东方资产管理管理公司及中国中车集团作为控股股东和战略投资者，从根本上提升可持续发展能力，迈进新的历史阶段。2016年，惠誉国际评级机构授予中华财险“A-”财务实力评级，长期展望为稳定。经中国保监会核准同意，公司注册资本金达到146.4亿元人民币。偿付能力充足率达到225%，达到偿付能力充足Ⅱ类公司标准。2016年，中华财险实现保费收入400余亿元，各项经营指标在行业内名列前茅，市场规模位居国内财险市场第五，农险业务规模位居全国第二。紫阳支公司位于紫阳县紫府路东三岔路口。

【经营指标】 2017年，公司共实现保费收入695万元，缴纳增值税40余万元，缴纳个人所得税15余万元，代缴车船税48万，车险理赔支出（已决加未决）315万元；农房保险保费收入20万，理赔支出16万元；非车险保费收入277万，理赔支出201万元。综合赔付率达到76.5%。

【服务质量】 2017年，公司进一步强化服务体系建设，从战略高度加深对服务的认识，通过明确服务内容、服务标准、具体措施、组织架构、职能职责定位和考核办法，建立具有人保保险特色的服务体系。公司以满足客户最迫切的需要为目标，以快速理赔服务为切入点，全面营造车险客户服务体系，提出“承诺不变，服务升级”的理念。用“简、易、行”来贯彻这一理念。

【农业保险】 开展农村住房保险。采取一般农户缴纳20元保费；低保农户缴纳5元保费，政府缴纳15元保费；五保户政府全额出资承保的方式，促进农房保险加速在全县推广。公司连续3年承保以来为全县3万户农村住房承担3亿元风险保障。

（李陈呈）

发展和改革

紫阳县发展和改革局
局　　长：蒋学军
副 局 长：罗　华　吴小刚　许波(挂职)
党委委员：蒋学军　罗　华　吴小刚
　　　　　陈立安　许　波
粮 食 局
局　　长：
副 局 长：袁贵林　徐　坤
物 价 局
局　　长：张　旭
物价检查所所长：唐家松
紫阳县重点建设项目办公室
(南水北调办公室)
主　　任：罗　华
副 主 任：张紫文　郭　峰
紫阳县节能监测监察服务中心
主　　任：陈义坤

【机构设置】　紫阳县发展和改革局内设行政股、综合股、投资金融股、粮食局（副科规格）、物价局（副科规格）。下设紫阳县重点建设项目办公室（正科级事业单位）、紫阳县节能监测监察服务中心（副科级事业单位）、紫阳县价格认证中心（股级事业单位）。共核定编制40人，其中行政编制24人、事业编制16人。事业编制中，紫阳县重点建设项目办公室9人，紫阳县节能监测监察服务中心3人，紫阳县价格认证中心4人。

【追赶超越】　2017年，紫阳县出台《紫阳县落实“五个扎实”加快追赶超越实施方案》和《紫阳县2017年追赶超越行动方案》（以下简称《方案》），《方案》提出“学习镇巴、追赶汉阴、缩小差距、有所超越”的总体目标，明确今后五年和2017年追赶超越重点任务和具体目标。实行季度考核点评、赋分排名和问题整改机制，紫阳县发展和改革局牵头开展经济社会发展季度考核点评，紫阳县纪委、县委组织部牵头开展全面从严治党季度考核点评。一季度，紫阳县在省、市考核综合排名第

35位和第5位，追赶对象汉阴县排第22位和第9位，超越对象镇巴县排全省第39位；县内考核，财政局、公安局、发改局排部门（园区）前3位，洞河镇、蒿坪镇、红椿镇排17个镇前3位。二季度，紫阳县在省、市考核综合排名第28位和第7位，追赶对象汉阴县排第32位和第6位，超越对象镇巴县排全省第66位；县内考核增加脱贫攻坚包村情况排名，人社局、教体局、移民局排部门（园区）追赶超越前3位，麻柳镇、红椿镇、汉王镇排17个镇追赶超越前3位，盐务局、县委宣传部、人社局排包村单位脱贫攻坚前3位。三季度，紫阳县在省、市考核综合排名第29位和第9位，追赶对象汉阴县排第33位和第7位，超越对象镇巴县排全省第63位；县内考核，人社局、市场监管局、环保局排部门（园区）追赶超越前3位，焕古镇、城关镇、瓦庙镇排17个镇追赶超越前3位，县红十字会、县委办、县残联排包村单位脱贫攻坚前3位。

【计划执行】 2017年，全县经济稳中有进，社会大局稳定和谐，县十八届人大二次会议批准的国民经济和社会发展计划执行良好。全年实现生产总值90.77亿元，同比增长11%，完成计划100%；规模以上工业增加值38.08亿元，同比增长15%，完成计划100%；全社会固定资产投资102.85亿元，同比增长21.3%，超计划3.3个百分点；城乡常住居民人均可支配收入分别达到27527元和9638元，同比增长8.1%和9.7%，分别完成计划90%和97%；社会消费品零售总额26亿元，同比增长15%，超计划1.5个百分点；金融机构累计投放贷款23.32亿元，同比增长11.6%，超计划1.6个百分点；净增“五上”企业28户，超计划13户。万元生产总值能耗下降3.2%，完成计划100%；万元生产总值二氧化碳排放降低4.4%，超计划0.6个百分点。汉江出紫断面水质保持国家地表水Ⅱ类标准。三次产业结构调整优化到13:53.8:33.2，一产、二产比重分别较上年下降1.1和1.6个百分点，三产比重提高2.7个百分点；非公经济增加值占GDP比重达到53.5%，超计划2.2个百分点。

【固定资产投资】 紫阳县把抓项目、扩投资作为经济工作总抓手，更加注重投资的有效性和精准性，更好发挥投资对稳增长的关键作用。紧盯国家政策走向和资金投向，分解下达资金争取任务，实行季度考核通报，2017年争取各类建设项目和政策性补助项目438个，到位资金20.3亿元。推行全员包抓项目工作责任制，围绕沿江产业经济带、富硒产业经济带、任河产业经济带、经济社会均衡发展实施重点建设项目102个，睿智环保建材生产线、县城高速路引线改造等36个项目当年全面竣工，紫龙科技“三网合一”、道教养生谷、商都商业步行街、茶山酒店建设、仁和国际社区

2017年2月16日，紫阳县举行重点项目集中开工仪式。

开发5个“僵尸项目”成功盘活，2017年完成固定资产投资99.84亿元，同比增长22.8%，超计划4.3个百分点。其中，县城河堤路西段综合改造、文笔山景区建设、西门河新区开发（二期）、瓦房会馆片区旅游综合开发等17个项目纳入市级重点建设项目盘子，本年度完成投资20.97亿元，完成计划101.9%。省市评估反馈G541国道建设、“飞地”经济园区建设等跨区域项目投资和农户建房投资3.01亿元。完成县城至蒿坪镇通连工程、紫阳县美丽乡村建设、县城供水系统综合改造工程等50个重大项目前期工作，估算总投资166亿元。

【脱贫攻坚】 紫阳县发展和改革局承担紫阳县公共服务和基础设施建设协调、行业以工代赈扶贫、贫困村帮扶、苏陕协作扶贫等脱贫攻坚职能职责。2017年，公共服务和基础设施建设协调方面：完成《紫阳县公共服务和基础设施建设“三年行动计划”》《深度贫困地区公共服务和基础设施项目建设规划》编制，规划项目2009个，估算总投资74.26亿元；争取各类扶贫项目资金3.76亿元；下达40个贫困村公共服务和基础设施建设项目计划488个，总投资2.07亿元。行业以工代赈扶贫方面：争取以工代赈项目资金650万元，实施交通、水利等以工代赈项目26个，当年全部竣工投用。贫困村帮扶方面：局内33名党员干部与双桥镇六河村、界岭镇松树165户贫困户建立结对帮扶关系；筹资127万元新修河提177米、产业道路5公里、便民桥6座，改造道路8公里；加强新民风建设，组建村级红白理事会，完善村规民约，规范人情消费，开展道德模范、致富能人评选表彰，有效整治等靠要行为；两村移民搬迁、生态扶贫、健康扶贫、教育扶贫、兜底保障、反馈问题整改等年度任务全面完成；该局包联的双桥镇香茶村2017年属巩固提升村，由该局原纪检组长陈立安和干部邱洪勇包抓，各项任务完成良好。苏陕协作扶贫方面：编制紫阳县—新北区对口扶贫协作与经济合作规划》，规划对口协作重点项目54个；争取扶贫协作资金1700万元，实施重点建设项目7个；蒿坪镇、焕古镇分别与新北区春江镇、奔牛镇签订镇级结对帮扶协议，成为全省首批“携手奔小康”结对帮扶镇；常州市选派夏志文同志挂职任紫阳县委常委、县政府副县长，许波同志挂职任紫阳县发改局副局长，紫阳县选派5人赴新北区挂职锻炼，紫阳县领导干部到常州市考察、交流39人次，常州市领导干部及企业家来紫洽谈协作59人次；常州市骨干企业与紫阳县10家企业达成投资合作意向20项；紫阳县向江苏对口输出劳动力229人。

【物价管理】 加强市场价格监管，开展节假日期间市场价格检查和日常巡查，实行节假日领导带班、干部值班制度，对宾馆、酒店、娱乐场所、超市等开展重点市场价格巡查；受理并办结价格举报与咨询14起；对电价、旅游景点、商品房销售价格、涉企收费政策贯彻执行情况开展专项检查,责令退还超标准收费26万余元。强化价格监测预警，每月定点定时对蔬菜、粮、油、肉、蛋等与居民生产生活密切相关的73种商品价格全面监测，关注市场动态，分析价格走势，发布监测信息。严格价格认定，完成任何漂流景区成本核算和定价方案；开展价格认定22起，认定标的总金额9万余元。

【粮食工作】 投资150万元，建成县中心粮库附属工程及绿化工程。完成200万斤县级储备粮轮换补库工作，粮食储备地点由原紫阳县酒厂变更为向阳镇。建立应急成品粮油配送中心1个、承储网点17个，委托4户粮油经营户承储大米10万斤、食用油10万斤。开展玉米质量抽检2个点10户，完成50户社会粮食供需平衡调查。引进紫阳金荞实业有限公司利用权河粮库闲置资产从事苦荞茶系列产品研发与生产，2017年5月投产运营。

【信用体系建设】 成立紫阳县委常委、常务副县长为组长，31个部门为成员单位的紫阳县社会信用体系建设领导小组。出台紫阳县社会信用体系建设工作方案、推进诚信建设制度化工作方案、行政许可和行政处罚等信用信息公示方案，建立诚信“红黑榜”发布制度、诚信“红黑榜”发布工作联席会议制度、县级部门公共信用信息征集共享指导目录（2016版）》。紫阳县公共信用信息服务平台实现与陕西省信用信息共享交换平台和“信用陕西”网的对接、联动，累计交换30个行业（领域）、278个指标项的信用信息，2017年累计录入信息29237条。

【改革创新】 深化投融资体制改革，全面承接省市下放管理权限，将项目备案权由5亿元扩大到10亿元，增加分布式光伏发电项目审批权，节能、部分行业许可等前置审批调整为后置审批，完善《紫阳县国家重点生态功能区产业准入负面清单》；启动投资项目“五公开”试点，推行重大项目投资联网直报和陕西省投资项目在线审批平台综合运用；加强政府与社会资本合作，完成8个PPP项目前期工作。深化金融改革创新，启动农村承包土地经营权和农民住房财产权抵押贷款试点、农村“三变”改革试点；推出“富硒茶叶贷”信贷产品，落实贷款415万元；推行金融机构向企业派驻金融顾问制度试点，初步建立中小企业金融顾问名录库；筹集产业发展基金5000万元、中小企业还贷周转金3000万元，为5家企业投放“过桥贷款”6730万元，金融机构2017年投放企业贷款5.44亿元。

【扶贫协作】 2017年，紫阳县与常州市新北区扶贫协作成效显著，8月29日，紫阳县作为陕西“携手奔小康行动”唯一代表县，县委书记赵立根参加在北京召开的东西部扶贫协作经验交流会。紫阳县2017年公共服务和基础设施建设工作推进有力，公共服务和基础设施建设协调组（发改局）荣获市级单项考核第三名。

（唐　超）

审　计

紫阳县审计局
党组书记、局长：李从根
副 局 长：林家华　张显平
党组成员：唐　波
总审计师：朱良成
国家投资审计办公室主任：李晓林

【机构设置】 2017年，紫阳县审计局共有人员编制22个，在编22人，领导职数6名。内设6个股（局）：经济责任审计局（副科级）、国家投资审计办公室（副科级）、行政法制股、财政金融审计股、行政事业审计股、信息技术审计股。

【审计成果】 完成审计项目58个，审计查处各类问题金额21508万元，经审计处理应上缴财政3879万元，向纪检监察部门移送案件2起。出具审计报告和专项审计调查报告64篇，提交审计信息245篇,被采用206篇，提出审计建议121条，推动完善规章制度3项。年内，紫阳县审计局荣获市级平安单位称号。

【财政审计】 2017年，紫阳县审计局关注“脱贫攻坚”等重大政策措施落实情况，把握财政资金的流向，突出预算管理和资金分配的审计。在审计内容上，重点关注政府性债务、财政资金的存量和增量，审查财政资金安排、分配、使用环节存在的问题。同时延伸审计了县财政局预算执行及其它财政收支情况，重点关注预算执行的真实性、合法性，非税收入收缴的及时性、完整性，审查政府采购、国库集中支付、结余资金管理、资产管理等制度的执行情况。促进减少财政资金沉淀，盘活存量资金，推动财政资金合理配置、高效使用。

【经济责任审计】 2017年，根据县委组织部的委托，安排对6个单位8名领导干部开展经济责任审计。重点反映被审计单位在重大经济决策、执行财经法规政策、国有资产管理、工程项目建设等方面存在的问题，结合部门行业特点针对性地提出审计建议，提高经济责任审计结果的利用率。

【国家投资项目审计】 2017年，紫阳县审计局将避灾搬迁项目、教育均衡发展建设项目作为审计重点，坚持工程造价与基建财务审计并重，对立项、招投标、资金拨付和使用、监理等环节进行审计监督，努力提高政府投资绩效。累计完成国家投资审计项目30个，涉及项目投资额14846.7万元，审计核减工程造价727.5万元。同时不断探索重大项目跟踪审计方式方法，对县中医院综合楼项目、龙洞沟大桥项目、紫阳第三小学改扩建项目等县年度重点项目实施跟踪审计，更好地助力全县追赶超越重点投资项目建设；建立审计中介机构参与政府投资建设项目备选库。围绕“审计机关主导、主管部门和建设单位协同、社会审计参与”的工作思路，经请示县政府同意，通过政府采购、对外公开招标方式，确定10家社会中介机构进入备选库，为实施投资审计全覆盖，提高审计效率、解决审计力量不足、降低审计成本奠定基础。

【民生项目审计】 紫阳县审计局以维护人民利益为工作的出发点和落脚点，进一步深化民生审计，开展城镇职工基本养老保险基金、城镇居民医疗保险基金专项审计和城镇保障性安居工程跟踪审计，确保民生资金落到实处，发挥实效。同时，认真贯彻落实省、市、县纪委“三个助力”工作，努力拓展一线审计人员的自然资源资产审计相关专业知识，开展自然资源资产、自然环境保护审计工作的探索，结合党政领导经济责任审计项目，积极开展相关工作，为抓好自然资源资产审计提供支撑。

【精准扶贫】 选派1名党组成员和1名农村工作经验丰富的同志负责包村和任驻村第一书记，与新民村贫困户结成队子帮扶。积极联络社会力量参与脱贫攻坚，多渠道募集资金和物资，开展助学助医助残助老助孤活动。完成全村264户贫困户信息采集和“四书”签订工作、数据录入和清洗工作。“一卡一簿”贫困户软件资料规范填写完成。共开展社会扶贫活动6次，向50户贫困户送棉被粮油等物资2.5万元，发放产业奖励资金7000元；为20名老人、重病患者、贫困儿童、大学新生送去现金、物资15000元；筹建瓦庙镇中心学校留守儿童活动室，捐赠图书360余册，资助3名困难学生完成学业。大力倡导八种喜事新办简办，为7名大学新生举办集体升学礼仪式，发放助学金17500元，7户家长主动放弃举办升学宴，带动文明新风，减轻村民负担。大力开展“树千名标兵，交农民朋友”活动，宣传弘扬身边好人好事、先进典型，隆重表彰16名（户）新民风示范户、文明家庭、自强标兵。同时为村卫生室及村组道路建设筹集资金30余万元。

（孙中羚）

国土资源管理

紫阳县国土资源局
局　　长：夏德晏
副 局 长：杨学军　刘凤英（女）向连华
纪检组长：张　纹

地质总工程师：胡　坪

紫阳县人民政府土地统征储备中心

主　任：程　刚

紫阳县移民（脱贫）搬迁工作办公室

主　任：熊耀松

【机构设置】　紫阳县国土资源局内设行政股、资金资产股、土地利用股、地藉规划股、矿产开发股和地质环境股6个股室，设紫阳县人民政府土地统征储备中心、移民（脱贫）搬迁工作办公室、不动产登记中心、国土资源执法监察大队、防滑办、地质环境监测站、土地整理中心7个局属正（副）科级事业机构。

【用地保障】　对全县重点建设项目用地提前介入，跟踪服务，及时做好用地征收、房屋拆迁安置、补偿资金兑付、矛盾纠纷化解、用地手续办理，共征用土地1353亩，拆迁房屋5593立方米，向企业供地12宗159.5亩，确保重点建设项目顺利推进。报批在建、拟建5个批次516亩建设用地项目，取回G541石泉至汉王段建设用地批文，保障G541紫阳段、移民搬迁等重点民生建设项目用地。对批而未征、批而未供、批而未用和低效利用等闲置土地进行清理处置，盘活存量建设用地210亩。招标拍卖挂牌出让土地12宗，出让土地价款2343.6万元。

【耕地保护】　耕地和基本农田保护层层签订《保护目标责任书》，责任落实到镇、村，面积落实到具体图斑地块，确保全县64.23万亩耕地和53.48万亩基本农田面积不减少、用途不改变。陕南移民搬迁旧宅基地腾退复垦2300亩，补充耕地1223亩，实现耕地占补平衡。修改完善土地整治规划，实现永久基本农田划定上图入库、落地到户。

【矿产监管】　为推进生态国土建设，开展了保发展、治粗放，保安全、治隐患，保生态、治污染矿产资源“三保三治”专项整治和开山采石、页岩砖厂专项整治行动，对不符合标准的企业进行限期整改，收取环境恢复治理保证金120.8万元，关闭采石类矿山17个。全省重点督查环保问题整改到位，协调资金3000余万元完成明华煤矿环保督查问题整改。定期对矿山进行监督检查、跟踪管理，共办理采矿权延续8宗、注销17宗、变更3宗、转让1宗。通过常态监管及土地矿产卫片执法检查，对各矿区进行常态化巡查，有效打击非法开采、私挖滥采矿产资源行为。

【地灾防治】　地质灾害平战结合技术支撑体系建设完善，通过“群专结合、平战结合”，有效应对严峻的地质灾害防治工作形势。2017年9月，紫阳县连续遭遇强降雨、连阴雨天气，会同气象部门发布地质灾害风险预警4次，向群测群防体系工作人员发送预警短信14万余条，邀请对口技术支援单位陕西核工业工程勘察院等派出应急调查组进驻紫阳，对紫阳县出现的地质灾害灾险情逐一开展应急调查。对排查的高滩集镇下街崩塌等5处重要隐患点实施应急工程处置，成功预报5起地质灾害，避免269人伤亡和77万元财产损失。开展地质灾害防治宣传培训22场次，宣传培训2万余人次，发放宣传册2万多份，组织应急演练235场次。2017年，对全县28个移民搬迁安置点进行安全选址和地质灾害危险性评估。投资800万元的毛坝中学和初中部滑坡治理项目全面完工。2017年10月，成功预报界岭镇一处滑坡地质灾害，避免重大人员伤亡和财产损失，受到陕西省国土资源厅表彰奖励；2017年10月。成功预报5起地质灾害，避免269人伤亡和77万元财产损失，受到省厅和市局的通报表彰奖励，被新华网、人民网等10余家主流媒体进行报道；2017年11月，全省地质灾害防治高标准“十有县”创建验收，受到省国土资源厅通报表扬；

【不动产登记】 成立农村宅基地使用权和房屋财产权“两权”交易中心，建立集产权交易、调查评估、抵押备案办理等服务一体化的综合服务平台。不动产登记信息实现与房管部门互联共享，信息平台功能进一步完善。出台已购公有住房和经济适用住房上市交易补交土地价款政策标准，有效解决“公有房”和“经适房”上市交易问题。整合建库及会交不动产统一登记存量数据11万件。结合“三变”改革，国庆假期在瓦庙镇移民搬迁集中安置点启动农村宅基地和集体建设用地确权不动产登记发证试点。实现登记政务全面公开，受理不动产登记业务2124件，全部办结。

【移民搬迁】 “十三五”期间，全县易地扶贫搬迁任务是20126户65513人，分别占安康市总任务的20.5%、20.8%，是全省易地扶贫搬迁第二大县。针对紫阳县移民（脱贫）搬迁任务重、难度大、问题多等实际情况，采取分片包抓，实行“周统计、旬督察、月通报、季评比”，制定奖惩措施，建立督查考核机制，扭转被动局面，被市国土资源局推荐为省级先进单位。2017年度移民（脱贫）搬迁10377户，其中易地扶贫搬迁10277户，生态搬迁100户。全县建设集中安置点28个，其中23个点9485户建在城镇规划区内，城镇安置率91.4%。集中安置9781户，集中安置率94.3%，当年脱贫户已向搬迁对象全部交付住房钥匙，工作进度全部达到省市要求。在县城任河嘴统筹规划建设2000户移民搬迁集中安置社区。移民搬迁以业促搬紫阳模式在全省推广，2017年12月9日，由省委宣传部、省政府研究室、新华社陕西分社、省人社厅、省扶贫办等共同举办的全省技能脱贫研讨会在紫阳召开，专题研究探讨紫阳技能脱贫模式，后搬迁时代的紫阳以业促搬新模式被陕西日报刊发报道。

【脱贫攻坚】 精准助力脱贫攻坚，在集中连片、基础条件好、贫困人口多的镇、村建设高标准基本农田1.79万亩，改善当地群众生产生活条件。落实苏陕扶贫协作对口帮扶500亩建设用地增减挂钩指标流转。脱贫攻坚包联帮扶毛坝镇鲁家村、温家坪村和汉王镇安五村三个贫困村，其中毛坝镇温家坪村为深度贫困村，实行一名领导包抓、第一书记驻村、干部结对帮扶的办法，毛坝镇鲁家村和汉王镇安五村，列入2018年贫困村脱贫序列。

（赵华瑞）

统　计

紫阳县统计局
局　　长：张春涛
副 局 长：马晓莉（女）马小静（女）
总统计师：涂述平
普查中心主任：叶　勇
调查中心主任：唐友刚

【概况】 县统计局为县政府直属正科级全额预算单位，局编制10名，内设行政股和综合业务股。局下属县经济社会调查中心为全额预算副科级事业单位，事业编制7名，设主任1名。局下属县经济社会普查中心为全额预算副科级事业单位，事业编制3名，设主任1名。2017年末，统计局有干部职工19人。

【统计调查】 积极跟进国家统计制度方法改革，开展农业、服务业、商贸“三新”统计业务调查摸底，为全面推动“三新”统计打下基础。主动争取把全省县域营商环境监测试点工作会放在紫阳县召开，提前熟悉监测工作流程，增近省市沟通了解，为后期工作开展提供全方位支持。认真执行统计调查制度，完成三十余个专业统计工作任务，协调县国家调查队开展贫困户调查、城乡居民收入一体化调查，规模以下工业调查。督促指导全县99家“四上企业”按照企业“一套表”的要求开展网络直报。全县统计报表质量稳步提高，报表质量处于全市前列，21个专业在省市获奖，统计数据客观真实反映全县经济社会发展成果。

【农业普查】 积极组织指导全县317名普查指导员，958名普查员，370名PDA录入员深入17个镇181个普查区、1045个普查小区开展第三次全国农业普查入户登记，全面完成17个镇表，197个村表，130户规模户表，304个农业经营单位普查表，72832户户表的PDA数据录入上传。组织全局干部力量，针对国家、省、市对紫阳县普查数据查询，开展核实修订数据100万条次，全面完成年初制定的各项普查工作计划任务。

【重点工作】 围绕县域经济考核的五大类共33项指标，积极建议下发《关于进一步做好县域经济社会发展监测考评工作的通知》和《县域经济社会发展监测工作考核实施细则》，主动与各部门对接协调，全面开展完成数据的汇总、审核、数据质量抽查、上报工作。紫阳2016年县域经济发展综合排名由2015年的第55位前进到第50位，前进5个位次。面对市对县考核和全县20项重点工作之一的“四上”企业申报纳统工作，主动与经济发展部门沟通，积极争取政府支持，以政府文件明确培育工作任务，对包抓企业认真开展调研，帮助企业解决实际困难和问题，对符合标准的企业，各专业人员积极协助责任单位企业备齐相关资料，全年申报“四上”企业并通过国家省市审核34户。

【统计基础】 派出一名统计员参加为期一个月的全国基层统计队伍提升班学习。组织全县各专业统计人员、“四上”企业统计员50余人参加省市组织的专业学习培训，不断提高全县统计队伍整体素质，适应新形势工作需要。按照国家、省、市关于对基本单位名录库和“四上”单位库开展核查的通知要求，对全县99户“四上”调查单位开展全面核实，对重点企业报表数据质量、统计原始报表、统计台账开展督查核查，进一步完善统计基层基础资料，为全面迎接国家、省、市“双随机”抽查核查做好准备。

【统计服务】 紧紧围绕全县追赶超越工作目标任务，进一步加大统计、监测、预警。县两会期间，编辑印发《数据见证紫阳发展2011—2016年》800本，编辑印制2016年《统计提要》本600本，全年撰写统计分析30篇，经济要情2篇，发布统计监测预警3篇，上报经济发展专题预警报告1篇，发布各类统计信息150条。建议县政府召开季度经济运行分析会3次，专题经济发展分析会议3次。对全县追赶超越目标完成和经济社会发展做到全面统计、日常监测、提前预警，多篇分析在省、市、县媒体发表，3篇调研分析在全市评比中获奖，为经济发展形势预判和工作部署决策提供优质的统计服务。

【党的建设】 局党组严格落实党风廉政建设“主体责任”和“一岗双责”，继续深入推进开展“两学一做”专题教育，认真组织学习了党的十九大精神，抓好党建扶贫村“三包三联”“主题党日”“社区共建”等党建主活动，召开“脱贫攻坚”专题民主生活会、“为政不为”专题组织生活会和党员评议会，局支部补选支部委员2名，纳新党员1名，支部党员“三会一课”组织生活规范开展，党组织凝聚力进一步增强，全局干部无违法违纪情况。同时，全局进一步加强单位干部管理，结合“三项机制”制定考核办法，推荐提拔副科级干部1名，股级干部1名，全局宣传、综治、信访、双创等工作平稳推进。

【脱贫攻坚】 抓好包联毛坝镇核桃坪村脱贫攻坚工作。选派第一书记常年驻村开展扶贫工作，局领导和所有干部每人包抓5户贫困户，坚持每月不低于两次到村开展帮扶工作，集中开展贫困人口数据清洗、基础设施建设、产业发展、新民风建设等工作。全年完成扩改建1、3、4组组级公路1.2千米，新修6、7、8组组级公路2千米，组织实施完成毛新公路扩改建工程，新建便民桥1座，扩改建公路桥2座，修建安置点饮水工程1处，完成村安置点建设工程20套，改扩建贫困户住房14户，已完工6户，筹资22.9万元新建村活动室广场600平方米，制作宣传栏、版、牌10处。产业扶贫和农户增收上，发展养猪、养羊、养鸡及魔芋、中药材种植产业，投放石蛙种苗10000余尾，在县上奖补政策的基础上制定局内产业发展奖补政策，局内兑现奖补资金7.1万元，局内注入贫困户发展资金1.7万元，成立核桃坪村专业农业合作社，开展养殖业技能培训。成立核桃坪村互助资金协会，发放借款28万元，合作医疗缴费全覆盖，低保、五保政策落实到位。

（唐友刚）

安全生产监督管理

紫阳县安全生产监督管理局
局　长：赵堂武
副局长：许　松　李朝新
执法大队队长：付　炜

【机构设置】 紫阳县安全生产监督管理局编制15人，现实有工作人员12人，内设综合股（铁路道口安全管理办公室）、危险化学品监督管理股（职业卫生监督管理办公室）、矿山监督管理股、安全生产监察执法大队。

【安全责任】 进一步落实乡镇和部门安全监管责任。县委办、县政府办印发《关于进一步加强安全生产工作的通知》，全面厘清各级各部门安全生产监管职责。县安委办印发《2017年安全生产工作要点》，全面安排部署2017年安全生产工作。县政府与17个镇、29个安委会成员单位签订《安全生产责任书》，安全生产责任进一步夯实。同时继续严格执行安全生产警示、约谈和“一票否决”制度，加大问责力度，进一步落实各级领导和行业主管部门的安全生产监管责任，切实做到“党政同责、一岗双责、齐抓共管、失职追责”。进一步落实企业主体责任。指导督促生产经营单位建立健全安全生产各项规章制度，严格执行，确保安全责任落实到车间、班组、每个岗位和每个人员；通过对企业开展安全生产检查、组织培训、行政许可、行政审批、达标创建、事故和违法行为处罚等手段，督促企业严格遵守和执行安全生产法律法规、规章制度与技术标准，落实安全生产主体责任，推进企业安全生产“党政同责”“一岗双责”、组织领导机构、安全管理力量、报告制度“五落实”，做到“安全责任、安全投入、安全培训、安全管理和应急救援“五到位”。进一步强化目标管理考评。2017年，结合追赶超越工作要求，加强对乡镇、园区和安委会成员单位安全生产考核，按季度制定考核细则，实行一季度一考核，年终县安委办采用季度考核与年终考核相结合方式严格进行考核。通过强化考核来推动乡镇、园区和单位安全监管工作的落实，并促使其从注重安全生产监管效果向安全生产过程管理、精细化管理转变，实现安全生产监管常态化、规范化。

【监管水平】 制定年度执法计划，认真抓好落实。制定2017年安全生产监督执法计划报县政府批准后认真组织实施，对纳入执法工作计划的非煤矿山、危险化学品、烟花爆竹等企业开展全面执法检查，做到有检查记录、有执法文书、有复查意见、有整改效果。推行“双随机一公开”事中事后监管机制。制定印发《紫阳县安全生产监督检查随机抽查工作实施方案》，安全生产双随机检查企业和检查人员名录库已建立,开展双随机检查。安监视频监控指挥系统已完成建设，非煤矿山、危险化学品、烟花爆竹等重点监管企业连接到视频监控指挥系统，视频监控系统已正式启用。隐患排查治理持续加强。2017年，在重要节日、重点时段先后开展9次安全生产排查整治，开展全县安全生产综合督查4次，组织参加全市安全生产突击交叉检查6次，在十九大期间，组织开展建筑施工、消防、道路交通“三个”专项行动和为期3个月的安全生产大检查活动，十九大后及时组织开展“百日安全执法检查”行为。通过全年安全生产隐患排查，安全生产隐患得到有效的治理。企业主体责任落实执法年活动顺利推进。印发《紫阳县企业安全生产主体责任执法年活动实施方案》，进一步明确工作任务和时间节点，加强行政执法力度，加大对企业违法行为严格依法查处，企业主体责任进一步夯实。深化安全生产委托执法。加强基层执法力量建设，在全县17个镇成立了安委会，下设县安委办,建立镇安监站，每个镇配备2名以上安全生产执法人员，配齐执法专用电脑。2017年6月2日组织对全县安全生产执法人员进行业务培训，进一步提升安全生产委托执法水平。

【安全监管】 全面推进企业双重预防机制落实。印发《构建企业安全风险分级管控和隐患排查治理双重预防机制的实施方案》,明确工作目标、主要内容、实施步骤和工作要求。组织各镇、相关行业主管部门，对所监管重点企业开展以安全生产风险分级管控和隐患排查治理为主的 “双重预防机制”建立，建立风险点数据库和“一图、两清单”。加强接送学生车船安全管理。印发《关于进一步夯实接送学生车船管理“双五定”工作机制的通知》，完善接送学生车辆（船舶）安全管理“双五定”机制，明确各相关部门的工作职责，确保接送学生车船安全。

【宣教培训】 通过电视、广播、网络等媒体，加强对安全生产法律法规、安全生产常识的宣传教育，广泛开展安全生产“进机关、进企业、进学校、进村社、进家庭”等活动。6月份组织开展安全生产月、安全生产咨询日活动。在节假日和大雪、冰冻、大风、暴雨等恶劣天气和节假日期间，利用安全生产手机短信平台，向广大群众发布各类安全生产信息。为进一步提高群众安全意识，提升从业人员安全素质，组织开展企业负责人、安全管理人员、特种作业人员等安全生产培训活动。

（王克成）

招商引资

紫阳县招商局
局　长：亢海珍（女）
副局长：孟庆龙

【机构设置】 紫阳县招商局是负责全县招商引资工作的县政府直属正科级事业机构，内设投资服务股、项目股、行政股、招商一、招商二、招商三6个股室。编制11名（含工勤人员一名），经费实行财政全额拨款。

【招商引资】 全年共新签订重点招商项目29个，涉及特色农业产业园区、茶旅农旅融合、富硒资源开发、新能源开发、康养休闲及鞋服、玩具、电子产品加工、社区工厂等诸多方面，项目全部开工建设，项目履约率100%。完成安康市下达紫阳县的招商引资任务，牵头签订的新续建项目共完成招商到位资金15.4亿元，完成紫阳县下达13.6亿元年度招商引资任务的113%。

【外出招商】 组团先后参加“西洽会”“农高会”、陕南绿色循环经济项目合作推介会及安康市名优特色产品走进宁波、宝鸡、佛山暨重点项目合作推介会、紫阳富硒茶北京推介会、中国安康富硒食品博览会、紫阳富硒茶宁夏推介会等节会活动。牵头组织由县政府领导带队，赴北京、杭州、宁波、台州、临海、丽水、泉州、莆田、宁夏、常州新北区、金坛、武夷山、南平、上海、青岛、济南、太原、长治、西安、渭南等地的招商考察活动。组织小分队到北京、杭州、泉州、莆田、常州新北区、武夷山、上海、青岛、济南、太原、长治、西安、渭南对接项目等招商活动。大力宣传推介紫阳县优势资源和重点招商项目，主动寻求合作空间，切实引进县境外客商来紫阳县投资发展。

紫阳县招商局工作人员推介招商项目

【党建亮点】 立足单位实际，认真开展“两学一做”和十九大精神的学习教育，增强党员干部纪律意识、规矩意识，提升党性修养。以“手机+党支部”网络平台为载体，认真抓好基层组织建设提升工作，推进支部标准化建设，以开展“党员结对援建重点项目”活动为载体，将党建工作与招商业务工作有机结合，每名党员干部包抓联系3个重点招商项目，使党员干部在实际工作中彰显党员的先进性和时代先锋作用。

【脱贫攻坚】 “精准扶贫”村组为高滩镇岩峰村，在2017年度脱贫攻坚工作中，为包联村新修便民桥一座；公路硬化及维护14.5千米；新建村活动广场1个；按要求完成村卫生室建设；实施人饮工程1处；实施村主干道沿线的路灯、垃圾箱等亮化美化工程；发展核桃园2000亩，魔芋300亩，养蜂150余桶；完成互助资金贷款20户10万余元，争取扶贫小额信贷资金30余万元，成立富硒核桃专业合作社1个；完成足浴培训30人次，特色烹饪培训70余人次，核桃和魔芋管护技术培训1次。

（鄢海燕）

人力资源和社会保障

紫阳县人力资源和社会保障局
局　　长：李晓华
副 局 长：张修安　任　磊
社保中心主任：马文毅
城乡居民养老保险经办中心
主任、退保办主任：贾学平
党组成员：钟长江
人力资源服务中心主任：蔡　斌

【基本情况】 全年城镇新增就业任务2200人，农村劳动力实现转移就业8.75万人（其中，贫困劳动力转移就业11711人），创劳务收入13.25亿元。发放小额担保贷款任务5515万元。共举办修脚足疗、家政月嫂、特色烹饪、电子商务、建筑劳务五大技能免费培训123期培训班，培训学员10013人（其中，培训贫困劳动力3654）。实施“全民参保”计划，全县贫困人口参保达74683人；企业职工基本养老保险参保1.21万人；城乡居民社会养老保险参保18.98万人；城镇基本医疗保险参保2.08万人；发放社保卡18.04万张。

【技能培训】 实施职业培训赋能工程，叫响紫阳模式。按照“政府主导+培训基地+龙头企业+脱贫群众”的技能脱贫模式，形成以“紫阳修脚技师”为亮点，涵盖“紫阳月嫂”“紫阳味道”“紫阳劳工”“富硒电商”等在内的五大技能品牌。原省委书记娄勤俭，副书记毛万春分别批示要求宣传、推广和借鉴。人民日报、陕西日报、陕西电视台等中省主流媒体多次进行深度报道宣传。12月9日，陕西省“扶志扶智·技能培训 促进产业发展实现精准脱贫研讨会”在紫阳召开，并将政府主导、产业引领、企业带动的技能脱贫“紫阳经验”向全省各市及11个深度贫困县推广。全年共举办123期培训班，培训10013人，其中：技能培训9765人，创业培训248人。

【创业就业】 实施转移就业拓展工程，拓宽就业渠道。一是加强就业扶贫基地建设，已认定钜源鞋服、开源富硒科技、绿安现代农

紫阳县修脚培训

业、秦硒生态农业、舍顿茶业、秦巴紫硒农业、神农富硒生态农业和新华茶业专业合作社等8家就业扶贫基地，共吸纳就业人数577人（其中，贫困劳动力就业近279人）。二是加强对外劳务交流协作，与新疆阿拉尔、江苏常州、安康高新等地建立劳务协作关系，定期向镇村推送用工信息，引导贫困劳动力有序转移就业。三是积极支持“社区工厂”发展，已建成红椿钜源鞋服、超美特电子，蒿坪毛绒玩具等9家社区工厂。已认定锯源鞋服、开源富硒科技、绿安现代农业、秦硒生态农业等7家，共吸纳就业人数737人（其中，贫困劳动力305人）。四是依托公益性岗位、特设公益性岗位、公益专岗等政策，对“三无”贫困劳动力实行兜底安置，全年特设公益性岗位616个，开发公益专岗138个，落实护河员水利公益性岗位276个，定向安置贫困劳动力就业。五是组织贫困劳动力参加创业培训107人，为17名贫困劳动力发放创业担保贷款128万元，全年已审核拨付631名贫困劳动力一次性创业补贴189.3万元。

【人事人才】 实施人才智力支撑和“百千万人才工程”，提供人力保障。全年共招聘各类人才390人；组织开展公务员网络培训1036人，公务员初任培训31人，事业单位专业技术人员继续教育621人。出台“紫阳县干部职工定期健康体检制度”“公务员及时奖励办法”等制度规定，为紫阳脱贫攻坚工作提供强有力的人才智力支撑。

【劳动维权】 强化劳动保障维权工作，化解矛盾纠分。通过开展劳动保障监察综合执法检查，检查用人单位85个，涉及劳动者1200余人；开展用人单位劳动年检55户，劳动用工备案53户；全面全面推行农民工工资保证金制度，共征收148个工程项目农民工工资保证金2518万元；受理各类举报投诉案件84起，立案28起、结案25起，时效期内结案率达100%；协调处理明华煤矿欠薪案等劳资纠纷案件50余起，及时化解社会矛盾。

【保障服务】 建立基层就业保障服务平台，优化就业服务水平。出台《基层就业服务机构业务工作规范》，在全县17个镇175个行政村落实村级就业扶贫信息员，实现基层创业就业服务平台县镇村三级全覆盖。组织开展全县人社系统就业扶贫业务政策培训3期，对就业扶持政策、软件资料建立进行专题培训，提升基层业务人员的工作能力和服务水平；实施“互联网+”人社计划，先后与中国移动紫阳分公司签订EMAS短信云平台、舆情信息平台和党建平台合作协议，开通“紫阳城乡居保”“紫阳人社”微信公众号。

（曾　冬　杨志贵）

紫阳县养老保险经办中心
主　　任：苟祖明
副 主 任：罗　敏（女）
监察室主任：王宏莲（女）

【机构编制】　省属，与人力资源和社会保障局属于业务关系。服务范围：企业职工和灵活就业人员的基本养老保险经办工作。编制：编制11人，实有11人。内设三个科室：财务、业务、办公室。

【概况】　截至2017年12月底，全县参保单位151户，参保12120人（其中在职7291人，退休职工4829人），新增参保职工501人，超额完成市处下达的参保在职职工人数只增不减的目标任务。核查享受待遇人数3912人，占全部退休职工人数的81%。全年共征收养老保险金3046万元，发放离退休人员养老金13446万元，争取省级调剂基金10400万元社会化发放率100%，异地居住退休人员资格认证率100%，当年新退休人员指纹采集率达到100%。

【待遇发放】　及时做好2017年退休人员待遇调整工作，共为4649名退休职工办理调资，月增加养老金59.5万元，人均增长128元。继续对异地居住离退休人员采取邮政汇款方式发放养老金。按政策及时申报新退休人员养老金和死亡职工丧葬抚恤金，分类计算，及时发放。

【常抓扩面】　为退役军人及异地参保人员办理养老保险转移手续，全年共办理转移手续167人。与人社部门劳动监察大队共同深入医院督促其为聘用人员172人办理参保手续。对紫阳县440余户未参保民营企业邮寄养老保险政策信函和养老保险参保情况调查表，对企业回寄的调查表进行梳理，结合企业注册资金、用工、劳动合同签订情况，重点对部分企业进行实地上门督促动员，并积极协调劳动行政部门及时运用行政手段对未参保企业进行行政执法活动，有力地促进私营企业参保扩面工作。

【预缴制度】　6月中旬对全县参保企业开展网上申报、业务操作、养老保险政策等内容进行业务培训。共有91户企业的缴费专管员参加现场培训，以提高网上经办开通率和使用率，参保单位网上业务经办使用率达到80%以上。2017年，共征收74户企业预缴养老保险费536万元。

【资格认证】　全年共有3912名离退人员填写享受养老金核查表，占离退休总人数的81%，当年新退休人员指纹采集率达到100%。另外重点对80岁以上高龄人群、长期卧床不起、外地居住、代领养老金等方面特殊人群进行核查确保养老金的安全完整。采取经办机构认证与社区认证、乡镇社会保障服务站协查认证有机结合起来，对离退休职工居住集中的乡镇和行动不便的人群实行上门认证服务，对居住外地的离退休职工开展网上视频认证和异地经办机构协查认证，既保证任务完成，又保证不出安全问题，降低资格认证成本，方便广大离退休人员，得到离退休职工理解和赞扬。

【业务管理】　继续推行养老保险业务经办综合柜员制模式。实现所有前台业务经办由原来各窗口“多头受理”“流水作业”变为综合柜员的“一窗受理”“一柜办结”。前台经办人员实行统一调配，抽调精兵强将坐镇综合柜员，充实后台复审稽核岗位，进一步强化对经办业务各环节的质量控制、业务审核、数据管理，全面提高养老保险的运行质量。按照《文明服务五项规定》的要求，规范明确服务质量、服务效能、服务用语、服务监督等标准，细化每项综合柜员业务的服务指南和经办法律依据，统一制作成业务操作手册和经办服务指南，印发给所有经办人员，作为经办工作依据，有效解决政策把握不统一、服务标准差异化的问题。以内审监督为抓手，强化经办服务的风险管控和预警。充分运用数据复核、业务经办电子日志、电子评价系统，实现综合柜员业务环节实时监控和管理预警的全覆盖，相关领导和内审人员可实时掌握各时段、各窗口以及每位柜员业务办结数量和办理效率，为更加科学合理地分配前后台经办人员数量、调整经办服务方式、考核工作人员的绩效等提供详细的数据支持。

【养老保险稽核】 坚持以实地稽核为主，以私营、民营企业漏保人员为重点，督促其按规定为员工办理参保手续，以稽核促扩面。全年实地稽核参保职工1460人，完成全年任务的100%。查处少报缴费基数7100元，采取特殊补收补缴养老金1420元。查处虚报冒领养老金2人，多领取养老金11万元，全部追回上解市处。严格按照综合柜员制业务风险点管控要求，严把数据入口关，确保新录入数据100%准确。对业务经办环节中容易出现风险的经办节点定期进行督促、监督和检查，确保万无一失。

【档案管理】 及时整理2016年文书和业务档案，整理完毕交档案室统一编号归档，共归集文书档17盒，业务档案72盒。积极开展档案查询和佐证功能，不断提高档案利用水平，共为参保人员查阅调取档案80人次，按照相关审批程序予以更正参保信息，使他们的养老保险待遇得以落实，维护参保职工的合法权益。

【基金、经费财务管理】 认真做好基金和经费的控制、核算、分析、考核等工作，严格遵守财经纪律，规范财务管理，抓好“三公”经费支出控制，实行收支两条线管理，严格执行部门预算，按支出功能科目进行细分，各支出按对应收入，控制在可使用范围内，没有超额开支。按时上报基金、经费管理情况和报表。加强固定资产管理工作，认真清理固定资产，核对固定资产实物帐和财务帐，做到帐实相符。认真、及时做好社会保险基金管理自查工作，不断完善内部财务管理制度，提升财务会计核算水平，确保财务管理制度化、规范化。进一步核实参保单位欠费数据库，提高欠费数据库数据的准确率。

（王宏莲）

卫生和计划生育

紫阳县卫生和计划生育局
党委书记、局长：周礼伟
副 局 长：雷　安　柯康林
党委委员：杨　林
计生协会副会长：陈　蕾（女）
红十字会会长：韩冠新
卫生计生监督所所长：李　兵

【机构设置】 紫阳县卫生和计划生育局内设行政股、党务办、医政医管股、公共卫生股、计划生育股、计财股、法制股、中医药管理股、统计与信息股、扶贫办、爱卫办，核定行政编制19人。直属事业单位有县人民医院、县中医医院、县妇幼保健计划生育服务中心（妇保院）、疾病预防控制中心、县新型农村合作医疗管理中心。

【卫生计生队伍现状】 2017年，全县共有医疗卫生计生机构268个，其中，县直5个（县医院、县中医院、县妇幼保健计划生育服务中心、县疾控中心、县卫生监督所），镇中心卫生院11个，单列镇卫生院6个，村卫生计生服务室215个，个体医疗机构31个。全县医疗卫生计生机构核定编制667人。其中，县医院164人、县中医院59人、县妇幼保健计划生育服务中心32人、县疾控中心28人、镇卫生院384人。县、镇两级医疗机构开设病床863张，现有卫生专业技术人员1546人（县直医疗机构654人、镇卫生院586人、乡村医生306人），其中编外合同制人员573人(县直371人、镇级202人)。全县每千人拥有病床2.47张，每千人拥有卫生技术人员4.42人。全县有计生专干196人，计生中心户长1251人，计划生育协会组织215个，其中，县级1个、镇级17个、村级197个，有计生协会理事1317人，会员23138人。

【综合医改】 县级公立医院综合改革。建立现代医院管理制度，镇卫生院院长实行竞聘制，落实院长任期责任目标考核。完善镇卫生院和县级公立医院班子配比，健全医院内部决策、运行管理、资产管理、医疗风险预警等制度，深化人事分配制度改革，推进绩效薪酬分配制度改革，充分调动医务人员积极性。分级诊疗。实施《紫阳县推进分级诊疗工作实施方案》《紫阳县推进分级诊疗工作实施细则》等制度，进一步完善急救转诊流程，建立双向转诊“绿色通道”，县级医院为基层医疗机构上转的患者提供“一站式”医疗服务，对转诊患者实施优先诊疗。全县按照医疗资源分布，重点依托县人民医院、县中医医院和县妇幼保健院担任牵头单位，上联省市三甲医院，下接各镇卫生院，以县级医院为中心，其他医院为协作单位，通过建立重点专科对口扶持、双向转诊绿色通道、业务指导和远程会诊机制，区域信息化建设、实行检验检查结果互认等形式，进一步提高医疗服务的协调性、连贯性、整体性。全县医疗机构加入医联体覆盖机构数24个，县级医疗机构向上加入医联体10个，其中县人民医院与中日友好医院、交大一附院、南京市第一医院等三甲医院建立协作关系；县中医院、县妇保院分别于市中心医院、市中医院、市妇幼保健院等建立协作帮扶关系。县级医院向下组建医疗联合体共计50个。县镇一体化。印发《2017年县级医疗卫生机构对口支援镇卫生院实施方案》，由县人民医院、县中医院等县级医疗机构分别对蒿坪、高桥等4个镇卫生院进行对口帮扶。各帮扶医院结合帮扶实际，制定工作方案，落实帮扶责任人，明确对口支援单位、对口帮扶项目。进一步发挥县级医院的专业特色和管理优势，定期组织专家对基层医疗机构进行针对性的指导，做到管理、技术下沉基层。技术指导突出公共卫生、预防保健与医疗诊治的结合。绩效考核。经县政府同意，制定《紫阳县镇卫生院绩效考核分配方案实施意见》（以下简称《意见》）。指导各镇卫生院结合本院实际制定符合政策且行之有效的绩效考核分配方案，经全体职工讨论通过报县卫计局审核后实施。县人民医院对绩效考核方案进行优化完善，新的绩效考核体系已建立运行。村卫生室人员全面执行绩效考核，公共卫生服务和综合补偿资金全部纳入绩效考核，确保村医待遇有效落实。药品“三统一”。全面推行公立医院药品耗材采购“两票制”，印发《紫阳县“两票制”实施方案》《紫阳县药品耗材采购联合体工作实施方案》，规范全县各级医疗机构药品及医用耗材网上采购，药品和医用耗材网采100%实行挂网平台“阳光”采购。加大对药品配送企业的监管，健全配送企业末位淘汰机制。截至11月，县级公立医院已全部取消药品加成（中药饮片除外）。

【体系建设】 2017年，全县推进公立医院项目建设，鼓励和支持社会办医，县中医院综合住院楼内部主体装修已完成，预计2018年9月底前投入使用。紫阳县康复治疗中心主体完工。县人民医院蒿坪分院业务楼加层工程主体建设竣工，进入室内装修。洄水、高滩镇中心卫生院综合业务楼进入室内装修阶段。华阳医养中心建设项目医疗区用房进入开工建设。县人民医院通过二级甲等综合医院评审，县中医医院完成二级甲等复审。整合扶贫资金1700万元，新建成85所贫困村标准化村卫生室。除城关镇外，16个镇卫生院全面开工建设中医馆，双桥、高桥、毛坝、汉王镇中心卫生院完成中医馆建设任务。启动“十镇百村”中医药示范单位创建试点工作，引进社会资本，拟建一所民营综合医院，目前正在进行前期调研，4个镇创建“人民群众满意乡镇卫生院”按照要求已申报资料。卫生计生信息化建设工作稳步推进。区域卫生信息平台规范运行，实现县级医疗机构与区域卫生信息化平台对接、药采平台与医院HIS系统的无缝对接。全面完成常住人口居民健康卡采集，县人民医院、县中医医院完成院内用卡环境改造升级。持续深入开展“人民群众满意乡镇卫生院”“平安医院”创建等活动，全面落实医疗核心制度。蒿坪镇、汉王镇中心卫生院，高桥镇、毛坝镇中心卫生院分别成功创建国家级、省级“人民群众满意乡镇卫生院”。

【卫生队伍】 2017年，全县加大卫生人才引进工作力度。完成医学本科生和卫生院医学专科生招聘76人，其中县级医院招聘医学本科生40人，镇卫生院招聘医学专科生36人。全面实施“十百千万”人才培训培养工作，完成培养1009人，完成任务83%。村医轮训有序实施，截至10月底，共完成村医轮训8260余人次。选派学科带头人、业务骨干、一般人才到省、市三级医院、城市对口支援医院和医学高等院校培训、培养和培育，全科医师转岗培训截止年底累计培训培养全科医师138人。加大村卫生室人员补充力度。对空白村和面积较大的村进行村医补录招考，共计新增村医25人。村卫生室人员全面执行绩效考核，公共卫生服务和综合补偿资金全部纳入绩效考核，确保村医待遇有效落实。

【签约服务】 2017年，根据国家卫计委国务院医改办《关于切实做好2017年家庭医生签约服务工作的通知》精神，本县创新家庭医生签约服务模式，印发《紫阳县“五师共管”家庭医生责任团队签约服务实施方案》，成立签约服务工作领导小组，明确签约服务经费来源及考核范围。签约服务以“镇”分区域，服务经费按每人5元计算，由基本公共卫生服务项目经费支出，补助经费发放通过绩效考核方式进行拨付，考核范围包括签约户数、服务项目数、实际服务数量、群众满意度等6项核心指标。组建家庭医生团队73个，明确“五师”职责。“五师共管”即（镇卫生院的全科医师、责任护师、公共卫生医师、健康教育医师和乡村医师共5人组成）。其中，全科医师主要针对签约对象疾病情况提供相应技术指导和提出合理的分级诊疗建议；责任护师主要为签约对象提供疾病的预后及家庭养护指导；公共卫生医师主要提供基本的公共卫生服务；健康教育医师主要负责对签约对象进行健康教育知识的宣传和普及，并提供健康教育处方；乡村医师主要掌握签约对象的健康状况和基本健康需求以及配合团队日常随访等。截至9月30日，家庭医生签约28962户、97893人，签约率34.32%。辖区重点人群数（包括建档立卡贫困人口、0~6岁儿童、孕产妇、65岁及以上老年人、慢性病患者、严重精神障碍患者等）220525人，重点人群签约53333户、157698人，重点人群签约率为71.50%，建档立卡贫困户签约100%。居民签约的基础性签约包数8个、个性化签约包数3个。

【健康扶贫】 2017年，坚持以健康扶贫统揽全局，一手抓精准施治斩病根、减存量，一手抓预防控制断病源、控增量，成功迎接上级多次检查。争取财政资金1700万，建设85所贫困村卫生室。资助参合费用2100万元，实现合疗和大病保险全覆盖。创新“一二三”宣传模式，有效提高政策知晓率。组建“五师共管”签约服务团队85个，实现建档立卡贫困人口签约服务全覆盖，开展贫困人口免费体检工作。建立“四重保障”救助体系，简化报销流程，贫困患者住院总费用报销达90%，全年累计补助828万元。“光明工程”“天使健康扶贫行动”和“树千名自强标兵，交万民农民朋友”等活动有序开展。为农村贫困白内障患者手术治疗132例，义诊活动覆盖17个镇9万余人。疾病预防控制“八大行动”深入开展，达到控增量目标。建立健全“四大帮扶体系”，实现优质医疗资源下沉。严格执行“绿色通道”“先诊疗后结算”“一站式结算”“零押金住院”等惠民政策。坚持以临床为基础、公卫为支撑、医保为保障，“有人看病、有地方看病、看得起病”和“少生病、不得病”新格局加速形成。按照精准扶贫总体规划，遵循“一户一法、精准施策”的总体要求，全面完成系统包联的7个贫困村各项工作任务。

建成的紫阳县中医院

【公共卫生】 预防接种。按照《预防接种规范管理专项活动》要求，2017年1—10月，以镇为单位接种率均达95%以上，调查接种率以县为单位接种率均达96%以上。预防接种信息化系统建成并投入使用，全县所有儿童接种个案数据与省、市平台对接，实现省级公共卫生管理平台数据共享。传染病管理和突发公共卫生事件信息报告与处理。截至10月31日，全县报告乙、丙类传染病17种1356例，无甲类传染病报告，无突发公共卫生事件疫情发生。为全面提高医务人员传染病防治技术及业务水平，各单位每季度组织全员采取集中培训、个人自学或网络学习等形式学习传染病防治知识。县、镇、村三级1280名医务人员通过多种形式开展传染病法律法规和传染病防治知识学习，进一步提高医务人员接受传染病防治知识培训的自觉性，把此项工作纳入到对各单位的考核，并建立奖惩机制，通过强化学习，严格考核，医务人员对常见传染病的诊治能力和甄别能力得到提升。肺结核病患者健康管理。为加强结核病防控工作，围绕“组建一套班子、执行两个不准、建立三项制度、夯实四个落实、确保“五率”达标、做到六个到位”，建立“123456”结核病防控工作机制，切实落实全县结核病防控工作。其中，“组建一套班子”是指县、镇医疗卫生单位建立结核病防治组织机构；“执行两个不准”是指非定点医院不准购进肺结核病治疗药物，非结核病防治医师不准开具抗肺结核病药物处方；“建立三项制度”是指各医疗卫生单位建立责任追究制度、县卫计局与各医疗卫生单位签订目标责任制和县镇疾控机构建立结核病患者督导管理一览表动态监管制度；“夯实四个落实”是指各责任单位人员落实、制度落实、奖惩落实、责任落实；“确保五率达标”是指结核病报告率达到100%、转诊率达到100%、追踪率达到100%、追踪到位率达到85%以、结核病人系统管理到位率≥95%、结核病人密切接触者筛查数量不低于肺结核病人数的3倍；做到“六个到位”（指转诊到位、督导到位、访视到位、检查到位、服务到位、追踪到位）。健康教育和健康素养促进项目。成立县镇两级健康教育讲师团，通过义诊、宣讲、展播、问卷调查、发放宣传单等多种形式深入开展健康教育“六进”活动。深入到22个社区、56所学校、2家企业、175个行政村、38个机关单位、1020户家庭，发放健康教育宣传单10万余份，开展义诊活动200场次，大力宣传健康知识，传播健康生活理念。与县电视台签订健康教育专栏播出合同，开设《卫计之窗》和《健康紫阳》栏目，定期播出疾病预防和健康素养相关知识等。截至10月，县、镇、村三级健康教育宣传栏累计更换1285期，开展公众咨询活动204次，受益10549人次。全县开展健康教育讲座1101期，受益37216人次，全县个体化健康教育受益45115人次。利用“12320”活动主题，邀请群众关注省“12320”卫生计生热线网站、“陕西卫生计生12320”微博、微信公众号等，提升“12320”卫生计生热线的社会影响力，增强宣传效果。建立健全以健康教育专业机构（县疾控中心健康教育所）为龙头，以各医疗卫生计生机构为基础，以学校、机关、社区、企事业单位健康教育职能部门为延伸的健康促进与教育体系。加快推进各级健康教育专业机构建设，充实人员力量，改善工作条件，提升服务能力。慢性病患者健康管理（高血压、糖尿病）。截至9月30日，高血压患者健康管理，完成20436例确诊高血压患者管理建档工作，累计规范管理18648人，规范管理率91.25%（省、市指标为85%以上）；血压达到控制标准13321人，血压控制率65.18%。糖尿病患者健康管，完成3268例确诊糖尿病患者管理建档工作，累计规范管理2951人，规范管理率90.30%（省定标准为85%以上）；血糖控制达标1949人，血糖控制率59.64%。严重精神障碍患者健康管理。对辖区内确诊的重性精神疾病患者进行登记管理，对居家患者进行随访和康复指导。在册患者927例，规范管理751人，规范管理率81.01%（省定指标为80%以上），网络录入率100%。建立居民健康档案。截至9月30日，全县累计建立居民健康档案28.52万人，建档率100%（省定指标75%以上），电子建档率100%，更新维护率48.55%；65岁以上老年人健康管理率35.11%。卫生计生监督协管。健全县、镇、村三级卫生监督网络体系，聘任县、镇、村卫生监督员和协管员，实行每月信息和巡查零报告制度，通过多次召开卫生监督协管员和村级信息员培训会，提高镇级协管员和村级信息员开展卫生监督协管工作的能力，使卫生监督协管工作得到规范化、制度化。老年人和中医药健康管理。依托“中医药服务能力提升工程”，巩固提升全国基层中医药先进单位创建成果，全县所有镇卫生院和90%的村卫生室均能开展中医药健康管理服务，以及运用中西两法防病治病。老年人中医药健康管理和0~36月儿童中医药健康服务均达到37%以上。孕产妇健康管理和0~6岁儿童健康管理。全县统一使用“母子健康手册”，通过对妇幼专干及村卫生室人员的培训，规范基础信息登记、汇总、上报模式，同时完善全县对高危人群的筛查、随访、转诊流程。截至9月30日，全县活产数2270人，早孕建册数2261人，早孕检率99.60%，孕产妇系统管理数2261，系统管理率99.60%，产后访视率99.86%。高危孕产妇管理率100%。新生儿访视率99.86%。

【计划生育】 2017年，全县计划生育各项质量指标全面完成。期内共出生3085人，性别比为107，违法生育多孩率0.3%，出生率10.60‰，人口自然增长率3.30‰。完成孕前优生健康检查夫妇1575对，母亲健康检查共完成27338人。落实“三个一”领导机制，把计划生育纳入全县重大事项督查和“一票否决”范围，实行“月督查、季考核、年评估”分段量化考核，并列入单项考核。年初县财政预算计生事业经费478.50万元，实际县级投入各类事业经费692.30万元。以“婚育新风进万家”活动为载体，深入开展系列计生知识宣讲活动，进一步提高计划生育法律法规等政策知晓率，鼓励和引导群众按政策生育，让国策入脑入心。强化村级“两室一校”阵地建设，规范“表卡册牌”档案资料管理。配齐村级计划生育专干196名和中心户长1251名，落实计生专干纳入领取补贴的村干部范围。扎实开展打击“两非”和溺弃女婴等违法行为，确保性别比控制在合理范围内。以创建“市级计划生育转型发展示范县”为龙头，扎实开展流动人口公共卫生计生服务均等化、网格化服务社区、精细化管理、诚信计生·群众自治示范村等创建工作，全年投入各类奖励及帮扶资金1307.83万元，其中县级配套资金503.26万元。推进流动人口计生基本公共服务均等化建设，加强对流动人口信息服务平台管理，平台应用率100%。完成卫计“十证合一”项目建设工作。

【卫生监督】 2017年，共开展监督检查各类医疗机构、传染病防治单位、公共场所、供水单位共958次，下达整改意见书166份，查处违法案件10起，罚款2.31万元，没收药品器械33箱和违法所得5.23万元。

【爱国卫生】 2017年，以巩固国家卫生县城创建成果为抓手，结合脱贫攻坚“八大行动”要求，制定《关于进一步加强新时期爱国卫生工作的实施意见》，深入开展“健康细胞工程建设”“城乡环境卫生整洁行动”和群众性爱国卫生工作。开展4次病媒生物防制消杀工作，完成农村改厕任务180户。积极开展“三级联创”，省级卫生先进单位1个，省级卫生村2个，市级无烟单位25个，县级卫生村15个、卫生单位1个。

【中医药与医养结合】 2017年，全县“十镇百村”中医药示范单位创建工作稳步推进。全面启动镇卫生院中医馆建设，县中医医院烧伤科纳入市级特色专科，脾胃病、老年病、骨伤、肛肠科纳入市级重点培育专科。投资7000万元的医养结合试点项目（华阳医养中心）有序推进，医养结合日间照料中心和3个农村医养结合农村幸福院完成备案。全面落实老年医疗服务优待政策，全县医疗机构为老人开通预约就诊绿色通道，县医院、中医院设立老年门诊，4.30万60岁以上老年人享受到签约服务。

【党风廉政建设】 2017年，按照《党建和党风廉政建设工作要点》，明确局党委和班子成员主体责任。深入开展“两学一做”学习教育、“创优树模、培育典型做示范”和新民风建设活动。规范开展“三会一课”，开展支部书记向党委述职述廉述责、党建知识测试和“重温入党誓词，践行为民服务”等活动，按时完成党费收缴和“手机+党支部”工作。健全投诉制度，畅通投诉渠道，完善投诉程序。围绕重要节点开展明察暗访6次，提醒谈话3人，批评教育4人，完成县纪委交办案件5起，记过处分1人，警告处分4人。开展“三个助力”及“为政不为”专项整治，向县纪委移送问题线索2条。 （唐义国）

民　政

紫阳县民政局
局　　长：文　艺（女）
副 局 长：郭家成　蔡英彪
县老龄办副主任：毛良兵

【机构设置】　2017年紫阳县民政局应编制32人，其中行政编制13人（其中局长1名，副局长2名），事业编制19人，实有在编行政人员20人，事业人员9人。内设机构有：行政股、救灾和社会福利慈善股、基层政权和社会事务股、优抚安置股、民族宗教股。直属事业单位：紫阳县老龄工作委员会办公室、紫阳县城乡居民最低生活保障办公室、紫阳县社会福利院、紫阳县救助管理站、紫阳县婚姻登记管理所、紫阳县殡葬管理所（县烈士陵园管理所）。

【防灾减灾】　修订完善《紫阳县2017年度自然灾害救助应急预案》，采购救灾棉被3000床，应急救灾物资储备进一步加强。"5·12"防灾减灾宣传活动形式多样，效果良好。"9·26"洪涝灾害，全县受灾人口71591人，紧急转移人口11500人，倒塌房屋117户203间，严重损坏房屋91户155间，直接经济损失2.8亿元。灾情发生后，及时下拨救灾资金500万元、救灾帐篷170顶、棉被750床、彩条布6500米，受灾群众得到妥善安置。通过有效结合扶贫搬迁、生态移民搬迁等政策，全面完成灾民灾后恢复重建工作。

【社会救助】　完成农村低保对象和建档立卡贫困户人口台账对比工作，加强扶贫开发政策与农村低保制度的有效衔接。成立紫阳县救助对象家庭经济情况核对中心，建立救助对象家庭经济情况核对信息系统，确保救助对象经济收入相关信息的准确性。全年共纳入符合政策条件农村低保对象5081户11269人，城镇低保对象774户1271人，实施分类施保5087人，全年共发放低保资金3986.87万元，取暖费345.02万元。在五保供养方面，进一步规范管理，不断提高集中供养率，通过实施消防设施建设、冬季取暖设施建设、养老服务质量提升改造工程建设，对管护人员组织参加专业培训，各敬老院养老服务水平进一步得到提升。全年共纳入农村五保对象5459人，全年共发放五保供养金2945.68万元，发放安葬费110.75万元，发放取暖费272.95万元。全年共投入使用医疗救助资金1542.7万元，其中实施医疗救助7511人次，发放医疗救助资金1245.61万元，资助困难群众参合参保19368人297.09万元。全年累计实施临时救助3559人次，发放临时救助资金500.79万元。

【福利慈善】　完成全县306名困境儿童、5552名留守儿童调查摸底和信息录入工作，建立困境儿童留守儿童数据库。提请县政府印发《紫阳县加强农村留守儿童关爱保护工作实施方案》，建立《关于建立农村留守儿童关爱保护工作联席会议制度》。完成困境儿童收养登记及事实收养关系确认，协调公安户籍部门为事实收养儿童办理了户籍登记。全年累计发放孤儿生活费56.4万元（集中供养2人，1000元/月·人，分散供养57人，800元/月·人）。残疾两项补贴全面落实，发放困难残疾人生活补贴6771人499.8万元，发放重度残疾人护理补贴4353人529.73万元。发放严重精神障碍患者监护责任以奖代补资金443人39.12万元。

【优抚安置】　完成1978年至2014年间退役士兵安置对象数据核查工作，完成1611名退役士兵安置对象的基本数据信息的比对任务，建立退役士兵信息数据库；妥善解决退役士兵安置遗留问题；统计认定并发放2000年至

2016年446名退役士兵待安置期间的基本生活补助546万元；为全县1947名优抚对象参合参保全额买单；实施困难优抚对象建房救助28户，组织退役士兵免费技能培训91人；优抚对象一站式医疗救助工作扎实开展，全年发放各类优抚资金3000余万元。

【社会事务】 提请县委、县政府印发《紫阳县“四社联动”工作实施方案》，建立社区网络平台系统，实现社区管理系统化、网格化，每个社区成立1～2个社会组织，且拥有5～6名固定的社会志愿服务者随时为社区提供无偿服务，社区服务水平显著提高。第二次全国地名普查工作全面完成。审批办理社会组织登记196个，依法年检社会组织91个，清理未开展活动的社会组织105个。登记成立的社会组织严格按照行业协会与行政机关脱钩工作的有关要求进行办理审批登记，行业商会协会与政府机关脱钩工作全面完成。投资100万元建成向阳镇街道社区、焕古街道社区等两个城镇标准化社区。投资98万元建成社区网络管理平台，通过逐步完善社区管理的有关信息数据，社区管理逐步实现了信息化。同时通过积极探索建立社区、社会组织、社会工作专业人才、社区志愿者联动服务的“四社联动”机制，社区社会工作水平得到了全面提升。全年共计办理结婚登记2199对，补证826对，离婚登记723对，对各镇历年婚姻登记档案进行收回管理、规范装订，完成信息录入工作；全年办理收养登记22例；实施流浪乞讨人员救助371人次，其中自主返乡288人次，护送返乡83人次，累计投入救助资金18.74万元。

【老龄工作】 高龄补贴政策及高龄老人生存认证工作全面落实。2017年，共为70周岁以上老年人27068人发放高龄补贴1877.95万元。筹措3.8万元对全县69名老人在重阳节期间进行走访慰问，协同县委宣传部、县文明办举办系列孝亲敬老活动，为65周岁以上老人办理《敬老优待证》693份。同时完成2018年高龄补贴申报工作，预计发放高龄补贴28662人2290.38万元。

【民族宗教】 2017年2月，成功举办“紫阳县显月观迎祥纳福文化庙会”活动；6月成立紫阳南宗道教研究会，并承办《中国道教史》编纂工作研讨会，同时在蒿坪镇显月观举行“冯兴钊大师修行悟道50周年暨晋升方丈座谈会”。全县各道观、清真寺等场所管理规范，显月观、擂鼓台、悟真观等道教场所基础设施建设进一步得到完善。洞河镇菜园村公路硬化工程全面竣工验收，城关镇大力滩回民公墓后期建设工程全面竣工并投入使用。

【脱贫攻坚】 全面完成35个贫困村村活动室建设任务。派驻1名副科级领导和1名年轻后备干部常驻双桥镇莲花村，积极开展扶贫帮扶工作，积极争取社会扶贫资金200余万元，配备完善村活动室有关办公设备，实施留守妇女、留守儿童关爱共23名，救助困难大学生9名，慰问困难党员29名，为特困群众发放衣物500套，支持松树坝小学义务教育均衡发展配置饮水机11台，文体用品20套，争取市移动公司建设项目，建设手机发射塔1处，实现全村手机信号覆盖无死角。通过真帮实扶，积极发挥民政部门的职能职责作用，双桥镇莲花村全面达到户脱贫、村出列的“五七”标准，顺利实现整村脱贫出列任务。在全县133个贫困村建起爱心超市，农户在脱贫攻坚方面自主发展或参加公益劳动为脱贫攻坚工作做出一定贡献可获得积分卡，凭积分卡到所在地爱心超市兑换相应价值的商品，该措施有效激发贫困群众通过劳动发展致富的内生动力，有力助推全县脱贫攻坚工作。在各镇社会保障服务站加挂民政工作办公室牌子，并健全工作规章制度。为17个镇民政办公室各配备1名民政工作助理员，为全县197个村（社区）各配备1名民政工作协理员（灾害信息员），切实加强基层民政工作力量，有效提高社会救助工作服务能力，有力助推各项兜底扶贫政策全面落实。

【重点工作】 县级养老公寓建设项目完成主体工程。投资1560万，完成县养老公寓1~5号楼主体工程建设。启动二期配套设施建设，并完成工程设计、预算等前期工作。殡葬服务设施项目全覆盖。投资1300万元实施的县城殡仪馆迁建工程，于12月20日全面竣工投入运营；焕古、蒿坪、向阳、高滩、红椿、洞河、麻柳、双桥、瓦庙、界岭、洄水、高桥、汉王13个集镇殡仪馆及公墓建成投入运营；《紫阳县殡葬服务收费管理暂行办法》印发实施，城镇殡葬服务管理进一步规范。儿童福利院(未成年人保护中心)项目建设快速推进。该项目投资860万元，于2017年6月8日正式开工建设，已完成主体四层施工，项目加快进行。敬老院服务质量提升改造成效明显。启动实施全县21所敬老院服务设施改造提升工程，对各敬老院老旧的门窗、厨卫设备、床柜被褥等进行更换，对风化剥脱的墙面、房顶、厕所进行维修翻新，各敬老院院容院貌得到全面改观。对基础条件较好的17所敬老院统一安装了锅炉集中供暖设备，并于12月初实施供暖，敬老院的生活条件得到较大幅度改善。试点开展城关镇敬老院失能、半失能无障碍护理设施改造，同时配备医疗、护理设备，全面改善失能、半失能老人护理条件和生活质量。建成城镇社区老年人日间照料中心2个，农村互助幸福院15个。在焕古镇街道社区和向阳镇街道社区分别建成了1个社区老年人日间照料中心，并投入使用。同时在向阳镇街道社区、城关镇环城路社区以社区老年人日间照料中心为依托，打造两个居家养老示范点，引入社会服务组织积极开展助医、助浴、助行、助急、助餐、助购等形式多样的服务，切实解决了社区老年人居家养老的服务需求。在双坪村、东关村、蒿坪村、黄金村、金竹村、金石村、江河村、民利村、马家营村、新房村、兰草村、莲花村、双河口村、龙湾村、东红村等15个村建成农村互助幸福院并投入运营，切实解决农村移民安置小区老年人养老问题。

（文　艺　唐友兵）

教育·体育

紫阳县教育体育局
党委书记、局长：朱　平
党委副书记、副局长：毕锦国
副局长：孟庆国　田先波
学生资助管理中心主任：汪忠智

【机构设置】 紫阳县教育体育局内设机构有行政股、教育体育股、人事股、规划财务股、安全管理股；局下属事业单位有学生资助中心、考试管理中心；局直属业务单位有师训教研中心、电教中心、体育运动管理中心。县政府教育督导室与县教育体育局合并办公。

【基本情况】 2017年，全县有公办学校116所，其中：高级中学1所，完全中学1所，中等职业教育学校1所，初级中学9所，九年一贯制学校9所，小学73所（含28个教学点），幼儿园22个（不含21个民办幼儿园）。全县公办学校教学班1204个，其中：高中85个班，中等职业教育学校33个班，初中191个班，小学625个班，学前教育270个班。在校学生48417人，其中：高中5787人，中职1694人，初中10006人，小学22425人，学前教育8505人（其中公办幼儿园4493人，民办幼儿园2711人，小学附设学前班1301人）。全县有寄宿制学校46所，其中：小学25所，初级中学9所，九年一贯制学校9所，完全中学1所，高级中学1所，中等职业教育学校1所。寄宿生11004人，其中：小学1739人，初中4683人，高中4015人，中等职业教育567人。全县教职工2594人（不包含民办幼儿园教师223人），专任教师2465人（不含民办幼儿园专任教师135人），其中：高级中学267人，专任教师233人；完全中学122人，专任教师119人；初级中学467人，专任教师447人；九年一贯制500人，专任教师481人；中等职业教育学校43人，专任教师43人；小学1026人，专任教师997人；学前教育169人（不含民办幼儿园223人），专任教师145人（不含民办幼儿园135人）。全县校舍建筑面积411196.95平方米，其中：高级中学40995平方米，完全中学16965平方米，中等职业教育学校19579平方米，初级中学70134.43平方米，九年一贯制61037.39平方米，小学148338.25平方米，幼儿园54147.88平方米。全县公办学校固定资产45636.98万元。其中：高级中学5458万元，完全中学1059.7万元，中等职业教育学校3759.79万元，初级中学9128.03万元，九年一贯制学校7978.14万元，小学18253.32万元。

紫阳县接受“全国义务教育发展基本均衡县”国家评估认定陈述答辩会

【教育质量】 2017年，全县1972人参加高考，二本以上达线1203人，比去年增加20人，达线率61%，提高1个百分点，二本以上达线人数实现“十一连增”；在12月7日全市高中教育工作会上，紫阳中学再次获得“高中教育质量卓越奖”，并作为唯一代表在会上做经验交流发言。全县中考成绩稳步攀升，378分以上合格考生达到1096人，500分以上优秀考生达到119人，比去年分别增加58人和13人，连续五年位居全市前列。小学注重薄弱学科抽测，首次采用考前随机摇号的方式确定检测年级和科目，素质教育实施水平不断提升。教师节期间，县政府拿出241.83万元资金，发放中小学教学质量奖，并对101名优秀教师和8个教育先进集体进行了表彰奖励。

【教育投入】 2017年，累计争取上级资金15394.55万元，其中：项目建设资金5832万元，政策性补助资金9562.55万元，乡镇干部工作补贴和乡村教师生活补助政策全面落实，教育保障力度不断加大。2017年2月，紫阳县启动“国家义务教育发展基本均衡县”创建工作，全县累计投资超过2.86亿元。其中，投资2.06亿元实施86所义务教育学校的新建和维修改造项目；投资7200多万元，配备教学仪器及其他设施设备；投资870万元用于校园文化、绿化和美化建设，全县义务教育学校办学条件得到全面改善。11月下旬，创建工作顺利通过国检组的评估认定，并以96分的总评得分位居全省30个受检县区的第二名。

【管理水平】 一是加大教师补充力度。全县补充新教师212名，其中：通过全市事业单位统招教师76名、招聘特岗教师118名、接受安置免费师范生9名、引进硕士研究生9名，教师总量缺编问题得到有效解决。二是教师培训卓有成效。2017年4月，紫阳县入选陕西省第二批“国培计划”项目县，集中培养50名骨干教师，全年培训教师1000余人次，项目工作受到省教育厅充分肯定，并在全省总结评审会上做经验介绍。2017年，紫阳县推荐评选出省级学科带头人培养对象1人、省级教学能手2人、市级学科带头人培养对象4人、市级教学能手15人、县级教学能手46人，成立名师工作坊4个，促进了教师专业成长。三是推进交流轮岗工作。全县安排137名教师交流轮岗，圆满地完成市政府下达的目标任务。四是内涵发展成效明显。“三区一体化”管理改革稳步推进，全县10个学区陆续开展中考研讨、学区教研等活动，实现了优质教育资源共建共享。12月，紫阳中学魏松老师在第三届“中国好教育联盟”赛课中获得物理组全国总冠军。“师德师风建设年”行动顺利完成，全县积极推行师德考核负面清单制度，塑造教师的良好形象。

【各类教育】 学前教育加快发展，全县民办幼儿园占比达到48.8%，6所民办幼儿园被市教育局认定为普惠性幼儿园，占比达到65.1%；全县适龄幼儿8741人，在园幼儿8505人，学前三年毛入学率达到97%以上。义务教育均衡发展水平持续提升，入学率保持在100%，小学阶段巩固率100%，初中阶段巩固率始终保持在98%以上。高中教育规模不断扩大，普通高中招生5787人、职业中学3447人，高中阶段入学率达97.62%，超额完成市上下达的97%的任务。坚持面向市场发展职业教育，大力开展足浴、茶艺、特色烹饪、家政月嫂、电子商务等技能培训，全年免费培训逾万人。

【体育工作】 全县30多所学校举办综合性运动会，40多所学校举办单项体育竞赛活动；完成初中毕业生体育测试和中小学生体质健康测试；紫阳代表队在安康市第十六届运动会上，98名运动员67人次获奖，共获得8金13银13铜，所有参赛运动员全部进入决赛，总成绩和排名较上届均实现新飞跃。组织开展全县干部职工参加的迎新春越野赛、“龙腾杯”乒乓球邀请赛、第二届“农商杯”冬泳赛、“上翔体育杯”全国友好城市篮球邀请赛等全民健身活动；组队参加安康市第十七届龙舟赛，参加安康市首届“索菲亚杯”羽毛球比赛获得全市第二名；成立远山户外、沐阳青少年体育俱乐部、紫阳足球协会、紫阳长跑俱乐部、紫阳柔力球协会五个单项体育协会。2017年8月，紫阳中学朱国同志荣获2013—2016年度全国群众体育先进个人称号并受到表彰。

【教育脱贫】 控辍保学取得实效。严格落实控辍保学“两线七长”责任制和“七条措施”，建立控辍保学动态监测机制和辍学学生台账，确保全县拟脱贫村和建档立卡贫困家庭中无辍学学生。惠民政策全面落实。13年免费教育政策和义务教育阶段“营养改善计划”全面落实，实现从学前教育到大学阶段学生资助政策全覆盖。学生资助实现包抓责任体系、惠民政策宣传、贫困学生认定、资助资金发放、教师结对帮扶、档案资料建设“六个规范”。全县累计资助学生20077人次，累计资助资金1698万元，发放大学生生源地助学贷款2072人1345万元。特殊群体深受关爱。建立以随班就读为主、以送教上门为补充的特殊教育办学体系，全县义务教育阶段三残儿童入学率达97.3%；建立政府、社会等各方面广泛参与的留守儿童关爱体系。实行教师结对帮扶制度，

2200余名教师与1.8万余名贫困学生结成对子，对学生学习、生活、心理、行为等方面给予全方位关爱帮扶。驻村帮扶取得实效。2017年，紫阳教体系统负责包抓红椿镇共和村、东木镇军农村、麻柳镇水磨村3个贫困村的脱贫攻坚工作。累计投入资金近80万元，用于部分基础设施建设、产业发展补助、绿化美化工程和新民风宣传奖励等，帮扶工作得到了县脱贫指挥部和包联镇村的充分肯定。

【特色工作】 教育党建成效明显。2017年，全县中小学全面履行党建工作主体责任，形成了“六抓六促”工作法，即：抓队伍建设促体系完善，抓活动阵地促保障服务，抓载体创新促宣传覆盖，抓活动开展促作风效能，抓精准指导促责任落实，抓资料建档促规范管理。2017年，全县教育党建工作在各季度的检查考评中均稳居市县前列。德育工作成效显著。焕古镇中心学校学生梁生霞获得全国2017“媒体特别关注孝心少年”荣誉称号，感人故事在央视播出。汉王镇初级中学郑齐苗、蒿坪镇初级中学詹海天、焕古镇中心学校刘欢欢获得安康市“践行新民风”最美少年表彰奖励。办学水平不断提高。紫阳中学被陕西省教育厅授予“省级语言文字规范化示范校”称号，紫阳县幼儿园荣获“陕西省文明单位”和“陕西省平安校园”称号，紫阳中学、毛坝中学、紫阳中学初中部和向阳、蒿坪、双桥、瓦庙、麻柳、洞河、焕古镇中心学校等学校先后荣获市级“美丽新校园”“基层应急管理示范单位”“艺术教育示范校”“信息化示范校”“依法治校示范校”“平安校园”等多项荣誉称号，学校内涵不断提升。

（杜海洋）

文化·文物·旅游·广播·电视

紫阳县文广旅游局
局　长：刘　毅
副局长：兰　琼　毛先进
县广播电视台
台　长：毛先进
副台长：夏开松
县民歌汉剧研究中心
主　任：唐文生

【机构设置】 紫阳县文化文物旅游广电局于2010年12月由原紫阳县文化旅游局和紫阳县广播电影电视局合并而成，2016年单位名称修改为紫阳县文广旅游局，编制76人，其中行政编制12人，事业编制64人。内设机构有：行政股、文化文物股、旅游股、广播电影电视股；下属事业单位：紫阳县瓦房店会馆群博物馆、紫阳县文管所、紫阳县图书馆、紫阳县文化旅游市场综合执法大队；直属事业单位：紫阳县广播电视台、紫阳县民歌汉剧文化研究中心、紫阳县文化馆。

【群众文化】 按照紫宣发〔2017〕2号文件精神（《“脱贫奔小康·欢乐过大年”2017年十大春节文体活动实施方案》）2017年春节文体系列活动从农历腊月二十开始到正月十五截止。内容包含:送欢乐到社区（农村）、“新春送福”义写春联、“春风行动”服务外出返乡人员、“大美紫阳”摄影展、“追赶超越”干部职工越野赛、“点燃激情”社火迎春、“放飞梦想”少儿电视春晚、“相约新春·携手小康”迎春晚会、“点亮无宵”灯谜竞猜、“我们一起过大年”干群联欢十大项活动；2017年4月2日至4月4日在北五省会馆、茶山魔芋堡举办“2017紫阳茶歌季”清明小长假文化旅游活动，活动内容包括：茶山对歌、茶艺表演、紫阳硒茶手工制作技艺展示、采茶体验、免费品茗、硒茶产品展销等；组织精品节目参加安康市2017年“我要上龙舟节——特色文艺节目展演”，紫阳专场荣获展演奖；紫阳县委宣传部、县总工会、县文广旅游局主办县音乐家协会承办的“乡约紫阳·茶乡飞歌”民歌大家唱活动3月25日正式启动，活动分两大块内容，一是从3月25日起每周六19：30在县城体育场开展“夏清华、张媛老师教你唱民歌”；二是每周日19：30由社区工会的团队轮流举办一场民歌歌舞专场。活动时间3月25日起至5月21日止。3月28日，央视七套《乡约·紫阳》特别节目现场录制在紫阳县城广场隆重举行，标志着“乡约·紫阳”春天茶歌季正式拉开帷幕市委常委、秘书长、宣传部部长罗雪剑，市委宣传副部长、市文联党组书记李康林，市文广局局长杨海波，安康日报社社长张思成以及市旅游局、市广播电台有关领导和紫阳县全体在家县级领导出席。县委书记赵立根出席并现场推介紫阳。3月31日，由县委宣传部、县有线电视台、县音乐家协会联合主办的“中国新歌声第二季”全国城市海选紫阳赛区决赛在县城体育场火爆开唱，最终评出6名选手代表紫阳征战安康赛区。县委常委、宣传部部长周锦政，县人大常委会副主任程楚安、李龙安，县政协副主席黄振宙到场观看比赛。按照省市政府向社会力量购买公共演出服务相关文件要求，2017年紫阳县向社会力量购买公共演出服务180余场，为广大民众提供基本的文化保障，极大的丰富基层群众的文化生活；紫阳县投资120万历时半年创作的紫阳大型民歌剧《一孝千金》9月20日作为第八届陕西省艺术节展演剧目，在安康剧院举行首演。市文广局汉调二黄办公室主任王军，市文广局纪检组组长陈义润，市群艺馆馆长周墙，县委常委、宣传部长周锦政，以及安康、紫阳两地群众共500余人观看演出。同年11月16日在紫阳县隆重举行首场演出。演出正值全市新民风建设扶贫扶志现场推进会期间。全市新民风建设扶贫扶志现场推进会参会人员，全体在家县级领导，各镇党委书记、镇长，部分县直部门干部职工共500余人观看演出。市委常委、宣传部部长罗雪剑，县委书记赵立根一同观看演出。县委常委、宣传部部长周锦政致辞。紫阳民间歌谣汇编《姐儿歌》出版发行，12月17日，紫阳民间歌谣汇编《姐儿歌》首发仪式暨文化发展繁荣座谈会在县政务服务中心四楼会议室举行。《姐儿歌》由中国音乐家协会会员、原县政协副主席张宣强与县文化馆馆长赵刚华主编，由陕西旅游出版社出版发行。全书共计32万字，收录劳动歌130首、生活歌118首、时政歌88首、仪式歌83首、情歌144首、故事歌10首、童谣6首。舞蹈《郎在对门唱山歌》入围“第八届文化艺术节”群星奖决赛。民歌手黄杰获陕南民歌大赛十佳歌手称号。

【文化建设】 成功通过“省级文化先进县”复评验收；组织购买文化活动器材为40个精准扶贫村实施配送；为全县21个镇文化站和社区文化活动室订阅《中国文化报》；投资812.7万元完成镇、村级文化综合服务中心建设53个（含40个脱贫村），文化活动器材配送到位。通过文化先进县国家级复查。

【文物保护】 申请成立瓦房店会馆群博物馆，编制增加至5名；瓦房店会馆群——北五省会馆古建筑彩画修复工程、江西会馆展陈项目完成招投标并启动建设；配合中、省文物局接待“中华历史文化研习营”台湾历史教师一行30余人到紫阳县参观瓦房店会馆群及紫阳民俗民歌；协助中央电视台在会馆拍摄影像志紫阳篇；配合县政协参与完成紫阳古建筑一书的出版发行；通过文物保护和利用结合，瓦房店会馆群年接待游客5万余人次。

新春送福义写春联

【文化市场监管】 文化市场综合执法大队共参加由省市举办的培训4次（其中与浙江省瑞安市作为对口交流县共相互开展2次活动），参加紫阳县司法培训1次；组织召开文化市场经营业主会议5次，进行全面的学习培训；并与全县文化市场经营单位业主签订《消防安全生产责任书》《守法经营和主体责任告知书》；网吧管理进一步加强人防技防力度，认真探索管理长效机制，明确责任措施，与经营业主签定《网吧经营管理责任书》15份；积极落实网吧的转型升级工作，成功转型升级8家；充分利用“3·15”“3·18”等宣传日，联合公安、市场监管等部门在广场开展文化市场法律法规集中宣传活动，累计发放各类宣传册1500余份；针对网络对青少年的影响以及网络上报道的未成年人进入网吧造成的不安全事故，执法队积极行动，就网络对青少年的影响，如何引导青少年对待网络制作宣传展板，已在县城各个学校及乡镇进行巡回展示；主动与公安、市场监管等部门加强协作，把握“三节”（元旦、国庆、春节）、“三会”（党代会、人代会、政协会）、“三假”（寒、暑假和双休日）等重要时段，持续开展以网吧接纳未成年为重点的专项整治行动；全年共开展文化执法400余人次，联合公安、工商等部门开展专项整治4次，对3家违规网吧进行警告并予行政处罚。专项检查文化经营单位各门类70余家，收缴非法出版物2400余册，盗版光碟400余张，有效净化了文化市场和网络文化环境。按照中、省、市“扫黄打非”工作会议部署和行动方案要求，先后制定《紫阳县2017年“扫黄打非”工作实施方案》《“扫黄打非”五大专项行动实施方案》和《关于进一步推动我县“扫黄打非”工作进基层的通知》，全面启动“扫黄打非”进基层工作。统一制作各镇、村（社区）“扫黄打非”工作领导小组办公室牌子及职责制度牌、镇、村（社区）“扫黄打非”工作制度牌和各镇党委、政府责任及责任追究办法制度牌。截至目前已对17个镇和36个村进行挂牌和各项制度上墙。

【图书】 紫阳县图书馆协紫阳县初中部、紫阳县第二小学、幼儿园、社会阅读团队等筹备引领全民阅读“国学经典”，践行中华传统文化，即“学以致用、从娃娃抓起”；5月初在紫阳广场以“全民阅读增自信、追赶超越某发展”正式启动阅读活动，开启全民阅读“国学经典”活动；参加全国公共图书馆评估定级工作，以评促建、以评促进，为紫阳县参评省级文化先进县增添色彩；筹备陕版图书;紫阳县图书馆协紫阳县青少年赋能中心学生一起走进城关镇敬老院，开启“陕版图书阅读季”五进（进社区、进敬老院、进企业、进机关）活动，进入高桥社区、红椿镇社区、向阳镇社区进行展读。

【景区建设】 县城中心区域，文笔山景区启动AAAA级旅游景区建设：紫阳阁布展方案已通过政府审核；三期步道及修丹亭工程、300米特色板石阶梯路、景区绿化以及南宗大道建设完成，景区内在魅力不断提升；悟真观停车场建设完工、6.5千米景区道路改造、文笔山景观码头主体工程完工，完善步道100米，景区配套基础设施日趋完善，游客体验的到显著提升；完成郭家梁绿化，13户安置名宿村主体工程基本完成，“吃、住、游一条龙”基本成型，社会价值日益显现。县城—擂鼓台汉江一线，焕古旅游示范镇建设完成，实施绿化3000平方米，新建观光码头3个、休闲广场3个，停车场、游客接待中心、旅游公厕等基础设施齐全，茶园观光路、田坝步行街、众创空间、特色民居等形式多样的旅游元素将带给游客全方位的丰富体验，随着旅游示范镇的建成，焕古将成为“茶旅融合”发展的又一亮点，同时也将成为紫阳县打造形成“一江两岸”总体旅游布局的重要接力点和中转站。擂鼓台景区建设，作为紫阳县“道教”旅游文化的重要资源，2017年擂鼓台景区完成包括北大门售票房、景区大门、下殿钟鼓楼、下殿仿古翻新、玻璃栈道等景区主体工程以及兔儿坪停车场、宿办楼、游客接待中心、3.2千米景区内道路等基础设施建设，景区整体面貌焕然一新，同时汇同县交通局多次赴实地考察，在充分征求当地镇政府和群众意见后，报请县政府完成擂鼓台旅游公路前期规划、设计招标工作；擂鼓台景观改造提升项目完成规划设计，进入招标程序。

县城—任河一线，特色会馆小镇已启动建设，河堤设计已报送并准备开始招标，江西会馆布展、北五省彩绘工程已完成规划设计并开始实施；营梁旅游示范村的茶山观光步道已初步建设完成，正在进行景观绿化设计；旅游村道路升级改造已完成规划设计；桑树沟至五省会馆旅游公路5.3千米拓宽路基全面完成、边沟、护坡完成，正在准备铺油路；新建唐末子沟至营梁观光路23.14千米路基主体全部完成，拓宽整形、内外墙挡护完成，完成1千米水泥铺面；完成五省会馆外围保护性围墙2.5千米，完成营梁村修建性详规。任河漂流二期建设项目60米观景长廊及景区进口沿线500米美化绿化、配套综合楼建设已完成，跨河观光吊桥已开工建设，国家AAAA级旅游景区硬件软件材料已完善。

【旅游服务体系建设】 汉安三星级酒店创建成功；完成紫阳县文化旅游公司人员组建工作并进入试运营；紫阳沟旅游接待中心项目正在进行招标前期准备工作，即将开标。

【旅游宣传推介】 参加市级组织旅游宣传营销。携紫阳县AAA级旅游景区参加镇坪县举办的大巴山旅游联盟成立大会，就如何提升旅游整体品牌与市场竞争力进行交流学习，并对紫阳县旅游资源进行宣传推介。完成安康龙舟节民歌专场演出及“南水北调”论谈推介会演出；参加紫阳富硒茶宁夏银川专场推介活动；安康市名优特色产品走进宁波暨承接加工贸易产业转移推介会；中国茶叶协会举办的第十二届“中茶杯”全国名优茶评比活动；第五届陕南绿色循环经济项目合作交流系列活动。11月11日晚，县长陈莲应邀走进中央电视台财经频道（CCTV-2）直播间，做客大型直播节目“2017年中国电商年度发展报告·聚焦双十一网购狂欢节”，为紫阳富硒茶代言，向全国电视观众和网民现场推介好喝健康的紫阳富硒茶。参与中央电视台财经频道现场直播的全国仅四个县。这也是紫阳富硒茶首次走进央视直播间，通过国家级媒体平台得到全方位、深层次、多角度的宣传展示。自主开展旅游市场宣传营销活动。圆满完成中央七套《乡约紫阳》节目现场录制工作；配合CCTV-7《乡土》栏目走进紫阳县焕古镇完成“过大年”年俗专题片拍摄；协助配合中央电视台完成《中国影像方志·紫阳篇》；“中国新歌声第二季”全国城市海选紫阳赛区决赛圆满结束；在陕西传媒网重磅推出“紫阳富硒茶全媒体专题宣传”；新创作的大型民歌剧《一孝千金》作为第八届陕西省艺术节展演剧目举行首演；开展“乡约紫阳 茶乡飞歌”紫阳广场文化活动主题活动。在紫阳县焕古庄园富硒茶业科技有限公司组织安康富硒茶首届手工制茶技术能手大赛。通过多形式宣传推介，吸引大量游客来紫阳观光旅游。旅游产品开发。引进浙江丽水有限公司，签订协议，投资8000多万元打造紫阳县瓦房会馆小镇。目前硒陶养生研究院已经成立，展示中心正在装修，硒陶样品已烧制成功投放市场；盘龙茶业研发的紫阳富硒茶产品获2017年首届民族旅游商品大赛铜奖。

【旅游接待】 截至2017年12月底，已接待游客303万人，同比增长20.8%，实现旅游综合收入18.4亿元，同比增长34.93%。

【广播电视电影】 全面维护全县野外广播收扩点，新建设12个村广播室（小红光村、大力滩村、柏杨村、共和村、农安村、鲁家村、中良村、富家村、四合村、尚坝村、高坝村、兴隆村）安装收扩点86个，完成投资300多万元的调频广播网升级改造工程的设计、招标工作；更换“户户通”设备50多套，维护“户户通”设备8000多套，有效保障户户通设备优质通；完成投资110多万元的神峰山发射塔基础设施建设项目；12支农村电影放映队全年完成电影放映2540场次。安康市年度新闻奖荣获一等奖2个，二等奖7个，三等奖2个。

【新闻宣传】 加强办台质量，内宣工作有声有色，外宣工作成绩突出，实现大突破。全年在省市台播发新闻稿件2000余分，广播电视外宣工作稳居全市前三名。坚持在广播电视台和广场大屏幕播出健康教育、农业科技栏目以及公益广告宣传，真正发挥主流媒体的公共服务效益。

（梅　力）

档案史志

紫阳县档案史志局

局　长：焦家燕

副局长：周　燕（女）

【档案工作】 部门行业档案管理，深入乡镇对十七个镇土地确权建档工作逐一进行指导，目前有三个镇全面完成土地确权档案的规范整理，十四个镇已完成资料收集工作，正在整理中。联合扶贫局下发《关于做好精准扶贫档案工作意见》和《关于印发（精准扶贫档案管理办法）的通知》，并指导县扶贫局和部分镇村的扶贫建档工作。结合档案年检和目标管理认证工作，对全县59个机关单位开展了档案执法检查和年检，排查档案安全管理存在的各种隐患，档案年检优秀的6个单位，合格的48个，5个不合格。指导培训社区档案员，帮助环城路社区完成2015、2016年度建档工作，达到“社区档案示范点”建设标准。检查指导三个乡镇综合档案管理工作。经过4个月努力，圆满完成方言语音建档工作，整理收集的紫阳方言文本和视频资料得到省档案局高度认可，成为全省首批完成工作任务的16个县之一。完成《陕西档案》100份的征订任务。档案馆基础工作，重新制定档案馆突发事件应急处置预案，按“十防”要求做好库房日常安全管理，完成本季度的档案库房安全检查。对档案库房存在的安全隐患和老化设备进行了更新，目前完成全部电路更换，屋顶加盖防漏，安装防盗门，更换灭火器等库房安全管理工作。认真接待来馆查档人员120余人次，查到率97/100。按照8月市局检查组要求，重新对馆内档案统计台账进行统计、修改。

【党史编研】 围绕市委党研室确定的共性目标和本县特色目标任务，开展追赶镇坪、超越白河的活动。至12月中旬，5项共性指标已全面完成。在启动本县党史基本著作编写上，积极争取县委县政府的支持，采取购买社会服务的办法，聘请社会人士承包编写。于年初启动，在完成77个专题约30万字初稿的基础上，对编写大纲进行6稿修改定稿。按照市党史办审读建议，完成新增加的18个专题查档、走访和编写任务，现已全面完成初稿编写任务。坚持创新党史宣传教育方法和途径，助力县委县政府中心工作的推进。超额完成地方党史文章和工作动态信息的刊发任务，在省刊发表专题文章4篇、发表信息4条。完成本县党员干部投身脱贫攻坚先进事迹、贫困群众脱贫摘帽典型共24篇材料的归集整理和上报工作。利用本县革命遗址资源，开展地方党史宣讲，至12月中旬，已为市县级部门和部分村、校宣讲71场次，受教育党员群众和学生近3万人。参与并指导安银民俗文化传播公司承办"百场文艺进百村"脱贫攻坚暨新民风建设文艺巡演活动，把党史宣讲、十九大宣传进镇村融入其中，新创编文艺节目14个，已在全县50多个贫困村巡演，累计受教育群众约15万人次。立足长远抓基础，为地方党史资政育人，挖掘红色资源建言献策，做好力所能及的工作。在着手启动地方党史正本编写的同时，在县委的重视与支持下，启动《1979—2015年中共紫阳历史资料》的重点挖掘与整理工作。12月底已完成双桥、双安、蒿坪三镇1953年以前遗漏党史人物的挖掘工作。此项工作计划2年时间完成，并形成史料专集。在2010年全国第三次革命遗址普查成果的基础上，向县政府呈送《紫阳县革命遗址保护利用的建议性规划报告》。按照县政府批示要求，至11月中旬，县委组织部已进入恢复组建"老促会"、保护项目资金筹措和保护工作机构设置等牵头协调工作状态；县档案史志局协助县文广局文管所对芭蕉口老地委机关的纪念性建设，已进行多处选址踏勘和初步设计工作。已成立老地委红色资料挖掘领导小组，制定具体工作方案。

【地方志工作】 根据社会需求和建议，对紫阳第一轮县志，进行详细校对，对100多处错误作了更正，已于10月进厂再版印刷，年底完成1000册印刷任务并出厂发行。二轮《紫阳县志》历时8年形成的志稿，在年内顺利通过省方志办、出版社三审关口，已于10月完成印刷招标工作，于12月定版印刷。不断总结经验，编写佳品年鉴。《紫阳年鉴》从2012年起开始编写，2016年实现公开出版，《紫阳年鉴》（2017）已于10月通过审读，11月底出厂发行，该年鉴得到出版社专家的高度评价。年鉴工作被省方志办评为年鉴工作先进单位。

【脱贫攻坚】 中心学校至关庙村道路硬化2.5千米已完成基础拓宽，目前在进行挡护坎子施工阶段。万字崖、8、9组饮水工程2处饮水工程已经完成设计招标。大田坝通讯基站1处已完成选址。连户路3千米已经规划设计，进入招标阶段。针对贫困户实际，制定产业帮扶和奖补措施。鼓励广大农户发展种养殖业增收。动员农户管护茶园389.5亩，种植大蒜13亩，种植莲藕5亩，种植魔芋24亩；养羊274只，养猪327头，养鸡760羽，养蜂30桶，养牛57头，扶持带动贫困309户，项目资金投入214200元。政策落实。利用群众会，入户走访等机会广泛宣传惠农政策，尤其是根据各户实际情况有针对性的进行政策宣传。确保政策知晓率提升。对移民安置、教育扶贫，健康扶贫，产业发展等农户进行追踪服务。在种养殖大户中，扶持成立专业合作社。目前互助协会已完成放款32万，放款率35%。在八、九组成功试种菊花10亩。鼓励贫困户到集镇社区订房，2017年已在东木集镇订房38户，在紫阳仁和国际社区订房43户，目前已和农户签完三项协议。积极开展就业技能培训，其中修脚培训30人，月嫂培训3人，烹饪培训5人，建筑培训5人。扶贫对象核实暨数据清洗、动态调整工作，2017年4月全县启动扶贫对象暨数据清洗工作以来，全局7名包联配合驻村脱贫工作队干部进村入户严格按照上级规定程序开展工作。依次通过村三委会、小组群众会、民主评议会等程序，按照农户申请、民主评议，结合贫困户收入，两不愁三保障，九条标准确定了贫困户名单。于4月28日进行初榜公示，5月9日进行二榜公示，公示期间同步进行贫困户走访调查工作，重点是新增户和剔除户，并广泛征求非贫困户意见和建议。从5月15日开始，开展入户信息采集工作，6月30日前完成全部信息录入工作。11月起陆续开展动态调整扶贫对象新增、返贫、退出等工作，召开村三委会，小组群众会，第一次民主评议会，第二次民主评议会。同时开展包联干部入户走访调查工作。本次动态调整共新增贫困户17户47人，无返贫对象，共退出贫困户35户，140人。7月10日，出资聘请王安银演义公司到村进行“脱贫攻坚及新民风建设”巡演，对群众进行脱贫政策宣讲、紫阳地方党史宣讲和新民风教育，还制作“诚、孝、勤、俭、和”宣传画报在每个村民院落张贴。制定村规民约，成立村红白理事会。通过移风易俗，来促进精准脱贫工作。树立模范带头作用，2017年4月对乡风文明模范户进行大力表彰。评选“好婆婆”“好妻子”“好女婿”“最美家庭”等道德模范。局领导亲自挂帅指导联户帮建工作，每月到村2次以上，按时主持脱贫攻坚专题会议，和镇村干部一起会商脱贫攻坚协调工作。7名干部包联全村9个组，每名包组干部与全组农户一一对接；县档案局7名干部包联35户贫困户，这7名干部分散在各组，每月两次入户开展包联工作，多次召开村民小组会宣传脱贫政策、民主评议贫困户，并记录工作台账。乡风文明模范表彰5000元；脱贫攻坚政策宣传暨文艺演出6000元；公路打底子工程局机关干部捐款3000元；连户路建设资助2万元；马家山通组路补助1万元；协调修桥遗留问题解决资金2.8万元。协调产业发展资金5万元；支持村委会档案用品2000元，教育教学电视电脑9000元，值班床一架1500元；义务教育均衡发展支持三堂小学绿化和住宿舍床品15000元，贫困生资助5000元。合计15.45万元。

2017年3月30日，《紫阳县志（1986—2010）》终审会

【队伍建设】 以“两学一做”学习教育为契机，注重理论学习与实际工作相结合；注重自身素质的提高和表率作用的发挥；利用专题民主生活会，开展批评与自我批评，切实整改，转变作风，求真务实，凝聚力、战斗力不断增强。继续深入学习、宣传、贯彻《档案法》《地方志条例》等法律法规，积极营造依法治档氛围，进一步增强社会档案意识。采取干部分片包抓的方式狠抓档案年检和档案目标管理认证两项制度的落实，促进档案工作制度化、规范化、法治化。研究制定一系列规章制度，以规范干部的行为。加强对干部的日常管理，积极做好干部的思想政治工作，关心干部的成长进步，营造团结友爱的工作环境，鼓励干部充分发挥聪明才智，创实绩、做贡献，努力培养和打造一支信念坚定、求真务实、敢于担当、无私奉献、清正廉洁的干部队伍。 班子成员坚持以身作则、严于律己，在认真落实“一岗双责”和“五个一”要求的同时，严格遵守党风廉政各项规定，一年来，没有不廉洁行为发生。

（陈平军）

气　象

紫阳县气象局

局　长：王从军

副局长：张　艳（女）　王立超

【气象服务】 所有测报指标全部按省定达标，无责任性事故发生。在政府网站开辟专栏每天两次向公众发布天气预报，通过网络、广播、电视、电话、传真、手机短信等多种方式发布预报服务产品。利用新媒体发布各类气象信息，获得了一定的关注度。通过多种形式为县委、县人大、县政府、县政协及相关单位提供预报服务。

【文明单位建设】 加强政务、财务公开，积极开展各类文体活动，加强与职工的交流，积极做好省级文明单位创建工作。

【党建工作】 大力开展党员“两学一做”学习教育。组织开展学习十九大精神活动。积极开展党员三包三联，为贫困户送温暖。

【亮点工作】 一流台站项目主体完工，茶叶试验站项目开工，联合县林业局、国土局开展专项气象服务，防雷行政审批改革顺利交接。

（张　艳）

创建卫生县城和园林县城

紫阳县双创办
主　任：张　安
副主任：石黎明

【创建成果】　6月获得全国爱卫会国家卫生县城命名；市县联动创建国家森林城市10月获得命名，市委、市人民政府授予县双创办、县住建局为创建国家森林城市先进单位表彰，县双创办主任及2名工作人员为创建国家森林城市先进个人。

2017年6月，紫阳县城被全国爱国卫生运动委员会命名为国家卫生县城

【基础设施建设】　组织多部门联手，关停西关夜市，重新划定夜市经营区域到紫邑新城步行街，打造食品安全示范街区；取缔紫阳港露天市场，盘活紫阳港负一层作为临时农贸市场，解决河堤路群众买菜难、卖菜难的问题；结合城市管网建设，对县城会仙路进行道路改造，有效解决该路段长期以来管网建设滞后，道路破损严重等群众投诉集中的问题；县城建筑垃圾填埋厂建成投入使用，数字化城管升级改造工程进入安装调试阶段；维修更新县城主次干道和重点景区的过街彩灯、路灯、果皮箱、公厕等市政设施。

【市容环境卫生】　重新划定机关单位卫生责任区域和县级包抓领导；按月组织开展市容街貌、环境卫生、交通秩序等专项整治，确保市容秩序保持一流；县城区主街道、公共场所、背街小巷环境卫生实行全天候监督；制定《城区户外广告管理办法》《城区摩托车电动车综合整治方案》并组织实施；集中解决城乡结合部环境污染及农村“三堆六乱”问题；夯实主要责任单位工作责任，不断提升城乡卫生环境，圆满完成全省商标富民助力脱贫攻坚现场会等重要接待活动的卫生保障工作19次。

【爱国卫生运动及病媒生物防制】 组织开展了以“为了人民的健康——65年的历史与展望”为主题的爱国卫生月活动，普及卫生知识，促进健康行为，得到市爱卫办的肯定与表彰；扎实开展病媒孳生地治理和监测，组织对县城公共区域病媒生物进行集中消杀4次。

【卫生普级创建】 扎实推进卫生镇村、单位晋级创建，制定“三级联创”工作计划和贫困村卫生创建方案，指导焕古镇、洞河镇认真开展国家卫生集镇创建活动；全县创建申报省级卫生镇2个、卫生村3个、卫生单位5个，市级卫生镇1个、卫生村5个、卫生单位5个；2017年度40个脱贫出列村卫生创建工作全面开展。

【健康教育】 按照《健康紫阳建设工作方案》，细化任务，落实责任，推动居民健康行为习惯养成；加强双创宣传工作，在公共场所开展国卫及健康城市教育宣传活动5场次；编印双创知识读本5000余册，通过社区便民服务大厅、超市商场和物业服务公司发放双创宣传资料1万余份，编发双创短信8万余条，提升了市民双创知识知晓率。

【绿化建设】 紧紧围绕市县联创国家森林城市和紫阳县创建省级生态园林县城、省级生态文明县城目标，牢固树立“创则必成”信念，全面落实创建工作任务。对紫阳悟真观、文笔山公园、北五省会馆等创森迎验点位实施了绿化苗木补植、补栽，加强管护，确保绿植长势旺盛，树型、带型整齐美观。稳步推进绿化造林工作，组织创森责任单位投资98万元新建县城义务植树基地1个，投资32.5万元在尚都商业街新建绿地1500平方米；落实县城周边山体绿化任务2267亩；采取多种形式开展创建国家森林城市宣传，在各个迎验点和城区居住区设宣传栏46个；设置创森迎验点绿地爱绿护温馨提示230块，树木标识牌2250块。

(万世召)

城 关 镇

中共城关镇委员会
书　　记：李作奎
副 书 记：乌胜鸿　高紫春
组织委员：谭正红（女）
中共城关镇纪律检查委员会
书　　记：杨维军
城关镇人大主席团
主　　席：姚开明
城关镇人民政府
镇　　长：乌胜鸿
副 镇 长：马孝松　袁　超　郑学坤
镇长助理：吕清宇
城关镇人民武装部
部　　长：童　勇

【基本情况】 城关镇地处紫阳县政治、经济、文化中心，总面积119.9平方千米，辖13个村4个社区，115个村民小组，现有常住总人口17945户45421人。13个村分别是新桃村、新田村、太平村、楠木村、西门河村、双坪村、天星村、全安村、大力滩村、青中村、和平村、塘么子沟村合和富家村，4个社区分别是环城路社区、会仙桥社区、东城门社区和河堤路社区。其中，城镇人口32839人（4个社区和8个县城周边村：新桃村、新田村、太平村、楠木村、西门河村、双坪村、天星村、全安村），乡村人口12582人。是紫阳名茶的主产地，早在唐代，镇内“桂花庄”的茶就被列为“宫廷贡品”每岁充贡。全镇旅游资源丰富，汉江自西北至东南横贯全镇，任河由西南向西北注入汉水，现有文笔山公园、真人诚信文化园、滨江商业步行街、真人宫、紫云宫、板石民俗小区、魔王沟瀑布等景点。镇内交通十分便捷，襄渝铁路及复线、包茂高速、310省道穿境而过，汉江水路纵横交错，江南江北两大环形交通网络全面贯通。2017年，农村常住居民人均可支配收入9668元，同比增长12.8%，城镇常住居民人均可支配收入27766元，同比增长11.4%。

青中村新农村建设

【脱贫攻坚】 坚持以脱贫攻坚统揽农村工作全局，建立健全镇机关干部包组联户工作机制，持续加强“四支队伍”力量整合，夯实包联工作责任，全面开展8个贫困村和5个非贫困村的脱贫攻坚工作。动态调整后，全镇建档立卡贫困户2936户8942人，未脱贫2259户6448人，已脱贫677户2494人。按照贫困户脱贫、贫困村退出的“五七标准”，经民主评议、公示公告、抽样核查等程序，去年完成贫困人口脱贫114户401人，富家村整村出列。新桃、青中、富家等3个集中安置点进展顺利，按照以户定建的要求，全面落实到位。2018年的4个集中安置点已完成前期工作，即将启动建设。为解决贫困户缺乏产业发展资金的难题，共发放产业小额贴息贷款181户821万元，发放互助资金528.9万元；落实产业直补项目1393户，兑付扶持资金144.87万元，其中：产前兑现24.66万元，产后兑现120.21万元。教育、医疗、社会保障兜底政策全面落实，补发2013—2016年的入学大学生扶持资金84人20.5万元，建档立卡贫困户100%参加农村合作医疗，全面落实健康扶贫“四重保障”政策，住院贫困人口追溯报销599人103.66万元，镇卫生院开展贫困户签约上门服务，到村组织免费体检共计48场，受检人次达2400余人。

【城乡面貌】 全年投入项目资金2735.33万元，完成通村公路路基改造25千米，道路硬化25.03千米，新修连户路11千米，新建饮水工程10处，电力增容5处，电力改造5.1杆千米，新修公厕8座。以新田、青中、太坪三村美丽乡村建设为契机，全力实施基础设施、公共服务、产业发展、村容村貌等提升工程。文笔山国家AAAA级旅游景区、富塘茶旅观光路拓宽改造、龙洞沟引线工程相继完成，青中、富家、全安、双坪村级综合服务中心如期完工，服务群众的能力全面提升。城区建设同步推进，协助相关部门实施石梁子棚户区改造，如期完成黄金商贸城、“惠民小区”四期保障房建设，积极协助仁和国际社区、道教养生谷、仁和社区安置点等重点城市建设项目的征地拆迁工作，目前，该项目进行顺利。县城市容市貌显著改善，创“国卫”巩固提升工作全面完成。紧紧围绕“诚、孝、俭、勤、和”开展新民风建设工作，坚持群众主体、典型引领、上下联动的原则，成立红白理事会，修订村规民约，集中简办升学礼，开展道德评议，选树“十星级文明户”和善行义举先进典型，弘扬勤劳节俭的优良传统，形成崇德向善的良好风尚，城乡居民的精神面貌得到了明显提升。

城关镇东城门社区新民风建设文艺演出

【产业建设】 大力推动茶叶产业转型升级，不断提高茶园管理水平。全年开展茶叶技术培训30场次1500余人，组建12支茶叶管理专业服务队，改造低产茶园3000余亩，落实企管茶园2200亩，新建茶园1200亩，全面完成27000亩投产茶园的管护工作。充分发挥龙头企业、农民专业合作社、专业大户的引领作用。通过整合资源，培育产业发展优势，放大投资效益，推动产业结构调整，避免农户“单打独斗”的经营风险，增强贫困群众的“造血”功能。和平茶厂顺利通过省级园区创建验收工作，双坪龙腾茶厂、青中皇茶园和塘么子沟双台茶叶专业合作社顺利通过县级农业园区创建工作，成功培育马道茶叶专业合作社、富家富思源茶叶专业合作社和塘么子沟益品源柑橘专业合作社。加速发展旅游产业，着力发掘、打造新景点，不断完善基础设施配套；不断丰富旅游产业发展载体，扎实推进茶旅、文旅深度融合。在壮大当家产业的同时，解放思想，统筹谋划，以市场需求为导向，积极拓宽产业发展渠道，大力支持林下养殖、中药材、电商等产业发展，带动群众就业增收。

【社会事业】 全面推进义务教育均衡发展，严格落实保学控辍工作，适龄儿童入学率、巩固率均达100%。不断加强师德师风建设和教师队伍管理，持续提升教育教学质量和改善办学条件。2017年共投入2400万元对镇中心学校进行全面提升改造，投入320余万元对镇内六所村小进行了全面维修，义务教育基本均衡县创建工作在城关镇检查过程中，顺利通过国家评估验收并得到了专家组一致好评。建成村活动室2处，标准化村卫生室4处。全年完成技能培训1064人，其中足浴培训700人，月嫂培训116人，烹饪培训122人，电商培训63人，建筑培训63人。到村开展农村实用技术培训20余次2000余人，青中、太坪、西门河等3村开办“紫阳味道”厨师培训班累计培训220人。全力落实城乡低保、五保等惠民政策，大力实施大病救助、临时救助、贫困助学和五保集中供养，完成10350人城乡居民养老保险参保任务和23988名城乡居民医疗保险征收工作。全年发放临时生活救助276人38.7万元，医疗救助82人39.5万元，高龄补贴3135人174.7万元，公益林生态补偿基金、种粮直补、退耕还林补贴全面兑付。

（郑学坤）

蒿 坪 镇

中共蒿坪镇委员会
书　　记：秦宗道
副 书 记：张　锐　胡先东
组织委员：刘广泳
中共蒿坪镇纪律检查委员会
书　　记：杨　波
蒿坪镇人大主席团
主　　席：焦　鹏
蒿坪镇人民政府
镇　　长：张　锐
副 镇 长：郑晓飞　唐　帅（女）
蒿坪镇人民武装部
部　　长：钱　进

【机构设置】 2017年度镇党委、镇政府内设机构：党政综合办公室、项目办、扶贫办、财政审计所、市场监管所、司法所、民政办、社保站、农综站、城建办、计生办、文化站、安监站、农村公路管理所、新闻办、电商办。行政编制47个、事业编制40个，截至2017年12月底，在编在岗共79人，其中行政42人，事业37人。

【自然概貌】 蒿坪镇地处巴山腹地，位于紫阳县东北部，距紫阳县城16千米，安康市区42千米。东与汉滨区大竹园镇接壤，南与紫阳县洞河镇相连，西与紫阳县双安镇毗邻，北与汉滨区洪山镇相邻，总面积113.09平方千米。地势东低西高、北低南高，有20余平方千米地势较为平坦的河谷川道。平均海拔710米，最高点森林村明垭沟，海拔1286.5米；最低点天紫村蓑衣洞，海拔379米。境内河溪密布，主要有自西向东流入汉江的蒿坪河、王家河，自东向西汇入汉江的沔浴河等3条河流。夏无酷暑，冬无严寒，属亚热带半湿润气候区。年平均气温在15℃左右，年平均降水量为1200毫米，降水多集中在5—10月。蒿坪镇素有紫阳县北大门之称，镇内交通发达，恒紫路、蒿汉路、蒿大路呈十字型贯穿全镇，包茂高速安川段穿境而过，高速路出入口引线距离集镇仅1公里。全镇通村水泥路160千米，基本覆盖所有村组院落。

【人口】 全镇辖蒿坪、改革、东关、平川、金石、双胜、王家河、金竹、兴隆、黄金、森林、全兴、狮子沟13个行政村；街道、双星两个社区，共9481户29276人。民族以汉族为主，有较少回族居民。

【优势资源】 境内自然资源丰富，水土中富含硒元素，盛产黄岗岩（米花石）、煤炭。有页岩砖、异型石材等新型建材，以富硒茶、矿泉水为主的食饮品享誉省内外，板石及富硒矿泉水储量丰富，紫阳县富硒生态工业园区建在本镇，是紫阳县自然条件较好的工农业经济大镇。

【党的建设】 镇党委下辖党支部17个，其中农村党支部13个，社区党支部2个，机关、企事业单位党支部2个;共有党员835名。镇党委把加强班子自身建设放在首位，切实发挥好“龙头”作用。以创建“学习型、实干型、服务型”领导班子为目标，提高领导干部统领全局、推进发展、维护稳定、服务群众的能力。坚持每月中心组学习制度，围绕脱贫攻坚、县域副中心镇建设、美丽乡村建设、移民搬迁、招商引资、社会治理、安全生产、民生保障等中心工作分析讨论，确保领导班子成员对分管工作“情况明，底数清，思路宽，办法多，措施硬，效果好”，理论素养和工作能力有明显提高。进一步建立和完善党委工作制度，民主生活会制度，党委议事制度，党风廉政建设制度等多项制度，增强班子合力。镇党委在决策中做到“正确意见集中好，分歧意见处理好，否定意见说服好”形成班子成员心往一处想、劲往一处使的良好工作作风，增强了班子团结，要求干部做到的，班子首先要做到，形成了人人有重担、事事有人管、一级抓一级、层层抓落实的工作格局。2017年11月，蒿坪镇成为全市新民风现场会观摩点。

【党风廉政建设】 在推进党风廉政建设工作中，坚持教育为先、预防为主的原则，把对党员干部的思想政治教育放在首位，充分利用每次乡、村干部大会，结合工作实际开展一系列党风廉政教育。一是深入学习贯彻落实中央、市、县三级纪委全会精神，充分利用每次乡、村干部大会，结合工作实际开展风廉政教育，让全体镇村干部掌握会议精神，明确今年党风廉政建设和反腐败工作任务和要求。二是加强经常性的防腐倡廉教育和廉政警示教育，深化落实主体责任意识。结合“两学一做”教育活动，把反腐倡廉教育和廉政警示教育纳入党组中心组学习计划和机关党员干部学习教育计划，组织镇村干部收看廉政警示片，做到警钟长鸣，防患于未然。镇党委成员根据责任分工，分别到包联的村讲党课，将党风廉政建设深入到基层党组织。三是大力开展新民风建设，督促各村修订完善村规民约，健全移风易俗落实机制，倡导传承优良家风，号召全民参与抵制赌博风、人情风活动，设立红黑榜、开展道德评议活动，取得明显成效。

【脱贫攻坚】 2017年，全镇脱贫281户1042人，双胜、森林两村顺利整村出列。抓好

蒿坪镇

协调服务。紧盯建档立卡贫困村、贫困户，因户因人施策，因贫困原因施策，并推动帮扶单位与贫困村贫困户精准对接，做到精准帮扶。主动汇报衔接。着眼于搭建脱贫攻坚帮扶工作平台，协调各级帮扶单位深入蒿坪镇实地考察、现场办公，有力地增强蒿坪镇经济发展的后劲。积极发动群众。突出思想教育，深入宣传政策，注重典型引路，把一些扶贫政策与群众参与情况挂钩，多劳多得，让群众的“心热起来、手动起来”。集中力量攻坚。统筹整合使用各类项目资金，引导帮扶资源向深度贫困村倾斜，帮扶力量向贫困对象聚合，推动基础设施、产业发展、公共服务、民生保障等项目资金精准落实到村到户到人。全面落实金融扶贫“5321”政策，2017年度小额信贷任务共计

900万，全年申贷落实265户1204.5万元小额贷款。筹集互助资金700万元，落实到户519.3万元，支持贫困户发展特色种养业。2017年，全镇新发展茶园1700亩，发展花椒、菊花、魔芋、核桃、猕猴桃、食用菌、莲藕1500亩，发展樱桃1800亩，发展林下养鸡13101只，年出栏生猪890头，发展养牛243头，发展养羊868只，发展养蜂238桶，全年共计发放产业到户直补资金671户88.19万元。全年共开展各类技能培训144期881人。紧紧围绕“两不愁、三保障”目标，认真贯彻落实各项政策和指示精神,镇村干部熬夜奋战，严格对照标准进行贫困户核实和数据清洗工作，实现贫困人口的精准识别、精准管理、精准退出，做到扶真贫、真脱贫。以“三变”改革为抓手、以发展产业为支撑、以群众增收为核心，助力脱贫攻坚。蒿坪镇王家河村为“三变”改革省级试点村，森林村、双胜村为“三变”改革县级试点村。严格按照贫困村脱贫摘帽标准，全面推进水、电、路、房等基础设施建设和公共服务体系建设，有力夯实全镇脱贫攻坚基础。

【经济发展】 2017年，全镇实现生产总值22.65亿元，增长15.3%；城镇居民人均可支配收入36934元，增长13.1%；农民人均纯收入9880元，农民人均纯收入增长15.2%。

【特色经济】 蒿坪镇自然资源丰富，开发潜力较大，近年来，富硒食饮品加工、新型建材开发、矿泉水开发等吸引了大批海内外企业前来投资建厂，陕煤集团投资4亿元开发的富硒矿泉水已建成投产。金石村以发展特色农家乐为突破口，建成无公害茶园面积925亩，种植牡丹20亩、繁育花卉苗圃100亩，倾力建成“品农家富硒特色小吃，游览田园风光美景”的旅游新村。

【基础设施建设】 2017年，全镇累计完成固定资产投资1.8亿元。投资1900余万元的硒谷大道正式开工投建；上下茨坝道路改造已竣工并投入使用。蒿坪污水处理厂、车辆检测及硒谷物流中心、园区道路、园区厂房等建设项目都已全面动工。北环路桥梁建设已完成设计和预算，正积极争取项目资金，着手进行工程招投标；蒿坪河河道综合治理工程平整河道3.3公里，修拦河水坝4处；为改造提升集镇形象，加快集镇及周边建设，投入资金287万元在全镇范围内安装路灯638盏。实施交通脱贫通村水泥路6条36.7公里、通村公路完善6条19.35公里，建设农村饮水工程16处、村活动室4个、村幸福院5个，村卫生室7个、通讯项目1个、美丽乡村建设项目29个、扶贫创新建设项目18个。

【教育卫生】 教育：全镇有幼儿园、托儿所8所，小学3所，中学1所，初中适龄人口入学率、小升初升学率、九年义务教育覆盖率均达100%；蒿坪小学教学综合楼建设项目已启动，前期征地69亩。在义务教育均衡县创建达标工作中，全镇有3所学校参验，蒿坪镇顺利完成创建达标的各项工作任务。卫生：全镇有卫生院1所，执业（助理）医师20人，床位70张，承担全镇医疗、防疫、妇幼、计生等业务工作。2017年，完成镇卫生院改扩建工程，增加医疗卫生业务用房面积1500平方米。

（胡　锐）

汉 王 镇

中共汉王镇委员会
书　　记：娄　芳（女）
副 书 记：谢平方　洪谦伟
组织委员：詹　波
中共汉王镇纪律检查委员会
书　　记：刘志平
汉王镇人大主席团
主　　席：刘　涛
汉王镇人民政府
镇　　长：谢平方
副 镇 长：孙久权　汪柏术
汉王镇人民武装部
部　　长：曹　伟

【自然概貌】 汉王镇位于紫阳县城以北62千米处，是紫阳县北部的历史名镇和边贸重镇。相传西汉刘邦东征伐楚，在此地建土城，驻扎军营而得名汉王城。汉王镇政府是原汉城区公所政府所在地，1997年撤区并乡建镇。汉王镇东与汉滨区牛蹄镇相连，南与本县双安镇接壤，西北与汉阴漩涡镇为邻，是紫阳、汉阴、石泉、汉滨三县区交汇点。全镇总面积101平方千米，有耕地面积16223亩，其中水田6875亩。目前全镇辖7个行政村，1个社区居委会，57个村民小组，4571户，21100人。汉王镇交通便捷，水路有汉江瀛湖黄金水道，陆路有横贯全镇的紫石公路，镇内通村公路285.6千米，其中硬化路175千米，示范路120.3千米，通户率达到94%以上。

【资源优势】 汉王镇自然资源丰富，森林覆盖率达75%以上，各类林特产品资源丰富，作为膳食果品的有富硒大米、富硒变蛋、柑橘、富硒皱皮柑、硒菇等。汉王旅游资源丰富，汉王镇境内北部有省级森林公园陕南著名风景区——擂鼓台，素有“陕南小武当”“关南第一峰”之称，常年来此旅游观光和摩拜的游客不断。距集镇1千米处有紫阳县重点移民开发项目，汉江旅游景点——中坝岛，蕴涵着深厚的汉文化、道教文化和汉江文化，岛上有15个品种的鲜果200余亩供游客品尝，风景秀丽、环境优美，是集休闲度假和观光娱乐为一体的旅游度假地。

【特色经济】 皱皮柑产业：富硒皱皮柑为汉王镇所独有，以味甜、汁多、形美而出名，乃果中珍品。畜牧产业：全镇共发展养猪2000头，养牛1000头，养羊2200只、养鸡26235只，已培育畜禽养殖大户65户，其中扶持建设畜牧大户22户，畜禽收入达到1500万元以上。茶叶产业：汉王镇草川村、汉城村依据地理条件优势，发展茶叶2200亩，改造茶园200亩，新建陕茶1号丰产密植茶园500亩，新发展了100亩茶叶育苗基地。采取“公司+基地+农户”的发展模式，建成汉城村绿保茶叶合作一个，年生产茶叶4余吨。紧紧围绕“产态立镇，产业强镇，旅游兴镇”的发展思路，依托区位资源优势，结合乡村旅游开发，通过招商引资3500万元，建成汉王韵富硒茶生态观光园，采取土地流转、承包等方式，一期新建

500亩标准化陕茶1号富硒茶观光园，改造低产茶园200亩，新建观光果园100亩，新建3000平米标准化茶叶加工厂1个。二期将新建旅游观景台、休闲住宿饮食娱乐于一体的民俗山庄，引导农户开办标准化、特色化农家乐。同时配套观光步道、停车场等相关基础设施。项目建成后可解决周边300余人就业问题，帮扶150户贫困户脱贫致富。富硒稻米：全镇年种植富硒稻米4500亩左右，年产稻米300余万斤。电商产业：创建汉王镇电商服务站，借助“情系汉王”网络平台，将汉王富硒茶叶、变蛋、稻米、皱皮柑、洋芋、西红柿、白菜等特色农产品在网上成功进行销售，形成汉王特有的电商品牌，实现电商与产业、电商与扶贫结合。2017年，汉王镇电商扶贫促力脱贫攻坚取得明显成效，引起媒体争相报道，群众关注支持，先后被陕西电视台、安康电视台，《安康日报》紫阳电视台等媒体专题报道，电商扶贫为汉王镇开辟一条扶贫工作的新路子，贫困户人均增收1500元以上。

【党风廉政建设】 严格落实党委的主体责任，创新推广“1+1+X”基层干部配备模式，“党支部+工作组+X”工作模式和党建促脱贫“百千万工程”，使党的中坚力量覆盖所有基层党支部，党的工作和活动影响全体党员，党员先锋模范带头作用得到充分发挥，党建助推脱贫攻坚取得新成效。狠抓重点工作。围绕基层党建“六大提升行动”和“11项重点工作”，深入推进“两学一做”学习教育常态化制度化，全面推进“主题党日”制度，切实抓好紫阳“智慧党建”平台建设，切实做好“手机+党支部”信息发布和点评，创新开展“互联网+党建”工作，办好“汉王先锋讲坛”，进一步加强基层组织建设，进一步提升党员干部的能力和素质。从严执纪问责。全面落实“两个责任”，充分运用“四种形态”，狠抓干部作风专项整治，执纪问责效果明显。全年受理群众问题线索21件，涉及侵害群众利益不正之风和腐败问题19件，其中初核了结14件，立案审查7件（正在审查1件），提醒谈话12人，批评教育4人，给予党纪处分7人。其中“三个助力”问题线索15件（脱贫攻坚13件，市场秩序2件），问责处理14人，其中给予党纪处分4人，约谈6人，通报批评4人。

【脱贫攻坚】 抓好帮扶。建立“一三三五”结对帮扶机制，即：“462名党员包联1504户贫困户，直接联系、服务、带动21000名人民群众”的一项党建促脱贫“百千万”工程；建好“基础信息薄、脱贫方案，帮扶措施”三本台账；“各帮扶责任人按照每周至少到户走访1次，半月至少到户帮扶1次，每月至少阶段分析增收成效1次”的“三个至少”常态走访帮扶机制；“摸清贫困户基本情况，量身定制帮扶措施，宣传脱贫攻坚政策法规，解决脱贫增收瓶颈，提升贫困户脱贫信心”的“五大帮扶任务”，实现党员、干部帮扶贫困户全覆盖。抓好核查。严格扶贫对象核实及数据清洗和扶贫对象动态调整工作，创新形成“汉王镇扶贫对象核实及数据清洗工作全程影像资料纪实册”，镇级1个，村级7个，用图文详细记录贫困户识别的整个过程。抓好整改。就中央、省、市、县反馈的脱贫攻坚问题，制定整改方案、列出整改清单、建立整改台账、落实整改责任，实行销号管理，切实抓好整改，取得实效。抓好落实。全年115户430人能够如期实现脱贫。完成223户安置房（含五保户安置房）和31户危房改造工程。完成了7.2千米通村水泥硬化、5千米公路完善和3000米联户路建设，完成10.25千米公路通村水泥路路基工程建设。汉王韵富硒茶业、汉王电商服务站、众兴农业、安五富硒稻米等一批龙头企业和合作组织不断壮大。

【招商引资】 结合镇产业优势、区位优势，大力拓展招商引资工作。坚持实行领导干部跟踪服务企业制度，强化服务也是环境、服务出生产力的意识，切实为招商引资企业排忧解难，积极营造亲商、富商、和商的氛围通过招商引资，2017年先后签约落实汉王韵富硒生态文化旅游观光园、山水富硒茶园、滨海富业纺织、紫濠电商、乌蒙农业、曦源公司等6个招商项目，实现总招商资金6100万元，完成全年招商引资的122%。

【基础设施建设】 G541国道汉王至石泉段完成征地58.3亩，兑付征地补偿资金171万元，房屋及附属设施拆迁782平方米，迁坟43座，汉王至紫阳段完成征地69亩，兑付征地补偿资金69.61万元。汉王汉江大桥建设项目已完成招投标工作，正在进行公示。擂鼓台风景区旅游公路已完成招投标，施工单位正在办理施工手续，即将动工建设。对招商引进的汉王韵富硒茶业有限公司、紫阳县曦源生态农业开发公司、紫濠电子商务有限公司、汉王镇社区工厂等重点企业加大支持和扶持力度，全年完成招商引资5600万元，完成全年任务的112%。

汉王镇

【移民搬迁】 完成集镇三期、农安村、马家营村、五郎坪村安置点223户安置房（含五保户安置房）和全镇31户危房改造工程。强力推进集镇五期182套、集镇六期185套安置房工程建设。

【社会管理】 定期召开包组联户“五个一”研判会、党群例会，研究解决群众各类诉求120件。创新落实领导包案接访、点名接访、带案下访，今年全镇无一起县及以上上访。深入推进“七五”普法工作，全年开展普法宣传10场次。对全镇27处涉及的106户、398人、403间房屋防汛防滑重点隐患点，按照防汛包抓工作“三到户”要求，进一步夯实责任，确保平安度汛。严格落实安全生产“党政同责、一岗双责”责任，切实抓好道路交通、水上交通、烟花爆竹、非煤矿、校园校车、食品药品安全、打非治违等专项整治，确保人民群众生命财产安全。成立汉王镇民间艺术团，建成汉城村综合文化服务中心并投入使用，先后开展以新民风建设为主题的文艺专场演出6场次，全镇全年有线电视入户305户。2017年城乡居民医疗保险、养老保险参保分别为13668人、6130人，分别完成全年任务93%、89%。修脚师培训378人，完成全年任务150%。认真落实“全面二孩”政策，加强“全面二孩”政策宣传，全年“孕前筛查”、母亲健康检查分别为89人、939人，分别完成全年任务100%、101%，全年兑现各类计生奖扶资金20.43万元。

【乡风文明】 深入开展“诚、孝、俭、勤、和”新民风建设，组建8个村的红白理事会，完善8个村的村规民约，举办大学生集体升学礼仪式7场次，开展以新民风建设为主题的文艺演出6场次，表彰“十佳好婆婆”“十佳好媳妇”20名，涌现贫困群众自强标兵100

名，规范人情消费，整治等靠要行为，贫困群众自强不息、崇德向善的良好风气初步形成。

【环境治理】 制定《汉王镇全面深化河长制实施方案》《汉王镇突出环境问题整改工作方案》和《汉王镇突出环境问题整改工作责任清单》，严守环境保护红线，加强汉江水质保护和生态环境建设，突出垃圾和污水两大防治重点，强化“河长制”“网格化”和“视频化”监管，健全和完善集镇和农村环境综合整治长效机制，确保一江清水永续北上。

【教育卫生】 教育：2017年，汉王镇有初级中学1所，中心小学1所，村级完小2所，教学点1个，公办幼儿园1所，民办幼儿园1所，中学生662人，小学生1288人，入园学生551人。全镇有教职工115人，其中高级职称教师8人，中级职称教师43人，初级职称教师64人，教育教学质量逐年攀升，为市级教育强乡镇。2017年全镇义务教育均衡发展工作对照上级部门要求的创建指标项目全部达标。卫生：汉王镇中心卫生院现有职工22人。其中：中级职称3人，初级职称18人。下属8个村卫生室。拥有200MAX光机、电子胃镜、B超、心电图机、半自动生化分析仪及常规检验设备。能开展四肢骨科手术、住院分娩、阑尾、疝气及内、外、妇、儿的常见病、多发病的诊断和治疗。设有住院部、普通内科、外科、妇科、儿科、中医科、妇产科、药品仓库等主要科室；附设有心电图室、放射室、检验室等辅助科室。开设床位55张，外设一个门诊部。2017年，汉王镇全力做好医疗卫生、计生等服务水平提升工作，努力办人民满意中心卫生院。

【经济成就】 2017年，全社会固定资产投资26332万元，增社会消费品零售总额16776万元，农民人均纯收入9951元。

（李永岗）

焕　古　镇

中共焕古镇委员会
书　　记：蔡英宏
副 书 记：覃承军
组织委员：杜鹏志
中共焕古镇纪律检查委员会
书　　记：朱　棋
焕古镇人大主席团
主　　席：周　鹏
焕古镇人民政府
镇　　长：覃承军
副 镇 长：黄晓德
焕古镇人民武装部
部　　长：张　琦

【机构设置】 按照紫阳县“三定”方案，2017年度，焕古镇政府机关下设：党政综合办公室、经济发展办公室、社会治理办公室、公共事业办公室和财政审计所，事业单位下设：农业综合服务站、社会保障服务站、文广综合服务站、村镇规划建设管理所、和食品药品监督管理所。

【基本镇情】 焕古镇位于紫阳县中部，镇人民政府驻地焕古街道距县城20千米。焕古镇因宦姑滩而得名，宦姑滩是唐代贡茶生产地。境内海拔331米至1300米，最高点为蜂桶殿，海拔高度1300米，最低点为瀛湖库区331米水位线。北有秦岭相阻，南有巴山为屏，形成冬无严寒、夏无酷暑的北亚热带湿润季风气候区，其特点是四季分明，雨热同季，光照充足，年降雨量800毫米至1000毫米，年平均气温15.1℃，无霜期为268天。有耕地38689亩，茶园2.3万亩。汉江横贯全镇长达20千米，是当地不可或缺的一条重要水道。全镇总面积102.5平方千米，辖焕古村、春堰村、金塘村、腊竹村、大连村、刘家河村、东红村、东河村、黑龙村、苗溪村、松河村11个村民委员会和一个街道社区居委会，94个村民小组，3827户，14232人。

【优势资源】 矿产资源丰富，旅游资源潜力巨大，绿色产业蓬勃发展。旅游资源聚古镇文化、道教文化、茶乡风情于一体。一是汉江横贯全镇，境内江域20千米，5600亩；二是老街保存有古香古色的石阶路、石板房；三是有千年古刹——东明庵，曾有“先有东明庵、后有紫阳县”之说；四是镇政府周围群山环抱，上有齐星寨，下有石女寨，对面有牛头寨、天池垭，后有云雾寨、蟒寨、蜂桶殿等奇山异峰，怪石嶙峋，是一个天然的旅游景区。五是沿江腊子园、铁炉沟、七里沟、八里扁、鲢鱼河、沔鱼河、松河口等山水交融，岛屿相连，烟波浩渺，是休闲度假旅游的绝佳去处。

【经济概况】 全年实现社会生产总值43012万元，增长18%；全社会固定资产投资23559万元，增长11%；城镇居民可支配收入42013元，增长12%；农民人均纯收入10804元，增长8.1%，人口自然增长率控制在2‰以内，城镇登记失业率控制在4%以内，主要指标稳中有增，经济总量持续攀升，贫困发生率进一步降低，全镇各项事业保持又好又快发展态势。

【主导产业】 围绕茶园规模、品牌建设和招商引资持续发力，不断做大做强立镇产业。强化管护，确保茶叶高产质优。组建管护专业工作队进行统管统防，全面完成全镇2.6万亩茶园管护；抢抓机遇，不断扩大基础规模。2017年，新建茶园2170亩，农户自行购苗点籽300余亩；持续招商，逐步强化产业龙头。今年成功引入两家茶叶企业，共计投资6800万元，均落地在建；坚持标准，着力建设示范园区。春堰村茶叶观光示范园区观光路建设及园区管护和补植补栽工作完成；三坝村茶叶观光示范园完成核心区整地300亩，其中核心园区150亩栽植陕茶1号；焕古村茶叶观光示范园区完成茶园管护和观光人行梯步，已完成整地；塑品牌，不断提升知名度。焕古村获全国一村一品示范村称号，紫阳焕古富硒茶成功入选全国“‘一村一品’十大知名品牌”；

焕古镇

多元发展，丰富农产品种类。鑫昌万头生猪养殖厂顺利实现年盈利150万元；松河村莲藕专业合作社、骏峰养殖专业合作社、食用菌专业合作社运行良好。坚持以脱贫攻坚统揽全局。围绕“六个精准”，扎实开展贫困对象数据清洗和动态调整工作，至2017年年底全镇共有建档立卡贫困人口2538户7989人，3年来已脱贫出列787户2871人（其中2017年脱贫74户288人），大连村顺利通过第三方评估脱贫出列。狠抓扶贫帮扶，大力扶持发展茶叶、特色养殖、种植等富民产业，兑现产业奖补资金158万元；进一步加大扶贫贷款力度，全年完成“5321”金融扶贫贴息贷款1985万元；积极发动贫困户参加修脚、电商、烹饪等实用技术培训，累计完成培训674人（含足浴培训336人、电商培训20人、烹饪培训295人、家政服务培训18人、建筑工培训5人）；建成“四室分离”村卫生室6个、完善贫困户家庭医生签约服务。落实“两线合一”兜底保障政策，做到应保尽保，应退尽退。着力推行“龙头企业+合作社+贫困户”帮扶模式。全镇11个村均按程序组建互助资金协会，发展会员1098户，入会资金共计15.21万元，累计发放贷款516.7万元，放贷率达75%，成为群众创业增收的身边银行。切实推进移民搬迁工作，全年完成搬迁552户1450人。新启动三个安置点（集镇五期、金塘、三坝二期）建设，目前建设进度10幢基础完工，8幢92套主体在建，完工9幢80套，争取在2018年6月底前主体全部完工。脱贫攻坚工作代表省市多次接受国家和省级脱贫攻坚工作考核，为省市县在脱贫攻坚工作考核中取得优异的成绩做出应有的贡献。2017年7月，焕古镇被评为全市脱贫攻坚工作先进单位。

【城乡统筹】 按照县镇规划，提出打造“中国紫阳硒茶小镇”的发展理念，进一步明确发展定位，进一步推进各项基础建设，并将“硒茶小镇”建设纳入焕古镇“十三五”发展规划重要内容，镇域经济、社会、文化发展后劲进一步增强。一是围绕定位着力编制和完善旅游古镇修建详细规划，在基础建设和旅游功能方面着力提升文化内涵和综合效应。二是集镇老街已完成民居改造83户，完成老街排污管网安装、路灯线网安装和老街板石铺面；集镇老街电网全面完成。三是田坝新区仿汉唐集镇新区已完成一、二期建设，三期8栋64户主体完工。四是集镇汉江防洪河堤主体已竣工，正在进行路面、栏杆等后期装饰工程，配套客运码头主体已完工；滨江观江步道已完成毛路开挖；庙沟桥已完成建设，肖家沟桥正在建设当中；五是逐步提升小镇接待能力，培育8户旅游餐饮经营户，集镇老街游客接待中心已成功运营。

【基础设施】 541国道焕古段建设环境保障到位，率先完成沿线范围内的征地拆迁工作。农村道路硬化第一批春堰村、金塘村完成硬化14.5千米；第二批黑龙村、苗溪村、刘家河村、松河村、东河村共计34.9千米公路硬化工程已完成招标，底子工程基本完工，即将进行路面铺设；春堰村、金塘村、东红村29.61千米农村公路完善工程已完成18千米。焕古汉江大桥完成选址，可行性研究报告已完成,并通过省交通厅评审。农村安全饮水工程得到加强。第一批14处227万元的人饮、灌溉工程开工建设，已完成总工程量的70%。第二批4处221万元人饮工程已完成立项、设计，正在进行招标。农村通讯水平进一步加强，春堰村、东河村、刘家河村、苗溪村、松河村、黑龙村宽带接通。大连已开通96户无线网络，农村电网改造基本实现全覆盖。

【社会事业】 着力塑造绿色、宜居的生态人居环境，持续开展村容村貌集中整治，按照常态化管理狠抓河长工作责任制，强化沿江污水及垃圾集中处理，全年新建三格化粪池105户、垃圾池21个，投资60万元建成春堰、东红等村公厕5座。集镇污水处理厂运行正常。“户集中、村收集、镇处理”农村垃圾处理模式进一步加强，镇村环境明显改善，国家卫生集镇创建工作效果明显。狠抓教育教学质量提升，投资675万元的中心学校教学楼、操场及附属工程全部竣工，配置运动场地一个，结束焕古中心学校无操场历史。办学条件进一步改善，设置各类功能部室23个，教学设备达到省定标准，义务教育均衡县创建顺利通过国家验收，适龄儿童入学率达到100%。公共服务和社会保障进一步夯实。建成街道社区、东红村、金塘村等5个村文化活动中心，建成街道社区老年日间照料中心。计划生育工作质量全面提升，低生育水平持续稳定。城乡低保、五保管理进一步规范，一大批五保、低保、重病、重度残疾人得到应有生活和医疗保障。

【综治维稳】 着力推进“平安建设”，扎实开展各种社会治安综合整治活动，完成镇综治维稳中心建设，全面推行网格化管理，社会治安防控水平进一步提高。深化镇纪委直管村监委会工作制度，坚决依法打击侵害群众利益不正之风和腐败行为。积极化解各类矛盾纠纷，全年高效办结“4411111”热线电话、“县长信箱”群众反映事件共计20件，调解矛盾纠纷85起，办结网上信访件50件。进一步落实安全生产责任制，切实抓好安全生产工作，全年无重大安全事故发生。大力推进新民风建设，大力评优树模，乡风民风持续向好。坚决治理非法信访、缠访、闹访行为，实现信访工作“一控双降”，一年来“两率两度”稳步提高，社会大局和谐稳定。

【政府自身建设】 坚持把“两学一做”学习教育，聚焦到强化基层党组织建设、营造风清气正发展环境、带动镇村经济社会发展上来。各支部按照“六有”标准，扎实推进学习教育。采取“七学法”丰富学习形式（领导带头学、会议集中学、微信平台学、短信提醒学、交流互动学、送教上门学、包扶帮助学）。同步发放各类学习资料700余册，确保学习教育覆盖到全镇每名党员。开展“党员中心户”创建活动，采取支部带中心户、中心户带普通党员，普通党员带贫困户的“三级帮带”模式，同步宣传国家各类惠民政策、致富门路，帮助贫困户谋发展，促增收。结合庆祝中国共产党成立96周年开展评选表彰活动，营造浓厚学教氛围，评选各类先进典型147人。开展支部、党员“承诺践诺”工作，定下整改目标并在年底接受承诺事项集中测评。大力营造学教氛围。利用展板、喷绘、横幅、微信、QQ群等媒体在全镇范围内营造浓厚的学教氛围。

（王　冲）

向 阳 镇

中共向阳镇委员会
书　　记：詹世勇
副 书 记：佘在随　王　敬（女）
组织委员：马贵文
中共向阳镇纪律检查委员会
书　　记：张凤鸣
向阳镇人大主席团
主　　席：晏刚林
向阳镇人民政府
镇　　长：佘在随
副 镇 长：覃　华　吴著成
向阳镇人民武装部
部　　长：汪富奎

【机构设置】 向阳镇机关内设“七办二所五站”，即党政综合办公室、扶贫办公室、移民办公室、综合治理办公室、计划生育办公室、村镇规划办公室、重点项目援建办公室，市场监管所、财政审计所，农业综合服务站、民政工作站、公路管理站、文化服务站、社会保障服务站。目前，实有在编在岗人员54人。

【自然概貌】 向阳镇距紫阳县城6.5千米，东与城关镇接壤，北与焕古镇毗邻，南与高桥镇交界，西与红椿镇、高滩镇相连。镇内地势南高北低，平均海拔820米，最高点海拔1537米，最低点海拔360米。境内河流密布，主要有自西南向东北入汉江的任河、自西向东入任河的渚河，境内山梁河谷纵横交错，属山区河谷地势。春夏多雨，冬秋寒凉，年降雨量1938.6毫米，降水多集中在5—10月，属典型的巴山气候。

【人口】 全镇面积130.9平方千米，下辖贾坪、营梁、江河、院墙、显钟、鸡鸣、天生桥、钟林、芭蕉、月池、止凤、悬鼓12个村、1个集镇社区，108个村民小组6792户2.53万人。

【优势资源】 境内资源丰富，林地覆盖率达56%，其中天然林保护林区6.8万亩，飞播林6.1万亩，生态林81000亩，经济林33000亩，主要有马尾松、杉树、柏木、厚朴等。镇内交通发达，通村水泥路覆盖全镇村落，包茂高速在域内有两个进出口，310省道及县道桑红路穿镇而过。水资源优势明显，任河、渚河流经全境入汉江。任河漂流、渚河水上乐园的建设将带动旅游产业再上新台阶。旅游资源主要有瓦房店综合旅游项目、富硒茶文化观光园、山地茶叶观光园、安康老地委所在地——芭蕉口、千年古枫、三叠泉等。2017年主要打造桑红路（桑树沟—瓦房店）加宽、瓦房店北五省会馆群、富硒茶文化观光园、山地茶叶观光园、并在旅游沿线扶持特色农家乐和乡村旅馆多家，旅游接待水平得到提升，旅游收入稳步提高；芭蕉发现大片古生物化石带——志留纪古海洋生物化石——弓笔石，为地质海洋变化和生物进化研究提供依据。

【特色经济】 现有生产茶园2.87万亩，

是全县茶叶大镇之一，有名优茶加工企业51家（1家富硒红茶加工基地）。2017年，培育生态茶园600亩，管护山地示范茶园3000亩，完成2.81万亩茶园春秋两季管护工作，管护率达98%以上，发展紫阳富硒茶直销体验店1家、网店3家，完成4000亩魔芋种植任务，发展烤烟750亩、发展花椒800亩；扶持发展1个家庭农场；新建果园300亩；发展富硒蔬菜500亩；有序组织劳务输出10000余人次，实现劳务收入2.5亿元。

【基础设施建设】 2017年，全镇基础设施显著提高。新修村级公路41.6千米；硬化村级公路26千米；实施建成3处安全饮水工程；集镇和农村电网得到彻底改造。2017年，向阳镇以汉江水质保护为重点，全力抓好生态环境建设，实施村容村貌整治，完成标准垃圾池建设20座，添置垃圾桶300个；完成三格化粪池17个，投入4.5万余元对沿河环境集中整治5次，确保垃圾、污水处理长效机制健康运行。2017年，集镇移民安置搬迁200余户，集镇人口增加1200多人，安置点五期工程完成建设，集镇规模将进一步扩大。为加强集镇管理，配套相关设施，添置2台垃圾车，充实环卫队伍，确保垃圾日产日清。规范集镇车辆停放及商贩摊位，更换安装198盏太阳能节能日光灯，集镇进一步亮化美化。为加强小区住户管理，社区成立专门队伍，加强矛盾纠纷排查调处工作，确保新老入住户能安居乐业。

【教育卫生】 2017年年末，全镇共有幼儿园2所，小学4所，九年制学校2所，小学在校生1268人，专职教师97人，初中在校生703人，专职教师54人，九年义务教育覆盖率达100%；成立向阳镇“义务教育均衡县创建达标”工作领导小组，各学校对照标准进行自查，并上报“义务教育均衡县创建达标”工作领导小组办公室；印发《向阳镇义务教育均衡县创建达标工作实施方案》，夯实镇域各学校创建工作。医药卫生体制改革稳步推进，新建院墙、鸡鸣等2个村标准化卫生室，2017年农村合作医疗参合20100人，农民参合率达100%，食品药品放心工程扎实推进，医疗条件和环境明显改善，药监所充分发挥职能，加强对农村红白喜事、餐饮业的监管，确保不发生一起食品安全事件。

向阳镇

【农村改革】 充分利用农村闲置土地、荒山资源及意向在农村发展的成功人士，实施农村“三变”改革；稳步推进农业产业结构调整，充分发挥本地特色资源优势，发展特色经济，促进土地流转。

【经济成就】 2017年，全镇农村经济总收入21535.6万元；农村居民可支配收入18970.6万元，其中种植业收入3716.9万元，养殖业收入1450.9万元，二三产业经营收入1690.2万元；农村居民人均可支配收入9346.5元。

（周志新）

洞 河 镇

中共洞河镇委员会
书　　记：田元彬
副 书 记：徐恒鑫　伍　鹏
中共洞河镇纪律检查委员会
书　　记：杨军仓
洞河镇人大主席团
主　　席：李平全
洞河镇人民政府
镇　　长：徐恒鑫
副 镇 长：侯启龙　覃小强
洞河镇人民武装部
部　　长：程　健

【机构设置】 镇机关内设党政综合办公室、经济发展办公室、社会管理办公室、市场监督管理所、财政审计所五个行政机构；农业综合服务站、社会保障服务站、公共事业服务站三个事业机构；另有派出所、供电所、信用社、卫生院、中心学校、移动分公司、联通分公司、电信分公司等驻镇单位，目前实有在编公务员32人，事业编人员30人。

【概况】 洞河镇位于紫阳县东部，东与岚皋县的大道河镇接壤，西邻城关镇，南与双桥镇为邻，北接蒿坪镇距县城12千米处。洞河镇还是一江（汉江)两河（汝河、洞河)交汇的地，襄渝铁路穿境而过，四大公路相互贯通(岚紫公路、洞大公路、城洄公路、磙三公路），水路交通十分便利。洞河镇气候湿润，高温多雨，雨热同步，冬无严寒，夏无酷暑，年平均气温为15.0℃，年均降水量1127.8毫升。全镇总面积共94.2平方千米，水域面积居多，辖12个行政村（洞河、云峰、马家庄、石家、菜园、小红光、前河、联丰、楸园、田榜、红岩、香炉）和1个居委会，总人口5919户，约17451人。其中少数名族(回族)总人口1226人，是一个回汉杂居的民族集镇。劳动人口7916人，占全镇总人口的45%，常年外出务工者4081人，占全镇总人口的23%。洞河镇的水、林、矿产以及旅游等资源极为丰富。

【脱贫攻坚】 抢抓秦巴山区连片开发和精准扶贫政策机遇，围绕”六个保障”，着力脱贫攻坚。大力实施移民搬迁,建成田榜、楸园、前河等村移民集中安置点，开工建设集镇二台子安置点工程，当年新建保障房500余套，搬迁2100余人,累计发放购房各类补贴2000余万元；因地制宜，鼓励群众大力发展茶叶，核桃、柑橘、养羊等种植、养殖业，共新建茶园1000余亩、改造管护茶园6500余亩、种植烤烟600余亩，巩固发展渔业产业；严格执行民政优抚政策标准，阳光操作，认真落实五保、低保政策，积极实施困难生活救助、大病救助。五年来累计发放各类民政资金2200余万元，为困难群众和弱势群体提供最低生活保障；全面落实农村合作医疗，养老统筹、全镇参合率达到98%以上，发放200余万元为群众教育、就医、养老提供基本保障；全面兑现各类惠民政策，累计发放粮食直补、耕还林等惠农补贴1500余万元，惠及全镇人民；积极探索就业新模式,寻找创业新契机，组织群众开展修脚师、烹饪、茶园管护等劳动技能培训，拓宽就业渠道，解决就业1500余人。

【产业发展】 发挥茶叶基地和大户示范带动作用，通过“基地+农户”的模式，着力培养以马家庄、香炉、田榜、楸园为中心的茶叶重点村，带动全镇发展茶叶突破2万亩。全镇发展烤烟600余亩，产值达300余万元；魔芋1000余亩，产值达300余万元；茶园管护面积近6500亩，产值达800余万元；桑园面积500余亩，喂养蚕种200余张，产值40余万元；全镇肉牛存栏量200余头、山羊存栏量1万余只、生猪存栏量2.2万余头。山林经济快速发展，林下养殖户持续增多。在前河、菜园、小红光村管护精品橘园500余亩、李子园400余亩、核桃园600余亩。进一步完善产销对接，积极与市县电商办协作，采取“电商企业+专业合作社+贫困户”的电商扶贫，创新发展“网赢天下”的产销新格局。

【基础设施建设】 基础设施投入加大，镇村面貌明显改善。一是加强农村基础设施建设，提升生活质量。积极争取资金项目，先后在各村实施公路新建、改造工程共计17千米，辖区内雁门至洞河段12.7千米541国道路面铺设完成，洞河至紫阳段11.8千米完成60%土石方开挖工程量，跨汉江大桥列入“十三五”规划。投资2000余万元，在集镇、汝河开建河堤2000余米，新建饮水工程2处，同时实施农村电网改造升级，满足群众用电需求。二是加快集镇建设，提升集镇品位。集镇面貌是一个镇的名片和脸面，街道脏、乱、差现象一直是困扰历届党委、政府的一大难题，也是居民关心的一个热点问题，本届领导班子克服种种阻力，积极争取资金项目，先后实施街道绿化、亮化工程，对集镇线路、背街小巷进行了改造，集镇安置点配套设施全面完善，集镇农贸市场开工建设，居民的居住环境和集镇形象得到有效提升。三是加强网络通讯建设，提升农村信息化水平。全面推行农村广播电视“户户通”，修建移动、联通发射塔，推动电信光纤网络建设，基本实现了网络到村，广播电视、通讯全覆盖在提升群众物质生活的同时，丰富了群众的精神文化生活。

【生态环境保护】 环境是赖以生存和发展的基本条件，镇党委、政府将环境保护和汉江治污作为一项政治任务，进行广泛宣传动员，做到人人皆知，全民行动。各村配备1~2名卫生保洁员，成立河长制办公室，落实江河长责任制，签订门前“四包”责任书，逐年完善各村垃圾池、化粪池、垃圾填埋场的建设。先后共投资1000余万元，用于沿江绿化、改圈改厕、修建垃圾池、化粪池，新配垃圾车5辆、洒水车1辆。镇村环境环境卫生明显改善，群众环保意识有效提升，确保一江清水送

洞河镇

北京。

【社会事业】 大力推进以“诚、孝、俭、勤、和”为核心内容的新民风建设工作。13个村社区全部建立健全“一约四会”机构制度并正常运行，举办集中升学历12场次，评选出一大批“好媳妇”“好婆婆”“好孝子”“十星级文明户”等正面典型，不孝敬老人、争当贫困户、无理闹访缠访、“懒汉”等负面典型，起到很好的榜样引领和警示教育作用。加强市场整治，确保食品药品安全。成立食品药品监督管理所，填补监管空白和监督死角,全面实行农村家宴申报备案制度，大力查处违法经营行为,共立案处罚30余起，确保辖区人民饮食用药安全。加大教育投入，提升教育教学质量。加强校园安全管理，狠抓教师队伍建设，教育教学质量名列全县前列；先后争取资金1000多万元，改建中心小学操场、新建初级中学教学楼、石坝小学操场等校园基础设施建设，改善办学条件，提升办学水平。积极开展文化活动，提高群众生活品质。积极组织群众文艺团体参加文艺演出比赛和文化交流活动，并多次县级表彰，提升群众生活品质。转变工作职能，提高计生卫生服务质量。整合资源，优化办事流程，简化办事手续，严格兑现奖扶资金，围绕“国优”创建，提升计生工作水平，加强医护队伍的教育管理，不断加大资金投入，更新医疗设备，提升服务质量。做大做强招商引资和旅游产业，拉动地方经济发展。先后引进企业2家，累计完成招商引资2000万余元。对公路、河道沿线村庄实施绿化、亮化工程，为下步打造旅游强镇奠定了坚实的基础。加强社会管理，促进民族和谐。加强安全管理，大力查处农用车辆、农用船只载客和摩托车超载现象；多方筹措资金，积极化解历史债务，确保社会和谐稳定。充分尊重少数民族宗教信仰和生活习惯，在学校为回民师生设立“回民灶”，大力扶持清真寺等宗教场所建设，利用暑假举办“民族语言”培训班，传承和弘扬少数民族文化，认真执行计划生育、牛羊肉补贴等民族优惠政策。

【自身建设】 全面落实从严治党，营造风清气正的政治生态。扎实开展学习教育，加强干部作风建设。党的十八大以后，习近平同志提出“治国必先治党，治党务必从严”的从严治党新要求，党中央先后在全体党员干部中开展了“群众路线教育”“三严三实”“两学一做”等一系列学习教育。班子带头示范，持之以恒抓好学习，不断提升班子成员的党性修养和政治理论水平，全体党员干部在学习中受教育，懂规矩，讲政治。结合本镇实际，先后出台了财务管理制度、考勤制度等十八项规章制度,严格干部队伍管理，着力解决干部身上存在的“四风”问题，“不严不实”问题、懒政怠政问题，主动适应从严治党新要求、作风建设新常态，打造一支政治可靠、素质过硬、作风优良的优秀干部队伍。深入开展包组联户，密切联系群众。包组联户“五个一”作为我县一项创新便民服务机制，就是为了解决联系和服务群众“最后一公里的”问题，镇党委深入开展包组联户“五个一”工作机制，严格落实领导联村、镇村干部包组联户，要求干部进村入户，访民情，解民意，解民忧，做到责任到人，突出贫困户，实行“一对一帮扶”，精准施策，帮扶发展产业，增加群众收入，并将干部工作开展情况纳入干部年度考核，严格兑现奖惩。加强基层组织建设，打牢基层基础。通过在村级党组织开展一系列党的学习教育，不断强化农村党员干部的教育管理，提升农村党员干部的政治信仰和政治觉悟，增强基层党组织的凝聚力和战斗力，充分发挥党员干部的表率示范作用和基层党组织的战斗堡垒作用。严格执行村级财务管理制度和村干部值班制度，认真落实党群例会制度，坚持“54321”工作法，开展“我是党员我承诺”“党员亮身份”“评星定级”等党建活动，让村组干部、党员、群众代表共同参与讨论和决策村上事务及群众关心的热点问题，充分发扬民主，主动接受群众监督，确保公平公正、公开透明。全面落实从严治党，筑牢防腐之墙。全面落实党风廉政建设“两个”主体责任，始终把党风廉政建设和全镇主要工作放在同等位置，做到同研究、同部署、同落实、同考核。狠刹“五股歪风”，严禁“人情风”“赌博风”，坚决纠正查处损害群众利益的不正之风和腐败问题，党员干部作风明显改善。五年来，共立案查处违纪案件16起，给予党政纪处分4人。

（余勇军）

洄 水 镇

中共洄水镇委员会

书　　记：甘贻松

副 书 记：郭申堂　邓存军

组织委员：綦升华

中共洄水镇纪律检查委员会

书　　记：梁胜重

洄水镇人大主席团

主　　席：罗　勇

洄水镇人民政府

镇　　长：郭申堂

副 镇 长：董长江　刘　伟

洄水镇人民武装部

部　　长：陈　兵

【地理位置】 洄水镇地处紫阳县东南部，距县城38千米，是紫阳县的边贸重镇，东与洞河镇接壤，南与岚皋县堰门乡隔河相望，西与斑桃镇比邻，北与双桥镇相接，权洄、紫岚公路穿境而过，辖区总面积88.67平方千米，共有1个社区、8个行政村，73个村民小组3911户，辖区总人口13659人，劳动力9076人，全年劳务输出4798人，2017年人均纯收入10077元。

【资源优势】 水资源。洄水镇属于典型的山地地形，秦巴低山斜坡状，地形坡度较缓。境内汉江支流洞河穿境而过，水资源丰富，水力蕴藏量约150万千瓦，可开发量100万千瓦，可利用水域面积90万亩，是水产开发的理想之地。农业资源。洄水镇是传统的农业经济镇，农业产业以茶叶、蚕桑、魔芋、畜牧、林下经济为主导产业。交通便利。近年来，新农村的建设，农村交通条件德到极大改善，基本上实现村村通水泥路，群众的出行和农资物品运输问题得到解决。随着G541国道建设，将会极大地拉近镇与县城的距离，实现一个小时往返两地之间。

【镇域特色产业】 洄水镇充分利用辖区“茶、山、水”资源优势，极力打造特色产业“百、千、万”产业工程，即“修建百亩流水养鱼基地、建千亩冬桃园、管护万亩茶园”。以连桥村流水养鱼基地为基础，全镇扩建鱼塘至35亩，年养鱼80万尾，实现产值200余万元；全面实现千亩冬桃园建设，在茶稻试种的300冬桃全面挂果投产，2017年在联沟村马道梁建成700亩冬桃建园。全年高标准管护生产茶园1.1万亩，茶叶育苗50亩，建成丰产密植茶园450亩，实施低产茶园改造600亩，新扩建标准化茶叶加工厂6家，并调节办公经费10万元奖励已投产的新扩建茶厂。用足用活产业扶持政策，帮助贫困户发展产业，全年兑付产业奖扶资金82.8万元，发放产业互助资金借款350.95万元，发放小额贴息信用贷款368万元。

洄水镇

【镇域旅游】 洄水镇结合特色产业“百千万”工程，走产旅融合发展之路。策划包装了宜业宜游的“三园一区一带”的旅游产品，目前已建成稻桦栎茶叶观光园500亩、千亩冬桃园、目连沟渔业养殖园的“三园”旅游观光项目，挖掘目连孝母文化，策划包装目连桥孝道文化旅游区项目。抢抓G541国道建设和石紫岚沿江经济带建设机遇，打造庙沟休闲采摘及民宿体验观光园，开发上、下官田打造休闲农庄，改善目连桥休闲垂钓园接待服务能力，将权洄干线建成宜业宜游的产旅融合示范经济带，全力打造镇域“一日游”精品旅游路线。

【脱贫攻坚】 全年来，洄水镇围绕“六个精准”，按照“八个一批”，做到“七抓七促进”，确保脱贫攻坚工作迈上新台阶。全面完成扶贫对象识别及数据核实清洗工作，实现应纳尽纳，应退尽退，为精准施策奠定了基础。当年实现307户992人脱贫，其中团堡村实现整村出列。为确保脱贫质量，洄水镇采取“六抓六促进”的有效措施。即抓项目建设，促进基础条件改善。实施道路硬化17.58千米，农村道路完善工程38.7千米；实施饮水工程3处；变压增容4处，完成团堡、连桥、小河、桦栎四个村卫生室及团堡、连桥、小河三个村的文化活动广场建设；实现所有行政村宽带进村，全面配合完成541国道、洄堰大桥援建工作。抓移民搬迁及土坯房改造，促进住房保障。2017年，移民搬迁200户，完成移民搬迁任务数的130.7%，完成土坯房改造68户，当年脱贫户住房全部达到有保障，贫困户人居环境得到极大改善。抓金融扶贫，促进产业发展。全镇7个贫困村全部成立互助资金协会，并正常运行，累计发放产业互助资金借款208.85万元，协助贫困户申请“5321”额贴息贷款81户368万元，全年共兑付产业奖扶资金74.4万元，极大的解决贫困户发展产业缺资金的问题，有效的促进产业发展。抓技能培训，促进农户增收。全年完成足浴、月嫂等技能培训460人次，发放技能培训补助资金30余万元，开展茶叶、烹饪、魔芋等实用技术培训20场次，培训1000余人次，通过技能培训，贫困户自身造血功能不断增强。抓健康扶贫，促进贫困户医疗有保障。实现贫困人口全部参加农村合疗，落实健康扶贫“四重保障”报销72人，贫困户签约家庭医生全覆盖，集中开展健康体检12场次，解决贫困群众看病难、看病贵的问题。抓民风建设，促进贫困户内生动力提升。全年围绕“诚、孝、俭、勤、和”开展了新民风建设，充分发挥“一约四会”的作用，以道德评议、移风易俗、诚信建设为抓手，大力整治人情风、攀比风，杜绝“婚丧嫁娶”之外办酒席。全年评议出红榜人物40名，黑榜人物8名，表彰新民风建设先进典型131人，发放奖励物资共计15万余元。

【农村“三变”改革】 洄水镇团堡村是“三变改革”省级试点村，通过支部引导贫困户以土地、林地、信贷资金、财政扶持资金投入量化入股等方式加入合作社，已实现179户农户变股民目标，其中贫困户87户258人。贫困户获得首批分红总金额147542.00元。并且在连桥、联沟、端垭村也积极探索“三变改革”，动员33户贫困户以信贷资金入股合作社，享受首次分红2.6万元。

【社会事业】 全年全面完成新农合、新农保参保任务，民政生活、医疗救助体系不断健全；义务教育均衡发展评估达标，教育教学质量稳步提升，中考成绩综合评比名列全县第五名，小学抽考成绩综合评比名列全县第八名；完成集镇中心卫生院主体建设，集镇公墓及殡仪馆、集镇幼儿园已投入使用，完成庙沟、连桥、团堡、小河路灯安装及集镇街道路灯线路改造4000米，集镇服务功能不断增强。社会治理网格化体系建设不断加强，食品药品、防汛防滑、道路交通、森林防火等安全防范工作有序开展，社会矛盾纠纷排查调处工作不断加强，辖区内社会和谐稳定，无一例非正常上访和重大不安全事故发生。

【政府自身建设】 完善镇机关干部管理、考核办法，按月下发任务清单，月底开展督查点评，有效推动重点工作落实。严格落实村干部坐班值班制度，从严干部管理，严格执行“一岗双责”责任追究制，完成机关站所办资源整合，简化办事流程，塑造“高效、廉洁、务实、诚信”的服务型政府新形象。

（黄　荣）

界　岭　镇

中共界岭镇委员会
书　　记：何泽民
副 书 记：高显刚　张达瑞
组织委员：谢凯均
中共界岭镇纪律检查委员会
书　　记：金和平
界岭镇人大主席团
主　　席：刘大宏
界岭镇人民政府
镇　　长：高显刚
副 镇 长：王志安　彭意聪
界岭镇人民武装部
部　　长：曾嘉庚

【机构设置】 界岭镇在编在岗人员61人，其中领导班子9人。内设党政办、人大办、经济发展办、社会治理办、市场监管所、财政审计所6个行政单位，农综站、社保站、公共事业站3个事业单位。另有派出所、学校、卫生院、紫阳农商银行界岭支行等驻镇单位。

【行政区划】 界岭镇下辖班桃村、新坪垭村、麻园村、双明村、双泉村、箭竹村、金狮村、松树村、斑桃社区，共计8村1个社区。镇政府驻地斑桃社区。辖区总面积204.32平方公里。

【优势资源】 界岭镇绿板石、墨玉、碧玉、煤炭、钒钛磁铁矿储量丰富，亟待开发，纯净矿泉水资源也十分丰富。水能蕴藏量较大，是紫阳县重要水电基地。同时，界岭是林业大镇，有林地面积30余万亩。林地林种主要是用材林、薪炭林和灌木林，盛产杉木、松木、栗类。

【特色经济】 种植、养殖是界岭镇主要产业。2017年，该镇以培育现代农业产业园区为抓手，大力发展以茶园种植、药材种植、高山养殖为主的山林经济。截至2017年年末，全镇共改造老茶园1000亩，栽植核桃500亩，嫁接板栗500亩，冷水鱼养殖10000尾，养蜂800桶，年出栏猪、羊20000余头，鸡37000余只，全镇共有云木香、杜仲、厚朴、黄柏、大黄、党参等木、草本药材3万余亩。农业生产种植业以洋芋、苞谷为主，杂粮有胡豆、豌豆、小豆、绿豆、荞麦、燕麦，本地蔬菜品种繁多，高山特产半边菜、天蒜、蕨菜口感鲜美。同时生活着明宗羊、山鸡、麂子、娃娃鱼（大鲵）、前鱼等国家级保护动物。除此之外，颇具特色的竹藤编制、传统刺绣、木工手艺依然传承不息。境内的钢鳅鱼等口感鲜美、细腻，已成为馈赠佳品。

【基础设施】 2017年，金狮村6.4千米药材园区道路硬化和麻园村3.2千米的通村水泥路工程全面竣工，八道河大桥建成通车，集镇殡仪馆全面竣工。斑桃村三组6.2千米的公路硬化已全面完成，四组5千米公路改造完毕，六组新修道路3千米路面开挖完毕，16千米的通村完善工程已全面完成。双泉村5.5千米的村级公路改造完成设计、预算和招标，2座公厕项目已建成。新坪垭村1.23千米道路硬化已完成设计。松树村5千米的新修道路启动建设。斑桃村、双泉村和松树村的饮水工程已招标，其他村完成前期选址和设计。斑桃和双泉2个村的活动室改造完毕，箭竹村新建活动室主体启动。6个未出列村卫生室项目全面实施，其中4个村的主体已完工，2个村一层主体在建。

【精准扶贫】 界岭镇从产业帮扶、住房保障、就业创业、基础设施、民生扶贫五大领域精准发力。产业帮扶方面，界岭镇两个当年计划出列村积极推进"党建+X+贫困户"促脱贫模式，发展特色产业，带动贫困户增收，与此同时其他非计划当年出列村积极对接帮扶企业，选择发展适合本村群众增收产业。住房保障方面，2017年界岭镇规划建设集中安置房204套，年底48套主体完工，60套四层主体在建，96套一层主体在建。同时，对53户暂时不具备搬迁条件的贫困户，均纳入危房改造计划，完成改造30户，对318户暂时住房无保障的贫困户实行列单管理，并提前纳入2018年建设计划。就业创业方面，积极动员贫困户参加五大免费技能培训，助推就业扶贫，全年完成修脚培训240人，家政月嫂6人，烹饪培训151人，电商7人，组织茶园管护、板栗嫁接、核桃种植、种养殖等大规模培训2场次，受训人数达2200人。全年完成劳动力转移就业3449人，完成自主创业30人。民生扶贫方面，教育扶贫稳步开展，1373名义务教育学生"两免一补"政策得到落实；寄宿生生活补助和贫困幼儿生活补助基本全覆盖健康扶贫正常推进，组织免费体检2轮次，家庭医生签约覆盖所有贫困户，因病致贫群众就医全部得到保障；生态扶贫资金扎实兑现，全镇共兑现公益林补偿资金190.84万元，涉及2509户农户14.68万亩林地，同时实施退耕还林1000亩；兜底保障政策全面落实到位，全镇228户524人纳入低保救助对象，272人纳入五保供养，低保和五保金均按时发放到位；金融扶贫方面，全面完成8个未出列村的评星授级工作，目前小额贷款发放353万元，受益贫困群众77户。8个未出列村均成立互助资金协会，目前发放互助资金224万元，受益群众288户。

【汉江水质保护】 镇政府与各村、各单位签订目标责任书，进一步明确任务，夯实责任。实行“三员”管理、河长负责制度，对全镇5条主河道55.6千米的河道实行分段责任落实，设置河长责任牌28个。沿河道新建15个三格式化粪池，对沿河道10余处破损化粪池管道进行维修和更换，全镇河道管理得到加强。

【教育卫生】 界岭镇现有中小学4所，其中初级中学1所，完全小学2所，教学点1所，幼儿园3所，共有学生1373人。有教职工35人，专任教师33名，县级以上先进教师5人、县级以上教学能手2人。本科学历30人。学校开展教职工全员培训，鼓励教师积极参加国培、省培等继续教育。办学条件日益改善，高效课堂全面实施，立德树人根本全面落实，学校组建有篮球、足球、乒乓球等12个社团，覆盖到每个学科，参与学生439人，占学生总数的31.9%。界岭镇中心卫生院位于界岭镇政府以西50米处，现有职工19名，其中临聘人员11名，有医生5名、护士4名。全镇共有村级卫生室9个，从业人员各1个。镇卫生院初步具备集医疗、保健、急救、体检、卫生防疫、妇幼保健、计划生育等普通功能。

【党的建设】 界岭镇采用创新方式，持续推进“两学一做”学习教育，不断激发追赶超越内在动力；持久发力，促使“支部+X+贫困户”精准扶贫模式稳步推进，斑桃村和双泉村通过支部引领，能人创办企业和合作社，发展特色产业，带动179户贫困户实现增收；积极运用“互联网+党建”的思维和方法，网络党支部全面建立，“手机+党支部”精准平台运行正常，远程教育作用切实发挥；全面夯实基层基础保障，2个村活动室改造完毕，1个软弱涣散党组织整顿有力，镇配齐配强党务干部，党建工作经费保障基本到位；强化“三项机制”运用，不断激发和提升干部干事活力；认真开展村级班子研判，为村两委顺利换届打下基础；制定宣讲方案，成立宣讲工作指导小组，在镇内掀起党的十九大精神集中宣讲热潮。

（汪义贵）

双 桥 镇

中共双桥镇委员会
书　记：罗　彬
副书记：姚开明　王忠军
中共双桥镇纪律检查委员会
书　记：金和平
双桥镇人大主席团
主　席：胡培海
双桥镇人民政府
镇　长：姚开明
副镇长：饶荐斌　周　娟（女）
双桥镇人民武装部
部　长：吴　冬

【概况】　双桥镇位于紫阳南隅，东临岚皋，南通四川，地处高桥、斑桃、界岭、洞河4镇交汇部。因镇内东、西两条河上各有一座古桥而得名。双桥距离县城35千米，总面积184.4平方千米，是紫阳县面积的最大的镇。镇辖10个行政村，64个村民小组，1个居委会，有3959户16052人。洞双、权洄主干道越境而过，通村水泥路纵横交通，农网改造基本完成，水利设施同步完善，通讯实现全面覆盖。

【自然资源】　双桥群山环绕，两河相拥，风光迤逦，景色宜人，独特的自然环境造就了珍贵的自然景观，也孕育了钟灵毓秀的旅游环境。万丈天坑深不见底、六河风洞“空穴来风”、大楠河林场一碧万顷、葫芦颈瀑布一泻千里，原生态自然景点每年引来无数的外地游客旅游观光。双桥森林覆盖率在60%以上，六河、莲花两村拥有原始森林5000余亩，有麂、鹿、獐、豹等数十种国家一级保护动物在这里与双桥人和谐共处。双桥盛产茶叶、蚕茧、魔芋等传统农产品，山野菜、棕、桐、等土特产远销国内外，厚朴、杜仲、天麻、党参等中药材成为富民强镇的新兴产业，6万亩厚朴基地，使双桥享有“中国硒谷厚朴第一镇”之美誉。钛、钪、铁、煤等矿藏资源异常丰富，六河村是储量为1.8亿吨的钛磁铁矿主矿区，中国五百强企业——延长集团于2011年入驻双桥开发钛磁铁矿。

【经济成就】　全年农业总产值14814万元，增长11.8%；完成固定资产投资8900万元，增长13.6%；农民人均可支配收入达到9233元，增长10.7%；主要经济指标稳中有增，经济总量持续攀升，保持经济社会持续健康发展的良好态势。

【脱贫攻坚】　以脱贫攻坚统揽农村工作全局，实现镇村干部、有包帮能力党员帮扶到村、到户、到人、到项目全覆盖，狠抓责任、工作、政策落实，全镇当年158户658人脱贫、莲花村整村退出，顺利迎接脱贫攻坚国家考核验收。针对全镇2312户7147人建档立卡贫困户，通过严把政策、严格程序、全程记实，规范操作，实现扶贫对象数据清洗和动态调整中精准识别、精准退出公平公正。根据贫困户不同致贫原因，实行差异化、精细化、滴灌式帮扶，落实产业帮扶1188户，兑付产业直补资金144.38万元，发放互助资金408户379万元；落实医疗帮扶380户522人，核报医疗费用486万元；落实教育帮扶290人，兑付教育帮扶资金14.8万元；落实金融帮扶172户608人，发放小额贷款205万元，有序组织劳务输出2011人；启动苗河、取宝、解放、集镇四坪移民搬迁安置点4处，实施脱贫搬迁362户，完成交钥匙工程200套，危房改造48户；大力推进“诚、孝、俭、勤、和”新民风建设，开展移风易俗、道德评议、家风文化、诚信建设等活动，有效激发贫困户内生动力。

【产业发展】 以8个茶叶专业村为重点，新建茶园510亩，管护茶园11000亩，改造低产茶园6000亩，发放药物5.3万袋，全年产茶382吨，实现产值5700万元。种植魔芋4000亩，培育魔芋市级园区和县级园区各1个。提升丰瑞养殖、金丹魔芋、闽秦茶叶等3个农业园区，成立农民专业合作社4个。坚持建管并重，管护厚朴园10万亩，新建特色林果800亩。采用“公司+农户”增收模式，新建年产值超过2000万元以上康硒天茗茶叶示范园区1个，在县委、县镇府半年巡查工作中，得到巡查组的高度认可。

【基础设施】 投资245万元实施完成集镇排洪、污水处理和主街道硬化等改造工程，彻底改善集镇面貌，提升集镇管理水平。加宽改造苗河、取宝、中良、双河、莲花、六河、庄房等村通村公路13条53.16千米，完成苗河、中良、莲花、庄房等村路面硬化7条30.71千米，实施双河、苗河等村农村公路完善工程3条9.37千米。新建便民桥5座，人饮工程5处，通讯基站2处。

【招商引资】 把农业产业、生态旅游作为重点招商开发项目，全年新引进规模以上企业1家，援建企业3家，到位投资5300万元。培育镇级电商服务站1个，村级电商服务点4处。

【民生事业】 以企业养殖场、社区、农户垃圾污水处理为重点，夯实河长责任制，实行举报奖励制度，加强毒鱼、电鱼违法行为的打击力度，实现辖区无污染零排放。以义务教育均衡发展为契机，投入校舍维修改造项目资金395.6万元，新建教学楼2栋，全镇4所学校教学楼和生活用房得到全面提升，全面落实贫困学生资助政策，对388名贫困学生发放资助

双桥镇

48.6万元，政府筹资8万元表彰奖励优秀教师、教学能手，实现全镇教学质量排名进入全县第6名的好成绩。加大以修脚足疗、家政月嫂、特色烹饪、电子商务、茶业产业为主的五大技能免费培训力度，完成创业就业技能培训860人。依法治理生育秩序，努力推进“母亲健康”、优生促进、农村计生家庭创业工程，兑付各类计生奖扶资金65.8万元，争取资金140万元，建成7个标准化村级卫生室，全面落实五保、低保和贫困户免费体检、团队签约服务。新建农村幸福院投入使用，集镇殡仪馆装修完成，公墓平台建设基本竣工。建成3个村级文化综合服务中心，完成有线电视入户

230户。足额发放民生保障资金489.6万元，实现农村合疗、城乡居民养老保险全覆盖。

【社会稳定】 深入推进“七五”普法和平安双桥建设，规范镇村综治信息中心，健全领导接访、网上信访和领导包案机制，充分发挥镇村干部、公安、司法三调联动作用，及时排查信访苗头、提前化解矛盾纠纷、凝难问题集中研判，定时开展各行业、各领域安全生产大检查，全年共接待群众来信来访（含网上信访）97起98人次，办结97起，结案率100%，排查矛盾纠纷28起，成功调处28起，调处率达100%，实现辖区和谐、稳定的良好发展环境。

【自身建设】 依法履行政府职能，自觉接受人大监督，认真办理人大代表意见建议和政协委员提案；强化政务公开，开通政府网站、建立政务微信群，自觉接受社会各界和广大人民群众监督；扎实推进“两学一做”学习教育常态化制度化，大兴学习之风，深入查摆问题，强化整改落实，倒逼干部作风转变；认真履行“一岗双责”，层层传导压力，扎实推进党风廉政建设；规范“三公”经费管理，严格公车使用，着力提升为民、务实、清廉、高效的服务型政府形象。

（马安成）

高 桥 镇

中共高桥镇委员会
书　记：谭高礼
副书记：曾　健
中共高桥镇纪律检查委员会
书　记：陈红兵
高桥镇人大主席团
主　席：张福华
高桥镇人民政府
镇　长：曾　健
副镇长：刘大鹏
高桥镇人民武装部
部　长：李国勤

【机构设置】 镇机关内设党政综合办公室、经济发展办公室、社会管理办公室、市场监督管理所、财政审计所五个行政机构；农业综合服务站、社会保障服务站、公共事业服务站三个事业机构；另有派出所、供电所、信用社、卫生院、中心学校、移动分公司、联通分公司、电信分公司等驻镇单位，目前实有在编公务员37人，事业编人员40人。

【概况】 高桥镇位于紫阳县西南部，距县城29千米，东接双桥镇，南与四川万源县庙子乡相邻，西连高滩镇，北邻向阳镇。全镇总面积为150.77平方千米。辖9个村民委员会，94个村民小组，1个居委会，共有人口5104户20584人，集镇常住人口共5241人。因有乾隆末年承建现仍保存完好的“双木桥”，一座叫东河桥，一座叫西河桥而得名，镇街在廊桥岸边依山傍水而建。这里冬无严寒，夏无酷暑，山清水秀，风光旖旎，景色溢人，有古朴风雅的廊桥，六月结冰的风洞、白鹭满枝的古树，保存完好的古墓建筑等，是天然休闲度假胜地，有“汉江画廊”美誉。紫阳富硒茶久负盛名，始于商周，兴于盛唐，属国家地理标志产品，被认定为中国家驰名商标，品牌价值达19.67亿元，素有“贡茶之乡”美誉。这里川腔秦韵交乳，茶文化、道教文化、民歌文化、汉水文化融汇，是文化部命名的“中国民间艺术之乡”。紫阳民歌曲调优美，传唱千年，被列入国家首批非物质文化遗产保护名录。地下矿藏丰富，其中钛磁矿储量达10014万吨、二氧化钛533万吨，且伴生矾磷多种有用矿种，综合回收效益大，属全国大型矿床，具有极大的开采价值。交通便捷，襄渝铁路、包茂高速穿境而过，已融入西安、重庆、武汉半日经济圈。

【脱贫攻坚】 脱贫攻坚工作是当前乃至今后总揽经济社会发展的一项重要工作，本届领导班子抢抓秦巴山区连片开发和精准扶贫政策机遇，围绕“六个保障”，着力脱贫攻坚。该镇始终坚持把脱贫攻坚作为全镇头等大事，以双龙村为重点，按照“六七”标准，综合实施“八大脱贫攻坚工程”，精准识别、精准施策、精准帮扶，广大镇村干部与群众苦抓实干，圆满完成年度工作任务。双龙村顺利通过市第三方评估验收，全年完成脱贫355户1200人。形成修脚+贫困户、园区+贫困户、旅游+贫困户、合作社+贫困户四种产业脱贫带动模式，先后多次迎来省、市领导调研。

【产业发展】 围绕农民增收，狠抓产业发展。权河已流转土地280余亩，香椿育苗工作已完成，栽植洋河姜100余亩。板厂村、铁佛村白术中药基地共流转土地960亩，建设生产道路2.5千米，已种植白术100亩、苦参300亩、丹参200亩。已组织茶农和镇内茶企、茶厂、小作坊开展春季鲜叶采摘和加工生产工作，完成春茶生产326吨。已落实新建茶园300亩地块，并完成茶苗款自筹任务。全镇共管护厚朴园幼林扶育面积1.4万亩。种植魔芋5031.2亩，其中，商品芋1808.9亩，种芋1628.6亩，林下种植1593.7亩。新建林果园已完成规划设计工作，目前已按照设计落实栽植任务，其中，深磨村栽植樱桃1250亩，权河村栽植李子250亩。2017年，全镇农民人均纯收入预计达到10500元;修脚产业不断壮大。将修脚养生产业作为实现群众转移就业和致富增收的重要途径，全镇共有6000余人在外从事修脚行业，在全国各地开有修脚店1000余家，带动大批群众增收致富，铁佛村成为远近闻名的修脚“第一村”，截至目前已完成修脚技能培训380人，积极动员五大免费技能培训人员。

高桥镇

【基础设施建设】 高桥镇已完成农村道路硬化15.017千米，其中深磨9千米，双龙2.3千米。板厂2.217千米，何家堡1.5千米，完成25千米路基工程，通过验收。完成深磨西土门垭至村委会13.2千米村级道路完善工程。全镇新建饮水工程5处，其中深磨村5处。通讯实现全覆盖。围绕“搬得出、稳得住、能致富”的目标，初步形成山下建小区、山上建园区，居住在小区、增收在园区、就业在工厂的移民搬迁模式；集镇建管力度加大。编制集镇总体规划和老街改造风貌规划，投资180万元进行集镇老街改造，于年底竣工投入使用，集镇过境公路改造完成，环境卫生管理不断加强，集镇面貌逐步改善。

【生态环境保护】 高度重视生态环境和水质保护工作，全面落实“河长”责任、门前“四包”责任，定期开展村庄环境卫生综合整治，切实加大集镇和农村排污治理、垃圾清运力度，裴坝省级卫生村和权河市级生态村成功创建，美丽高桥建设初见成效。

【社会事业】 教育卫生事业健康发展。中心学校、高桥中学、铁佛小学、龙潭小学通过改造升级，教育教学环境全面改善，“双高双普”“义务教育均衡发展”工作扎实开展，规范和完善留守儿童管理，新建镇幼儿托管中心一个。贫困村正在进行建设标准化村卫生室，预计年底竣工，群众看病就医更加方便；民生保障更加有力。认真落实城乡居民养老保险制度，参保率达96%以上；农村合作医疗参合率达98%以上，困难群众医疗救助力度不断加大，农村五保、城乡低保应保尽保，高龄老人补助、残疾人生活补贴、计划生育家庭奖扶等政策全面落实，集镇殡仪馆主体已完成施工，预计年底投入使用;平安高桥建设继续深化。深入开展综治维稳网格化管理和“三调联动”机制，定期排查和及时妥善化解各类矛盾纠纷，认真接待和及时解决各类信访问题，信访量逐年下降。“党政同责、一岗双责”安全生产责任制得到认真有效落实，食药品安全管理全面加强，社会大局持续保持和谐稳定。

【自身建设】 学教活动取得实效。“两学一做”学习教育常态化制度化，增强党员干部的宗旨意识和群众观念，改进工作作风，融洽干群关系；基层党建得到加强。深入开展“创先争优”“升级晋档，科学发展”等活动，裴坝村支部获全市“创先争优”先进党组织表彰。扎实推动软弱涣散党组织整顿，选派“第一书记”到村任职，党支部战斗力显著增强。深入落实联系服务群众“五个一”工作机制，群众对干部工作满意率达85%以上。切实加强阵地建设，除双龙村外，各村支部均有标准化活动中心，实现村级办公场所规范化。精心组织村支部、村委会换届选举，选好配强各村“三委”班子，为推动发展提供组织保障；党风廉政建设常抓不懈。全面落实党风廉政建设主体责任，不折不扣执行中央“八项规定”和省市县有关规定精神，深入学习《中国共产党廉洁自律准则》《中国共产党纪律处分条例》《党员领导干部廉洁从政若干准则》，狠抓党员干部教育管理，从严查处违反“八项规定”和发生在群众身边的腐败问题和不正之风。累计受理案件5件，给予党纪处分5人，严肃了党的纪律，纯洁了党的队伍。

(刘成军)

红 椿 镇

中共红椿镇委员会
书　　记：龚　颖（女）
副 书 记：覃　桦　李　鹏
组织委员：高　俊
中共红椿镇纪律检查委员会
书　　记：刘天龙
红椿镇人大主席团
主　　席：吴义林
红椿镇人民政府
镇　　长：覃　桦
副 镇 长：金先强　王　琦
红椿镇人民武装部
部　　长：刘大军

【机构设置】 红椿镇编制63名，实际在岗53名，其中领导10人，内设党政办、考评办、经济发展办、公共事业办、财政审计所、计生办、文化站、社保站、畜牧站、农业综合服务站、食品药品监督管理所、社会治理办公室。另有派出所、交警中队、法院、卫生院、中小学等5个县级派驻机构。

【自然概貌】 红椿镇位于紫阳县城西北，米仓山中部，渚河中下游。东邻本县焕古镇，向阳镇，南与芭蕉镇，广城镇相交，西接汉中市镇巴县巴庙镇，北与东木镇接壤。是渚河流域经济、文化、交通枢纽中心。政府所在地盘龙村，电话区号0915，邮编725314，距离紫阳县城28千米。2017年年末，全镇共38个村民小组，4594户17589人。辖纪家沟、盘龙、七里、白兔、大青、候家坪、上湾、尚坝、民利、共和10个行政村，1个街道居委会。

【优势资源】 红椿镇地处中国最大的天然富硒带，硒矿极具有开发价值。镇内绿板石、煤炭储量丰富，集中分布在尚坝、盘龙村一带。

【生态保护】 扛实压牢“保护一江清水”的政治责任，层层签订《汉江水质保护工作责任书》。严格落实“河长制”,完善镇村两级护水体系及网格化环境监管工作格局。深入开展农村环境综合治理，大力推进美丽乡村建设，进一步完善农村生活垃圾处理运行机制，积极遏制农村垃圾乱堆、污水乱排的现象，逐步提升群众环保意识。

【脱贫攻坚】 2017年，通过全镇上下的共同努力，全面完成172户678人脱贫，实现民利村整村脱贫退出。农村基础设施明显改善。投资300.6万建成民利、共和等村8处饮水工程；投资72.2万元，全面完成10.7公里电网改造工程；投资2542.7万元，硬化道路19条58.05千米；投资273万元，实施完善工程3处24.7千米；投资100万元，在5个贫困村新建村卫生室；在民利当年脱贫村中，水、电、路、讯等工程均已完成，并投入使用。产业稳步发展。完成2.3万亩茶园管护任务，管护率达98%以上。实施改良茶园1500亩，新栽植茶园305亩。新发展魔芋3500新建核桃园800亩。全面兑现落实产业到户奖扶政策，共兑现产业补贴1497户201万元，有效提升贫困户产业增收能力。住房保障措施有力。2016年续建集中安置点209户，全部达到入住条件，分散安置113户全部入住，同时完成基础设施配套建设。2017年全年启动建设1139户，其中主体完工400套，主体在建202套，完成征地及规划设计537套，危房改造3户。健康保障工作有序开展。全镇实现合疗参合、养老参保适龄人员全覆盖。组成8个健康扶贫医师团队，深入各村开展健康体检22场次，签约医师实现全覆盖。落实兑现369人57.5万元“四重保障”追溯医疗报销，全镇贫困户就医均实现合疗报销90%以上。教育脱贫政策全部落实。投资1200余万元，新建中心学校校建工程、纪家沟和尚坝小学教学楼。同时认真落实雨露计划等教育帮扶，确保所有学生均享受到各类帮扶。义务教育均衡发展顺利通过验收。创业就业撬动群众增收杠杆。全镇有组织输出贫困劳动力转移就业4546人，完成修脚、烹饪、母婴、电子商务、建筑等技能培训408人，完成茶叶、魔芋等实用技术培训53场3200余人次，使技能扶贫成为群众增收的重要支撑。生态帮扶扎实推进。全面及时兑付贫困户退耕还林1125户65万元，兑现生态公益林补偿1781户48万元，并设立58个生态环保及生态护林等公益性岗位，及时足额兑现补助。兜底保障政策全面夯实。全年发放农村低保345户917人205万元、发放农村五保401人212万元，兑现残疾人“两项补贴”710人65万元，落实民政大病救助48人14万元、临时生活救助66人12万元，全力保障困难群众生活。金融扶贫有力有效。在10个贫困村注入740万元成立互助资金协会，发动会员1381人，发放贷款565户535.4万元，放贷比例71%。完成全镇贫困户小额贷款贴息信贷工作，已发放小额信贷558户2492万元，有贷款需求的脱贫户获代率达100%。

【基础设施】 固定资产投资稳步推进。集镇安置点三期3幢7层在建，1栋2层在建，其余全部进入主体施工；尚坝安置点进入主体施工。鞋厂生产线完成，两层厂房2层在建；清胜魁山林经济综合开发项目全部完成，秦韵生态农业开发项目复工，正在作厂房建设,完成工程量的95%。道路建设加速推进。全镇第一批7条25.1千米水泥路硬化工程全部完工，目前正在做安保和水沟。第二批10条31.1千米水泥路硬化工程，预计年底前全部改造完成。水利项目建设平稳开展。共和村供水工程主管道铺设已经完成，民利村供水工程全部完工，现已投入使用。电力及通讯项目正在实施。成立电网改造领导小组，到村到项目落实专人负责组织协调，电网改造正在有条不紊的推进。共和、民利宽带入户60户完工。

红椿镇

【社会事业】 坚持把民生工程作为推社会事业协调发展的根本，不断增强群众的获得感。集镇殡仪馆和公墓平台全面竣工并投入使用；民利村农村幸福院改造工程全面完成；共和村活动室民利村活动室建设全面竣工，并投入使用；共和村、民利村、集镇安置点3个村级综合性文化服务中心主体建设完成；有线电视完成入户350户；义务教育均衡县创建工作完成；创建县计划生育转型发展示范县扎实开展，各项基础工作全面完成。安全生产和信访维稳工作持续加强，全镇无安全事故和赴县以上上访事件。

【群众文化】 多次举办庆“佳节”活动，社区朝阳社团参加紫阳广场舞大赛，组织紫阳老年社团和紫阳文广局开展“文化下乡”活动，丰富群众文化生活。

【社会保障】 全镇参加农村新型合疗人数14884人，参加农村社会养老保险人数7987人，社会稳定和谐。

【名胜旅游】 盘龙观距集镇0.5千米，它蕴涵着深厚道教文化，境内植被茂密，风景秀丽、环境优美，有100余亩生态茶园共游客采摘品尝，是集休闲度假和观光娱乐为一体的旅游度假休闲胜地。

【工业经济】 始终坚持工业作为承接产业转移、聚集产业发展的重要平台。新引进一家社区工厂——超美特电子厂，增加就业岗位100个；协助钜源鞋服、锆刚玉公司组织招工和技术培训，改善厂区环境（绿化亮化），提升企业形象；厂房工程主体三层在建。出台规上企业扶持办法，计划培育钜源鞋服和盘龙公司产值超过1000万元。加大招商引资力度，制定招商引资工作计划方案、明确推进措施，启动库区养殖、民宿旅游等招商项目的策划包装。完成招商到位资金2600万元，主要为添加生产线设备及流动资金，新建厂房建设资金等。

【社会管理】 “平安建设”深入推进，通过多层次、多频次宣讲消防安全、道路交通安全、食药品安全、防火防盗防骗等安全知识，大大提升群众自我防范能力。加大“三留”人群和精神病人摸底排查，实行“一人一策”点对点关注和帮扶。全面推行城乡社区网格化管理，制定和落实公共应急预案和机制，应急处理能力明显提升。“七五”普法扎实推进，信访“三无县”创建工作成效明显，全年全镇无进京赴省上访，无到县集体访。严厉打击各类违法犯罪，通过“三调联动”机制及时化解各类矛盾纠纷，在“十九大”期间及镇内重大活动中社会大局保持和谐稳定，群众对“平安创建”知晓率和社会治安满意率持续提升。

【党的建设】 创新探索“党支部+社区工程+X”“社区支部+志愿服务队+X”工作模式，党员先锋模范作用得到充分发挥；发挥“四支力量”整合作用，促进脱贫攻坚工作再上新台阶。干部作风持续改进，为推动全镇工作持续快速发展提供坚强有力的组织保证。

（曾　浩）

高 滩 镇

中共高滩镇委员会
书　　记：彭　勇
副 书 记：肖孝建　牟远刚
组织委员：张文军
中共高滩镇纪律检查委员会
书　　记：夏圣华
高滩镇人大主席团
主　　席：靳　松
高滩镇人民政府
镇　　长：肖孝建
副 镇 长：汪红梅（女）　冯仁平
高滩镇人民武装部
部　　长：李福武

【机构设置】 镇机关内设党政综合办公室、经济发展办公室、社会管理办公室、公共事业办公室、财政所5个行政机构；农业综合服务站、人口和计划生育服务站、社会保障服务站、文化综合服务站、村镇规划建设管理所、食品药品监督管理所6个事业机构。县直部门派驻机构畜牧兽医站，另有司法所、派出所、供电所、国土资源所、邮电支局、农商支行、卫生院、供水站、水文站、移动分公司、联通分公司、电信分公司等驻镇单位。

【基本镇情】 高滩镇位于紫阳县西南部，距县城26千米，东邻高桥镇、向阳镇，南毗四川省万源市庙子乡，西与毛坝镇、瓦庙镇接壤。北与汉中市镇巴县相连，总面积245.67平方千米，耕地面积73143.5亩，其中常用耕地62170亩，包括水田10973.5亩。有林地面积248987万亩，其中天然林93664万亩，退耕还林32482.4万亩，飞播造林11万亩，森林覆盖率75%。属北亚热带湿润季风气候，年平均气温15摄氏度，无霜期268天，日照百分率为36%，年平均降雨量为1304毫米。春夏多雨，秋冬寒凉，属典型的巴山气候，任河流经全镇，境内全长16千米，有流域10平方千米以上的河流四条，分别是：黄瓜溪、竹瓜溪、绕溪河、渔溪河、杆獐溪。襄渝铁路双线运行，境内全长15千米，有火车站1个，310省道横贯五个村，安毛高速公路贯通任河两岸，境内全长15千米，有服务区1个，高管所1处。通村水泥公路覆盖18个村。全镇辖牌楼、龙湾、三坪、高滩、大坝、文台、白鹤、百坝、八庙、朝阳、万兴、天桥、双柳、蓼坝、两河、关庙、岩峰、红庙18个村。1个社区居委会（高滩）、132个村民小组，共9703户，28356人（其中农业人口302810人），人口密度每平千米123人，汉族居多，少数民族有回族8人、土家族3人、黎族1人。

【优势资源】 境内资源丰富，林地覆盖率达75%，主要有阔叶林、针叶林等，矿产资源主要有花岗岩、石灰岩、板石，煤炭、钒钛磁铁矿等，海拔750米以上地区盛产枣皮、杜仲、天麻等名贵中药材，并有大面积的生漆园。

【特色经济】 全年新建丰产密植茶园570亩，改造低产老劣茶园500亩，管护生产茶园430亩全年产茶42吨。新建核桃园1200亩，以绕溪岩峰村为核心的万亩核桃产业园创市级农业园达标验收。种植烤烟2000亩，收购烟叶25万公斤，实现收入600万元。种植魔芋7300亩，预计可收购魔芋10吨，实现综合收入200万元。畜牧产业在清勋养殖和72户养殖大户引领下，全镇畜牧产业。劳务经济方兴未艾，全年实现劳务收入2000万元。招商引资成绩斐然，引资2.02亿元油用牡丹园建设项目，完成投资5000万元，流转土地3000亩，已进行大田移栽，引资5000万元年产25万吨富硒饮品生产线建设项目，进展顺利。

【集镇建设】 完成集镇安置点二期工程，启动三期200户安置工程；投资40万元完善集镇巷道、亮化、排污等附属设施设。投资30万完成集镇垃圾场建设。投资80万元修建集镇公墓、殡仪馆。启动供销社拆迁工程，新建集镇临时农贸市场，投资20万元完善镇中心小学操场改造工程；投资458万元新建集镇供水工程，集镇有线电视全部数字化。

【基础设施建设】 2017年，紧扣村出列、户脱贫短板，科学规划，精心组织，加大基础设施建设。完成三坪、龙湾、朝阳、蓼坝、岩峰等6村6条24.7千米公路硬化。超前启动2018年大坝村、天桥村等2村11.8千米公路硬化。启动高百路20.3千米路基拓宽改造工程。新建便民桥3座；实施村活动室建设4个，村活动广场建设5个；完成村卫生室建设5处，镇卫生综合楼主体完工；实施人饮工程11处，完成设计预算11处；实施农电网改造8杆6.8千米，改造扩能安装变压器2台；新建移动基站2座，全镇移动信号覆盖达95%以上；实施土地整理项目2处，新修河堤25米；完成12所学校义教均衡学校改造施工；广电、电信、移动宽带入户扎实推进。移民搬迁全年共完成602户，启动龙湾、三坪、大坝三个村的村级集中安置点项目立项前期工作。贯彻落实“河长制”，夯实责任，清理填埋垃圾场6次，消毒防疫11次，制作宣传标语10条，河长监督牌19块，新修垃圾池13个，化粪池6个。实行环境网格化管理和定期巡查制度。

【教育卫生】 教育：全镇有初级中学2所，中心小学3所，村级完全小学3所，中心幼儿园2所，附设学前班3个，民办幼儿园3所。现有中学生757人，12个教学班；现有小学生1764人，26个教学班；现有学前幼儿526人，20个教学班。现有在编教职工100人，专任教师96人（其中高级教师8人，中级教师37人，初级教师51人）。2017年，小学教育适龄学生入学率100%，辍学率为0，全部就近免试入学。初中教育学生适龄人口入学率99.7%，毕业率为98.8%。卫生：新建镇卫生院综合楼1栋，面积1541.08平方米，所有10个科室全部新楼办公，设病床30张，医护职工36人。全镇下设18个村卫生室，主要承担本辖区及部分相邻乡镇村民的基本医疗服务工作。2017年，门诊44952人次，住院病人1565人次。

高滩镇

【党风廉政建设】 深入推进“两学一

做”，全面贯彻党的十九大精神。在镇村干部中继续深入开展“两学一做”学习教育，解决实际问题，扎实开展“五个一”包组联户工作，不断创新包组联户考核机制，使镇村干部在广大群众中的工作满意度和信任度不断提升。注意领导班子自身建设，提升政府形象。党委、人大、政府班子成员心齐、风正、扎实、肯干，战斗力强，注重建章立制，狠抓“八项规定”对照落实，严格落实公务接待，狠抓公车管理，严格财经纪律和廉政规定，公开承诺兑现各项便民服务措施，认真做到用心服务、依法行政、廉洁履职。始终坚持把党的政治建设摆在首位。教育引导党员牢固树立“四个意识”，自觉守好本份，做好工作。加强案件查办，从严惩处违法违纪人员。坚持违纪必查、失职问责的原则，认真查处镇村两级干部中严重侵害群众利益的案件。今年全镇受理信访举报案件15起，立案查出12件，处分14人，信访了结3件，警示提醒13人，维护党的纪律，发挥警示教育作用。

【农村改革】 以“三变”改革示范镇建设为契机，着力加快农业产业结构调整步伐，着力加大实验示范和推广力度，着力健全完善农业社会化服务体系，着力加大资金扶持力度，大力发展新型职业农民，为贫困户开辟一条发家致富的新道路。

【社会保障】 全镇2017年城乡医疗保险参保率达95%以上。计生工作巩固发展。健全完善人口计生工作新机制，认真落实农业人口独生子女“奖优免补”政策。全年累计发放奖补资金83.25万元。社会保障民生事业不断改善。全年累计发放低保金220万元，发放五保供养金262万元，发放优抚金142万元，发放救助金72万元；医疗救助金51万元，2017年全镇养老保险参保15400人，新增800人，参合29780人，技能培训1523人，养老保险生存认证5646人，贫困劳动力转移9000人。

【脱贫攻坚】 紧盯“两不愁、三保障”目标，大力实施“八大”脱贫攻坚路径，全力打好精准脱贫组合拳。精准落实扶贫责任，夯实干部“主帮”，工作队“主推”责任。精准识别精准退出，认真开展贫困户信息核对和数据清洗工作，坚持做到“六个”精准，“两个”规范，“三个”完整。精准实施产业扶贫，新建茶园400亩，核桃园1200亩，种魔芋7300亩，烤烟2000亩，畜牧产业同比增长，兑付奖补资金150万元，成立牡丹、茶叶、核桃、畜禽养殖合作社9个。大力实施转移就业扶贫，组织3500名贫困户群众转移就业，开展各类技能培训940人，兑付创业奖补47万元，安排公益性岗位92个。养老保险完成14900人，贫困户应参100%参保。大力实施教育扶贫，2017年已为89名贫困大学生发放助学金4.45万元。大力实施健康扶贫，实行新农合和大病保险全覆盖，城镇居民医疗保险任务750人，实际完成769人。为15803人贫困人口减免合疗240万元，合疗四重保障报销148万元。大力实施金融扶贫，贫困户授信达90%以上，发放小额贴息贷款1100万元，筹集资金1150万元成立村互助资金协会18个，放贷资金670万元。大力实施兜底保障政策，纳入五保在册贫困户440户440人，纳入低保建在册贫困户421户911人，确保应扶尽扶、应保尽保。大力实施生态扶贫，兑付各类生态补偿资金2296万元。大力实施易地搬迁和危房改造，动员到紫阳仁和社区安置点跨区域安置573户，镇内集镇、广城、大坝安置点安置375户160户，分散建房36户，实施危房改造142户。一年时间，高滩镇先后接受市交叉检查两次，省交叉检查两次，国考期间新华社暗访3次，东西部协作和国考综合检查各一次，接受上级检阅，受到肯定和鼓励。

【主要成就】 2017年实现生产总值19523万元，农村经济总收入12785万元，工业产值797万元，农民人均纯收入9076元，财政收入85万元（其中财政23万元，烤烟返税62万元）。2017年度获得省级诚信计生、群众自治示范村（双柳村）；安康市委推动解决群众身边“四风”和腐败问题先进集体；2017年紫阳县计划生育工作先进单位；安康市计生生育精细化管理先进单位；紫阳县计划生育转型发展示范镇；2017年就业扶贫先进单位；全县人力资源和社会保障工作综合考核一等奖；劳动保障监察工作先进单位；市级食品安全建设示范镇；市级文明镇。

（余　伟）

毛　坝　镇

中共毛坝镇委员会

书　　记：刘从平

副 书 记：叶　飞　程　锐

组织委员：田　专

中共毛坝镇纪律检查委员会

书　　记：叶小山

毛坝镇人大主席团

主　　席：吴成刚

毛坝镇人民政府

镇　　长：叶　飞

副 镇 长：余兴健　李　蕾（女）

毛坝镇人民武装部

部　　长：夏　涛

【自然概况】 毛坝镇位于紫阳县西南部，辖11个行政村1个社区113个村民小组6004户20449人。全镇总面积229.8平方千米，耕地面积30421亩、水田1353亩，森林覆盖率75%。集镇距县城35千米，镇内交通便捷，包茂高速、襄渝铁路、310省道贯穿全境。毛坝镇先后被授予“市级平安示范镇”“省级卫生集镇”“市级文明机关”等荣誉称号。

【优势资源】 境内矿产资源主要为无烟煤、毒重石、高龄土、碳酸钙、板石，地质储量7500万立方米，可采储量为5000万立方米，集中分布在东西段。地下水资源可利用量为1025.5万立方米。

【党的建设】 深入推进“两学一做”学习教育常态化制度化。12个党支部充分运用“三会一课”等制度狠抓“两学一做”学习教育，定期召开支部委员会会议，每月开展一次集中学习活动，党员按期参加党员大会、党小组会和党课会，教育引导广大党员按照“四讲四有”标准，做到“四个合格”。坚持学做结合，突出针对性，强化问题整改。大力实施基层党组织规范化建设。实施竹山村、腰庄村、染沟村活动室改造，新建岔河村活动室及活动场所，完成鲁家村活动场所建设。开展干沙村后进村整顿提升工作。深化联系服务群众“五个一”工作法，实行领导联村、干部包组联户工作制度,采取领导逐级示范、部门结对共建、干部入户连心等方式，做到“三包三联”全覆盖，不脱贫不脱钩。建立健全镇村两级便民服务体系，镇机关全面推行“挂牌上岗、去向公示、民情日记、民事代办、当日接访”制度，村（居）全面推行“集中办公、轮流值班、服务承诺、小微权力清单、全程代办、结果评议”等制度，实现村（居）便民服务全覆盖。夯实党建基层基础。明确镇党委专职副书记分管党建工作，配备2名党建专干专门从事党建工作。各村选派驻村党组织第一书记，非公企业、社会组织选派驻村“第一书记”、党组织书记、党建工作指导专员、党建工作督导专员。落实基层党建工作责任，制定各党组织书记及班子成员抓党建责任清单，开展村（社区）党组织书记评议，研究制定“三项机制”，保障基层党建工作落实。全面推行“支部+X+贫困户”抓党建促脱贫工作模式。充分发挥农村党支部带领群众脱贫攻坚的领导核心作用，每个村都建立1个以上经济合作社，“支部+X+贫困户”模式覆盖全部村。持续抓好党风廉政建设。修订完善党风廉政建设主体责任清单，层层签订责任书，夯实党委主体责任和纪委监督责任。扎实开展镇纪委直管村（居）监委会工作，组织监委会主任业务培训4次，打造瓦滩、腰庄、染沟三个示范村。多渠道开展问题线索收集和处理，在各村（社区）设置“侵害群众利益和不正之风”举报箱，利用农村党群例会等形式，拓宽群众举报渠道。加大案件审查力度，不断夯实“四种形态”运用。2017年，对各项工作检查、问题线索处置过程中，对党员干部开展诫勉谈话1人、谈话提醒14人、批评教育5人，对存在的违纪隐患苗头，做到抓早抓小、防微杜渐；在执纪审查工作中，共处置问题线索14件、其中立案7件（侵犯群众利益案件5件），党纪处分5人、政纪处分1人。

【脱贫攻坚】 2017年，全镇完成贫困人口脱贫243户898人，腰庄村整体脱贫出列。全面安排部署。结合实际，细化镇村脱贫攻坚工作方案，调整充实脱贫攻坚工作队伍，整合县、镇、村干部和驻村第一书记“四支队伍”力量。与各村分别签订脱贫攻坚工作目标责任书，实行工作清单交办制。定期召开专题会议，分析研判、研究解决脱贫攻坚工作的困难和问题。精准识别到位。按照省市县要求，扎实开展扶贫对象核实和数据清洗，清洗后全镇新增贫困户92户223人、返贫130户359人、剔除104户294人。现有建档立卡贫困户2769户9283人，在册贫困户1812户5634人。落实住房保障。加快推进集中安置点建设进度，每个安置点明确一名责任领导，选派一名镇干部担任工地代表，督促施工进度。制定工程量清单，紧扣时间节点，倒排工期抓进度，日夜督查促落实。鲁家村安置点、核桃坪村安置点已完成贫困户入住工作；拦滩五保户、特困户安置点已完成房屋主体封顶；腰庄村安置点主体封顶两栋，四栋房屋主体两层在建；集镇四期安置点主体五层在建。落实当年脱贫户危房改造54户。加快基础设施项目建设。建设公厕2座；实施供水工程8处，维修改造7处；新建道路3处6.2千米，拓宽改造6处28千米，硬化道路9处25.5千米，新建连户路8千米，实施通村公路完善工程17.94千米；新建便民吊桥4座；建设移动基站1处；硬化活动场地3000平方米。发展扶贫产业。对瓦滩、鲁家、岔河、竹山四个茶叶主产村开展春、冬季茶园管护和采摘技能培训，完成新建茶园100亩，改造茶园500亩；成立岔河村茶园管护专业服务队，完成振农农业发展有限公司厂房建设和设备安装。全镇规范化种植魔芋7500亩，申报农业支持保护补贴种粮耕地面积18478亩、退耕还林完善政策补助7968.9亩99.612万元、生态公益林126266亩164.146万元。腰庄村围绕乡村旅游栽植桃树250亩、核桃500亩。温家坪村种植油用牡丹500亩。核桃坪村投放养殖石蛙1万只，干沙村培育两个魔芋县级示范园，申报岔河村茶叶产业县级园区。启动腰庄、观音两个农村“三变”改革示范村建设。新成立农民专业合作社11个。完成免费技能培训345人，其中足浴培训314人。发放创业贷款100万元。987户贫困户兑付产业到户扶持资金109.67万元。开展金融扶贫。各贫困村成立金融信贷评级授信组织机构，完成贫困户评级授信。2017年发放小额贷款1825.9万元。11个村全部成立互助资金协会，总计注入资本金660万元，已放贷资金421.25万元。社会力量帮扶。以电商服务站和京东商城服务站为平台，建立供销产业链，对协议农户进行订单生产、加工和农副产品收购，累计实现销售收入近800万元。引进思兰商贸、振农农业、红程富硒、锌硒粮等企业参与帮扶，定向扶持552户贫困户发展产业，助推贫困户增收。

毛坝镇

【生态环境保护】 加强环境卫生整治，对辖区内任河、盘厢河、洙溪河等主河流及各分支河流河道，公路沿线，集镇、村庄、建筑工地等进行集中整治。全面落实河长制，调整总河长、副总河长、河道总警长、村级河长，明确河长工作职责，建立河长管理制度，在各村显眼位置制作安装河长制责任牌12块。与11个村委会和居委会签订环卫保洁合同，实行经费定额奖补，构建长效机制。对河道和饮用水源地、水域岸线及采砂场、砖厂、矿山、垃圾填埋场等进行大排查。关闭黄龙洞老垃圾场，启用温家坪垃圾填埋场。查处2例电鱼、毒鱼案例，依法对2人进行刑事拘留，有效遏制环保违法违规行为。

【招商引资】 落实招商引资企业6个，总投资1.62亿元，当年投资5000万元。其中，深圳同森交通工程有限公司投资3000万元，紫阳誉腾商贸有限公司投资1200万元，紫阳长祀殡葬服务有限公司投资1000万元，紫阳良香食品有限公司投资5000万元，紫阳乐万家生鲜超市投资3000万元。培育规模企业2家，完成新增限上商贸企业一家。引进天津滨海建工集团投资开发盘厢河旅游综合开发项目，已签订招商意向协议，正在进行设计规划。引进福建客商在集镇三期高客站建设服装生产社区工厂1家，解决300余人就近就地就业。

【集镇建设与管理】 建立健全集镇规划管控制度，完善规划许可审批流程，加强日常巡查，强化集整治力度。严格落实门前“四包”责任制，加强集镇市容市貌常态化管理。集镇新建农贸市场投入使用。对集镇原供销社棚户区进行拆迁改造，以此为中心，整理周边建设用地11亩，启动新建5万余平方米集商业、社区工厂、300余户住宅的综合社区。筹资10万余元在集镇及周边安装8处电子监控抓拍设备，解决多年集镇交通拥堵问题。支持金华商城新建120余个车位的地下停车场，在观音村任家河坝硬化

4000平方米临时停车场；集镇四期安置点规划建设停车场2500余平方米。

【社会事业】 深入推进义务教育均衡发展，实行挂图作战，完成中心小学征地拆迁、综合楼建设和操场场地平整，学校发展空间大幅拓展。认真落实义务教育均衡发展政策，电子白板实现“班班通”。毛坝中学通过国家义务教育基本均衡县督导检查。卫生计生工作不断加强，完成鲁家、腰庄、干沙、岔河、双新、染沟村标准化卫生室建设；落实母亲健康工程和优生促进工程，落实各类计生家庭合疗减免802户1654人26.464万元，计生家庭奖励扶助287人47.688万元，发放独生子女保健费209人5.16万元。城乡居民基本医疗保险及社会养老保险参保率均达100%。加强对五保户、低保户及其他困难群众生活救助和医疗救助，累计兑付五保资金594.13万元、低保资金177.3万元；发放困难群众救助金29.53万元，医疗救助资金49.35万元。

【新民风建设】 按照扶贫和扶志“两手并举”思路，毛坝镇在全县率先出台精神脱贫“三项机制”，各村根据实际制定村规民约，开展星级文明户评选，挖掘、培育一大批勤致富、孝亲敬老先进典型。大力推进“诚孝俭勤和”新民风建设，倡导喜事新办简办，完成腰庄、岔河、观音、瓦滩四个新民风示范村建设。在腰庄村举办全县最早、在毛坝中学举办全县规模最大的高考升学集中典礼，对2017年考入大学的84名学生进行表彰资助，狠刹人情歪风，推进移风易俗，起到良好的示范带动和引领作用，有效激发群众脱贫致富内生动力。

【安全生产监管工作】 定期开展安全隐患点排查，建立排查台账，落实整改措施，限期整改落实。投资200余万元，对染沟村弃渣场隐患点进行综合整治；投资40余万元对观音村大桥头滑坡进行治理。修订完善防汛防滑预案，认真落实“三到户”工作措施，强化应急值守。9月27日，有效防范任河特大洪流，快速组织转移撤离安置群众295户920人，无一人伤亡。加大对道路安全、安全生产的监督管理力度，对驾驶员、施工工地、企业进行安全宣传和教育培训，对镇内重点企业、工地、烟花爆竹经营户等进行安全大检查。建立健全镇食品药品监管体系，定期对全镇餐饮店、食品经营户、食品小作坊进行检查。2017年，被县政府授予食品安全示范镇。

【社会综合治理】 深入推进“平安建设”，充实群防群治队伍，开展“红袖章”日常巡防。投入资金4万余元，开展“以芯换心”和“行车卫士”两项物防技防工程。深入开展“七五普法”，举办法制报告会和法制宣传汇演25场次，发放宣传单2000余份。建设镇村综治维稳中心，完善信访维稳工作机制，“三调联动”工作有序开展。深入推行领导挂牌接访、点名接访，及时收集各类矛盾纠纷，最大限度解决群众反映的热点难点问题。全年无进京上访、赴省到市集体访、到市以上越级访。

（卢思君）

瓦 庙 镇

中共瓦庙镇委员会
书　　记：王晓鹏
副 书 记：张　文　彭有虎
组织委员：龚　辉
中共瓦庙镇纪律检查委员会
书　　记：陈明礼
瓦庙镇人大主席团
主　　席：龙　兵
瓦庙镇人民政府
镇　　长：张　文
副 镇 长：彭祥银　彭绍英
瓦庙镇人民武装部
部　　长：徐成奎

【机构设置】 瓦庙镇在编人员62名，在岗人员42名，其中领导9名，内设党政办、社管办、经发办、公共事业办、农综站、社保站、民政站、畜牧站、文化站、规划所、食药监所、财审所。另有派出所、司法所、农商行、卫生院4个县级派出机构。

【基本镇情】 瓦庙镇位于紫阳县西部偏南，总面积85.48平方千米，东邻高滩镇，南壤毛坝镇，西、北两面与镇巴县观音、田坝、白河乡镇交界，属北亚热带季风湿润气候，境内海拔450~1800米。辖老庄、堰塘、瓦房、新光、新华、新房、新民、庙坝8个行政村61个村民小组和1个街道社区，年末人口14246人。镇内无少数民族居住，是一个汉族乡镇，距离县城70千米。

【优势资源】 境内资源丰富，有林地67505亩，宜林荒山12748.5亩，天然林保护林区59000亩，飞播林10000亩，生态林32400亩，经济林15000亩，主要有短柄槲栎、栓皮栎、松树、杉树、椿树、三角枫等；矿产资源主要有板石、毒重石、煤炭，集中分布在全镇各地。

【特色经济】 完成6600亩魔芋种植和开挖工作，新华村创建800亩魔芋园区；生产茶园面积2400亩，规划新建茶园580亩，茶网蝽防治面积2583亩，采摘及加工技术培训20余场次，茶叶产量达60吨，茶叶产值720万元；发展烤烟300亩，年产值73.5万元；新房村、堰塘村3000亩核桃园退耕还林通过市级验收，发展大黄、杜仲、白芨等中药材1560亩；新建大规模畜牧养殖场2个，可容纳150头能繁母猪；生猪年饲养量达40000头，羊5000只，家禽50000羽，林下经济发展势头良好，年农民人均纯收入预计可达到9800元，同比增长13.7%。

【脱贫攻坚】 始终把脱贫攻坚作为一项重要的政治任务、最大的民生工程和检验全镇党员领导干部担当能力的重要标尺，扎实部署和开展脱贫攻坚工作。加强力量，严格开展数据清洗工作。整合第一书记、包村干部、驻村工作队、村两委干部“四支力量”，规范填写建档立卡贫困户“两卡一簿”资料，严格按照程序开展精准识别工作，逐户摸清家庭基本情况和致贫原因，反复召开镇村组会议研判讨论，开展贫困户数据清洗工作。全镇共有建档立卡贫困户1970户6954人。多措并举，全面落实“八个一批”帮扶政策。全镇7个村全部成立了互助资金协会，共放贷488笔339.5万元，投放金融扶贫贴息贷款703万元；加快实施贫困村基础设施建设，全镇7个贫困村累计争取产业配套和基础设施建设项目资金3534.4万元；设立30名村级保洁员岗位；对628名贫困学生进行帮扶，共计发放补助39.9万元；组织贫困劳动力498人参加了五大技能和1500余人次参加了实用种养殖技术培训。

【基础设施】 道路建设完成56.55千米，路面硬化17.9千米；完工人饮工程10处；有11户贫困户完成危房改造；修建避灾移民搬迁集中安置点4处，基础施工252套，主体在建38套，主体完工72套。2018年安置点已完成选址、立项申报，正在进行规划设计；城乡环境卫生实现全覆盖管理，村容镇貌明显改善，集镇品味进一步提升。

【教育卫生】 始终把教育放在优先发展的战略地位，全面实施“双高双普”教育，教学水平不断提升。控辍保学，义务教育均衡发展效果显著，全镇学前教育毛入园率达到95%，初中毕业生升学率达到76%。本年度出生人口62人，人口自然增长率控制在3‰以内，“三查”和母亲健康检常规计生工作开展有序，全年完成6579人次，各项优惠政策得到全面落实，兑付资金47万元。建成村级标准化卫生室4个，利用宣传栏、健康知识讲座、宣传车进行健康宣传上万人次，改善农村医疗条件，提升服务水平，增强了群众健康意识。

【农村改革】 以“两学一做”学习教育为主线,继续深入开展联系服务群众“五个一”工作法， 8名班子成员及29名镇机关干部对61个村民小组开展包组联户工作，广泛深入村组农户访民情、察民意，积极解决群众关切的热点、难点问题，发挥和调动干部联系群众、凝聚群众、服务群众的积极主导作用，增进党群干群关系。全年培育2名践行“五个一”好干部先进典型，受到县委、县政府的表彰，切实运用“三项机制”，激发广大党员干部干事创业激情。深入开展新华村“三变改革”试点工作，形成了一套完整的可复制推广的新华“三变”特色。

【社会保障】 全镇收缴农村合疗费用为13161人183.678万元，参合率达100.5%，完成贫困户6954人参合退费工作；收取农村养老保险6245人72.94万元；全镇214户531人享受农村低保，共发放补贴金126.396万元；加强对205名五保户的走访、调查，对符合条件的做到应保尽保，共发放资金118.9万元。信访稳定、安全生产、平安建设等工作稳步开展，社会平安稳定。

（唐学丽　覃　杨）

麻 柳 镇

中共麻柳镇委员会
书　　记：喻铭星
副 书 记：冯流燕（女）　贺习财
组织委员：邓以文
中共麻柳镇纪律检查委员会
书　　记：肖　杰
麻柳镇人大主席团
主　　席：张贤军
麻柳镇人民政府
镇　　长：冯流燕（女）
副 镇 长：魏东兴　刘　上
麻柳镇人民武装部
部　　长：林朝军

【机构设置】 麻柳镇内设党政综合办公室、人大办公室、经济发展办公室、社会治理办公室、市场管理所、财政审计所等机构。设农业综合服务站、社会保障服务站、公用事业服务站3个事业单位。

【区域概况】 麻柳镇地处紫阳县西南部，南与四川省万源市毗邻，西南与汉中市镇巴县接壤，全镇总面积78.56平方千米，辖6村1社区，58个村民小组，总人口11598人，在册贫困户1800户6767人。学校4所，其中九年制中心学校一所。310省道、包茂高速公路和襄渝铁路穿境而过。素有“秦川锁钥紫阳南大门”之称。

【优势资源】 麻柳镇地下资源储量丰富，已经探明的有煤、锰、高磷锰、铅锌、石灰石、粘土矿、水等资源，矿产资源储量大、易开采、经济效益显著。

【特色经济】 牢牢把握发展主题，保持定力、精准发力，抓项目、扩投资、促转型、调结构，主要经济指标较快增长。投资结构更趋优化，发展后劲持续增强。湘贵锰业有限公司电池级硫酸锰项目开工建设，策划包装重大项目3个，引进招商项2个，成立专业合作社21个，以茶产业为主导，重振麻柳贡茶品质，深挖贡茶历史文化内涵，引进鼎龙茶叶、秦硒茶叶、一品茶叶、泽盛茶叶、书堰茶厂等5家茶叶企业，引进茶苗育苗企业一家，育苗30亩，培育母穗园200亩。茶业产业一项招商引资6000余万元。通过党支部+企业+合作社+贫困户模式大力发展茶叶基地建设，共管户茶园11000亩，发展精品茶园1350亩，点茶籽600亩。结合三变改革，6家茶叶企业给茶农带来直接经济收益426.3万元。新发展花椒种植743亩。同时落实贫困户养猪2700头，养羊1200只，养牛100头，养蜂400箱，种植特种玉米300亩，魔芋50亩，为贫困户发放鸡苗3500羽。发展种植、养殖长短结合的产业项目，通过支部+X + 贫困户模式，带动贫困户脱贫增收，兑现产业扶持资金115余万元。以茶叶产业、富硒大蒜、花椒、畜禽养殖等主导产业带动效应初步显现，镇域经济向上向好发展。

【基础设施】 全年共新建集镇安置点4处470套，村级安置点32套住房，目前主体完工234套，主体在建131套，137户正在进行基础施工，2016年208户全部达到入住条件，各项基础配套设施逐步完善，全镇共新修公路70余千米，实施安保工程18千米；共建设饮水工程28处，新建联户路15千米，63村民小组全部用上安全放心的自来水；农村电网改造全面完成；6村1社区村群众活动中心改造稳步推进，启动6个村卫生室建设，改扩建村级活动场所2个。设立24名村级保洁员岗位，48个生态护林员岗位；对全镇主要道路进行绿化工程，实施道路绿化10千米，亮化工程9公里，安装路灯350杆。全面落实河长+警长制，加强河道监管，“河长制”“网格化”监管责任全面落实，生态环境更加优美。

【社会事业】 全面实施“双高普九”教育，教学水平不断提升，顺利完成义务教育均衡发展各项目标任务;建成4个村级文化活动广场，配备健身器材，开设农家书屋，群众文化生活日趋活跃;年内开展技能培训40余场次，厨师培训700余人，足浴培训245人，茶业技能培训8场690人次。卫生与计生工作稳步推进，强化健康教育宣传，利用宣传栏、健康知识讲座、宣传车进行健康宣传上万人次，建成村级标准化卫生室5个，投资700万元启动镇卫生院迁建工程，全镇农村合疗参合率达100%；农村养老保险5876人60.8万元，实现100%全覆盖；全镇低保五保工作评审完成；对符合条件的做到应保尽保。

【脱贫攻坚】 以脱贫攻坚统揽全局，整合第一书记、包村干部、驻村工作队、村干部“四支队伍力量”，全面开展6个村脱贫攻坚工作，核实在册贫困对象1800户6767人，6个单位驻村扶贫，52名干部结对帮扶，推动“八个一批”措施精准落地。533户贫困户获得“5321”贷款2467.5万元，309户贫困户获得互助资金借款396.5万元。产业扶贫带动贫困户增收。完成16年搬迁208户656人，17年搬迁436户1915人，危房改造52户。贫困患者全员享受健康扶贫政策，住院费用报销比例达到100%。兜底保障政策全面落实苏陕扶贫协作、新民风建设、技能脱贫、等工作成效明显。全年1个贫困村出列，200户798名贫困群众脱贫。

麻柳镇

【党的建设】 全镇共有10个党支部，共有党员382人。以基层党组织“六大提升”行动为统揽，统筹推进各领域基层党建任务落实，完成了非公和社会组织“两个覆盖”。天赐茶业有限公司党支部完成四星级评定。各村（社区）支部按产业、人员分布等情况成立党小组63个，成立网络党支部10个；完成6村1社区村两委换届研判工作，对一个软弱涣散基层党组织水磨村踏实整顿，调整麻柳村、水磨村2个村级班子2名村支部书记，每个村至少有3名后备干部。制定党员发展计划，2017年共发展党员8名，全面完成党组织和党员信息采集工作，完善10个支部基础信息，全镇党员队伍管理进一步规范。对10个支部活动阵地均进行提升改造，打造三个标准化示范点（麻柳村、染房村、社区）。基层党组织工作经费、村干部补贴按标准及时兑现，党建工作经费保障充足。通过完善管理考核机制，制定出台《麻柳镇镇村干部考核管理办法》，充分运用三项机制加强干部队伍管理。开展明察暗访4次，通过明察暗访，全镇没有发现缺勤脱岗、公车私用、公款吃喝等问题。修订《村规民约》，进一步扭转人情风等农村铺张浪费等问题。开展新任职党员干部提醒谈话10人，将村党支部书记述职评议列入《村级班子年度考核工作方案》，组织6村1社区班子进行述职，并接受镇党委班子成员、村党员、群众现场评议。切实做好“党员承诺”，全面推行“积分制管理”，大力推进村务、财务公开，规范"一事一议"程序，完成6村1社区进行村财务审计，切实落实农村党员群众的知情权、参与权、决策权和监督权。智慧党建、手机党支部每月按时上传信息，并及时进行点评指导，有力的促进广大党员在线上平台交流学习。充分运用“党支部＋X+贫困户”模式，通过抓党建助推脱贫攻坚工作，全镇成立专业合作社14个，新建茶厂5家，按照企业＋合作社＋农户的模式，通过党支部牵头与农户签订土地流转、产业帮扶等协议，企业、合作社深入参与脱贫攻坚带动贫困户发展产业，以茶叶产业为重点、畜禽养殖为辅的产业发展格局初见成效，有效促进贫困户增收脱贫。

【社会管理】 大力推进以“诚、孝、俭、勤、和”为核心新民风建设，成立新民风工作领导小组及工作督察队。坚持破立结合、疏堵并举，梯次推进、完善提升，深化不良风气整治，全力打造“党建+新民风”社会治理模式，倡导科学文明的生活理念，弘扬勤劳节俭的优良传统，6村1社区修订完善村规民约，成立红白理事会，健全完善新民风建设的制度。共开展道德评议21场次，开展新民风宣传队进村宣传7次，筹资15万元举办全镇集中升学礼。设立红黑榜，对先进典型进行表彰，共表彰五好文明家庭、好媳妇、好婆婆60余人。人情风、赌博风等不良风气逐渐扭转，村风、民风进一步改善。信访稳定、安全生产、平安建设等工作稳步开展，成功创建食品药品安全示范镇，全镇社会安定和谐。

（甘　远）

双　安　镇

中共双安镇委员会
书　　记：姜显国
副 书 记：金宙军　杨大来
组织委员：张　碧
中共双安镇纪律检查委员会
书　　记：李　鹏
双安镇人大主席团
主　　席：邱洪靖
双安镇人民政府
镇　　长：金宙军
副 镇 长：罗　枫　王　博
双安镇人民武装部

部　　长：吴　兵

【机构设置】　2017年，双安镇党委、政府内设党政综合办公室、经济发展办公室、农业综合服务站、社保站、文化综合服务站、民政工作站、计划生育办公室、财政审计所、司法所、村镇规划所、食品药品监督管理所、畜牧兽医站、安全管理办公室。全额编制59人，在编在岗59人，其中行政编制28人，事业编制31人。另有派出所、卫生院、信用社、中心学校、变电站等驻镇单位。

【自然概貌】　双安镇位于紫阳县北部，西邻汉水，北与汉王镇相邻，东与汉滨区牛蹄镇为界，面与蒿坪镇接壤，距紫阳县城30余千米，全镇总面积109平方千米，平均海拔600米左右，境内沟壑纵横，林本河横贯全境，与沙坪河交汇注入汉江。全镇共有耕地面积35949亩，林地面积89490亩，植被覆盖率达80%。蒿汉公路横贯全境，集镇距“包茂”高速18千米，距541国道17千米，交通便利。

【人口】　2017年年末，全镇辖11个行政村，2个社区，86个村民小组，5688户，18726人，其中集镇居民154户1530人。

【优势资源】　双安镇位于紫阳县富硒区的核心地带，水土检测出硒含量大约在45/100克，是全国平均的5倍，是我国的第二高硒区。富硒农产品生产，富硒食饮品加工，富硒肉类生产等初具规模。水资源十分丰富，沟河密布。林本河储家祠堂廉政教育基地、桐安村黄家纸厂遗址、白马石陶窑烧制遗址极具旅游开发价值。

【特色经济】　2017年，双安镇林本河村成功引进臻硒茶叶有限公司，流转土地150亩，新建标准化茶园420亩，计划建成千亩观光茶园示范带。廖家河村共流转土地1000亩，新建茶园500亩。2017年，先后引进林本河远程富硒有限公司和闹热硒生源公司从事富硒白酒生产；在闹河村金辉养牛场，廖家河村张玉安养羊场，四合村汪全虎养鸡场，白马村陈荣乾林下养鸡协会等龙头企业的带动下，双安镇的养殖产业已经形成一定的规模。通过组建电商销售平台，与实体店相结合的办法，带动富硒大米、富硒粉条、富硒蜂蜜、富硒鸡蛋、富硒酒以及富硒猪肉等实现产销两旺，2017年销售收入达2500万元。

【基础设施建设】　2017年完成集镇第四小区（政府后侧）移民搬迁住房建设324套，集镇第四小区（柏树咀）安置点一期146套安置房主体工程全面完工；完成集镇供销社72套安置房和敬老院80套五保户安置房建设；林本村、白马村、三元村交钥匙工程77套全部建成达到入住条件。2017年，建成双安集镇农贸市场1处，新建集镇大桥2座，新修河堤840米；完成集镇电网改造并新增变压器6台；2017年，新增太阳能路灯240盏，完成美化亮化工程。硬化通村及到组公路33.9千米，公路完善工程19.9千米。541国道在双安境内全面开工建设。2017年，新建林本河村、廖家河村活动室及广场2处。

【教育卫生】　2017年，累计投入建设资金800余万元，新建教师公租房1500平方米，改造功能部室40个，新建塑胶跑道250米，灯光篮球场2块，儿童篮球架3个。投入300余万元采购教学仪器设备一批，新建计算机（语音教室）2间，新购学生电脑222台，教师办公电脑86台，更新图书23500册，更换学生课桌椅1232套，实行单人单桌，更换学生钢架床150套。以“国学经典、职业道德规范、中华国粹”为主题，全年累计投入资金40余万元，对中心校，金川小学、五林小学、安坪小学、双兴教学点，进行美化绿化。2017年，双安中心学校成功通过义务教育均衡县创建达标验收。2017年，共发放精准资助金50余万元，落实营养改善计划资金80.5万元，全面落实九年义务教育零收费和学前一年免费教育。2017年，完成镇卫生院规范化建设，医院环境明显改善，新建标准化村卫生室6所。贫困户家庭医生签约率达100%，新农合参合率达98%。

【农村改革】 积极推进农业产业结构调整，充分发挥本地特色资源优势，发展特色产业，促进土地流转。2017年，通过流转土地和土地经营权入股相结合的方式，引进臻硒生态农业开发有限公司发展茶园建设，全村共流转土地150余亩，通过入股分红的形式，实现农民增收共计2.7万元，同时带动全村农户发展茶园200余亩。在林本河村成功实行“三变”改革试点工作。

【脱贫攻坚】 2017年4月至6月，通过对全镇扶贫对象进行全面核查和数据清洗，按照“两不愁，三保障”和“九条红线”的识别标准，严格按规定程序再次进行认定和确认，最终确定全镇贫困人口规模为2304户7591人，其中已脱贫809户3255人，未脱贫1591户4729人。贫困发生率为25.02%。真正做到“符合条件的贫困户一个都不会漏，不符合贫困户条件一个都不能进”。通过4月和10月两次动态调整，全面提高贫困对象识别的精准度。2017年，共完成足疗培训377人，落实月嫂、厨师培训252人，落实公益性岗位59人，兑现公益补助26.54万元；兑现合疗报销及大病救助等110余万元，发放互助资金458.3万元，发放小额信用贷款1397万元；600户贫困户获得住房保障，800户贫困户获得小额担保贷款或互助资金扶持，2400户贫困户都获得家庭医生签约服务。按照户脱贫5项标准、村出列7项标准，林本河村31户贫困户实现脱贫，白马村整村脱贫摘帽。

【环境综合整治】 2017年，购买垃圾车5辆，洒水车1辆，对集镇、双河口、闹热、林本河、金川社区等人口密集区的生活垃圾全面实行集中清运，出台集镇管理办法，强化市容管理，切实夯实门前四包责任制，清理乱搭乱建、乱堆乱放，持续规范店面经营和车辆运行停放秩序，彻底改善集镇面貌。严格落实“河长制”护水工作机制，建立镇村两级护水体系，28名河长和镇村两级48名保洁员分片包段，形成网格化环境监管工作格局。同时对汉江漂浮物实行定期打捞，最大限度保护汉江水质不受污染。对集镇水源地安装防护网，确保饮水安全。2017年11月，双安镇成功处置四合村域内油罐车侧翻事件，镇村干部带领群众昼夜奋战，通过防水油毡吸附处理，将渗漏的数千公升汽柴油全部控制在1.5千米的有效范围内，确保汉江水质没有受到污染，受到市、县政府的通报表扬。2017年，成功创建白马村县级卫生村，四合村、林本河村市级卫生村。

【经济成就】 2017年，全镇国民生产总值达到18814.5万元，增长11%；财政总收入达894.6万元，增长7%；农民人均纯收入达10834元，增长10%；全社会固定资产投资8216.9万元，城镇居民人均可支配收入23824元。

（柯贤林）

东 木 镇

中共东木镇委员会
书　　记：蔡英雄
副 书 记：苟克乾　秦　涛
组织委员：汪义康
中共东木镇纪律检查委员会
书　　记：种满卫
东木镇人大主席团
主　　席：卢升乾
东木镇人民政府
镇　　长：苟克乾
副 镇 长：赖贞虎
东木镇人民武装部
部　　长：何元元

【自然概貌】 东木镇位于紫阳西北部，东与红椿镇相邻，南与汉王镇、焕古镇相连，西与汉阴县上七镇毗邻，北与汉中市镇巴县接壤。政府驻地属月桂村，居渚河上游，距县城42千米，全镇面积140平方千米。

【行政区划】 现在的东木镇是2010年县镇机构改革时，由原燎原乡和原东木乡合并组建而成，全镇辖8个村1个社区，60个村民小组。

【人口】 2017年年末，全镇总户数3464户，总人口13723人，其中劳动年龄人口8290人，镇内无少数民族居住，是一个汉族乡镇。

【优势资源】 东木是典型的农业镇，大部分地方形同川道，曾有“渔米之乡”的美称，渚河两条支流小石河和七源河穿镇而流，浇灌着流域沿线近3000亩良田。肥沃的土地、适中的海拔、湿润的气候为发展生态农业、绿色农业、设施农业、观光农业提供得天独厚的条件。东木矿产资源丰富，在林木覆盖的群山中拥有着丰富的板石资源，蓝黑板石曾闹红全县、畅销欧美，成为拉动镇域经济发展的强大引擎。

【特色经济】 东木产业特色鲜明，茶叶、烤烟、魔芋、食用菌等是地方群众收入的主要来源。今年新建紫阳种育苗基地300亩；建成标准化密植茶园530亩；新建茶叶合作社2个；完成茶园管护8000亩，茶园管护率达到95%以上，茶叶专业村和示范点管护率达到100%；落实好新一轮退耕还林493亩，完成规范化魔芋种植2000亩；500亩高山无公害青春洋芋促进贫困户增收；做好在册贫困户剩余劳动力参加全县足浴、家政月嫂、电子商务、烹饪、建筑行业等专项培训班及务工，完成足浴培训281人，烹饪培训160人，有序组织劳务输出4000人，实现劳工增收。产业建设呈现出突破发展、结构改善、活力增强的良好态势，群众收入实现大幅增加。

【基础设施】 加强道路网络化建设，投资120万元建成花园小石河桥；投资770万元完成月桂大东沟3千米、梯子沟到东明庵4.6千米，柏杨二、三组7.9千米，垃圾场至东红2公里道路硬化工程。强化水利基础建设，完成月桂、木王等村8处饮水工程建设。全面加强河堤基础设施建设，投资220万元完成关庙、军农2100米河堤建设。投资180万元完成麦坪、木王河堤建设。投资100万实施一期安置点河堤工程建设，有效保护农田和安置点安全。多方筹资170余万元完成一座公路桥涵、2座便民桥、9千米公路维修、10千米连户路及道路基础改造。

【教育卫生】 始终把“教育强镇”做为教育发展第一要务抓紧抓实。抢抓教育均衡发展的历史机遇，全力抓好学校基础设施改善。多方协作，投资420建成全县最标准的镇中心幼儿园，投资300万元完成初级中学、三官堂、先进、燎原中心小学的穿衣戴貌及场地平整，校园面貌焕然一新。购置电脑等教学设施等设备，教学硬件全面提升。全面加强教师队伍管理，加强教学质量改善，大力表彰先进，有力促进教学质量提升。新建村级规范化卫生室5个，基层医疗服务进一步规范。新建月桂、柏杨、三官堂村级活动场所3处。

【农村改革】 积极推进“三变改革”工作，加快农业产业结构调整，按照县委、县政府发展立体农业的整体思路，充分发挥本地特色资源优势，通过招商引资邀请紫阳县李缘丰农业开发公司负责人刘海在柏杨月桂流转土地2000亩，投资3000万发展水果蜜糖李产业园区，充分盘活集体土地，促进农民致富的良性循环。

【群众文化】 群众性文化活动日益繁荣，农村电影放映工程全面实施，农村广播电视覆盖率达到100%。

【招商引资】 大力支持天地天然板石公司培育壮大，在中央电视台第七频道《态度》栏目重点介绍天地天然板石有限公司坚持转型升级，与陕西地矿局合作开发出轻质骨料新型环保材料生产落地并签约；安康金鹏牧业在东木投资建成本地黑猪养殖基地一处并成功申报县级园区。紧抓农村“三变”改革的有利时机，邀请紫阳县李缘丰农业开发公司负责人刘海在柏杨月桂流转土地2000亩，投资3000万发展水果蜜糖李产业园区，目前正在推进产业园区道路等基础设施建设，充分盘活集体土地，促进农民致富的良性循环。

【经济成就】 2017年，紧扣发展主题，着力从脱贫攻坚、移民搬迁和集镇建设等方面具体抓工作落实，主要经济指标持续增长，全年农业总产值14082万元，工业总产值达到17790万,完成固定资产投资1.3亿元，农民人均可支配收入达到9876元。主要经济指标稳中有增，经济总量持续攀升，实现东木又好又快发展良好态势。

（李元春）

人物

人物简介

张敏：山城警花的“守”与“变”

张敏，女，汉族，中共党员，1978年12月31日出生，1998年7月参加工作，现任紫阳县公安局指挥中心副教导员，三级警督。从警19年来，她先后被授予“全省优秀社区民警”、“全省妇女争先创优先进个人”、“安康市道德模范提名奖”、“首届安康我最喜爱的十大杰出警察提名奖”，荣立个人三等功一次等荣誉。

张敏从社区民警、巡警、督察到指挥中心，虽岗位变化，但心系群众、忠诚奉献的心19年如一日。她说“无论在什么岗位，都必须有强烈的事业心和高度的责任感，必须有对人民群众心贴心的真感情，我希望在我逐渐老去的时刻，我能有所回忆，想着我所做的一切无悔……”。

岗位的变化　信念的坚守

张敏曾是紫阳县城关派出所的一名普通的社区民警，为了管好自己的“责任田”，她坚持每周对辖区治安形势进行研判，提出防范措施，制作预警提示在社区张贴、发送，提高社区群众自我防范意识；为了与社区群众建立起警民鱼水情，她常年坚持不懈地进家门，拉家常，访实情，与辖区群众打成一片，群众不管遇到大事小事，急事难事，都会给她打电话，发信息。8年时间，她为辖区群众代办各类证照及户籍业务6000余人次，为群众入户办证、送证2200余份，调解邻里纠纷及社会矛盾700余起，解决群众困难600余起。东城门的大爷大妈们至今还念念不忘：“那是个好闺女，是我们的亲闺女！”

如果说在社区工作的时候，她所做的一切都是本职工作，那么她离开派出所已经有6年了，先后调至巡警大队、纪检监察室、指挥中心，但丝毫未拉开她与群众的距离，依然会有许多群众到局里找她帮忙解决困难，甚至还有千里迢迢来求助的外地人。前不久，人民网发布了一条名为《紫阳“小小白”警务室和五万铁杆粉丝》的消息，网民纷纷转发并说道，“我现在已经习惯遇到任何困难都第一时间打小小白电话了，烦她，没商量!”、“有事找小小白，紫阳人都知道”，还有一条留言是这样的：“小小白给我的最深记忆是，2008年冬季我在城关派出所主持的调解一场纠纷，小小白在值班室陪着我和当事人直到凌晨两点多，调解成功后，她还坚持开她那辆旧旧的面包车把我送回家。我当时看着她那远去的车影，感慨的说，真不容易啊，姑娘，赞一个。”

一次闲谈中，张敏说道，一天早晨她去路边一家商店买水，店里的一个老太婆指着她对另一个老太婆说，“这个女娃最好了！我听好多人说，最爱帮助别人了!”。她当时满脸通红，放下钱就赶快离开了。因为她说，她从未帮助过这位老人，对于这样的赞扬，愧不敢当。

张敏就是这样成为了人民群众的贴心人，对于每位群众的求助，她都会尽其所能帮助。她无论在哪个工作岗位上，她服务群众的心一如既往，这便是一种信念的坚守，也正是这份坚守温暖着整座山城。

网络世界里　真诚的“小小白”

早在2003年，张敏就在当时很火的“紫阳人社区网站”注册了账号，网名为“小小白”，从那时起，她就开始通过论坛发布有关公安业务、便民服务、法律法规、公安宣传等各方面的帖子，后来在紫阳人社区网站上创建了“社区警务”板块，尤其是2006年首次换发二代证的高峰时期，很多在外地务工的人想要办理二代证却没有时间回家办理，很是苦恼。于是，她就整理发布了一篇《在外务工人员办理二代证流程》的帖子，留下了自己的电话，QQ号码，帮助那些在外地务工不能请假回家的紫阳人办理二代证。随后她就通过网络，为在异地务工的紫阳群众办理二代证约2000余份，户口迁移、出入境、车管等公安业务800余人次，接受群众各种来电、网络咨询几十万余次，为异地务工的紫阳人省去了约几十万余元的往返车船费用。她还还利用平网络平台帮助10个失散亲人多年的家庭重新团聚。网民都亲切地称“小小白”为亲民爱民为民的“微博警花”。

张敏平均每月至少都要收到上百条向她咨询求助的短信、电话和网上留言，都是公安业务咨询、求助等内容。“能解决的帮忙解决，不能解决的做好解释。”这是张敏对待求助信息的原则，至今从未间断过。

2015年5月14日，张敏在网上发表了一篇帖子，名为“技穷的‘小小白’，烦请各位支招、扩散，帮助这个来紫寻亲的吧——只为了这一张纯真的笑脸”，原因是有一老一少专程从西安沿途寻亲至紫阳，沿途打听过程中听说了“小小白”的事，便来到公安局找张敏帮忙，张敏了解详细情况后，多方打听无果。当晚她熬夜到凌晨1时许才写完了这个帖子发表，希望能尽快获得更多的线索。帖子一发表，她便陆续接到了各类线索几千条，她说，这是她助人寻亲记录中最吃力的一次，但是，她不会放弃，只为受人之托忠人之事，只为这一张纯真的笑脸。

2016年6月24日晚张敏手机上微信、QQ不断收到大量网友发来的截图、转发的消息和留言信息，内容是一张血肉模糊的照片被发布在微信朋友圈，并称，“可怜的13岁女孩惨遭割喉，至今凶手逍遥法外，无人管，好心痛”。微信朋友圈里相继转发，并声称“是砍伤还是割吼，好恐怖?”、“紫阳公安办案能力低下”、“紫阳社会治安混乱”等，大量负面消息和网络谣言充斥期间。张敏向领导汇报后迅速做出反应，及时在微信和微博上发布消息澄清事件真实情况，呼吁大家不要随意发布未经证实特别是附有被害人照片的消息，避免造成二次伤害。随后，张敏通过紫阳公安官方微博、张敏“小小白”微信公众平台发布《紫阳县公安局协查通报》，对案件进展情况进行了通报；晚23时，张敏再次发布消息，紫阳公安经过16小时紧张侦办，已成功抓获犯罪嫌疑人。网上充斥的大量负面言论和不实传言，迅速得到遏制。

一般来说，网友在发布轰动性的信息时，很少有主动征询公安机关的，而张敏究竟有什么魔力，竟然可以让网友和群众甚至是部分媒体主动向她征询消息的真伪？就是因为张敏在网络上的这份坚守和真诚以及十万个对她不离不弃的铁杆粉丝。而“有困难，找小小白”也已成为群众的共识。

点滴的奉献 爱心的汇集

张敏在网上结识了公益组织“丽姐助学基金会”的负责人孙丽，后在孙丽的邀请下，成为了陕西地区“丽姐助学基金会”最早的志愿者，后来她便在工作之余就开展公益工作，走访、帮助贫困学生，将社区警务工作与爱心公益相结合。只要“丽姐”入乡到组走访，张敏就会抽出时间陪同、跋山涉水；遇到发放贫困物资，张敏都会主动帮忙搬运、发放。每年开学后，“丽姐助学基金”发放资助款项，张敏就会同丽姐深入全县各所中小学校把钱和衣物分发到每个贫困学生孩子手中。目前，紫阳境内受到捐助的贫困学生达1100余人，贫困学生、孤寡老人受捐物资、现金达1300万元左右。从2008年至今，张敏定期从微薄的工资中拿出500元对父母双亡的姜某某两兄弟结对帮扶。

前年冬天，张敏在紫阳界岭镇双泉村走访时，结识了一个贫困但又乐观的文目清一家。文目清的妻子王世艳患有癌症，在家带着两个孩子读书，自己长年在外打工养活全家并支付高额的医疗费。癌症给这个风雨飘零的家是雪上添霜，张敏就告诉文目清可以通过联系“丽姐助学”来帮助她们，需要到相关部门办理手续的事，她都可以帮忙。自从结识，一来一往，就是一两年，张敏空闲总会给文目清夫妻打电话、发短信，给孩子送文具用品等，文目

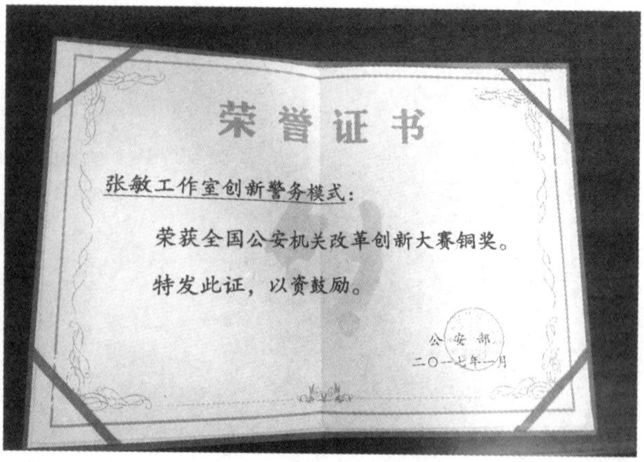

张敏工作室获奖证书

清夫妻也会时常给张敏联系，说说最近家里情况。2015年夏天，张敏走访时得知文目清即将外出打工，看着这个和睦、乐观的家庭，张敏主动提出给他们照一张全家福。回县城后，张敏洗印了照片，裱了相框，托人送到文目清家里。一个多月后，张敏收到了王世艳的短信说，“张姐，我到紫阳了，想送你一个礼物”，张敏回复到，“礼物就别送我了，有钱多给孩子买点营养品”，王世艳说，“这个礼物你一定要收，这是我们全家的心意，我在高客站等你来拿”。当张敏在高客站见到正在候车去西安做化疗的王世艳时，王世艳从包里掏出了一个长一米的“家和万事兴”的十字绣。张敏说，收到十字绣那刻她哭了，与王世艳道别完，返回的路上她一直泪流满面。因为，这个十字绣，是王世艳全家动手绣缝的。张敏说，这是一份珍贵的礼物，她收获的是感动和幸福。就这样，她与群众心贴心的温暖着彼此，感动着彼此。

张敏在基层一线工作了15年，15年春节都在单位上过。张敏是独生女，母亲生病住院期间，张敏才感觉60多岁的父母真的老了。她想多陪陪父母，陪他们过年，但工作太忙总是走不开。张敏说，“别人是拿公安工作当职业，我把公安工作当事业！”。每当有人问起她干过些什么，她总说，不太会记得自己到底干过了些什么具体的事。

十几年来，张敏坚持了两点，即一“守”和一心。这“守”是她为民服务的坚守；这“变”，《周易》里有句话是这样的，“穷则变、变则通、通则久”，随着张敏岗位的不断调整，她不断探索新的便民服务途径；随着网络日新月异的变化，她与时俱进，推陈布新。在县局的大力支持下，张敏结合现在情报研判的岗位，探索“传统警务+网上警务+情报研判”的创新警务工作模式，打造“张敏（小小白）警务工作室”。2016年7月、12月，省委政法委书记祝列克，省公安党委副书记、常务副厅长曾岚分别深入紫阳视察调研公安工作时，对“（小小白）张敏警务工作室”及“三位一体”社区警务模式给予肯定，并对民生警务新平台给予高度评价。2017年5月被公安部授予全国优秀人民警察称号。

郑远元：以技扶贫馈桑梓

郑远元，男，汉族，安康市紫阳县高桥镇人，1983年1月生，现任陕西省政协委员、陕西郑远元专业修脚保健服务集团有限公司董事长。

郑远元出身农村，家境贫寒，却不愿向生活低头,为了减轻家庭负担，他14岁辍学打工，从摆地摊3元收费、门店10元开始，到2007年创办公司（简称远元集团），年创经济收入1000万元，到2016年创经济收入15.2亿元、2017年创经济收入30.021亿元。

党和国家领导人汪洋与郑远元亲切握手

在创业打拼，收获成功的同时，郑远元心系贫困群众，积极开展精准扶贫工作，助力国家脱贫攻坚，先后带动大批乡亲们实现脱贫致富，获得了社会各界高度评价与肯定。2017年10月，郑远元荣获“2017年全国脱贫攻坚奖奉献奖”，远元集团荣获“全国‘万企帮万村’精准扶贫行动先进名营企业”，2017年12月，远元集团荣获“陕西省‘万企帮万村’精准扶贫行动先进民营企业”。

一、不忘初心，以技扶贫

发展不忘桑梓情，共同致富报乡恩。在企业不断发展的同时，郑远元常怀一颗感恩的心心系家乡父老，郑远元觉得自己有责任帮助他们走出大山，摆脱贫困。

政企合作　技能脱贫　2014年以来，远元集团积极响应脱贫攻坚号召，在紫阳县政府及陕西省各级政府的关心支持下，以“政府主导+龙头企业+基地培训+定向就业”模式，广泛开展修脚技师培训，取得了“就业一人，脱贫一户”的良好社会效应。

远元集团在政府的支持和帮助下，在安康市紫阳县、汉滨区、岚皋县、石泉县、平利县、汉阴县、镇坪县、旬阳县、宁陕县、白河县，商洛市洛南县、柞水县、镇安县，山西省运城市，湖北省随州市共开设15所“远元职业技能培训学校”，先后培训修脚技师3.8万多名，带动4万多人致富，帮助1.3万多名贫困人口稳定就业，真正实现了百姓脱贫、企业发展、政府减负的三赢局面。

远元产业带动一片，造福一方，实实在在的为乡亲们创业及就业创造了一条风险低、致富快的脱贫之路，为地方的经济发展与社会稳定做出了巨大的贡献。

企业战略，助推脱贫　远元集团经过多年的深耕发展，现今已发展成以连锁直营、商务贸易、生物科技、影视传媒、济困慈善基金会、远元商学院、劳务派遣、健康管理八大产业为核心的现代化集团公司。目前，全国有29个分公司，开设3431家门店，拥有员工30879人。

为更好地安置贫困群众就业，远元集团制定了“三年百亿　千城万店”的战略目标，计划3年内带动10万人就业，惠及6万个家庭，20万人次。通过政府和企业的共同努力，让更多的贫困劳动力转移就业。集团对员工实行待遇承诺制，2018年保底工资4500元/月，2019年5000元/月，2020年6000元/月。

二、产业链扶贫，让紫阳富硒食品走向世界

产业兴则农民富，农民富则经济活。4月4日，远元集团为紫阳县毛坝镇岔河村捐款128万，开发富硒产业链，充分结合远元集团的平台优势，通过宣传推广、品牌塑造、拓宽销售渠道，把紫阳富硒产业做成全国乃至世界知名品牌，在取得经济效益的同时，带动当地群众

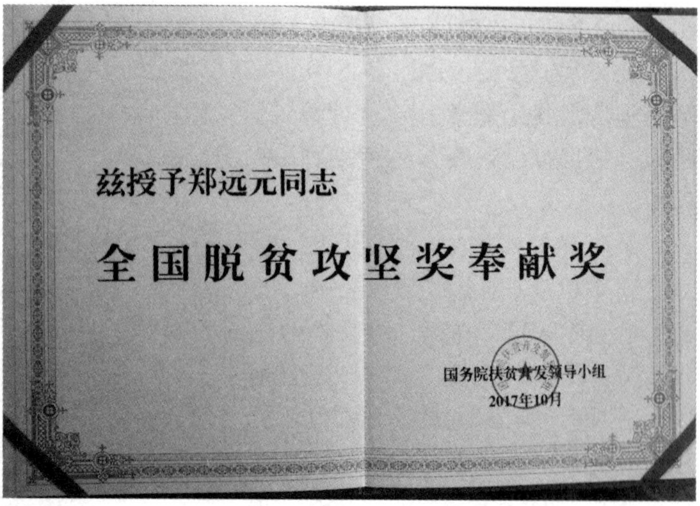

郑远元“2017年全国脱贫攻坚奖奉献奖”荣誉证书

脱贫就业。

三、基金挤困，回馈乡梓

2016年4月，远元济困慈善基金会正式筹备成立，远元集团始终把慈善作为公司的一项神圣的社会公益事业，帮助有需要的人，履行社会责任，传播正能量，为社会贡献出一份力量。

截至2018年6月底，远元人累计捐助善款达900多万元，在重大疾病、贫困助学、尊老爱幼、贫困补贴、社会服务等方面已捐助72次，累计救助593人次。

“千里之行，始于足下”。郑远元打响的紫阳修脚品牌，带动了脱贫致富，扩大了稳定就业，打造了新兴产业，促进了县域经济发展，取得了明显成效。展望未来，远元集团更将引入资本、金融、互联网+等先进理念，打造开放、合作、共赢的远元健康产业平台，帮助更多全国贫困地区的群众走上脱贫致富的道路。同时更加高扬修脚养生文化大旗，继承中华非物质文化遗产，勇于承担中国民族品牌的重任。

人 物 表

紫阳县2017年度受市级以上表彰人物统计表

姓　名	工作单位	获奖名称	颁奖单位
徐申全	县委组织部	领导支持奖	《当代陕西》杂志社
李岳松	县委组织部	优秀发行员奖	《当代陕西》杂志社
李万军	县委组织部	年度优秀通讯员	《当代陕西》杂志社
田专、曾顺宝、晏飞、陈荣贵、陈辉、焦家虎、刘宇航		安康市助力脱贫攻坚最美青年	市委组织部、县市扶贫开发局、团市委
沙　辉	洞河中心小学	安康市教学能手	市教育局
张小红	红十字会	陕西三八红旗手	陕西省妇女联合会
李贵翠	紫阳县洞河镇马家庄村文书	安康市三八红旗手	安康市妇联联合会
钟　雅	紫阳县洄水镇团堡村村官	安康市三八红旗手	安康市妇联联合会
张国菊	紫阳县中医院院派驻焕古镇刘家河村“第一书记”	安康市三八红旗手	安康市妇联联合会
侯启兴	紫阳县蒿坪镇街道社区	安康市“最美家庭”	中共安康市委宣传部　安康市创文办　安康市文明办　安康市妇女联合会

姓　名	工作单位	获奖名称	颁奖单位
危才秀	紫阳县蒿坪镇政府	安康市“最美家庭”	中共安康市委宣传部　安康市创文办　安康市文明办　安康市妇女联合会
胡先林	紫阳县蒿坪镇蒿坪村	安康市“最美家庭”	中共安康市委宣传部　安康市创文办　安康市文明办　安康市妇女联合会
杨万利	紫阳县蒿坪镇平川村	安康市“最美家庭”	中共安康市委宣传部　安康市创文办　安康市文明办　安康市妇女联合会
张厚旺	紫阳县蒿坪镇兴隆村	安康市“最美家庭”	中共安康市委宣传部　安康市创文办　安康市文明办　安康市妇女联合会
张成友	紫阳县蒿坪镇双胜村	安康市“最美家庭”	中共安康市委宣传部　安康市创文办　安康市文明办　安康市妇女联合会
简荣茂	紫阳县红椿镇街道	安康市“最美家庭”	中共安康市委宣传部　安康市创文办　安康市文明办　安康市妇女联合会
任礼章	紫阳县红椿镇民利村	安康市“最美家庭”	中共安康市委宣传部　安康市创文办　安康市文明办　安康市妇女联合会
申顺录	紫阳县红椿镇盘龙村	安康市“最美家庭”	中共安康市委宣传部　安康市创文办　安康市文明办　安康市妇女联合会
焦家华	紫阳县红椿镇上湾村	安康市“最美家庭”	中共安康市委宣传部　安康市创文办　安康市文明办　安康市妇女联合会
覃丕全	紫阳县麻柳镇麻柳村	安康市“最美家庭”	中共安康市委宣传部　安康市创文办　安康市文明办　安康市妇女联合会

姓　名	工作单位	获奖名称	颁奖单位
覃培琴	紫阳县毛坝镇社区	安康市“好媳妇”	中共安康市委宣传部　安康市创文办　安康市文明办　安康市妇女联合会
梁明春	紫阳县瓦庙镇庙坝村	安康市“好婆婆”	中共安康市委宣传部　安康市创文办　安康市文明办　安康市妇女联合会
贾光芝	紫阳县瓦庙镇新房村	安康市“好婆婆”	中共安康市委宣传部　安康市创文办　安康市文明办　安康市妇女联合会
单雅静	紫阳县政务中心	安康市“巾帼建功”标兵	安康市妇联联合会
郭紫泉	紫阳县人民医院血液净化中心	安康市“巾帼建功”标兵	安康市妇联联合会
储召兰	紫阳县蒿坪镇中心幼儿园	安康市“巾帼建功”标兵	安康市妇联联合会
林红梅	紫阳三生网络有限公司	安康市“巾帼建功”标兵	安康市妇联联合会
单　萍	紫阳县舍顿茶业有限公司	安康市“巾帼建功”标兵	安康市妇联联合会
张晓红	紫阳县红十字会	安康市脱贫攻坚“交友帮扶”先进个人	安康市脱贫攻坚指挥部
王红英	紫阳县麻柳镇镇府	学习党的十九大知识竞赛先进个人	安康市妇联
朱春雨	紫阳县双桥镇政府	学习党的十九大知识竞赛先进个人	安康市妇联
张　敏	紫阳县公安局	全国优秀人民警察	公安部
吕　勇	紫阳县公安局	2016年度全省优秀科所队长	陕西省公安厅
张　敏	紫阳县公安局	2016年度全省公安情报中心系统先进个人	陕西省公安厅
王日峰	紫阳县公安局	2016年度全省公安信访工作先进个人	陕西省公安厅
刘　涛	紫阳县公安局	公安交通集成指挥平台应用竞赛活动先进个人	陕西省公安厅

姓　名	工作单位	获奖名称	颁奖单位
廖　聪	紫阳县公安局	全省社会治安综合治理先进工作者	省委组织部、省委宣传部、省人社局、省公务员局、省文明办
贾学奎	紫阳县公安局	2016年度禁毒工作先进个人	省委组织部、省委宣传部、省人社厅、省公务员局、省文明办
王志军	紫阳县公安局	2016年度全市优秀班子成员	安康市公安局
陈　超	紫阳县公安局	2016年度全市优秀科所队长	安康市公安局
胡小山、杨关顺 杜少斌、李辉明	紫阳县公安局	2016年度全市优秀民警	安康市公安局
杜广军	紫阳县公安局	2016年度全市公安机关执法规范化建设先进个人	安康市公安局
李知轩	紫阳县公安局	2016年度集中打击“盗抢骗”行动优秀信息员	安康市公安局
王习华	紫阳县公安局	2016年度集中打击“盗抢骗”行动十大追逃能手	安康市公安局
杨德明	紫阳县公安局	2016年度全市公安国保工作先进个人	安康市公安局
喻坤才	紫阳县公安局	2016年度全市经济文化保卫工作先进个人	安康市公安局
陈小锋	紫阳县公安局	2016年度集中打击“盗抢骗”行动十大破案能手	安康市公安局
谢涛、杨松、康卫卫	紫阳县公安局	2016年度全市优秀法制员	安康市公安局
曾钧阳	紫阳县公安局	2016年度执法办案系统暨阳光警务公开系统应用工作先进个人	安康市公安局
孙金祥	紫阳县公安局	2016年度执法办案系统暨阳光警务公开系统应用工作先进个人	安康市公安局

姓　名	工作单位	获奖名称	颁奖单位
李春平	紫阳县公安局	第二届全市公安机关改革创新项目大赛先进个人	安康市公安局
钟奎、贾学宏、余恒、王家升、张斌、王永波、张帆、李照勇、陈小锋、卢春林、余齐润	紫阳县公安局	个人三等功	安康市公安局
马洪斌、夏　琦	紫阳县公安局	个人嘉奖	安康市公安局
储召耀	紫阳县公安局	2017年度全市公安监管工作先进个人	安康市公安局
宋　峰	紫阳县公安局	2017年度全市优秀班子成员	安康市公安局
单佳宏	紫阳县公安局	2017年度全市优秀科所队长	安康市公安局
谢涛、宋涛、余齐润、陈启军、王先刚	紫阳县公安局	2017年度全市优秀民警	安康市公安局
李茂成	紫阳县公安局	2017年度全市优秀组织工作者	安康市公安局
宋　涛	紫阳县公安局	2016年度全市档案工作先进工作者	市档案局
黄龙元	交警队	2017年度全省交警系统优秀中队长	省交警总队
王成华	检察院	市人民满意政法干警	市政法委
焦　峰、陈远国	司法局	人民满意政法干警	省政法委
周家安、杨菊花 邵　鑫、张国娇	司法局	先进个人	市司法局
唐志春	农林科技局	全国畜牧兽医监测工作先进个人	国家农业部
张瑞萍	农林科技局	全省农村集体土地改革工作先进个人	陕西省政府
熊运才	农林科技局	安康市创森先进个人	安康市委、市政府
朱国茂、刘晓红、吴锋、陈义彩	农林科技局	创森先进个人	安康市林业局

姓　名	工作单位	获奖名称	颁奖单位
夏俭民	农林科技局	农机化工作先进个人	安康市农机局
王祖琴	紫阳县国税局	第三届“感动陕西国税”人物	陕西省国家税务局
王　艳	紫阳县国税局	安康市国税系统“最美女税干”	安康市国家税务局
舒　剑	紫阳县国税局	全市国税系统建功“十三五”突出贡献奖	安康市国家税务局
马晓兰	紫阳县国税局	安康市国税系统优秀党务工作者	安康市国家税务局
焦家虎	紫阳县国土资源局	安康市优秀第一书记、安康市助力脱贫攻坚最美青年	市委组织部、县市扶贫开发局、团市委
张春涛	紫阳县统计局	陕西省统计系统先进个人	省人力资源和社会保障局、省统计局
晏　琳	紫阳县统计局	安康市统计系统先进个人	安康市人力资源和社会保障局、市统计局
张守廷	双安镇政府	安康市统计系统先进个人	安康市人力资源和社会保障局、市统计局
杨静萍	蒿坪镇文化站长	2017优秀文保员	市文广新局
任继尚	高桥镇高桥社区	2017优秀文保员	市文广新局
梁生霞	焕古镇中心学校	全国2017“媒体特别关注孝心少年	中央电视台
郑齐苗	汉王镇初级中学	安康市“践行新民风”最美少年	团市委、市文明办、市教育局
詹海天	蒿坪镇初级中学	安康市“践行新民风”最美少年	团市委、市文明办、市教育局
刘欢欢	焕古镇中心学校	安康市“践行新民风”最美少年	团市委、市文明办、市教育局

紫阳县持续系统推进脱贫攻坚五大工程实施方案

为全面贯彻落实《中共安康市委关于持续系统推进脱贫攻坚五大工程的实施意见》（安发〔2017〕17号）的精神，扎实抓好全县“支部+X+贫困户”、“三变”改革、新民风建设、新社区工厂、帮扶干部素质提升五大工程，全面提升脱贫攻坚质量和水平，结合紫阳实际，特制定本方案。

一、总体要求

（一）指导思想。坚持以贯彻党的十九大精神为指导，以习近平总书记扶贫开发重要战略思想为引领，全面落实精准扶贫精准脱贫基本方略，按照党中央、国务院和省市脱贫攻坚工作一系列部署安排，以脱贫攻坚统揽全县经济社会发展全局，用系统化思维谋划，以系统性措施推进，集中优势兵力打响深度贫困歼灭战，深入实施“支部+X+贫困户”工程，始终把党的力量挺在脱贫攻坚前沿阵地；深入实施农村“三变”改革工程，做到联产联业联利联心；深入推进“诚孝俭勤和”新民风建设工程，激发贫困群众脱贫致富内生动力；深入实施新社区工厂工程，确保搬得出稳得住能致富；深入实施帮扶干部素质提升工程，锻造一支不撤退的扶贫力量，着力解决突出制约问题，强化支撑保障体系，着力创新扶贫机制，聚全民之智攻坚拔寨，举全县之力决战决胜，确保打赢脱贫攻坚战和全面建成小康社会。

（二）主要目标。通过持续系统推进脱贫攻坚五大工程，为实现脱贫攻坚目标提供强有力的支撑。

——基层党组织全面提升、全面过硬，核心和纽带作用充分发挥。引导农村形成比较完善的产业发展、主体培育、利益联结机制，贫困群众实现稳定产业脱贫。

——有条件的行政村均有新型农业经营主体参与“三变”改革，通过股份合作使农民变股东，集体经济实力、农民收入水平明显提升。

——“诚孝俭勤和”新民风建设成为全县人民行动遵循，民风持续向好向善向上，贫困群众脱贫致富的内在活力和自我发展能力明显增强。

——新社区工厂基本实现移民搬迁安置社区和农村人口居住集中区全覆盖，让搬迁群众在家门口安居乐业，公共服务和城镇化率跟进全省全市平均水平。

——“四支力量”在脱贫攻坚主战场担当有为、充满活力，培养一批专业化扶贫干部，打造一支永不撤退的扶贫队伍，组织和人才保障有力有效。

二、深入实施“支部+X+贫困户”工程

（三）不断创新联结方式。坚持以党支部为核心，以贫困村为第一战场，以贫困人口脱贫为标准，以产业脱贫为抓手，特色产业链与脱贫致富链紧密联结，党建精准指导与精准扶贫深度融合，提升抓党建带脱贫、抓脱贫促党建水平。“X”就是特色产业链形成的不同业态，宜工则工、宜农则农、宜游则游，带动贫困村和贫困户采取股份合作、土地流转、劳务用工、订单销售等方式与“X”结成利益共同体，在参与全产业链经营中稳定增收脱贫致富。探索创新一“+”、多“+”灵活多样的联结模式，促使精准扶贫在产业结构优化升级中产生裂变效果。

（四）全面坚强基层党组织。一要实现农村党的组织和党的工作多形式覆盖。要加大在农民专业合作社、农业社会化服务组织和社区工厂等移民搬迁社区农民聚集地建立党组织的力度，探索实行“产业型、功能型、外出务工型、结对帮扶型”等设置方式，不断健全新型农村党组织体系，把基层党组织工作拓展到脱贫攻坚各环节和全过程。二要扎实开展后进村整治。市上要求9月30日全面完成后进村整顿工作，各镇对已经完成的要全面开展一次“回头看”，查漏补缺，巩固成果。对后进党组织，要实行动态整顿，每年倒排10%以上的村作为整顿对象,镇党政主要领导要亲自包抓，切实发挥驻村工作队作用，确保发现一个、整顿一个、转化一个。要统筹力量，加大对“村霸”整治力度，县级组织部门要发挥牵头抓总作用，政法、民政等相关职能部门要各负其责，镇党委要担负起直接责任，精准把握政策，做到一村一策、一人一案，建立销号台帐，实行全程纪实，依法依规处置。要通过强化整顿和严加整治，提升村级党组织的凝聚力、战斗力和号召力。三要充分发挥村级党组织核心引领作用。要大力推行“支部引领、支委领办、党员示范”模式，从项目、资金、技术等方面全力予以支持，各镇要建立2个左右市上认可的“支部＋X＋贫困户”示范点，每个贫困村都有支部领办的、能促进贫困户增收的经济合作组织；要加大扶持力度，建立1至2个党员创业示范基地；要发挥班子成员的带头作用，确保每名支委成员至少领办一个脱贫致富项目。力争在村支部的带领下，每个贫困村选准一个产业、打造一个龙头、建立一套利益联结机制，推动新型经营主体对所有贫困群体的全覆盖。

（五）拓展扩大“X”承载功能。推动各类

市场经营主体深度参与脱贫攻坚，优先流转贫困户土地，优先向贫困户提供就业岗位，优先购销贫困户农产品，优先使用贫困户劳动力，优先开展贫困户技能培训，优先保障贫困户收益。大力发展对群众脱贫致富带动性强的富硒产业、生态旅游、山林经济、涉水产业、劳动密集型等生态友好型产业，支持引进企业建园区、支部牵头自建园区、吸引能人大户合建园区，确保每个贫困村建设一个以上的现代农业园区，健全省市县现代农业园区分别带动120户、60户、30户以上贫困户的精准对接机制。

三、深入实施农村“三变”改革工程

（六）积极开展改革试点。“三变”改革必须坚持从实际出发，尊重群众意愿，不搞行政命令；坚持试点先行、分类指导，循序渐进、逐步推开，不得“一刀切”；坚持遵循市场规律，强化政策扶持和路径引导，有效配置要素资源；坚持维护农民权益，消除市场风险，让农民吃上持续稳定增收脱贫的“定心丸”；探索市场经济条件下集体经济新的有效实现形式，保证集体经济健康成长，不走大集体的老路。2017年确定蒿坪镇王家河村、界岭镇斑桃村、洄水镇团堡村为省级“三变”改革试点村，高桥镇裴坝村、焕古镇东红村为市级“三变”改革试点村，其他各镇分别确定一个村级班子硬、产业基础实、经营主体强、区位条件优、村风民风正的村作为县级“三变”改革试点村，积极探索“三变”实现形式、运行机制、监管举措和支持体系，力争用1年时间形成可复制、可推广的改革成果，为全县深化“三变”改革打牢基础。

（七）突出“三变”改革重点。资源变资产就是试点村以集体自然资源性资产、可经营性资产的使用权，通过参股经营、控股经营、独资经营等方式实现农村资源向资产的转变。资金变股金就是允许试点村将各级财政投入到农村的发展类、扶持类资金（直补农户、社会保障、优待抚恤、救灾救济、应急处置类等资金除外），在符合资金使用要求的前提下，在规定的一定范围内整合，原则上可以量化为村集体或农民持有的资金资产收益权，投资入股经营主体。农民变股东就是引导和组织农民自愿以自有生产要素，采取农民自行单独入股、委托集体经济组织机制托管入股、成立合作组织统一入股等形式投资入股经营主体。建立利益联结机制，探索资源股、资金股、劳力股、技术股等多种股份合作方式，实行固定收益率和“保底收益+股份收益”利益分配方式，确保农民获得稳定的保底收入和财产增值收入。财政资金投入收益要优先分配给贫困村和贫困户，优先向丧失劳动力或弱劳动力的贫困户、贫困残疾人户倾斜。

（八）强化监管严控风险。坚持问题导向，强化风险管控，确保农村土地集体所有制性质不改变、农村基本经营制度不改变、耕地红线不突破、农民利益不受损，实现农民、集体、经营主体合作共赢发展。严防借“三变”改革之机，出现集体经济组织内部少数人侵占、支配、私分集体资产，外部资本侵吞、控制集体资产等问题。要实行最严格的土地用途管制和生态红线制度，禁止以农业为名圈占土地从事非农建设，严禁擅自改变林地用途损毁林木。建立股金股权退出机制，在承接经营主体出现违反国家相关法律法规行为，投资进度缓慢或经营策略发生重大变动不能按约完成预定目标，连续出现经营亏损无法确保项目农户、贫困户和村集体经济组织利益等情形时，村集体经济组织和入股农户有权收回入股资金和实物。建立财政支持开发、扩大特色农产品保险品种的机制，增强农业和农户的抗风险能力。

四、深入实施新民风建设工程

（九）深化新民风核心内涵。坚持问题导向、群众主体、典型引领、上下联动的原则。大力推进“诚孝俭勤和”新民风建设，把新民风建设作为激发贫困群众脱贫致富内生动力的治本之策，打造“党建+新民风”社会治理模式，增强全县人民对新民风建设的思想认同和行动遵循，为打赢脱贫攻坚战提供优良的民风保障和社会思想基础。大力倡导厚道实在、诚实守信，把诚实做人、坦诚待人作为立身处世之道和待人接物准则；大力倡导孝老爱亲、知恩感恩，把奉先思孝、善待家人作为道德基础和精神基因；大力倡导节俭简朴、量入为出，把节俭节约、反对浪费作为行为习惯和生活时尚；大力倡导勤奋劳作、踏实苦干，把勤恳工作、拼搏奋进作为生存之基和创业精神；大力倡导以和为贵、宽容礼让，把和衷共济、崇尚合和作为思想共识和行为规范。通过新民风建设，增强贫困群众自强自立的主体意识和信心志气，让脱贫攻坚的步伐走得更加稳健。

（十）抓实抓细六大活动。一抓道德评议。要坚持群众主体，尊重公序良俗和群众意愿，规范新民风道德评议活动程序和评议办法，以说论理、以评明德、以亮树德。广泛发动群众参与，实现群众自我管理、自我教育、自我服务、自我约束。二抓移风易俗。要坚持倡树新风，把移风易俗作为村规民约或居民公约重点内容，健全移风易俗长效机制，在全县城乡推行“一约四会”制度，推动移风易俗，树立文明新风。三抓文化传播。要传承家训家风，以培育健康的家庭价值观为突破，积极提炼和推广一批优良的民间家风，持久深入地开展群众性活动，用优良家规家教家风正德树人、淳化民风。四抓文明创建。要坚持典型示范，促进文明创建和脱贫攻坚深度融合，大力弘扬勤劳致富、勤俭持家传统美德，推动形成爱岗敬业、务实重干的浓厚氛围。五抓诚信建设。坚持教育为主，大力开展诚信为本的教育活动，引导形成诚信为本、操守为重的良好社会道德风尚。六抓依法治理。坚持依法治理和以德引导的治导结合，把发展精神融入村规民约、居民公约、家风家训，推进基层治理法制化，维护公序良俗和社会秩序。

（十一）持续激发内生动力。持续推进不良人情风、盲目攀比风、低俗恶搞风、打牌赌博风及脱贫攻坚中的“等靠要”“缠访闹”“不怕穷”等突出问题的解决，综合运用道德评议、评先树优、依法治理、生产奖补等手段，引导贫困群众用自己的辛勤劳动实现物质和精神“双脱贫”，充分调动贫困群众的积极性、主动性、创造性。把扶贫同扶志扶智有机结合，教育和引导贫困群众树立自力更生、勤劳致富的思想意识，注重培育贫困群众法制生产和务工经商的基本技能，提高农民群众文化素质和科技致富技能，增强贫困群众自我发展能力和“造血”功能。坚持“党建+”系统思维，坚持全面推进与抓主抓重、载体建设与乡贤文化、党员带头与发动群众、抓点示范与整体推进“四个结合”要求，创新推进落实机制，扎实做好群众工作，让新民风深入人心、落地生根、构建覆盖全县城乡的美好精神家园。

五、深入实施新社区工厂工程

（十二）大力发展新社区工厂。坚持以“创新、协调、绿色、开放、共享”发展理念为指导，以脱贫攻坚为总揽，以政府引导、市场引领、就业优先、厂社融合、协同推进为原则，以推进就业创业脱贫、扩大就业增收和扶持返乡创业为目标，鼓励支持各类企业(重点是劳动密集型企业)和返乡创业人员在移民搬迁安置社区配建的商业用房、社区空置门店以及老厂房、旧学校、旧办公楼等闲置房屋，创办生产加工型企业（工厂）或加工车间，实现移民搬迁群众和建档立卡贫困户劳动力就地就近就业，达到稳得住、能致富的目的。

（十三）加大主体培育力度。发挥人力资源优势，主动承接发达地区产业转移，加强内引外联，引进劳动密集型加工企业，采取连锁经营、联合经营、股份合作、订单加工等形式发展新社区工厂，支持返乡创业、带业回流，创造“人口红利”。借助生态资源优势和富硒资源优势，发展农业林业生态产业园区，建设农副产品加工厂，利用电子商务网络平台，帮助移民搬迁群众和贫困劳动力在园区、在工厂、在网络平台实现选择性就业。结合生态旅游产业发展，充分挖掘非物质文化遗产，促进传统手工艺与旅游开发融合发展。加强特色技能培训，按照培训一人、就业一人、脱贫一户目标，对有劳动能力和培训需求的贫困劳动力，提供量身打造的免费就业技能培训或创业培训。巩固发展技能扶贫“紫阳经验”，加强技能培训基地实体建设，贴近市场需求，选准培训专业，积极推行订单培训、定岗培训、定向培训，打造具有紫阳特色的劳务品牌。到2020年底，全县培育发展社区工厂30家以上，平均解决就业150人以上，累计带动贫困劳动力就业脱贫5000人以上，力争500户大型移民搬迁社区或100户以上农村人口集中区都有1家以上的社区工厂。对各类企业和创业人员在移民搬迁安置社区或居住农户100户以上的农村人口集中区创办的社区工厂在安置社区1平方公里以内、用工人数稳定在20人以上、每年能正常生产经营6个月以上的，可以认定为新社区工厂，享受相关支持政策。

（十四）创新移民搬迁机制。坚持遵循规律、系统谋划、统筹推进、四化同步、一举多赢思路，规范精准搬迁、精细管理、精确施策标准，协同推进异地搬迁和其他类搬迁，确保完成全县23450户75777人建档立卡贫困户搬迁任务。创新移民搬迁安置机制。坚持进城入镇、社区安置、兜底保障原则，坚持以户定房、精准到人，以进城入镇集中安置为主，优先在县城、县城副中心镇及集镇建成区或规划区布局搬迁安置社区，实行多层次搬迁安置政策。创新增收保障机制。坚持以户定业、先业后搬、以业促搬。按照县负总责、镇抓落实要求、坚持政府主导、群众主体、社会参与原则统筹推进移民搬迁，健全部门协同和投入保障机制。坚持社区自治、权益保障、服务管理相统一，实行“五星”社区管理，全面推进“居住簿”制度，组织实施搬迁示范社区创建，打造和谐有序、文明向上的幸福家园。

六、深入实施帮扶干部素质提升工程

（十五）增强“四支队伍”战斗力。紧紧围绕精准扶贫精准脱贫工作部署，加强县、镇、村三级扶贫干部队伍建设，精准选好配强干部、培养开发人才。坚持“不脱贫不收兵”原则。“四支队伍”整合管理由县级统一管理，选配工作队长，形成攻坚工作队，成立临时党组织，既保持贫困村脱贫攻坚工作队人员稳定，又保证驻村帮扶干部和村“两委”班子成员既各尽其职，又密切配合，发挥整体效应。工作队长统一调配各种力量，牵头做好协调帮扶工作，协调派出单位给予支持，指挥调度结对干部开展帮扶工作，彻底解决帮扶力量受不同单位管理，帮扶工作各自为政问题。帮扶工作队在镇党委领导下，紧紧依靠村党组织，以增加贫困人口收入和改善贫困村发展环境为目标，以建档立卡贫困村、贫困户、贫困人口为工作对象，指导和协助村两委开展工作，夯实“六个精准”，实现驻村帮扶“六个目标”。

（十六）培养专业化扶贫干部。坚持精准化、专业化原则健全脱贫攻坚机构队伍，县扶贫部门主要负责同志任县党组成员，在机构建设、人员编制、工作经费上予以倾斜，配齐配强扶贫干部队伍。通过组织遴选、抽调选派、挂职锻炼等方式，充实县镇扶贫工作力量。支持各镇使用空缺编制及时补充扶贫工作人员，对各镇放宽职位专业、户籍、学历等条件，适当降低进入门槛。对满一个聘期的大学生村官择优安置到镇扶贫工作岗位。有计划有组织地做好各级党政干部、扶贫系统干部和驻村工作队、第一书记、村两委班子等教育培训工作，切实提升干部队伍执行能力、业务能力和创新能力。让每个镇村都有一支有思想、有作为、有能力、作风实、打硬仗，真正能够带领群众脱贫致富的干部队伍。

（十七）锻造不撤退的扶贫力量。一要选优配强村级党组织书记。抓住村“两委”换届有利契机，切实选强配强党组织带头人。各镇要精准掌握贫困村“两委”班子状况，对各班子好中差程度、具体问题以及下一步建设方向任务要建立清单，制定工作方案。要注重在乡村致富带头人、返乡创业人才、合作经济组织负责人、大学生村官、高校毕业生、退伍军人、乡村医生中选拔优秀人才进入村“两委”班子。本村没有合适人选的，镇党委采取选派优秀机关党员干部到村任职或实行党组织书记跨村任职。贫困村党组织书记，更要做到好中选优，优中选强，不能降格以求，应付了事。二要加强村级后备干部培养。大力实施村级后备干部培养储备“青苗”工程，建立人员筛选、教育培训、联系帮带、试岗锻炼、考核管理等长效机制，每个贫困村至少储备2–3名后备干部，促其尽快成长，思想稳定，胜任工作。把那些思想好、作风正、能力强、群众感情深的农村致富带头人、优秀年轻干部、退伍军人、高校毕业生选拔到村级后备干部队伍，着力提高村两委干部扶贫脱贫、干事创业、服务群众的本领。三要加强第一书记队伍建设。原则上县级部门包联的贫困村由部门选派第一书记，对个别人少且无合适党员干部选派的县级单位，可由所在镇党委选派，第一书记原则上都要从各级后备干部中选派。镇党委要严格按照《中共陕西省委组织部关于进一步加强第一书记工作的意见》要求和县上关于第一书记管理相关规定，实现备案管理，强化日常电子签到考勤，坚持按月督查，季度研判、调整，按时兑现生活补助，对不是后备干部、成绩突出的要纳入采取其他方式予以激励鼓励，对不胜任第一书记职责的，要及时调整、召回，情节严重者要严肃问责。四要加强党员队伍建设。高度重视贫困村发展党员工作，镇党委要指导贫困村统一建立致富能手、复员退伍军人、返乡大中专毕业生等优秀分子档案，明确专人联系，贫困村每年至少培养1名35岁以下的入党积极分子，每两年至少发展1名党员。深化“双培双带”活动，把农村党员干部培养成为实用人才带头人，把实用人才中的优秀分子培养成农村党员干部。积极推行党员结对子、“党员中心户”“党员爱心岗”等有效做法，有帮带能力的党员每人至少结对帮扶1户贫困户。五要抓好贫困村干部全员培训。县级相关部门和镇党委要统筹培训计划、资源和设施，突出抓党建促脱贫攻坚主题，确定务实管用内容，采取灵活多样方式，抓好贫困村干部精准培训。每年县上至少组织村党组织书记和村委会主任集中轮训1次，乡镇组织村“两委”其他成员集中培训1次。重点加强村两委班子科技信息、实用技术、富民产业等知识技能的培训，加大农村实用人才培养开发，支持建设农村实用人才培养实训基地。让每个贫困村都有一批熟悉现代农业技术、善于经营管理、技能服务能力强，能够示范指导和带动地方特色产业发展的“技术型”干部。六要夯实贫困村党组织建设基础保障。要严格按照标准兑现落实村级办公经费和村干部补贴，坚决杜绝挪用截留。要认真落实贫困村干部报酬与脱贫攻坚工作挂钩的考核办法，把基层党建、整村推进、贫困户脱贫、推进“四化同步”、发展集体经济以及“两力两率”调查评价作为考核内容，将村干部补贴的80%与脱贫攻坚成效挂钩。坚持抓党建促脱贫，提升贫困村党组织“两力两率”，选好书记，培强班子。

七、凝聚脱贫攻坚大合力

（十八）**完善推进体系**。各级各部门要切实增强“四个意识”，深刻认识持续系统推进脱贫攻坚五大工程的重大意义，把脱贫攻坚五大工程作为当前和今后一个时期事关发展全局的重中之重，坚决做到思想认识到位、安排部署到位、责任落实到位、推进措施到位。要按照脱贫攻坚五大工程既定领导体制和责任分工，进一步把任务分解压实到部门、到镇村、到岗位，一级抓一级，层层抓落实，在全县上下形成责任到人、上下贯通、横向到边、纵向到底的脱贫攻坚五大工程推进体系。

（十九）**强化督查督办**。县委、县政府各分管领导要各司其职、各负其责，及时掌握脱贫攻坚五大工程推进情况，深入基层调查研究，及时解决存在的突出问题，抓好各类重点工作任务落实。健全县级脱贫攻坚督查检查暗访联动机制，县委督查室、县政府督查室、脱贫攻坚五大工程牵头部门，要及时对各级各职能部门特别是镇办和农村基层组织，落实脱贫攻坚五大工程任务情况进行明查暗访和专项督查。对存在问题的单位和基层组织进行点名通报，对工作进展滞后的及时进行提醒诫勉，不定期组织“回头看”，强力推进各项任务落实。注重发挥人大代表、政协委员、人民群众和新闻媒体的监督作用，形成强大的工作合力。

（二十）**严格考核奖惩**。把脱贫攻坚五大工程作为全县年度目标责任考核和扶贫开发工作考核的重点，实行脱贫攻坚“一票否决”制度，引导干部把心思和精力聚焦到脱贫攻坚上来。对目标任务落实不力、搞“政绩工程”“假脱贫”“数字脱贫”的单位和个人特别是党员领导干部，要严肃问责追究。把脱贫攻坚实绩作为选拔任用干部重要依据，坚持好干部“五条标准”，坚持“五个优先、两个更加注重”选人用人导向，坚持“四个凡是”要求，充分运用三项机制，优先重用在脱贫攻坚主战场表现突出的干部，让在脱贫攻坚工作中实干的人实惠、有为的人有位、吃苦的人吃香，激励各级干部在脱贫攻坚战场上建功立业。

紫阳县贯彻落实“五新”战略任务工作方案

为深入学习贯彻党的十九大精神和习近平新时代中国特色社会主义思想，认真践行省十三次党代会确定的“培育新动能、构筑新高地、激发新活力、共建新生活、彰显新形象”战略部署，扎实推进生态立县、产业强县、文旅兴县、创新活县、惠民安县，奋力实现追赶超越、绿色崛起，真正推动中省党代会精神落地落实，现结合我县实际，制定本方案。

一、扎实推进产业强县，在壮大富硒产业中培育新动能

立足生态富硒特色优势，坚持聚集发展、转型发展、融合发展，突出创新引领、科技支撑、龙头带动、园区承载，在延伸产业链条、推动跨界融合、提高产业竞争力上下功夫，发展壮大富硒产业、新型工业、现代服务业。

1.做特做精富硒农业。坚持用现代工业和旅游理念发展农业，统筹整合产业扶持政策，加快发展现代农业、生态农业、观光农业、休闲农业，大力开发特色农产品和旅游商品，实现“资源变产品、产品育市场、市场带产业”的链式发展。加快现代农业园区建设，大力培育国家级、省级现代农业园区。坚定茶叶主导产业地位，推进富硒茶产业创新行动计划，实施富硒茶良种繁育、基地扩面、科技创新、产品提质、品牌营销、文化融合提升工程，推动富硒茶产业提质增效，到2020年实现产值25亿元。扩大魔芋种植规模，加大产品研发力度，做大线上线下营销，让紫阳富硒魔芋享誉全国、走向全球。稳步推进山林经济、特色养殖、富硒杂粮、林果药材、蔬菜烤烟、生态渔业等种养业发展。大力培育产业大户、家庭农场、专合组织、龙头企业等新型经营主体，加快形成“家庭农场+农户”“景区+生态农庄”等发展模式，推进“种养加”和“种养旅”深度融合。（县农林科技局牵头，各镇和县发改局、县经贸局、县市场监督管理局、县招商局配合）

2.做强做优新型工业。把硒谷和恒紫两大园区建设成为基础设施完备、配套功能齐全、产业布局合理、资源利用高效、生态环境友好的新型特色园区，提升产业承载能力。加大园区招商力度，发展壮大富硒食饮品、生物医药、新型材料产业。突出做大做强富硒产品加工业，全力培育全省领先、全国有名的富硒食饮品加工企业，打造“中国硒谷”品牌。健全以企业为主体、市场为导向、产学研相结合的创新体系，深度开发茶叶、魔芋、杂粮、饮用水、中药材等富硒产品，分类制定硒含量标准，着力培育富硒茶、真硒水、富硒魔芋三大国家级品牌。按照“抓大壮小扶微”原则，加强现有工业企业成长培育，大力扶持小微企业，鼓励企业利用资本市场融资，支持企业技术改造，提升产品科技含量，培育壮大实体经济，到2020年新增规模工业企业20户以上。（县经贸局牵头，各镇和硒谷工业园区、恒紫循环产业园区、县农林科技局、县发改局、县国土局、县招商局配合）

3.做大做活现代服务业。坚持把发展现代服务业作为经济转型升级的重点，加快构建现代服务业体系。推进国家电子商务进农村综合示范县建设，健全电商服务体系，培育壮大农村电商市场和骨干电商企业，打造“富硒电商第一县”。大力推进专业市场和特色街区建设，加快发展商贸物流中心，打造县城中心商圈。推进城乡集贸市场建设，健全完善城乡流通体系，繁荣城乡消费市场。大力发展医疗养生、健康养老等健康服务业，积极培育融合生态农业、旅游度假、康复疗养、休闲养老等元素的特色镇村和农庄。做大修脚足疗养生产业，倾力打造“紫阳修脚足疗师”品牌。加快发展金融服务、现代物流、餐饮娱乐等生产生活性服务业，着力培育家政服务、社区服务、居家养老服务等新兴服务业，促进消费结构升级。（县发改局牵头，各镇和县经贸局、县住建局、县卫计局、县人社局、县金融办、县民政局、县文广旅游局、县招商局配合）

二、扎实推进文旅兴县，在加快多态融合中构筑新高地

坚持生态为根、文化为魂，做足山水硒、茶歌道文章，聚力发展汉江画廊游、亲水体验游、道教养生游、特色小镇游、美丽乡村游，推动文化与旅游深度融合，提升“汉江画廊·茶歌紫阳”品牌形象和竞争力，把文化旅游打造成富民强县的引领产业。

4.大力繁荣发展特色文化。坚持文化活动围绕旅游来组织、文化资源围绕旅游来开发、文艺作品围绕旅游来创作，实施特色文化提升工程，打造“茶歌紫阳”文化品牌。加强茶文化挖掘研究，大力开发茶文化观光、休闲、体验旅游产品；加强紫阳民歌传承创新，在普及、创作、包装、推介上下功夫，大力培育享誉全省、唱响全国的紫阳民歌和民歌手，展示紫阳民歌文化魅力；弘扬发展道教养生文化，举办“悟真紫阳·养生健康”系列活动，提升道教文化内涵；开发推广紫阳美食文化，按照现代餐饮经营方式，全力打造“紫阳味道”品牌。到2020年全县有大型文化活动在省内开展、有较大影响的文化名人在省内崭露头角、有文艺作品在省内外产生影响、有稳定的文化队伍在县内形成、有文化创意企业在县内生根，让特色文化成为紫阳最具竞争力的品牌和名片。（县委宣传部牵头，各镇和县委统战部、县文广局、县民政局、县总工会配合）

5.加快文化旅游景点建设。按照“全域规划、系统配套，梯次实施、串珠推进，打造精品、整体提升”的思路，整合挖掘紫阳特色文化、山水生态资源，加快建设城水相依、景城互动的旅游县城，推进县城环江旅游文化休闲长廊建设、任河嘴旅游综合体开发，启动县城蚂蝗梁片区和校场坝板石民俗文化街区建设。加快文笔山、任河漂流AAAA景区创建工作。完善擂鼓台景区道路、水电、通讯等基础设施。采取政府引导、企业主体、市场化运作的方式，聚力打造瓦房“会馆小镇”和焕古“硒茶小镇”。不断培育和建设特色文化旅游精品，打造旅游精品线路，把紫阳建成知名生态文化旅游胜地。（县文广局牵头，各相关镇和县发改局、县招商局配合）

6.健全完善文旅服务体系。实施文化惠民工程，加强文化人才队伍建设，不断完善城乡文化设施，大力发展文化社团组织，广泛开展群众文化活动，提升公共文化服务水平。围绕

"吃、住、行、游、购、娱"六要素，狠抓道路、停车场、游客服务中心等基础设施建设，大力发展星级酒店、连锁快捷酒店、星级农家乐，打造县城富硒小吃、休闲娱乐、旅游商品特色街区，大力培育以休闲农业、乡村度假、特色民宿为代表的乡村旅游新业态，推进旅游+休闲度假、旅游+新型养老、旅游+健康养生等新的旅游生活方式，加快完善"快旅慢游"体系，让游客到紫阳进得快、游得慢、玩得好。（县委宣传部牵头，各镇和县文广旅游局、县发改局、县人社局、县教体局、县市场监督管理局、县交通局、县农林科技局、县民政局、县招商局配合）

7.**全力加快美丽乡村建设**。统筹基础设施、产业发展、公共服务、环境整治与基层治理，打造类型多样、特征鲜明、风貌各异的美丽宜居乡村。开发利用农村绿水青山、田园风光、乡土文化等资源，重点打造10个观光旅游村，有规划地开发休闲农庄、特色民宿、自驾露营、农耕体验、创意农业、户外运动等乡村休闲度假产品，加快美丽乡村向发展美丽经济转化。大力推进乡村旅游标准化建设，加快紫阳"农家乐"提质升级，推行建筑风格乡土化、外部环境田园化、内部设施现代化、服务程序标准化、文化餐饮特色化，推动向更具乡土味和高品质的民宿产业发展。（县住建局牵头，县文广旅游局、县环保局、县教体局配合）

三、推进创新活县，在持续深化改革中激发新活力

树立强烈的改革意识、创新思维和开放视野，探索出更多"紫阳实践""紫阳经验""紫阳模式"，为赶超发展提供持续动力。

8.**深化重点领域改革**。深化供给侧结构性改革，加快培育发展新动能。推进"放管服"改革，推行"互联网+政务服务"，优化提升紫阳"全程代理"服务模式，全力抓好全国基层政务公开标准化规范化试点。加快农村综合改革，依托县政务服务中心建立农村产权交易中心，完善产权抵押融资机制，推进农村集体产权制度改革和农村"三变"改革，探索农民土地股份合作模式，激活农村各类生产要素。扎实推进全省司法体制改革试点。全面提升"商事制度"改革成效。不断深化镇纪委直管村（居）监委会制度。推进供销合作社综合改革、国有林场改革。推广PPP模式，鼓励社会资本参与提供公共产品和公共服务。推进财税管理机制创新，加大政府购买公共服务力度。深化医药卫生体制改革，巩固基层医改成果。支持司法体制改革，促进社会公平正义。要敢于冲破传统观念、思想束缚，善于活学活用新办法、新措施，大胆探索，大胆借鉴，让一切有利于加快发展的要素加速聚集。（县深改办牵头，各镇和县纪委、县政法委、县委农工部、县编委办、县发改局、县农林科技局、县司法局、县卫计局、县财政局、县供销联社、县政务服务中心配合）

9.**激活创新创业活力**。以全省科技创新驱动县域经济发展示范县为抓手，全面支持产业创新、企业创新、市场创新、产品创新、业态创新和管理创新。强化企业创新主体地位，加大政府奖励扶持力度，推进校企合作和产学研融合，促进产品优化升级，抢占富硒产业研发制高点。建立产业发展基金、股权投资、以奖代补、风险补偿、财政贴息和政府购买公共服务，支持各类创新平台建设、人才引进和项目实施，加速创新链与产业链、资金链、政策链有机融合。积极建设创新创业孵化园，发展众创、众筹等支撑平台，形成"大众创业、万众创新"生动局面。（县发改局牵头，县农林科技局、县人社局、县财政局、县市场监督管理局配合）

10.**提升开放合作水平**。坚持招强引优、内外并重，加强优质项目包装推介，加快引进一批产业层次高、产业链条长、辐射带动强、发展前景广的龙头项目，提高招商引资的命中率和落地率，助推产业优化升级。坚持“引进来”和“走出去”并举，让紫阳干部、企业、产品走出去，把资金、技术、人才、管理引进来。积极与省内外发达地区建立合作关系，主动对接东西部扶贫协作，深化院县合作、校县合作，努力实现多方合作共赢。（县招商局牵头，各镇和县发改局、县人社局、县扶贫局、县经贸局、县农林科技局配合）

11.**打造优越发展环境**。坚持把发展环境作为紫阳最响亮的名片来培育，大力营造积极作为的干事环境、亲商安商的创业环境、公平正义的法治环境、淳朴和谐的社会环境、诚实守信的信用环境，为紫阳加快发展提供环境保障。切实优化投资环境和营商环境，完善优惠政策，提供优质服务，为项目引进、落地、投产提供一条龙服务，为企业提供个性化、保姆式服务，依法严厉打击破坏投资环境、影响企业发展的行为，构建“亲”上加“清”的新型政商关系，推进政策优惠向服务优质转变。（县发改局牵头，各镇和县招商局、县公安局、县人社局、县市场监督管理局、县经贸局配合）

四、扎实推进惠民安县，在决胜全面小康中共建新生活

牢固树立人民为中心的发展理念，继续实施城乡实事，完善基本公共服务，着力保障改善民生，使全县人民有更多获得感。

12.**攻克深度贫困堡垒**。坚决把深度贫困地区脱贫攻坚作为最大的历史使命、最大的政治责任、最大的发展机遇，牢树底线意识，坚持系统思维，按照中省“六个精准”“七个强化”和“八个一批”的总体要求，扎实推进“支部+X+贫困户”“三变”改革、新民风建设、新社区工厂、帮扶干部素质提升“五大工程”，全力落实“八大攻坚”举措，形成精准扶贫脱贫强大合力，确保2020年全县132个贫困村，31083户建档立卡贫困户如期实现全面脱贫，扶贫对象稳定达到“两不愁、三保障”目标。（县脱贫办牵头，各镇和县纪委、县委组织部、县委宣传部、县发改局、县人社局、县住建局、县财政局、县农林科技局、县水利局、县国土局、县交通局、县民政局、县卫计局、县教体局、县文广局、县金融办配合）

13.**大力培树新风正气**。扎实推进“诚孝俭勤和”新民风建设，深入开展道德评议、移风易俗、文化传播、文明创建、诚信建设、依法治理“六大活动”，让群众在潜移默化中受到教育，弘扬时代文明新风，推动民风向上向善好转，充分激发贫困群众内生动力，为“追赶超越、绿色崛起”提供强大精神动力，形成民风聚民心、民心汇民力、民力促发展、发展润民风的良性循环。（县委宣传部牵头，各镇和县扶贫局、县文广局、县司法局等配合）

14.**健全社会保障体系**。实施全民参保计划，实现养老、医疗、失业、工伤、生育保险全覆盖。进一步完善城乡低保、农村五保、医疗救助等制度，保障困难群体生活。整合城镇居民基本医疗保险和新型农村合作医疗，建立统一的城乡居民医保制度。健全城乡养老、残疾人托养、社区服务、殡葬服务体系，推进扶老、助残、救孤、济困、优抚等福利事业发展。切实加强对妇女、儿童、残疾人等社会群体权益保护。加强保障性住房建设，建立分层次、多形式、广覆盖的住房保障体系。完善就业服务体系，强化技能培训，增加就业岗位，加快推动农村富余劳动力向第二、三产业转移就业。（县人社局牵头，各镇和县民政局、县合疗办、县教体局、县住建局配合）

15.提升公共服务水平。优先发展教育事业，持续改善办学条件，加强教师队伍建设，创新管理机制体制，不断推进学前教育普惠化、义务教育均等化、普通高中品牌化、职业教育特色化，全面提高教育教学质量，省“双高双普”县和国家义务教育均衡县通过验收。加快健康紫阳建设，健全覆盖城乡的基本医疗医药制度，加强公共卫生服务能力建设，鼓励和引导社会资本办医，推进城乡公共卫生与基本医疗服务均等化。强化卫生技术人才队伍建设，稳步推进县级公立医院改革，加强与省市大医院、名医院和医学高等院校战略合作，提高医疗健康服务水平。坚持计划生育基本国策，促进人口均衡发展。全面加强食品药品安全监管，确保人民群众舌尖上的安全。（县教体局、县卫计局牵头，各镇和县市场监督管理局配合）

16.推进社会治理创新。深化平安紫阳建设，建立“网格化管理+社会化服务+信息化支撑”的社会治理体系，完善矛盾纠纷“三调联动”多元化解决机制，构建全民共建共享的社会治理格局。加强改进信访工作，加大依法治访力度，引导群众依法行使权利、表达诉求、解决纠纷。健全劳动关系协调和矛盾调处机制，构建和谐劳动关系。健全立体化社会治安防控体系，强化社会治安综合治理，严厉打击各类违法犯罪行为。健全“党政同责、一岗双责、齐抓共管”的安全生产责任体系，不断深化重点行业、重点领域专项治理，坚决遏制安全生产事故发生。完善应急管理体系，不断提高应急处置能力。（县政法委牵头，各镇和县公安局、县检察院、县司法局、县法院、县应急办、县人社局、县安监局、县信访接待中心配合）

五、扎实推进生态立县，在厚植绿色优势中彰显新形象

牢固树立“绿水青山就是金山银山”的发展理念，协同推进城乡建设和环境保护，不断厚植良好的生态优势。

17.聚力保护生态环境。把保护汉江水质作为须臾不能松懈的重大任务，加大汉江综合整治、流域治理、水污染防治等环保项目实施力度，加强农村环境整治和水源地保护，实现集镇污水垃圾处理设施全覆盖，确保汉江水质稳定达标。大力实施退耕还林、天然林保护、造林绿化等林业生态工程，到2020年森林覆盖率达到66%以上。实行最严格的水资源管理和节约用地制度，强化矿山生态恢复和大气污染防治，促进生态系统良性循环。严格执行主体功能区规划，实行生态环境准入和重污染企业退出制度，严厉查处违法排污、破坏生态环境行为。倡导绿色生活方式，培养公民环境意识，推动全社会形成绿色消费自觉。（县环保局牵头，各镇和县水利局、县农林科技局、县住建局、县国土局配合）

18.完善城乡基础设施。加快推进交通、水利、能源、信息等重大项目建设，补齐发展短板。建成541国道紫阳段和洞河、焕古、汉王跨汉江大桥，改造提升镇村道路等级，加快出境公路、镇村互联互通公路建设，构建内外畅达的环线交通网络。实施饮水安全巩固提升工程，完善城乡供水设施。加强农田水利建设，实施五小水利、中小河流治理和防滑治理工程，健全防洪抗旱减灾体系。强化水利工程运行管理，充分发挥工程效益。继续加大城乡电网建设和扩容升级力度，实施智能配电网建设，实现城乡优质可靠供电服务全覆盖。推进“气化工程”，加快以天然气为主的清洁能源综合利用。全面实施“信息惠民”工程，实现城乡网络全覆盖。（县发改局牵头，各镇和县交通局、县水利局、县电力局、县电信公司、县移动公司、县联通公司配合）

19.加快建设特色城镇。秉持传承历史文脉、彰显地域特色、倡导自然优美理念，推进“多规合一”，加快构建以县城为核心、集镇为依托、中心村为基础的新型城镇化体系。县城建设坚持老城区做减法、新城区做加法，不断拓展城市骨架，完善城市功能，发展城市经济，培育城市文化，集聚人气商气，提升灵气名气。加快县城棚户区改造和河堤路综合改造，推进西门河、任河嘴、曹家坝、江南新区建设，完善城市骨干路网、地下管沟、广场绿地等市政设施，建设“智慧紫阳”，强化城市精细管理，打造宜居宜业宜游县城。以脱贫搬迁为抓手，重点推进蒿坪、向阳副中心建设，加快建设一批产业特色鲜明、基础设施完备、生产生活生态融合的特色集镇。（县住建局牵头，各镇和县国土局、县经贸局、县市场监督管理局、县交通局配合）

县委对推进落实“五新”战略任务工作负总责，充分发挥统揽全局、协调各方的领导核心作用，主要领导以身作则，班子成员分兵把口，群策群力、步调一致抓好落实。坚定不移推进全面从严治党，增强“四个意识”，严肃党内政治生活，扎实开展“为政不为”专项整治。以落实县委“三项机制”为抓手，将“五新”战略任务完成情况纳入年度目标责任考核，与追赶超越季度点评工作相结合，严格考核奖惩，强化结果运用，充分激发干事创业热情。加强工作动态宣传，讲好“紫阳故事”，传播紫阳好声音，持续掀起全县追赶超越热潮，加快全面建成小康紫阳。

各镇、各部门要结合实际，研究制定具体实施方案。

附件：紫阳县贯彻落实“五新”战略任务年度计划

附件：

紫阳县落实“五新”战略任务年度计划

<table>
<tr><th rowspan="2">类型</th><th rowspan="2" colspan="2">指标名称</th><th rowspan="2">单位</th><th colspan="5">年度目标任务</th><th rowspan="2">牵头责任部门</th></tr>
<tr><th>2017</th><th>2018</th><th>2019</th><th>2020</th><th>2021</th></tr>
<tr><td rowspan="9">境育新功能</td><td rowspan="2">全力稳增长</td><td>生产总值增速</td><td>%</td><td>11</td><td>10.5</td><td>10.5</td><td>10.5</td><td>10</td><td>县发展和改革局</td></tr>
<tr><td>固定资产投资</td><td>亿元</td><td>100</td><td>120</td><td>140</td><td>160</td><td>185</td><td>县发展和改革局</td></tr>
<tr><td>做精富硒农业</td><td>富硒农业产值</td><td>亿元</td><td>22</td><td>23</td><td>25</td><td>28</td><td>30</td><td>县经贸局</td></tr>
<tr><td rowspan="2">做优新型工业</td><td>工业化率</td><td>%</td><td>46</td><td>46</td><td>47</td><td>48</td><td>49</td><td>县经贸局</td></tr>
<tr><td>规上工业增加值增速</td><td>亿元</td><td>15</td><td>1435</td><td>15</td><td>15</td><td>15.5</td><td>县经贸局</td></tr>
<tr><td>做活现代服务业</td><td colspan="7">建成国家电子商务进农村综合末范县和全省供销电商末范县，打造富硒电商第一县</td><td>县经贸局
县电商办</td></tr>
<tr><td rowspan="3">积极推进“三园”建设</td><td>现代农业园区数量</td><td>个</td><td>30</td><td>35</td><td>40</td><td>45</td><td>50</td><td>县农林科技局</td></tr>
<tr><td>现代农业园区产值</td><td>亿元</td><td>8</td><td>9</td><td>10.5</td><td>12.5</td><td>14</td><td>县农林科技局</td></tr>
<tr><td>县域工业集中区总产值</td><td>亿元</td><td>22</td><td>28</td><td>35</td><td>42</td><td>50</td><td>硒谷生态工业园区</td></tr>
</table>

		县域工业集中区入园企业数量	个	25	30	35	43	50	县经贸局 硒谷生态工业园区管委会
		“飞地经济”园区总产值	亿元		5	10	15	20	恒紫循环产业园区
		“飞地经济”园区入园企业数量	个	2	5	10	15	20	恒紫循环产业园区
构建新高地	不断增强文化软实力	文化产业增加值增速	%	12	12	12	12	12	县委宣传部 县文广旅游局
		规上文化企业户数	户	7	9	12	15	18	县委宣传部 县文广旅游局
		规上文化企业营业收入增速	%	15	15	15	15	15	县委宣传部 县文广旅游局
		推进“书香紫阳”建设，加强协史文物、革命遗迹、文化街区、民村民镇等保护利用							县委宣传部 县文广旅游局
	加快推进全域旅游	旅游收入增长率	%	13.5	14	15	15	15	县文广旅游局
		累计建成AAAA级景区	个		1	2	3	4	县文广旅游局

		提升汉江画廊，茶歌紫阳品牌形象，把旅游产业打造成富民强县引领产业							县委宣传部 县文广旅游局
激发新活力	推动改革向纵深发展	非公经济增加值占GDP比重	%	51.3	51.5	52	52.5	53	县经贸局
		稳步推进供给侧结构性改革							县发展和改革局
		持续深化“放管服”改革							县政府办
		深化行政审批、投资审批、商事制度改革，全面推行“双随机一公开”监管，建好用好县政务中心和投资项目并联审批系统							县政府办
		把国家主体功能区试点示范工作的实践探索上升为制度成果，加快推进镇办纪委直管村民监督委员会工作。启动实施农村“三变”改革试点							县委改革办 县纪委
共建新生活	进一步扩大对外开放	新增各类市场主体	个	2000	2200	2400	2600	2900	县市监局
		新增“四上”企业	个	6	11	17	23	30	县经贸局 县住建局 县文广旅游局
		民间投资增速	%	16	16	16	16	16	县发展和改革局
		招商引资	亿元	41	47	54	62	70	县招商局
		落实全市人才“百千万”工程							县委组织部 县人社局

	科技创新	科技进步步贡献率	%	32	33	35	36	38	县农林科技局
		研发支占GDP出比重	%	0.04	0.05	0.06	0.07	0.08	县农林科技局
		建成全省科技创亲驱动县域经济发展示范县							县农林科技局
彰显新形象	坚决打赢脱贫攻坚战	建档立卡贫困人口减少	万人	0.65	3.35	4.4	1.28		县扶贫局
		推进“支部+X+贫困户”、“三变”改革、新民风建设、新社区工厂、帮扶干部素质提升“五大工程”，全力落实“八大攻坚”举措							县委组织部
	扎实推进新民风建设	推进“诚、孝、俭、勤、和”新民风建设，持续开展道德评议、移风易俗、文化传播、文明创建、诚信建设、依法治理“六大活动”，形成民风聚民心、民心汇民力、民力促发展、发展润民风的良性循环							县委宣传部
	高度重社民生保障	每年集中力量办好一批民生实事，确保新增财力和财政总支出“两个80%”用于改善民生							县政府办 县财政局
		城镇居民人均可支配收入增速	%	9	9	9	9	9	县发展和改革局 县人社局
		农村居民人均可支配收入增速	%	10	10	10	10	10	县农林科技局
		城镇新增就业人数	人	2230	2270	2320	2380	2430	县人社局

彰显新形象	加快新型城镇化建设	常驻人口城镇化率	%	39.9	41.2	42.5	43.6	45	县住建局
		推进“多规合一”，加快构建以县城为核心、集镇为依托、中心村为基础的新型城镇化体系							县住建局
		建设“智慧紫阳”							县住建局 县经贸局
		实施“气化工程”							县住建局
		单位GDP能耗降低率	%	3.2	3	3	3	3	县发展和改革局
		森林覆盖率	%	61			66		县农林科技局
		污水垃圾处理设施建设	实现集镇污水垃圾处理设施全覆盖						县水利局 县住建局
		汉江出境断面水质	保持Ⅱ类标准						县环保局 县水利局
	全力维护社会稳定	深化平安紫阳建设，构建全民共建共享的社会治理格局，创建全国治安模范县							县政法委

紫阳县2017年度受市级以上表彰先进集体统计表

单位名称	荣誉称号	颁奖单位
紫阳县委组织部	学刊用刊暨发行工作先进集体三等奖	《当代陕西》杂志社
共青团紫阳县委	安康市共青团工作优秀奖	共青团安康市委
共青团紫阳县委	安康市少先队工作优秀	共青团安康市委
紫阳县妇联	陕西省三秦父母大讲堂先进单位	陕西省妇女联合会 陕西省关心下一代工作委员会
紫阳县妇联	安康市全国科普日活动先进单位	安康市全国科普日活动组委员会办公室
紫阳县妇联	学习党的十九大知识竞赛活动先进集体	安康市妇联
紫阳县妇联	表彰2017年度全市妇女工作优秀单位（巾帼脱贫优秀单位）	安康市妇联
紫阳县妇联	2017年度全市妇联新媒体传播优秀单位	安康市妇联
紫阳县青春洋芋种植基地	全国巾帼脱贫示范基地	全国妇联
康嫂家政服务有限公司	全国巾帼脱贫示范基地	全国妇联
紫阳县劳动就业培训中心	陕西省巾帼脱贫行动先进集体	陕西省妇联联合会 陕西省扶贫开发办公室
紫阳县妇联	安康市三八红旗集体	安康市妇女联合会
紫阳县康嫂家政物业服务有限公司	安康市“巾帼创业就业示范基地”	安康市妇女联合会 安康市扶贫开发局
洄水镇	安康市“平安家庭”示范镇	安康市社会治安综合治理委员会办公室 安康市妇女联合会
界岭镇	安康市“平安家庭”示范镇	安康市社会治安综合治理委员会办公室 安康市妇女联合会

单位名称	荣誉称号	颁奖单位
紫阳县政务大厅	安康市207年廉政文化进家庭示范单位	中共安康市纪律检查委员会 安康市妇联 中共安康市直属机关工作委员会
蒿坪镇蒿坪村	安康市五美庭院示范村（社区）	安康市妇女联合会
蒿坪镇双星社区	安康市五美庭院示范村（社区）	安康市妇女联合会
紫阳县公安局	安康市社会主义核心价值观进家庭示范单位	安康市文明办 安康市妇女联合会
红椿镇社区	安康市社会主义核心价值观进家庭示范社区	安康市文明办 安康市妇女联合会
向阳镇院墙村	安康市社会主义核心价值观进家庭示范村	安康市文明办 安康市妇女联合会
蒿坪镇黄金村	安康市社会主义核心价值观进家庭示范村	安康市文明办 安康市妇女联合会
毛坝镇腰庄村	安康市社会主义核心价值观进家庭示范村	安康市文明办 安康市妇女联合会
紫阳县政务服务中心	安康市巾帼文明岗	安康市妇女联合会
紫阳人民医院手术室	安康市巾帼文明岗	安康市妇女联合会
紫阳县蒿坪镇中心幼儿园	安康市巾帼文明岗	安康市妇女联合会
紫阳县工商联	全省工商联系统2017年度会务工作先进单位	陕西省工商联
紫阳县工商联	2017年度县级工商联综合评价一等奖	陕西省工商联
紫阳县蒿坪镇商会	2017年度全市工商联（总商会）系统先进商（协会）	安康市工商联
陕西郑远元专业修脚保健服务集团有限公司	2017年全国脱贫攻坚奉献奖	国务院
陕西郑远元专业修脚保健服务集团有限公司	全国“万企帮万村”精准扶贫行动先进民营企业	国家工商联

单位名称	荣誉称号	颁奖单位
陕西郑远元专业修脚保健服务集团有限公司	2017年陕西省“万企帮万村”精准扶贫行动先进民营企业	陕西省工商联
紫阳县钜源鞋服有限公司	安康市“万企帮万村”精准扶贫行动先进单位	安康市工商联
紫阳县秦巴紫硒农业科技有限公司	安康市“万企帮万村”精准扶贫行动先进单位	安康市工商联
紫阳县兴宇建筑工程有限公司	安康市“万企帮万村”精准扶贫行动先进单位	安康市工商联
陕西远元专业修脚保健服务集团有限公司	安康市“万企帮万村”精准扶贫行动先进单位	安康市工商联
紫阳县残疾人联合会	2017年度全市残疾人脱贫攻坚先进单位	安康市残联
县红十字会	2017年度全市红十字会系统先进集体	安康市红十字会
公安局指挥中心	2016年度全省公安情报中心系统先进集体	省公安厅
巡警大队	2016年度全省公安系统青年文明号	省公安厅
警务保障室	全省公安机关“210工程”建设先进集体	省公安厅
法制大队	2016年度全省优秀基层单位	省公安厅
紫阳县公安局	2016年度全市公安机关目标责任考核暨“爱民杯”竞赛活动优秀公安局	市公安局
紫阳县公安局	2016年度集中打击“盗抢骗”行动先进集体	市公安局
紫阳县公安局	“迎接十九大忠诚保平安”主题活动突出贡献单位	市公安局
紫阳县公安局	2017年度全市公安重点工作及公安改革工作考核第三名	市公安局
紫阳县公安局	2017年度全市公安机关目标责任考核暨“爱民杯”竞赛活动优秀公安局	市公安局

单位名称	荣誉称号	颁奖单位
国保大队	2016年度全市经济文化保卫工作优秀单位	市公安局
国保大队	2016年度全市公安国保工作优秀单位	市公安局
蒿坪派出所	2016年度全市优秀公安基层单位	市公安局
指挥中心	集体三等功	市公安局
苍远杨等人开设赌场案专案组	集体三等功	市公安局
“9·22”故意杀人案专案组	集体三等功	市公安局
紫阳县公安局《打击环食药犯罪“一二三”工作法》项目组	第二届全市公安机关改革创新项目大赛优秀项目	市公安局
监管大队	2017年度全市监管工作先进单位	市公安局
城关派出所	2017年度全市优秀公安基层单位	市公安局
紫阳县反恐怖工作领导小组	2017年度全市反恐怖工作先进单位	市委
紫阳县禁毒委员会	2016年度全市禁毒工作先进单位	市委
权河交警中队	2017年度全省交警系统优秀基层交警中队	省交警总队
紫阳法院	2017年度脱贫攻坚工作先进单位	省高级人民法院
紫阳县司法局	普法先进单位	省委普法工作领导小组评
紫阳县司法局	司法行政工作先进单位	安康市司法局
紫阳县	山林经济示范县	陕西山林经济发展示范市建设领导小组

单位名称	荣誉称号	颁奖单位
紫阳县农林科技局	安康市“三区”科技人才工作先进单位	安康市科技局
茶业局	2017年度全省园艺蚕桑工作先进单位	省林业局
水利局	2016—2017年全省防汛抗旱先进集体	省防汛抗旱总指挥部
扶贫局	市级平安单位	安康市文明办
住建局	2017年全国住房城乡建设系统先进集体	
住建局	全市2017全市乡村规划编制先进单位	安康市住建局
住建局	全市2017年建筑业转型升级发展工作先进单位	安康市住建局
住建局	全市住建系统目标责任考核二等奖	安康市住建局
安康市住房公积金管理中心紫阳县管理部	2017年度全市住房公积金管理工作综合考核一等奖	安康市住房公积金管理委员会
紫阳县财政局	2016年度陕西省财政总决算工作优秀单位	陕西省财政厅
紫阳县财政局	2016年度全市部门决算先进单位	安康市财政局
紫阳县国家税务局	全国文明单位	中央文明委
紫阳县国家税务局	全省国税系统先进集体	陕西省国家税务局
紫阳县国家税务局毛坝税务分局	陕西省青年文明号	陕西省国家税务局共青团陕西省委
紫阳县国家税务局蒿坪税务分局支部委员会	安康市国税系统先进基层党组织	安康市国家税务局
紫阳农商银行	年度经营目标责任制考核优秀单位、省级职工互助保障工作先进单位	陕西省信用联社

单位名称	荣誉称号	颁奖单位
紫阳农商银行	安康市农村合作金融机构新闻宣传先进单位	安康市信用联社
紫阳邮政储蓄银行	市级平安单位	安康市公安局
紫阳邮政储蓄银行	精英团队	邮储银行安康市分行
紫阳邮政储蓄银行	先进基层工行	邮储银行安康市分行工会委员会
紫阳长安银行	市级平安单位	安康市公安局
人寿保险公司紫阳支公司	2016年省公司先进集体	中国人寿陕西分公司
人寿保险公司紫阳支公司	2017年度全市计生保险先进单位二等奖	安康市人口和计划生育协会
人寿保险公司紫阳支公司	先进单位、全市系统优质服务先进柜面、个险渠道“银十强”	中国人寿安康分公司
紫阳县国土资源局	省级文明单位	陕西省精神文明建设委员会
紫阳县国土资源局	全市国土资源系统2017年度工作考核排名第一、2017年度地质灾害防治工作先进单位	安康市国土资源局
紫阳县统计局	陕西省统计系统先进集体	陕西省人力资源和社会保障厅、陕西省统计局
紫阳县社会经济普查中心	安康市统计系统先进集体	安康市人力资源和社会保障局、市统计局
紫阳县劳动就业培训中心	陕西省人力资源和社会保障系统先进集体	陕西省人力资源和社会保障厅
紫阳县养老保险经办中心	2017年度陕西省先进单位	省社保局
紫阳县文广新局	2017年全市旅游宣传促销先进单位	安康市文广新局
紫阳中学	省级语言文字规范化示范校	陕西省教育厅

单位名称	荣誉称号	颁奖单位
紫阳县幼儿园	陕西省文明单位、陕西省平安校园	陕西省教育厅
紫阳县档案史志局	地方综合年鉴工作先进单位	陕西省地方志办公室
界岭镇政府	2017年度安康市“平安家庭”创建活动示范镇	安康市社会治安综治办和市妇联
界岭镇政府	全市平安建设示范镇	安康市委、市政府

紫阳县2017年度目标责任考评结果

一、年度目标责任综合考评结果

1. 镇综合考评结果

一等奖（11名）：城关镇、焕古镇、蒿坪镇、红椿镇、高桥镇、麻柳镇、双安镇、洄水镇、汉王镇、洞河镇、界岭镇。

二等奖（2名）：毛坝镇、高滩镇。

三等奖（4名）：瓦庙镇、东木镇、双桥镇、向阳镇。

2. 县直部门综合考评结果

（1）党群工作部门

一等奖（10名）：县委宣传部、县工商联、县纪委监委（巡察办）、县委组织部、县委统战部、县妇联、县委老干局、县残联、县委政法委、县红十字会。

二等奖（4名）：团县委、县委农工部、县委党校、县直机关工委。

三等奖（4名）：县科协、县编委办、县总工会、县档案局。

（2）社会事业工作部门

一等奖（9名）：县扶贫局、县民政局、县文广旅游局、县卫计局（合疗办、疾控中心）、县移民局、县统计局、县盐务局、县人社局（社保中心、城乡居保中心）、县教体局。

二等奖：空缺

三等奖（1名）：县世行办（原）。

（3）经济综合工作部门

一等奖（11名）：县发改局、县农林科技局、县住建局（双创办）、县经贸局（电商办）、县茶业局、县财政局（招标办）、县招商局、县公产局、县水利局、县交通局、县国土局（搬迁办）。

二等奖（4名）：县农管局、县供销联社、县硒谷园区管委会（原）、县恒紫园区管委会（原）。

（4）政法执法监督工作部门

一等奖（4名）：县环保局、县市场监管局、县法院、县公安局。

二等奖（4名）：县司法局、县审计局、县检察院、县安监局。

三等奖（1名）：县交警大队。

（5）综合考评平均奖单位（6名）

县委办、县人大办、县政府办（政务服务中心、信访接待中心）、县政协办、县人武部（政工科）、县督查考评办。

3. 中省驻紫单位支持地方经济发展考评结果

一等奖（10名）：

县地税局、县养老经办中心、县农商银行、县烟草局、县供电分公司、县国税局、住房公积金紫阳管理部、县人民银行、县气象局、县农调队。

二等奖（14名）：

县邮政储蓄银行、县移动公司、县电信公司、县公路段、县消防大队、县联通公司、县邮政局、县人寿保险公司、陕西交通建设集团安川分公司高滩管理所、县火车站、县广电网络公司、县长安银行、陕西交通建设集团安川分公司紫阳管理所、县农业发展银行。

三等奖（3名）：

县农业银行、县财险公司、县工商银行。

二、单项工作考核结果

1. 脱贫攻坚

（1）镇考核结果

优秀等次（8名）：双安镇、高桥镇、洄水镇、城关镇、洞河镇、焕古镇、蒿坪镇、汉王镇；

良好等次（8名）：麻柳镇、红椿镇、瓦庙镇、界岭镇、双桥镇、毛坝镇、高滩镇、东木镇；

较差等次（1名）：向阳镇。

（2）“八办两组五保障”和行业扶贫部门年度考核结果

优秀等次（8名）：县住建局、县扶贫局、县财政局、县人社局、县教体局、县交通局、县发改局、县文广旅游局；

良好等次（7名）：县农林科技局、县茶业局、县卫计局、县民政局、县水利局、县搬迁办、县经贸局；

较差等次（3名）：县供电分公司、县环保局、县烟草局。

（3）包村单位年度考核结果

优秀等次（50名）：县盐务局、县财政局、县工商联、县残联、县委政法委、县红十字会、县水利局、县卫计局、县委办、县政协办、县教体局、县扶贫局、县公安局、县委统战部、县国库支付局、县交通局、县移民局、县委宣传部、县人大办、县农管局、县人社局、县民政局、县农林科技局、县综改办、县招商局、县委农工部、县硒谷园区管委会（原）、县环保局、县科协、县住建局、县纪委监委、县妇联、县发改局、县地税局、县国土局、县法院、县委党校、县安监局、县茶业局、县政府办、县委组织部、县审计局、县市场监管局、县搬迁办、县经贸局、县城乡居保中心、县土地统征中心、县烟草局、县农调队、县委老干局；

良好等次（50名）：县疾控中心、县物资总公司、团县委、县供销联社、县恒紫园区管委会（原）、县医院、县养老保险经办中心、县农商银行、县督查考评办、县综合执法大队、县卫生监督所、县社会保险经办中心、县司法局、县公产局、县供电分公司、县国税局、县民歌演艺中心、县电视台、县房管局、县人武部、住房公积金紫阳管理部、县中医院、县防汛办、县畜牧中心、县检察院、县总工会、县森林公安分局、县直机关工委、县教育督导室、县统计局、县交警大队、县人民银行、县文广旅游局、县气象局、县职教中心、县编委办、县档案局、县合疗办、县海事局、县信访接待中心、县进校、县农业发展银行、县邮政储蓄银行、县妇幼保健院、县工商银行、县公路段、县移动公司、县广电网络公司、县电信公司、县联通公司；

较差等次（7名）：县农业银行、县世行办（原）、县消防大队、县人寿保险公司、县长安银行、县邮政局、县财险公司。

对获得年度脱贫攻坚工作优秀等次的镇各奖励20万元；对获得年度脱贫攻坚工作优秀等次的行业部门各奖励2万元；对获得年度脱贫攻坚工作优秀等次的县级包村单位每村奖励1万元。

对获得脱贫攻坚工作良好等次的镇各奖

励10万元；对获得年度脱贫攻坚工作良好等次的行业部门各奖励1万元；对获得2017年度脱贫攻坚工作良好等次的县级包村单位按每村奖励0.5万元。

2. 招商引资

一等奖（6名）：红椿镇、蒿坪镇、麻柳镇、城关镇，各奖励3万元；县招商局、县文广旅游局，分别奖励4万元、2万元。

二等奖（11名）：毛坝镇、界岭镇、焕古镇、高滩镇、高桥镇、汉王镇、县农林科技局、县经贸局、县发改局、县富硒生态产业园区管委会（原硒谷园区管委会、恒紫园区管委会）、县市场监管局，各奖励1.5万元。

三等奖（14名）：向阳镇、双安镇、洄水镇、瓦庙镇，各奖励1万元；县司法局、县财政局、县人社局、县国土局、县民政局、县环保局、县住建局、县扶贫局、县公安局、县统计局，各奖励0.5万元。

3. 省对县域经济社会发展监测

优秀等次（6名）：县国土局、县文广旅游局、县市场监督管理局、县人民银行、县环保局、县农林科技局。

良好等次（9名）：县农调队、县水利局、县扶贫局、县卫计局、县招商局、县经贸局、县住建局、县督查考评办、县统计局。

一般等次（3名）：县发改局、县国税局、县地税局。

较差等次（5名）：县教体局、县委政法委、县公安局、县财政局、县人社局。

奖惩按《紫阳县2017年县域经济社会发展监测工作考核实施细则》（紫办字〔2017〕118号）执行。

4. 重大改革创新

特等奖：空缺

一等奖：空缺

二等奖（7名）：县政务服务中心、县市场监管局、县编委办、县纪委监委、县公安局、蒿坪镇、高桥镇，各奖励4万元。

三等奖（4名）：县人社局、县委宣传部、洄水镇、瓦庙镇，各奖励3万元。

鼓励奖（7名）：县扶贫局、县检察院、焕古镇、毛坝镇、县“三变”改革办、县委改革办、县委农工部，各奖励1万元。

5. 脱贫攻坚工作突出贡献奖

突出贡献奖（1名）：县脱贫办，奖励20万元。

6. 行政审批改革“最多跑一次”贡献奖

贡献奖（1名）：县政务服务中心，奖励50万元。

7. 城市建设工作贡献奖

贡献奖（1名）：县住建局，奖励10万元。

8. 技能扶贫工作特别奖

特别奖（1名）：县劳动就业培训中心，奖励5万元。

县委、县政府决定：对获得2017年度目标责任综合考评一、二、三等奖的镇和县直部门，按照财政全额拨款机关单位的在编在岗工作人员分别奖励人均13000元、11000元、10000元奖金；

综合考评平均奖的单位，按照财政全额拨款机关单位的在编在岗工作人员分别奖励人均12000元奖金；单项工作考核奖金由受奖单位拿出奖金分配方案，提交县级包抓领导审定后直接奖励参与重点工作的领导和干部，奖金均由县财政列支。中省驻紫单位按照支持地方经济发展考评一、二、三等奖获奖等次，分别按在编在岗人员人均三个月、两个半月、两个月标准工资进行奖励，经费自筹。

中共紫阳县委办公室
紫阳县人民政府办公室
2018年8月18日

文学作品选

地名志（组诗）

玩 偶

仙 人 洞

你一定没学过叙事三要素
人物是你，这点没错
张伯端，字平叔，号：紫阳真人
少不务正业，痴迷丹道之法
为府吏，“火烧文书律”遣戍岭南
后遇道人点化
游历汉水，见江畔好景致
遂焚修面壁，修内丹
著《悟真篇》，终成正果
三项蒙住两样
也算是一把应变好手
可惜你忽略了时间的软硬
栖身之所屡遭变故，踪迹全无
事实证明，多少老厨子
都没能掌握好这个火候

会 仙 桥

文昌宫下的斜坡旧时并无约定叫法
新任县令张志超依常规拜谒神庙
行至沟侧，一眼认出迎面走来的老叟
正是两月前的京中旧识
点醒自己的算命道人
三块青石搭成的便桥上
两人谈起别后的一番经历
谈起眼前的山色美景
南岸瓮儿山下石洞前烟气缭绕
苍鹭贴着水面斜飞，忘却盘旋
回头，老叟缓缓而去，消失在朝霞里
灰朦的天空一下子明亮、生动起来
两次拜访真人，方获道童引见
掌灯入洞，行三四里
渐闻水声潺潺，潭对岸灯火明亮
瑞色满盈，远远看见身影
寥寥数语，来不及辨认就淡了
真人以无船渡潭婉拒相见
张公出洞后一番感叹
为自己的执念感到羞愧
遂召集民众除草平基，掘石疏泉
重修“紫阳阁”，振兴仙人洞道风
偶遇真人的石桥旁立碑“会仙桥”
后混为小地名

地 名 考

无序的更迭止于明正德七年十一月
古梁州伊始，沉浮于典籍之中的杂乱县名
首次固定下来，得益于北宋道士张伯端
曾经在此潜修立说。晨风微凉
真人眺望着晓露中的对岸
城廓如虹，悬浮于水面之上
东边田园房舍明丽，西边树木苍翠
远山有鹤翅上渐起的云雾
崖下鸳鸯水半清半浊，交汇于洞前

明暗相对，阴阳相合
世间的美好之物，都有着恰如其分的完美
闲暇时，他也会游走在街巷
发现不曾觉察的意义，体悟道的虚无与硬朗
被风吹乱的花白头发
有着他对万物无可替代的敬意
出入鸟道，行踪无迹
人以神仙视之，遂用其道号“紫阳”
命名修炼之崖洞、山沟、河滩、茗茶
后世文人赋诗撰文，优雅的轻狂
在古老的名字中感悟天地玄机
只是小巷再无真人的纠错声
吊脚楼上推开的花窗，也无晨雾扬起的水气
空气中弥漫着熟悉又陌生的味道
待细嗅，空空荡荡，不可名状

（刊于《星星》诗刊2017年第11期）

故乡书（三首）

钟长江

汉王城

大风吹落天空
吹不落日月
汉水埋葬铁马
埋葬不了流沙
俯首和仰望
岁月的瞳孔
恰好装下一座城池

传说是原上的丝茅
握紧一个王朝的根须
阳光的大营里
五色旗昏昏欲睡
冷不丁爆出汉调二黄
城池不恼
就像花的引爆
春天不恼

我注视着汉王城
一如有生之年
注视着镜中的自己
额头上的纹路
说出流水的方向
闭上眼睛
白云低头看见
油菜花一样席卷大地的
万乘之骑

马家营

风吹过马家营，一片苍茫
雪飘过马家营，一片苍茫
只有雨来过
却突然绿了
亲人在梦中醒来
大地在春天醒来

门前是一条河
东沟河是它的乳名，从沟到河
要经过多少年的修炼
穿溪越涧的长征
可浣衣濯足，可开怀牛饮
可生日月，可长鱼蟹
滋润的马家营人丁兴盛
六畜兴旺。稻花开了
东沟河涨满此起彼伏的蛙鸣

屋后是南山
青冈木小橡树比肩而长
松柏互相拥挤志在天空

太婆率领儿子儿媳
每年春天种下一棵树
长眠的那天种下自己
世故的喜鹊斑鸠云雀赶来相伴
清晨鸡叫的时候
南山的小兽照例去东沟河饮水
蹑手蹑脚不惊动一丝风声
太婆和她的儿子儿媳并不寂寞
不喜欢无端的打扰
山下院子里的人
撸起袖子做好自己的事
春天送一束山桃花
团年夜和大年初一
送去蜡烛鞭炮和纸钱

房前是一条河
屋后是一座山
我的河山马家营的
河山祖国的河山
河里光腚的小子
山上捡红豆的丫头
在炊烟的注视下
一茬撵着一茬长大
就像东沟河的水
走汉江入长江
奔向祖国的四面八方

（刊于《新民晚报》2017年3月6日）

饮茶诀

春天尚未出场
茶舍早已命名
羽峰山顶，茶圣摊开茶经
关垭门廊，怀王探头张望
细腰峨眉，柔腕温杯，醒茶。盈盈万福
眼波流转，壶中乾坤自在
一匹马的心是否就是草原
嫩花花的茶把云水踩在脚下
剑入江湖。大地上的事情
劈面惊艳的桃花
不敌牵肠挂肚的茶香

沐浴。焚香。自己点燃自己
肉身立地成佛。灵魂羽化飞天
古筝目光清虚：茶生万象

（刊于《文化艺术报》2017年4月7日）

唱起民歌

胡　坪

唱起民歌，唱起那
田地里的老黄牛
重轭之下，步态悠然
白天啃食着山坡的青草
夜晚咀嚼村庄的星光
蹄下哞哞低音
糅合庄稼人山梁上的高腔
有了民歌的深沉

唱起民歌，就唱起山羊
扑扑腾腾地，冲出栅栏
在山涧崖畔翘首，撒欢，鸣叫
和着牧羊人的吆喝
声音，在山谷里碰来撞去
有了民歌的空灵

唱起民歌，自然唱起蚕虫
吃月亮丛里的桑叶

饮星星河里的清溪水
小小蚕蚁
爬满乡亲的手背和胸膛
当白色的蚕茧结满绿色的桑枝
民歌又在新的年轮里生长

唱起民歌，还唱起大山，唱起黄泥厚土
民歌的旋律总是与它们一起脱口而出
这扎根洼地、山冈的野生植物
如风车和石磨，如镰刀和烟锅
在村口道路的滚滚尘土里
它卷起阵阵微熏的风
摇曳着这枝在乡村走动的花朵

（刊于2010年11月1日《中国国土资源报》）

有关白果村的家族史

陈平军

漫山遍野，肆意飞奔的白果，颗颗清泪般缓缓隐于大地，沉默在泥土深处，到底是哪一颗孕育的根系能牢牢抓紧大地的脉搏？

1768年：炽万

从桐花遍地的桐柏，携妻系子，一路跋山涉水，任由悠长的号子响彻空谷回音，抚摸安静得可怕的汉水。

累了么？

那就停歇吧。你注定要告别曾经的辉煌，拥抱属于你的悲凉。

宿命，注定你要拿出未知的气魄，开拓无法预料的洪荒。

汝河磨沟小溪旁，依一片白果的清香，伐木支椽，上覆茅草，结棚栖身；饮山涧溪水，食花根树藤。

在峻岭、在沟壑的朴素里烧土取砖，筑成信念的堡垒。用锐利的目光斑驳村庄的岩层，遮挡凄风苦雨的天空。

盘腿而坐的是岁月的灯盏，打坐成原始的天井，所以我们只能把自己想象成一只蛙，再怎么跳跃，也翻不出你灵魂的巢穴。

1804年：伯高

在这个温馨的大年初四，你不想继续前行了？

眼望着开景，你的大儿子远行，去抓住另一条叫做目连沟的虚妄。目送着你的孙子翻山越岭，到达一个叫寨沟、月池沟的不远的远方，去安营扎寨，他们是你繁茂树干上的又一个枝桠，或者一束繁花。

扑不灭那火塘的篝火，再也不想接力这精彩的传说，再也不想考证开垦的艰难。

任由那响彻山谷的号子犹自飘荡，任由那火炮在凝聚希望的小木楼上空摇晃。

哪怕村庄黑青着脸，所有的表情铺在奋斗的表面，鱼鳞一般。

哪怕雨过天晴，阳光照射你严峻的表情，光线也能透过湿漉漉的心事缝隙，在你灵魂的居所投下一片片朦朦胧胧的鳞状光影，如梦如幻。

1858年：开基

或者叫你瑞云，穷其毕生，写的最生动的词，叫坚守。

屋前的白果树，早已在你的目光注视下，枝叶繁茂，硕果盈枝。

房后的山茶花，在这早春的二月，开满山岗，惨白的绽放你的人生。

阳光洒满土壤的每一个角落，燃烧着你挥洒的青春。

月光与书院的烛光媲美，翩跹在四书五

经、唐诗宋词间的阳春白雪，疾步穿行于弱弱的白一地的洋芋花、微风中招摇于山岗的包谷花粉，哪一个更潇洒？

邑庠生，乡饮介宾、例赠文林郎、举人、亦或是教谕，都不改你黝黑的朴实本色。

所以我最不能明白的是，你到底是农夫还是书生？

1928年：新墉

新墉、如墉，或者藩臣，多个名号，诠释的仍是一个万般皆下品惟有读书高的时代，十年寒窗，收获的不过是一个堂备，蘑卷，补行，五品衔，州判，真正让世人感觉有点书卷气的不过是教员，视学员，孔庙奉祀官。

然而，让我记住你的真正的缘由不过是，至今依然躺在县志里的那篇简练的千字文，发黄的书卷散发的淡淡幽香，照亮磨沟那惨淡的小溪里悠然自得的游鱼。

犹如贫瘠的土地上，几颗干瘪的玉米、高粱、大豆，一篓盛不满欲望的洋芋、红薯，还有几颗在秋风中摇晃着知书礼仪的白果，这一切都是广种薄收的写照。

1864年春到1928冬，一段跨越两个世纪的爱恋，也许就是为人所不齿的初婚、继娶、复娶、又娶，可又有谁能体会所谓爱情的凄美，世事无常的悲欢？

1978年：李氏

腊月三十，大年夜，除夕，接下来是春节，1979年的春节，跨越两个年份的夜晚，注定是那么不同凡响，一场不期而至的大雪下满整个村庄，漫天飞舞的思恋充斥整个山梁和沟壑，更重要的是逐渐远去的背影从此消失在昏暗的柴房，一沉再沉的怜爱，就此随着尘埃在大门前方深埋。

我一直不敢也无法轻轻说出你的名字---李氏，奶奶，不是我对祖辈不够崇敬，实在是他们离我有点太远，而你，是我真正能够感受到恩泽的背影啊，奶奶！

再也听不到，你要娶啥样的媳妇之类的逗乐，再也看不见你因为我逃学而发怒的高高举起又轻轻放下的竹篙。这还不是最主要的啊，奶奶，你不知道从这个春天开始，我们将拥有属于我们自己的土地，真正写下我们自己名字的土地，我想种下什么东西都可以，想收获的也都是我们自己。

尽管从此只能与你空荡荡的裤管卷起的清风为伍，从此只能与你三寸金莲敲击土味十足的穹音为伴，随风飘起的银发肆意地抽打我的想念，长出坚守在你日渐消瘦的骨骼边缘的一株艾叶，葱郁属于你最初的季节。但我还是能轻微感受到那么一丝欣喜。

1987年：太松

说出这个名字有点大不敬，可是我要提醒你，茶花争先恐后的挤出每一个跃跃欲试的山头，淡淡的幽香馥郁着这个正午。

破败的木板楼，正在人生的课堂上奋笔疾书的小生，心灵微微的颤动了一下，也许两下，他不知道一场阴谋正在发生。

他不知道他的父亲就是在这个正午或明或暗的阳光下离家出走的，其实并没有走多远，不过是一个趔趄的距离，就完成了与生俱来的挣扎式的冒险，从此就与冷月寒天为伴，感慨那瘦弱而歪歪斜斜的身影终究没能稳住颤抖的命运。

一个背影的瞬间隐去，造成的三代人的残缺也成了家谱言之不尽的不完备的章节。连老屋那老得不能再老的被我无所适从的目光啃食的残破门槛下，悄悄爬出的一只老鼠，也在继续啃食木头的温馨，还活泛着类似救世的目光。与之对应的是祭拜土坛下匆匆赶来的蚯蚓，胡乱蠕动着不平的土壑，找不到世事的入口，或者逃离死亡的出路。

1995年：振兴

我要怀着战战兢兢的心情告诉你，这个冬天有点冷，寒风、暴雪都来围攻单薄的白果村，围攻位于村庄中心地带的陈家三房老院子的曾经温暖的火炉坑，围攻长期靠信念坚守支撑的高大身躯的爷爷，信念刚刚萌芽还来不及猛烈的生长，一米八的大个瞬间就被意外袭击，蜷缩成一团火星。

微弱的火星子还是义无反顾地温暖着他亲手铸就的十三板高的老屋，尽管老屋已经浓缩成白果村的黑痣，或许包藏着别人的祸心，也许是我们都读不懂的解释子孙生存的密码，所以我们不必怀疑这有血缘的温度，也许这就是别人无法破译的族谱的秘密。

就不必怀疑了吧，谁叫他目不识丁，却做了生产队的会计，始终无法计算别人的阴谋或者算计，但还能记清别人的善良。

反正我是不会怀疑，因为我亲眼所见，并且感知，他倾其一生，栽培一园竹林，还扶正一片嫩笋，让我与其比肩，与其争相展示一段生命力的疯狂。

2000年：华茹

华茹，站在世纪之交的我的母亲，华丽的名字还是没有办法带给你一个华丽的转身。这些年，看着自己的丈夫、自己的公婆、公公先后拉开了与自己相处的距离，漫无休止的与自己玩捉迷藏，你一个人像一只蹒跚的老母鸡独自带领一群叽叽喳喳的小鸡在低矮的庭院里游荡。

眼看着最大的那一只渐渐脱离了你的视线，在另一个栅栏里安营扎寨，复杂的目光里到底是欣慰、不舍、还是牵挂，无奈的时分只有偶尔扯动一下手中思念的红线，把亲情在黄昏时分抖一抖，看能激起多大的大波或者微澜。

看二儿子远离故土，紧握他乡的泥土，用向往彩礼的激情构筑故乡的棱角，在锤炼生活激情的砖窑里，挥洒青春的汗水。

还有小儿子在城市的脚手架上来回穿梭，用未知的迷茫为白果村的故事打结，他无法明白的是霓虹灯的精彩永远与他无关。

至于闺女，你的小心肝，早已飞离你的心窝，在另外的枝头上鸣叫，延续另类的精彩。

2010年：二爷

还要说说我的二爷，具体叫啥名，我已经逐渐淡忘，仅有的记忆只是偶尔在我身旁闪过的那么一个匆匆的背影。

他有六个女儿，两个儿子。他甚至搞不清六个女儿诞生的次序，就像这个杂乱无比的乡村的凌乱的音符，不知音律的高低和没有节制的跌宕起伏，或者宛如路边被风轻摇的狗尾草草籽，一不小心就被随意刮来的风吹散，洒落在哪一个石缝里。

这些铜臭肆掠的阴谋，还是变幻莫测的欲望搅动的面孔无可奈何地点缀别人的故乡。

勉强有点印象的是他那两个宝贝疙瘩儿子，一个陨落在地平线以下八百米深处的希望深处，散乱而渴望的目光至今还在黑色的黄金中迷离，无法找到回家的路。另一个，他的理想在貌似坚硬的山野上空久久飘荡，与飘摇的炊烟背道而驰，绵延至远方的矿线牵引至梦想深处，没能自拔。

与之对称的是二爷被不知名的灌木和野草或者叫一个退耕还林的词逼迫得没有退路的影子，牵着一群寻找乳汁的小羊羔隐居至土地表面，游离在故乡的边缘，渐行渐远的背影在向天空发问：我们已经没有耕地，你说我们还是不是农民？

2014年：母亲

清明，无雨，向往的心意纷纷。多少个逐渐清晰又逐渐模糊的面庞，一个个、一排排交错幻化成血缘依稀的坟墓，像目光猥琐的铜钱，更像白果村干瘪而凌乱乳房，往事，在欲罢不能的记忆里抽丝剥茧，削瘦得只剩下几具残骸，怎么也填不满白果村日益增长的空虚。刚烧完的纸钱，被随意刮起的大风吹成漫天飞舞的黑蝴蝶，迎风闪动的飘摇是不是家谱里最生动的细节。

光怪陆离的斑驳时光中，如何描绘岁月的光鲜？何处安放我最初的家园？

看满山碧绿侵略最后的耕地，撤退于钢筋混凝土牢笼般的奋斗，满眼不舍与不甘，谁能用干瘪的爪子刨出深埋地下的根？

退居在城市的屋檐下，端坐在空荡荡的客厅中的母亲，坐在日渐消退的落日余晖中，坐在世事中央，到底能不能镇守住我的故乡？

（刊于《散文诗世界》2017年第5期，《诗选刊》2015年第4期，入选《2016年散文诗精选》（王剑冰主编）长江文艺出版社）

野叫叫儿

周平松

总想听到那呜哇呜哇的野叫叫儿，声音无论单调或者婉转，只要它继续在乡间弥漫，乡愁都会得到慰藉。

每年暮春时节，青豌豆角就陆续上市了。甜嫩的豆角用来清炒，别有一番滋味。即使生吃，也是清香满口的。更有趣的是到田地里动手采摘，挎着竹篮，一溜小跑，到一片云似的豌豆地里，看看繁密的豆角丛里，一边还开着白的紫的花，一边结着玲珑的青翠豆角，让人特别喜欢。孩子们一边摘一边把脆生生的豆荚扔进嘴里，只嚷着好鲜。不多久竹篮就满了。往往在归途中，孩童们吹奏起野叫叫儿来了。呜呜——呜呜——声音忽高忽低，弥漫山野间。在乡下，没有吹过野叫叫儿的孩子恐怕没有吧。

我们把哨子叫做“叫叫儿”。野叫叫儿得名于山地里生长的一种像豌豆苗似的植物，叫野豌豆。蔓生，羽状复叶，花开时也极像豌豆花，姹紫、粉白，但是花朵都极小，在路旁荒地间一大片一大片地蔓延开去。到了暮春也一样结出小小的豆角。孩子们摘下结实饱满的野豆角，剖开，抠出绿圆的小豆粒，再将一端轻轻地掐断，把剩下的一端噙在嘴中，用力吹奏，便呜呜作响，一只野叫叫儿也就做成了。

也有机灵的孩子在吹奏时以手掌一捂一放，变化出呜哇呜哇宛如儿啼的声音，十分有趣。剖开收集的豆粒，细竹削成竹管，嘴用力吹出，能激射出十几米远，孩子就用作武器，在田地间玩打仗游戏了。于是，在暮春黄昏，乡间常常混合着孩子们欢笑，野叫叫儿的繁响，一片天籁人籁了。

野叫叫儿这种叫法，直呼其名，透出一种直达本质的质朴劲儿。虽然不像叶笛，可以吹奏出各种音色。也没有用杨树的嫩枝条，做出的树皮哨子的哨音嘹亮。但是，在乡间的村头古树下、溪桥上、田野里，野叫叫儿飞扬出欢乐的呜呜声响，总是一种让游子怦然心动的野唱。

多少年来，彷徨在城市里，耳畔常常想起野叫叫儿的声音。总想弄明白它究竟是一种怎样的植物。终于有一天，我弄清了它身世，它竟是赫赫有名的薇菜。我们从前所游戏亲近的野生植物，竟是生长在诗经中的古老的“薇”。《小雅·采薇》里的歌谣唱道：“采薇采薇，薇亦作止。曰归曰归，岁也莫止。”是借征夫思归不得，反复咏叹征战之苦和反战情绪。薇虽然作为托物起兴的一种植物，“作止”、“柔止”、“刚止”，但是在诗经中完整地记载了其生长过程，因此得以不朽。这是一种有旺盛生命力的、平凡的、古老的植物。

薇也叫巢菜。辞源里说其叶嫩时可食，可惜我们很少尝过。偶然尝试，也仅仅是浅尝辄止，我们被惯坏的肠胃未必能接受它。采薇的人里面有殷商末的伯夷叔齐，在南山采薇，饿死不食周粟；有春秋时期的介子推，为了避晋文公重耳，躲到首阳山，采薇而食。这又是一种和气节、节操相关联的植物。“采薇”最终成为归隐的代称，也充分证明了薇是一种充满人文气息的植物。至于到了现在，式微成了野叫叫儿，也总算略偿思古之幽情了。

向晚意不适，驱车登古原。总想听到那呜哇呜哇的野叫叫儿，声音无论单调或者婉转，只要它继续在乡间弥漫，乡愁都会得到慰藉。

（刊于2017年3月24日《扬子晚报》）

界岭散记

方万华

界岭，昔称松树乡，西距陕南紫阳县城近百公里。千里山势绵延洒 脱，于70年代初方易斯名。这比以一棵古松谓之乡名要大气得多了。

进得界岭，沿河南行60余公里便可望见有“脚踏三县”之玄说的五个包峰。此峰海拔两千五百余米，呈五指托天状，绵延万顷林海，空旷 百里无人烟。沿拇指峰东下15余公里，便进入到了青山环抱的千亩小盆地——教场坝。这里是昔日白莲教操练兵马的地方。在距坝口百米，两溪夹角处是列为县级保护的“钟氏坟群”。那坝口两侧古松挺拔，俨若门岗。就在这坝中，居然住着一个以钟姓为主的村民小组。10年前，这里的山民上一趟街得走得两头黑，而今乡村公路穿坝而过。两条平缓的溪流带着坝中的欢乐汇入了界岭的主河道。

界岭乡境内，北有王鹰、火烧二崖天险扼守，南有巴山把持。方圆百五十公里，呈碟状区划五村；千六百农户傍溪安居，凭种养而生息。素有“小桥流水人家，剁木草屋飘香”之誉。淳朴民风、传统文化、自然景观、丰厚资源构成了界岭独特的内涵。即便在那食不饱肚的年代，界岭人也是常常前门迎客后门借粮，从不被那五毛钱半斤粮所眼热。“有盐同咸，无盐同淡”，就是界岭的待人之道。当然了，若是某家好心好意给你弄顿好吃的，你却在大会小会上说他有问题，在搞资本主义。那你走到哪儿就再也不受欢迎了，甚至连冷水也不会喊你喝的。这是我驻村包组搞路线教育时亲眼见到的事儿。

界岭村民爱民歌。这里的民歌传扬不息、灵活多变。田野劳作、农闲聚会、红白喜事，都离不开以歌传情达意，以歌规劝教化。大凡婚丧嫁娶、贺房祝寿之事，就那知客先生说番酒礼，准叫你一饱耳福、受益匪浅。“劳作无歌浑身软，婚丧嫁娶鼓乐喧；烧酒润喉歌不尽，围炉把盏无穷欢。”这就是界岭文化的真实写照。

去界岭，最好在春末秋初时节，在这里尽可享受独有的避暑之乐。到农家去品尝一顿鱼鲜汤，或吃一盘干炒酸辣钢鳅鱼，准让你回味难忘。我翻遍了有关鱼类的资料，唯独没有这两种鱼的名影儿。可它又盛产在界岭的大小河沟里，而且市价涨到了25元一公斤，成为了馈赠佳品和 宴席佳肴。最有趣的是，钢鳅鱼只能钓不能逮。这里钓鱼与在江、湖、塘里的钓法迥然不同——不需要钩儿穿诱饵，只用一截线套住从河里 捉来的棉虫或沃土里的臭蚯蚓，吊在细竹竿儿上，再按这里的钓鱼歌诀："早钓花水午钓滩，夜晚钓河边；最是雨后涨浑水，随意垂钓必满篮"的法儿就行了。在这个时节里，界岭的白天和夜晚，男女老少提篮举竿，在那沟沟河河里构成了一幅幅壮观的垂钓图景。

（刊于2004年4月23日《陕西日报》）

洞河古韵

张 斌

每座大巴山中的古镇都是相似的，它们都是依山傍水的。而每座巴山蜀水中的古镇都有不同的气韵，不同的美，像是水光山色中日夜守望、任随时代风雨梳理秀发改变姿容的一位位古人，其形象或威猛、或儒雅、或婀娜、或圆润……仅凭几句诗或一份成见去印证其内涵或是追忆其姿态难免偏颇。面对陕西紫阳县的洞河古镇，只有走遍全镇的山山水水，只有入住多日生活其中细细解读，才能对它有真正的感知。

比如，我们说洞河是水乡，是鱼米之乡，面对依水而建的集镇，江面烟波浩淼，渔舟唱晚，谁会说不是呢？尤其是这个集镇在洞河、汝河、汉水三条河的交汇之处，众多的河流和一些不知名的溪水将群山分成无数的沟壑，形成星星点点的岔湖。汉江之水在这里仿佛是一朵盛开的巨大的牡丹花，江水四处绽放，水乡的气息也就如花香弥漫。山民过山要行船，过河要行船，一个出门离不开船的地方，不是水乡会是什么？

然而，如果在某一处码头停下船来，如果一个人静静的徒步上山，在绿水托起的群山之间，如果猛然间看到一位戴着白帽的回族老人赶着一群羊悠闲的放牧，或者看到一位裹着面纱的回族姑娘忙碌地煎着羊毛，你会惊讶于水乡怎么多了点北国的风光？如果不是青山绿水，你会感觉自己是不是身在甘肃的祁连山，或者宁夏的六盘山中？与"风吹草低现牛羊"不同，这里是独特的"风吹草树掩牛羊"，是南国水乡的北方，是北方的江南。

洞河就这样的独特，山有北国风光，水似江南秀丽。也许走遍中国，走遍世界也找不到这样独特的古镇。也许是独特的地理位置，也许是独特的人文环境。二百多年前，当江南的居民因自然灾害或战乱迁移到此的时候，而另一群北方的回民也因1862年的回民起义引发的战争而迁移此处。他们不约而同的来到这里，繁衍生息、和谐相处。江南人带来江南的文化，江南的民俗，他们用青砖泥瓦，红木圆柱，在江边依山而建筑起自己的家园。他们用江南的生活方式修水田、建桔园、造船捕鱼，让天然的水乡成为一个鱼米之乡，一个独特的"金钱桔"之乡。那个时代是个陕南大开发的时代，水运交通的发达自然而然地在这里形成了码头，南来北往的商贾和名声显赫的达官贵人云集于此，购田置地，建家兴园，成百上千艘商船停泊在码头上，吞吐着油盐、布匹和山货特产。小镇灯红酒绿，汉剧、二簧之音通宵达旦。江南人终于在大巴山里找到了一片水乡、一片乐土，他们开始修建家族的祠堂，道教和佛教的庙宇也开始遍布，人们在生活富裕之后当然要找寻灵魂的寄托。

当洞河水乡日新月异之时，北方的回民起义遇到装备精良、训练有素的左宗棠的湘军。在湘军的炮火屠刀之下，义军被逼入深山老林，他们不辞辛劳，翻山越岭，爬秦岭，走蜀道，终于找到洞河这个可以生存的地方。他们又带了了北方的文化，北方的民俗，北方民族的生活方式。他们利用这里得天独厚的草场森林资源，放牧牛羊，于是鱼米之乡又多了道北国风光。洞河的羊肉鲜嫩清脆，非常有名，陕西、四川各地回族商人争相购买，于是这里的商业进一步繁荣。回民居住是“大分散，小集中”，走在洞河的山间，往往过一个山头就能看到几户回族的炊烟，北方的风情，北方的生活方式让人惊讶，让人于水乡里流恋忘返。当迁移而来的回民安居乐业之际，他们又修建了清真寺，于是不同的宗教文化在这里汇集，在这里碰撞，不同的民俗也在这里交融，形成了绝无仅有的南北交融的独特地域文化特色。

洞河是一个小镇，在百万之一的中国地图上找不到它的名字。但是，就是这样一个小镇，在今天交通发达的条件下仍属偏远山区的小镇，湖光山色，人杰地灵，几乎每个时代都有唱响时代主旋律的杰出事迹。洞河老街的石牌楼是清代道光皇帝下旨建造；而张家祠堂高悬着“忠烈祠”的牌匾也是清代皇帝手书。前者为表彰张应朝之妻在丈夫病故后一个人含辛茹苦，拒绝任何威逼利诱独自守寡将幼子培养成人并高中探花的事迹；后者是表彰张氏一族保境安民与白莲教殊死搏斗的忠烈事迹。后来又出了位洞河之子，他就是同盟会员张仲仁，他追随中山先生反帝制，搞共和，在秦巴大地建功立业，而当蒋介石发动“四·一二”政变后，他依然拒绝国民党高层的邀请，宁愿出家为僧，清苦一生。再后来，在火热的社会主义建设中，洞河小红光村的青年农民杨世银带领群众修田造地，向荒山要粮，他们愚公移山的精神感动了一代人，他们的事迹在巴山蜀水间流传，杨世银被选为党代表参加中共十大，在人民大会堂和毛主席、周总理一起畅谈国家大事。这是一个小小地方，它的人文景观不同凡响。也许，从今天的眼光看，贞洁牌坊，忠烈祠堂都是封建的东西，然而那是那个时代的道德底线，和今天女人恪守爱情忠于家庭，男人忠于信仰忠于职守的精神实质是一脉相传；也许杨世银的修田造地还有不科学的地方，然而那种献身事业，忠于信仰的精神却万代流传。他们构筑了洞河人的精神境界，代代相传，永不褪色。

我是最早移民洞河的张氏后代，我常常穿行于洞河的山水之间，在紫阳这个最大的桔乡，最有特色的水乡的湖光山色中，认真解析朴实无华的乡风民俗，慨叹那些把“仁义、忠烈”视为生命的先辈们，前人虽渐行渐远，留下的心声却依然清越，依旧铿然……

美哉洞河，北国的水乡，水乡的北国。洞河之美，美在自然，它是南北物种的天然博物馆；洞河之美，美在人文，它是南北文化不同民俗交汇地，是南北民俗最完美的展览馆。洞河之美，早已超越了山水风光，超越了“桔、茶”之外的余韵，而根植于地域文化的博大情怀与深沉之中。

（刊于2017年12月15日《人民代表报》）

2017年紫阳县国民经济及社会发展主要指标完成情况统计表

土地面积

	面　积		人口密度（人／平方公里）		面　积		人口密度（人／平方公里）
	平方公里	万亩			平方公里	万亩	
合　计	2204.00	330.6	153	高桥镇	150.77	22.6	134
城关镇	119.90	18.0	378	红椿镇	114.51	17.2	147
蒿坪镇	113.09	17.0	258	高滩镇	245.77	36.9	127
汉王镇	81.13	12.2	192	毛坝镇	174.59	26.2	118
焕古镇	102.28	15.3	146	瓦庙镇	85.48	12.8	166
向阳镇	130.90	19.6	177	麻柳镇	78.56	11.8	163
洞河镇	94.12	14.1	185	双安镇	106.89	16.0	175
洄水镇	88.76	13.3	151	界岭镇	204.32	30.6	58
双桥镇	184.42	27.7	92	东木镇	128.50	19.3	115

总户数、总人口

	总户数（户）	总人口（人）	总人口中：			
			男	女	城镇人口	乡村人口
合　计	111143	336624	182163	154461	100609	236015
城关镇	17945	45421	23524	21897	32839	12582
蒿坪镇	9481	29276	15522	13754	9446	19830
汉王镇	5176	15606	8211	7395	4687	10919
焕古镇	4937	14917	8193	6724	1716	13201
向阳镇	7305	23199	12620	10579	4310	18889
洞河镇	5873	17342	9431	7911	3316	14026
洄水镇	4759	13235	7280	5955	2739	10496
双桥镇	5597	17042	9508	7534	2597	14445

续表

	总户数（户）	总人口（人）	总人口中：			
			男	女	城镇人口	乡村人口
高桥镇	6443	20110	10968	9142	6017	14093
红椿镇	5232	16809	9382	7427	6998	9811
高滩镇	9646	30998	16921	14077	5784	25214
毛坝镇	6672	20163	10773	9390	4914	15249
瓦庙镇	4233	14190	7775	6415	4487	9703
麻柳镇	3801	12817	6835	5982	3182	9635
双安镇	5682	18731	10162	8569	2533	16198
界岭镇	3903	12042	6684	5358	2617	9425
东木镇	4458	14726	8374	6352	2427	12299

人口出生、死亡、自然增长率

	出生人口（人）	出生率（‰）	死亡人口（人）	死亡率（‰）	自然增长率（‰）
合　计	4245	12.60	3396	10.08	2.52
城关镇	705	15.54	438	9.66	5.89
蒿坪镇	386	13.22	197	6.75	6.47
汉王镇	254	16.29	123	7.89	8.40
焕古镇	120	8.05	90	6.04	2.01
向阳镇	284	12.22	267	11.49	0.73
洞河镇	260	14.95	285	16.38	–1.44
洄水镇	74	5.51	200	14.90	–9.39
双桥镇	243	14.27	158	9.28	4.99
高桥镇	251	12.47	188	9.34	3.13
红椿镇	258	15.34	234	13.92	1.43
高滩镇	338	10.84	356	11.42	–0.58
毛坝镇	213	10.37	182	8.86	1.51
瓦庙镇	233	16.41	135	9.51	6.90
麻柳镇	175	13.69	117	9.15	4.54
双安镇	232	12.39	250	13.35	–0.96
界岭镇	155	13.00	135	11.32	1.68
东木镇	64	4.35	41	2.79	1.56

生 产 总 值

单位：万元

	按可比价格计算		按现行价格计算	
	2017年	2017年比2016年增减（%）	2017年	2016年
生产总值	928091	11.0	907735	804841
第一产业	120758	5.3	118393	113435
第二产业	544152	13.0	488599	445719
其中：工业	447911	14.9	385443	354338
第三产业	263181	9.6	300743	245687
其中：交通运输邮电业	36598	6.2	41609	34895
批发零售业	22187	9.6	27798	20299
金融、保险业	26393	20.6	27498	22058
房地产业	15818	7.0	18418	14811
公共管理和社会组织	99450	3.9	107183	100730

农村基本情况

	村（个）	乡村户数（户）	乡村人口数（人）	农村劳动力（个）	年末耕地面积（亩）	其中：常用耕地（亩）
合 计	175	77587	289201	187888	751605	360547
城关镇	13	6061	22302	14995	40718	14420
蒿坪镇	13	6852	26895	17277	41151	21187
汉王镇	7	3846	14413	7834	28432	16155
焕古镇	11	3771	14075	8913	33428	13303
向阳镇	12	5567	20429	12826	48335	19504
洞河镇	12	4834	15774	12176	25283	19917
洄水镇	8	3276	12490	7712	31109	16227
双桥镇	10	3996	15264	10590	55476	32775
高桥镇	9	5169	16689	11324	64467	25497
红椿镇	10	4000	14696	10276	48069	28099
高滩镇	18	7594	29623	19819	104820	45873
毛坝镇	11	4956	18383	10905	68407	25871
瓦庙镇	8	3358	13192	8503	29605	19523

续表

	村（个）	乡村户数（户）	乡村人口数（人）	农村劳动力（个）	年末耕地面积（亩）	其中：常用耕地（亩）
麻柳镇	6	2970	11775	8584	26232	11710
双安镇	11	4568	16607	9034	36723	14116
东木镇	8	3927	14909	9426	30679	17914
界岭镇	8	2842	11685	7694	38671	18456

农业总产值（现价）

单位：万元

	农业总产值	其　中			农业总产值	其　中	
		农业产值	牧业产值			农业产值	牧业产值
合　计	209496	140209	48403	高桥镇	13508	9032	2865
城关镇	17135	11236	4654	红椿镇	11738	9132	2104
蒿坪镇	13497	9035	4215	高滩镇	19542	12620	4562
汉王镇	8648	6128	1679	毛坝镇	13832	9235	3132
焕古镇	12442	8646	2524	瓦庙镇	7454	5658	1702
向阳镇	14505	10585	2388	麻柳镇	7938	6065	1975
洞河镇	14363	6029	4076	双安镇	10978	5965	3764
洄水镇	10652	7332	2174	东木镇	9869	6003	2443
双桥镇	14652	10602	2385	界岭镇	8743	6906	1761

粮食作物面积、产量

	面　积（亩）								产　量（吨）							
	总计	夏　粮			秋　粮				总计	夏　粮			秋　粮			
		小计	其　中：		小计	其　中：				小计	其　中：		小计	其　中：		
			小麦	洋芋		玉米	红苕	水稻			小麦	洋芋		玉米	红苕	水稻
合　计	629029	265365	8040	211274	363664	210150	72990	41682	112260	42724	1406	37073	69536	34794	10583	21297
城关镇	27960	8995	655	7010	18965	9950	5560	1375	4688	1468	95	1248	3220	1600	740	730
蒿坪镇	29385	9800	1530	7290	19585	9926	4000	3716	6183	1672	280	1267	4511	1685	676	2000
汉王镇	23850	7385	560	4465	16465	6520	3300	4543	5232	1110	96	780	4122	1100	480	2395
焕古镇	25559	9495	470	6079	16064	5000	4000	3322	5241	1469	103	1060	3772	1025	701	1767
向阳镇	42498	18083	1105	12940	24415	13290	4560	3045	7537	2817	212	2255	4720	2212	620	1664

续表

	面积（亩）								产量（吨）							
	总计	夏粮			秋粮				总计	夏粮			秋粮			
		小计	其中：		小计	其中：				小计	其中：		小计	其中：		
			小麦	洋芋		玉米	红苕	水稻			小麦	洋芋		玉米	红苕	水稻
洞河镇	27400	12955	645	9570	14445	9100	3112	1310	4997	2078	122	1710	2919	1696	450	710
洄水镇	36384	14394	495	9796	21990	11000	4450	2515	5945	2075	77	1632	3870	1759	632	1170
双桥镇	45953	19040	570	16740	26913	17953	4000	2025	8054	3451	96	3200	4603	2700	580	1100
高桥镇	43212	17165	360	13785	26047	15760	3830	2035	7122	2683	60	2343	4439	2562	511	968
红椿镇	34865	15560	520	11500	19305	11480	3250	2310	6198	2495	95	2060	3703	1880	460	1175
高滩镇	78445	36149	115	32934	42296	24812	9760	4080	13395	6050	20	5670	7345	3800	1280	2060
毛坝镇	45175	20640	110	17900	24535	17360	4530	1420	7426	3266	16	3010	4160	2840	570	645
瓦庙镇	32875	15220	135	13715	17655	11270	3870	1920	5906	2621	22	2459	3285	1840	610	748
麻柳镇	26420	11600	0	9220	14820	10170	3360	950	4569	1879	0	1639	2690	1720	430	500
双安镇	32840	12040	550	7300	20800	9500	6200	3775	6317	1806	86	1340	4511	1596	930	1900
界岭镇	39849	18500	60	16670	21349	11579	1860	320	7665	3159	10	3000	4506	2000	630	1667
东木镇	36359	18344	160	14360	18015	15480	4050	3540	5785	2625	16	2400	3160	2779	283	98

油料作物面积、产量

	面积（亩）			产量（吨）		
	总计	其中		总计	其中	
		油菜籽	芝麻		油菜籽	芝麻
合计	110557	85597	19700	12731	10021	1999
城关镇	6270	3025	2630	721	375	262
蒿坪镇	6781	4320	1921	823	540	211
汉王镇	5862	4695	740	689	556	72
焕古镇	5293	3416	1637	619	420	170
向阳镇	10229	6479	2990	1175	720	357
洞河镇	6211	4535	1276	660	490	110
洄水镇	5157	4416	589	606	520	62
双桥镇	4455	3670	645	539	450	70
高桥镇	8094	6335	1657	991	830	141
红椿镇	6475	4375	1600	754	515	160
高滩镇	13812	11840	1403	1615	1400	143

续表

	面积（亩）			产量（吨）		
	总计	其中		总计	其中	
		油菜籽	芝麻		油菜籽	芝麻
毛坝镇	7225	6375	600	811	730	54
瓦庙镇	3915	3865	0	426	420	0
麻柳镇	3167	2650	222	340	285	27
双安镇	8920	7200	1500	959	800	127
东木镇	6850	6560	290	813	780	33
界岭镇	1841	1841	0	190	190	0

主要特产面积

单位：亩

名　称	茶叶	桑园	水果	名　称	茶叶	桑园	水果
合　计	219872	96607	44580	高桥镇	12665	9041	2050
城关镇	31242	9061	8558	红椿镇	27371	10600	425
蒿坪镇	12139	2800	2148	高滩镇	4243	6018	1022
汉王镇	2557	3091	8290	毛坝镇	8620	7190	718
焕古镇	25052	4314	4278	瓦庙镇	2164	2560	360
向阳镇	29931	4970	3888	麻柳镇	14422	2180	45
洞河镇	6148	3069	6877	双安镇	2530	14800	2521
洄水镇	15660	3035	2368	东木镇	8922	5723	757
双桥镇	12426	4765	110	界岭镇	3780	3390	165

主要特产产量

单位：吨

名　称	茶叶	蚕茧	水果	名　称	茶叶	蚕茧	水果
合　计	6282	167	6719	高桥镇	591	7	162
城关镇	850	7	1149	红椿镇	797	2	182
蒿坪镇	644	4	62	高滩镇	38	40	105
汉王镇	37	10	1917	毛坝镇	212	23	149
焕古镇	829	6	451	瓦庙镇	90	0	98
向阳镇	692	3	528	麻柳镇	380	0	24
洞河镇	71	25	984	双安镇	18	23	552
洄水镇	312	10	147	东木镇	110	4	34
双桥镇	530	2	101	界岭镇	81	1	74

大牲畜、猪、羊、家禽年末存出栏数

名 称	大牲畜（头）		生猪（头）		羊（只）		家禽出栏（万只）
	存栏	出栏	存栏	出栏	存栏	出栏	
合 计	6926	1689	277153	380586	100289	129513	107.24
城关镇	68	20	19300	34880	8340	9450	8.85
蒿坪镇	483	206	22796	36695	5385	6644	8.2
汉王镇	528	77	8086	12244	5384	5132	6.62
焕古镇	670	125	17613	18861	5069	5019	5.43
向阳镇	440	130	14520	19634	6300	7081	5.12
洞河镇	181	73	16898	33652	8332	9836	4.79
洄水镇	76	0	13697	17087	4366	5286	5.57
双桥镇	180	51	19610	19080	5840	6238	5.97
高桥镇	391	77	14618	23579	5990	7900	7.09
红椿镇	745	138	12600	15000	5200	7500	5.47
高滩镇	552	177	26871	34029	10030	15500	10.32
毛坝镇	137	13	20870	24730	6875	10565	8.28
瓦庙镇	260	33	16059	12394	4104	6417	3.26
麻柳镇	285	139	11200	16000	3495	3900	4.1
双安镇	1077	300	17112	29322	5495	8700	6.92
东木镇	799	130	14923	18919	6415	10829	7
界岭镇	54	0	10380	14480	3669	3516	4.25

农业现代化主要指标

名 称	农用化肥施用实物量（吨）	农用薄膜使用量（吨）	农药使用量（公斤）	名 称	农用化肥施用实物量（吨）	农用薄膜使用量（吨）	农药使用量（公斤）
合 计	14784	178.66	9532	高桥镇	1049	22.66	207
城关镇	995	5.31	1471	红椿镇	552	3.23	164
蒿坪镇	2033	8.6	1967	高滩镇	1446	21.08	134
汉王镇	810	5.68	711	毛坝镇	712	18.31	643
焕古镇	458	4.49	204	瓦庙镇	554	2.29	24
向阳镇	1260	4.01	352	麻柳镇	429	14.2	470
洞河镇	506	7.22	168	双安镇	1025	13.3	1702
洄水镇	1034	11.4	406	东木镇	442	13.77	573
双桥镇	729	9.78	285	界岭镇	750	13.33	51

2017年城乡一体住户调查情况

指标名称	单位	数量	指标名称	单位	数量
调查户数	户	20	生活消费总支出	元/人	13192
常住人口	人	57	1、食品	元/人	3878
年末住房间数	间/户	--	2、衣着	元/人	937
年末住房面积	平方米/人	41.1	3、居住	元/人	2388
年末住房价值	万元/人	4.66	4、家庭设备用服务	元/人	792
可支配收入	元/人	27527	5、医疗保健	元/人	2150
一、工资性收入	元/人	9359	6、交通通讯	元/人	673
二、家庭经营净收入	元/人	2890	7、文化娱乐用品	元/人	1912
三、转移性净收入	元/人	13130	8、其它	元/人	462
四、财产性净收入	元/人	2148	恩格尔系数	%	29.4

备注：2014年实施城乡居民收入调查一体化改革，此表数据为新统计口径，部分指标变动较大，请参照使用。

2017年城乡一体住户调查情况

指标名称	单位	数量	指标名称	单位	数量
调查户数	户	100	生活消费总支出	元/人	8757
常住人口	人	268	1、食品	元/人	2974
经营耕地面积	亩/人	1.21	2、衣着	元/人	589
年末住房面积	平方米/人	44.6	3、居住	元/人	2109
年末住房价值	万元/人	3.8	4、家庭设备用服务	元/人	783
年末粮食结存	公斤/人	43.83	5、医疗保健	元/人	572
可支配收入	元/人	9638	6、交通通讯	元/人	716
一、工资性收入	元/人	2901	7、文化娱乐用品	元/人	811
二、家庭经营净收入	元/人	2608	8、其它	元/人	203
三、转移性净收入	元/人	117	恩格尔系数	%	34.0
四、财产性净收入	元/人	4012			

备注：2014年实施城乡居民收入调查一体化改革，此表数据为新统计口径，部分指标变动较大，请参照使用。

全部工业主要指标

指标名称	单位	2017年	2016年	主要工业产品产量	单位	2017年	2016年
一、工业总产值	万元	1097029	951526	蚕丝	吨	296.5	326
1、按经济类型分				精制茶	吨	7084	7318
国　有	万元	96112	80880	商品混凝土	立方米	336006	260985
非国有	万元	1000917	870646	砖	万块	221000	171749
2、按轻重工业分				耐火材料制品	吨	28413	26125
轻工业	万元	680158	595624				
重工业	万元	416871	355902				
二、工业增加值	万元	385443	354335				
其中：规上	万元	380769	350604				

主营业务收入2000万元以上工业企业主要经济指标

单位：万元

指　标	2017年	2016年	同比增长（%）	指　标	2017年	2016年	同比增长（%）
一、企业个数				1、其他经济类型企业	40962	41790	-2.0
合　　计	52	38	36.8	2、股份制企业	1034697	892677	15.9
1、其他有限责任公司	7	6	16.7	三、增加值（评估数）	380769	350604	15
其中：国有控股	1	1	0	四、销售产值	1068159	922281	15.8
集体控股	2	1	100	1、其他经济类型企业	51785	47121	9.9
2、股份有限公司	2	2	0	2、股份制企业	1016374	875160	16.1
3、私营企业	43	30	43.3	五、主要经济指标			
4、与港澳台商合资经营	0	0	0	1、资产合计	667035	585959	13.8
二、总　产　值				2、固定资产原值	508943	419144	21.4
合　计（评估数）	1075659	934467	14.7	3、流动资产合计	332603	305918	8.7
轻工业	655835	584730	12.2	4、利润总额	244702	224681	8.9
重工业	419824	349737	20.0	5、亏损企业亏损额	0	0	0
按登记注册类型分类				6、从业人员年均人数	9018	7314	23.3

全社会固定资产投资完成情况

	投资总额（万元）	新增固定资产（万元）	房屋施工面积（万元）	其中：住宅	房屋竣工面积（万元）	其中：住宅
合　计	1028456	140354	3043040	2246936	1578036	1063018
一、按报表种类分：						
1、城镇投资	998431	140354	3043040	2246936	1578036	1063018
其中：房地产	32552	118241	297980	221739	25095	20391
2、其他投资	30025					
二、按产业活动分：						
第一产业	67823					
第二产业	140689					
第三产业	819944					

500万元以上城镇投资完成情况

	合　计
一、建设项目计划总投资（万元）	2289446
二、本年完成投资（万元）	998431
三、本年新增固定资产（万元）	1110329
四、本年施工房屋面积（平方米）	2959271
五、本年资金来源合计（万元）	661632
1. 国家预算内	217915
2. 国内贷款	12969
3. 自筹资金	416743
六、本年完成投资（万元）	998431
按构成分：建筑工程	906079
安装工程	18336
设备工器具购置	31653
其他费用	42363
七、按建设性质分：新建（万元）	911614
改建和技术改造	21664

社会消费品零售总额

单位：万元

甲	金　额
一、社会消费品零售总额	260008
1. 城镇	163403
2. 乡村	96605
3. 限额以上消费品零售额	119547
4. 限额以下消费品零售额	140461
二、按消费形态分组	
1. 餐饮收入	48418
2. 商品零售	211590
三、按行业分组	
1. 批发业零售额	11499
2. 零售业零售额	197035
3. 住宿业零售额	6481
4. 餐饮业零售额	44993

2017年财政收支决算情况

单位：万元

预算科目	决算数	预算科目	决算数
本年收入合计	12056	本年支出合计	265788
一、税收收入类	7610	一、一般公共服务支出	27088
1、增值税	2988	二、外交	—
2、营业税	4	三、国防	79
3、企业所得税	522	四、公共安全	10338
4、土地增值税	735	五、教育支出	61103
5、城市维护建设税	449	六、科学技术	599
6、车船税	151	七、文化体育与传媒	2892
7、房产税	242	八、社会保障和就业	41440
8、屠宰税		九、医疗卫生	30695

续表

预算科目	决算数	预算科目	决算数
9、资源税	42	十、节能环保支出	14162
10、城镇土地使用税	73	十一、城乡社区事务	4256
11、印花税	113	十二、农林水事务	49083
12、个人所得税	279	十三、交通运输	3890
13农业税和耕地占用税类	1083	十四、商业服务业等事务	454
（1）农业税		十五、资源勘探电力支出	2229
（2）农业特产税		十六、住房保障支出	15125
14、烟业税	103	十七、粮油物资储备支出	6
15、契税	826	十八、国土资源气象支出	1007
二、非税收入	4446	十九、国债还本付息支出	1331
1、国有资本经营收入			
2、其他收入	119		
3、罚没收入	317		
4、行政性收费收入	479		
5、国有资产有偿使用收入	2251		
6、专项收入	1185		

2017年金融机构信贷资金情况

单位：万元

项　　目	金　额	项　　目	金　额
一、各项存款	996945	一、各项贷款	399830
1、住户存款	639969	1、住户贷款	247789
活期存款	281196	短期贷款	54553
定期及其他存款	358773	消费贷款	3670
2、非金融企业存款	146179	经营贷款	50883
活期存款	102541	2、非金融企业及机关贷款	152041
定期及其他存款	43638	短期贷款	15947
3、广义政府存款	210795	中长期贷款	136095
财政性存款	16948	票据融资	
机关团体存款	193846	融资租赁	
4、非银行业金融机构存款		各项垫款	

续表

项 目	金 额	项 目	金 额
二、金融债券		3、非银行业金融机构贷款	
三、卖出回购资产		二、债券投资	
四、借款及非银行机构拆入		三、股权及其他投资	1230
五、联行往来（净）		四、买入返售资产	
六、应付及暂收款	20896	五、存放非银行业款项	
七、各项准备	14653	六、联行往来（净）	429546
八、所有者权益	46585	七、固定资产	6118
# 实收资本	12000	八、外汇买卖	
九、其它	-239794	九、应收及预付款	2470
总 计	839195	总 计	839195

卫生机构、床位及人员数（2017年）

机构分类	机构个数（个）	床位数（张）	人员数（人）	卫生技术人员数（人）						其他技术人员	管理人员	工勤技术人员
				小计	执业（助理）医师	注册护士	医师（士）	技师（士）	其他			
总 计	21	1077	1630	1514	340	422	77	84	591	16	30	70
一、医院	2	429	576	506	127	246	34	32	67	12	3	55
综合医院	1	294	425	365	91	192	22	20	40	10	2	48
中医医院	1	135	151	141	36	54	12	12	27	2	1	7
专科医院	0	0	0	0	0	0	0	0	0	0	0	0
二、卫生院	17	624	937	901	189	146	37	42	487	2	25	9
镇中心卫生院	11	444	699	672	146	119	33	31	343	1	17	9
三、妇幼保健院	1	24	88	81	19	28	5	6	23	1	1	5
四、疾病预防控制中心	1	0	29	26	5	2	1	4	14	1	1	1

索　引

说　明

1、本索引采用主题分析法，按条目首字的汉语拼音字母（同音字按声调）顺序排列。用拉丁字母、阿拉伯数字开头的条目排在汉字开头条目后面。

2、特载、人物、大事记、附录内容不做索引。

3、索引条目后的阿拉伯数字表示内容所在的页码。

D

F

G

H

J

K

L

T

W

X

Y

Z

图书在版编目（CIP）数据

紫阳年鉴. 2018/紫阳县档案史志局编. --北京：方志出版社，2018.9

ISBN 978-7-5144-3345-6

Ⅰ. ①紫… Ⅱ. ①紫… Ⅲ. ①紫阳县—2018—年鉴
Ⅳ. ①Z524.14

中国版本图书馆CIP数据核字(2018)第227063号

紫阳年鉴（2018）

编　　者：紫阳县档案史志局
责任编辑：张　昊

出 版 人：冀祥德
出 版 者：方志出版社
地址　北京市朝阳区潘家园东里9号（国家方志馆4层）
邮编　100021
网址　http://www.fzph.org
发　　行：方志出版社发行中心
电话　(010) 67110500
经　　销：各地新华书店
印　　刷：安康市汉滨区文化印务有限公司

开　　本：787×1092　1/16
印　　张：23.5
字　　数：544千字
版　　次：2018年9月第1版　2018年9月第1次印刷
印　　数：001~500册

ISBN 978-7-5144-3345-6　　**定价**：280.00元